멘토링원리와 현장적용방법

The Mentoring principle & Methodology

멘토링원리와 현장적용방법

The Mentoring principle & Methodology

류 재 석

(멘토링코리아 대표)

한국학술정보[주]

멘토링을 다이아몬드 프로그램으로 업그레이드하여

인재개발
조직개발
수익개발

현장에 적용하는 혁신기법

* 멘토링 서언: Diamond Mentoring

멘토링 불모지 한국 땅에서 멘토링에 열정을 품고 한 우물판지 10년의 세월을 흘렀다. 그래도 요즈음에는 우리 주변에서 멘토링이 인재개발의 화두(話頭)가 되고 있어 지난날 오랜 고난의 세월을 회상하면서 한편으로 감개무량함을 금할 길이 없다.

그러나 저자는 여기에 머무르지 않고 앞으로 끊임없이 노력해서 멘토링 프로그램을 통하여 인재개발 조직개발 수익개발에 활용하고자 하는 기업 학교 교회 기관 등 조직과 멘토링에 관심 있는 사람들로부터 〔멘토링을 고품질의 다이아몬드 프로그램으로 업그레이드한 사람〕으로 인정받기를 기대한다.

* Passion on Mentoring
 -한 우물 파기 10년의 열정과 그동안의 고생, 저자 인생의 내재 가치가 묻어난 형식지로서 멘토링 프로그램을 선보인다.

* Gift on Mentoring
 -하나님이 25년 만에 기도에 응답으로 주신 〔멘토링 선물〕을 하나님께 영광, 그리고 교회를 비롯한 조직개발에 공헌, 사람에게 유익하게 활용되기를 기대한다. (고전10:31~33)

* Design on Mentoring
 -멘토링 이론은 밥빌(Bobb Biehl 美)로부터, 실행 프로그램은 윌리엄 그레이(William Gray 加)로부터 자료를 제공받아 한국 정서가 담기고 인간성 바탕 위에 생산성을 보장받을 수 있는 한국형 멘토링(Korea Type Mentoring)으로 설계하는데 노력을 기울였다.

* Diamond on Mentoring
 - 멘토링을 고품질로 업그레이드하여 〔다이아몬드 멘토링〕 브랜드로 선보이면서 각 조직

에서 인재개발 조직개발 수익개발용 다이아몬드 멘토링 리더십으로 활용되기를 기대한다.

* Patner on Mentoring
- 그동안 멘토링을 전문적으로 학습하여 〔멘토링지도사〕 자격을 취득한 조병용 박사(고려대학교), 김상진 박사(대전보건대학) 이제빈 박사 (어니스트경영컨설팅) 홍은경 박사(영유아지원연구소) 최명국 박사(기독교연합신문사) 김성일 군목(공군본부) 이용철 원장(한국멘토링코칭센터사) 등 50여 명과 함께 앞으로 국내외에서 멘토링 보급에 파트너십을 발휘할 것이다.

* Thanks on Mentoring
-이 책이 발간되기까지 짧지 않은 세월 속에서 출발부터 동역(同役)했던 탁충실 님, 기도의 응원군인 서현교회 김경원 목사님과 성도님들, 그리고 저자의 에너지 근원이 된 아내 임금자를 포함한 가족인 류현, 한현숙, 류경헌, 류지영, 안성훈에게 감사를 드린다.
-마지막으로 어려운 여건에서도 기꺼이 출판을 맡아 수고한 한국학술정보(주) 임직원님들께 심심한 감사를 드린다.

2006. 10. 01
멘토링코리아 대표 류재석 드림

|| Mentoring INDEX ||

* 멘토링 엿보기: Welcom to Mentoring

What 멘토링이란 무엇인가? ───────────────

멘토링은 인간의 특성을 연구하고, 인간의 역량을 개발하며, **인격적인 리더로 세우는** 1 : 1 **인재개발 프로그램**이다.

그러므로 전통적인 멘토링(Typical Mentoring)은 인류역사 이래로 그 활동이 이어져 왔고 오늘날도 사회 구석구석에서 이루어지고 있으며 미래에서도 인간이 존재하는 한 멘토링 활동은 계속 진행될 것으로 예견한다.

Why 왜! 멘토링이 필요한가? ───────────────

1. **개인에 필요성** ─한 사람의 멘제가 자신이 가장 잘할 수 있는 적성(Aptitude)을 찾아 역량(Competency)을 개발하고 리더로 성장하는 데 멘토가 필요하다.
2. **조직에 필요성** ─평사원의 의식을 리더(Leader)의식으로 전환함으로 인재경쟁력을 확보하고 개인의 역량개발과 조직의 업무능력을 향상시키는 데 멘토가 필요하다.
3. **사회에 필요성** ─오늘날 Hightech Dogma로 상실된 인간성을 Hightouch로 회복하여 인간이 존중받는 사회를 이룩하는 데 멘토가 필요하다.

How 어떻게 멘토링을 도입할 것인가? ───────────────

개인 간에 자연스럽게 이뤄지는 전통적인 멘토링과는 달리 기업, 교회, 학교, 군대, 공공 기관 등 조직에 적용하는 멘토링은 조직의 특성상 투자의 개념과 성과 측정 차원에서 평가가 뒤따르는 것이 필수적이기 때문에 체계적인 시스템으로 접근이 필요하게 되었다. 이와 같이 조직개발용으로 개발한 체계적인 프로그램이 **제도적 멘토링**(Systematic Mentoring)이다. 구체적으로 준비과정, 도입과정, 활동과정, 평가과정에 적용하는 프로그램을 말한다.

제도적 멘토링은 멘토링코리아(Mentoring Korea)에서 한국적인 정서와 조직의 생산성을 감안한 것으로 핵심내용은 **인간성(Humanity) 바탕 위에 생산성(Productivity)을 확보하기 위한 내용이다**. 한편 현재 조직 현장에서 인재개발, 조직개발, 수익개발로 적용하는 실행 프로그램은 Diamond Mentoring이다.

사람(Person, 라틴어로는 *Persona*)이라는 단어가 헬라어 '프로소폰'(*Prosopon*) 즉 '얼굴을 맞대고'라는 단어에서 유래했다는 사실은 의미심장하다. 동양에서도 한자로 사람 인자 (人)를 보면 글자 획이 서로 받치고 있음을 알 수 있다.

다시 말하면, 각 인간은 서로 대면하고 서(Standing) 있는 존재, 다른 사람을 향하여 돌아서서 대화하며 관계를 맺고 있는 존재란 뜻이다. 이와 대조적으로 개인(Individule)이란 단어는 사람(Person)이란 단어보다 수백 년 뒤에 생겨났는데, 라틴어로 '나눠질 수 없는'(*Individuus*)이란 단어에서 유래하였다.

이런 유래는 우리가 어떻게 살아가야 하는가에 대해 중요한 단서를 제공한다. 우리는 단절된 개인이 아니라 서로 마주보며 공동체 안에서 살아가는 사람들이다. 우리는 우리를 인격적으로 성숙케 하는 다른 사람을 필요로 하는 공동체 안에서 살아가는 한 가족이다.

우리는 자신의 정체성을 기업, 학교, 교회, 군대, 공공기관 등 조직의 공동체라는 맥락에서 찾게 된다. 우리는 함께(Together) 있을 때 다른 사람의 도움을 통해 가장 잘 배울 수 있는 것이다.

당신의 삶 속에 울려 퍼졌던 지혜로운 음성들, 얼굴을 마주 대했던 사람들을 다시 한번 떠올려보라. 그들 중에는 교육도 별로 받지 못했고, 삶의 깊이를 가르치기에는 자격이 없어 보이는 의외의 사람들도 포함되어 있지 않은가?

우리는 인생의 멘토(Mentor)나 스승이 자기 스스로를 인격 형성에 대해 가르치는 교육자라고 생각하는 것은 아니다. 그러므로 당신의 삶 속에서 우연이든 의도적이든 삶의 조언자로서 인생의 한 과정을 마주 손잡고 여행했다는 사실 자체가 멘토링으로서 의미를 새기면 되는 것이다.

멘토링은 한 사람의 삶에 진정한 변화를 가져다준다.
멘토링은 조직 경영에서 인재경쟁력을 가져다준다.

1장 멘토링원리 기본이해

인류역사 이래로 우리 삶 속에 깊숙이 자리잡아온 멘토링은 B.C. 1250년을 무대로 한 〔호머〕의 저서 「그리스신화」에서 등장한다. 당시 이타카 왕국의 오디세우스 왕이 트로이 전쟁으로 출정하게 되자 어린 왕자인 텔레마코스(Telemachus)를 〔멘토(Mentor)〕라는 이름을 가진 스승이 20년간 지혜롭고 현명한 왕으로 성장시켰다는 데서 유래한다.

오늘날 조직개발에 필수적인 제도적 멘토링(Systematic Mentoring)은 1970년 중반에 미국, 캐나다 지역에서 기업, 학교, 교회 등에서 멘토링 프로그램이 개발되어 각 조직에 체계적으로 도입하는 계기가 되었다.

국내에서는 최초로 멘토링 전문연구 및 컨설팅 업체인 멘토링코리아가 98. 2. 1일에 설립하여 제도적 멘토링 프로그램 개발에 박차를 가하고, 2000년부터 기업, 학교, 교회, 공공기관 등을 대상으로 교육과정 개강과 컨설팅을 수행하고 있다. 이 장에서는 먼저 멘토링원리를 설명하도록 하겠다.

1. 멘토링(Mentoring) 입문

경영 자원 중 가장 중요한 것이 인적 자원이라면, 경영자는 인력개발에 상당한 시간과 에너지를 투자할 필요가 있다. 경영자는 자신의 인격과 능력을 개발하며 동시에 다른 사람들이 잠재력을 최대한으로 개발하는 데 주력해야 한다. 경영자가 인력개발을 중요시하는 리더십을 발휘할 때 그는 리더십의 연장선인 멘토(Mentor)의 역할도 감당할 수가 있어야 한다. 멘토란 다른 사람의 인생을 이끌어주는 지혜롭고 충성스러운 조언자다. 사실 모든 경영자는 리더인 동시에 멘토가 되어야 한다.

오늘날 산업교육이 집단교육(集團教育) 위주의 틀을 벗어나지 못하고 있는 안타까운 교육현장에서 경영자들이 기업교육의 원래 목적인 인재개발(人才開發) 교육으로 회복할 수 있는 지름길로 멘토십(Mentorship) 프로그램을 신중히 검토해야 할 시점인 것이다. 바로 멘토십 프로그램은 기업의 인적 경쟁력을 확보할 수 있는 21C 최적으로 프로그램 (맥킨지 저서 「인재전쟁」에서)으로 각광받고 있기 때문이다.

멘토는 리더십 과정에서 가장 큰 보상이 수반되는 경험으로 여겨진다. 왜냐하면 한 사람의 훌륭한 멘토는 장래 수많은 중간지도자인 멘토를 낳을 수 있기 때문이다.

2. 멘토링(Mentoring) 유래

1) 신화성

최근에 이르러 산업계나 교육계 등에서 붐을 일으키는 멘토링은 사실상 오랜 역사를 지닌 개념이다. 그 뿌리를 캔다면, 멘토(Mentor)는 유명한 호머(Homer)의 서사시 오디세이(Odyssey)에 나오는 이타카(Ithaca) 왕 오디세우스의 친구의 이름이었다. 왕이 트로이(Troy) 전쟁에 나갈 때 아들 텔레마코스(Telemachus)를 멘토에게 맡기고 지도를 부탁하였는데, 20년 후 왕이 전쟁에서 돌아왔을 때 텔레마코스는 왕의 자질을 갖춘 지혜롭고 현명한 사람으로 성장해 있었다.

이 신화적 인물에 대한 아주 흥미 있는 사실은 멘토가 지혜 있는 노인이나, 혹은 사람들을 인도하는 목자를 나타내는 말로서 당시에 현실적으로 실생활에 사용되었다는 사실이다. 그러다가 얼마 후 이 용어는 역사에서 사라지게 되었는데, 최근에 그 학적 가치를 인정받으면서 그 사용이 다시 시작된 것이다. 이 용어 멘토가 영문 소문자 'mentor'로 사용될 때는 '스승'이나 '교사'라는 포괄적인 뜻으로 사용되고 있으며, 우리가 일반적으로 멘토라고 할 때는 바로 이런 의미가 함축되어 있다.

■ 트로이(Troy) 전쟁이란?

미(美)의 여신 아프로디테(영어로는 Venus)는 당대 최고의 미녀로서 스파르타 왕비인 헬레나를 지목했다. 트로이 왕국의 왕자인 파리스가 헬레나 왕비를 납치하는 바람에 격분한 스파르타 메넬라오스 왕은 친구인 오디세우스 왕과 동맹하여 트로이전쟁을 일으키게 된다. 10년에 걸친 전쟁은 동맹군의 승리로 끝났고 오디세우스 왕은 10년 더 오기아 섬에서 휴양을 취한 후 이미 장성하여 왕이 된 아들 텔레마코스의 안내를 받아 귀국하게 된다.

특별히 여기에 스승인 멘토(Mentor)의 특수한 교육방법을 소개한다. 먼저 한 사람인 왕자 텔레마코스(Telemachus)를 위해 쏟은 정성을 엿볼 수 있다.

이러한 사례에서 멘토링(Mentoring)의 뜻은 멘토(Mentor)가 1 : 1로 한 사람에게 영향을 끼치는 활동(Activity=Mentor+ing) 즉, One to One 멘토링 리더십(멘토십)을 의미한다.

이 사건에 기인하여 그 이후 멘토는 경험이 부족한 자와 그를 훈련하는 유경험자와의 관계, 혹은 어린 사람과 그를 가르치는 연세 든 사람과의 관계를 의미할 때 사용되었다. 오늘날 멘토링이라는 용어는 멘토가 스승으로서의 역할을 감당하는 일을 의미한다. 인간발달을 연구하는 심리학자나 교육학자들의 최근 작품 속에서 이 멘토링이라는 개념이 양육과 교육, 지도자역할과 동일한 의미로 연계되어 사용되고 있으며 최근엔 유능한 리더십을 추구하는 기업체, 교육계 및 교회사역에서 그 필요성이 더해 가는 실정이다.

* 오디세이아(Odysseia)
[호머의 그리스신화 제2편]

B.C. 800년에 저술된 호머의 그리스신화는 B.C. 1250년을 무대로 한 트로이전쟁을 주제로 한 제1편 일리아드와, 오디세우스 왕의 귀향을 다룬 제2편 오디세이아로 나눈다. 사실 멘토링의 핵심부분은 제2편에 편중되어 있다. 특히 페넬롱(A.D. 1699)의 저서〔텔레마코스의 모험〕은 오디세우스 왕의 귀향을 주제로 다룬 것이다. 멘토링에 관심 있는 회원을 위해서 아래 내용의 요약의 글을 싣는다.

제1장 표제: 텔레마코스(Telemachus)
≪오디세이아(Odysseia)≫ 제1권에서 오디세우스(Odysseus: 그리스 명. 율리시즈(Ulysses): 라틴 명)의 아들 텔레마코스는 이타카(Ithaca)의 자기 집에 머무르고 있다. 그는, 부왕(父

王)의 부재 동안에 궁전을 약탈하고 그의 어머니 페넬로페(Penelope)에게 구혼을 강요하는 무리들 때문에 위협을 받는다. 이들 무리 가운데 주모자는 안티노우스(Antinous)다. 멘토(Mentor)로 분장한 아테나(Athena)가 텔레마코스에게 나타나, 파괴적이고 오만한 구혼자들을 부왕궁전에서 몰아내고 배를 타고 바다를 건너 본토로 가 부왕을 찾도록 충고한다.

제2장 표제: 네스토르(Nestor)

《오디세이아》 제2권에서 텔레마코스 왕자는 아테나의 지시에 따라 부왕의 소식을 찾아 배를 타고 본토로 향한다. 제3권에서 텔레마코스는 본토에 도착하여 충고를 얻고자 '우두머리 전사'인 네스토르에게 접근한다. 네스토르의 막내아들 피시스트라토스(Pisistratus)가 텔레마코스를 맞는다. 네스토르는, 오디세우스 장군의 귀향이 어려운 운명에 처해 있기는 하나 심신을 가다듬고 용기를 내도록 텔레마코스를 타이르며 그리스 영웅들의 귀향 이야기를 들려준다. 제5권에서 피시스트라토스는 텔레마코스를 메넬라오스(Menelaus)의 궁전으로 안내하고, 그곳에서 텔레마코스는 헬렌(Helen)을 만나 메넬라오스의 귀향 이야기를 듣는다.

제3장 표제: 프로테우스(Proteus)《오디세이아》

제4권에서 텔레마코스가 메넬라오스의 궁전에 있는 동안, 메넬라오스는 자신의 트로이 여행담을 그에게 들려준다. 메넬라오스는 이집트에서 그곳 규칙을 위반한 죄로 신들에 의하여 감금되어 있다. 그는 어느 신이 자기를 사로잡고 있는지 알지 못하며 어떻게 배를 타고 귀향해야 할지 모른다. 그리하여 그는 한 가지 예언을 성취하기 위하여 해변에서 '바다의 선조'라는 프로테우스 해신과 겨룬다. 프로테우스는 자신의 몸을 짐승, 물, 불 등으로 변용시키는 힘을 갖고 있다. 그러나 메넬라오스가 그의 계속되는 변용에도 불구하고 그를 사로잡을 수만 있다면 프로테우스는 메넬라오스의 질문에 답할 것이다. 그 일은 결국 성공한다. 그 결과 프로테우스는 메넬라오스에게 이집트가 그를 속박하고 있는 마력을 파괴하는 방법을 알려주며 칼립소(Calypso) 섬에 고립되어 있는 오디세우스의 행방을 알려준다.

제4장 표제: 칼립소(Calipso)

《오디세이아》제5권에서 우리는 오디세우스가 요정 칼립소의 포로가 되어 있음을 본다. 그러자 아테나는 오디세우스를 구하기 위하여 제우스에게 중재를 부탁한다. 제우스는 헤르메스(Hermes)를 칼립소에게 보내어 오디세우스를 해방케 하고 그의 안전한 귀향을 권한다. 오디세우스는 지난 7년 동안 이 섬에 감금된 채 해방과 귀향을 동경해 왔다. 칼립소는 제우스의 지시에 응하고 오디세우스는 자유의 몸이 되어 항해를 준비하지만, '소나기 먹구름'의 형태를 지닌 포세이돈(Poseidon)의 반감으로 폭풍우에 휘말린다. 그러자 아테나가 다시 중재에 나서고 오디세우스에게 '침착의 선물'을 주어 폭풍우를 이겨내게 한다.

제5장 표제: 로터스-이터즈(Lotus-Eaters)

오디세우스 장군은 칼립소의 섬과 바다로부터 도피한 후에 파이아키아인(phaeacian)의 나라 스케리아(Scheria)에 상륙하여(제6권) 알키노오스(Alcinous) 궁전에서 대접을 받고(제7, 8권), 알키노오스 왕에게 자신의 수년 간에 걸친 항해에 관한 이야기를 시작한다(제9권). 그의 항해 초기에 그와 그의 부하들은 폭풍우로 로터스-이터즈(로터스 꽃을 먹고 사는 사람들)의 섬에 떠밀리게 된다. 그러자 오디세우스의 몇몇 부하들은 로터스를 먹고 고국을 잊어버린 채 그곳에 영원히 머무르기를 바란다. 오디세우스는 그들을 설득해 다시 배에 태워 출항한다.

제6장 표제: 하데스(Hades)

《오디세이아》 제10권에서 키르케(Circe)는 오디세우스에게 죽음의 세계인 황천(Hades)을 방문하도록, 그리고 여행을 계속하기 전에 맹인 예언자인 티레시아스(Tiresias)의 영혼과 상의하도록 충고한다. 제11권에서 오디세우스는 마침내 황천에 내려가게 되고 그곳에서, 옛날 키르케 홀에서 술에 취해 죽은 그의 부하 엘페노르(Elpenor), 제우스신의 아들로 엄청난 힘을 소유했던 헤르쿨레스(Hercules), 메넬라오스의 형으로 트로이전쟁 때 그리스 군을 인솔했으며 전쟁터에서 귀국하자 그의 아내에게 살해된 아가멤논(Agamemnon) 등, 생전에 위대한 업적을 남긴 유명한 사람들의 영혼을 만나게 된다. 이 황천의 여행 도중 오디세우스는 네 개의 강을 건너게 된다.

제7장 표제: 아이올로스(Aeolus)

《오디세이아》 제10권에서 오디세우스는 '바람의 신'인 아이올로스가 지배하는 아이올리아(Aeolia)에 도착한다. 아이올로스는 자루 속에 모든 불길한 바람을 가둠으로써 오디세우스를 도우려고 애쓴다. 오디세우스는 이 자루를 배에 싣고 항해를 한다. 그러나 그의 조국 이타카가 시야에 들어오자 그의 부하들이, 오시디세우스가 그 자루 속에 어떤 굉장한 보물을 감추어 둔 게 아닌가 의심하여 그것을 열어버리자 바람이 마구 새어나온다. 그러자 배는 도로 아이올리아로 돌아가게 되고, 그곳의 아이올로스는 오디세우스에게 더 이상의 도움을 거절한다.

제8장 표제: 레스트리고니언즈(Lestrygonians)

≪오디세이아≫ 제10장에서 바람의 왕 아이올로스에게 퇴짜를 맞은 오디세우스 장군과 그의 부하들은 다시 한번 바다로 출항한다. 그리하여 그들은 사람을 마치 물고기처럼 마구 씹어 먹는 거대한 식인종들인 레스트리고니언즈의 위협에 봉착한다. 이 식인종들의 왕은 거인 안티파테스(Antiphates)로서 오디세우스의 모든 부하들을 위협하지만, 그들은 묘하게 이 위기를 모면하고 도피한다. 여기서 바닷가에 정박한 오디세우스와 그 부하들을 안티파테스의 집으로 유혹하는 것은 안티파테스의 딸인 '건강한 젊은 처녀'이다.

2) 역사성 : A.D. 1699년 – Fenelon(佛) 멘토링, Protege

이러한 멘토와 텔레마코스의 이야기를 처음으로 활용한 사람은 17세기 프랑스의 페넬롱 (Fenelon)이었다. 그는 멘토(스승)로서 프랑스 루이14세의 손자 Louis를 지도했으며, 1699년에는 텔레마코스에 대한 책('텔레마코스의 모험'–당대 가장 인기 있는 책 중의 하나였음)을 써서 널리 알렸던 인물로 오늘날 우리가 연구하고, 활용하고 있는 멘토링의 사상을 전해 준 최초의 사람이다. 이로써 멘토는 지혜와 신뢰로써 한 사람의 인생을 이끌어주는 One to One Mentorship 즉 지도자(Leader) 등의 동의어로 사용되는 계기가 된 것이다.

* 페넬롱(Fenlon)이야기

멘토링 이론을 역사 속에 처음 정착시킨 사람은 17세기 프랑스의 페넬롱이다. 그는 직접 루이14세 장손의 멘토가 되어 8년 동안 성공적으로 멘토링을 완수함으로 역사 속에 존재하는 최초의 멘토가 되었다. 년을 무대로 한 호머의 그리스신화에 나오는 멘토 (Mentor)에 관한 기록만 가지고는 현재 우리가 알고 있는 멘토링을 프로그램화하기에는 너무나 추상적인 논리 전개를 필요로 한다.

이에 페넬롱의 저서 〔텔레마코스의 모험〕을 통하여 프랑스를 비롯한 유럽 전역에 멘토링을 꽃 피우게 한 사례들이 오늘날 우리에게 멘토링을 현장적용하는 데 더욱 흥미롭고 효과적으로 활용할 수 있는 자료들이다. 그동안 페넬롱에 대한 내용이 간헐적으로 전해 왔는데 이번에 좀더 자세한 기록을 소개한다. 오디세우스나 율리시스 신화는 서구 문학에 훨씬 더 잘 알려져 있다. 그러나 멘토의 신화를 유일하게 역사 속에서 다룬 작품은 프랑수아 페넬롱(Francois Fenelon, 1651-1715)이 1699년에 쓴 소설 「텔레마코스의 모험」(Les

Aventures de Telemaque)이다. 이것은 교육적인 목적으로 쓴 일련의 수필로서, 고도의 도덕적 진지함을 갖춘 이야기다. 페넬롱은 프랑스 가스코뉴(Gascon) 귀족의 작은 아들이었다. 페넬롱은 장 자크 올리에르(Jean Jacques Olier, 1608-1657)와 그의 제자 트롱송(Tronson)의 멘토링을 받으면서 자라게 되는데, 이를 통해 페넬롱은 사회적인 지위나 외형적인 명성을 두고 다투는 것보다는 무명인으로 사는 삶이 더 가치 있는 인생임을 배우게 된다.

이렇게 하여 페넬롱은 그리스도의 임재 안에서 그 자신의 내면적인 확신과 스스로의 존재 근거를 세워 나갔다. 그 결과 페넬롱은 궁중 생활이라는 외부적인 존재 근거에 대해 무관심할 수 있었으며 따라서 진심으로 그로부터 자유로울 수 있었다.

그럼에도 불구하고 페넬롱은, 루이14세의 장손(長孫)으로서 프랑스 왕위를 계승할 인물인 **부르고뉴(Burgundy)**의 공작의 멘토가 되어서, 그가 여섯 살 되던 해부터 열네 살이 될 때(1689-1697)까지 그를 맡게 된다. 이리하여 페넬롱은 곤란하고 위험스러운 과업을 수행하게 되었다. 이 공작은 그야말로 '천방지축'이었다. 시몽(Saint-Simon)이 관찰한 바로는, 그는 너무나 충동적인 성격인 나머지, 자신이 하고 싶지 않은 뭔가를 해야 할 시간을 알려준다는 이유로 시계(時計) 자체를 부수려고 했으며, 비가 와서 자신이 하고 싶은 것을 못하게 되자, 비를 향하여 더 이상 격렬할 수 없는 분노를 터트렸다. 그리고 이를 못하게 하면 할수록 분노는 더욱 격양되었다. 한마디로 그는 어린 독재자로서, 오디세우스 유형의 할아버지 루이14세를 그대로 닮았다.

그러나 페넬롱이 8년간의 멘토링을 마쳤을 즈음, 이 공작은 열네 살답지 않게 온유하고, 인내심이 있고, 지혜로운 청년으로 자랐으며, 그 후 일생 동안 페넬롱의 친구가 되었다. 그러나 멘토인 페넬롱과 그의 멘제였던 부르고뉴 공작 모두는 애석하게도 페넬롱의 도덕적인 본보기는 루이14세의 악덕과는 정면으로 배치되었다. 대신들의 이간질 때문에 페넬롱에 대한 시기와 불안은 급기야 분노로 타올랐으며 결국 왕은 다시는 스승과 제자로서 그들이 서로 만나지 못하도록 금하였다.

그럼에도 페넬롱과 공작은 은밀하게 서신을 주고받은 것으로 보면 두 사람이 남은 생애 동안 서로 더욱 친밀하게 결속되어 서로 간의 사랑과 충성을 보여주었음을 알 수 있다. 그 서신 가운데는 페넬롱이 공작을 위해 쓴 이야기들이 있는데 이것은 텔레마코스가 멘토의 지지를 힘입어 아버지를 찾아나서 유랑하는 모습을, 상상력을 동원하여 쓴 것이다. 텔레마코스의 모험은 페넬롱이 왕의 진노를 받게 하려는 음모로 페넬롱 몰래 원고가 유출되어 출간된 것이다. 그러나 이 일로 인해 페넬롱이 더 큰 피해를 입은 것은 아니었다. 그는 이미 북쪽 국경 지역인 캉브래(Cambrai)의 대주교로 임명되어 궁을 떠난 후이었기 때문이다.

루이14세는 이 글을 자신의 독재정치를 고발한 것으로 보았고, 페넬롱을 위험하고 불충한 신하로 판결하였다. 페넬롱은 자신이 왕에게 불충한 것이 아니었으며, 다만 '반(反)영웅주의'의 입장에서 공작을 멘토링했다고 자기변호를 시도했건만 모두 헛수고였다. 페넬롱의 자신변호를 보면 "만일 풍자적이고 오만한 인물을 제시하려고 했다면 배은망덕할 뿐만 아니라 방자한 존재인 전형인 제 자신을 소개하였을 것입니다. 저는 왕을 풍자적이고 오만한 인물로 평가하는 것은 상상조차 해보지 않았습니다. 물론 「텔레마코스의 모험」에서 저는 절대 권력인 본질적인 한계와 함정을 지적했습니다. 그러나 특정인물을 지정할 정도의 의도가 전혀 없었습니다. 그 책을 더 읽어보시면 제가 결코 사적인 감정을 개입시키지 않고 그저 진솔하게 이야기하고 싶어 했을 뿐임을 알 수 있을 것입니다. 더구나 출간된 책은 제가 쓴 원본과 꼭 같지도 않습니다." 페넬롱이 이런 직책을 맡을 수 있었던 것은, 역설적이게도 궁중의 한 귀부인, 즉 보빌리어 공작부인의 천거를 통해서였다. 그녀의 아버지는 왕의 재무대신인 장 밥티스트 콜베르요. 그 남편은 황태자비의 가정 총무였던 것이다. 젊은 시절 페넬롱이 처음으로 쓴 교육관련 논문 「소녀 교육에 관하여」는 이 공작부인 슬하의 여덟 딸을 위하여 쓴 것이다. 이것이 계기가 되어 페넬롱은 장래 프랑스 왕의 교육과 인격의 멘토링을 책임지는 대단히 경쟁적인 지위에 발탁이 되었던 것이다.

페넬롱의 전 생애를 통해 그에게 정서적이고 도덕적인 통찰력을 제공해 온 것은 다름 아닌 그의 감정이입 능력이었다. 즉 그는 감정이입을 통해 사람들이 겪는 고충과 느낌 속으로 들어갔으며 사람들이 받는 유혹을 실감할 수 있었다. 그는 또한 이렇게 얻은 통찰력을 발휘해 어린 왕자를 멘토링하였다. 페넬롱의 「텔레마코스의 모험」이 불순한 의도로 출간되긴 했지만 그 후 2세기 동안 가장 인기 있었던 책 중에 하나가 되어 200판이나 출간되었다. 프랑스와 북미의 혁명적인 풍토에서 이 책은 가부장제에 맞서는 책이자, 군주제를 거부할 명분을 제시하는 책으로 널리 인식되었으며, 그랬기에 반란의 분위기 속에서 정치적 혁명을 제시하는 위대한 성명서로 간주되었다.

이 책에 고무되어, 볼테르(Voltaire)는 「캉디드」(Candide)를 썼고, 루소(Rousseau)는 「에밀」(Emile)을 쓰게 되었다. 그러나 페넬롱이 기독교 교육에 관한 이야기를 쓴 반면, 이

계몽주의자들은 세속적인 교육을 위주로 한 새로운 형태의 소설을 소개했을 뿐이다. 페넬롱의 작품은 하나님, 왕, 기타 권위와 같이 외부적이고도 수직적인 삶의 질서를 좀더 많이 반영하고 있다. 반면에 새로운 세속적인 접근에서는 최종적인 권위의 연원이 본질적으로 자신의 자아에 있다. 한 사람의 생애에는 단지 우연으로 벌어지는 일들이 없을 수는 없지만, 그 사람이 무엇을 선택하고 무엇을 성취하느냐에 따라 인생은 얼마든지 달라질 수 있다. 후에 나온 찰스 디킨스 (Charles Dickens)의 소설 「데이비드 카퍼필드」(David Copperfield)는 이 새로운 장르의 이정표가 되었는데, 거기에 보면, 외로운 영웅이 멘토도 없이, 이제 모든 것이 유동적인 도시 사회의 혼란스러움을 홀로 헤쳐 나간다. 사회에 순응하여 귀속하는 대신, 스스로 살아남는 과정을 겪으면서 사회적인 신분이동과 숙명에 새로운 지평이 열리게 된다.

또한 이 세계에서는 도덕적 가치조차 변하는데, 이는 권위주의적인 '구체제'(ancien regime)에서의 고정된 우주관과 의심의 여지를 두지 않는 가르침과는 뚜렷한 대조를 이룬다. 그러기에 문학사에서, 페넬롱의 기독교적인 음성을 배제한 채, 그를 그저 세속적인 한 장르의 선구자로 간주하는 것은 참으로 얄궂은 일이 아닐 수 없다. 또한 사람들은 페넬롱이 정치적인 혁명가의 목소리를 낸다고 생각한다. 사실 그의 목소리는 개신교도로서가 아닌 가톨릭의 입장에서 외치는 기독교적인 개혁가의 선지자적 음성이라고 할 수 있다.

비록 페넬롱은 어리고 고집스러운 왕자를 즐겁게 해주는 동시에 진리의 길로 인도하기 위해 텔레마코스의 신화를 취하여 훌륭한 이야기로 각색한 것이지만, 진정한 의미에서 그는 기독교적인 우화작가였다고 하겠다. 하지만 그가 정죄하려고 했던 바로 그 부분들로 인해 인정과 찬양을 받고 있다는 사실은 그야말로 얄궂은 일이다. 정치적인 야망은, 페넬롱이 프랑스 궁중에 있을 때조차도, 그와는 가장 동떨어진 것이었다. 그의 오랜 친구 보쉬에(Bossuet) 추기경은 그를 시기한 나머지, 반감을 품고 그를 교활한 책략가로 몰아붙였지만, 사실은 보쉬에 자신이 그런 부류의 인물이었다.

페넬롱은 그의 진실한 친구 기용 부인(Madame Guyon)과 함께 늘 중상모략의 표적이 되었다. 후에 지식인들은, 그의 기독교적인 동기는 전혀 이해하지 못한 채, 「텔레마코스의 모험」을 정치적인 풍자 문학인 동시에 교육의 도약을 위한 새로운 헌장으로 재해석하였다. 페넬롱과 같은 그리스도인 멘토에게는, 페넬롱이 재각색한 텔레마코스의 이야기야말로 프랑스 왕은 물론이거니와 호메로스와도 비교할 수 없는 것이다.

* 참고자료: James M. Houston, 「The Mentoring Life」

3) 현실성: A.D. 1970년대 -
William Gray-NewMentoring Program

오늘날 멘토링은 70년대 후반부터 북미지역의 학자들(Bobb Biehl, Howard Hendricks, Robert Clinton, WIlliam Gray 등)에 의하여 연구가 활발하게 진행되었다. 특히 Roche 상급자(78ʼ 하버드대)와 Leonard 상급자(2001ʼ 하버드대)는 성공사례를 하버드 비즈니스 리뷰지(경영격월간지)에 기고함으로 사회 각층에서 큰 호감을 갖게 되었다. Levinson 상급자(79ʼ 예일대)의 저서 「남자의 생의 계절」에서 "멘토가 없는 사람은 부모가 없는 고아와 같다."는 내용은 학교, 기업, 교회 등 각 조직에서 구성원으로서 멘토의 필요성이 급부상하게 되었다.

최근 아마존 닷컴에서(amazon.com) 멘토링을 검색하면 200여 종의 책자와 150여 군데의 멘토링 단체와 연구기관이 소개되고 있다. 이미 유럽과 북미지역에서 생활 속에 정착된 멘토링이 21C 국내에서도 서서히 클로즈업 단계로 접어들고 있다.

4) 국내에서 멘토링

국내에 멘토링이 들어온 지는 30여 년 정도로 추정할 수 있다. 특히 멘토링 도입에 큰 영향을 끼친 것은 미국산업교육협회(ASTD-전세계 회원 65,000명)에서 매년 정기적으로 멘토링에 관한 성과분석 보고서였다. 이 발표자료를 회원으로 속한 국내 상급자, HRD분야 전문가들이 인용한 것이 계기가 되었고 한편으로는 북미지역에 유학을 계기로 멘토링을 경험한 자들에 의하여 학계와 산업계에서 연구나 실험 대상으로 부분적으로 도입되었다.

최근 국내애서 멘토링이 크게 부각된 것은 맥킨지 컨설팅에 의하여 21C 인재전략 보고서(2,000년-다보스회의)로서 국내에서 「인재전쟁」(2002-세종서적 출간, The War of Talent)으로 번역 출간되어 제5장에서 멘토링을 '인재전략의 놀라운 힘'이라고 격찬한 데 많은 영향을 받았다고 볼 수 있다.

그러나 이러한 권위 있는 기관의 평가와는 달리 국내에서는 제도화된 프로그램을 갖추지 못하여 대부분 조직에서 도입 의도와는 달리 성과를 내지 못하고 유명무실한 사례가 비일비재한 실정이다.

최근 Job Link사에서 기업에 설문조사한 결과를 보면 '160군데 기업 중 47.5%가 멘토링을 도입하고 있다'고 발표했으며, 한국직업능력개발원에서는 '회사생의 43%가 멘토링을 경험하고 있다'는 자료를 발표했다. 깜짝 놀랄 통계다. 왜냐하면 대부분의 사람들이 멘토링의 개념을 Typical Mentoring(전통적인 멘토링)의 범주에서 이해하고 있으면서 몇몇 환상적인 성공사례를 가지고 도입하고 있다는 것이 문제가 된다. 전통적인 멘토링은 개인개발에 초점을 맞추어 인간관계를 배려하여 리더로 세우는 일로서 생산성을 추구하는 조직체계에서는 그 틀을 바꾸지 않으면 괜히 도입 경비만 낭비할 확률이 크기 때문이다.

5) 멘토링코리아의 한국형 멘토링(Korea Type Mentoring)

국내 최초로 멘토링코리아((Mentoring Korea=MKO 98,2,1설립)에서는 전문연구팀으로 출범하여 북미지역의 멘토링 학자인 Bobb Biehl(美), William Gray(加) 박사로부터 기본 자료를 제공받아 국내실정에 맞게 인간성 바탕 위에 조직의 생산성 목표를 달성할 수 있는 체계적인 프로그램인 한국형 멘토링 프로그램(Korea Type Mentoring)을 개발하여 4개 과정 프로젝트로 도입하고 있다. 현재 준비과정, 도입과정, 활동과정, 평가과정까지 종합프로그램으로써, 멘토링 전문인력 150여 명 양성과 기업과 기업, 교회, 학교, 군대, 공공기관 등 100여 곳에 도입 컨설팅 실적을 거두고 있다.

3. 멘토링(Mentoring) 용어

1) **멘토(Mentor)** - 도움을 주는 사람이며 〔전인적인 삶의 조언자다〕.
2) **멘제(Menger)** - 도움을 받는 사람이며 상대인 멘토를 통하여 자신의 역량을 개발하고자 하는 사람이다. (유사용어 Protg(불란서에서 호칭) Mentoree(영국) Mentee(미국)
  * 멘제(Menger) - 한국에서 멘토링코리아 프로그램에 의하여 형님 동생이라는 의미로 호칭.
3) **멘토링(Mentoring)** - 멘토가 멘제와 활동(Activity)하는 상태를 말한다(Mentor+ing).
4) **Mentoring Cell** - 멘토와 멘제의 한 쌍을 말한다. 팀의 최소단위이다. Cell(세포)은 자연번식을 의미하며 Push전략보다는 멘토의 자생력으로 하여금 그 활동을 촉

진할 수 있도록 하는 것이 바람직스럽다.

5) Mentor Chain-멘토는 위로 멘토를 둘 수 있고 동시에 아래로는 멘제를 둘 수 있는 상황에서 상(上)과 하(下)의 연결점이라는 것을 말한다.

6) Mentor Pool Center-멘토를 선발하고 양성하고 관리하고 재충전하고 동기부여 하는 멘토를 전문적으로 다루는 기구를 말한 멘토링 시스템(Mentoring System)-운영조직의 지원으로 멘토와 멘제가 공식적인 멘토링 관계를 형성하여 Off Line이나 On Line에서 활동하는 멘토링 구조와 프로세스를 지칭한다.

7) **모니터링 시스템(Monitoring System)**-멘토와 멘제의 활동을 관찰과 지원을 통하여 사전에 문제점을 발견하고 해결하고자 하는 전담기구다. 전통적 멘토링보다는 제도적 멘토링에서 멘토의 리더십을 보완하는 필수적인 기구다.

8) **다이아몬드 멘토링(Diamond Mentoring)**-야구 4개 베이스를 상징하여 인재개발, 조직개발, 수익개발을 각각 4단계로 진행하는 프로그램을 말한다.

■ 왜? 멘티를 멘제(Menger)라고 사용해야 하나요?

먼저 멘토(Mentor-그리스어로 멘토르)라는 단어는 호머의 그리스신화(B.C. 1250)에서 스승의 이름으로 쓰인 후 오늘날까지 단일 명칭으로 사용되고 있습니다.

영한사전에도 멘토는 "Oydysseus가 그의 아들을 부탁하였던 선도자(善導者)"라고 해설을 붙였습니다. 그러면 멘토의 상대호칭은 언제, 누가 처음으로 사용했을까요? 궁금하지요? 이는 7C 페넬롱(Fenelon佛)이 그의 저서 텔레마코스 모험(1699년 저서 The Adventure of Telema chus)에서 프로테제(Protege)라는 단어를 최초로 사용한 데서 기인합니다. 그래서 프로테제는 불어로 피보호자라는 뜻을 담고 있습니다.

그 후 영국에서는 멘토리(Mentoree)라는 단어를 사용했고 현재 북미지역에서는 멘티(Mentee) 멘토리(Mentoree) 멘토랜드(Mentorland) 빅브라더즈(Big Brothers)라는 여러 가지 단어를 혼용해서 쓰고 있습니다. 왜? 이렇게 여러 단어를 사용하고 있을까요?

그 이유는 멘토링 프로그램 개발자가 각기 개인의 특성이나 자국의 사정을 감안하여 자유롭게 단어를 사용한 것이 그 이유입니다. 한편으로는 멘토(Mentor)라는 단어에 Mentor+ee=Mentoree(멘토리), Ment+ee=Mentee(멘티)라고 단순하게 어휘 변화로 표현한 것입니다.

한국에서도 고용인을 Employer, 피고용인 즉 종업원을 Employee라고 하는 것과 같은 의미입니다. 그러나 멘토링은 멘토와 멘제가 수평적인 관계임에도 이러한 수직적인 의미가 담긴 표현은 좀 가벼운 생각이라고 볼 수 있습니다.

오늘날 학술적인 기록에는 대부분 원어인 프로테제를 사용하고 있습니다. 다만 조직의 현장에서 프로테제라는 단어가 발음상, 또는 불어라는 면도 감안하여 주로 미국에서는 멘티, 멘토리 등을 많이 사용하고 있습니다. *Protege(프로테제-불란서, 미국) *Mentoree(멘토리-영국) *Mentee(멘티-미국) *Mentorland(멘토랜드-미국) *Menger(멘제-한국) 혹자는 저한테 멘티(Mentee)가 공식 명칭인데 왜 굳이 멘제(Menger)를 사용해서 혼란을 주고 있는가?라고 항의성 질문도 던집니다. 그러나 이는 잘못 오해한 데서 나온 말입니다.

이제 멘제(Menger)라는 단어에 대한 선정 과정과 답변을 해드리도록 하겠습니다. 저희 멘토링코리아 연구팀은 비록 외국으로부터 멘토링에 관한 자료를 제공받았지만(Bobb Biehl 美) (William Gray 加) 사실은 한국문화나 조직의 생산성 보장 등에 중점을 두고 한국형 프로그램으로 개발한 것입니다.

이런 과정에서 아예 아무 의미도 없는 외국 단어인 멘티(Mentee)나 멘토리(Mentoree)를 사용하는 것보다는 우리 프로그램에 맞는 한국적 의미가 담긴 단어로 멘제(Menger-동생을 의미)를 선택하여 사용하게 된 것입니다. 그러니까 먼저 한국말로 멘제라고 이름짓고 그 후 영어로 Menger라고 붙인 것입니다. 좀더 자세히 멘제에 담긴 의미를 아래와 같이 소개합니다.

■ 멘제(Menger) 의미는?
멘토링코라아에서 한국의 실정에 맞게 호칭한 것으로
1. 멘토링 활동에서 멘토로부터 도움을 받는 사람이다.
2. 멘제(Menger)는 멘토(Mentor)와 수평관계라는 것을 의미한다.
3. 형, 동생에서 멘제는 동생(제=弟), 멘토는 형(兄)을 의미한다.
4. 멘토의 '멘'자와 프로테제의 '제'자를 합성한 것이다.

3. 멘토링(Mentoring) 정의

아래 영문 내용을 살펴보면 미국에서도 아직은 멘토링에 대한 합의된 정의를 정확히 이끌어내진 못한 상태라고 볼 수 있다.

☞ Mentoring: The most complex of all human activities. (The dictionary of occupational titles, a US dept. of labor publication)

또한 우리말로 옮길 만한 적절한 단어를 찾지 못하여 대부분 그대로 사용하고 있다. 이것은 멘토링이 가지고 있는 사상이나 의미가 너무나 다양하여 한마디로 정의하거나 옮긴다는 것이 그만큼 잘못 해석될 위험을 내포하고 있음을 시사한다.

아무리 어렵다 할지라도 정의를 말하지 않고 어떤 주제에 대하여 논한다는 것은 앞으로 전개해야 하는 이야기의 초점을 분명히 할 수 없다고 본다. 오히려 각자의 주장을 통하여 합의된 정의에 조금씩 조금씩 다가갈 수 있으리라 생각되어 아래 멘토링 전문가들의 정의를 살펴보고자 한다.

■ 윌리엄 그레이(William Gray)

오늘날 새로운 멘토링 패러다임(New Mentoring Paradigm)은 멘제들이 조직에 혁신적인 공헌을 하도록 자신의 다양성, 창조성, 아이디어, 열정, 독창성 등을 발휘할 수 있도록 힘을 불어넣어 줄 뿐만 아니라 멘토가 이미 삶 전체를 통하여 알고 있는 것으로서 멘제를 '세우는' 전통적인 개념을 포함한다.

■ 신유근 교수(서울대)

조직에서 이루어지는 학습은 공식적인 것뿐 아니라 직장 선후배 간에 또는 동료 간에 조언이나 도움을 통해 이루어지기도 한다. 실제 조직에서 구성원들이 학습하는 행위나 지식들은 이렇게 구성원들 간의 상호작용 과정에서 습득하는 경우가 상당히 많은 것이다. 이때 조직에 영향력이 있는 사람들로부터 필요한 관심을 받도록 신참자에게 영향을 주는 직위나 역할을 수행하는 사람을 멘토(Mentor)라 하고 그러한 멘토의 활동을 멘토링(Mentoring)이라 한다.

■ 밥빌(Bobb Biehl)

당신이 좋아하고 신뢰하며, 당신이 인생에서 승리하는 것을 보고 싶어 하는 사람과의 관계다. 멘제가 지닌 잠재력을 이끌어내어 하나님이 주신 가능성에 이르도록 돕는 것이다. 결론적으로 멘토링은 평생을 지속해야 하는 관계이다. 그 관계 속에서 멘토는 멘제와 하나님이 주신 잠재력을 발견할 수 있도록 도와준다.

■ 로버트 클린턴(Robert Clinton)

멘토링은 관계적 개념이다. 한 사람이 한 사람에게 능력을 전이(轉移)하는 것이다. 능력의 전이는 하나님이 주신 자원을 서로 나눔에서 온다.

이러한 정의들을 종합하면, 첫째 어떤 사람이 다른 사람을 돕는다는 것과, 둘째는 인간관계이며, 다음으로는 일과성이 아니라 일정기간이나 평생으로 지속되는 관계임을 발견할 수 있을 것이다.

이로써 저자는 멘토링코리아에서는 다음과 같이 정의하는 데 조금도 주저하지 않게 되었다.

첫째, 멘토링은 인간관계(Personal Relationship)이다.
분명한 목적과 의도를 가지고, 도움을 주는 멘토(Mentor)와 도움받는 멘제(Menger)가 1 : 1로 관계를 맺어 활동을 하는 인간관계이다.

둘째, 멘토링은 상호유익(Mutual Effects)을 준다.
멘토와 멘제가 수평적인 원칙에서 멘토링하는 동안 상호간 잠재력이 개발됨으로 유익을 얻게 된다는 것이다. 이때 분명한 것은 먼저 멘제 개발에 초점을 맞추는 것이어야 한다.

셋째, 멘토링은 약정기간 동안 과정 중심(Process Oriented)이다.
이는 일과성 위주의 행사(Events)가 아니라 멘토와 멘제 간에 약정한 기간 동안에 창의적인 프로그램을 개발하여 계속적으로 과정 과정마다 적용해서 활성화되어야 한다는 것을 의미한다.

이상과 같이 정의를 내리는 이유는 멘토링이 기업에서만 행해지는 활동이 아니라 오히려 교회나 공공기관, 특히 교육기관에서 더욱 활발하게 활용되고 있는 인재개발 방법론으로서 정착되고 있기 때문이다.

4. 멘토링(Mentoring) 유형

1) 전통적 멘토링(Typical Mentoring)

역사 이래로 오늘날에 이르기까지 계속되어 지고 있는 1 : 1 인간관계에서 자연스럽게 연결되어 활동하고 있는 형태를 말한다. 둘만의 관계이기 때문에 어느 누구의 간섭 없이 만나고 헤어지는 것이 자유스러운 간계이다. 그러므로 개인 간의 멘토링 적용에는 좋으나 격식을 갖춘 조직에 적용하는 데는 분명히 한계가 있음을 알아야 한다. 사례로 소크라테스와 플라톤, 프로이드와 칼융, 설리반선생과 헬렌켈러, 그레이엄과 링컨대통령, 국내사례로 동의보감 허준과 유의태, 상도에서 임상옥과 홍득주, 근래 인기 드라마 대장금에서 장금이와 한상궁 등 수도 없이 많은 사례가 있다.

2) 유사멘토링(Side Mentoring)

멘토링의 형식은 갖추었으나 그 활동내용(Contents)에서 문제가 있는 것을 유사멘토링이라고 했다. 1 : 1 관계나 1 : 소그룹 관계를 말하는데 처음 연결은 멘토링 형식이나 실제 현장에서 활동 시 멘토링 프로그램이 제대로 갖추어지지 않은 형태를 말한다. 국내에서 대부분 적용하고 있는 OJT제, 후견인제, 사수조수제, 지도사원제, 신병과 고참병제, 일대일 제자훈련, 도제제도, 팀장제 최근 인기 끌고 있는 코칭 스킬 등이라고 볼 수 있다.

3) 제도적 멘토링(Systematic Mentoring)

전통적 멘토링이나, 유사멘토링은 프로그램을 제대로 갖추지 못한 관계로 대부분 일회성 교육으로 끝나게 된다. 새로운 멘토링은 William Gray 상급자(加 브리티시 기업)가 개발한 6단계 매뉴얼을 멘토링코리아에서 4개 과정(4Process) 매뉴얼로 멘토링 시스템에 적용하는 종합프로그램을 말한다. 바로 제도적 멘토링 프로그램(Systematic Mentoring Program)이며 도입과정 활동과정 평가과정 프로그램을 적용하는 것을 말한다.

5. 멘토링(Mentoring) 장단점

[장 점]

멘토링의 장점은 다음과 같이 요약될 수 있다.

첫째, 멘토링의 장점은 **전인적인 교육이 가능**하다는 것이다. 멘토는 멘제에게 단순한 지식만을 전달하는 사람이 아니다. 그는 멘제와의 관계를 통하여 올바르고 필요한 기술, 지식, 신앙을 가르쳐줄 수 있다. 조직 사회에서 적응하며 자신을 발전시키는 법을 조언해 줄 수 있다. 이런 면에서 멘토링은 한 부분만을 교육하는 것이 아니라, 멘제의 여러 부분을 보충해 줄 수 있는 전인교육이 되는 것이다.

둘째, 멘제는 멘토를 통해서 **현실에 올바로 적응하는 법**을 배운다. 새로운 분야에 처음 뛰어든 사람은 대체로 현실감각이 떨어진다. 사업에 뛰어든 사람은 단기간 안에 재벌이 되려는 꿈을 꾼다. 공부에 뛰어든 사람은 뼈를 깎는 수고도 없이 박사학위를 취득하려고 생각한다. 목회에 뛰어든 사람은 몇 년 내에 수천 명의 성도를 가진 교회를 꿈꾼다. 꿈과 비전 자체가 나쁘다는 것이 아니라, 현실성이 없는 꿈과 비전은 자신과 주변 사람에게 실망과 고통을 안겨줄 뿐이다. 그러나 멘토를 둔 사람은 현실을 바로 볼 수 있는 안목을 키우며, 다른 사람보다 빨리 자신이 처한 환경에 적응할 수 있다.

셋째, **자신의 분야에서 멘제는 남다른 확신**을 가지고 일들을 추진할 수 있다. 자신의 재능을 극대화시켜 더욱 빛나게 할 것이며, 미래에 자신의 분야에서 지도자가 되는 데에 필요한 소양들 △리더십 △결단력 △추진력 △탄력성을 갖추게 된다.

넷째, 멘토링은 어떤 사람에게 발생될 수 있는 **심각한 문제들을 초기에 발견, 해결**할 수 있다. 예를 들어 불륜관계, 약물중독, 공금의 유용, 직권의 남용 등은 초기에 그 원인만 제거하면 얼마든지 사람을 파멸로부터 미연에 방지할 수 있다. 멘토가 있는 사람은 이러한 문제가 진척되기 전에 멘토에게 조언과 협조를 구함으로써 죄의 깊은 수렁에 빠지는 것을 방지하게 된다.

[단 점]

멘토링은 여러 가지 장점들도 있지만 약점들도 있다는 사실을 잊으면 안 된다. 먼저 멘토링 유대관계에서 가장 장애가 되는 것은 **'경쟁의식'**이다. 그래서 같은 분야에 있는 사람에게 멘토링을 해주기를 원하면 멘제가 어느 정도 수준에 올랐을 때 멘토로서의 관계는 끝내는 것이 좋다. 그리고 그 다음부터는 동역자나 동료의 관계로 들어가는 것이 바람직하다.

두 번째 약점은 **시간과 헌신에 대한 부담**이다. 일반적으로 멘토의 위치에 있는 사람은 어느 분야든지 전문가의 위치에 있는 사람이다. 그는 대체적으로 바쁜 일정에 쫓기고 있는 사람이다. 멘토링의 핵심은 관계중심인데 자신의 멘제와 충분한 시간을 같이할 수 없는 약점이 도사리고 있다. 이에 대한 대책으로 멘토가 멘제와의 시간을 양적인 면보다 질적인 면을 고려하면 문제를 극복할 수 있다.

6. 멘토링(Mentoing) 발전단계

멘토링이 북미 사회에서 관심을 갖게 된 것은 1978년 예일대학의 레빈슨(Levinson) 교수가 베스트셀러 「**남자의 생의 계절**」(The season of man's life)이란 책을 출판하고부터이다. 레빈슨 교수는 이 책에서 **"성인시기로 들어가는 사람에게 좋은 멘토가 없다는 것은 마치 어린 아이에게 좋은 부모가 없는 것과 같다."**고 역설했다.

한편 1979년 로체(Roche, 美하버드대학교) 교수는 '하버드 비즈니스 리뷰'(Harvard Business Review)지에 당시 **"사업계에서 임원 자리에 있는 대부분의 사람들이 과거에 멘토가 있었다."**는 설문결과를 발표한 이후 미국의 많은 직장에서는, 이 멘토링 프로그램에 큰 관심을 보이고 있으며 연구하고 직접 현장에 적용해 왔다.

최근 2000년 12월호 하버드 비즈니스 리뷰지에 레너드(Leonard 하버드대 인사조직 담당) 교수의 "실리콘밸리 벤처 창업자를 위한 멘토"라는 글은 경영에 서툰 벤처 창업자에게 「**멘토는 사업의 성공과 실패를 결정짓는 주요 역할을 한다**」는 글을 발표함으로 벤처 창업경영자에게 큰 관심을 갖게 했다.

이렇듯 멘토링에 대한 관심이 70년대 말을 기점으로 80년대에 와서 학계에 상당한 주목을 받게 되었고 이후로 멘토링에 대한 서적과 논문이 쏟아져 나오게 되었다. 특히 결정적으로 멘토링이 조직에 체계를 갖추어 자리잡게 된 계기는 William Gray 교수(加 브리티시대)의 뉴멘토링 프로그램(New Mentoring Program)이 82'에 공식으로 발표되면서부터이다.

이 프로그램의 특징은 전통적인 멘토링(Typical Mentoring)이 개인과 개인 간에 자연적이고 자발적으로 연결되는 반면, 뉴멘토링 프로그램에서는 반드시 멘토링 목표, 멘토와 멘제의 선정기준, 멘토링의 약정기간을 계획적으로 체계적으로 정하는 것이 필수 조건이 되기 때문에 기업에서는 생산성을 추가(追加)할 수 있는 기틀을 마련하게 되어 존슨 & 존슨, 벨코어, NCR, AT&T, 벨연구소, 메릴린치社, 모토롤라 등에서 성공사례가 계속해서 발표되었다.

이러한 단계를 거쳐 멘토링은 기업, 학교, 교회, 군대, 공공기관 등의 조직과 사회 각 계각층에 깊숙이 자리잡게 되었고 일상의 필수적인 인재개발기법으로 자리를 잡게 되었다.

이제는 **멘토 매니아**(Mentor-mania)란 신조어까지 나올 정도로 발전되었다. 참고로 멘토링 자료가 필요한 독자들을 위하여 아마존 닷컴(Amazon.com)에 Mentoring을 검색하면 240여 종의 책이 소개되고 멘토링의 단체와 연구기관으로 150여 곳이 활동하고 있음을 엿볼 수 있다.

2장 멘토링 인재개발 의미

1. 멘토링 인재가치관

> 인디언 할아버지가 손자에게 삶의 지혜를 가르치고 있습니다. "우리들 마음속에는 두 마리의 늑대가 살고 있단다. 착한 늑대와 나쁜 늑대." 손자가 두 눈을 반짝이며 물었지요. "누가 이겨요?" 할아버지가 대답했습니다. "네가 먹이를 주는 쪽이 이긴단다." 그렇습니다. 인생은 결국 자기 안에 있는 적과의 싸움. 그러면 당신은 지금 어떤 늑대에게 먹이를 주고 계시는지요?

먼저 인재개발이라는 프로그램을 다루기 전에 인재가치관이 전제되어야 올바른 방향으로 추진이 가능하다. 인간의 선과 악의 양면성에서 정상적인 인재의 가치를 선(善) 90% 악(惡) 10%의 공존성을 기본으로 하고 이 균형이 어긋난 상태에서 멘토나 멘제의 인재개발 목적은 제대로 90%와 10%의 기본균형으로 복귀시키는 활동을 의미한다.

한편 인재의 가치관을 긍정적인 면에서 아무리 악한 행동 유발자일지라도 최소한 10%의 선은 잠재로 보고 멘토링 인재개발 현장에서 10%의 선을 기초로 원래 90%까지 업그레이드할 수 있다는 가능성을 전제로 한다. 반면 아무리 인간이 선하다고 할지라도 10%의 악성은 잠재함으로 언제나 인간은 선과 악의 균형변화의 가능성으로 그 가치의 변화를 전제로 하여야 한다. 아래 3가지 가치관의 사례는 본래 인간은 선과 악의 공존 상태를 보여주기 위함이다.

성경에서 – 하나님의 형상(창1: 27) – 의인가치: 죄인가치
팡세에서 – 생각하는 갈대(思考力 – 우주) – 천사가치: 짐승가치
멘토링에서 – 인격체 – 知情 意 – 고품격 인격자: 저품격 인격자

2. 멘토링 인재개발관

> 박지만(47세-박정희 전대통령 아들) 씨가 서향희 씨와 늦깎이 결혼 후에 동작동 부모묘소를 참배하면서 아래와 같은 축문을 낭독했습니다. "부모님이 나를 은자동아 금자동아로 길러주셨지만, 은혜에 만분의 일이나마 보답할 수 있는 기회가 주어지지 않았다."며 "남은 보은의 길은 자식을 낳아 부모님께서 내게 주신 사랑을 그대로 전하는 것"이라고 말했습니다.

우리는 부모로부터 진 빚을 내리 사랑하는 마음으로 자녀에 갚는 것이 너무 당연한 일로 생각하고 있다. 왜! 멘토는 멘제를 인재개발하여야 하는가? 그 당위성을 제시하는 것이 멘토링 현장에서 멘토의 자발참여를 유도하는 지름길이다. 우리 자신을 비롯한 멘토의 오늘날 현존 가치를 확보하고 있는 것은 그 기본원인 제공을 분석해 볼 필요가 있다. 바로 나 자신을 위하여 나 아닌 타인 즉 부모의 도움, 친척의 도움, 선생님의 도움, 친구의 도움, 선배사원의 도움 등이 필수적이었음을 누구나 부인할 수 없는 상태다. 그러므로 오늘이 있기까지 우리는 나 아닌 타인으로부터 수많은 도움의 빚을 우리는 지고 있는 것이다. 바로 우리 자신 독불장군식으로 혼자 성장의 주인공은 존재할 수 없는 것이다. 그러면 그 도움의 빚을 편의상 100이라고 가정하자. 어떤 멘토는 타인을 위하여 100 중에서 80만큼, 어떤 멘토는 100만큼, 어떤 멘토는 120(100+자신의 노력의 가치20)만큼 자신의 도움의 빚을 변제한다고 볼 때 120으로 도움을 주는 멘토를 선순환의 인재개발로 의미를 부여하는 것이다.

다음은 멘토링 인재개발에서 단계를 정하는 것이 무엇보다 중요하다 인성을 우선하여 착한 사람 바탕 위에, 다음은 자기의 소질을 살려 적성을 개발하는 것이고 마지막에 지성을 개발하여 똑똑한 사람으로 개발하고자 한다. 오늘날 교육계나 조직의 현장에서 개발의 순서가 뒤바뀐다거나 특정분야 즉 지성 등을 지나치게 개발함으로 사회 구석에서 배운 자들의 바람직하지 못한 행동은 그대로 부메랑의 역효과 현상을 초래하고 있다.

다음은 인재개발의 목적을 분명히 전제해야 한다. 많은 사람들이 멘토링 활동을 그저 어려운 사람을 도와주는 것으로, 또는 조직에서 상급자처럼 하급자에게 업무성과를 낼 수 있도록 도움을 주는 일로 흔히 생각하고 있는 사람이 많다. 그러나 그것은 헬퍼나 상급자라고 분명히 말하여야 하고 멘토라고 단정해서는 크게 잘못된 것이다. 바로 멘토링의 인재개발 목적은 차세대 리더(지도자)를 세우는 일이다. 왕자를 왕이라는 지도자로, 평사원을 리더로 업그레이드하는 일, 멘제를 멘토로 성장시키는 일이 멘토링의 목적이다.

　　　　인재개발의미 – 선순환의 인재개발
　　　　인재개발단계 – 인성 적성 지성
　　　　인재개발목적 – 리더개발(왕자~왕 멘제~멘토 평사원 – 리더)

3. 멘토링 인재 선발관

> 　하버드대 의대 입학생들의 최종 면접장에서 생긴 일입니다. 당시 최고의 성적으로 1차 관문을 통과한 학생이 면접교사와 대화를 나눴습니다. 교사＿＿ "최우 성적으로 1차 입시관문을 통과했네요. 학생＿＿(으스대는 모습으로) "예, 교사님, 감사합니다." 교사와 학생 간에 많은 대화를 나눈 후 최종적으로 질문을 던졌다. 교사＿＿ "그래, 아주 대단하네그려! 마지막 한마디만 묻겠네. 자네 이제까지 헌혈해 본 경험 있나?" 학생＿＿ "＿＿＿＿" 교사＿＿ "왜 대답이 없는가? 그래, 해본 적이 없는 게구만! 이 사람아? 의사가 되려면 의술보다는 사람을 먼저 사랑하는 마음이 앞서야 하네." 그 후 최종 의대 합격자 명단에 그 학생의 이름은 찾을 수 없었습니다.

　　멘토링에서 어디에 역점을 두고 인재를 평가하고 또 멘토를 선발할 것인가? 그 기준을 정하는 일은 멘토링의 인재개발 특징을 보여주는 것이다. 현재 각 분야에서 대체적으로 인재 선발기준은 기능적인 인재에 많은 점수를 주고 있다. 학력, 지식, 기술, 업무 등으로 제대로 잘 갖춘 사람을 선호하고 있는 것이다. 기능적 인재의 특징은 단시간에 형식적인 격식을 갖춘 자를 말하고 평가는 자격증, 학위증, 졸업장 등 증명서(Paper)로 선발기준을 삼는다. 이러한 선발기준의 함정은 바로 속마음을 알 수 없기 때문에 선발되었다고 하더라도 문제가 속출되는 상황이 비일비재하다.

　　멘토링 인재 선발기준은 전인적인 인재를 선발하는 것에 기준을 둔다. 마음 상태, 자기 절제 상태, 선과 악의 판단력에 많은 점수를 준다. 이러한 평가방법은 단시간 내에는 도저히 할 수가 없다. 그러한 이유 때문에 오랫동안 겪어보아야 하고 증서로 평가되기보다는 자연히 주위 사람의 입으로 평가되기 때문에 생활의 현장에서 가장 정확한 선발 기준법이라고 볼 수 있다.

　　마지막으로 멘토링 인재개발에 관한 주역을 담당하는 멘토의 멘토링 활동 사명을 4단계로 열거해 본다. 멘제 개발에 앞서 멘토는 먼저 멘제로부터 모델(Modeling)로 인정받아야 한다. 다음은 멘토가 적극적으로 동기부여(Motivating)를 통해 멘제의 마음을 얻어야 한다. 그렇게 마음을 주고받는 사이가 된다면 서로의 유익을 위한 1 : 1 멘토링(Mento-ring)관계를 맺고서 최종적으로는 멘제를 자신과 같은 멘토로 재생산(Reproducting)의 성과를 얻어야 한다. 이러한 과정에서 멘토는 성공적인 멘토링의 주인공이 되는 것이며 조직은 자연스럽게 인재경쟁력을 확보하게 됨으로 생산성 효과를 쉽게 얻을 수 있는 계기가 되는 것이다.

멘토 선발기준-기능적 인재, 전인적 인재, 지식, 기술, 업무, 마음, 인간관계, 자기관리
멘토 인재개발 사명-ModelingMotivatingMentoringReproducting

3장 멘토링이 필요한 현대사회

1. 멘토가 필요한 현대사회
멘토링은 타자(他者)를 인정하고 함께 살아가는 것을 의미한다.

오늘날처럼 고도로 개인주의화된 사회에서는 우리가 사회적 존재임을 잊어버리기 쉽다. 우리가 개인으로서 너무나 자율적으로 움직이고 행동하는 이 시대에, 우리 문화는 황폐해졌다. 그러나 조금만 깊이 생각해 보면, 심지어 우리 안에도 얼마나 다양한 '타자'가 존재하는지 알 수 있다.

당신과 나는 몸을 가지고 산다. 우리는 남자 또는 여자로 산다. 심지어 나는 나 자신과 자주 대화를 나눈다. 윤리적으로도 나는 다른 사람들을 고려하는 가운데 행동해야 한다. 가장 궁극적으로 우리는 초월적인 타자이신 하나님 앞에서 살아가야 한다. 아니면 적어도 우리는 나 자신을 초월하는 사회적인 실재를 의식하지 않으면 안 된다. 이처럼 우리 삶에 관여하고 있는 다양한 '타자들'은 모두 '홀로 삶을 꾸려갈 수 있다'거나 '자아실현의 삶'을 추구할 수 있다는 생각이 착각임을 일깨워 준다.

생태학자들에 의하면 기존의 숲을 갈아엎고 그 위에 다시 나무를 심었을 때가, 외따로 떨어진 벌판에 새로 나무를 심었을 때보다 훨씬 더 잘 자란다고 한다. 새로 심은 나무의 뿌리는 기존의 나무뿌리가 박혀 있던 보이지 않는 경로를 따라 훨씬 더 쉽게, 그리고 훨씬 더 깊이 자라게 될 것이다. 마찬가지로 인간도 이전 사람들이 닦아놓은 인생 경로를 따라 나아갈 때 가장 잘 성장할 수 있다. 마치 이전에는 나보다 더 지혜 있는 자가 아무도 없었다는 듯 처음부터 새로 시작할 필요는 없다.

우리는 사회 속에서 배우고 개발할 때 가장 잘 배우게 되며, 온전한 인격으로 가장 잘 성장할 수 있다. 왜냐하면 우리의 좁은 시야를 넘어 우리가 보지 못한 것을 보았거나 인생에서 아직 부딪혀보지 못한 도전과 장애물들을 우리보다 앞서 경험한 이들이 있기 때문이다.

윤리적으로도, 나는 다른 사람들 고려하는 가운데 행동하지 않으면 안 된다. 이 모든 관계 안에서 나는 내 삶 속의 '타자'를 인지하는 법을 배우도록 '멘토링'받아야 한다. 그리하여 **나는 자폐적이거나 이기적이거나 자기중심적이 되지 않도록 해야 한다. 멘토링은 사실 '타자화'(othering)의 과정이라고 해도 과언이 아니다.** 이 과정에서 우리는 다른 사람들의 도전과 도움을 통해 개발한 사회생활의 제반 기술뿐만 아니라, 다른 사람들이 우리에게 제공하는 교육의 자원을 인지하게 되기 때문이다.

2. 현대사회에서 멘토링의 필요성
회사의 수익성과 함께 멘토링의 자원인 노동력의 효율성이 중시되는 사회다

강력한 개인주의 경향에도 불구하고, 일반 사회에서는 멘토링을 통해 내향적인 자아를 교정할 수 있으리라는 인식이 높아지고 있다. 더욱이 우리가 살고 있는 첨단기술 세계가 점점 더 복잡해지면서 학습이라는 것도 일생을 통해 지속되는 과정으로 인식하게 되었다.

전문지식이 무한대로 팽창하는 세계에서 우리는 끊임없이 새로운 기술을 축적할 수 있다. 오늘날의 학습은 어린 시절 교실에서나 경험할 수 있는 것으로 여겨지지 않고 일종의 여행으로 묘사된다. 그것도 여행의 동반자들과 피차 영향을 주고받는 '상호적인' 여행이다. 이 동반자들은 '상담자', '코치', '도전을 주는 사람', 심지어는 '원격 멘토'(long-distance mentor)의 역할을 수행하는 이들이다.

따라서 학습과정을 심화시키기 위한 현대적인 의사소통 기술만 해도 좀더 대인관계적 기술들이 훨씬 더 많이 동원되고 있다. 예컨대, 듣는 기술, 요점 파악, 긍정적인 기대 형성, 자신을 솔직히 나누는 법, 과제와 목표 설정, 모형화(modeling), 미러링(mirroring: 자신이 상대의 거울이 되어 의사소통의 깊이를 심화시키는 효과), 전통의 유지와 계승, 성품 형성, 자기반성의 촉진, 타인 존중, 신뢰 형성, 기타 등등 수없이 많다.

성공적인 기업체들에게도 이제는 그들의 유능한 직원들이야말로 '우수한 기업'을 만들기 위한 가장 큰 자원으로 간주되고 있다. 이런 역동적인 상호작용 속에서, 피드백(feedback)은 하나의 새로운 통용어로 굳어지게 되어, '피드백을 요청하다', '피드백을 받다', '피드백을 고려하여 행동하다' 등의 말이 사용되고 있다. 궁극적으로, 가장 훌륭한 직원은 그저 기술이

입증된 숙련공이 아니라, CEO에게 전적으로 헌신한 사람으로서 가장 '인격적으로 성숙한 모습'을 보여주는 인물이다. **회사의 '수익성'과 함께 노동력의 '효율성'(effectiveness)이 중시되고 있는데, 이것은 멘토링 프로그램에 대한 현재 기업들의 투자를 보면 알 수 있다.**

멘토링을 직업적으로 상품화한 이들이 실제로 맨 처음 주목했던 것은 스포츠 코치들이 보여준 효율성이었다. 또한 이러한 효율성은 선수들끼리 서로 간에 경기 전략을 일깨워 주거나 팀 전체의 사기를 진작하는 가운데 개발되기도 한다. 과다한 업무에 시달리고 있는 공교육자들에게도 이런 멘토링이 새로운 사회적 지원이 중요한 형태로 간주되고 있다. 이는 전통적으로 보이스카우트나 걸 스카우트, 의형제·의자매(Big Brothers and Big Sisters: 고아 및 불량소년·소녀 등을 선도하기 위해 형이나 언니 역할을 하는 멘토) 맺기, 해외연수 등과 같은 프로그램을 통해 실행되어 왔다. 인턴제도가 늘어나는 추세 또한 좀더 전문화된 훈련에 기여하였다. 마찬가지로 각종 사회적 병리 현상들로 인해 멘토들은 자발적인 활동의 기회를 많이 갖게 되었다.

이렇게 오늘날의 멘토링이 서구 사회 내에게 철학적이고도 실용적인 관심의 대상이 되면서 사회적 계약 관계의 영역이 광범위하게 확산되고 있다. 멘토링이 폭넓은 영역에 적용되면서 긍정적인 유익이 더 많이 나타나는 것으로 여겨지고 있다. 마치 '감성'의 개념이 대중화되면서 인간의 관심사를 이성적인 영역 너머로 넓혀 놓았듯이, '멘토링' 역시 우리 인간은 관계적인 존재가 될 때 가장 많은 능력을 발휘할 수 있으며 따라서 서로 네트워크를 형성할 필요가 있음을 일깨워 준다.

3. 멘토를 필요로 하는 현대사회

멘토는 아마 인류의 역사만큼이나 오래되었을 것이다. 무당과 마법사, 예언자와 철학자, 지도자와 선생은 역사의 초창기부터 존재해 왔다. 모세와 여호수아, 공자와 맹자, 소크라테스와 플라톤 모두, 선생과 학생의 관계, 또 스승과 제자의 관계를 통해서 자신의 삶의 방식들을 전수해 주었다. 이렇게 하여, 훌륭한 사상가들의 정신은 대를 이어 전해 내려왔다. 스승으로서 이들의 영향력이 지대했던 데에는, 이들이 스스로 모범이 되어서, 사상적으로 뿐만 아니라 실천적으로도 본받을 수 있는 삶의 방식을 제공했기 때문이다.

그러나 현대의 합리주의는, 더이상 우리에게 설득력이 없는 '합리적인 거대 서사'(grand

rational narratives)를 사용하여, 마치 '진리'와 '삶'이 별도인 양, 그 모범의 중요성을 흐려 놓았다. 이제 우리 세대는 이렇게 현실에서 유리된 일반론적 개념이 식상해져서, 진리를 실제 삶의 방식으로 살아내는 모범을 찾고 있다. 현대적인 인생관을 주장하는 이들이 종종 인간다움의 표본이 되기에는 너무나 궁색해서, 우리는 그들의 모순된 모습에 식상하고 말았다.

필요성 1 - 현대사회의 소외 문제가 심각하다.

이처럼 멘토에 대한 관심이 지대해졌다는 사실은, 첫째로 오늘날 우리 시대의 소외 문제가 그만큼 심각하다는 것을 말해 준다. 또한 그것은 역사와 과거 전통에 대한 우리의 무관심을 드러낸다. 오늘날 우리는 대부분의 사회에서 연장자들이 감당하던 역할과 장인 정신의 기반이 되는 도제 제도(appreniceship)의 오랜 전통을 망각한 것이다.

필요성 2 - '해결사'가 아니라 지혜로운 친구(Fellowship)가 필요하다.

둘째로, 우리에게 가장 적합한 도움을 주는 사람을 찾을 때, '해결사'나 심지어 '교사'로도 충분하지 않다. 기술 사회에 살고 있는 우리는 모든 것을 도구적인 지식으로 축소하여 뭐든지 '해결'하려는 경향이 있다. **그러나 기술이 지혜로운 동반자를 대체할 수는 없다.** 기술 사회에 살면서 우리는 '타자의 임재'를 놓치고 있다. 또한 지식을 '사물에 관해 사고하는 것'과 쉽사리 혼동하는 정보화 사회에서 살고 있다.

효과적인 가르침에는 양육과 보살핌의 관계가 내재되어 있음을 잊었다. 무엇보다 지혜란 정보처리의 차원에서 얻을 수 있는 것이 아니다. 원인에 집착하는 행동주의 역시 관계를 대체하기에는 뭔가 부족한 것으로서, 행동주의자들은 너무 '바빠서' 우정을 길러 나갈 겨를이 없다. "행동 없는 사상은 무의미하며, 우정 없는 행동은 무의미하다."고 한 그리스 철학자들의 말은 참으로 지혜롭다.

만일 교사가 친구처럼 친절하게 학생들을 가르친다면, 학생들은 학습과정에서 훨씬 더 큰 격려를 얻을 것이고, 교사와의 관계에서 신뢰를 형성할 수 있을 것이다. 따라서 지혜, 곧 멘토 안에 체현된 지혜야말로 탁월함에 이르는 길이다. 내가 삶을 더욱 충만하게 살아가도록 도우며, 그 과정에서 인격적으로 기만당했다는 느낌을 받지 않게 돕는 사람-사물이 아니라 바로 친구다.

필요성 3 - 자아의 고립이 증가하고 있다.

셋째, 오늘날 멘토에 대한 관심이 증가하는 것은 우리 사회 내에 그만큼 자아의 고립이 증가하고 있음을 반영하는 것일 수 있다. 전문직과 제도에 대한 사회적 의존도가 약해지면서 사람들이 멘토의 필요성에 눈을 뜨고 있는 것이 틀림없다. 비인격적인 사회 구조에서는 마음을 연 솔직한 피드백을 얻기가 어렵다. 지나칠 정도로 흉허물 없는 피드백은 도리어 직장을 잃을 위험 부담을 안을 수도 있다. 오늘날과 같이 극도로 경쟁이 심하고, 걸핏하면 소송을 일삼으며, 정략에 따라 움직이는 사회에서는 인정, 양육, 격려, 신용, 이해와 같은 것은 찾아보기가 힘들다.

또한 성(sexuality)이 다른 경우에도 사회적 성차(gender difference)라는 양극적 속성 속에서 다시금 우리는 고립되어 간다. 심지어 성별이 동일해도 고립되어 간다. 그러나 '성적으로 상호보완적인' 멘토링은, 그저 '정치적으로 옳은' 관계를 유지하는 것과는 비교가 안 될 정도로, 인격적인 관계에 대한 새로운 지평을 열어줄 수도 있다.

필요성 4 – 언행일치의 지도자가 요구된다.

넷째, 오늘날과 같이 지도자들의 명예가 땅에 떨어지고, 우상으로 여기던 것들이 몰락하고, 영웅시하던 것들이 매력을 잃은 시대에는 자신이 말한 그대로 실천해 내는 도덕적인 모범이 필요하다. 즉 이론과 실제가 하나로 연결되고, 머리와 가슴과 팔이 하나가 되어, 공적인 삶이나 사적인 삶이나 삶 전체가 고상하게 통합되어 있는, 그런 모범이 필요하다.

아마도 깨어진 가정에서 자랐거나, 결혼생활이 순탄치 못하거나, 역기능적인 관계를 경험한 이들은 인생의 '변화'를 모색하기 위해 멘토를 더욱 열심히 찾을 것이다. 멘토는 곁에 있어주는 부모일 수도 있고, 보통 친구들과는 전혀 다른 방식으로 우리를 대하는 진실한 친구일 수도 있으며, 아니면 무엇이 참인지 그리고 무엇이 지혜로운 결정인지 본을 통해 보여주는 제삼자일 수도 있다. 이 모든 것으로 미루어, 인생 여정의 동반자로서 우리와 함께하는 애정 어린 멘토는 약속의 땅을 바라보도록 눈을 열어줄 것이다.

4장 멘토링이 효과적인 이유

> 훌륭한 선생님이나 코치는 학생의 능력을 25%에서 50% 정도, 기껏해야 100% 상승시킬 수 있을 뿐이지만 훌륭한 멘토는 그 수준을 1,000%에서 5,000%, 때로는 1만%까지 높여줄 수 있다. 예를 들어, 비즈니스 멘토는 내 수입을 5만 600% 이상 높여주었다. 대인관계 멘토는 내가 아내의 마음을 돌려서 우리가 경험해 보지 못했던 가장 행복하고 완벽한 관계를 형성할 수 있도록 도와주었다.
>
> 원저: Mentored by Millionaire
> 저자: Steven Scott
>   (포춘지 500대 기업 중 8번째 부자CEO)

1. 나는 멘토에게 상상 이상의 것을 배웠다

세계적으로 가장 성공한 사람들은 이 책에 있는 전략, 기술, 기법을 이용하여 불가능하게 보였던 목표를 달성했다. 당신도 이런 전략, 기술, 기법을 이용한다면 지금까지 경험하지 못했던 수준의 성공을 맛볼 수 있다. 직장생활이나 사업 또는 결혼생활에 이르기까지 그 어떤 분야에 적용해도 좋은 결과를 가져올 것이다.

그러나 안타깝게도 이런 전략, 기술, 기법에 대해서는 가르쳐주는 곳이 없다. 고등학교나 대학교, 대학원에서도 가르쳐주지 않는다. 그렇다고 자기개발 서적을 읽거나 동기 유발 프로그램에 참여한다고 해서 쉽게 배울 수 있는 것도 아니다. 이 기법들은 소수의 엘리트만 알고 있으며 멘토링을 통해서만 배울 수 있다.

훌륭한 선생님이나 코치는 학생의 능력을 25%에서 50% 정도, 기껏해야 100% 상승시킬 수 있을 뿐이지만 훌륭한 멘토는 그 수준을 1,000%에서 5,000%, 때로는 1만%까지 높여줄 수 있다. 예를 들어, 비즈니스 멘토는 내 수입을 5만 600% 이상 높여주었다.

대인관계 멘토는 내가 아내의 마음을 돌려서 우리가 경험해 보지 못했던 가장 행복하고 완벽한 관계를 형성할 수 있도록 도와주었다.

2. 멘토링이 효과적인 이유

나는 대학을 졸업하고도 6년 동안 실패만 한 희망 없는 샐러리맨이었다. 그러나 멘토들에게 배운 전략과 기법을 이용하자 이전에는 꿈도 꾸지 못했던 수준의 성공을 이룰 수 있었다.

그 후 놀랄 만한 성공을 이룬 사람들을 만나게 되면서 그들도 내가 배운 기법을 실행했다는 것을 깨달았다. 세계적으로 성공한 사람들의 전기를 읽으면서도 그들이 이와 동일한 전략과 기법을 활용해 왔다는 것을 알 수 있었다. 하지만 삶을 변화시키고 꿈을 이룰 수 있게 해주는 이런 전략들을 학교에서는 가르치지 않는다. 내가 직접 만나거나 책을 통해 알게 된 특별할 성공을 이룬 사람들은 모두 그 기술을 멘토에게 배웠거나 개인적 경험을 통해 스스로 발견했다.

멋진 꿈을 이루기 위해 열심히 노력했지만 성취하지 못했던 사람을 여럿 만났다. 내가 그들에게 열다섯 가지 주요 전략을 적용할 수 있도록 도와주자, 몇 주 만에 꿈을 실현하는 것을 직접 확인할 수 있었다. 많은 경우에 그들은 수입도 수천 달러에서 수백만 달러로 크게 늘어났다.

삶을 크게 바꾸어줄 것이라는 내 말을 믿지 못하겠다면, 누구에게나 변화를 가져다줄 이런 전략의 놀라운 힘에 대해 몇몇 유명인이 써놓은 글을 읽어보기 바란다.

[유명인 이야기]

"스티븐 스콧의 범상치 않은 통찰력과 전략은 아주 구체적이고 쉽게 적용할 수 있는 것이어서, 대학생이든 조그만 사업체를 운영하는 사장이든 〈포춘Fortune〉이 선정한 500대 기업의 CEO든 누구나 지금까지 꿈도 꾸지 못한 수준의 성공을 이루는 데 큰 힘이 된다."
－도널드 트럼프Donald Trump

"스티븐 스콧은 당신이 '불가능하다고 생각하는 꿈'을 이룰 수 있다는 것을 증명할 뿐만 아니라, 성공을 이루기 위해 필요한 지식과 자신감을 전해 준다."
－척 노리스Chuck Norris

"스티븐 스콧은 가장 가치 있는 꿈을 이루기 위해 우리가 배워야 하는 구체적인 전략과 기법을 가르쳐준다. 그는 우리가 불가능하다고 생각하는 꿈을 이루는 방법을 알려준다."

-크림스티 블링클리Christie Brinkley

"스티븐 스콧은 당신이 이전에 상상했던 그 어떤 것보다 더 큰 성공을 이룰 수 있도록 도와주는 확실하고 정확한 지도를 보여준다. 그 지도를 따라가다 보면 당신은 어느새 성공의 자리에 올라가 있을 것이다."

-조 몬테나Joe Montana

그렇다면 이 전략들이 당신에게도 효과가 있을까? 물론이다. 당신이 할 일은 오직 이것들을 열심히 배운 다음 실제 생활에 적용하는 것뿐이다. 차에 두고 내린 열쇠로는 현관문을 열 수 없다. 그러나 차에서 열쇠를 가져와 자물쇠에 집어넣고 돌리기만 하면 문은 쉽게 열린다. 여기서도 마찬가지다. 이런 전략을 읽은 뒤에도 그냥 책장에 꽂아두기만 하면 아무 소용없다. 책장 속에서 끄집어내어 활용하기만 한다면, 그 열쇠는 당신 앞에 있는 것은 물론이거니와 감히 접근할 수조차 없었던 문을 활짝 열어줄 것이다.

열다섯개 장에 걸친 배움의 과정을 시작하기에 앞서 이 전략과 기법이 단지 책 속의 내용에 불과하다는 생각을 버려야 한다. 각 과정을 마치거나 이 책을 끝내는 데에 시간상의 제약은 없다. 이 책은 내가 아니라 당신을 위한 것이다. 당신 혼자 힘으로 가르침을 받고 싶은 분야에서 적절한 자격을 갖춘 멘토를 찾아내는 것이 중요하므로, 이 책에서 이 머리말 부분만이 나에 대해 이야기하는 부분이 될 것이며 나머지 열다섯 개 장은 모두 당신을 위한 것이다.

3. 실패를 성공으로 바꾸는 멘토

왜 소수의 사람들만 성공하고 대부분은 성공하지 못하는지에 대해 궁금하게 여긴 적이 있는가? 나는 스티븐 스필버그와 같은 고등학교에 다녔다. 그는 밴드부였고 나는 가수였기 때문에 미식추구 경기가 있을 때마다 우리는 항상 옆자리에 앉았다.

나는 스필버그가 클라리넷을 맡고 있었기 때문에 나중에 음악가가 될 거라고 생각했다. 그러나 그의 꿈은 영화감독이었다. 그는 6학년 때부터 아마추어 영화를 만들었고 영화 만들기에 열정을 쏟고 있었다. 스필버그는 학교성적이 좋지 않아서 UCLA와 USC영화학교에 지원했지만 떨어졌다. 고등학교 때 그는(성적이 좋을 때) C-를 받았지만 난 B+를 받았다. 나는 장학금을 받고 대학에 다녔지만 그는 대학을 중퇴했다. 하지만 고등학교를 졸업하고 10년이 지난 후, 그는 흥행에 성공한 영화를 많이 만들었고, 지난 10년간 최고의 흥행을 기록한 영화를 포함해서 여러 편의 영화를 감독했다. 반면에, 나는 모든 직장에서 실패를 거듭했고 미국인 평균 임금의 반에도 못 미치는 돈을 벌고 있었다.

그렇다면 왜 스티븐 스필버그는 꿈을 이루었고, 나는 실패했던 것일까? 그 대답은 의외로 간단하다. 그는 불가능해 보이는 꿈을 이루는 엘리트를 모방했지만, 나는 꿈을 이루지 못하는 보통사람들을 따라하고 있었다. 스티븐 스필버그가 성공하는 데 필요한 것들은 대부분 학교에서는 배울 수 없는 것이었지만, 나는 학교에서 배운 것들을 그대로 반복하고 있었다.

아직도 호기심이 발동하지 않는다면 아마 이 말을 들으면 좀더 흥미가 생길 것이다. 내가 스티븐이 해온 것처럼 일을 시작하자 불가능하게 보였던 꿈들이 하나씩 이뤄지기 시작했다. 대학을 졸업하고 시작했던 여섯 가지 일은 모두 평균 6개월을 넘기지 못했고 수입은 겨우 연봉 1만 3000달러 정도였다. 그러나 나는 이 전략을 아홉 번째 직장에서 적용해 석 달 만에 회사의 매출을 3000만 달러에서 6000만 달러로 끌어올렸다. 그 1년 사이에 나는 비즈니스 멘토를 찾아 그와 새로운 회사를 세웠으며, 내 수입은 1만 3000달러에서 15만 달러로 치솟았다. 그 일은 현재 26년 넘게 지속되고 있으며, 2억 달러 이상의 수입을 창출해 주고 있다.

스티븐 스필버그와 내가 고등학교를 졸업하고 20년이 지난 후 우연히 마주쳤을 때, 서로 분야는 달랐지만 똑같은 일을 해왔다는 것을 알게 되었다. 그는 이런 전략을 영화를 만드는 데 적용해 왔고 나는 제품을 마케팅하는 데 활용해 왔다. 그러나 꿈을 이루기 위해 스필버그와 나만 이런 전략을 이용한 것은 아니다. 세계적으로 큰 성공을 이룬 사람들도 특별한 성공을 이루기 위해 나와 같은 전략을 활용해 왔다.

조지 워싱턴과 토머스 제퍼슨에서 토머스 에디슨과 헨리 포드에 이르기까지, 헬렌 켈러부터 오프라 윈프리까지, 또 존D.록펠러에서 빌 게이츠에 이르기까지, 그들의 시작이 얼마나 초라했는지, 그들이 어느 시대에 살고 있었는지는 그리 중요하지 않았다. 그들이 어떤 종류의 꿈에 이런 전략을 적용했는지조차 중요하지 않다. 국가를 세우는 것이 됐든, 새로운 회사를 설립하는 것이 됐든, 단순히 더 나은 삶의 방식을 찾는 것이 됐든 모두 마찬가지였다. 그들은 이러한 전략을 자신들의 가장 소중한 꿈을 이루는 데 적용했을 뿐이고, 결국 이러한 꿈을 현실로 바꾸어놓았다.

4. 대학졸업 60일 만에 포기한 꿈

나는 마케팅이나 광고와 관련된 일을 하고 싶어 대학에서 마케팅을 전공했다. 1970년에 대학을 졸업한 후에야 경험이 없는 사람에게는 마케팅을 맡기지 않는다는 것을 깨달았다. 고향인 피닉스에 있는 그 어떤 기업의 마케팅 부서와 면접조차 하지 못했다. 내 꿈은 졸업한 지 60일 만에 물거품으로 변해 버렸다.

결국 생명보험회사에 수습사원으로 취직하여 생명보험 상품을 판매하는 방법을 배웠다. 다른 수습사원들은 일주일에 한두 개 정도의 보험을 팔았지만, 나는 한 개도 팔지 못했다. 그 뒤 5개월 동안 겨우 두 개의 보험을 판매했는데, 그중 한 개는 가장 친한 친구가 가입한 것이고 다른 하나는 내가 가입한 것이었다. 그 회사 사장이 더욱 황당해한 것은, 나를 해고하기로 마음먹은 바로 전날에 내가 먼저 사표를 제출했다는 점이었다. 나는 첫 직장에서 7개월을 채 넘기지 못했다.

5. 내 인생을 바꾼 두 가지

어떻게 완전한 패배자가 그런 상상할 수도 없는 전환을 이루어낼 수 있었을까? 여덟 번째와 아홉 번째 직장 사이에서 내 지능지수가 갑자기 100정도 상승한 걸까? 중요한 성격상의 변화가 있었을까? 성공을 위한 세미나에 참석해서 빨리 부자가 되는 법에 관한 강의 테이프를 샀던 것일까? 아니, 절대 그렇지 않다. 단 두 가지만 바꿨을 뿐이다.

오늘 당장 시작한다면 당신의 인생을 바꾸어줄 두 가지. 첫째, 나는 불가능해 보이는 꿈을 이룬 멘토를 찾아냈다. 둘째, 멘토에게 꿈을 이루는 데 필요한 모든 것을 배웠다. 그것은 내가 지금 당신에게 전해 주고 있는 것과 똑같은 전략과 기술, 기법으로 이루어진 것이다. 무엇보다도 이 전략과 기술, 기법은 복잡하거나 어렵지 않다. 그것은 재능이나 자원, 교육의 정도나 경험의 유무에 상관없이 쉽게 배우고 활용할 수 있는 것이다.

관련기술이 부족하다거나 교육수준이 낮더라도 이런 기법만 익히면 특별한 성공을 이룰 수 있다는 것이 아무리 믿기 힘들더라도, 이제 사실로 받아들이게 될 것이다. 사업을 시작할 무렵의 나와 내 파트너들의 나이와 배경을 생각해 보자. 멘토가(그도 그 당시에는 거의 파산 상태였다) 우리 모두를 백만장자로 만들어주었다.

우리 가운데 어느 누구도 홈쇼핑이나 텔레비전광고제작, 비즈니스행정, 미디어경영, 텔레마케팅, 직무수행, 제조에 관한 경험이 없었다. 하지만 우리는 이 모든 기능을 성공적으로 수행해야 했다. 우리는 이 책을 통해 배우게 될 전략과 기법의 힘을 증명하는 거부할 수 없는 증거이다.

6. 멘토는 어디에 필요한가?

사실 멘토는 특별한 성공을 이루고 싶은 모든 분야에서 필요하다. 멘토는 당신이 특별한 성공을 이룰 수 있게 해줄 뿐만 아니라, 훨씬 더 빠른 속도로 성공할 수 있도록 해준다. 나는 정말로 운이 좋아서 내 인생을 이끌어주는 뛰어난 멘토들을 만날 수 있었다. 비즈니스 멘토, 창의력 멘토, 결혼생활과 부모자식 간의 관계에 도움을 주는 멘토가 있다.

가장 가까운 쇼핑센터에서 '멘토상회'라는 점포를 찾을 수 없다고 해도, 어떤 꿈이나 목적에 맞는 멘토를 찾아내는 것은 생각하는 것만큼 어렵지 않다. 약간의 노력과 시간만 들이면 충분하다. 그것은 당신이 도움을 얻으려고 하는 분야에서 이미 성공한 사람이 쓴 책을 찾는 것만큼 간단할 수도 있다. 또는 지속적이고 규칙적으로 연락을 주고받을 수 있는 누군가를 찾아내는 것처럼 복잡할 수도 있다. 지금 다니고 있는 회사나 현재 알고 있는 사람들로 시작할 수도 있지만 탐색의 범위를 그들에게 국한할 필요는 없다.

7. 내가 당신의 멘토가 될 수 있는 이유

누군가가 어떤 분야에서 진정으로 자격이 있다는 것이 확실히 밝혀지기 전까지는 그를 멘토로 삼아서는 안 된다. 따라서 당신이 물어봐야 할 첫 번째 질문은 "어떤 점 때문에 스티븐 스콧이 내 멘토 중 하나가 될 수 있지?"이다.

나는 천재적인 IQ나, 경영학 박사학위나, 작가나 연설가로서의 능력 때문에 멘토 자격이 있는 것은 아니다. 단순히 수백만 달러를 벌었기 때문에 그런 자격이 있는 것은 더더욱 아니다. 내가 당신의 멘토가 될 수 있는 이유는 간단하다. 나는 사업과 재정과 인간관계에서 불가능해 보이는 꿈을 성취할 수 있게 해주는 전략과 기술, 기법을 배웠으며 또 효과적으로 이용했다. 그래서 커다란 성공을 이루었으며 TV홈쇼핑 업계에서 역사상 전례 없는 매출기록을 기록했으며, 수천만 달러의 수입을 얻었다. 그러나 이 전략은 나뿐만 아니라 다른 사람들에게도 놀랄 만큼 효과적이었다. 당신이 이런 전략과 기술을 배우고 직업적? 재정적? 개인적인 꿈을 추구하기 위해 나를 멘토로 삼는다면 놀라운 효과를 보게 될 것이다.

8. 멘토에게 확인해야 할 네 가지

1) 자신의 분야에서 성공했는가?

나는 결코 결혼에 실패한 사람을 결혼생활 멘토로 삼으려고 하지 않았고, 사업에서 성공하지 못한 사람을 비즈니스 멘토로 삼으려고 하지 않았다.

2) 믿을 만한 자격증을 가졌는가?

오늘날 사람들은 원하는 거의 모든 분야에서 학위를 돈으로 살수 있다. 난 가짜 학위가 있는 사람보다는 차라리 학위가 없는 사람을 멘토로 삼으려고 했다. 내 비즈니스 멘토는 MBA출신이 아니다. 사실 그는 대학이라는 곳에 가본 적도 없다. 그러나 마케팅과 기업가 정신분야의 천재이다.

3) 성실한 사람인가?

이 점을 점검하는 것은 좀 어려울 수도 있지만, 할 수 있다면 한번 해볼 만한 가치가 있다. 잠재적인 멘토에 대해 밝힐 수 있는 모든 것을 밝혀보라. 그들은 이야기하는 것을 실천하고 있는가?

4) 당신이 원하는 성공 수준을 반영하는가?

당신이 이루고 싶은 것들과 관련해 모범적인 사람만을 멘토로 삼아라. 수백만 명의 부부들이 자신들의 결혼생활조차 행복하게 이끌어가지 못하는 카운슬러와 상담한다. 내 친구 부인은 자격증도 없고 개인적인 경험도 턱없이 부족한 한 여성 카운슬러에게 조언을 구했다. 그녀가 받은 조언은 형편없었고 결국 이혼하고 말았다. 당신의 결혼생활과 가정에 관한 것이라면, 카운슬러의 자격과 개인적 경험을 깊이 있게 점검해 보기 바란다. 훌륭한 카운슬러는 더 나은 결혼생활을 원하는 부부들에게 훌륭한 멘토가 되지만, 형편없는 카운슬러는 다이너마이트보다 더 파괴적이다.

9. 올바른 멘토를 찾기 위한 힌트 10

1) 어떤 분야에 멘토가 필요한가?

인간관계에서 도움이 필요한가, 직업적인 문제 전반에 걸쳐 도움이 필요한가, 경영이나 마케팅 기술 같은 특정분야에서 도움이 필요한가? 나는 인간관계 분야에 중요한 멘토가 두 명 있고, 사업적인 문제를 해결하는 데 도움을 얻는 멘토가 한 명 있다. 멘토는 결코 한 명일 수 없다.

2) 이뤄야 할 꿈에 맞는 멘토의 명단을 작성하라

꿈의 목록을 작성하고 가장 중요한 꿈부터 시작해 당신이 가장 존경하고, 통찰력, 지혜와 충고를 줄 수 있는 사람들의 명단을 작성하라. 선호도순으로 이름을 적어라. 다시 말해, 각 목록의 꼭대기에는 이 세상에서 단 한 명만 고르라고 했을 때 선택할 사람의 이름을 적어야 한다. 그 사람이 당신에게 단 1분도 내주지 않을 거라고 생각한다고 해도 그 사람의 이름을 맨 꼭대기에 적어라.

3) 멘토와의 관계를 적어라

시장, 친구, 아는 사람, 친구의 친구, 전혀 모르는 사람 등등 작성한 목록 옆에 멘토와 당신과의 관계를 적어라.

4) 멘토에 대한 모든 것을 적어라

개인적인 경험을 통해 직접 알게 되었든 누군가를 통해서 알게 되었든, 그 사람에 대해 알고 있는 전부를 적어라.

5) 멘토에 대해 할 수 있는 모든 조사를 하라

그들이 좋아하는 것, 싫어하는 것, 열정을 보이는 것은 무엇인가? 일을 할 때나 안 할 때 시간은 어떻게 보내는가? 그들은 무엇을 통해 동기를 부여받는가?

6) 멘토를 잘 모른다면 누가 그들과 친한지 조사하라

당신이 멘토와 직접적인 안면이 없다면, 멘토와 친한 사람을 찾아보자. 당신이 아는 사람이 있을 수도 있다. 만약 그렇다면 멘토와 당신의 공통점으로 아는 그 사람부터 만나보라. 설령 아는 삶이 없더라도 멘토와 처음 만날 때, 멘토가 친한 사람의 이름을 언급하면서 대화를 풀어나가라.

7) 만나기 전에 미리 준비하라

잘 모르는 사람과 개별적으로 만나거나 전화나 편지로 접촉할 계획이라면 만나기 전에 제안이나 부탁하는 말을 준비할 필요가 있다. 우선, 서로 공통적으로 아는 사람이 있다면 그 사람에 대한 이야기로 시작한다.

두 번째는 상대를 존경하게 된 이유를 이야기해야 한다. 그 다음에는 간단하게 왜 이런 것들이 당신에게 중요한지, 또 어떻게 그의 통찰력이나 지혜를 당신 삶의 일부로 받아들이고 싶은지 설명하라. 마지막으로, 그가 일주일에 한 번씩이나 한 달에 한 번씩 짧게라도(점심이나 아침시간, 커피를 마시거나 간단한 운동을 같이 할 수 있는 정도의 시간) 시간을 내줄 수 있는지 물어보라. 그 시간에 당신은 특정한 영역에서 당신에게 도움이 될 만한 것을 물어볼 수 있다.

8) 이제 연락해 보자

개별적으로 만나는 것보다 나은 것은 없다. 당신이 선택한 잠재적인 멘토에 따라 이 전략은 가능한 것일 수도 있고 그렇지 않을 수도 있다. 직접 만날 수 없다면 차선책으로 전화를 이용하라. 개인적으로 만날 수 없거나 전화로도 접촉할 수 없을 때에는 편지를 이용하라. 어떤 방식으로 접촉하든지 간단하고 적절하게 하라. 만나볼 가치가 있는 멘토라면(퇴직한 상태가 아니라면) 이미 바쁜 스케줄이 있다. 그 사람이 앞으로 당신과 만나는 데 너무나 많은 시간을 할애해야 한다고 생각한다면, 당신의 제안을 일언지하에 거절하거나 당신을 피할 것이다.

9) 멘토를 만난 후

처음 접촉한 뒤에는 그 잠재적인 멘토가 해준 구체적인 말이나 행동에 대해 언급함으로써 간단하게 감사를 전하라.

10) 다음 사람으로 넘어가라

당신이 처음으로 선택한 사람이 부탁을 거절했다면 확실히 그 이유를 밝혀내야 한다. 그 다음에는 당신이 작성한 목록의 두 번째 사람에게 이와 똑같은 과정을 반복한다.

10. 멘토와의 전략 15

1) 성공 프로그램을 다운로드받다

그는 내 머릿속의 컴퓨터에 소프트웨어를 다운로드하듯 간단하게 전략 두 가지와 기법 몇 가지를 가르쳐주었다. 그 결과는? 나는 미국에서 가장 유명한 인사 중 한 명과 계약을 맺었고, 광고 대본을 쓰고 제작했으며, 그 광고로 20주 동안 매주 100만 달러 이상의 매출을 기록했다.

전략1. 생각과 태도를 성공할 수 있는 것으로 다시 프로그래밍하라

2) 타고난 성격으로 성공하는 법을 배우다

성격유형을 파악하면 장점을 알게 되고 훨씬 더 효과적으로 사용할 수 있다. 또한 자신의 성격에 내재되어 있는 힘과 타고난 추진력을 통제하고 조율하는 방법을 배울 수 있다. 다른 사람들이 당신의 단점이라고 생각하는 것은 대부분 균형을 찾지 못한 장점이다.

전략2. 강점을 강화하고 약점을 보완할 수 있는 파트너십을 맺어라

3) 시간, 재능, 돈의 한계를 뛰어넘다

스티븐 스필버그가 공룡영화를 만들기로 했을 때, 그는 시각효과나 모형제작에 대한 지식이 부족하다고 해서 당황하지 않았다. 또한 그는 시각효과나 모형제작에 관한 강의에

등록하지도 않았다. 그는 할리우드에서 모형제작 전문가인 스탠 윈스턴과 시각효과 전문회 사인 인더스트리얼 라이트 앤드 매직의 도움을 받았다.

전략3. 경험이 부족하다는 사실을 활용하라

4) 성공을 키우는 파트너십을 배우다

모리스 클라크와 헨리 플래글러가 누구인가? 또 해리 손번은 누구인가? 어브이워크스 는? 이들 중 누구도 알지 못할 것이다. 이들은 바로 불가능해 보이는 성공을 이루어낸 이 들의 파트너들이다. 이런 알려지지 않은 파트너들과 팀을 이루지 않았다면, 성공한 사람도 불가능해 보이는 꿈을 이루지 못했을 것이다.

전략4. 필요한 파트너유형을 파악하여 효과적으로 활용하라

5) 마음을 사로잡는 의사소통기술을 익히다

글은 모든 사람이 쓸 수 있지만 의사소통을 제대로 할 수 있는 사람은 극소수다. 단순 한 의사소통기법 몇 가지가 직업과 개인적 삶에 큰 차이를 불러일으킨다. 당신의 성공확 률은 수백 배 이상 상승할 것이다.

전략5. 철저하게 준비하여 설득력 있게 대화하라

6) 모든 문을 열 수 있는 만능열쇠를 받다

낚시하기, 소금 넣기, 단어의 이미지화 기법을 활용하면 효과적으로 의사소통할 수 있 다. 의사소통의 대부분을 상대가 내 느낌만 이해할 수 있어도 쉽게 설득할 수 있다. 설령 행동으로 옮겨지지 않았어도 목표를 향해 절반은 넘어온 셈이다.

전략6. 낚시하기, 소금 넣기, 단어의 이미지화는 가장 효과적인 의사소통수단이다

7) 꿈을 현실로 만드는 비전을 세우다

성공한 사람들은 대부분 꿈과 목표를 글로 정의하고 설명했다. 꿈이 무엇인지, 그것을 이루려면 어떻게 해야 하는지조차 생각해 본 적이 없는 사람이 어떻게 성공할 수 있겠는가? 이제 비전을 세우고 구체적인 단계와 행동지침을 자세히 적어보자. 꿈이 현실이 될 것이다.

전략7. 꿈을 확실하고 정확한 비전으로 정의하라

8) 꿈을 이루는 비전을 지도로 만들다

비전 매핑은 다른 어떤 것도 해줄 수 없는 세 가지 강력한 효과를 낼 수 있다. 첫째, 모호하고 추상적인 꿈은 뚜렷하고 잘 정의된 비전으로 바꾼다. 둘째, 불가능해 보이는 꿈을 가능하게 만든다. 이 과정이 없으면 꿈은 꿈으로 남을 뿐이다. 셋째, 이 과정은 꿈을 확장시키고, 훨씬 더 많은 것을 더 빨리 성취할 수 있게 만든다.

전략8. 목표를 수립하고 성취하는 도구, 비전 매핑을 활용하라

9) 이룰 수 있는 것보다 더 큰 꿈을 꾸다

합리적이고 성취할 수 있는 목표만 세우는 것은 특별한 결과를 이루어내는 개인의 능력을 제한하며 궁극적으로 무기력하게 만든다. 에디슨, 포드와 리어는 자신들이 이룰 수 있는 것보다 더 큰 꿈을 꾸는 것의 놀라운 힘을 발견했기 때문에 불가능해 보이는 꿈을 이룰 수 있었다.

전략9. 불가능을 꿈꿔라

10) 토머스 에디슨의 창조성을 배우다

기업가 정신을 연구하는 교수가 "성공하는 기업가의 공통점은 무엇일까?"라고 묻자 학생은 "굉장한 끈기죠, 절대 포기하지 않는……"라고 답했다. 이 답이 전적으로 옳지만 적

전으로 틀리기도 하다. "처음에 성공하지 못하면 다시 해보고 또 해 봐라." 이런 반성 없는 일관성은 제자리걸음과 같다. 그것은 일관성이 아니라 어리석음이다. 시도할 때마다 창조적 변화를 주지 않으면 이 격언처럼 치명적인 실수도 없다.

　전략10. 창조적 일관성을 위한 혁신적인 기술을 사용하라

11) 실패를 성공의 토대로 삼다

　실패에 대한 두려움은 의식적인 동시에 무의식적일 수 있다. 무의식적인 두려움이 의식적인 두려움보다 명확하지는 않지만 파괴력은 더 크다. 사실상 무의식적인 두려움보다 의식적인 두려움이 다루기 쉽고 해결도 쉽다. 무의식적인 두려움은 쉽게 추적되지 않기 때문에 평생 해결되지 않은 채 남아 있을 수도 있다.

　전략11. 실패에 대한 두려움을 극복하라

12) 비판 안에 숨겨진 금을 찾다

　윈스턴 처칠은 "비판은 대개 유용하지만, 칭찬은 기만적이다."라고 했다. 그의 말은 칭찬을 받느니 차라리 비판을 받는 것이 낫다는 뜻이다. 칭찬은 아무것도 해주는 일이 없기 때문이다. 칭찬은 단지 뒷짐을 지고 가만히 앉아서 미소짓게 만들뿐이다. 반면에 비판은 사물을 새로운 관점으로 다시 볼 수 있게 만든다.

　전략12. 비판을 피하려는 당신의 성향을 극복하라

13) 중요한 것을 먼저 하다

　꿈을 이루기 위해선 항상 운전대를 꼭 잡고 있어야 한다. 이 말은 당신이 그것을 통제해야 할 뿐만 아니라 목적지에 도달할 때까지 그 상태를 유지해야 한다는 뜻이다. 삶의 가장 중요한 영역을 통제하고 유지하는 세 가지 요소는? 우선순위 계획하기? 지속적인 집중? 개인적인 책임감이다. 이런 세 가지 요소를 활용하지 않고 특별한 성공을 거둔 사람은 단 한 명도 없다.

전략13. 하루하루 당신의 삶을 통제하라

14) 긍정적인 사람이 되다

모든 것이 잘될 때 긍정적일 수 있다. 하지만 상황이 나쁠 때 긍정적이 되는 것은 쉽지 않다. 내 목표는 당신의 마음속 깊은 곳까지 긍정적이 될 수 있도록 힘을 주는 기술을 알려주는 것이다.

전략14. 긍정적으로 생각하는 것보다 긍정적인 사람이 되라

15) 성공 열정을 불태우다

보통 사람들은 열정을 타고난 것이라고 생각한다. 특별한 성공을 이루는 사람들은 꿈을 현실로 바꾸는 유일한 연료인 열정을 개발하기 위해 노력한다. 열정은 비전, 희망, 성취감으로 구성된다. 이 세 가지만 갖추면 얼마든지 열정을 개발할 수 있다.

전략15. 비전에 대한 열정을 가져라

5장 효율적인 멘토링을 위한 제의

1. 멘토링의 중요성(重要性)

"적절한 멘토를 발견하고 그에게서 바른 지도를 받는 것은 우리의 일생(一生)에서 일어날 수 있는 가장 중요한 일로서, 우리 자신의 생애 동안에 성취해야 할 인생(人生) 목표에 이르도록 우리를 돕는 결정적인 역할을 할 수 있다."라고 **린다 필립존스**(Linda Phillips Jones)는 〔멘토와 프로테제〕(*Mentor and Proteges*)라는 그의 책에서 말하고 있다.

"바른 성인기(成人期)로 통과하는 최선의 방법은 좋은 멘토를 통하여 인생의 멘토링을 받는 것이다."(Biehl, 1997) 이미 언급한 "한 사람이 성인(成人)으로서의 성장과정에 좋은 멘토를 갖지 못하는 것은 부모 없이 자라는 고아와 같은 불행이며 비극이다." **레빈슨 교수**의 말들은 멘토링의 중요성과 필연성을 잘 나타내고 있다.

단순한 지식전달이나 설교, 강의를 통하여 사람의 인격이나 성품, 도덕성의 큰 변화는 일어나지 않는다. 사람들은 부모, 선배, 스승, 목사 등 인생의 선배나 지도자들의 삶 속에 투영된 그리스도의 모습을 통하여 그들의 삶이 변화된다. 인간이 아무리 많은 것을 소유하고 명성과 지위, 부(富), 권세를 갖추었어도 그에게 인격이나 도덕성이 뒷받침되지 않는 한, 그런 것들은 그들 자시의 변화는 물론, 타인과 사회를 결코 유익하게 하지 못한다.

교육 풍토 속에서는, 인격과 이타 중심사상이 그 기초가 되는 멘토링의 교육방법은 그동안 그 개념정립(槪念定立)조차 불가능한 상황이었다고 할 수 있다.

과거에는 가정이나 농장 등 삶이 있는 곳이면 어디서든 비교적 쉽게 멘토링이 이루어졌다고 할 수 있다. 가정에서 부모들이 "남성다움"과 "여성다움"에 대한 감성과 인식, 공동체 구성원으로서의 의무와 책임, 인간관계에 대한 지혜 등을 생활 속에서 익히고 배우게 하였다.

장인(匠人)들의 세계에서 멘토링은 가장 중요한 학습방법이었다고 할 수 있다.

견습생들은 숙련공 밑에서 기술은 물론, 스승의 생활양식과 그들의 인생관 등 모든 것을 함께 배울 수 있었다. 고대의 대학에서도 비슷한 방법으로 학생이 학자의 집에 함께 생활하면서 학문과 삶을 동시에 배웠으며, 고대 왕궁에서도 기사가 초보자에게 화가가 제자들에게 작업실에서 동일한 방법으로 제자를 길러냈다.(Biehl,1977)

이렇게 멘토링은 세대 간에 이루어지는 삶의 전수 방식이며, 한 사람을 기르고 가르치는 지도자의 중요한 준비 과정과 수업이었다. 멘토링은 인간 생존에 필요한 호흡처럼 중요한 것이면서도 인간의 삶 속에서 너무 자연스럽게 이루어진 중요한 인재 양육의 방법이었기 때문에 특별한 주목의 대상이 못되었던 것이 사실이다.

고도로 발달된 산업화 속에서 개인주의적 요소가 강한 가치관과 생활양식의 변화로 자녀와 부모, 스승과 학생, 지도자와 후배가 가슴을 열고, 정직하고 진솔하게 서로의 삶과 중요한 지식을 나누는 인격적인 교류와 가르침이 현저히 감소되고 있는 현대사회에서는 이런 중요한 멘토링의 개념과 기능이 점점 약화되고 있다. 현대인들, 특별히 20세기말을 살아가는 사람들은 인간에게 최대의 중요 요소는 지식과 정보이며, 이런 것들은 지식을 전달하는 강의실이나 매스미디어를 통하여 이루어질 수 있다고 믿고 있기 때문에, 삶과 인격적인 교류 가운데 이루어지는 인격적 학습방법인 멘토링의 중요성을 잘 인식하지 못하고 있다.

인격은 어떤 삶이나 직업에도 필수적 요건이다. 인격의 수반이 안 된 비전(vision)이나 성공은 자신이나 사회에 큰 유익이 못 됨은 물론, 오히려 유해 요소로 작용할 수 있다. 비전과 인격은 항상 동반되어야 할 밀접한 상관 관계성을 가진 지도자의 필수 요건이지만, 만약 불가피하게 양자 중 택일이 되어야 한다면 선행되어야 할 것은 인격이라고 할 수 있다.(Hendricks, 1995)

모든 개인이나 지도자에게 필수 요건인 이 인격은 단기간에 이루어지거나 갖출 수 있는 것이 아니다. 한 사람이 일생을 살아가는 데 기초가 되는 좋은 성품과 인격은 어려서부터 가까이에서 깊은 관심과 사랑으로 그를 돕고 격려하면서 가르쳐주는 사람의 삶의 내용과 모습을 보면서 자연스럽게 익히고 배우게 되며, 인생을 바르게 살아갈 기본적인 자세와 자질을 갖추게 된다.

멘토는 특별히 멘제의 삶 속에서 그 인생의 골격이라고 할 수 있는 긍정적 자아상(self-esteem)형성에 결정적인 도움을 주어야 한다. 건강한 자아상(自我像)은 어떠한 고난과 어려움 속에서도 올바른 인생관과 가치관 속에서 살아갈 수 있게 하는 삶의 원동력이 되기 때문이다. 바른 자아상을 갖지 못하게 되면, 인간은 자신을 비하하고 열등감에 빠져 자신감을 잃게 되고 심하면 자살까지 하게 된다. 반대로 지나친 자기중심의 자아감은 타인을 무시하고 자아 독존적인 교만과 자만에 빠져 다른 사람에게 상처와 부덕을 끼치게 되는 결과를 가져오게 된다.

멘토는 멘제의 정서적 안정과 성숙에 큰 영향을 미칠 뿐 아니라 성숙한 인격 형성을 돕게 된다. 멘토는 자신의 인생 경험과 지식을 통하여, 멘제가 불필요한 인생의 연습이나 실패를 하지 않도록 돕게 된다. **멘토링의 중요성은 특별히 성장기에 있는 사람들에게 건강하고 이타적인 지도자로서 인생을 살아갈 수 있도록 인도하는, 한 인간의 삶과 지도자에게 중요한 양육방법이라 할 수 있다.**

『**미래의 충격**』(*Future Shock*)의 저자인 앨빈 토플러(Alvin Toffler)는 그의 책에서 "급속한 변화와 발전 속에서는 삶의 중요한 기본적인 의미와 요소들이 흐려질 수 있다."고 하였는데 그런 징후들은 이미 도처에서 나타나고 있다. 21세기를 살아가야 할 우리 자녀들의 생활환경을 생각해 볼 때, 그들이 직면하게 될 고통과 어려움, 유혹들은 우리 시대의 그것들과는 비교가 안될 만큼 강도 높을 것으로 예상된다.

미국의 예를 보면 전체 어린이들의 40% 이상이 친아버지가 없는 가정에서 자라며, 1950년 6%의 가정의 여자 가장이 오늘날은 24%로 증가되었으며, 도시의 흑인 할렘가에는 아버지가 거의 멸종된 상태라고 한다.(Biehl, 1977)

이런 자녀들에게 아버지의 모델 됨의 빈자리를 누가 채워줄 것인가? 멘토가 필요한 사람들은 비단 결손가정의 자녀들만이 아니다. 양부모와 함께 사는 가정의 어린이 모두에게 멘토는 필요하다. 멘토는 가정뿐 아니라 학교, 교회, 기업, 사회, 어느 곳이든 인간의 삶이 존재하고 인간관계가 이루어지고 있는 곳이면 모두에게 필요한 삶의 인생을 배우는 과정과 방식이다.

2. 멘토의 필연성(必然性)

인간 발달을 연구하는 심리학자와 교육가들이 강조하는 중요한 진리 중 하나는 인간은, 특별히 어린이들은 성인들의 말이나 교훈, 강의 등을 통해서 자신의 가치관이나 행위의 기준을 배우는 것이 아니라, 성인들의 행동을 보고 직접 배우며 모방한다는 사실이다.(Ginsburg, 1979)

인생이 무엇인지 어떻게 성인이 되어 가야 하는지, 인생을 어떻게 살아야 하는지를 구체적으로 가르쳐주는 책은 세상에 없다. 그러나 우리의 삶이 중요하고 자신의 세상을 위하여 그 중요한 인생을 바르게 살아야 하며, 인생은 연습하고 실습할 만큼 여분의 시간이 없다는 것은 누구나 다 알고 있다. 이런 삶 속에서 멘토를 가진 사람은 멘토를 갖지 못한 사람에 비하여 엄청난 유익을 갖는다. 먼저 멘토링은 멘제에게 전인적인 교육을 가능케 한다. 멘토링을 통하여 멘토와 멘제 사이에 지식이나 기술전달은 물론, 밀접한 인간관계를 통한 인격과 신앙 교류, 지혜로운 삶의 방식이 전승될 수 있기 때문이다. 멘토가 직장이나 직업상의 선배라면, 멘제는 선배인 멘토의 노하우를 통하여 불필요한 실패나 시간낭비와 에너지, 자본을 줄이고 성장과 성공의 지름길로 갈 수 있다.

멘제는 또한 멘토를 통하여 정서적인 안정감을 얻게 된다. 인간의 감성은 안정된 삶의 원동력이 되며 건전한 자존감의 기초가 되기 때문에 인생 스승인 멘토의 유무는 멘제의 삶의 내용과 질에 중요한 역할을 한다.(유, 1998, 4, **빛과 소금**)

인생에 필요한 많은 외적 요소를 다 갖추었다 할지라도 그 삶의 정서가 불안하고 감성에 문제점들이 있다면 그 인생은 사상누각이 될 가능성이 많다. 감성과 정서는 우리 인생의 초석이라고 할 수 있다. 인생의 기로에서 중요한 결정을 내려야 할 때에 인생의 선배인 멘토의 현명한 조언과 도움은 걱정과 불안 속에서 객관성을 잃고 잘못된 결정을 하기 쉬운 멘제에게 중요한 스승 역할을 해줄 것이다.

멘토링은 우리 기업, 학교, 사회, 교회, 가정, 정치계 등 모든 분야에서 이루어져야 할 중요한 교육 과제이다.

먼저 가정은 어린이들에게 최초의 학교이며 그들의 인생이 시작되는 교육의 장이기 때문에 가정에서 부모가 생활하는 모범을 보이면서 그들을 양육할 의무와 책임을 지고 있다. 그러나 오늘날 우리 가정 대부분의 부모들이 인격적, 정서적으로 미숙한 언행으로 자녀의 모범이 되지 못하고 있음은 물론, 그 반대의 부정적인 모델상을 보이고 있는 현실이다. 이런 환경 속에서 자라는 어린이들이 또한 그런 미성숙한 부모의 모습을 보면서 자신들도 그런 부모가 되고, 그런 가정들이 이어지는 악순환이 계속되고 있다. 자녀에 대한 멘토링이 잘 이루어진 가정이 많을수록 그 사회와 국가는 건전하고 안정된 나라가 되는 것은 자명한 일이다.

사회적으로도 멘토링은 필요합니다. 자신이 소속된 직장과 사회에서 신실한 멘토를 보고 멘토링 관계를 유지하면서 건전한 직장 풍토와 사회 윤리 속에서 살고 있는 멘제는 그 자신이 좋은 멘토가 되어 다른 멘제를 또 멘토링하게 된다.

각급 학교에서 단순히 지식을 가르치는 이외에, 학생들의 삶에 중대한 영향을 미칠 멘토들이 필요하다. 입시 위주의 주입식, 경쟁적 교육이 교육의 주류(主流)를 이루고 있는 한국에서, 인격과 인격이 교류되는 인성교육이 이루어져야 하는 멘토링의 필요성이 그 어느 나라에서보다 절실히 요청되고 있다.

사회와 경제계(經濟界) 역시 멘토링이 필요한 곳이다. 서구의 재벌들이 자신들의 자산 중 많은 부분을 사회와 국가를 위해 헌납하는 것이 일반적인 관례인데 반하여, 대부분의 한국 재벌이나 기업들은 기본적인 세금마저도 포탈하는 것이 기본인 것처럼 보인다. 그들에게 건전한 사업가나 기업인, 재벌로서의 바른 철학이나 인생관 정립에 영향을 미친 멘토들이 있었다면 구조조정 때문에 온 나라가 고통과 진통을 겪는 그런 불행은 없었을 것이다.

정치계 역시 멘토링의 절대적인 필요성에서 결코 예외일 수 없다. 어느 의미에서 가장 강도 높은 멘토링이 이루어져야 할 곳이 바로 정치계라고 할 수 있다. 국회의사당에서 소위 국정을 수행한다는 국회의원들의 작태는 말할 것도 없고, 살아 있는 전직 대통령들의 대통령 재임 시의 행적과 퇴임 후의 언행들은 국민들에게 분노와 절망감은 물론, "우리에게는 이런 부류의 지도자들밖에 없는가?"라는 허탈감에 삶의 의욕과 용기를 잃게 한다.

이렇게 우리의 삶의 현장 곳곳에서 멘토링은 절실히 필요하다. 타락하고 부패한 시대일수록 경건하고 신실한 인격을 갖춘 지도자들을 더욱 필요로 하는데, 지식전달이나 정보교환이 그 중심이 되고 있는 현대의 교육 현장에서는 인격적 교류가 그 중심이 되어 이루어지고 준비되는 참지도자 배출이 제도적으로 힘들게 되어 있다. 학교, 교회, 기업, 사회가 이 멘토링의 중요성과 필요성을 인식하고 사람을 바로 기르고 양육하는 일에 지대한 관심을 기울여야 할 중요한 시대에 우리는 살고 있다.

3. 효율적인 멘토링을 위한 제의

1) 멘토링 관계의 제의는 누가 먼저 하는 것이 좋은가?

멘토나 멘제 중 상황에 따라 누가 먼저 제의를 하든 큰 상관은 없지만 초창기에는 멘토가 먼저 제의하는 것이 이상적이다. 멘토는 멘제보다 여러 면에서 인생의 선배이며, 멘토링 관계에서 시간과 열정을 기울여야 하는 주체가 되기 때문이다. 멘토링이 성숙된 사회에서는 멘제가 먼저 제의하는 것이 효과적인 것으로 볼 수 있다.

2) 자신에게 멘토가 없었던 사람도 멘토가 될 수 있는가?

물론 될 수 있다. 만일 자신에게 멘토가 있었다면 멘토링을 좀더 효율적으로 수행할 수 있는 유익이 있겠지만, 멘제의 경험이 없을지라도 자신의 지적, 감성적, 경험적, 모든 인생의 체험을 통하여 다른 사람을 격려하고 돕고 싶은 열정이 있다면 충분히 가능하다. 특별히 조직에서 멘토링은 멘토 교육이 선행되어야 함으로 경험 없이도 가능하다.

3) 공간적으로 먼 곳에 있는 사람과도 멘토링이 가능한가?

물론이다. "진심으로 이 사람을 돕기 원하는가?", "이 사람의 성공을 기대하는 열정이 있는가?"라는 멘토 자신의 질문에 긍정적으로 반응할 수 있다면, 공간적인 거리는 크게 문제가 되지 않는다. 최첨단 통신 기구가 발달된 현대 생활 속에서 우편, 팩스, 전화, 인터넷 통신, 또는 직접 방문 등을 통하여 크게 문제될 것이 없다. 그러나 멘토링의 이상적인 방법은 면대면(Face to Face)이다.

4) 멘토링에 필요한 이상적인 시간의 양이 있는가?

특별히 그런 것은 없다. 멘토링 관계는 멘토와 멘제 두 사람 공유의 여건이나 상황에 따라 다르기 때문에, 두 사람의 필요와 상황에 따라 자주 만날 수도 있고, 그렇지 못할 수도 있다. 멘토링은 시간의 양이 문제가 아니라, 그 만남의 내용과 질에 따라 멘토링의 효율성이 달라진다. 특히 현행 조직에서 미팅 시간은 1회에 0.5~1시간이 대부분이다.

5) 멘토나 멘제는 한 명 이상일 수 있는가?

시간과 능력, 여건이 허락한다면 숫자에 관계없이 여러 명의 멘토나 멘제를 갖는 일은 멘토나, 멘제 모두에게 가능하고 또한 바람직한 일이다. 그러나 이상적인 멘토링이 이루어 지기 위해서는 1명의 멘제를 갖는 것이 멘토에게는 이상적이다. 멘토링의 고품질 서비스 는 멘제 한 사람에 전문 멘토가 여럿이 도움을 주는 것이다.

6) 멘토링 관계에서 금전 관계는 어떠한가?

친밀한 인간관계가 이루어지는 멘토링 과정에서 멘토나 멘제 중 어느 한쪽이 경제적인 어려움에 봉착하였을 때 다른 상대의 동정심이 유발되는 것은 자연스런 현상이다. 그러나 적은 액수라도 금전이 개입되면 멘토링 관계는 곤란하고 혼란스러우며, 잘못하면, 급속도 로 악화되어 멘토링 관계를 붕괴시킬 위험성이 있기 때문에 멘토링에 금전이 개입되어서 는 안 된다. 어느 의미에서 순수하게 도와줄 수는 있지만 차용 조건으로는 결코 안 된다.

7) 어린이를 멘토링할 때 자신이 '멘토'라고 밝혀야 하는가?

아니다. 멘토링의 개념을 모르는 어린이에게는 시간을 내어서 친구가 되어주고 필요시 도움을 주며 신뢰감을 쌓으면서 멘제인 어린이가 자연스럽게 모든 일을 의논하고 지도를 받게 하는 것이 좋다. 아이들에게는 멘토라는 말을 사용하지 않는 것이 좋다. 그러나 학 교라는 조직에서 선생님의 지도로 멘토링이 이뤄질 경우에는 멘토라는 말을 사용하는 것 이 더욱 편리한 점이 많다.

8) 멘토링 관계를 그만두고 싶을 때

여러 가지 여건상 멘토링 관계 유지가 어려울 때 멘토나 멘제 중 한 사람이, 혹은 두 사람 모두가 원할 때 솔직히 그 상황을 설명하고 멘토링 관계를 중지할 수 있다. 그러나 그 과정에서 상대방이 상처를 받지 않도록 긍정적인 마무리를 위한 지혜와 슬기가 필요하 다. 그동안 친밀한 관계 때문에 큰 실망과 상처가 후유증으로 남지 않도록 준비와 세심한 배려가 필요하다. 조직에서 멘토링은 모니터링 시스템을 통하여 더욱 계속 여부 등 멘토/ 멘제에 관한 전문 모니터링이 필수적으로 수행되어야 한다.

9) 누구나 멘토가 될 수 있는가? Yes와 No이다.

당신보다 젊고 어린 사람들을 바르게, 바른 인생길로 인도하고 싶은 열정과 사람을 사랑하는 마음이 있다면 누구나 멘토가 될 수 있다. 그러나 멘토링 관계는 시간과 열정, 인내 등 멘토의 중요한 삶의 요소들을 투자해야 하는 멘제 중심의 관계이기 때문에 이기주의적인 성향이나 사람을 진정으로 사랑하는 마음이 없는 사람이 멘토가 되어서는 안 된다. 그런 자세라면 오히려 멘제에게 상처와 인간에 대한 불신만을 남길 수 있기 때문이다.

10) 멘토는 나이가 많은 사람이어야 하는가?

그러나 멘토는 연령에 상관없이 다른 사람을 이해하고 그 사람을 돌보려는 따뜻한 마음과 관심, 깊은 배려, 긍정적 사고방식의 소유자이면 된다. 쌍방향 멘토링이 요즈음 널리 활용되고 있다. 젊은 사원은 IT분야 등을, 나이 든 임원이나 사원은 후배에게 경험 일상 업무 등을 상호간 멘토링이 아름답게 이뤄지고 있다.

11) 멘토는 완벽해야 하는가?

이런 오해 때문에 멘토의 자질과 인품을 구비한 사람까지도 멘토되는 일을 주저하게 된다. 그러나 세상에 완벽한 사람은 없으며, 인간관계에서 완벽을 기대하는 것 자체가 잘못이며 또 있을 수 없는 일이다.

12) 멘토는 모든 해답을 가지고 있어야 하는가?

그러나 세상 누구도 모든 문제에 대한 해답들을 가질 수 없으며 그렇게 생각하거나 기대하는 일 자체가 모순이다. 오늘날 인기 있는 멘토는 전문성을 소유한 멘토로 멘제의 취약 부문을 맡아 멘토 자신의 핵심 역량으로 멘제를 개발하는 예가 많이 실행되고 있다.

13) 멘토링 과정은 멘제를 위한 일정한 교육 과정을 포함하는가?

전통적인 멘토링에서 멘토가 미리 정해 놓은 교육과정이 절대적으로 필요한 것은 아니다. 삶의 과정 속에서 친근한 인격적 교류를 통하여 자연스럽게 삶의 지혜와 용기, 격려를 받을 수 있어서 멘제가 큰 감화와 영향을 받게 될 뿐이다. 그러나 오늘날 조직에서 도입하고 있는 제도적 멘토링에서는 멘토와 멘제가 한 조직에서 리더십의 큰 차이를 기대하기 어렵기 때문에 멘토나 멘제의 멘토링에 관한 전문 교육을 필수적으로 필요로 하고 있다.

6장 멘토링 이해를 돕는 Q & A

1. 멘토링 경영에 관한 6가지 Q & A
자료제공: TMI(加) William Gray 교수

FAQ(Fair Average Quality)들에 대한 멘토의 답변

1. 경영자가 멘토가 되어야 하는가?	2. 멘토링이란 무엇인가?	3. '집단멘토링'에 대해 어떻게 생각하는가?
4. 비공식 멘토링 프로그램을 우리가 어떻게 개발해야 하나?	5. 우리의 프로그램을 위해 우리는 어떻게 멘토와 프로테제를 선택하고 연결(매치)시켜야 하나?	6. 우리의 멘토링 프로그램에서 피하고 싶은 문제 한 가지는?

글 중 M-멘토   P-프로테제 즉 멘제

질문1. 관리자(경영자)가 멘토가 되어야 하는가?

답변1. 많은 사람들이, 평가 불가능한 것으로 입증된 비공식적 멘토링을 제공해 온 관리자들을 상관으로 두고 있다. 그래서 분명 관리자들은 멘토가 될 수 있다. 이러한 일은 언제나 거의 드물게 일어날 것이다.

그러나 그것은 대부분 공식적 멘토링 프로그램에서는 추천되지 않는다. 실로 멘토링 협회에서 훈련한 5,000명 이상의 프로테제의 경우에 자신의 멘토로서 자기들의 관리자나 감독자를 극소수만이 원하고 있다. 왜 그랬을까? 누군가의 직무수행에 대한 판단같이 민감한 문제 같은 경우에 이러한 사실들이 드러나므로 영향을 받을지도 모른다는 생각으로 실질적으로 그와 논의하는 것에 불편을 느꼈기 때문이다.

좀더 구체적으로 멘제들의 말을 빌리면:

"나의 관리자(이하 상관)는 기술을 체득하고 있는 대단한 코치임이 틀림없지만 나는 절실한 친구가 될 다른 사람을 원한다."

"나의 상관은 내가 좀더 나은 위치에 다른 회사로 옮기려고 떠나려 하는 문제와 같은 선택문제를 다룰 때에 내게 힘이 되지 못할 것이다. 그는 항상 바로 가까이 있는 나를 필요로 할 것이지 때문이다."

"만일 당신이 멘토링 프로그램을 확고히 하는 데 문제가 발생한다면, 나는 이제까지 접해 보지 않은 사람과 접하고 싶다."

"상관과 나는, 어느 때는 우리가 업무상의 관계에 있고 어느 때는 멘토링 관계에 있기 때문에, 불편한 관계가 될지 모른다. 이 둘은 매우 상이하다."

"필요하다면 비공식 멘토링을 위해선 상관을 만날 수는 있다."

"나의 상관은 사람들을 관리하기에 너무 바빠서 내 개인적인 멘토가 될 수 없다."

질문2. 멘토링이란 무엇인가?

답변2. 고전적이고 사전적인 의미의 멘토는 신망 있는 안내자, 지혜롭게 자문이나 충고를 주는 자, 절친한 친구이다. 인류역사의 전반을 통하여, 이러한 일들은 멘토링이 시행되는 중에 수행된다. 멘토들이 최고였으며, 오늘날 우리가 알고 있는 것과 같은 공식적인 교실수업이나 작업장의 교육이 없었던 때에는 지식의 유일한 원천이기도 했다. 교과서 같은 것도 없었다. 그래서 멘토들은, 멘제들에게 부족한 경험과 실무 노하우들을 전수하여 **세워줘야** 했고, 다른 방도는 없었다.

330여 편의 멘토링에 관한 논문이 작성되고 3,000여 편의 기사가 실렸으며, 30여 권의 책이 멘토링을 기술하는 데 할애되어 왔다. 성공적인 멘토링 수행과, 멘토와 멘제 사이의 **관계**를 발전시키는 방법은 없을까에 이들 작가들은 모든 열정을 다하였다.

오늘날 잘 교육받은 멘제들은, 멘토들이 알고 있는 것으로써 멘제를 세우는 것보다 **다른 종류의 멘토링 관계를** 필요로 한다. 그래서 우리는 '신멘토링 패러다임을 개발하기에 이르렀다. 이 '신멘토링 패러다임'은 멘제들이 조직(회사 등)에 혁신적 공헌을 하게, 멘제 자신의 다양성, 창조성, 아이디어, 열정, 독창성 등을 발휘할 수 있도록 **힘을 불어넣어 주는** 것뿐만 아니라, 멘토가 알고 있는 것으로써 멘제를 **세우는** 전통적인 개념을 포함한다. 이러한 것은 멘제를 좀더 자립적이게 만들고, 조직이 침체에 빠지는 것을 막는다.

'신멘토링 패러다임'을 사용하면, 멘토들이 '4가지 멘토링 유형'과 '9단계 멘토링 절차 (process)'를 사용할 수 있어서 멘제들을 좀더 효과적으로 도와주게 되어 특히 도전적 상황(어려운 난관)에 대처할 수 있게 한다. 이 '신멘토링 패러다임'을 알면, 프로테제는 다양한 종류의 필요한 도움을 요청할 수 있게 된다. 멘토도 멘제도 그들이 늘 하는 일을 반복함으로 '완전히 정체되는' 사태가 발생하지 않는다. 이것은 결정적인 상황에서 일(M과 P 사이의 작업)이 수행되지 않을 때 중요한 것이다.

사람들 사이의 유대관계를 묘사하는 모델들은 거의 다, 한 사람을 양극의 차원으로 분류하고 있다(-예를 들면 사람지향 대 과업지향 또는 과정(process)지향 대 산출지향 같이). 새로운 멘토링 유대관계가 다음과 같이 될 수 있다:

- 개개의 멘제들의 욕구에 접할 때 사람지향이 됨
- 적합한 멘토링 도움을 제공하는 데에 있어 과정(precess)지향이 됨
- 멘제가 달성하는 것을 합의하는 데에 있어 목표/산출지향이 됨
- 멘제가 목표를 달성하기 위한 실행단계를 수행할 때 **과업지향**이 되는 것

질문3. '그룹 멘토링'에 대해 어떻게 생각하는가?

답변3. TMI는 한 무리의 멘제가 한 사람의 멘토로부터 전문기술을 얻고자 할 때 '그룹 멘토링'을 사용한다. 전형적으로, 멘제는 멘토의 전문기술의 영역 내에서 (그것을 얻고 활용하기 위하여) 프로젝트를 수행한다. 이러한 '그룹 멘토링'은 '기술전수 멘토링'을 제공하는 효과적인 방법이다.

TMI가, AT&T의 '소비자 제품 자문 행사'(Comsumer Project Lab Implement)에 '그룹 멘토링'을 적용하도록 도와주었을 때, 회수기간이 짧아졌을 뿐 아니라 경쟁사보다 훨씬 신제품 출시가 앞당겨졌다. -이렇게, 돈을 버는 동안 비용지출은 절감되었다.

그러나 '그룹 멘토링'이 비기술적 프로세스에 사용될 때는, 몇 가지 **원천적인 어려움**이 있다.

- 요사이의 다운사이징 때문에, 같은 시간에 만날 수 있는 꼭 맞는 집단을 얻기가 매우 어렵다-누가 이 작업을 하기 위해 남겨질 것인가? 누가 각 사람의 스케줄을 세우고, 멘제들이 참여하도록 '보스'(사장)의 허락을 받을 것인가? 누가 이러한 것들을 감당할 것인가?
- 1960년대의 '조우(만남) 그룹' 및 '민감 그룹' 운동은, 멤버들이 비밀에 대한 것·선

뜻 공유하지 않는 멤버들에 대한 것·쟁점들을 늘어놓음으로써 항상 독차하는 멤버 등 이러한 민감한 쟁점을 나누게 하는 그룹을 촉진시키는 특별한 기술을 줌을 우리에게 가르쳐주었다.

- 한 그룹이, 조정자/멘토가 숙련된 자일지라도, 신뢰를 '굳히고' 발전시키는 데에는 시간이 걸린다 – 이럴 동안에 멘제는 얼마나 많이 멘토로부터의 개인적 도움을 개별적으로 받을 것인가? 그들은 민감한 쟁점에 관해 논의하고 있는가?
- '그룹 멘토링'이 진행되는 대부분의 시간은 대화의 시간으로 보내지는데, 언제 '실행단계'가 기획되고 수행되어서 계획된 목표가 달성되고 성취감을 갖게 될 것인가? 멤버 전체가 이러한 '실행단계'에 동의를 해야 하는가? 아니면 그룹을 하나로 응집하고 유지시키기 위해, 그룹으로 '실행단계'를 수행하는 것인가?

요약해서, '그룹 멘토링'은 요사이처럼 일시적 유행으로서 시행될 것이 아니라 적합한 경우에만 분별 있게 사용되어야 할 것이다.

질문4. 비공식 멘토링 프로그램을 우리는 어떻게 개발해야 하나?

답변4. 한마디로 말해서 불가능하다 – 프로그램은 반드시 *공식적인 특성*을 가지고 있기 때문이다. 정의에 따르면:

- 멘토링 프로그램은 세심하게 설계되는 것이다 – '우연히' 혹은 '저절로' 생기지 않는다.
- 멘토링 프로그램의 시작을 위해서는 문서로 짜여진 취지가 있어야 한다.
- 프로그램은 서로 관련되는 확실하고 필수적인 내용을 가지고 있어야 한다.
- 멘토링을 시작한 목적과 부합된 확실한 성과가 기대되어야 한다.
- M-P파트너가 가끔 어떤 방식으로 만나야 하는지, 그들이 해야 할 행동들과 해서는 안 될 것은 무엇인가 등에 대한 지침이 있어야 한다.
- 참가자들은 M-P파트너로서 신중하게 선정되고 연결(매치)되어야 한다.
- M-P파트너는 그들이 무엇을 해야 하는지 알도록 훈련을 받아야 한다.
- 감독(지도)위원회는, 프로그램이 기대대로 시행되는 것을 보장하도록 프로그램의 모든 분야를 감찰해야 한다.
- 무엇이 수행되었고 혹은 그렇지 않았는지 그리고 어떤 이익이 얻어졌는지 측정하기 위해, 공식적인 평가가, 지정된 멘토링 기간의 끝에 시행돼야 한다.
- 개선이 필요한 분야는 지원자들이 더 등록하기 전에 수정한다.

멘토링 프로그램이 성공하기 위해서는 **충분히 협의된 구조화**가 필요하다. 이러한 공식적인 형태들 및 기타의 것들은 멘제 스스로 처리할 수 없는 도전적 상황(어려운 난관)에 대하여 멘토들이 자유롭게 세워주고 힘을 불어넣어 주게 하는 구조화를 가진다.

> 만일 공식적인 형태 중 어떤 것이라도 생략된다면 프로그램의 성공률은 낮아질 것이다. 칼 로저스가 「배움의 자유」에서 언급한 것처럼 말이다:
> 나는 구조화로서 인식될 수 있는 제한범위와 요구사항을 충분히 제공하고 있다. 그래서 학생들은 편하게 공부를 시작할 수 있다……. 자유가 어떤 전통적인 말('요구사항' 같은 것들) 안에서 표현될 때, 자유는 좌절감 및 무엇을 잔뜩 지고 있는 불안감을 덜어준다.

질문5. 우리의 프로그램을 위해 우리는 어떻게 멘토와 멘제를 선정하고 연결(매치)시켜야 하나?

답변5. 방법은 20가지 이상 있다. '하나는 최선이 될 수 없다(No single best way)'라는 의미이다. 대부분의 기관에서는 지원자들에게 참가요청서를 채워줄 것을 요구한다. 몇몇은 인터뷰를 한다. 이 두 가지 방법은 지원자가 공개적이고 분명한 질문에 공개적이고 분명한 대답을 줄 수 있게 된다. 그래서 감독(지도)위원회는 각각 지원자들을 개별적으로 알 수 있게 된다. 그러나 두 가지 방법은 대단히 주관적이고 작업을 추측에 의해서 하게 한다.

TMI는 참가요청서와 인터뷰 구성이 좀더 **객관적인 측정방법**으로서 다음과 같이 사용될 것을 제안한다:

- '멘토링 유형 지시자(Mentoring Style Indicator: MSI)'
- '멘제에게 요구되는 자료(Protege Needs Inventory: PNI)'

20년간의 경험으로 얻은 바로, TMI는 훈련이나 양육의 비용은 부적절한 선정 및 연결을 파생할 수 없음을 알았다(부적절한 선정과 연결로 인하여 훈련과 양육비가 높아질 수 있다는 뜻: 역자 주). M-P파트너의 적절한 선정과 연결은 성공을 높이기 위하여 시험 프로그램(pilot program)에서 보다 중요성을 갖는다. —초기의 '실패'는 장래의 지원자들을 선발하는 데 아주 어려움을 겪게 된다는 것을 너무 많이 보아왔다.

그렇기 때문에 멘토링에 대한 신뢰가 프로그램의 지침과 기대사항들과 일치하는 사람들이, 멘토나 프로테제로 선정되어야 한다. —그렇지 않으면 프로그램에 참가하지 못할 것이다. 서로 일치되는 사람끼리 M-P파트너로 선정되고 연결되지 않으면 함께 달성하려 했던 목표를 완수하지 못하고 '부실한 관계를 개선하려다가' 시간을 다 소비할 것이다. 그래서 '훈련'이, 성공하려면 어떻게 해야 하는지 알려줄 것이며 '양육활동'이 성공을 고취시킬 것이다.

질문6. 우리의 멘토링 프로그램에서 피하고 싶은 문제 중 한 가지는 무엇인가?

답변6. 피해야 할 문제는 한 가지가 아니라 꽤 많다. 가장 중요한 10가지가 TMI의 비디오('멘토링 문제해결 Mentoring Solution')에 담겨 있다.

이 문제는 보통 한 가지를 내포하는데 '부실한 구조'가 그것이다. 대부분의 멘토링 프로그램은 순전히 탁상 위에서 개발되거나 혹은 제한된 경험을 가진 전문가에 의해 개발된다. 하지만 결국 요구되는 구조가 부실하기 때문에 실패의 나락으로 떨어진다. 이것은 아이러니이고 비극이다.

대부분 회사는 보다 성공적인 멘제를 생산할 멘토링을 원하면서도, 프로그램을 개발하여 이끌어갈 전문가를 발굴하지 않는다는 것은 아이러니이며, 쓸데없는 실수들이 발생되고 수정되는 동안 귀중한 직원들이 실험용 모르모트처럼 이용되는 것은 비극이다.

1990년대 중반부터, TMI의 서비스에 대한 요구사항 중 대부분은, 완벽한 구조화가 결여된 멘토링 프로그램을 회생시켜 내는 것이었다. 이러한 일을 통해, TMI는 모든 종류의 단체들(회사 등)이, 성공을 얻게 하는 구조화를 필요로 하는 프로그램의 틀을 잡게 돕고 있다.

결론적으로 '잘못된 프로그램을 교정하는 것'보다 '처음에 제대로 하는 것'이 (생활과 비용 면에서) 훨씬 경제적 효과가 좋다. 시험 프로그램에서 초기의 너무 많은 실패는 새로운 참가자들을 모집하는 것을 사실상 거의 불가능하게 할 것이다. -작동하지 않는 프로그램에 누가 지원하겠는가? 이러면 결국 멘토링 프로그램은 중단될 것이다.

2. 멘토링에 대한 21 Q & A
자료제공: MGI(美) Bobb Biehl 박사

당신이 멘토가 되거나 멘토를 구하는 것을 방해하는 것은 무엇인지 솔직하게 말해 보라.

나는 해마다 말 그대로 수백 명의 사람들의 멘토링에 대하여 이야기를 나누면서, 대다수의 사람들이 사소한 고민거리, 자연스러운 두려움. 혹은 별로 타당치 않은 생각 때문에 멘토링을 미루고 있다는 것을 알았다. 이와 같이 사소한 문제들은 성숙하고 능력 있는 사람들이 멘토링의 첫 번째 단계에 다가서지 못하도록 방해한다. 약간의 실용적인 지식은 사람들로 하여금 지난날의 고민거리에서 벗어나도록 도와줄 것이다.

나는 당신이 두려움이나 의심으로 인하여 멘토나 멘제와의 순수하고 만족스러운 관계를 추구하지 못하게 되는 것을 원치 않는다. 만일 내가 당신의 멘토 가운데 한 사람이라면, 나는 무엇이든 자유롭게 나에게 질문하라고 당신에게 말하겠다. 나는 당신이 될 수 없으므로, 내가 자주 받았던 질문들을 함께 나누고 그에 대한 대답을 당신에게 제시해 주고자 한다.

문1 누가 누구에게 요청하는가?

이런 질문을 하는 사람들은 정말로 의아하게 생각하고 있다. 멘토가 멘제에게 요청하는 것인가, 아니면 멘제가 도와줄 것을 제의함으로서 첫 단계를 시작하는 것이 이상적이다. 이상적으로는, 멘토가 멘제를 찾고, 선택하고, 접근하는 것이다. 왜냐하면 멘토는 관심과 흥미와 격려의 삶을 살고자 하기 때문이다. 그것이 주된 요소이다.

현실적으로는, 멘제가 멘토에게 접근할 필요를 느낀다. 당신이 멘토를 삼고 싶은 어떤 사람들은 그런 관계를 시작하는 것에 대해 자신감을 갖지 못할 수도 있다. 그들은 당신에게 다가와 "나는 당신의 멘토가 되고 싶습니다."라고 말하기를 주저한다. 종종 가장 능력 있고 인정 많은 사람들이 그렇게 망설인다. 그들이야말로 당신에게 필요한 자들이다.

나는 현실적으로 행동하라고 조언하고 싶다. 이상적인 멘토가 당신에게 다가오기를 기다리지 말라. 그들에게 가서 말하라. 저는 오랫동안 당신을 존경했습니다. 당신이 제 삶의 멘토가 되어주실 수 있는지에 관하여 말씀을 나누고 싶습니다.

그들이 멘토링이라는 말이 무슨 의미인지 알고 싶어 하면, 당신은 이 책이나 멘토링 소책자인 「멘토를 발견하는 방법과 멘토가 되는 법」을 건네주라. 그리고 이렇게 말하라. "이 책을 한번 읽어보시고, 다음 주 수요일에 당신이 나의 멘토가 될 수 있는지 그 가능성을 살펴보는 것이 어떻습니까?"

당신이 그것과 동일한 기초 자료를 읽었다면, 당신과 그 사람은 당신이 요청하는 내용을 정확히 이해하고 있을 것이다.

종종 좋은 멘토링 관계가 자연스럽게 형성된다. 하지만 멘토나 멘제가 좀더 공식적인 관계에 대하여 토론을 시작하면 그 관계는 훨씬 견고하게 된다.

대체로 각 사람은 멘토링 관계에 대하여 토의하려고 다른 사람에게 접근하는 방법을 정확히 모른다. 멘토는 속으로 생각한다. 내가 이처럼 특별히 재능을 갖춘 사람에게 그런 관계를 제의해야 하나? 멘제는 이렇게 말한다. 왜 이렇게 뛰어나신 분이 나를 도와주려 할까?

기다리지 말라. 당장 시작하라. 멘토나 멘제가 되라!

문2 멘토링 관계는 어느 정도로 이루어져야 하나?

모든 멘토링 관계가 이루어지는 시간의 양은 각각 다르다.

어떤 사람들은 일주일에 한 번 만나고, 어떤 이들은 한 달에 한 번, 혹은 분기에 한 번 정도 만난다. 모든 관계는 시간이 지남에 따라 요구되는 시간의 양이 달라질 수 있다.

당신의 멘토링 관계에서 요구되는 시간의 양은 당신이 처한 상황과 당신의 필요에 달려 있다. 당신이 두 가지 모두 허용할 이유가 있고 동의한다면 문제가 없다. 시간의 양에 대하여 더이상 걱정하지 말라.

스킵 루이스(Skip Lewis)는 멘토링 관계의 비공식적인 측면에 대하여 상당한 식견을 가지고 있다. 프로테제가 나의 연구에서 밝힌 또 다른 요소는 그들의 멘토와 외부적으로 갖는 접촉이 필요하다는 것이었다. 응답자들은 일상적인 모임시간 외에 멘토들을 만나고 싶어 하는 마음을 가지고 있었다. 낸시는 친구인 디엔과 함께 쇼핑하는 시간을 통해 둘 사이의 우정이 놀라울 만큼 향상되었다고 말하였다. 그들은 쇼핑을 하며 '이 세상의 모든 것에 대하여' 이야기하였다. 이 일로 인하여 디엔(낸시의 멘토)은 쉽게 낸시에게 다가가서 그녀를 더욱 잘 이끌어줄 수 있었다. 낸시는 "디엔이 나를 사랑한다는 것을 알아요."라고 말할 정도였다. 피트는 자기의 멘토가 점심식사를 함께 하는 중에 종업원 아가씨에게 그리스도를 전하는 것을 보고 무척 기뻤다고 하였다. 피트는 이렇게 말했다. "식당 같은 곳에서 그리스도를 전하는 모습은 정말 보기 좋았어요. 정말로 신이 나더라고요." 당신이 할 수 있는 일이 '당신의 멘제를 초대'하는 것뿐일지라도, 그런 일은 그 자체로 의미가 있다.

점검: 멘토링은 시간을 필요로 한다. 때때로 멘토링하는 시간은 불편하기도 하고 당신이 편하게 느끼는 장소가 아닌 곳에서 이루어지기도 한다. 하지만 그럴지라도 그럴 만한 가치가 있는 일이다.

문3 만났을 때 무슨 말을 해야 하는가?

당신과 멘토가 아무리 자주 만나기로 동의하였을지라도, 서로 만날 때마다 멘토는 멘토링 질문으로 대화를 시작하기 원할 것이다. "너의 우선순위가 무엇이냐?" 혹은 "내가 어떻게 도와주어야 할까?"

멘제는 매번 만날 때마다 멘토와 논의할 준비를 하고 있어야 한다.

● 멘토가 균형 있는 시각으로 결정하는 것을 도와줄 수 있는 긴급한 결정사항.

● 멘토가 도와줄 수 있는 범위에서 우선순위를 정하는 문제.

● 멘토가 자신에 대해 알고 있는 전반적인 사항을 바탕으로 앞일에 대한 계획.

● 멘토가 원하는 수준까지 발전되었는지 점검, 멘토는 그것을 칭찬할 수 있다.

● 멘토의 계속적인 기도와 후원을 요청.

● 개인적인 장애물, 자신이 깨닫지 못하는 부분, 다른 관심사.

주의1. 여러 문제들, 결정사항, 계획들은 멘제의 우선순위와 주로 관련 있다.

주의2. 만남을 좀더 단순화하고 싶으면, 멘제는 멘토를 만나기 전에 자신이 해결하려고 애쓰는 질문들의 꼼꼼한 목록을 만들어야 한다. 멘제는 멘토에게 각 질문에 대한 조언과 설명을 요청할 수 있다. 토론은 시간이 허락하는 만큼 충분히 이루어져야 한다.

주위3. 당신이 배우고자 하는 열망을 많이 품고 감사의 마음을 충분히 표시하면, 당신의 멘토는 그 주제에 대하여 자신이 알고 있는 최선의 수단에서 당신을 가르쳐주려 할 것이다.

문4 멘토가 한 명 이상일 수 있는가?

하나님은 종종 한 명의 멘토가 아닌 여러 명의 멘토를 사용하셔서 어떤 개인이 완전한 성숙에 이르도록 성장과정을 돕게 하신다. 수많은 신앙의 지도자들이 이런 일은 매우 자주 있는 일이라고 내게 말하였다.

나의 오랜 친구인 짐 히스키(Jim Hiskey)는 그의 삶 속에 네 명의 뛰어난 멘토를 모시고 있다. "네 분은 너무나 특별한 친구들로서 모두 그리스도 안에서 나를 멘토링해 주시고 나에게 많은 영향을 끼치셨다. 먼저 빌 브라이트이다. 그분은 내게 두 가지를 가르쳐 주셨다. 첫째는 비전이다. 빌은 종종 이렇게 말했다. "작은 꿈은 인간의 마음을 자극하지 못한다." 둘째는 지난 삼십 년 동안 언제나 잊지 않고 있었던 지혜이다. 그는 이렇게 말했다. "모든 것은 언제나 그럴 것이라고 보이는 대로 움직이지 않는다. 그러므로 너는 모든 사실을 판단하기 전에 먼저 확신을 가져라."

두 번째 멘토는 덕 코우(Doug Coe)이다. 그가 나에게 준 영향을 단지 한두 가지로만 서술하기가 어려울 정도로 그는 내게 많은 영향을 끼쳤다. 먼저 그는 언제나 그리스도의 위대한 계명과 지상명령을 강조하였다. 덕은 이렇게 묻곤 하였다. "마음과 뜻과 힘을 다하여서 하나님을 사랑하고, 이웃을 네 몸과 같이 사랑하는 것보다 더 큰 계명이 있을 수 있는가?" 물론 우리는 지난 삼십 년간 그보다 더 큰 계명이 없다고 동의해 왔고, 그 큰 계명을 실천하기 위해 힘썼다.

둘째로 덕은 "모든 족속으로 제자를 삼으라"는 그리스도의 지상명령을 진지하게 받아들인 사람의 본을 보여주었다. 그는 세계의 모든 민족을 위하여 기도하였고, '일꾼'을 찾기 위해 250번 이상 여행하였다. 내가 덕에게 배운 다른 한 가지는 두세 사람의 힘이었다. 덕은 "어찌 한 사람이 천을 쫓으며 두 사람이 만을 도망케 하였을까"(신 32:30)라는 구절과 "삼겹줄은 쉽게 끊어지지 아니하느니라"(전 4:12)라는 구절을 자주 인용하였다. 그리스도 안에서 연합한 두세 사람은 베드로와 실라와 누가 그리고 사드락과 메삭과 아벳느고의 예에서 보듯이 누구도 감당 못할 강력한 영향력을 끼친다. 덕은 이러한 사실에 대한 확실한 모범이었고, 내가 그것을 알도록 도와주었다.

세 번째 사람은 딕 할버슨(Dick Halverson)이다. 그 역시 두세 사람 힘을 나에게 가르쳐주었지만, 그의 강조점은 약간 달랐다. 예수님은 기도에 대하여 이렇게 말씀하셨다. "너희 중에 두 사람이 땅에서 합심하여 무엇이든지 구하면 하늘에 계신 내 아버지께서 저희를 위하여 이루게 하시리라"(마 1 : 19). 나는 영적으로 진실하게 일치된 두세 사람의 능력을 또 한번 배웠다. 내가 덕에게 배운 것은 상당히 많았다. 그는 헌신된 삶을 사는 사람의 좋은 표본이었다. 그는 하루에 한 시간이라도 주님과 함께 하지 않는다면 자신은 파산해 버리고 말 것이라는 말을 가끔 하였다. 나는 그런 사실에 대하여 종종 물어보았고, 그가 어떤 사람보다도 자신의 말대로 행동한다는 것을 알았다. 그는 매일 기도해 주는 사람들의 사진을 갖고 있었다. 덕은 이렇게 말하기도 했다. "그리스도 안에서 이루어지는 모든 과정은 아래쪽으로 향한다." 그는 오스왈드 챔버스(Oswald Chambers)의 글을 오십 년 동안 하루도 빼놓지 않고 읽었다. 이것은 챔버스의 삶에서 중심되는 원리 가운데 하나이다.

마지막 멘토는 짐 휴스팀(Jim Huston)이다. 그는 머리와 마음이 하나로 굳게 결합되는 것이 중요함을 알도록 어느 누구보다도 나를 많이 도와주었다. 시편 기자가 말했듯이,

인자와 진리는 함께 연결되어 있다. 우리가 워싱턴에 루이스(C. S Lewis) 연구소를 차리는 기쁨에 들떠 있을 때, 짐은 우리에게 우리의 신앙과 사명의 통합에 대하여 이야기하였다. 그는 결합을 또 하나의 결혼이라고 불렀다. 짐은 그리스도 안에서 머리와 가슴을 하나 되게 하고, 신앙과 사명의 통합을 이룬 모델이었다."

다수의 멘토들과 관계를 맺는 것은 흔히 있는 일이고 바람직한 현상이다.

문5 어디서 만나는 것이 가장 좋은가?

대부분의 멘토링은 부담 없는 조건에서 이루어진다. 걷거나, 항해를 하거나, 골프를 치거나, 운전을 하는 등 당신이 당신의 멘토나 멘제와 함께 있는 곳이면 어디라도 좋다. 멘토링은 당신이 살아가면서 옮기는 장소에 따라 어디서든지 한 번에 십 분 정도 이루어진다. 항상 멘토링에 매달려야 한다고 생각하지 말라. 멘토링에는 서로 나누는 기쁨도 포함된다. 멘토링은 형식적인 교실에서보다는 관계가 형성된 정황 속에서 더욱 잘 진행된다. 멘토링은 형식적인 구조라기보다는 삶의 태도이다. 당신이 함께 즐기기를 원하는 일들을 함께 할 때에는 훨씬 즐겁게 이루어진다.

로스 괴벨(Ross Goebel)은 1년간 나의 비서로 근무하였다. 만일 당신이 그 기간 동안 내 사무실을 방문했다면, "무엇을 도와드릴까요?"라는 그 친절한 목소리를 들었을 것이다. 나는 지금까지 약 5~6년 동안 로스를 멘제로 여겨왔다. 나는 52세이고 그는 23세이다. 우리가 나눈 가장 멋진 대화는 다나 포인트 항구에 있는 바위 위에서 이루어졌다. 우리는 그곳에서 지나가는 배들을 바라보면서 인생에 대해 이야기하였다.

로스와 함께 했던 또 한 번의 훌륭한 시간은 몇 달 전 그와 우주선 발사대를 구경하려고 45마일 떨어진 해안까지 차를 몰고 가기로 자연스럽게 결정하여 이루어졌다. 우리는 발사대에 갔다 오는 동안 쉬지 않고 이야기하면서 25가지의 주제에 대하여 토론하였다. 내가 가장 강조하고 싶은 점은 인위적이거나 형식적인 상황을 피하고 당신이 가장 편한 곳에서 만나라는 것이다.

문6 내가 어린 아이들을 멘토링한다면, 내가 자기들의 멘토라고 말해야 하는가?

한마디로 대답한다면, "No"이다. 그저 친구가 되라. 시간을 내라. 그들의 앞날을 위해 당신이 어떻게 도와주어야 할지 그들의 생각을 물어보라. 그러나 그 관계를 형식화하지 말라. 당신은 부담 없이 말할 수 있다. "네가 언제라도 도움이 필요하다면, 내게 전화하거라." 미네소타 주의 브룩클린 파크에 있는 어떤 주일학교 교사가 4학년 아이들에게 25센트씩 주면서 이렇게 말했다. "이 돈은 쓰지 말고 잘 간수해 두어라. 여기 내 전화번호가 있다. 만일 너희들이 살아가면서 어떤 도움이 필요하다면, 내게 전화하렴." 당신은 그와 같은 일들을 할 수 있다. 하지만 나의 지난 경험에 의존하여 한 가지 제안을 하겠다. 열여섯 살 이하의 아이들에게 멘토라는 용어를 사용하지 말라.

문7 어떻게 멘토와 멘제는 경쟁을 피할 수 있는가?

지혜로운 멘제는 자신과 멘토가 새로 발견한 내용을 멘토가 전문적으로 종사하고 힘을 쏟는 영역과 전혀 다른 분야에서 사용한다. 만일 당신이 의술을 갈고 닦은 젊은 의사이고, 당신을 가르친 멘토 의사 선생님의 병원에서 얼마 떨어지지 않은 곳에서 병원을 개업했다고 가정해 보자. 그렇다면 당신에 대한 그 멘토의 사랑과는 상관없이, 멘토는 당신을 일종의 경쟁으로 여길 것이다. 당신이 당신의 멘토가 제공해 주는 정보로 생계를 유지하려 한다면, 당신의 멘토에게 당신에 대하여 경쟁의식을 느끼지 않을 것인지 물어보라. 당신은 반드시 멘토의 수입을 위협하지 않는 범위에서 생활해야 한다.

문8 나는 언제 멘제에게 나의 가치관을 가르쳐주어야 하나?

당신의 멘제가 목표를 성취하도록 돕는 과정에서, 그들은 종종 이렇게 질문할 것이다. "지금 당장 제가 알아야 하거나 깨달아야 할 것이 있나요?" 이처럼 가르치기 쉽고, 멘토링이 잘 이루어지는 순간에는 자연스럽게 당신이 관심을 갖고 있는 다른 종류의 유용한 견해나 지혜를 가르쳐주라.

언제나 그들이 올바르게 하고 있는 일들을 거론하면서 대화를 시작하라. 그런 후 멘토가 개인적으로 성장할 필요를 느끼는 영역을 지적해 주라. 예를 들면, 당신은 부드럽게 그의 신경질 부리는 습관, 불량한 태도, 영적인 통찰력, 외모 혹은 개인위생 등에 대하여 말할 수 있다. 반드시 멘제의 입장에 초점을 맞추어야 한다는 사실을 명심하라.

문9 멘제에게 반드시 해야 할 일을 일러주어야 하는가?

당신이 멘제에게 "너의 우선순위는 무엇이냐?" 혹은 "어떻게 너를 도와줄까?"라는 질문을 계속하다 보면, 언젠가는 반드시 멘제가 당신에게 "글쎄요, 무엇이라 생각하시는데요?" 라고 되물을 때가 올 것이다. 그럴 때에 당신은 당신이 관심을 갖고 있는 것에 대해 자유롭게 설명하거나 제안을 해줄 수 있다. 하지만 당신이 생각하는 바를 말하는 것을 단 한 번으로 그치지 말라. 제시된 주제에 대한 당신의 생각을 함께 나누고, 그가 다시 물어 올 때까지 기다려라.

때때로 멘제는 명백하게 자기 파괴적이거나 지혜롭지 못하게 보이는 계획이나 결정을 한다. 당신은 그에 대한 당신의 관심을 100퍼센트 자유롭게 표현하고 그러한 상황을 해결할 당신의 견해를 제시하라. 프로테제에게 무엇을 해야 하는지 말하지 말라. 단지 그에게 당신의 경험을 들려주어 거기에서 이득을 얻게 하라.

스티브 우드워드(Steve Woodwarth)는 워싱턴 주의 배인브릿지에 있는 레이몬드 그룹을 이끄는 젊고 유능한 회장이다. 그도 한때 위에서 말한 것과 같은 상황에 직면한 적이 있었다. "여러 멘토들이 나를 굉장히 많이 도와주었습니다. 하지만 한 사람은 다른 사람들과 달랐습니다. 그때 나는 설립된 지 얼마 되지 않아 급성장하고 있는 어떤 회사와 제휴를 맺은 직후였습니다. 나는 나의 멘토를 만나 어떻게 하면 회사를 발전시키고 성공을 보장받을 수 있는지에 대하여 말하였습니다. 사업 이야기를 몇 시간 나눈 후, 그는 대화의 주제를 바꿨습니다. 나와 아내는 그 당시 쌍둥이를 입양했는데, 그는 결코 잊지 못할 이야기를 했습니다. '자네가 젊을 때 아이들과 끈끈한 정을 맺어놓게.' 그는 나에게 함정에 빠지지 말라고 권고했습니다. 그 함정이란 수많은 사람들이 아이들과는 좀더 늙었을 때 시간을 함께 보내리라 생각하고, 돈을 벌기 위하여 사업에만 몰두하는 것이라 하였습니다. 그는 상당수의 사람들이 그들의 자녀들과 밀접한 관계를 전혀 맺지 못하는 것을 보아왔다고 했습니다."

"나는 아이들이 걷거나 말하지 못하는 시기에도 하루에 최소한 한 시간은 그들에게 할애하기로 결심했습니다. 한 달이 채 지나기도 전에 나는 쌍둥이를 전보다 훨씬 사랑하게 되었습니다. 나는 그때 이후로 거의 매일 그 약속을 지켰습니다. 조엘과 히더는 이제 세 살이 되었습니다. 그리고 나는 그 아이들과 깊은 감정의 끈을 맺은 것에 대한 보상을 거둬들이고 있습니다."

문10 멘토링 관계를 거절당할지도 모른다는 두려움을 어떻게 처리해야 하나?

모든 사람들이 가지고 있는 거절당할 것이라는 두려움의 차원은 각각 다르다. 나는 「당신은 그 일을 왜 하십니까?」라는 책에서 모든 사람은 두려움을 지니고 있지만 동일한 종류의 두려움을 갖고 있지는 않다는 사실을 설명하였다. 어떤 사람은 거절의 두려움 조금 느끼는 반면, 다른 사람들은 끊임없이 두려워한다. 당신이 거절당하리라는 생각에 얽매어 있으면, 처음 한두 해는 멘토링이라는 말조차 언급하기가 쉽지 않을 것이다. 그저 한 사람의 삶에서 멘토의 역할을 담당하려고 노력하라. 만일 멘제가 되고 싶으면, 존경하는 어른과 남는 시간을 함께 보내면 된다.

멘토링 관계라고 공식화할 수 있는 정도까지 신뢰의 정도를 더욱 높이기 위해 어떤 사람과 시간을 보내는 것은 바람직한 일이다. 하지만 당신이 거절당하는 것을 지나치게 신경쓰고 있다면, 내 말을 명심하라. 그저 관계를 맺고, 여유를 갖고 함께 즐거워하고, 그 관계를 발전시켜 나가라. 그리고 적당한 시간에 멘토링이라는 용어를 그 관계에 적용하라.

문11 어떻게 하면 멘토링 관계를 그만두어야 하나?

멘토링 관계를 그만두는 것은 다른 종류의 관계를 끊는 것과 별다를 바 없다. 그것은 단순히 대인관계에서 나타나는 현상이다. 대인관계의 측면들을 다룰 때 사용하는 중요한 세 단어가 있다. 염려·솔직·공평이다. 이 단어들을 다음과 같이 함께 사용하라. "나는 당신에게 솔직하지 못할까봐 매우 염려스럽습니다. 공평하게 말하자면, 나는 우리가 서로 맺은 멘토링 관계의 속도를 줄이고, 멈춰서, 변화를 주거나 재정립해야 할 필요가 있다고 생각합니다."

그런 후 이유를 설명하라. 사람들은 때때로 자기들이 누군가와 대립하게 될 것을 염려할 때 이런 식으로 질문을 던진다. 솔직히 말하자면 대다수의 사람들은 누군가와 대립해야 할 때 불편하고, 초조하며, 걱정되고, 화가 난다. '대립하다'라는 말을 '분명하게 하다'라는 말로 바꾸면 도움이 된다. 누군가와 또다시 맞서는 대신 문제를 단순하고 명백하게 설명해 보라. 예를 들어, 당신이 바라는 것만큼 효과를 내지 못하는 멘토링 관계를 그만두려면, 이렇게 말할 수 있다. "나는 당신에게 솔직하지 못할까봐 매우 염려스럽습니다. 이제 나는 당신이 말씀하실 때 내가 어떻게 느끼는지 분명하게 설명할 필요를 느낍니다. 제 생각을 좀 분명하게 해야 할 필요가 있습니다. 한때 제가 기대를 품었다가 실망으로 끝난 우리 관계에 대해 좀 분명히 말하고 싶습니다." '분명히 하다'라는 말은 '대립하다'라는 말보다 대하기 훨씬 쉽다.

스테판 올슨(Stephen E. Olsen)은 상당히 지혜로운 시각을 제공한다. "관계를 끝내야 할 때(이사를 가거나 다른 여건 때문에), 우리 관계의 새로운 국면이라고 정의를 내리는 것이 매우 유용하다는 것을 깨달았다. 그것은 끝을 의미하지 않는다. 그것은 단순히 다른 상황 속에서 이루어지는 관계의 지속을 뜻한다. 이런 자세는 다양한 방식으로 관계를 유지하도록 가능성을 열어놓는다. 특히 이런 태도는 둘 사이의 관계가 남달리 친밀할 때 많은 도움이 된다."

문12 멘토는 멘제에게 돈을 빌려주어야 하는가?

멘토링 관계에서는 절대로 돈을 빌리거나 빌려주는 일이 없어야 한다. 멘토에게 돈을 빌려달라고 요청하지 말라. 당신이 멘제에게 돈을 빌려주겠다는 암시를 주지 말라. 사소한 돈이라도 멘토링 관계에 개입하면, 그 관계는 혼란스럽고, 어색하며, 폭발성을 띄게 되고, 곤란하게 된다. 멘토링 관계에서 금전관계를 배제하는 것이 현명한 행동이다. 멘제에게 돈을 빌려주는 것은 친척에게 돈을 빌려주는 것과 유사한 정도로 위험한 것이다. 금전 거래는 관계를 붕괴시키고 관계를 급속도로 악화시킬 수 있다. 이에 대한 주의는 아무리 많이 해도 부족하다. 절대 금전거래를 하지 말라.

문13 남편이 아내의, 혹은 아내가 남편의 멘토가 되는 것은 가능한가?

가능하긴 하나 위험하다. 남편이 자신을 아내의 멘토라고 부르게 하는 것은 지혜롭지 못한 처사라고 생각하며, 권하고 싶지도 않다. 게다가 아내의 희망들을 알고 그녀가 꿈을 성취하도록 돕는 것은 멘토가 아닌 남편으로서 마땅히 맡아야 하는 역할이다. 그러므로 남편을 아내의 멘토라고 부를 필요가 없다. 아내를 남편의 멘토라고 부르는 데에도 마찬가지 원리가 적용된다. 케릴과 나는 1964년에 내가 그녀와 결혼한 이후 얼마나 강건해졌는가에 대해 말한 적이 있었다. 그녀가 내게 준 힘은 실로 엄청나다. 그녀는 나 역시 그녀에게 힘을 주었다고 말했다. 건강하고 성숙된 부부는 서로를 세워주려 한다. 나는 그것을 멘토링 관계라 부르고 싶지 않다. 그것은 단순히 남편과 아내의 관계이다.

문14 나의 멘제나 멘토가 실패하면 어떻게 해야 하나?

어떤 멘제도 실패하기를 원치 않지만, 가끔씩 멘제는 성공하는 방법과 실패에서 교훈을 얻는 방법을 알기 위해 멘토의 도움을 필요로 할 때가 있다. 지혜로운 멘토는 멘제가 특별히 성장과정에 있을 때에는 완벽하기를 기대하지 않는다. 멘제는 멘토에게 거절당하는 것을 두려워하지 말아야 한다. 멘토와 멘제가 실패에 대하여 논의하는 것은 많은 도움이 된다. 그 속에서 실패하더라도 거절당하지 않는다는 자유로움이 포함되어야 한다.

이와 마찬가지로, 어떤 멘토도 실패하기를 원치 않는다. 지혜로운 멘제는 멘토가 완벽하기를 기대하지 않는다. 멘토는 멘제에게 거절당하리라는 두려움을 갖지 말아야 한다. 당신이 멘제라면 당신의 멘토가 당신에게 거절당할 것을 두려워한다는 말을 들으면 놀랄 것이다. 하지만 이것은 흔히 있는 일이다. 자신에게 물어보라. 당신은 멘제에게 거절당할 것을 두려워하는가? 당신의 멘토도 이와 동일한 경험을 갖고 있을 것이다. 바로 지금 당신의 멘토에게 관심을 기울이라.

문15 멘토링 관계가 깨지면 어떻게 해야 하나?

어떤 이유에서든 멘토가 불안정하고 그 불안정이 멘제에게 불안정을 일으키도록 이어져 있다면, 그 관계는 두 사람 모두에게 해를 끼친다. 그런 경우 그 사람을 멘토나 멘제로 여기는 생각을 버리고 되도록 빨리 더 건전한 관계를 찾아보아야 한다. 이것이 말처럼 그렇게 쉽지 않다. 당신은 그 관계에서 빠져 나오기 위해 목사님이나 많은 친구들의 도움이 필요할 테지만, 최대한 빨리 벗어나야 한다.

당신이 멘토나 멘제가 당신에게 불공평한 이득을 취하려 한다고 생각되면, 다음 단계에 따라 행동하라고 권하고 싶다.

- 그 상황에 대하여 기도하라. 하나님의 지혜를 구하라.
- 그 사실에 대해 이야기하라. 당신이 감정이 겉으로 드러나게 하라.
- 비밀을 지킬 수 있는 가까운 친구에게 말하라. 친구에게 당신의 관계에 대하여 지혜와 좋은 견해를 구하라.

멘토링 관계는 파괴적이어서는 안 되고 건설적이어야 한다. 당신이 맺고 있는 멘토링 관계가 파괴적으로 변해 간다고 생각되면, 관계를 재정립할 필요가 있다.

문16 먼 곳에서도 멘토링이 가능한가?

그렇다. 멘토링은 서로 떨어져 있어도 이루어질 수 있다. 멘토링에 있어 중요한 질문은 두 가지다. "내가 진심으로 이 사람을 믿는가?" "그 혹은 그녀가 성공하는 것을 보고 싶어 하는가?" 두 가지 질문에 대한 답이 모두 '그렇다'로 나오면, 당신은 먼 거리에서도 우편이나 팩스, 컴퓨터 통신, 전화 혹은 방문 등의 여러 가지 방법을 통하여 도움을 줄 수 있다.

문17 대부분 사람들이 멘토를 찾고 있다고 어떻게 확신하는가?

대다수 어른들은 멘토가 된다는 생각으로 약간 위축되어 있다. 대부분 사람들은 자기들이 경험이 없고 열성적인 멘제와 함께 일하는 것이 얼마나 효과적인지 깨닫지 못한다.

동시에 대부분의 어른들은 자신들의 후원과 격려로 이득을 얻을 수 있는 세 명 정도는 쉽게 떠올릴 수 있다. 어른들은 모두가 자기들이 젊었을 때 그런 후원의 관계를 맺고 있었다면 많은 유익을 얻었을 것이라고 말한다.

당신이 무슨 일을 하든지 상관하지 말고 젊은 사람 두세 명 정도는 멘토링하여 후원할 수 있다고 생각하라. 그들은 당신의 경험과 지혜와 격려가 필요하다!

문18 나의 멘토나 멘제가 원래 맺었던 약속을 이행하지 않을 때에는 어떻게 해야 하나?

먼저, 긍정적인 자세를 잃지 말라! 멘토나 멘제가 함께하기를 원하지만 조금 바빠서 그렇지 못한다고 생각하라. 주도권을 잡아라. 주저하지 말고 두려워하거나 걱정하지 말라. 문제는 개인적인 반감 때문이 아니라 단지 두 사람의 생각이 다르다거나 바쁜 일정 때문에 생겨난 것일 수 있다. 침묵이나 먼 거리를 거부의 증거로 삼지 말라. 당신이 거절당하지 않았을 가능성은 99퍼센트이다.

두 사람의 일정을 위해 만나는 시간을 줄이는 것이 좋겠다고 제안하여 관계를 재정립할 필요가 있다. 포기하지 말고 관계를 재정립하라.

문19 멘제가 멘토를 능가하면 어떻게 하나?

그런 일이 종종 있다. 결과적으로 멘토링 관계로 인하여 큰 고통을 느끼고, 관계가 깨진다.

하지만 멘토링 관계는 멘토-멘제에서 상호 멘토링이 이루어지는 친구 관계로 변하고, 멘토가 멘제가 성공하는 것을 바라보는 것이 부모가 자기 자녀의 성공을 보는 것만큼 영광스러워야 하는 것이 이상적이다.

문20 멘토가 전혀 없었어도 멘토가 될 수 있는가?

물론이다. 당신에게 모델로서 멘토가 있었다면 그 역할을 수행하는 것이 그리 어렵지 않을 테지만, 당신에게 건전하고 균형 잡힌 아버지가 없었을 때에도 당신이 좋은 아빠가 되는 것은 불가능한 일이 아니다. 당신이 젊은이들과 나눌 만한 경험을 가지고 있고 격려할 마음이 있으며 멘토가 되고자 하는 바람이 있다면, 얼마든지 멘토가 될 수 있다.

문21 부하직원들을 마땅히 멘제로 여겨야 하는가?

아니다! 당신은 각각의 부하직원들이 수행하는 기본적인 지도자 개발 점검표를 가지고 있어야 한다. 당신은 리더십에 관한 좋은 책이나 테이프나 비디오의 목록을 함께 나누고 싶을 것이다. 당신은 그들에게 자료를 참고하여 그것으로 발전을 도모하라고 과제를 부여할 수 있다. 하지만 근본적인 멘토와 멘제의 특성이 드러나기 전까지, 멘토링 관계는 형성되지 않는다.

다른 한편, 당신의 부하직원이기 때문에 그들이 자동적으로 멘제가 될 자격이 없다고 단정하지 말라. 당신이 그들 중에 한 명 혹은 여러 사람을 신뢰하고 그들이 인생에서 성공하는 것을 보고 싶어 한다면, 그들의 멘토가 되라! 망설이지 말고 그들에게 제안하라.

7장 멘토링 코칭 맨나징의 차별화
(Mentoring Coaching Managing)

외국의 경영기법(EVA Re-engineering ERP CRM 식스시그마 등)이 국내기업에서 성공률이 17%라고 하는데 이는 유행성이나 이벤트식으로 접근하고 있는 결과라고 본다. 외국의 경영기법이 국내에서 성공하기 위해서는 먼저 장기간 연구와 세밀한 준비과정을 거쳐 도입하여야 하고 그 후 꾸준히 프로그램에 대한 유지 보수를 하여야 한다. 외국 프로그램을 도입하여 성공을 촉진할 수 있는 아래 4가지 착안사항을 예시한다.

1. 한국정서와 우리 기업문화에 맞는가?
2. 적용 후 생산성을 보장할 수 있는가?
3. 이론과 프로그램에 열정을 바치고 있는 사내 마니아(Mania)가 있는가?
4. 프로그램에 대한 유지 보수가 제대로 이행되고 있는가?

멘토링코리아(1998. 2. 1 설립)에서 멘토링을 연구한 지 10년째 접어들고 있다. 초창기 때부터 Bobb Biehl(美 멘토링 컨설턴트)의 멘토링 이론, William Gray(加 브리티시대 교수)의 멘토링 프로그램에 관한 자료를 지원받아 그동안 연구 인력을 투입하여 한국정서에 맞고 기업에서 생산성을 보장할 수 있는 제도화된 멘토링 프로그램으로 개발하였다. 특히 **KTM-DIA 인재개발 프로그램은 도입, 활동촉진, 평가 등을 담은 종합프로그램**이다. 현재 기업, 학교, 교회, 군대, 공공기관 등 각 조직의 특성에 맞게 도입컨설팅 서비스를 수행하고 있다.

아울러 요즈음 멘토링 프로그램에 관한 관심이 증폭되면서 현장 관리자들로부터 계속되는 질문은 멘토링(Mentoring), 코칭(Coaching), 관리(Managing)에 관한 정확한 설명과 업무상 차별화에 대한 것이다.

사실 오랫동안 그에 대한 답변 준비를 했으나 아직도 만족하지 못하지만 1차 아래 내용으로 답변을 대신하고자 한다. 계속 연구하여 앞으로 버전업된 자료를 소개할 것을 약속한다.

1. 멘토링과 코칭 프로그램 개요

많은 회사들이 우수인재들의 숫자가 지나치게 늘거나 줄어드는 것을 방지하기 위한 도구로 멘토링과 코칭, 프로그램을 시작하였다. 만일 여러분이 우수인재들을 관리한다면, 이제 멘토링과 코칭은 '선택'이 아니라 '필수'가 되었다. 여러분의 회사가 공식적으로 그러한 프로그램을 시행하고 있지 않더라도, 우수인력들은 적당한 시기가 되면 회사가 그들에게 멘토링이나 코칭 프로그램을 제공할 것이라고 기대한다.

---

* 국내 160개 기업 멘토링 설문자료 47.5% 도입하고 있다.(Job Link사 자료)
* 국내 대학생 450명 설문조사자료 43%가 멘토링을 경험했다.(한국능력개발원 자료)
* 미국 200개 기업 도입설문다변 중 50% 도입했고 50%는 도입예정이다.(ASTD 2003자료)

---

* 코칭 – 코칭은 1960년대 미국 운동선수를 중심으로 코치가 선수에게 인간적인 배려를 해줌으로 선수 자신이 능력(Skill)을 향상시킬 수 있다는 데 기인한다.
* 멘토링 – 멘토링은 그리스신화(호머 저 B.C. 1250년경)에서 멘토라는 스승이 한 왕자를 지혜롭고 현명한 지도자로 성장시켰다는 데 기인한다.

1) 멘토링과 코칭 프로그램의 이점

멘토링과 코칭 프로그램의 의미를 정의하기 이전에, 우선 그러한 프로그램들이 핵심인재들에게 가져다주는 이점에 대해 멘토링을 예로 들어보자. 이 멘토링 프로그램은 세 가지 방식으로 인재보유(Retaining)를 증진시킨다.

첫째, 멘토 입장에서 고려해 보자. 만일 여러분이 우수인재들을 멘토로 선정한다면, 다음에 나열한 이유 때문에 그들은 회사에 더욱 오래 머물게 된다.

- 우수인재들은 한층 높은 수준의 자기개발과 경력발전을 이룰 수 있다고 생각한다.
- 인재들은 더 큰 만족감과 성취감을 경험한다.
- 우수인재들은 책임감이 높아진다.
- 우수인재들은 시작한 것을 마무리 짓고자 하는 의욕을 보이며, 멘토링으로 형성된 밀접한 유대관계를 유지하고자 한다.
- 멘토들의 노력이 다른 직원들의 삶과 경력에 긍정적인 영향을 준다고 보기 때문에 그들은 회사와 강한 유대감을 느낀다.
- 멘토들은 자신들이 맡고 있는 직원들에 대한 책임과 애정을 느낀다.

둘째, 멘제의 입장에서 고려해 보자. 멘토의 도움을 적절히 받고 있는 직원들은 회사에 상대적으로 오래 머무는 경향을 보일 수 있다. 다음은 그 이유들이다.

- 직원은 자기개발과 경력발전의 기회가 더욱 넓어진다고 생각한다.
- 시행하고 있다는 이유로, 직원들이 평가하는 자기 회사의 점수가 높아질 것이다.
- 멘토가 동기를 유발시키고 역할 모델 된다는 점에서, 직원들의 긍정적인 태도 유지에 도움이 된다.
- 누적되면 퇴사로 이어질 수 있는 좌절감에 대해 논의하고 해결할 수 있는 기회를 갖는다.
- 직원들은 멘토링을 승진을 위한 지름길로 간주하기도 한다.
- 직원들은 멘토와 유지하던 관계를 상실할까 두려워하기도 한다. 다른 회사에서는 얻지 못할 수도 있기 때문이다.

셋째, 프로그램에 참여하고 있지 않은 직원 입장에서도 고려하자. 이들도 대개 긍정적인 영향을 받게 될 것이다.

- 일반적으로 직원들은 멘토링을 회사가 직원을 세심하게 배려하는 지표로 간주한다.
- 프로그램에 참여하는 직원들의 태도와 자기개발, 경력발전에 긍정적인 영향을 줌으로써, 다른 직원들의 사기를 드높이고 회사에 대한 긍정적인 태도를 갖게 한다.
- 프로그램에 참여하는 직원의 관리자와 멘토의 관리자, 둘 모두가 자기개발과 경력발전의 기회가 향상됨을 느낀다.
- 프로그램에 참여하고 있지는 않지만 언젠가는 멘토가 되거나 프로그램에 참여할 것이라고 여겨지는 직원들은 그런 기회를 기대하면서 회사에 장기 근속하게 된다.

지금까지 멘토링과 코칭 프로그램의 이점에 대한 윤곽을 그려보았으니, 이제부터는 각 유형의 프로그램들이 갖는 특징과 그들 간의 차이점을 알아보자.

2) 용어의 정의와 어휘

멘토링과 코칭의 기술이 지난 수세기 동안 발전되어 왔는데도, 둘 중 어느 것도 공식적인 어휘로 수용되지 못하였다. 사실, '멘토링'과 '코칭'의 정의가 너무 명확하지 않고 복잡하여 끊임없이 두 가지가 혼용되고 있다. 특히, 멘토링에 관한 용어는 매우 다양하게 사용되어 왔다.

과거 10년 동안, 기업계는 '리더십'이라는 개념에 사로잡혀 있었다. 리더십은 그것을 사용하는 방법과 보다 훌륭한 리더십을 갖추는 방법이 주된 내용이다. 그런데 멘토링이 점차 매혹적인 주제로 부상하면서 같은 추세를 보이게 되었다. 이렇게 된 데에는 매우 다양한 이유가 있다. 타인의 성공을 '모방'한다는 모호한 아이디어(복제를 권하는 멘토링), 성공한 사람들과 그들의 습관에의 집착(라이프스타일에 대한 멘토링), 과학으로서 관리이론(실험으로서의 멘토링)이 그 이유다.

멘토링 프로그램을 관리, 문화, 발전의 도구로 사용한 다수의 회사들이 급성장을 해왔다. 그들 중 대부분은 멘토링에 관한 그들 회사만의 독특한 어휘와 정의를 사용하여 프로그램을 구상하였다. 그 결과 '멘토링' 자체에 대한 정의는 물론이고 그와 관련되어 사용하는 용어나 문구의 정의만도 수백 개에 이른다.

'멘토링' '코칭'이란 용어는 때때로 서로 혼용된다. 한 회사나 한 명의 관리자가 정의한 '코칭'이 다른 회사나 관리자가 내린 '멘토링'의 정의와 정확하게 일치할 수도 있고, A라는 회사에서 '멘토링'으로 알려진 것이 B라는 회사에서 '코칭'으로 알려져 있을 수도 있다. 여기에서 우선 일반적으로 받아들여지는 정의를 사용해서 멘토링과 코칭을 구별할 것이다.

여러 사람들과 회사들이 일반적으로 수용할 수 있는 멘토링의 용어와 의미에 관한 목록을 마련하려고 노력해 왔지만, 완전히 성공한 경우는 없었다. 전문업체가 고안한 정의들도 매우 다양하여, 어떤 경우에는 모순점이 발견되기도 한다. 이렇게 공식적으로 인정되는 정의가 없다보니 서적이나 기사에서도 여러 가지가 사용된다.

수백, 수천 권에 달하는 리더십에 관한 책들 거의 모두가 멘토링에 대해 최소한의 짧막한 언급이라도 하고 있는데, 모두가 다른 정의를 내리고 있다. 멘토링은 능동적인가? 아니면 수동적인가? 앞에 나열한 것들이 모두 다 해당 되는가? 멘토에 관한 책들 중 대부분이 가장 근본적인 정의에 대해서조차 한목소리를 내지 못하고 있다.

다행히, 프로그램에서 용어나 기능의 정의가 타 회사의 어휘와 잘 어울리는지는 그리 중요하지 않다. 회사 내에서 여러분이 정의한 '멘토'와 '코치,' '멘토링'과 '코칭'이라는 용어에 여러분과 다른 사람들이 모두 동의한다면, 그것으로 족한 것이다.

물론 타 회사가 내린 정의에 대해 여러분들도 의견을 같이할 수 있다면, 다른 회사가 정의로 사용하는 용어들을 여러분도 파악하게 된다는 장점이 있다. 그렇게 되면, 타 회사에 있는 여러분의 동료와 벤치마킹을 할 수도 경험담을 공유할 수도 있다.

2. 멘토링이란 무엇인가?

1) 역사적인 배경

「오디세이 The Odyssey」에서 멘토Mentor는 오디세우스Odysseus 왕이 트로이 Troy 전쟁에 출정으로 20여 년 동안 부재중 일 때 그의 아들 텔레마코스Telelmachus 왕자를 가르치고 양육할 것을 위탁받았던 사람이다. 멘토는 당시 왕의 친구이자 존경받는 철학자로 매우 신뢰할 만한 인물이었기에, 머지않아 그의 이름은 현명하고 지혜로운 조언자나 훌륭한 교육자를 일컫는 대표적인 용어가 되었다.

일부 형태의 멘토링은, 비공식적(Informaled Mentoring)이기는 하나 항상 기업에서 시행되고 있다. 둘이서 커피를 마시며 친근하게 토론하기, 바쁜 업무가 한차례 지나간 후 휴식공간에서 주의 깊게 몇 마디 나누기, 난관을 훌륭하게 헤쳐 나온 동료에게 친필로 쓴 축하 메시지 전달하기 등과 같은 일은 항상 우수인재들의 발전에 기여해 왔다.

* 비공식적 멘토링-멘토링 교육에 관한 측면에서 특별한 프로그램이 없이 두 사람이
   자연스럽게 만나 격식을 차리지 않고 진행하는 멘토링을 말함

수십 년간 세계적 명성을 가진 회사들은 좀더 공식화된 멘토링(Formaled Mentoring)
을 시행하고 있었다.

* 공식화된 멘토링-멘토링 교육에 관한 측면에서 6개월, 12개월 등 정규학기에 상당하
   는 교육 프로그램을 진행하는 멘토링을 말함

핵심인력의 관리자로서, 여러분은 최소한의 멘토링을 기반으로 한 비공식적인 멘토링이
라도 시행해야 한다.

2) 멘토링 프로그램을 위한 용어 정의

멘토링은 전부 사람들에 관한 것이다. 멘토 역할을 하는 사람들, 멘토의 도움을 받는
멘제들, 멘토링 관계에 의해 주위에서 영향을 받는 사람들에 관한 것이다.

주로 사람들이 하는 '역할'에 따라 멘토링 프로그램의 역할과 기능을 정의해 보자. 효율
적인 멘토링 프로그램을 구상한다는 것은 둘 또는 그 이상의 사람들이 상호간에 효율적인
관계를 발전시키기 위해 필요한 문화와 재원, 그리고 체계를 확립시키는 것이다.

최소한 세 가지 중의 하나는 이 프로그램을 통하여 발전하게 될 것이다. 멘토링 프로그
램을 구상하는 첫 번째 단계는 누가 참여할 것이고, 그들에게 기대하는 것이 무엇인가를
이해하는 것이다. 지금부터 멘토링 프로그램에서 하는 역할을 여러분 스스로 정의할 수
있는 기회를 제공하겠다.

3. 멘토(Mentor)란 무엇인가?

세계적인 추세에서 지난 5년에서 10년 사이에 멘토의 역할이 계속 바뀌었다. 약 10년 전까지만 해도, 멘토는 보편적으로 나이 든 사람이라고 생각되었고, 어떤 형태로든 연배가 낮은 사람을 도울 수 있는 연배 높은 사람이 멘토로서 적당하다고 여겨졌다. 멘토의 역할에 대한 개념은 그 후로도 수시로 바뀌었다.

멘토로 역할을 하겠다고 결정하는 것은 매우 자비로운 행동으로 간주된 적도 있다. 이런 경우 체계적으로 설명을 잘해 주거나 기대하는 것은 고사하고, 누구도 멘토가 하는 행동방식에 대해서 의문을 제기할 수 가 없었다. 멘토가 있으면 그야말로 운이 좋은 사람이라고 생각되어, 멘토의 기이한 습관이나 비현실적인 기대감도 견뎌야 했으며 그저 감사할 따름이었다.

오늘날 멘토링은 보다 쉽게 수용할 수 있는, 기업의 일반적인 업무로 다뤄지는 관행의 일부다. 특히 **제도적인 멘토링 프로그램**(Systematic Mentoring Program)에서는 보다 많은 사람들이 융화할 수 있는 관행이 됨에 따라, 멘토링의 모호한 부분이 줄어들어, 보다 접근이 용이하게 되었다.

* 제도적인 멘토링 프로그램-회사 내에 멘토링 조직이 있고 운영하는 사람이 있고 도입, 활동, 평가 등 종합프로그램을 갖추고 의도적이며 계획적으로 운영하는 멘토링을 말함.

이제, 멘토는 훨씬 설명하기가 수월한 제도가 되었다. 멘토로서 관리자에게 기대하는 바가 무엇인지, 어떤 것은 효과가 있고 어떤 것은 없는지에 대해서 보다 보편적인 동의를 얻고 있다. 또한 멘토링에 의한 관계가 최적의 결과를 얻기 위해 어떤 식으로 구성되어야 하는지에 대해서도 보다 많은 사람들이 한목소리를 내고 있다. 현재, 멘토로서의 관리자 역할은 권력과는 거리가 멀다. 연공서열이나 교육보다는, 서로 의견을 공유하고 발전하는 것에 초점을 두고 있다.

간단히 말해서, 멘토링은 도움을 받는 멘제 직원의 전반적인 성장을 지원하고 향상시키기 위한 것이지, 직원의 정규업무를 돕는 것은 아니다. 다음과 같은 어느 회사의 **멘토에 관한 규**

정(멘토링코리아에서 제정한 샘플)을 보면 더욱 멘토의 정의를 분명하게 알 수 있을 것이다.

- 멘토는 한 개인을 지원하고 그 사람의 성장에 관여하는 사람이다. 구체적으로 멘제의 인간 가치를 업그레이드시키는 사람이다.
- 멘토는 상급자로서가 아닌 한 사람으로서 멘제 개인을 염려한다.
- 멘토는 멘제 한 개인의 업무만이 아닌, 삶의 전반적인 발전을 돕는다.
- 멘토는 권한이나 권력을 기반으로 하는 관계가 아닌, 특수관계를 멘제와 맺는다. 멘토는 멘제의 말을 경청하고 질문을 받고 나서야 조언을 한다. 개인적인 판단이나 비난을 배제한 뒤 멘토의 조언이 이루어질 것이다.
- 멘토는 무엇보다도 인간관계에 초점을 맞춘다. 멘토가 멘제와 맺은 관계에는 어떠한 사적인 이권이나 멘제에 대한 위기적인 사항도 있어서는 안 된다. 멘제 개인의 발전을 바라며, 애초에 멘제의 편에서 관계가 시작되기 때문이다.
- 멘토는 신뢰받는 친구이자 선생님이며 안내자이고 역할 모델이다. 멘토는 멘제에게 전달하고자 미리 준비된 지식을 소유하고 있는 전문가이거나, 적어도 자신의 분야에서는 어느 정도 지위에 오른 사람이고, 주변 동료들에 의해서도 그렇게 인정받는 사람이다.
- 멘토는 본래 멘제의 특성과 잠재력을 개발하며, 경쟁이 아니라 도와주는 존재다. 멘토는 인내심을 가지고 자신을 돌보는 멘제에게 도전하도록 권하며, 나름의 견해를 가지고 열의를 보여준다. 또한 미래에 대한 포부를 가지고 있으면서도 현재의 명확한 초점을 유지한다.
- 자신이 선택한 회사와 고용관계, 공적인 거래, 또는 직업의 대한 소명의식을 가지고, 회사를 사랑한다. 동시에 회사의 취약점을 인정하고 멘제가 그 취약점에 대치할 수 있게 건설적으로 도와준다.

이처럼, 이상적인 멘토의 조건을 갖추는 것은 다소 힘든 일이고, 모든 것을 갖춘 멘토를 찾기란 거의 불가능하다. 위에 나열된 8가지 사항들을 만족시키는 사람은 거의 없을 것이다. 이와 같은 멘토에게 요구는 희망사항이지 필수적인 것으로는 볼 수가 없다.

중요한 것은 먼저 여러분의 회사가 어느 분야에 멘토링을 적용할 것인가?가 결정된다면 멘토에게 요구하는 역할이 무엇인지 명확히 규정할 수 있는 것이다. 그것은 위에 열거한 것과 유사할 수도 있고 그렇지 않을 수도 있다.

* 회사 멘토 선정-오늘날 제도화된 멘토링에서는 먼저 회사적용 목표를 설정하면-경

력개발, 신입사원 정착률 향상, 핵심인재개발, 지식 및 기술력향상, 영업스킬향상 등 -그 후에 자연적으로 멘제 그룹이 선정된다. 멘토는 그 멘토링 목표에 맞게 또는 멘제 인원수에 맞게 선발하면 쉽게 일이 풀리게 된다.

4. 멘토와 코치의 구별

둘 간의 구별이 항상 명확한 것은 아니다. 관리 활동 전반에 걸쳐 모호한 점이 있는 것처럼, 둘 사이의 차이점도 때로는 뚜렷하지 않을 수 있다. 아래에 있는 그림은 멘토와 코치 사이에 존재하는 연속성에 의해 열거된 문구로 만들어진 3가지 점검 목록이다. 나열된 문구와 그 위치는 회사에 따라 달라질 수 있다. 이 목록을 이용하여 여러분의 회사에서 멘토나 코치가 하게 될 일에 관한 자신만의 의견을 정리해 보자. 무엇보다도 중요한 것은 여러분의 주관적인 의사결정이라는 것을 기억해 두자.

첫 번째 목록은 '멘토와 코치'로부터 도움받는 **멘제를 묘사하는 일부 단어들을** 연속성에 따라 열거한 것이다.

두 번째 목록은 동일한 연속체 위에, **멘토와 코치를 묘사하기 위해 사용했던 일부 단어들을** 나열한 것이다.

마지막으로 세 번째 목록은 같은 연속체 위에 **멘토가 하는 역할을 묘사하기 위해** 정기적으로 사용했던 문구를 나열한 것이다.

여기에서는 일반화를 시킨 것이지 완벽하게 규정한 것은 아니다. 앞서 언급한 것처럼, 연속성에 따라 나열된 문구와 그 위치는 회사에 따라 다를 수 있다. 또한 여러분이 멘토와 코치의 역할을 정의하는 방법을 안내하는 데 도움이 될 것으로 여겨 사용하고 있는 것이다.

* 멘토/코치 구별 그림자료 인용-Leslie Mckeown(美)의 저서 'Retaining Top Employees 인용했음

[그림 1] 멘토와 코치의 도움을 받는 멘제를 묘사하는 표현

코 치←												→멘 토		
초보	자질이없음	신입	낮은연배	무경험	교육이가능	장래성있음	학습자	열정적	효과적	자발적	참여	성장	질문하기	포부를가짐

[그림 2] 멘토와 코치를 묘사하는 표현

코 치←								→멘 토						
자격있음	침착함	비판적	권위적	독립적	완고함	도전적	교육자	경험있음	참여	지원	비경쟁적	포부를가짐	평가하지않음	양성함

[그림 3] 다수와 정보교환하기

코 치←								→멘 토						
단기혹은중기계획	할일을말하기	기술을전수하기	교육하기	방법을보여주기	질문에답하기	교정하기	자신감을심어주기	가르치기	질문하기	격려하기	조언하기	직원과대화하기	경청하기	중장기계획

1) 멘토와 상사는 어떻게 다른가?

멘토링과 코칭이 강조하는 바가 다르다는 것은 이미 살펴보았다. 멘토는 주로 '사람'과 관련이 있고 코치는 '업무'와 더욱 관련이 있다고 하였다. 이런 식으로 계속 대조하면, 한 개인의 상사는 '성과'에 더욱 직접적으로 관련이 있다고 말할 수 있다.

● 멘토는 '더욱 지도력(Leadering) 있는' 사람이 되는 것을 도와준다.

- 코치는 '더욱 업무적으로 유능한(Skill)' 사람이 되는 것을 도와준다.
- 부하가 회사에 더 '성과(Performance)를 내는' 사람이 되는 것을 도와준다.

아래 열거 사항은 첫 번째로 **시간 개념에** 따라 구별한 것이다

- 상사는 '말한다.' 상사는 주로 단기(Short Term)적인 관점으로 "왜 지금 이런 결과를 생산해 내지 못했나?"라고 한다.
- 코치는 '보여준다.' 코치는 중기(Middle Term)적 관점에서 "이렇게 하는 것이 올바른 방법이고, 앞으로도 향상시킬 수 있는 방법이네."라고 한다.
- 멘토는 '질문한다.' 멘토는 개인의 장기(Long Term)적인 발전에 더욱 관여하며, "이것으로부터 우리는 무엇을 배울 수 있을까? 앞으로는 이런 상황에 부딪히면 다른 어떤 방식으로 대처하겠는가?"라고 한다.

두 번째 핵심적인 차이점은 **'권한'에 있다.** 멘토는 도움을 받는 멘제 지원에 대해 직접적인 관리할 수 있는 권한이 없다. 멘제 직원은 자신이 원하면 멘토의 조언을 받아들일 수도 있고 그렇지 않을 수도 있으며, 멘토로부터 들은 대로 행할 수도 있고 그렇지 않을 수도 있다. 그러나 상사는 부하에 대해 직접적인 권한이 있다. 만일 상사가 말한 대로 행하지 않는다면 그 부하는 그에 따르는 처벌을 감수해야 한다.

세 번째 주요 차이점은 상사와 직원, 그리고 멘토와 멘제 직원 간의 **'의사소통의 본질'** 이다. '훈육'이라는 용어가 두 가지 상황에서 모두 사용되기는 하지만, 좀더 정확하게 말해 상사는 '지시'나 '명령'을 하는 반면 멘토는 '조언'을 한다.

바로 이러한 차이점이 멘토들은 직원의 직접적인 관리자나 감독관이 아니어야 하는 이유다. 멘토나 상사 등 한 사람이 두 가지 역할을 하면 십중팔구는 그 관계가 장기간 유지되지 못한다. 업무 연관성이 있어 일에 대해 조언을 해주면 좋긴 하지만, 멘토의 주요 역할은 업무 외적인 유대관계 즉 정규업무를 벗어난 특수업무(인간관계 활성화에 관한)를 통해 멘제 직원이 내부적으로 겪는 어려움을 객관적으로 파악해 조언해 주는 것이다.

5. 멘토링과 관리(Manging)의 차이점은 무엇인가?

이 모든 이론들을 여러분의 일상생활까지 연결시켜 보자. 훌륭한 관리자들이 모두 멘토는 아니지 않는가? 멘토링(Mentoring)과 관리(Managing)를 굳이 구별지어야 하는가?

이와 같이 많은 사람의 질문에 대해 "그렇다."라고 말하고 싶다. '관리의 도구'로서 멘토링과 '멘토링 관계'를 구별짓는 것은 필수적이다. 둘 간의 차이는 '독립성'이라고 할 수 있다. 여러분이 직접 책임지고 있는 부하와 멘토링 관계를 맺는 것은 사실상 불가능하다.

멘토링의 핵심에는 개방적이고 자유로우며 확신할 수 있는 관계라는 개념이 있다. 도움을 받는 멘제는 본인이 원하는 대로 자유롭게 토론할 수도 있고 그렇지 않을 수도 있으며, 멘토의 조언을 받아들일 수도 있고 거절할 수도 있는 것이다. 멘토가 멘제의 직속상관이라면 이렇게 행동하기란 거의 불가능하다.

또한 멘토가 잠재적인 처벌이나 포상에 신경쓰지 않고 멘제와 대화할 수 있어야 한다. 만일 멘토링 과정을 통해 승진이나 능력인정을 위한 평가가 진행되고 있음을 멘제가 느낀다면, 이 관계는 상호대화할 수 있는 관계로 결코 발전될 수 없다.

그럼, 관리자로서 여러분은 멘토가 될 수 없고 관리하는 방식의 일부로 멘토링을 사용하면 안 된다는 이야기인가? 물론 그런 것은 아니다. 유능한 관리자라면 멘토링의 위력을 잘 알고 있을 것이고, 지원과 격려, 지식전달과 같은 멘토링의 속성을 정기적으로 사용할 것이다.

그러나 그것은 관리 업무(관리 도구로서 멘토링) 내에서 이따금씩 사용되는 멘토링의 하나일 뿐이다. 이미 확립되어 있고 앞으로 성장, 발전하게 될 공식적인 멘토링 관계는 전혀 다른 것이다. 멘토링 관계의 이점을 정기적으로, 충분히 경험하고 있는 멘제에게 멘토는 매우 편안하게 느낄 수 있는 누군가이며 관리자와는 별개의 사람이다.

6. 멘토링과 관리(Manging)를 이분화하기 – 멘토확보대책

따라서 멘토링 프로그램이 최상의 결과를 얻기 위해서는 멘토가 멘제에 대해 직접적인 권한을 갖고 있지 말아야 한다. 만약 이것이 불가능할 때 여러분은 어떻게 하겠는가? 인원 부족이라는 현실적인 문제로 어쩔 수 없이, 여러분 자신이나 관리자, 혹은 감독관이 일부 부하직원의 멘토 역할을 해야 하는 경우라면 어떤 대책이 있겠는가? 이에 대한 몇 가지 제안을 하려고 한다.

- 효과적이지는 못하지만 한 명의 멘토가 여러 명의 직원들과 관계를 맺는 그룹 프로그램을 고려해 보자.

- 보고 단계를 훌쩍 뛰어넘어보자. 상사의 상사, 즉 차상급자를 멘토로 할 수 있는가? 여러분의 상사가 여러분의 부하직원 중 몇몇에게 멘토 역할을 해줄 수 있겠는가?

- 한 단계를 뛰어넘어 멘토링 관계를 맺으니 그 수준의 멘토 숫자에 제한이 뒤따른다면, 그 상위단계에서 여러 명 대 한 명씩 관계를 맺는 방식을 적용해 보자.

- 유사 업종이나 경쟁관계가 아닌 다른 회사와 결연을 맺어 멘토를 교환해 보자. 여러분의 회사가 속한 지역의 상공 회의소나 그와 유사한 단체에서 가능한 회사를 물색해 줄 수 있을 것이다.

- 퇴직자들에게 멘토링 프로그램 지원을 요청하자. 그들은 흔쾌히 승낙할 것이고, 이런 방법이 회사의 명성에 흠집을 내는 일도 없을 것이다.

- 프로그램이 신입사원이나 하급 관리직을 위한 것이라면 동료 중 '포부가 큰 인물'을 멘토로 지목해 보자. 이 경우에 혹시 있을 수도 있는 마찰을 피하기 위해 매우 조심스러운 접근을 해야 한다. 그러나 그 '포부가 큰 인물'이 이미 잘 알려 있다면 이 방법도 효과가 있을 것이다.

- 여러 장소에서 멘토링이 이뤄져야 하는데 각 지역의 인원은 제한되어 있는가? 한 지역의 감독관과 관리자가 정기적으로 다른 지역을 방문하고 있다면, 그들 중 한 명에게 다가가 일종의 '타협'을 해보자. 여러분의 부하직원들 중 일부의 멘토 역할을 그 사람이 방문하는 동안에 하고, 여러분이 그 사람의 부하 중 일부의 멘토가 되는 것이다. 방문을 하고 있지 않은 동안에는 이메일이나 다른 방법을 이용하여 지속적인 접촉을 한다.

- 협력업체에서 파견되어 근무하고 있는 '직원'도 고려해 보자. 최고 인력 중 몇 명은 사실상 여러분이 직접 채용하지 않았으나 훌륭한 멘토가 될 수도 있다. 상당 기간 동안 여러분 회사의 하청 업자로 일해 왔거나 (그래서 여러분의 사업에 대해 꿰뚫고 있는 경우), 한때는 회사의 직원이었으나 현재는 독립하여 자신의 회사를 운영하고 있는 사람들을 특히 눈여겨보자.

- 회사의 공급 라인을 점검해 보자. 아마도 회사가 선호하는 고객 회사나 공급업체에서 근무하고 있는 뛰어난 잠재력을 소유한 멘토들을 알고 있는 이들이 회사에 있을 것이다. 그 멘토들 중 다수가 앞으로도 여러분의 회사와 함께 일할 것이며 매우 밀접한 관계를 유지할 것이다. 회사의 영업, 또는 구매 관리자에게 적절한 회사를 선별하는 데 도움을 요청하자. 두 회사 간의 유대감을 강화할 수 있는 좋은 기회라고 매우 기뻐할 것이다.

7. 멘토와 코치(Coach)는 어떻게 다른가?

멘토의 역할과 비교해 볼 때, 코치의 역할은 '사람'보다는 직원의 '업무'에 더욱 치중되어 있다. 코치는 직원이 자신의 업무를 더 훌륭히 해내도록 도와준다. 멘토로 역할의 몇 가지 요소(예를 들어, 동기부여, 실적 강화, 상황인식, 기술전달, 효율성)가 어느 정도는 존재할지 모르지만, 코치는 개인의 성장보다는 주로 보다 나은 업무를 수행하도록 하는 데 관여한다. 목표를 달성하고자 하는 직원을 지도하는 데 있어서 코치가 영향력을 행사한다고 보일 수도 있다. 코치는 주로 "여기에서 이렇게 하게." 하고 말하기 때문이다. 만일 멘토와 업무에 관한 이야기를 한다면(별로 그런 일은 없지만), "이렇게 하려고 해보았는가?"나 "이 일을 하는 데에 다른 어떤 방법을 고려해 보았는가?"라고 질문하는 경향을 보일 것이다.

여러분으로서는 직속 부하를 코치하는 것이 멘토 역할을 하는 것보다 수월할 것이다. 이젠 섹션에서 언급한 '순수한' 의미의 멘토링과는 달리, 반드시 그럴 필요는 없지만, 코치는 한 개인의 관리자나 감독관이 될 수도 있기 때문이다. 코칭은 지시하는 경향이 있고 업무와 관련이 많으나, 멘토링보다는 개인 성장과의 관련이 적다. 코치의 이러한 특성 때문에 멘토에겐 불가능한 코치와 관리자(혹은 상사) 역할의 중복이 일부 허용된다.

　코칭은 또한 멘토링보다 현장 연수에 더욱 잘 어울린다. 코치는 현장 연수 후에도 종종 직원을 따라다니며 교실에서 배운 것을 현장에서 활용할 수 있도록 숙련도를 높이는 데 일조한다.

　코칭은 주로 공인 자격과도 연결된다. 전문자격을 얻으려고 하는 직원이 있다면, 여러분이나 다른 누군가가 그 직원을 코치하여 이론을 실제로 응용하는 연습을 하게하고 자격증 획득에 성공하도록 도와주는 것이 당연한 상황이다.

　이와는 대조적으로, 멘토는 현장업무나 기술과 연관된 훈련에는 거의 관여하지 않는다. 그러나 그와 관련한 분야에서 직원의 능력이 지속적으로 진전이 보이지 않아 자기 발전에 지장을 초래한다면 관여할 수도 있다.

* 3가지 역할에 대한 요약정리

구 분	Mentoring	Coaching	Managing
업무목표	사람을 리더로 성장 -Leadering	부하(선수)의 업무능력 향상 -Skillup	부하의 업무성과 도출 -Performance
연결형태	멘제 중심 연결형태유지 멘제1: 멘토1이나소그룹	코치중심 연결형태유지 코치1: 부하(선수)소그룹	상사중심 연결형태유지 상사1: 부하다수
업무성격	인관관계라는 특수업무 TFTeam형식으로 추진	회사 정규업무와 정규조직+ 인간적인 면 배려추진	회사 정규업무추진 Line 및 Staff조직추진
업무특성	사람 자체(인격개발)가 중심	직원의 업무능력이 중심	직원의 업무성과가 중심

8. 멘토 역할을 기준해서 보는 차별화

　결론적으로 멘토의 역할을 정의하는 하나의 방법은 다른 비슷한 두 역할과 구분짓는 것이다. 다른 두 역할이란 코치와 관리자의 역할이다. 이 세 가지의 역할 모두는 좀더 경험이 많은 사람이 비교적 경험이 적은 사람을 대상으로 1대1의 상호작용을 하는 점에서는 유사하다. 그러나 목표와 그러한 목표를 달성하기 위한 스킬은 역할마다 다르다. 관계의 지속기간도 다양한데, 멘토링 관계가 가장 길다. 왜냐하면 멘토는 멘제의 자신에 대한 삶을 변화시키기 때문이다.

1) 역할의 차원

- 멘　토: 전인적인 삶의 조언자나 지도자다.
- 코　치: 업무수행자. 팀을 가르치는 사람. 스포츠에서 기본기를 가르치는 사람이다.
- 관리자: 감독자. 특히, 조직 단위를 책임지고 있는 사람이다.

2) 목표의 차원

- 멘　토: 멘제의 특성과 잠재력을 개발하여 **개인적인 성장**을 촉진시킨다.
- 코　치: 개인의 **업무능력 향상**과 또는 팀의 성공률을 높인다.
- 관리자: 상위 조직을 위하여 자신의 **조직의 업무성과**를 효과적으로 기능하게 한다.

■ 스킬의 차원

- 멘토: **멘제의 성장단계**에 맞춰서 지원, 도전, 또는 비전을 제시한다. 멘제의 성장단계는 멘토링 초기 단계에서 시작하여 멘제의 성장에 따라 중기, 후기, 완성기 단계로 나아가게 되고, 멘토는 멘제의 성장단계에 따라 지원기능, 도전기능, 비전기능을 적절히 배분하여 수행한다.

- 코치: 현재의 상태와 바람직한 상태와의 격차를 지적하고, '훈련을 위한 시스템적 접근방식'을 사용한다. 팀원들의 노력을 종합하기도 하고, 개인을 코치할 때에는 '한 개인의 전체적인 시스템적 관점에서 한 개인의 세세한 부분들에 주의를 기울여 **능력을 향상**시킨다.'

- 관리자: 조직의 목표를 그 조직구성원들에게 할당한다. 구성원 개별적인 업무성과를 감독하고 조정한다.

■ 관계의 지속기간 차원

- 멘　토: 멘제가 자립하여 리더로 성장할 때까지 일정기간 동안 그 관계가 지속된다.
- 코　치: 팀이나 개인이 바라는 수준의 **능력이 달성**할 때까지 지속된다.
- 관리자: 관리자의 역할이 조직구조 안에서 **성과가 도출**될 때까지 지속된다.

이제 멘토가 조직 내에서 중요한 역할을 하기 시작했고, 멘토링은 직원들을 개발시키는 한 수단으로 사용되게 되었다. 새로운 멘토를 훈련시키고, 훈련된 멘토들이 자신의 경험과 지식, 그리고 태도 등을 그들의 멘제에게 전달하고, 멘제를 성장시킬 수 있도록 도와주어야 할 때가 된 것이다.

많은 사람들은 멘토를 전통적인 인간관계라는 단어로만 인식할지 모른다. 그러나 멘토의 역할은 시대를 거치면서 다양한 변화를 겪어왔고, 결과적으로 조직에 적용하는 멘토링의 목적도 다소 생산성 추구라는 조직의 목표에 부합하게 변화되었다고 볼 수 있다.

* 멘토는 성장하게 하는 사람 – Helen Loweri Marshall

사람들을 다루어야 할 때 그에겐 놀라운 능력의 손이 있는 것 같습니다.
그는 사람들의 고민들을 들어주고 그들의 농담에 웃어줍니다.
그의 관심이 참되며 진실함을 그들은 알 수 있습니다. **그들이 조금씩 성장하는 것**을 볼 수 있을 것입니다.

갓 싹틔운 기쁨 미소로 활짝 피어나는 그들의 모습을 볼 수 있을 것입니다.
두려움을 몰아내면서 희망의 한줄기 빛을 발견했음을 볼 수 있을 것입니다.
그는 믿음의 씨를 뿌리고 사랑으로 물을 주며 선하신 주님이 저 위에 계심을 알게 합니다.
모든 의심과 두려움 그리고 증오와 탐욕의 씨를 제거하고 자유로이 숨쉴 수 있는 여유를 줍니다.

그는 사람들의 모든 필요를 아는 것 같습니다. 그들이 행한 선한 일들을 격려하고 하늘을 보게 하며 태양아래 굳게 서도록 가르칩니다.
밭에선 농부처럼 그에겐 능력의 손이 있는 것 같습니다. 그러나 그의 일은 그가 섬기는 하나님의 형상대로 **사람들을 성장시키는 것**입니다.

8장 멘토링 한경비즈니스 특집기사

한경비즈니스 멘토링 특집기사 (04. 5. 24 - 권오준 기자)

■ 취재기사내용

첫 번째, 프로야구 SK와이번스 조범현 감독, 2003년 한국시리즈 영웅. SK구단 창단 후 처음으로 준우승을 일군 일등 공신. 선수시절 무명의 설움을 딛고 훌륭한 지도자로 부상.

두 번째, MBC드라마 〈대장금〉의 한상궁. 장금의 재능을 이끌어냄. 장금에게 '맛을 그리는 능력'이 있음을 일깨워 줌.

세 번째, 마고 머레이, 18세 때 한 살배기 아이를 둔 이혼녀. 생계를 위해 공무원 됨. 조직의 전폭적인 지원을 받은 이들은 오로지 대졸 남성들뿐임을 깨닫고 소외된 소수자들이 누구나 자기개발을 할 수 있는 시스템을 정착시켜야 한다고 결심. 전파에 나섬.

여기서 퀴즈 하나. 이 세 사람의 공통점은? 생존시대도 직업도 모두 다른 이들에게는 한 가지 공통점이 있다. 정답은 '멘토'(Mentor)다.

조감독은 선수들의 잠재력을 키워 약팀을 강팀으로 바꿔놓았다. 이후 조감독은 선수들의 존경을 받았다. 코치의 수준을 넘어 멘토의 역할을 해낸 것이다.

한상궁은 대표적인 멘토 사례로 볼 수 있다. 재능을 깨워줄 뿐만 아니라 새로운 음식을 개발할 때마다 장금의 아이디어를 과감히 채택하기도 한다.

마고 머레이는 1974년 멘토링 컨설팅 회사를 창립한 '멘토링 전도사'다. 현재 국제 멘토링 협회 이사로 활동 중이다.

멘토는 이처럼 학식과 경험을 갖춘 사람이 필요로 하는 사람을 이끌고 가르치는 역할을 하는 사람을 말한다. 배움을 필요로 하는 사람에게 대가 없이 가르침을 주고 인생의 상담자 역할까지 할 수 있는 사람이 바로 멘토다. 상대적으로 멘토의 가르침을 받는 사람에게는 '멘제'(Menger)라는 용어를 적용한다. 그리고 이 둘 사이에 일어나는 활동이 멘토링이다.

〈전체 조직의 힘을 키우는 역할〉

멘토링은 왜 필요할까? 앞서 언급한 사례에서 보듯 위대한 스승 없이 위대한 인물은 나올 수 없다. 무엇보다도 멘토는 조직 내에서 쓰일 때 큰 효과를 나타낸다. 멘토링이 활성화되면 특정 구성원이 회사를 떠나도 그가 갖고 있던 중요한 지식은 조직에 남게 된다. 멘토링은 인재 이탈 차원에서도 큰 몫을 한다. 이런 까닭에 멘토링을 조직 내 시스템으로 제도화하는 기업이 늘고 있는 게 현실이다.

대학도 마찬가지. 여자대학을 중심으로 멘토링 트렌드가 확산되고 있다. 여성계의 경우 유달리 관심이 많다. 여성의 사회 진출 속도나 비중이 남성에 비해 늦어지는 것을 '밀어주고 끌어주는' 선후배 관계가 남성보다 끈끈하지 못한 때문으로 보는 시각이 많기 때문이다.

최근에는 초·중·고 재학생이나 이들 자녀를 둔 학부모들에게 역시 멘토링이 낯설지 않다. 한 포털 사이트의 인터넷 모임 중에는 '공부뒤집기 클럽'이라는 커뮤니티가 있다. '공부를 뒤집자'는 모토를 갖고 있는 커뮤니티에는 7명의 멘토가 있다. 명문대 재학생들로 구성된 이들 멘토들은 초·중·고 생들에게 공부하는 노하우를 들려준다.

이렇게 자라난 학생들이 어른이 되면 어떤 모임, 어떤 멘토를 찾게 될까? 요즘 한창 웹 상에서 유행하는 재테크 모임이 바로 그런 역할을 하지 않을까?

지난해부터 '부자열풍'이 불면서 부자를 멘토로 삼는 소위 '한국형 멘토' 바람도 거세다. 부자를 가까이 하다보면 부자의 인생철학을 배울 수 있다고 말하는 이들이 크게 늘어났다.

멘토가 개인이 쉽게 적응하게 해주는 장점이 있는 것은 물론이고 이처럼 무언가를 배우려는 사람들의 욕구를 충족시켜 주는 역할도 훌륭히 수행하는 셈이다. 여기에 자기개발 붐까지 가세해 한국은 지금 멘토 바람에 휩싸여 있다.

물론 멘토링이 우리나라에서 정착하려면 아직 넘어야 할 산이 많다. 기업체·대학 등 각 조직에서 제도화하기 시작한 지 얼마 되지 않아 단순히 선후배 매칭시스템 정도에 머무르는 경우도 많다.

멘토링은 조직의 힘을 크게 만드는 것을 기본으로 한다. LG경제연구원 최병권 연구원

은 "멘토링은 조직이 주도하는 경향이 크다."면서 "전체 조직의 경쟁력 강화 차원에서 선배
와 후배를 연결시키는 것"이라고 설명하고 있다. 따라서 "멘토링을 성공적으로 활용하려면
선후배 간에 자연스러운 인간관계를 맺는 것이 가장 중요하다."고 덧붙였다.

이 같은 분석에 따르면 멘토링이 범국가적 차원으로 확대되면 국가의 경쟁력은 그만큼
커질 수 있다. 따라서 대한민국 국민 사이에 다음과 같은 인사가 익숙해질 때 지금보다
살기 좋은 환경은 자연스럽게 뿌리내릴 것이다. "당신의 멘토는 누구입니까?"

■ 대담기사내용 [류재석 소장 Interview-권오준 기자]

류재석 멘토링코리아 대표(64)는 '멘토링'이라는 용어가 생소했던 지난 98년 2월 멘토
링 컨설팅 업체를 설립, 지금까지 왕성하게 활동하고 있다. 이전에 경영컨설턴트로 활동했
던 류대표는 '핵심인재 5%를 10%로 늘리고, 문제사원 10%를 5%로 줄이는 방법이 뭘
까?'라는 화두로 심각하게 고민하다가 결국 멘토링에서 해답을 찾았다고 한다. 그는 "멘토
링은 인재개발의 훌륭한 수단으로 더 많은 기업들이 도입할 것"이라고 내다봤다.

돋보기
멘토링(Mentoring) 어원

멘토링이란 말의 기원은 고대 그리스신화에서 찾을 수 있다. 고대 그리스 이타카 왕국의 왕 오디
세우스가 트로이전쟁에 나가기 위해 가장 친한 친구에게 아들 텔레마코스를 맡긴다. 그 친구 이
름이 바로 멘토(Mentor)다. 멘토는 오디세우스가 전쟁에서 돌아오기까지 텔레마코스의 친구이자,
선생님, 상담자, 때로는 아버지가 돼서 그를 훌륭한 인물로 길러낸다. 그 후로 멘토라는 그의 이
름이 지혜와 신뢰로 인생을 이끌어주는 지도자의 의미로 사용되게 된 것이다.

문 최근 멘토링 도입 기업이 늘어나는 배경은?

2002년 매킨지가 '21세기 인재개발 전략으로 **멘토링은 놀라운 능력을 발휘**하고 있다'는
보고서를 내면서 국내기업들이 바빠졌습니다. 인식이 바뀐 것입니다. 이전에는 멘토링을
그저 신입사원의 조직 적응을 도와주는 수단이나 분위기 조성용으로 여겼습니다. 그러나
요즘은 가장 효과적이고 확실한 인재육성 전략으로 인식이 바뀌었습니다. 휴렛패커드
(HP)나 인텔은 이미 경영 화두를 멘토링으로 가져가겠다고 밝혔습니다.

문 인재육성 차원에서 멘토링의 강점은 무엇인가요?

일대일은 가장 효과적인 교육수단입니다. 국내기업의 인재개발은 대집단, 중집단(팀장제도), 소집단(코치) 형태로 변화해 왔습니다. 이런 과정을 거쳐 최종적으로 나온 것이 바로 일대일 멘토링입니다. 이 세상에서 **일대일만큼 강력한 교육수단**은 없습니다.

문 멘토링을 도입하고도 성과를 내지 못하는 기업도 있는데요.

아직 우리나라 기업 멘토링은 초보적인 수준입니다. 단순히 신입사원의 조직 적응이나 조직 간의 관계 정립 차원에서 진행되는 멘토링은 실패할 수밖에 없습니다. 이를 유사멘토링이라고 부르고 싶습니다. 치밀한 프로그램 없이 대충 선배와 후배를 연결시키는 것은 효과를 기대하기 힘듭니다. 한마디로 옛날 버전입니다.

문 그럼 성공하려면 어떻게 합니까?

단순히 업무성과만 내겠다는 생각으로 접근하면 곤란합니다. 멘토링은 리더를 만들어주는 연결고리 역할을 해야 합니다. **리더를 키우겠다. 핵심인재를 기르겠다는 생각**으로 접근해야 합니다. 오프라인뿐만 아니라 인터넷 기반의 시스템도 마련해야 합니다. 이를 통해 정보를 제공하고 상호교류를 활성화하는 것이 필요합니다.

■ 기업에서의 멘토링

멘토링이 기업 속으로 파고들고 있다. 지난해부터 확산조짐을 보이더니 올해는 너도 나도 도입에 나섰다. 시작단계이기에 정확한 통계를 파악하기는 힘들지만, 멘토링 전문업체에 컨설팅 의뢰한 지난해부터 급증한다는 점에서 빠른 확산속도를 짐작케 한다. 멘토링코리아(대표 류재석)의 경우 컨설팅 기업 수가 2002년까지 5개에서 2003년 30개로 늘어났고, 올해는 50곳을 넘어설 것으로 예상한다.

멘토링의 개념도 바뀌었다. 기존에는 단지 신입사원의 적응을 위한 차원이었다. 최근에는 인재개발의 툴(Tool)로 발전했다. 이는 세계적 흐름이다.

피터드러커는 "미래의 조직에서 가장 강력한 인재육성 툴은 멘토링"이라고 강조했다. **미국산업 교육협회(ASTD)**도 2003 보고서에서 "멘토링은 기업의 '지식경영'과 '학습조직'의 두 마리 토끼를 잡았다."고 발표했다. 실제로 미국이 경제 〈**포춘지**〉 선정 500대 기업 중 75%가 이 제도를 도입한 것으로 나타났다.

그러한 멘토링을 도입한 국내기업들은 아직 군대의 '후견인 제도' 수준에 머물고 있다. 주로 '후견인제' '브라더제' '지도사원제' 같은 용어를 사용하는 곳들이다. 이들 기업은 멘토링 제도가 있는지 모르는 임직원이 많을 정도로 가볍게 여기는 경향이 많다.

그러나 인재육성 전략 차원에서 제도를 도입, 큰 성과를 내는 기업들도 적지 않다. 도입한 지 불과 2~3년밖에 지나지 않았기 때문에 프로세스가 완전히 정착한 것은 아니지만 효과를 피부로 느낄 만큼 결실을 거둔 곳들이다.

[멘토링 도입 주요기업]

기업명	내 용	도입연도
하이닉스	핵심역량기반의 멘토링 프로그램	2000.10
이랜드	KRS, 멘토가 2년간 로드맵 작성	2002.5
삼양사	정착과 직무 등 2단계로 진행	2002.7
동양기전	동양멘토링위원회 설립	2003.9
두산그룹	피플세션, 2G 전략의 일환	2003.9
웅진코에이 개발	멘토링 다이어리 모음집 발간	2000
삼성SDS	여성인력사이버 멘토링	2003.7
LG전자	사업부문별로 시행	2002
한국산업은행	소정의지원금 지급	2001
삼성테크윈	정착과 OJT 멘토링 프로그램	2003.7

〈하이닉스〉

반도체업체인 하이닉스는 멘토링 제도 도입효과를 톡톡히 누리고 있다. 2001년부터 메모리연구소 2,000명의 연구원들을 대상으로 시작한 이후 전체적인 직업능력이 나아진 것은 물론 경영실적도 덩달아 좋아지고 있다는 것이다. 이는 그동안 수차례 수정을 거쳐 만든 '(역량기반) 멘토링 시스템'을 특허 출원할 만큼 온 힘을 쏟았기에 가능했다.

하이닉스도 초기에는 실패를 거듭했다. 단순히 커뮤니케이션 활성화 차원에서 도입했기 때문이었다.

이러다 보니 전문지식의 전수가 거의 이루어지지 않았고, 체계적으로 프로세스가 없어 우왕좌왕하는 소동을 겪었다. 동기부여가 안돼 멘토와 멘제의 적극적인 참여를 이끌어내지 못했다.

김용환 인사기획 팀장은 "멘토도 불완전한 사람인데 너무 많은 것을 기대했다."며 "체계적인 시스템 없이 멘토와 멘제를 연결한 것은 오히려 양쪽 모두에게 스트레스만 쌓이게 했다."고 당시 상황을 돌아봤다. 이후 하이닉스는 인텔, 휼렛패커드(HP) 등의 선진기업들을 벤치마킹, 단순커뮤니케이션에서 역량개발 중심으로 전환, 자체 프로그램까지 개발할 정도로 앞서 나간 것이다.

<이랜드>

뉴코아 인수로 유통업계의 다크호스로 떠오른 이랜드는 멘토링 도입도 성공리에 이뤄졌다. 2002년도에 도입한 이랜드의 멘토링 제도(KRS=Keyman Reproducing System - 핵심인력재생산)는 선배사원 멘토에게 다소 버거울 정도의 책임감을 강조하는 것이 특징이다. 후배사원인 멘제의 육성을 위해 2년간의 로드맵을 직접 작성하고, 그 기간에 후배사원의 단계별 목표와 성장 측정지표를 설정해 점검하며, 상황에 따라 장·단기 계획을 세우고 수정한다.

또 한 달에 한 번 이상 교류의 시간을 갖고, 이를 기록해야 한다. 이 기록물은 승진심사에 제출하는 필수 서류 중의 하나이다. 따라서 멘토들은 바짝 긴장할 수밖에 없다. 패션브랜드 언더우드의 영업부서장인 정선문 씨는 요즘 멘제인 김성국 씨를 보면 흐뭇하다. 애초에 김씨를 4년 내 영업부서장으로 성장시키는 목표를 정했는데, 기대한 대로 생활하고 있기 때문이다.

올해 목표는 전라도 지역 영업 총책임자로 키우는 것. 정 부장은 "지금 3년째로 후배사원이 크는 모습을 지켜보는 게 보람"이라며 "내가 자리를 비우거나 다른 부서로 이동하게 됐을 때 믿고 맡길 수 있는 사람을 키워 놓았기에 브랜드 안정화에도 큰 도움이 된다."고 말했다. 이랜드는 KRS 시행 이후 2001년부터 입사 후 1년 내 퇴사율이 이전보다 3%포인트 낮았다고 한다.

<삼양사>

삼양사는 COO(최고운영책임자)DLS 김원 사장이 직접 나서 멘토링을 대대적으로 전개하고 있다. 김 사장은 멘토링 발대식 때마다 참가해 〔경영자는 이렇게 공부하라(미야자키 가가야키 지음)〕이란 책을 직접 나눠주며 진행과정도 일일이 챙긴다.

삼양사의 특징은 2단계로 나눠 진행한다는 점이다. 먼저 '안정된 생활유도'라는 테마로

6개월간, 이후 '직무역량 향상'으로 6개월간을 운용한다. 멘토는 삼양사 인재 풀에서 행동 규범이 바르고 리더십을 소유한 자로 해당 멘제와 10년차 이내인 직원을 선정한다.

평가는 멘토링 전용 홈페이지를 통해 월단위로 하고, 이를 모아 최종평가를 한다. 월단위 평가를 통해 가장 우수하다고 판단되는 커플은 '이 달의 멘토링 챔피언'으로 선정해 문화상품권 10만 원어치를 포상한다. 2단계 멘토링이 끝나면 최종평가가 이뤄지는데 1, 2차 심사를 통해 최우수커플 1팀과 우수커플 2팀을 뽑는다.

〈동양기전〉

굴삭기 등 산업용 기계를 생산하는 동야기전(주)은 지난해 9월 멘토링을 도입. 현재까지 유지율 100%를 자랑하며 멘토링 도입 기업 중에서도 성공사례로 꼽히고 있다. '동양 멘토링위원회'가 멘토를 선발하고 커플을 맺어주며 평가하는 역할을 한다.

2003년 9월 신입사원 19명을 대상으로 제1기 멘토링을 시작한 이래 경력사원과 생산 부문으로 나눠 제2, 3기를 잇달아 출범시켰다.

〈포스데이타〉

2001년부터 멘토링을 도입한 시스템통합(SI)업체인 포스데이타(Posdata)는 16%의 이직률을 2년에 걸쳐 1.8%까지 낮췄다. 포스데이타의 멘토링은 멘토가 멘제의 스폰서 역할을 하는 것이나 마찬가지다.

신입사원 발령과 동시에 임명된 멘토는 업무는 물론 이성문제, 인생상담에 이르기까지 일대일로 밀착 지도한다. 멘토는 멘토링운영위원회에서 선발하며, 3년 이상의 회사 경력을 가져야 자격이 주어진다.

〈두산그룹〉

두산은 그룹 차원에서 멘토링 도입에 적극성을 보이고 있다. 피플세션(People Session)이라고 이름을 붙인 두산의 멘토링은 지난해 연초에 선포한 뉴 스타트(New Start)의 '2G전략'에 뿌리를 두고 있다.

'2G전략'은 구조조정과 두산 중공업 인수를 마무리하는 시점에서 두산이 채택한 미래 비전이다. '사업의 성장'(Growth of Business)과 '사람의 성장'(Growth of People)

이 그것이다. '사람의 성장'의 핵심 프로그램 중의 하나가 두산의 멘토링이다. 아직 시작단계에 있으며, 향후 집중적으로 전개할 계획이다.

〈웅진코웨이〉

정수기 판매업체인 웅진코웨이도 신입사원을 대상으로 일대일 멘토링 과정을 진행 중이다. 웅진은 3개월간의 프로그램 중 첫 단계인 결연식이 독특하다. 게임 형태로 진행되는 결연식에서 멘토는 멘제의 3가지 특징이 적힌 쪽지만으로 자신의 상대를 고른다. 해마다 멘토와 멘제의 일기와 편지글을 모은 〈멘토링 다이어리 모음집〉도 발간한다.

〈삼성테크윈 등〉

이밖에 삼성테크윈, **삼성**SDS, **산업은행** 등도 조직관리와 직무능력개발에 멘토링을 적극 활용하고 있다. 멘토링은 멘제뿐만 아니라 멘토도 만족하는 것으로 나타났다. 지난해 7월 도입한 삼성테크윈은 14%(2002년)의 이직률이 6.3%(2003년)로 뚝 떨어졌다. 멘토를 대상으로 한 설문조사에서 전체의 70% 이상이 '긍정적'이라며 멘토링 제도를 지지했다.

■ 대학에서의 멘토링

스승 멘토와 제자 텔레마코스의 관계는 오늘날 대학교수와 학생의 관계와 유사하다. 스승 멘토는 제자 텔레마코스에게 수학, 철학, 논리학으로 지(知), 정(情), 의(意)를 가르쳤고 이는 현대의 대학교육에서도 다르지 않다. 멘토링을 실시하는 데 최적의 터전이 바로 대학이라는 의미이기도 하다.

실제로 **영국 옥스퍼드대학**은 수백 년 동안 일대일 멘토링의 일환인 개별지도시스템(Tutorial System)을 운영하고 있다. 담당교수를 멘토로 학생을 멘제로 하는 이 제도는 매주 일정한 시간인 4시간씩 학생과 독대하여 진지하고도 열띤 토론 학습을 갖는 방식이다. 이 시스템 덕분에 옥스퍼드는 세계 최고의 경쟁력을 갖는다는 평을 듣는다.

미국 대학에서도 멘토링은 활발하다. 류재석 멘토링코리아 대표의 조사 자료에 따르면, 미국대학 MBA출신 중 86%가 멘토링 제도가 있는 기업을 선택하겠다고 밝힌 것으로 나타났다. 이는 대부분의 대학에서 재학생들에게 멘토링 활동을 적극 권장하기 때문. 또 개인의 역량개발과 대학 조직 활성화에 멘토링이 큰 효과를 발휘한다는 점을 잘 알기 때문이기도 하다.

국내 대학들은 이제 막 멘토링에 관심을 두고 도입을 서두르는 단계다. 몇몇 대학들이

2~3년 전부터 도입을 시작했고 교내 혹은 산학합동 차원으로 다양화되고 있는 추세다. 특히 지방대에서의 멘토링 제도 도입이 눈에 띄게 늘고 있다. 상대적으로 정보가 취약하고 취업률이 낮은 맹점을 극복한다는 목적에서다.

[주요 멘토링 실시 대학 현황]

학교명	내 용	시작시기
강릉영동대학	선후배 1:1 멘토링 20쌍 시험가동	2003,10
대경대학	지도교수·산업체·선배멘토 임명, 재학생진로·학습·생활상담	2003,3
대전보건대학	전교생 선후배 멘토링 실시	2003,3
	150쌍 산업체 연계 멘토링, 실습·강의·생활교류	2003,11
이화여대	글로벌리더십캠프·수시모집 합격생캠프에 재학생 멘토 참가	2003,8
숙명여대	자문위원멘토프로그램 - 기업CEO 및 실무자와 재학생 연결	2003,11
	멘토프로그램 Ⅰ·Ⅱ - 교내 교수와 재학생 연결	
서울대경영대학원	재학생 멘제와 동문 등이 멘토로 정기적인 관계유지	2002,

〈대전보건대학〉

지난해 초부터 멘토링을 도입한 대전보건대학의 경우 도입 이전에 비해 취업률이 23%나 상승하는 효과를 보았다. 전교생을 선후배 멘토링으로 엮는 한편 150쌍을 산업체와 연결해 실습과 강의, 인간적 교류를 하도록 한 결과 이 같은 기록을 낸 것.

이 대학교수 5명은 멘토링코리아의 지도사 과정을 수료하는 등 대학 차원의 관심과 투자도 대단하다. 멘토링 프로그램을 총괄하는 김상진 교수는 "이강오 학장이 직접 멘토링 도입을 권했을 정도로 관심이 높다."고 전하고 "프로그램 품질과 목표를 지속적으로 향상시키기 위해 앞으로 로드맵 기능을 추가할 계획"이라고 밝혔다.

〈대경대학〉

경북 경산시 대경대학의 경우 지난해 3월 본격적인 멘토링 제도를 도입했다. 이전까지 멘토링 제도와 유사한 전담지도 교수제를 통해 진로 및 취업지도를 하던 데서 교수, 산업체, 선배 멘토를 학생과 직접 연결시켜 상호 교류하도록 보완한 것.

김정목 호텔조리과 교수는 "지난 1년간 운영한 결과, 졸업생 취업률이 전년도에 비해 18% 올랐으며 멘토링 제도를 도입한 8개 학과 졸업대상자 797명 가운데 740명이 직장을 구하는 놀라운 기록을 세웠다."고 밝혔다.

〈강릉영동대학〉

강릉영동대학은 재학생들끼리 멘토링을 통해 선후배 유대관계를 돈독히 하고 학습효과도 높이는 효과를 보았다. 지난해 하반기부터 멘토링 프로그램을 도입한 이 대학은 1차로 40명의 선후배를 멘토-멘제로 연결해 **대학생활, 학습조직, 특정재능 개발** 등 세 분야로 나눠 운영했다.

하기종 교수는 "첫 시행이라 학생들이 생소하고 프로그램 개발에 애를 먹기도 했지만 1차 시행결과는 만족스럽다."고 밝히고 "앞으로 지역사회, 기업체, 교수, 졸업생 등을 멘토로 임명해 프로그램을 다양화할 계획"이라고 밝혔다.

〈숙명여대〉

4년제 대학 중에서는 여대를 중심으로 도입이 늘어나는 추세다. 여성에게 상대적으로 취약한 인적 네트워크 구축을 돕고 학생 개개인의 경쟁력향상을 높이기 위한 목적이 대부분이다.

숙명여대는 지난해 하반기부터 기업CEO와 학생을 연결하는 멘토 프로그램을 가동, 좋은 평을 받고 있다. 특히 멘토로 참가하는 기업인의 면면이 화려해 화제를 불러일으키기도 했다. 이현봉 삼성전자 사장, 김신배 SK텔레콤 사장, 김진형 남영L&F 사장, 차석용 해태 제과 사장, 김영경 신화전자 사장 등이 멘토로 참여하고 있으며 대기업의 과장, 대리 등 검증된 커리어를 가진 주요 실무자들도 포함돼 있다.

강정애 취업 경력개발센터장은 "CEO의 멘제들이 공모전에 입상하고 해당기업의 인턴으로 채용되는 등 성과가 나타나고 있다."고 밝히고 "성공적인 사회진출을 지원할 뿐만 아니라 조직에서 꼭 필요한 여성 리더를 육성하기 위해 멘토링을 도입했다."고 덧붙였다.

〈이화여대〉

이화여대는 예비대학생을 선배와 연결시켜 끈끈한 관계를 맺도록 하는 멘토 이벤트를 실시하고 있다. 수시 합격생을 대상으로 리더십 캠프를 개최하면서 재학생 멘토가 일상을 함께하는 방식.

〈서울대경영대학원 등〉

이밖에도 서울대 경영대학원에서는 동문 등 외부 후원자와 대학원생들을 일대일로 연결하는 '빅 브라더스' 멘토링을 실시하고 있으며 **아주대**는 대학원생들이 장학금을 받으면서 학부생 멘제를 가르치는 '튜터시스템'을 운영하고 있다. 또 인하대는 고시 준비생을 대상으로 한 멘토링을 실시 중이다.

그러나 국내 대학들이 도입하고 있는 멘토링 제도는 체계적인 장기 프로그램보다 일회성 이벤트에 그치는 경우가 많다는 지적이다. 멘토링 프로그램 도입을 검토하고 있는 한 전문대학의 교수는 "벤치마킹을 하려고 해도 대상이 없다."고 말하고 "멘토링의 효과를 극대화하기 위해서는 이벤트성 '유사멘토링'이 아닌 선진화된 프로그램이 대학마다 도입돼야 할 것이라고 꼬집었다."

Interview 김진형 남영L & F 사장과 숙명여대 제자들

"우리는 아버지와 딸" 멘토링으로 윈-윈

'비비안'으로 유명한 회사 남영L & F 본사는 요즘 생기발랄한 여대생의 등장으로 분위기가 한층 활기차졌다. 김진형 사장이 숙명여대 멘토 프로그램의 멘토로 참여하면서 4학년 18여 명이 제자로 들어왔기 때문.

김 사장은 지난해 11월 유통·마케팅 분야 멘제를 10명 뽑았다. 당시 경쟁률이 3 대 1이었을 정도로 멘토의 인기가 높았다고. 지난 3월 공식적인 멘토링 기간이 끝났지만 10명 가운데 5명은 인턴으로 일하면서 관계를 이어가고 있다. 현재는 디자인 분야의 멘제 8명이 바통을 이어받아 김 사장과 인연을 맺고 있다. 학생들로서는 유명 CEO의 멘제가 되는 행운뿐만 아니라 취업으로 연결될 가능성도 높아 금상첨화다.

이들은 학교와 회사에서 만나 강의와 대화시간을 가진다. 간혹 식사와 운동을 함께하며 친밀감을 높이기도 한다. 1기 멘제인 진유진 씨(의류학과)는 "처음에는 대하기가 어려웠지만, 분식점에서 떡볶이로 저녁을 함께 먹은 뒤로는 아버지처럼 편해졌다."고 말했다. 김 사장도 "멘제들은 내 딸들"이라고 말하고 "젊은 세대와의 대화를 통해 사고의 폭을 넓히고 아이디어를 얻기도 한다."며 웃음을 지었다.

■ 해외 멘토링 사례

멘토(Mentor)라는 단어가 우리나라 말이 아니듯 멘토링 자체도 국내에 뜻이 알려지기 전부터 해외에서 활발히 진행돼 왔다. 먼저 멘토링 제도가 활성화된 미국의 경우 70년대 말 **페덱스(Fedex)**가 이 제도를 성공적으로 도입한 후 곳곳으로 확산되고 있다. **제너럴모터스(GM)와 AT & T** 등 대기업은 물론 벤처기업들도 멘토링을 받아들였다.

미국 역시 한국기업과 같이 '현장훈련을 통한 인재육성'이라는 취지를 갖고 이 제도를 운영한다. 회사와 업무에 대해 풍부한 경험과 전문지식을 갖춘 사람, 즉 멘토가 일대일로 가르침을 받는 멘제(Menger)를 지도하며 조언해 주는 것. 멘제의 실력과 잠재력을 개발

하고 성장시킨다.

미국 CLC(Corprate Leadership Concil)가 1999년 〈포춘지〉 선정 500대 기업 중 60개 기업을 대상으로 조사한 결과에 따르면 **멘토링을 받지 않는 사람의 이직 의도는 35%인 반면, 받은 사람은 16%로 두 배 정도 차이**를 보였다. 인재육성뿐만 아니라 길러 낸 인재 보유 및 관리에도 멘토링이 큰 영향력을 끼쳤다는 얘기다. 또 **국제멘토링협회**(IMA)에서 실리콘밸리 등의 첨단 기업을 대상으로 조사한 결과 멘토링 실시 중인 기업의 신입사원은 실시하지 않는 기업의 사원보다 2~5개월 정도 빨리 적응하는 것으로 나타났다.

구체적 실례를 살펴보면 먼저 미국의 항공사인 **델타 에어라인**(Delta Air Line)이나 **유니온퍼시픽**(Union Facific)은 훗날 임원이 될 후계자를 육성하기 위해 18개월 동안 집중적으로 멘토링 프로그램을 운영한다. 신입사원에게 업무를 가르치는 데 그치지 않고 핵심인력이나 리더의 육성에도 멘토링이 기여하는 셈이다. 유니온퍼시픽의 경우 멘토링 프로그램이 성공적으로 운영된다는 평가를 받아 우수인력 유치에도 유리한 입지를 다졌다. 신입사원을 모집하러 나간 각 대학에서의 리크루팅 과정에서 경쟁사보다 우위를 점할 수 있었다고 한다.

휼렛패커드(Hewlett Packard)도 중간 관리자 육성을 위해 멘토링을 적극 활용한다. 먼저 입사 5~7년차의 회사 구성원 중 상사의 추천에 의해 멘제를 선발한다. 이렇게 선발된 멘제들은 7일간 리더십 교육을 받는다. 그 결과 개선이 필요한 2~3개의 역량을 멘토가 집중적으로 훈련시킨다.

멘토링의 이점을 톡톡히 누려온 휼렛패커드는 사전에 멘토링에 관한 준비를 철저히 하도록 한다. 멘제를 가르치기 위해서는 많은 시간과 열정이 필요하다는 것을 충분히 알려주며 멘토링을 위한 교육도 시킨다. 휼렛패커드의 로즈빌(Roseville) 공장에는 100여 쌍의 멘토링 커플이 있다. 이들은 멘토링에 앞서 하루 과정의 워크숍에 참석, 비디오 시청과 시뮬레이션을 하며 멘토링 오리엔테이션을 받는다.

역으로 멘토링을 통해 사수인 멘토의 능력이 향상되기도 한다. 멘토가 신입사원을 지도하며 조직 내에서는 접하기 힘들었던 새로운 지식을 배울 수 있고, 젊은 세대의 가치관이나 관점에 대해 이해할 수 있어서이다.

예를 들어 화학업체인 **듀폰**(Dupont)은 리더들의 인재육성 능력을 향상시키는 주요 수단으로 멘토링을 활용하고 있다. 듀폰의 리더들은 멘제와의 커뮤니케이션을 통해 새로운 지식도 얻으며 사고도 넓히는 동시에 인재육성 능력 또한 기르고 있다.

실제로 〈월스트리트저널(WSJ)〉은 지난해 11월 "미국에서 쌍방향 멘토링(Two-way Mentoring)이 유행하고 있다."고 보도하며 "상사도 부하직원에게 조언을 구하라."고 조언했다. 상사와 동료, 부하직원 등 직장네 모든 관계자들이 인사 고과점수를 매기는 '다면평가제도'가 정착되면서 부하직원들의 의견이 더욱 값어치를 내고 있다는 것.

성공적인 멘토링 제도를 위해서는 적절한 멘토 선정이 그 무엇보다 중요하다. 제아무리 훌륭한 멘토라고 해도 멘제와 궁합이 안 맞으면 이 제도는 무용지물이 될 수밖에 없다.

세계은행(World Bank)의 경우 멘토를 선정할 때 직속상사는 피하도록 하고 있다. 또 멘토나 멘제의 스타일이나 지적 수준 등을 종합적으로 고려해 매칭시킨다.

화장지, 기저귀 등으로 유명한 **유한 킴벌리클라크(Kimberly-Clark)**도 멘제의 선정에 심혈을 기울이고 있다. 멘토가 가져야 할 자질로 멘토링 경험과 해당업무에 대한 전문성, 노하우, 인재육성에 대한 강한 의지를 들고 있다.

멘토링이 실질적 효과를 지니는지 그 여부에도 미국 기업들은 촉각을 세우고 있다. 멘토링 제도의 사후 관리까지 중시한다. 세계은행(World Bank)은 일정기간을 주기로 멘토와 멘제 모두에게 4번의 설문조사를 실시하며 실효성을 평가한다.
설문내용은 만나는 횟수, 멘토의 역할수행 정도, 역량개발 정도, 멘토 제도에 대한 만족도나 향후 개선돼야 할 보완점 등이다. 여기에 그치지 않고 멘토링이 종료되면 **외부 컨설팅회사에 의뢰해 보다 심층적인 평가**를 실시한다. 향후 운영할 멘토링 프로그램을 업그레이드시키기 위해서이다.

화물운송용 철도건설업체인 **노펵서든(Norfolk Southern)**도 멘토링을 시작한 지 3개월이 지나면 멘토와 멘제가 제대로 매칭됐는지 설문을 통해 중간평가를 한다. 6개월과 10~11개월이 지난 시점에서 2회에 걸쳐 멘토링 진행 상황에 대해 평가하고 피드백을 제공해 멘토링이 보다 성공적으로 운영될 수 있도록 꾀한다.
멘토링이 성과를 거뒀다면 적절한 보상도 줘야 멘토가 보다 적극적으로 참여할 수 있기 마련이다. 이 점을 감안해 킴벌리클라크(Kimberly-Clark)는 멘토링을 성공적으로 수행한 멘토에게 인재·후배양성 기여도를 인정해 연봉에 반영하고 있다.

최병권 LG경제연구원은 "멘토링을 현장에서 구성원 간 상호작용을 통한 학습, 즉 일을 통한 실전 학습의 핵심수단으로서 활용해야 한다."며 "성공적 멘토링 사례에 대해서는 구성원에게 널리 전파해 축하와 인정을 받게 하거나 승진이나 금전 측면에서 보상을 제공해야 한다."고 했다.

멘토링은 미국 기업뿐 아니라 교육계에서도 적극적으로 도입하고 있다. 미국 버지니아 주에 있는 **토머스 제퍼슨 과학고등기술학교(TJHSST)**는 외부 전문가를 영입해 한 학기 동안 학생의 멘토로 삼는다. 일주일에 12~15시간 방문하는 멘토는 학생과 공동연구를 한다. 12학년(우리나라 고교 3학년)의 20%는 멘토링으로 연구수업을 대체하기까지 한다. 멘토링 코디네이터를 따로 두고 이 제도를 조율하고 있다. 코디네이터는 학생의 연구 주제에 따라 멘토를 물색하고, 학기 중 4번 멘토를 방문해 관리하고 감독한다.

해군연구소와 국립보건원 같은 국립연구기관과 정보통신업체인 UUNeT, 위성제작사인 TRW, 언론사인 USA투데이 등 64곳의 전문가가 멘토로 참여한다.

여학생을 위한 맞춤 프로그램도 있다. '보이스'라는 이 멘토링 프로그램은 수학과 과학, 기술과목에 흥미를 느끼는 초등학교 6학년생들을 뽑아 워크숍을 진행한다. 이 프로그램에는 수학과 과학, 기술 분야에서 일하는 여성들과 학생들이 일대일로 짝을 지어 학생들의 지식을 쌓게 해준다.

여학생을 위한 과학 멘토링은 영국에도 있다. '와이즈(WISE) 프로그램'이라 불리는 이 제도는 1984년부터 실시되고 있다. 여성과학자가 초·중등학교를 방문해 여학생들에게 자신의 체험담을 들려준다.

미국 텍사스에서는 **교도소도 멘토 프로그램**을 운영한다. 재소자와 민간인이 일대일로 지속적 커뮤니케이션을 나누며 재소자의 인권에도 귀 기울인다.

미국의 **한인사회**에서도 멘토링 열풍이 불고 있다. 미국 주류사회에서 성공한 재미동포들이 그들과 같은 분야로 진출을 원하는 동포 청소년을 대상으로 후진 양성에 나섰다. 지난해 7월 한인 커뮤니티재단과 입양아 단체 등 뉴욕지역 한인청년단체 대표들은 뉴욕 총영사관에 모임을 갖고 '멘토링 사업'을 추진하기로 결의했다. 참여한 멘토들은 대기업경영인, 법조인, 언론인, 교수 등 성공한 30~40대 재미동포들, 동포 청소년들에게 지속적으로 진학과 진로 지도를 해주고 고민을 함께 나눌 계획이다.

체험기 / 윤경희 삼성SDS 교육컨텐츠 개발팀장

"직장생활 고충, 선후배가 함께 풀어요"

"요즘 커리어우먼은 가정과 직장일, 두 가지 모두를 완벽하게 해내고 싶어 하지요. 멘제와 주고받는 대화의 상당 부분도 가정과 직장의 조화에 관한 겁니다. 고비마다 서로 의논하면서 더 좋은 해결책을 이끌어내곤 해요."

삼성SDS에서 교육컨텐츠개발업무를 총괄하고 있는 윤경희 팀장(46)은 다른 부서 과장급 후배여사원 1명과 멘토·멘제 관계를 맺고 있다. 삼성SDS가 지난해 7월부터 사내 여성사이트 'SDSWomen.com'을 기반으로 사이버 멘토링을 시작하자 기꺼이 멘토로 참여, '특별한 관계'의 주인공이 됐다. 7,000여 명 직원 가운데 10명에 불과한 여성부장인 만큼 후배를 도와주고 이끄는 역할을 자임한 것.

"처음에는 나의 멘제가 누구인지 전혀 몰랐어요. 그도 그럴 것이 인사팀에서 서로를 연결해 줄 때 역할만 알려줬고, 주로 인터넷 대화방에서 익명의 만남을 가졌으니까요. 하지만 시간이 지나면서 대화내용, 고민의 특징 등을 통해 누구인지 짐작을 했죠. 지난 2월, 7개월 만에 처음으로 오프라인에서 만났을 때 서로가 짐작한 사람이 딱 맞아 둘 다 크게 웃었습니다."

윤 팀장은 자신의 역할에 대해 "이야기를 들어주거나 경험을 이야기해 주는 사람"이라고 했다. 까마득히 후배라고 해서 무언가 가르치거나 의견을 앞세워서는 안 된다는 것, "어떤 고민이든 해결은 스스로 해야 하므로 좋은 해법을 찾을 수 있도록 옆에서 도와줄 뿐"이라는 설명이다.

어느 날 멘제가 "직장일과 가정사가 겹쳐 어떤 일을 먼저 처리할지 우왕좌왕하고 있다. 파트장에게 털어놓고 도움을 청하는 게 옳을까?"라며 상담을 요청했다. 이에 대해 윤 팀장은 "일의 우선순위부터 세우고 평소에 직무 위험관리를 하라."고 조언했다고, '하라', '하지 마라'가 아니라 어떤 관점에서 일을 풀 것인지 말해 준 것이다. 그는 "후배와의 교류를 통해 스스로를 돌아보기도 한다며" "나도 든든한 멘토가 있었으면 좋겠다."고 말했다.

윤 팀장은 입사 12년차로 삼성SDS 여성인력 가운데 최고참급. 그는 "전체 직원 가운데 여성인력은 16% 정도에 불과하다."며 "남성 위주 조직에서 힘겨워하는 이가 있다면 멘토링으로 풀어볼 만하다."고 권했다. "멘토링의 미덕은 긍정적 마인드로 조직생활을 할 수 있도록 서로에게 정신적인 지원군을 만들어주는 것"이란 게 윤 팀장의 생각이다.

박재범 한국산업은행 자금결제실 행원

"무서운 상사가 든든한 형님으로"

"멘토 제도 덕분에 신입행원 시기를 즐겁게 보낼 수 있었습니다. 직장에 빨리 적응하고 애사심도 커졌어요. 특별한 관심을 갖고 지켜보는 선배가 있다는 게 얼마나 든든한지 몰라요."

2002년 8월 입행해 이제 3년차가 된 박재범, 산업은행 자금결제실 행원(29)은 두 명의 선배 멘토를 무척 자랑스러워했다. 입행하자마자 회사가 열어준 성대한 '멘토결연식'을 통해 최광현 국제금융실 팀장을 멘토로, 박재훈 재무관리본부과장을 멘토 도우미로 '모시게' 된 후 지금까지 돈독한 사이를 유지하고 있다. 공교롭게도 세 사람 모두 고려대학교 동문이어서 쉽게 편안한 사이가 될 수 있었다고. "사회생활을 처음 시작하는 신입사원이 수십 년 경력의 선배와 같이 지내는 것은 거의 불가능한 일이죠. 멘토 제도가 아니었으면 무서운 직장 상사와 애송이 사원의 관계에 그쳤을 겁니다. 터놓고 이야기할 기회는 물론, 진하게 술 한잔할 기회도 없었겠죠. 하지만 지금은 인생선배로 직장의 든든한 버팀목으로 두 분을 대하고 있습니다. 술자리에선 '형님'이라고 부르기도 해요."

50대, 30대, 20대인 남자 셋이 모이는 만큼 멘토링 터전은 주로 술자리다. 직장생활 에피소드부터 개인사까지 하지 못할 이야기가 없다. 선배는 후배에게 사회생활의 지혜를 전해 주고 후배는 선배에게 젊은 감각과 패기를 심어준다. 박 씨는 "다른 직장에 들어간 친구들의 이야기를 들어보면 나는 정말 행운아라는 생각이 든다."며 "남들보다 빨리 수직 교류를 경험할 수 있고 이를 통해 인적 네트워크를 확대하는 효과도 있다."고 덧붙였다.

사실 산업은행의 멘토 제도는 금융권에서는 널리 알려져 있다. 신입행원이 연수를 마치면 모범적인 선배를 배정해 은행업무는 물론 진로지도나 인생상담을 하도록 지원한다. 분기마다 지원금이 나와 멘토, 멘토 도우미, 멘제가 부담 없이 어울리도록 하는 것도 특징.

박 씨는 "선배들이 직장에 대해 프라이드가 상당히 높아 늘 자부심을 갖고 일한다."고 말하고 "선배의 가르침으로 직무 전문성을 높이는 것도 좋지만, 인간적인 교류를 통해 끈끈한 인연을 맺는 것이 더 매력적"이라고 말했다. 그는 "멘토가 퇴직한 후에도 언제까지나 성실한 멘제로 남아 있을 것"이라며 뿌듯한 웃음을 지었다.

박기완 신라호텔 조리부 사원

"멘토링 덕분에 특급호텔 요리사 꿈 이뤄"

"대학시절 멘토링을 하지 않았다면 지금 이곳에 없었을 겁니다." 신라호텔 메인주방의 부처(Butcher정육) 섹션에서 일하는 박기완씨(28)는 "멘토링 경험담을 말해 달라."는 주문에 경상도 사나이답게 단답형으로 대답했다. 실제로 그는 멘토링 덕을 톡톡히 본 사람이다. 멘토링 덕분에 진로를 진지하게 고민하게 됐고 도전 의식도 생겨 '선망의 대상' 특급호텔 요리사가 됐기 때문.

경북 경산시 대경대학 호텔조리과를 졸업한 박 씨는 요리가 좋아 뒤늦게 전공을 바꾸었다. 건축학과에 다니다 제대 후 다시 입학시험을 봐 호텔조리과에 들어간 것. 그러나 막연히 요리가 좋았을 뿐. 졸업 후 진로에 대해서는 심각하게 생각지 않았다. 스스로 "놀기를 좋아해서 학업에 그리 열심이지 않았다."고 털어놓았다.

박 씨가 모범생으로 '변신'한 것은 신라호텔에서 10여 년 근무한 하대중 교수와 멘토링(당시엔 전담지도교수제)을 하면서부터였다. 수시로 연구실을 찾아 대화를 나누고 하 교수와 요리 봉사 동아리 활동을 함께 하면서 적잖은 영향을 받았다. 박 씨는 "하 교수를 만나기 전에는 서울에 큰 호텔이 롯데 하나밖에 없는 줄 알았다."며 "호텔 요리사의 세계를 간접 체험하면서 큰 직장에서 더 많이 배우고 싶다는 생각을 하게 됐다."고 말했다.

특급호텔로 목표를 정한 박 씨는 2000년 7월 신라호텔 실습생 모집에 응시, 선발된 후 엄격한 시험 절차를 거쳐 2001년 1월 정직원이 됐다. 지금은 일 배우는 재미에 푹 빠져 눈코 뜰 새 없이 바쁜 생활이 이어지고 있다.

하지만 바쁜 와중에도 1년에 서너 번 학교를 찾아 스승에게 인사하기를 빼놓지 않고 있다. 하교수의 전 직장인 신라호텔의 새 소식을 전하기도 하고 한 수 가르침을 받아오기도 한다. 하교수가 현역 요리사 시절 활용하던 레시피를 받은 날은 말할 수 없이 기뻤다고. 하 교수 역시 방학 때면 신라호텔 주방을 찾아 제자의 활약상을 직접 보곤 한다.

박 씨는 후배들에게 멘토를 자청, 일자리 정보와 수험 노하우 등을 제공하는 역할도 하고 있다. 그는 멘토링에 대해 "99~2000년 당시는 도입 단계여서 시행착오가 많았지만 이제는 상당히 체계적으로 바뀌었다."고 평가하고 "상대적으로 정보가 취약한 지방대의 경우, 교수나 선배가 멘토링에 참여해 후배들을 좋은 방향으로 이끌어주는 게 필요하다."고 강조했다.

한 사람을 소중히 여기는 멘토링(Mentoring)은 21C 다이내믹 인재개발 전략으로 각광을 받고 있다. 전통적 멘토링(Typical Mentoring)으로 인간관계 촉진을 통하여 개인 업무 능률을 향상시키고, 제도적 멘토링(Systematic Mentoring)으로 인적 경쟁력을 확보하여 조직의 높은 성과(High Performance)를 달성하고자 하는 조직혁신 전략이다.

오늘날 대부분 조직에서 상위 1% 이내에 드는 위대한 지도자들은 한 가지 공통점을 가지고 있다. 바로, 지도자에게 가장 중요한 일은 좋은 인재를 발굴하고 그들을 주위에 두는 일이라고 믿는 것이다. 조직 스스로가 생산성을 향상시킬 수는 없다. 그러나 사람들은 할 수 있다. 어느 조직이든 가장 귀중한 자산은 바로 사람이다. 시스템은 옛것이 되고, 건물은 허물어지며, 기계는 낡아진다. 그러나 사람들은 자신이 가진 잠재된 가치를 인정해 주는 멘토를 만나면 성장하고, 발전하며, 유능한 인물이 된다.

멘토(Mentor) 역할이란? 멘토가 자신의 역량(Competency)을 최대한 발휘하여 멘제 개인의 잠재력을 개발하고, 그를 차세대 리더로 세우는 (Standing Together) 일 즉 전인적인 삶으로 멘제를 조언해 주는 자를 말한다.

그러므로 멘토가 우리에게 주는 효과는 상대방이(타인 인정) 잠재력을 발휘할 수 있도록 자신의 삶을 쏟아 도움으로 이 멘토링의 힘은 매우 강력해서 눈앞에서 상대방의 삶이 변화하는 것을 볼 수 있다. 멘토는 정열을 쏟아 상대방이 삶의 장애물을 극복하도록 돕고 개인의 목표인 인간성(Humanity)과 조직의 목표인 생산성(Product)에서 발전할 수 있는 방법을 제시하게 됨으로 인하여 결국 그의 삶을 바꾸어놓는 효과를 기대할 수 있는 것이다.

1장 멘토에 관한 기본 Skill

오디세우스는 트로이전쟁에 참전하여 귀환하기까지 20여 년이라는 오랜 세월 동안 왕궁을 비웠다. 그리고 그가 집으로 돌아왔을 때, 멘토가 텔레마코스를 지혜롭고 현명한 청년으로 키워 놓은 것을 보았다.

이 시에서 지혜와 예술의 여신 아테나(Athena)가 멘토의 형상을 띤다는 사실도 주목할 만하다. 이것은 우리가 이해하는 몇 가지 재미있는 가능성을 더해 준다. 예를 들면, 이 이야기는 오디세우스 왕의 귀환과 동시에 텔레마코스 왕자와 함께 원로 간신들과 대항하여 격렬한 싸움을 하는 것으로 끝난다.

그런데 싸움에 참가한 원로 간신들은 대부분은 오디세우스가 오랫동안 집을 비운 사이 그의 왕비 페넬로페에게 강제로 청혼한 사람들이었다. 아버지와 아들과 군대의 결속력은 아주 강했다. 그래서 그들은 다시 승기를 잡았을 뿐 아니라 적군의 진지를 완전히 쓸어버리겠다고 위협했다. 그러나 장수들이 적군을 쓸어버리려 할 때, 아테나가 나타나 오디세우스에게 전투를 끝낼 것을 요구한다.

"레이어티즈와 나이 든 신들의 아들 오디세우스여, 땅의 길들과 바다의 길들의 주인이여, 당신에게 명하라. 이 전투를 여기에서 그치라고. 그렇지 않으면 넓은 세상을 보시는 제우스께서 화내시리라." 그는 그녀에게 수종했네, 그의 마음은 기뻤다네. 후에 두 진영은 그들의 중재자를 통해 곧 폭풍구름을 방패로 가지신 제우스의 딸 아테나를 통해 평화의 맹세를 하였다네. 하지만 그녀는 여전히 멘토의 형상과 목소리를 가졌다네.

그러므로 멘토는 평화유지, 중재, 공동체의 보존과 관계있는 것으로 보인다. 병사들이 그의 말에 귀를 기울인다. 그는 싸움 위에 서 있다. 그리고 그의 지혜(또는 아테나의 지혜)가 그 날을 다스린다.

요점은 멘토가 우리가 쓰고 있는 은유적 용어인 스승(Mentor)이라는 말의 기원이라는 것이다. 모든 묘사적인 언어처럼 멘토는 사람들에 따라 각기 다른 의미를 가진다. 멘토는 주인, 인도자, 본보기, 지도자, 선생, 아버지 같은 사람, 트레이너, 가정교사, 조언자, 상담자, 코치일 수 있다. 그리고 그 외에도 더 많은 가능성이 있으므로 멘토의 역할의 정확한 정의는 포괄적인 존재라고 말해야 할 것 같다.

1. 멘토 개발의 의미와 필요성

멘토십 개발의 의미는 먼저 개인 자신은 물론 조직이 바라는 바람직한 멘토로 개발 육성하려는 것이다.

이제부터 멘토십 개발이라는 것이 개인과 조직의 입장에서 각각 어떤 의미를 지니며 바람직한 멘토상은 무엇인지에 대하여 알아보도록 하겠다. 아울러 멘토에게 동기부여를 통하여 자생력을 뒷받침할 수 있는 요소도 함께 다루기로 하겠다.

1) 멘토 개발의 의미

멘토 개발은 인재개발에 초점을 두고 있다. 사전적인 의미에서 개발(development)이란 일반적으로 사물이나 사람의 진보적인 변화를 통한 발전과 성장을 촉진하는 활동을 의미하는데, 특히 사람의 창의성과 자발성을 자극하고 자주적인 태도와 습관을 배양함을 말한다.

멘토 개발은 개인의 입장과 조직의 입장 모두에서 그 의미를 살펴볼 수 있다. 개인의 입장에서 개발이란 단기적으로는 개인 자신이 담당한 직무에 대한 태도 즉 일에 대한 만족감이나 긍정적인 태도를 갖는 것을 말하며, 장기적으로는 개인 스스로의 자기 정체감을 높이는 것을 의미한다. 그리고 조직의 입장에서 개발이란 단기적으로는 조직의 성과에 기여할 수 있도록 개인의 능력과 자질을 향상시키고 성과를 제고하려는 것이며, 장기적으로는 조직 환경변화에 대한 적응력을 높이는 것이다.

이런 점에서 볼 때 **멘토 개발은 개인과 조직 사이의 적합성**(person-organization

fit)을 높여 개인목표와 조직목표가 합치될 수 있도록 하는 활동이라고 할 수 있다.

따라서 개인수준에서 초점을 두고 있는 멘토 개발이란 조직에서의 개인, 즉 인적 자원을 대상으로 개인이 자신은 물론 조직에서 바라는 바람직한 리더(Leader)로 성장할 수 있도록 개인과 조직 모두가 노력하는 활동이라고 정의할 수 있다. 이처럼 멘토 개발이 인재개발에 초점을 두는 이유는 조직이 활동할 수 있는 자원은 여러 가지가 있겠으나 그중 인적 자원을 조직의 근본적이고 가장 중요한 자원으로 전제하고 멘토 개발에서 멘토를 어떻게 개발하고 활용하는가? 하는 문제가 멘토 개발의 성공여부를 좌우하는 관건으로 여기기 때문이다.

따라서 멘토 개발이란 조직구성원에게 조직이 요구하는 가치개발을 할 수 있도록 조직이 지원함은 물론 개인 스스로가 노력함을 포함한다. 멘토 개발은 사람을 돈이나 물자처럼 취급하여 일방적으로 조직이 바라는 대로 변환시키고자 하는 것이 아니라 개인의 욕구, 개인의 인생설계, 개인의 가치관, 개인의 존엄을 존중하면서 동시에 조직이 추구하는 목표를 일치시키고자 하는 데에 초점을 두고 있는 것이다.

이러한 멘토 개발의 의미는 이른바 인적 자원 포트폴리오를 통해 더욱 분명하게 이해할 수 있다. 인적 자원 포트폴리오 관리도(human portfolio management grid=BCG 컨설팅 제공자료)에서 볼 수 있는 바와 같이 조직에서 능력이나 업적이 모두 낙후되어 있는 결격사원(deadwood), 능력은 있으되 낮은 성과를 보이는 문제사원(problem employee), 능력은 낮을지라도 성과가 높은 잠재사원(work horses)들이 있게 마련이다.

특히 잠재사원과 문제사원은 기업에서 대다수 인력을 차지한다. 멘토 개발이 이러한 구성원들을 능력 면에서나 업적(성과) 면에서 뛰어난 스타(star)와 같은 우수사원 멘토로 양성하려는 것이다.

멘토 개발은 조직구성원들 중 유능직원은 더욱 유능한 직원이 될 수 있도록 능력개발과 업적향상의 기회를 부여하고 지원하려는 것이며, 특히 조직구성원의 대다수를 차지하고 있는 문제사원이나 잠재사원이 유능한 리더로 성장하도록 조직의 지원과 개인의 노력을 촉구하는 데에 그 특징이 있다.

결격사원에 대해서는 해고시킨다는 식의 단순한 발상을 하는 것이 아니라 이들을 개발과 육성의 대상으로 인식하고 유능한 멘토가 될 수 있도록 성장의 기회를 제공하고 스스로 노력을 기울이도록 지원하는 것이다.

멘토링은 현재의 유능한 인재만을 아끼고 존중한다는 의미에서가 아니라 능력과 업적이 부족한 사람들도 더욱 발전적인 방향으로 이끌고 지원한다는 점에서 그 의미가 있는 것이다.

이처럼 멘토링이 인재개발을 촉진하고자 하는 것은 인간잠재력(human capabilities)

과 그 중요성에 대한 믿음을 기초로 하기 때문이다. 결국 멘토링은 사람의 잠재능력을 키우면서 그 능력을 발휘할 수 있는 기회를 공정하게 제공함으로써 조직의 성장과 발전을 추구하는 개발지향적 조직목표를 달성하고자 하는 것이다.

2) 멘토 개발의 필요성

향후 조직이 지속적으로 성장발전하기 위해서 조직은 구성원 개개인으로 하여금 업무수행기량의 향상을 통해 직무를 성공적으로 수행하여 경영성과의 향상을 가져오도록 지원하고, 개인은 자신의 미래를 대처하고 책임질 수 있는 리더로 키울 수 있는 경영활동을 스스로 수행하여야 한다. 여기에서 **멘토 개발은 다음과 같은 필요성을 가지고 있다.**

첫째, 멘토 개발은 조직구성원들 간에 그리고 개인과 조직 간에 상호신뢰의 풍토를 정착시킬 수 있다.

사람을 개발하고 육성한다는 것은 조직구성원들이 상호유기적인 업무협조 체제를 가질 수 있도록 만든다는 의미다. 또한 개발을 통해 조직은 개인들이 자신의 업무를 성공적으로 수행할 수 있으리라는 믿음을 기초로 업무를 맡길 수 있게 되고, 이를 통해 개인과 조직은 상호신뢰를 할 수 있게 되는 것이다.

둘째, 멘토 개발은 개인과 조직 목표를 합치시킬 수 있다.

개인은 자기개발을 통해 조직에서 바라는 인재가 됨으로써 자기성장욕구를 충족시키고, 조직과 사회에 공헌할 수 있기를 바라며, 조직 역시 훌륭한 인재의 확보와 육성을 통해 조직의 성장발전을 이루고자 한다. 인재개발을 통해 개인의 성장과 발전을 촉진함으로써 조직의 성과를 높일 수 있다.

셋째, 멘토 개발은 조직과 자기업무에 대한 호의적인 태도를 갖고 바람직한 행동을 하는 멘토를 양성하는 것이다.

즉, 멘토 개발은 개인이 일에 대한 건전한 가치관 및 행동방식을 갖도록 하고 이것을 조직구성원들 간에 공유되도록 한다. 그 결과 조직구성원들은 자기조직에 대한 강한 소속감과 자부심 및 높은 업무의욕을 가지고 상호 협동하여 일을 열심히 할 것이다. 또한 신입원이 조직문화적 가치관 및 행동방식에 적응하여 조직의 일원으로 정착되도록 함으로써 개인과 조직 간에 상호 적합성을 제고시킨다.

넷째, 멘토 개발은 구성원의 개인역량을 배양함으로써 타 조직이 모방할 수 없는 기업의 내부적 핵심역량을 개발하는 활동이다.

기업경쟁력의 원천은 물질적 경제적 차원과 정신적 사회적 차원으로 나눌 수 있는데, 사회적 차원에서의 여러 가지 원천 중에서 가장 중요한 것이 사람이라고 할 수 있다. 사회적 차원의 경쟁우위의 요소는 사회적 자원(social resources)이라고 하는데, 여기에는 조직문화라든가 인적 자원관리 관행 등 사람과 불가분의 관계에 있는 것들이 포함된다. 이러한 사회적 자원은 가치성, 희귀성, 모방 불가능성, 대체 가능성의 부재라는 점에서 한 **조직 고유의 역량이며 인재경쟁력**인 것이다.

이처럼 멘토 개발은 조직의 인재경쟁력 제고의 출발점이 된다. 최근 조직 간 경쟁이 격화되고 주로 소프트한 측면들이 경쟁우위의 요소가 되고 있는 상황에서 '인재의 차이'가 그대로 '조직의 차이', '성과의 차이'로 나타나고 있기 때문에 조직이 성공하기 위해서는 그 어느 때보다도 우수한 **멘토 개발의 필요성**이 절실히 요청되고 있는 것이다.

2. 핵심 멘토 개발 5가지 기준

멘토를 구체적인 핵심인물로 개발하는 데 5가지 기준을 설정하고 그에 따라 핵심인물로 개발하는 방법을 다루도록 하겠다. 멘토들이 시간을 어디에 써야 할지를 궁금해 할 수도 있다. 그러므로 회사의 핵심그룹 속에 다음 다섯 가지 형태의 멘토들을 확보할 수 있도록 노력하여야 한다. 이 다섯 가지 형태의 멘토는 회사에 놀라운 가치를 부여해 줄 것이다.

1) 잠재력의 가치 - 자신의 능력을 개발하는 멘토

모든 리더들이 가져야 하는 첫 번째 능력은 자기자신을 지도하고 동기부여를 주는 능력이다. 당신의 눈을 이런 잠재력을 가진 멘토를 보기 위해 넓게 열라.

2) 긍정의 가치 - 조직의 사기를 진작하는 멘토

회사에서 Peace Maker로써 다른 사람을 세워주고 조직의 사기를 높여주는 사람 즉, Mentor는 무한한 가치가 있는 사람이다. 그들은 핵심그룹에 속할 수 있는 훌륭한 자산을 가진 사람들이다.

3) 인격의 가치 - 멘제를 세워주는 멘토

어느 사람이 나에게 이렇게 말했다. "맨 위에 있는 사람은 외롭다. 그러므로 당신이 왜 거기에 있어야 하는지를 잘 아는 것이 좋다." 멘토는 무거운 짐을 지고 가는 사람이라는 것은 사실이다. 사실 앞에서 일할 때, 멘토는 사람들의 손쉬운 표적이 될 수 있다. 그러나 홀로 그 짐을 지려고 해서는 안 된다. 그래서 우리는 이렇게 말할 수 있다. "맨 앞에 있는 사람은 외롭습니다. 그러므로 다른 사람과 그 일을 함께 하시오."

멘제를 세워주는 사람보다 더 좋은 사람이 어디에 있겠는가? 그 사람이 예스맨으로서가 아니라 동역자요 든든한 후원자일 때 말이다. 멘제를 향상시켜 줄 수 있는 핵심인물인 멘토로 그룹을 형성할 수 있도록 노력하자.

4) 생산의 가치 - 다른 사람을 세워주는 멘토

다른 사람을 세워주는 능력을 가진 멘토는 당신의 핵심그룹에서 대단히 중요한 인물들이다. 이러한 멘토에게 핵심역량은 바로 멘토십으로 무장하는 것임을 알아야 한다.

5) 인정의 가치 - 다른 사람들을 세워주는 리더를 기르는 멘토

어느 것보다도 소중히 여겨야 할 가치는 다른 리더들을 길러주는 리더 즉 멘토의 가치이다. 이 가치는 다양한 리더십을 발생시킨다.

3. 현대사회에서 멘토 의미

멘토(Mentor)란? 한 사람을 왕자처럼 소중히 여기고 자신의 역량(Competency)을 최대한 발휘하여 차세대 리더(Post Leader)로 세우는 일을 하는 사람이다. 세계적인 추세에서 지난 5년에서 10년 사이에 멘토의 역할이 계속 바뀌었다. 약 10년 전까지만 해도, 멘토는 보편적으로 나이 든 사람이라고 생각되었고, 어떤 형태로든 연배가 낮은 사람을 도울 수 있는 연배 높은 사람이 멘토로서 적당하다고 여겨졌다. 멘토의 역할에 대한 개념은 그 후로도 수시로 바뀌었다. 멘토로 역할을 하겠다고 결정하는 것은 매우 자비로운 행동으로 간주된 적도 있다. 이런 경우 체계적으로 설명을 잘해 주거나 기대하는 것은 고사하고, 누구도 멘토가 하는 행동방식에 대해서 의문을 제기할 수 가 없었다. 멘토가 있으면 그야말로 운이 좋은 사람이라고 생각되어, 멘토의 기이한 습관이나 비현실적인 기대감도 견뎌야 했으며 그저 감사할 따름이었다.

[멘토에 관한 학자들의 견해]

멘토는 주인, 인도자, 본보기, 아버지와 같은 사람, 선생님, 가정교사, 조언자, 상담자, 코치, 랍비 등 그때그때의 역할에 따라 사용되어 왔으며 이는 멘토와 다른 유사단어와 혼동하여 사용하고 있는지 알지 못한 상태에서의 말이다.

—마이클 제이(Michael Zey)

멘토의 역할은 선생님이나 코치로서의 역할, 보조자로서의 역할, 후원자로서의 역할, 지능 개발자로서 역할, 안내자로서의 역할 등 인재개발 및 육성을 위한 학습의 촉진자로서의 역할이다. 즉, 멘토는 경력설계를 지원해 주고 사회적 심리적 지원을 해주거나 도전적인 업무를 제공하고 경력관련 조언을 해주는 등의 행동을 하여야 한다.

—신유근 교수(서울大)

멘토링 관계에서의 가르침은 멘토, 즉 상당한 지식이나 경험을 가진 사람이……자신이 가진 것(지혜, 정보, 지식, 신념, 통찰력, 관계, 지위 등의 근원들)을 멘제에게 적절한 때에 적절한 방법으로 전달하여 멘제의 발전이나 성장을 돕는 것이다.

—로버트 클린턴(Robert Clinton)

현대적인 용어로 하면 멘토는 당신이 당신 삶의 중요한 목표들을 달성할 수 있도록 개인적으로 당신을 도와주는 영향력과 경험을 갖춘 사람들이다. 이들은 (그들이 아는 사람이나 아는 것을 통해) 당신의 복지를 증진시킬 힘을 가지고 있다.

—**린다 필립 존스**(Linda Phillips Jones)

멘토링 관계를 정의하는 것은 다소 어렵지만 이것을 묘사하는 것은 아주 쉽다. 이것은 평생 동안 당신을 보살펴주며 당신이 잘하는 것을 보고 싶어 하는 아저씨를 가지는 것과 같다. 그는 당신의 경쟁자가 아니다. 그는 당신과 경쟁하거나 당신을 좌절시키려고 있는 것이 아니라 당신을 지원하려고 있다. 그는 당신의 비평자이기보다는 당신의 응원자이다.

—**밥빌**(Bobb Biehl)

멘토링 관계는 한 인간이 초기 성년기에 가질 수 있는 가장 복잡하면서도 개인적인 발전에 중요한 관계 중 하나이다. 멘토는 일상적으로 제자보다 나이가 여러 살 더 많고 세상에서 경험이 더 많으며 더 높은 지위에 있다. 여기에서 우리가 마음속에 두고 있는 관계의 성격을 표현할 수 있는 적절한 말은 없다. '상담자'나 '도사'(導師, guru)와 같은 말들은 더 미묘한 의미들을 암시하지만 정작 스승이란 말이 가지는 함축적인 의미들은 놓쳐버린다. 멘토라는 말은 일반적으로 훨씬 더 좁은 의미로 사용되어 교사, 조언자, 후원자 등을 뜻한다. 우리가 이 단어를 사용할 때, 이 단어는 이 모든 것들과 그 이상의 것들을 의미한다.

이제, 멘토는 훨씬 설명하기가 수월한 제도가 되었다. 멘토로서 관리자에게 기대하는 바가 무엇인지, 어떤 것은 효과가 있고 어떤 것은 없는지에 대해서 보다 보편적인 동의를 얻고 있다. 또한 멘토링에 의한 관계가 최적의 결과를 얻기 위해 어떤 식으로 구성되어야 하는지에 대해서도 보다 많은 사람들이 한목소리를 내고 있다. 현재, 멘토로서의 관리자 역할은 권력과는 거리가 멀다. 연공서열이나 교육보다는, 서로 의견을 공유하고 발전하는 것에 초점을 두고 있다.

—**다니엘 레빈슨**(Daniel Levinson)

4. 멘토의 정의와 자질

이제 좀더 멘토에 대한 구체적인 정의를 내릴 필요가 있겠다. 여기서 약간 난감한 것은 멘토링을 연구했던 대부분의 학자들은 멘토에 대한 정의를 내리는 데 어려움과 혼동을 겪고 있다는 것이다. 이 말은 멘토라는 말은 어떤 한 단어 혹은 한 문장으로 쉽게 정의내릴 수가 없다는 것이다.

멘토라는 단어 안에는 여러 종류의 의미가 내포되어 있는데, 예를 들면 교사, 인생의 안내자, 본을 보이는 사람, 후원자, 의욕을 고취시키는 사람, 비밀까지도 털어놓을 수 있는 사람, 스승 등이 있다.

어떤 사람이 멘토로 불리기 위해서는 이들 중 적어도 서너 가지의 자격을 갖춘 사람이어야 한다. 한 문장으로 정의를 내리자면 멘토는 **'상대보다 경험이나 연륜이 많은 사람으로서 상대방의 잠재력을 볼 줄 알며, 그가 자신의 분야에서 꿈과 비전을 이루도록 도움을 주며 때로는 도전도 줄 수 있는 사람'** 결론은 **'전인적인 삶의 조언자'**라고 할 수 있다.

그러면 누가 멘토가 될 수 있는가? 멘토의 자질은 무엇인가에 대해 알아보기로 하자. 멘토는 누구나 될 수 있지만 아무나 될 수는 없겠다. 거기에는 몇 가지 자질이 요구된다.

1) 멘제의 인격을 존중하는 사람(Personal Respect)

멘토는 멘제를 하나의 진정한 인격으로 대하는 사람이다. 상대방을 자신의 목적을 위해 이용하려는 사람, 즉 정치적인 의도가 다분한 사람은 멘토의 자격이 없다. 20세기의 위대한 사상가 마틴 부버는 이것을 지적하여, 상대방을 수단으로 보는 것은 '나와 그것(I-It)'의 관계라고 말한다. 그러나 멘토는 상대방을 자신과 동등하게 존중받아야 할 인격체로 이해하며, 가면을 벗고, 상대방을 조정하려는 자세를 버린다. 이러한 때 진정한 관계가 성립되고, 부버가 강조하는 '나와 너(I-Thou)'의 관계로 발전된다.

-지(知)적 서비스 제공-지식, 기술, 정보
-정(情)적 서비스 제공-포용력, 봉사헌신력, 정서력
-의(意)적 서비스 제공-선 / 악, 상 / 벌, 진리 / 허위의 판단력

2) 멘제에게 긍정적인 사람(Peace Maker)

멘토는 평소의 삶이 긍정적 자세인 사람이며, 마음이 열린 사람이다. 멘토는 마치 부모나 가족과 같아서 자신의 멘제에게 일관된 관심을 줄 수 있어야 하는데, 삶을 보는 시각이 부정적이거나 마음이 닫힌 사람은 멘토로서는 자격이 결여된다.

-입(口)의 서비스 험담보다는 칭찬을 해준다.
-눈(眼)의 서비스 흠보다는 장점을 발견한다.
-귀(耳)의 서비스 부정적인 말보다는 긍정적인 말을 듣는다.

3) 멘제의 특성과 잠재력을 볼 줄 아는 사람(Potential Power)

멘토는 멘제가 지닌 적성을 볼 수 있는 사람이다. 멘토는 보통 멘제보다 세상경험이 많은 사람이다. 그 분야에서 이미 시행착오를 겪은 사람이다. 그리고 상대방의 장점을 극대화시키며, 상대방의 단점을 극소화시킬 수 있는 안목이 있다.

-Lynchpin Game 활용-멘제의 성격의 가치를 개발해 주고
-Star Game 활용-멘제의 인격가치를 개발해 주고
-Brain Game 활용-멘제의 창의력을 개발해 준다.

4) 멘제와 의사소통이 능한 사람(Communication)

멘토는 의사소통에 능한 사람이다. 같은 말을 해도 상대방에게 부정적인 표현 등을 통해 부담을 주는 것이 아니라, 힘과 용기를 줄 사람이다. 그리고 중요한 것은 상대방의 견

해를 소화하는 열린 귀가 있는 사람이다.

5) 조직에 대한 올바른 가치관(The View of Value)을 가져야 한다.

먼저 멘토는 자신이 회사의 배려로 오늘과 같은 가치 있는 구성원으로 업그레이드되었음을 인정하고 이러한 조직에 대한 올바른 가치관을 가지고 멘제에게 자신이 소유한 정보, 지식, 업무 등 즉 가치를 제공할 경우, 멘제는 멘토에게 좀더 호의적으로 다가올 수 있다. 회사가 멘토인 나를 키워주었으므로 나는 대신 멘제를 키운다.

6) 핵심역량(Competency)과 업무의 다양한 전문성을 갖춰야 한다.

멘토는 개인의 노력이나 회사의 지원을 통하여 소유한 역량(Competency)과 다양한 전문지식을 멘토링 활동에서 멘제와의 자율학습향상, 업무조기숙달, 경력개발, 지식경영 등에 최선을 다하여 발휘함으로서 멘토링 목표를 성공적으로 달성하는 데 기여할 수 있다.

* 멘토십 자질개발 Skill 25

아래 멘토의 자질 테스트는 특히 업무나 지식보다는 성격이나 인격적인 항목에 많은 비중을 두었다. 자기채점 방식임으로 상대를 의식할 필요는 없다.

측정 척도
0점=전혀 1=드물게 2=간혹 3=대부분 4=언제나

NO	설문도구	4	3	2	1	0
1	사람들에게 영향력을 가지고 있다.					
2	자기 절제를 할 줄 안다.					
3	경력이 화려하다.					
4	대인관계가 뛰어나다.					
5	문제해결 능력이 있다.					
6	현재 상태에 자족하지 않는다.					
7	전체적인 틀을 본다.					
8	스트레스 관리를 잘한다.					
9	성격이 적극적이다.					
10	다른 사람을 잘 이해한다.					
11	개인적인 문제를 일으키지 않는다.					
12	책임을 질 줄 안다.					
13	화를 내지 않는다.					
14	긍정적인 변화를 유도한다.					
15	진실하다.					
16	교양 생활이 모범적이다.					
17	다음에 무슨 일을 해야 할지를 잘 파악한다.					
18	다른 사람들에게 지도자로 인정받고 있다.					
19	계속 배우려는 열망과 능력이 있다.					
20	좋은 매너로 다른 사람을 끈다.					
21	건전한 자아상(Self-Image)을 갖고 있다.					
22	다른 사람을 섬기려는 의지가 있다.					
23	문제 대처 능력이 높다.					
24	다른 사람을 인재개발하는 능력이 있다.					
25	진취적인 사람이다.					
합계	( )					

* 평가결과 가이드

90~100점 탁월한 멘토(다른 지도자를 지도할 수 있다)
80~89점 좋은 멘토(계속 성장해야 하며 다른 사람들을 지도할 수 있다)
70~79점 성장하고 있는 멘토(개인 성장에 초점을 맞추면서 다른 사람을 지도할 수 있다)
60~69점 잠재력이 보이는 멘토(성장하기에 가장 좋은 상태다)
60점 미만 더 성장해야 할 멘토(다른 사람을 지도해야 할 준비가 아직 되지 않는 상태이다)
60점 미만의 사람들은 가장 평가하기 어렵다. 극소수의 사람만이 탁월한 멘토가 될 수 있다. 평가하는 멘토가 훌륭하면 훌륭할수록 멘토 후보들이 가지고 있는 멘토 자질을 더욱 잘 평가할 수 있다. 그러므로 성공을 경험한 멘토 후보들을 면접하고 선발하는 과정에 직접 참여하는 것이 중요하다.

5. 멘토(Mentor) 선발에 유의사항

1) 멘토 선발 특성

① Aged(나이) - 이왕이면 나이가 든 사람이 좋다.
② Carreered(경력) - 이왕이면 경력이 많은 사람이 좋다.
③ Knowhowed노하우) - 이왕이면 노하우를 가지고 있는 사람이 좋다.
④ Leadershiped(리더십) - 이왕이면 리더십을 갖춘 사람이 좋다.
⑤ Personalityed(인격) - 이왕이면 인격을 갖춘 사람이 좋다.

2) 멘토 선발 기준

① 멘토는 한 개인을 지원하고 그 사람의 성장에 관여하는 사람이다. 구체적으로 멘제의 인간가치를 업그레이드시키는 사람이다.
② 멘토는 상급자로서가 아닌 한 사람으로서 멘제 개인을 염려한다.
③ 멘토는 멘제 한 개인의 업무만이 아닌, 삶의 전반적인 발전을 돕는다.
④ 멘토는 권한이나 권력를 기반으로 하는 관계가 아닌, 특수 관계를 멘제와 맺는다. 멘토는 멘제의 말을 경청하고 질문을 받고 나서야 조언을 한다. 개인적인 판단이나 비난을 배제한 뒤 멘토의 조언이 이루어질 것이다.
⑤ 멘토는 무엇보다도 인간관계에 초점을 맞춘다. 멘토가 멘제와 맺은 관계에는 어떠한 사적인 이권이나 멘제에 대한 위기적인 사항도 있어서는 안 된다. 멘제 개인의 발전을 바라며, 애초에 멘제의 편에서 관계가 시작되기 때문이다.
⑥ 멘토는 신뢰받는 친구이자 선생님이며 안내자이고 역할 모델이다. 멘토는 멘제에게 전달하고자 미리 준비된 지식을 소유하고 있는 전문가이거나, 적어도 자신의 분야에서는 어느 정도 지위에 오른 사람이고, 주변 동료들에 의해서도 그렇게 인정받는 사람이다.
⑦ 멘토는 본래 멘제의 특성과 잠재력을 개발하며, 경쟁이 아니라 도와주는 존재다. 멘토는 인내심을 가지고 자신을 돌보는 멘제에게 도전하도록 권하며, 나름의 견해를 가지고 열의를 보여준다. 또한 미래에 대한 포부를 가지고 있으면서도 현재의 명확

한 초점을 유지한다.

⑧ 멘토는 자신이 선택한 회사와 고용관계, 공적인 거래, 또는 직업의 대한 소명의식을 가지고, 회사를 사랑한다. 동시에 회상의 취약점을 인정하고 멘제가 그 취약점에 대치할 수 있게 건설적으로 도와준다.

3) 멘토 선발 방법

① 지원제-본인이 지원하고 멘토 추천위원에서 심의하여 선정하는 방법으로 가장 좋은 방법이다.

② 추천제-부서원이나 부서장이 추천하여 심사를 거쳐 결정하는 방법이다. 가능한 부서원의 무기명 투표로 결정하는 방법이 부서장이 직접 추천하는 것보다는 효과적이다.

③ 임명제-1과 2로 선발이 어려울 때 가장 비효율적인 방법으로 문서 임명으로 선발하는 것이다. 이는 타의에 의한 방법임으로 가능한 피하는 것이 좋다.

위 3개 항목으로 선발되는 과정에서 특히 추천위원에서는 회사 인사평사자료를 참작하여 가장 우수한 사원을 멘토로 최종 선발하는 것을 잊지 말아야 한다.

4) 멘토 선정 체크리스트

① 리더십을 발휘할 수 있는 자신이 있는가?

② 사람중심(VS 업무중심)의 행동 형태인가?

③ 경청과 지도 모두 가능한가?

④ 사내 조직에 관한 지식과 경험이 있는가?

⑤ 조직 내에서 리더 경험이 있는가?(자치회임원, 동아리운영자, 팀장, 그룹장 등)

⑥ 멘제와 다른 분야에서 성공경험이 있는가?

⑦ 조직 밖에서도 발이 넓고 칭찬의 대상이 되는가?

⑧ 자신의 전문 업무 외에서도 성장을 지원할 생각이 있는가?

⑨ 팀워크를 다져 업무를 수행할 수 있는가?

⑩ 위험하다고 생각될 때 인내력을 발휘해서 지켜보는 도량이 있는가?

6. 멘토(Mentor)의 역할 5

유능한 멘토는 멘제의 상황에 따라 자유자재로 대응방법을 바꿀 수 있는 역량을 필요로 한다. 이러한 멘토가 되기 위하여 갖추어야 할 5가지 역할 멘토십 스킬을 소개하면 교육 (Teaching)에 대한 스킬, 상담(Counseling)에 대한 스킬, 지도(Coaching)에 대한 스킬, 후원(Sponsoring)에 대한 스킬, 그리고 조정(Confronting)에 대한 스킬이다.

그리고 목표는 한 가지, 멘제의 능력을 개발하고 창의력을 살려 개인적으로는 리더로서 성장할 수 있도록 하며 결국은 조직에 공헌함으로 조직의 목표인 인적 경쟁력을 확보할 수 있도록 하는 것이다.

1) Teaching(교육) - 가르치는 교사의 역할(IQ부문)이다.

교육을 실시하는 것은 멘제에게 테크닉을 주입시키는 것이 아니다. 교육의 근본은 '너는 우리 가족이다' '너는 해낼 수 있다'는 의식을 깨우치는 것이다. 이 기본만 확실히 되어 있다면, 이후의 기술 습득과정은 60%~90% 단축된 것이나 다름없다. 왜냐하면 이 자각이 학습의욕을 불러일으키기 때문이다.

그러나 유의해야 할 점은 '교육'과 '지시내리는 것'을 혼동하여서는 안 된다. 교육이 일방적인 지시가 되어서는 안 된다는 것이다. 적절한 도구와 행동의 자유를 주어 스스로 해보도록 하고 결과에 관하여 구체적이고 솔직한 피드백을 해줌으로써 잠재능력을 향상시키는 것이다. 그러한 잠재능력을 누구나 갖고 있다는 굳은 신념에 입각하여 행동하는 것, 이것이 교육의 진수이다.

2) Counseling(상담) - 들어주는 상담자의 역할(EQ부문)이다.

교육을 담당하는 자라면 누구라도 한 번은 '수강생 제일'이라는 모토를 내세운다. 이 신조가 조직에서 실제 행동으로 이어지느냐 아니면 말로만 그치느냐, 상담자인가 아닌가를 가르는 판단 기준이 된다. 카운슬러 역이 서툴다는 것은-즉 문제해결에 나서는 것이 너무 이르거나 너무 늦는 것, 혹은 수강생에게 너무 엄격하거나 지나치게 관대한 것, 학습적으로 단 시간에 끝맺거나 까닭 없이 질질 끄는—이 모토가 체면용에 지나지 않음을 입증하는 것이다.

이제 멘토로서 상담스킬을 다룬다. 멘토로서 카운슬러의 역할은 멘제가 실력을 마음껏 발휘하는 것을 가로막는 문제를 이해시키고 그 문제의 해결에 도움을 주는 것이다. 시간을 가지고 인내심을 지녀야 한다. 물론 더러는 30분만 들이면 해결할 수 있는 것도 있다.

정보부족이나 단순한 오해에서 비롯된 문제는 쉽게 풀린다. 그러나 훌륭한 기술을 가지고 있음에도 불구하고 팀플레이를 주저하는 멘제를 설득하여 다른 사람과 협력하도록 만들기 위해서는 며칠이나 몇 개월이 걸릴지도 모른다. 카운슬링이란 이러한 여러 가지 문제 상황을 해결해야 하는 '감초'인 것이다.

3) Coaching(코치) – 같이 뛰어주고 친목교제를 나누는 코치의 역할이다.

코칭(Coaching)과 후원(Sponsoring)은 미묘하지만 차이가 있다.

후원은 두드러진 능력을 가진 멘제를 무리 속에 사장되지 않도록 끌어내주고 밀어주는 것인 데 반해, 코칭은 일반적으로 멘제를 온전한 조직원으로 만들고 적극적으로 조직에 참여하도록 유도하는 것이다.

효과적인 코칭이란? 구체적으로 말하면, 승자를 낳는 것, 혼란 가운데서 신뢰를 유지하는 것, 활력을 부여하는 것, 어둠 속에서 한줄기 광명을 찾아내는 것, 멘제의 장점을 발견하여 그것을 키워주는 것이다

4) Sponsoring(후원) – 추천하고 신분을 보증해 주는 후원자 역할이다.

후원이란? 강력한 훈련을 실시하여 용기를 북돋아준 다음 멘제가 자신의 힘으로 학습을 수행할 수 있도록 여러 조건을 마련해 주는 것이다.

멘토 후원자는 멘토가 실력을 마음껏 발휘할 수 있도록 장애물을 제거하여 홀로 설 수 있도록 한다. 멘제가 조직에 적응과 업무와 학업에 필요한 기술을 이미 익힌 상태에서 이

것을 발휘하도록 하는 것이 후원이다. 후원의 요점은 그때까지 잡아주고 있던 손을 갑자기 놓지 않는 것이다. 갑자기 손을 놓아버리면 비틀거리며 쓰러지고 만다.

반대로 너무 오래 붙들고 있어서도 안 된다. 한참 잡고 있다 놓을 때는 또 사정없이 놓아버리고 말면 멘제는 이때 그동안 가졌던 멘토에 대한 신뢰를 잃어버리게 된다.

후원이란 원 투 원(One to One)으로 멘제의 자립성을 개발하는 것이다. 멘토는 멘제의 가이드인 것이다. 멘토는 멘제를 자신의 생각대로 움직이게 하고 싶은 충동에 휩싸이기 마련이다. 그렇지만 이 충동을 뿌리치는 것이 후원자로서 지녀야 할 중요한 마음가짐 중의 하나이다.

후원자의 역할은 기본원리로 공평(Fairness), 자유(Freedom), 참여(Commitment), 지원(Waterline) 등 네 가지를 들 수 있다.

멘제와 그 후원자 멘토는 이 기본원리를 제대로 수행할 수 있어야 비로소 승자로 살아남을 수 있다. 이 후원자는 자발적으로 후원대상자인 멘제의 활동, 행복, 진보, 성취, 개인적 문제, 장래 희망 등등에 적극적인 관심을 기울이게 된다.

5) Confronting(조정) – 맞대면하여 업무 보직적응력에 대한 불만을 해소한다.

멘제의 적응력과 업무 능력률을 올리기 위하여 멘토는 모든 수단으로 지원하지만, 효과가 나타나지 않을 경우도 물론 있을 것이다. 그 경우에는 다른 방책을 진지하게 고려할 필요가 있다. 문제를 정면에서 보고 조정해야 한다. 달리 어떤 해결 방법이 있는지 명확히 하고 선택의 폭을 넓히는 것이다.

7. 멘토(Mentor) 활동수칙 20

1) 한 번에 한 사람의 파트너와만 만나라.
   – 대량의 생산은 사람의 개발에 적용되지 않는다.

2) 개인적인 내용은 비밀을 유지하라.

－이것에 실패한 멘토는 사람과 신용을 모두 잃는다.

3) 겸손한 마음으로 나는 돕는 역할을 할 뿐임을 알라.

－자기를 주입하려 하지 말고 도우라. 그래야 상처가 없다.

4) 멘토 자신이 계속 훈련을 받으며 자라가라.

－멘제는 우리의 자라는 모습을 통해 더 격려를 받는다.

5) 말보다는 삶으로 본을 보이라.

－멘제는 말보다 멘토의 삶을 통해 변화한다.

6) 상대방에 대한 진지한 사랑과 관심을 가지라.

－멘토링의 기술보다는 사람이 더 중요하다.

7) 먼저 들어주고 자세히 관찰하라.

－잘 들을 때 멘제의 필요를 빨리 발견할 수 있다.

8) 시간과 약속을 잘 지키라.

－약속을 지킬 때 서로의 신뢰가 쌓인다.

9) 언어 사용에 주의하고 예의를 지키라.

－언어 사용은 멘토의 인격을 나타내줄 때가 많다.

10) 물질과 시간을 투자하고 멘토링 활동에 최우선순위를 두라.

－투자하는 만큼 열매를 맺는다.

11) 멘토의 모든 활동은 모니터의 지도와 관찰을 받으라.

－멘토 자신의 멘토가 모니터임을 기억하라.

12) 함께 목표를 설정하라.

－목표가 없으면 두 사람의 만남이 방향을 잃기 쉽다.

13) 어떤 내용을 가지고 교제할지에 대해 정하라.

－미리 알 때 기대감이 생기고 준비가 된다.

14) 정규적인 만남을 가지라.

－정규적인 만남이 두 사람의 목표를 이룸에 크게 작용한다.

15) 기간을 정하고 시작하라.

－일정한 기간이 정해질 때 지루함이 방지되며 계획 설정에 도움이 된다.

16) 문제해결에 있어 성인이나 위인들의 말을 인용하라.

－성인들의 말을 인용할 때 멘제의 이해의 폭을 넓힌다.

17) 외적인 요소로만 사람을 판단하지 말라.

-외형이나 신분에 집착하는 것은 멘토링 활동의 실패원인이다.

18) 적극적인 자세를 가지라.

-소극적인 멘토는 멘제의 열심을 끌어내지 못한다.

19) 2, 3개월에 한 번씩 두 사람의 관계를 평가하라.

-정기적인 평가는 방향 설정을 재정립해 준다.

20) 멘토링 활동은 가능하면 동성끼리 하라.

-서로에게 이성을 느끼는 사이라면 피하는 것이 좋다.

8. 조직별 멘토 대상과 역할

1) 기업체 멘토는 누가 되는가?

가. 대 상

① 경영자, 경영간부, 관리자급, 고참사원

② 전문사원, 특기사원, 노하우 소유사원, 특허 및 지적 소유권 소지자

③ 학위소지자, 특별 자격증 소지자

④ 계열사 및 협력업체 임직원

⑤ 특별한 노하우소지 퇴직사원

⑥ 국내외 컨설턴트

⑦ 국내외 첨단기술자

⑧ 담당학과 전문교수

나. 자 격

① 나이가 높고 삶의 경험이 풍부하며 도전의식이 있는 자

② 경력이 많고 포용력이 넓고 헌신, 봉사정신 소유자

③ 업무에 대한 전문지식, 기술 Knowhow를 가진다

④ 가능한 상급자로서 Leadership을 갖춘 자

⑤ 기업 내외부 사정에 밝고 모범, 우수사원으로 인정받는 자

다. 금기사항

　① 동성관계가 원칙이며 이성관계는 금한다.

　② 금전관계와 출세지향의 권력 이용은 금한다.

　③ OJT 부문 외(外)에는 가능한 직속상급자는 제외한다.

라. 기업체 멘토는 어떤 역할을 하는가?

　① 최선을 다하여 멘제의 전문성과 개인발전과 경력(career) 개발을 돕는다.

　② 조직에 대한 철학, 목적, 목표, 전략, 구조, 회사의 흐름 등을 이해시킨다.

　③ 산업계의 변화, 발전, 경향 등을 전하고 도전과 기회를 제공한다.

　④ 시의 적절하게 멘제가 처한 상황에서 조언을 해주어야 한다.

　⑤ 멘제가 도전이나 벽을 만났을 때 충고보다는 격려와 위로로 북돋아준다.

　⑥ 멘제와 공식, 비공식적인 시간관계를 유지한다.

　⑦ 부서 상급자(책임자)와 사이에서 다리 역할을 한다.

2) 학교 멘토는 누가 되는가?

가. 대　상

　① 친척, 이웃사람, 학부모, 학교동문

　② 학교교사, 과외교사, 교회교사 ,학습지 교사

　③ 사회저명인사 Home schooling 교사

나. 자　격

　① 나이가 많고 삶의 경험이 풍부한 자

　② 지식과 기술을 가진 자나 컴퓨터를 이해하는 자

　③ 운동이나 예체능의 특기를 가진 자

　④ 상대방을 폭넓게 포용할 수 있는 자

　⑤ 지도력을 갖추고 남에게 호감을 주는 자

다. 금기사항

　① 동성관계가 원칙이며 이성관계는 금한다.

② 금전관계와 출세지향의 권력 이용은 금한다.

③ 가능한 부모나, 담임교사(전교 멘토링 경우) 등은 제외한다.

라. 멘토의 역할

① 이모나 삼촌(아주머니, 아저씨)과 같이 삶의 이야기를 나눈다.

② 왕따, 학교생활, 가정생활, 친구관계 등에서 어려움을 이야기한다.

③ 즐거움(생일, 진급, 수상)이 있을 때 같이 나눈다.

④ 학습부진의 경우에 서로 대안을 세운다.

⑤ 가정과 학교 사이에서 대리인 역할을 해준다.

⑥ 지배의식을 갖지 말고 자유롭게 의사결정 기회를 준다.

⑦ 이야기 내용을 경청하고 존중해 준다.

⑧ 나보다 더 뛰어날 수 있도록 안내한다.

⑨ 일방적이 아니고 서로가 도움이 될 수 있도록 상호관계를 유지한다.

3) 교회멘토는 누가 되는가?

가. 대 상

① 교역자, 직분자

② 평신도 중에서 모범 및 우수한 자

③ 청소년 중에서 모범 및 우수한 자

나. 자 격

① 세례(침례)받은 자로서 교회생활에 밝고 신앙이 돈독한 자

② 사회생활에 모범을 보이고 교회에서 존경받는 자

③ 성경지식에 밝고 1：1 제자훈련에 경력이 있는 자

④ 나이가 많고 사회생활 경험과 신앙간증이 풍부한 자

⑤ 교회나 사회에서 특별한 Knowhow를 가진 자

다. 금기사항

① 동성관계가 원칙이며 이성관계는 금한다.

② 금전관계와 출세지향의 권력 이용은 금한다.

③ 가능한 부모는 제외한다.

라. 멘토의 역할

① ___ 에게 교회를 대표한다.

② ___ 를 위하여 증인 역할을 한다.

③ ___ 와 교회생활에서 동반자 역할을 한다.

④ ___ 에게 모범을 보여준다.

⑤ ___ 를 위해 중보기도 한다.

⑥ ___ 의 의견에 귀를 기울인다.

⑦ ___ 와 이야기 나눌 때도 존중하여야 한다.

⑧ ___ 가 교회 성도들과 좋은 교제를 위하여 다리 역할을 한다.

⑨ ___ 가 결정할 일이 있을 때 자유롭게 의사표현을 유도한다.

⑩ ___ 가 교회행사나 성경공부 등에 참석을 권면한다.

9. 멘토의 6가지 유익

이제 멘토가 됨으로서 얻는 유익이 어떤 건지 살펴보기로 하자. 이러한 유익 중 대부분은 무형의 것이다. 그렇다고 해서 이것들의 가치가 떨어지는 것은 전혀 아니다. 스승이 됨으로서 다음과 같은 여섯 가지 유익을 얻을 수 있다. ① 다른 사람과의 긴밀한 관계, ② 자신이 새로워짐, ③ 자기성취감, ④ 강화된 자부심, ⑤ 당신의 삶을 통한 타인에게 영향을 끼침, ⑥ 길이 남길 자신의 유산을 남기기이다.

1) 다른 사람과의 긴밀하고 인격적인 관계

다른 사람들과의 긴밀하고 인격적인 관계를 맺을 수 있다. 통제가 아니고 발전을 위한 관계일 때는 어떠한 관계의 멘토링에서도 우정과 친밀감을 느낄 수 있다.

2) 자신이 새로워짐

멘토링 관계는 멘제의 성장을 돕는 과정에서 멘토 자신도 성장함으로써 자신이 새로워질 수 있다.

3) 자기성취감

사람들을 발전(성장)시키는 멘토링은 가장 큰 자기성취감을 맛볼 수 있다.

4) 강화된 자부심

자신을 믿고 따르며 도움을 요청하는 멘제가 있다는 사실로 멘토는 두려움도 느끼지만 그보다는 더욱 신이 나서 적극적이며 강한 자부심을 느낄 수 있다.

5) 당신의 삶을 변화시켰다는 확신!

멘토십(Mentorship)을 통하여 자신의 삶이 변화된 것을 느끼며 자신의 삶에 대한 확신을 가지게 된다.

6) 길이 남을 자기유산 남기기

멘제를 자신보다 더 훌륭한 사람으로 만들어가면서 그가 가진 지혜를 다음 세대에게 영구히 유산으로 남길 수 있다.

2장 멘제에 관한 기본 Skill

우리는 멘토링의 목적에서 '한 사람인 Mentor가 한 사람인 Menger를 개발하여 차세대 지도자로 세우는 일'이라고 했다.

그 한 사람의 삶은 크고 작은 조직체에서 구성원으로서 역할을 감당하고 있으며 그러한 조직에 가보면 3종류의 사람이 있다.

조직의 가치창출에 기여한 플러스(+ =꿀벌)적인 사람, 있으나 마나한 제로(0 =개미)인 사람, 손해를 끼치는 마이너스적인 사람(- =거미)인 것이다. 플러스적인 사람은 그 조직의 자산이 되며 마이너스적인 사람은 부채가 된다. 왜냐하면 인건비를 지급해야 되기 때문에 부채 중에도 악성부채라고 볼 수 있다.

멘토링은 조직과 사회 속에서 1 : 1관계로 지적, 정적, 의적,(영적) 서비스를 제공하여 개인목표와 조직의 목표를 동시에 달성하면서 인간성 위주의 공동체 구축을 목표로 한다.

오늘날 많은 조직들이 자기들이 가진 잠재력을 다 발휘하지 못하고 있다. 왜 그런가? 직원들에게 월급 즉 물적 대우만 주기 때문이다. 고용주와 고용인의 관계가 월급을 주고 월급을 받는 관계 이상으로 발전하지 못하는 것이다. 하지만 성공하는 조직은 접근 방법을 달리한다. 성공하는 조직에서는 일하는 사람은 월급뿐만 아니라 일해 주는 사람으로부터 양육도 받는다. 양육하는 일은 사람을 변화시키는 능력을 포함하고 있다.

지도자는 상대를 잘 판단할 줄 알아야 한다. "지식만 가르치지 말고 삶 자체를 훈련시켜라." 리더십 전문가 피터 드러커가 자주 했던 말이다. 다른 사람을 훈련시키는 것은 후보자의 상태가 어떤지, 어느 방향으로 나아가야 하는지, 목표를 달성하기 위해 무엇이 필요한지를 식별할 수 있는 능력을 전제로 이루어진다. 지도자를 훈련할 때는 훈련생과 훈련과정이 항상 서로 맞아 떨어져야만 한다. 드러커가 말한 바와 같이, 사람은 꽃과 같다. 어떤 사람은 장미처럼 거름을 주어야 잘 자란다. 진달래처럼 거름을 주지 않아도 잘 자라는 사람도 있다. 꽃을 가꾸는 사람이 꽃을 제대로 돌보지 않으면 아름다운 꽃을 기대할 수 없다. Mentor는 Menger를 자세히 살피면서 누구에게 어떤 도움이 필요한지 잘 판단할 수 있어야만 한다.

당신이 영향을 줄 수 있는 사람들은 가능한 모두 지도하고 양육하도록 하여라. 그러나 전략적으로 하라. 즉 당신이 가진 80%의 시간을 주위에 장래가 촉망되는 20%의 멘제들에게 쏟으라. 지도하고 개발하기 위해 적절한 사람을 고르는 지침을 소개한다.

1. 멘제 성공조건

1) 멘제의 조건

멘제의 일반적 경향은, 자기가 아무리 명석하고, 열성적이며, 밝은 미래와 감사할 줄 아는 태도를 지니고 있을지라도 멘토를 맨 처음 찾아가는 데 대한 두려움이 있다는 것이다. '왜 이분이 나를 보살펴주고 도와주려는 것일까, 이분은 나를 거부하지 않을까, 나의 참 모습을 알면 형편없는 실수투성이로 보지 않을까, 혹 나를 지배하려는 것은 아닌가……' 등에 대하여 많은 의심과 두려움을 갖게 된다. 따라서 멘토가 어떤 사람인지를 점검해 보면 이러한 현상이 없어지게 되는데, 밥빌(Bobb Biehl)의 멘제를 향한 메시지들을 정리하여 보면 다음과 같다.

① 당신에게 솔직한 사람
② 본받을 만한 귀감이 되는 사람
③ 깊은 유대관계가 있는 사람
④ 공개적이고 솔직한 사람
⑤ 교사인 사람
⑥ 당신의 잠재력을 믿는 사람
⑦ 당신의 꿈을 파악하고 그 꿈을 현실로 바꾸는 계획을 세울 수 있는 사람
⑧ 당신이 보기에 성공한 사람
⑨ 당신을 가르치는 것은 물론이고 당신에게 배울 자세가 되어 있는 사람

⑩ 자신의 일이 아닌 당신의 일정을 우선적으로 여기는 사람을 꼽고 있다.

계속해서 다음은 '멘토가 바라는 멘제'인데, 이를 반대로 해석하면 훌륭한 멘제의 조건으로 이해할 수 있을 것이다. 즉,

① 믿을 만한 사람

관계는 신뢰가 전제가 되어야 한다. 이러한 신뢰는 상대의 믿음으로부터 오기 때문에 믿을 만한 사람이 되어야 한다.

② 쉽게 좋아할 수 있고, 자연스럽게 시간을 함께 나눌 수 있는 사람

이해를 쉽게 하기 위해 한마디로 이성 간의 사랑을 말할 수 있다. 우리가 흔히 '서로가 사랑하라'라는 표현을 할 때 이성 간의 사랑을 예로 설명하면 쉽게 이해하듯이 '나는 이 사람과 또는 그분과 함께 있고 싶어 죽겠다'이다.

③ 계속 도와주고 싶은 사람

늘 "감사합니다.", "고맙습니다." 하며 감사할 줄 아는 사람이다.

④ 가족 같은 사람

사랑과 관심을 부어줄 만큼 친분관계를 가지며, 허물이 없어야 한다. 가족 같은 사람의 핵심은 이기심이 없이 서로 나누는 정일 것이다.

⑤ 배울 자세가 되어 있는 사람

배우기 위해 노력해야 하며, 모르면 계속 질문하고 스스로 해결하려는 자세를 견지해야 한다. 모든 것을 멘토에게 의탁하면 안 된다. 멘토는 해결사가 아니라 지원자임을 알아야 한다.

⑥ 멘토를 존경하고 사모하는 사람

멘토가 느끼기에 멘제가 자신을 존경하고 있다는 느낌을 받게 하라.

⑦ 자기 동기화가 되어 있는 사람

솔선하여 멘토를 따르는 사람이 되어야 한다. 스스로 찾아가고, 성장하기를 원하며 부단히 자기계발을 해야 한다.

⑧ 도움이 필요한 사람

스스로의 길을 개척할 수 있으며, 성공할 수 있다고 믿는 사람은 멘토링 관계를 맺을 수 없다. 자신의 부족함을 깨닫고 도움을 받아들일 준비를 항상 갖추고 있어야 한다.

2. 멘제 개발 7원칙

원칙1. 멘제(Menger) 개발은 시간이 소요된다.

앤드류 카네기는 한때 미국 최고의 거부였다. 그는 스코틀랜드 출신으로 소년 시절 미국으로 건너와 다양한 일에 종사하다가, 결국 미국 최대의 철강업체를 이룩하게 되었다. 백만장자가 참으로 귀했던 시대에 사십삼 명의 백만장자가 그를 위해 일한 적도 있었다. 당시 백만 달러는 오늘날로 따지면 최소한 이천만 달러는 되는 돈이다.

한 기자가 그에게 어떻게 사십삼 명이나 되는 백만장자를 고용할 수 있었는지 물었다. 카네기는 대답했다. "그들이 나를 위해 일을 시작할 때는 백만장자가 아니었다. 함께 일을 하다가 그들이 백만장자가 된 것이다."

그러자 그들을 개발하기 위해 어떻게 그렇게 많은 돈을 투자할 수 있었느냐고 기자가 물었고, 카네기는 이렇게 대답했다. "사람들을 개발하는 것은 금을 제련하는 방법과 같다."

원칙2. 멘제(Menger)를 다루는 기술이 필요하다.

대기업 사장들에게 "지도자 위치에 있는 사원들에게 가장 필요한 특성이 무엇인가?" 하고 물으면, 대부분 **"사람들과 함께 일할 수 있는 능력"**이라고 대답한다.

그들은 다른 사람들에게 책임을 전가하기보다는 자신의 실수를 인정하고 그 결과를 받아들였다.

그들은 다양한 사람들과 함께 잘 지낼 수 있었다.

그들은 인간관계의 기술들과 다른 사람들에 대한 민감성, 그리고 재치를 가지고 있었다.

그들은 감정적이고 변덕스럽기보다는 침착하고 확신에 차 있었다.

원칙3. 멘제(Menger)가 따를 수 있는 모델이 되라.

세상에서 가장 중요한 동기부여의 원리는 사람들은 자기가 보는 대로 행한다는 것이다.

Mentor의 속도가 Menger의 속도를 결정한다. 그리고 Menger는 결코 Mentor보다 멀리 갈 수 없다.

행　　　　동	결　　　과
내가 어떤 것을 실행한다.	나는 모범이 된다.
내가 그것을 실행하고 당신은 내게서 배우고 있다.	나는 지도한다.
당신이 내게서 배운 그것을 실행하고 나는 당신과 함께 있다.	나는 감독한다.
당신이 배운 그것을 몸소 실행한다.	당신은 앞으로 전진한다.
당신이 실행하고 다른 누군가가 당신에게서 배우고 있다.	우리는 배가 된다.

원칙4. 멘제(Menger)의 눈을 주의 깊게 살펴라.

"우리는 무엇인가를 할 수 있다고 느끼는 것으로 자신을 평가한다. 반면에 다른 사람들은 우리가 이미 성취해 놓은 것으로 우리를 평가한다."-헨리 워즈워드 롱펠로우(Henry Wadsworth Longfellow)의 말이다.

사람들은 다들 어떤 현상이나 사물에 대한 나름대로의 견해와 그들 자신의 문제를 갖고 있다. 어떤 그룹의 사람들을 성공적으로 잘 다루는 Mentor는 바로 이 사실을 인정한다.

> Menger의 문제는 가장 큰 것이고
> Menger의 자녀는 가장 똑똑하고
> Menger의 농담은 가장 재미있고
> Menger의 잘못은 마땅히 그냥 넘어가야 한다.

원칙5. 멘제(Menger) 개발에 먼저 관심을 가져라.

Menger에게 적절한 관심은 보여주지도 않으면서, 헌신을 요구하는 Mentor를 우리는 가끔 본다. 텔레오메트릭스 인터내셔널(Teleometrics Internationl)은 높은 성과를 올리고 있는 사장들이 사원들에게 대한 인식과 낮은 성과를 올리고 있는 사장들이 사원들에 대한 인식과 낮은 성과를 올리고 있는 사장들의 인식을 비교하여 연구했다. 그에 대한 결과가 〔월스트리트 저널〕에 실렸다.

16,000명의 사장들 가운데 '높은 성과를 거두었다'고 평가받은 13%의 사람들은, 이익

뿐만 아니라 사람들에 대해서도 관심을 갖고 있었다. 성과 결과가 중간 정도 되는 사장들은 물건 제작에만 신경을 집중했고, 성과 결과가 저조한 사람들은 오로지 자신의 지위에만 관심이 있었다. 높은 성과를 거둔 사람들은 부하직원들을 낙관적으로 보았던 반면, 저조한 성과를 보인 사람들은 부하직원들의 능력을 기본적으로 불신하고 있었다.

높은 성과를 거둔 사람들은 부하직원들에게 충고를 구했던 반면, 낮은 성과를 거둔 사람들은 그렇지 않았다. 높은 성과를 올린 사람들은 경청하는가 하면, 중간 정도의 성과를 올린 사람들은 경청하되 오직 상사들의 말만 들었다. 반면에 낮은 성과를 올린 사람들은 대화를 피했고 오직 정책 지침서만 의존했다.

원칙6. 멘제(Menger)를 키워줄 기회를 찾아라.

스테일(J. C. Staehle)은 많은 연구를 분석한 결과, 일하는 사람들 사이에 존재하는 불안의 중요한 원인을 발견하게 되었다. 훌륭한 지도자들은 대부분 삼가고 있는 행동들이다. 그 중요성에 따라 다음과 같이 나열할 수 있다.

1. 멘제의 제안에 대해 신뢰를 주지 못함.
2. 멘제의 개인적인 문제를 해결해 주는 데 실패함.
3. 멘제를 격려하는 데 실패함.
4. 다른 사람들 앞에서 멘제를 비판함.
5. 멘제에게 그의 의견을 묻지 않음.
6. 멘제에게 그의 성장을 말해 주지 않음.
7. 특정인을 편애

주의: 위의 모든 항목들은 Mentor가 Menger의 자존감(自尊感)을 떨어뜨리는 예들이다.

원칙7. 멘제(Menger) 개발은 조직의 경쟁력이다.

미국 전역에 있는 근로자들을 조사한 결과, 거의 85% 정도가 더 열심히 할 수도 있었다고 말했다. 절반이 넘는 사람들이 '만약' 그들이 그렇게 하기를 원했다면 일의 효율성을 두 배로 증가시켰을 수도 있었다고 주장한다.

미국 경제계의 리더십에 대한 실제적인 연구들에 의하면, 사장들은 보통 업무의 4분의

3을 사람들을 다루는 데 사용하고 있다. 대부분의 사업에서 가장 지출이 큰 항목은 인건비이다. 한 회사가 갖고 있는 가장 크고 가치 있는 자산은 사람들이다. 모든 실행 가능한 계획들은 사람들에 의해 수행되기도 하고 수행되지 못하기도 한다. 윌리엄 보엣커(William J. H. Boetcker)에 의하면, 사람들은 자신들을 네 부류로 나눈다.

1. 자신에게 주어진 일보다 항상 더 적게 하는 사람들
2. 자신에게 주어진 일만 하는 사람들
3. 필요한 일들을 스스로 찾아서 하는 사람들
4. 자신은 물론 다른 사람들이 일을 하도록 고무시키는 사람들 당신에게 모든 것이 달려 있다.

랄프 왈도 에머슨(Ralph Waldo Emerson)이 말했던 것처럼, "사람들을 신뢰하라. 그러면 그들이 당신을 신뢰할 것이다. 그들을 위대한 사람처럼 대하라. 그리하면 그들이 자신들의 위대함을 보여줄 것이다."

3. 멘제 자질 갖추기 10

1) 예비 Menger와 개인적인 인간관계를 개발하라

2) Mentor인 당신의 꿈을 나누라
용기를 내어 꿈을 품으라. 당신 자신보다 큰일을 이루려는 욕망을 가지라.
꿈을 준비하라. 당신이 해야 할 일을 미리 해놓으라. 준비를 갖추라.
꿈을 입으라. 꿈을 실천에 옮기라.
꿈을 나누라. Menger에게 당신의 꿈 안에서 역할을 맡기라. 그러면 당신이 바라던 것보다 더 큰일을 이룰 수 있을 것이다.

3) 헌신을 요구하라

4) 성장을 위한 목표를 세우라

누구든지 뭔가 가치 있는 일을 성취하기를 원한다면 목표를 분명하게 세워야 한다. 성공은 즉석에서 이루어지지 않는다. 성공을 위해서는 성공을 향해 한 걸음 한 걸음 나아가는 자세가 필요하다. 예비 지도자에게 있어서 목표는 자기 성장의 지도와 같아서 그 길을 따라 갈 수 있도록 도움을 준다. 『당신도 변화의 시대에 앞서갈 수 있다(You Can Excel Times of Change)』에서 쉐드 헴세터(Shad Helmsetter)는 말했다. "목표를 따라 계획이 세워진다. 계획에 따라 행동을 하게 된다. 행동은 결과를 낳고, 결과는 성공으로 나아간다. 이 모든 일은 목표라는 단어에서 시작한다." 지도자로서 자질을 갖추게 할 때 우리는 그들 스스로 목표를 세우고 목표를 달성해 보도록 지도하여야 한다.

"나는 언제나 훌륭한 사람이 되기를 원했다. 하지만 나는 좀더 구체적이어야만 했다." 릴리 톰린(Lily Tomlin)의 말이다. 오늘도 이와 같은 말을 하는 사람은 도처에 널려 있다. 그들은 성공을 막연히 동경하며 언젠가 성공하기를 바라고 있다. 하지만 그들은 성공에 대한 구체적인 계획을 실행하지 않는다. 무언가 이루어내는 사람들을 보면 부단히 목표를 세우고 목표를 달성하기 위해 노력한다. 그들이 세운 목표를 달성하여 얻어내는 수입보다 더 중요한 것은, 그들이 목표를 달성하고야 마는 사람이 되었다는 사실이다.

Menger에게 목표를 설정하는 방법을 가르칠 때 다음과 같은 지침들을 멘제가 직접 써보도록 하라.

① 목표를 적절하게 세우라.
② 성취할 수 있는 목표를 세우라.
③ 측정할 수 있는 목표를 세우라.
④ 목표를 명확하게 밝히라.
⑤ 노력해야만 달성할 수 있는 목표를 세우라.
⑥ 목표를 글로 써보라.

자기 목표를 글로 작성할 때, 사람들은 그 목표들에 대한 책임감을 갖게 된다. 예일대학 졸업생들에 관한 한 한 연구보고서에 의하면 자신의 목표를 기록했던 소수의 졸업생들은 그렇게 하지 않았던 대다수의 나머지 졸업생들보다 목표달성에 더 많은 성과들을 이루어냈다. 목표를 글로 쓰는 것은 이렇게 큰 효과가 있다.

예비 Menger들이 자기가 기록한 목표와 발전 상황을 자주 점검해 보도록 하는 것이 좋다. 벤자민 프랭클린은 매일 시간을 정해 놓고 다음 두 가지 질문을 하였다고 한다. 아침에는 "오늘 어떤 선한 일을 할 것인가?"라 묻고, 저녁에는 "오늘 어떤 선한 일을 하였는가?"라고 질문했다.

5) 기본적인 사항들을 전달하라

Menger가 생산적이면서도 자기 직업에 만족하기 위해서는 그들이 해야 할 기본적인 책임이 무엇인지 분명히 알아야 한다. 너무 간단한 말처럼 들린다. 하지만 피터 드러커에 따르면, 오늘날 직장에서 해결해야 할 가장 심각한 문제 중 하나가 바로 이 사실을 모른다는 것이다. 즉 경영진과 직원들은 각자 무슨 일을 어떻게 해야 하는지 정확히 알고 있지 않다. 직원들은 막연하게 자신이 모든 일을 다 해야 한다고 느낀다. 이것이 그들에게 무력감을 느끼게 만든다. 그러기보다는 그들에게 주어진 업무의 한계가 어디까지이고, 무엇이 그들의 업무 영역 밖인지 분명하게 해줄 필요가 있다. 이렇게 될 때 Menger는 우리가 원하는 그들의 업무에 충실하게 될 것이고 그들이 맡은 바에 충성을 다하여 결국 성공하게 될 것이다.

6) 5단계 훈련과정을 실시하라

사람을 훈련하는 과정에는 그들이 앞으로 해야 할 일을 직접 실습해 보도록 하는 것도 포함된다. Mentor가 어떤 방법으로 훈련시키느냐에 따라 Menger의 성공과 실패가 상당 부분 다르게 나타난다. 만일 지도자가 무미건조한 학문적인 방법만을 사용하면 Menger들은 훈련이 끝난 다음 그 내용을 잘 기억하지 못할 것이다.

가장 바람직한 형태의 훈련은 배우는 사람이 잘 익힐 수 있는 방식들을 최대한 이용할 때 이루어진다. 학자들은 우리가 듣는 것의 10%를 기억하고, 보는 것의 50%를 기억하고, 말한 것의 70%를 기억하며, 우리가 듣고 보고 말하고 참여한 것은 90%를 기억한다고 하였다. 이 사실을 기억하고, 우리가 어떤 방법으로 훈련에 접근할 것인지 결정해야 한다. 다음의 5단계 훈련과정이 가장 좋다고 생각한다.

1단계: 모델이 되어준다

1단계 지도자 훈련과정은 Menger에게 일하는 것을 지켜보게 하는 것으로 시작한다.

이렇게 함으로 나는 Menger에게 내가 일하는 모든 과정들을 볼 수 있는 기회를 제공한다.

너무도 많은 경우, 멘토들은 과업의 중간 과정에서부터 훈련을 시작하여 멘제들을 혼란스럽게 한다. 사람들에게 일을 어떻게 바르게 하고 잘 마칠 수 있는지를 보여주면, 그들도 그 본을 따라 뭔가 해보고 싶은 마음이 생기게 된다.

2단계: 지도한다

2단계 과정에서는, 내가 하는 업무를 계속하면서 Menger로 하여금 메토가 하는 일을 옆에서 도울 수 있는 기회를 준다. 같이 일을 하면서 어떻게 하느냐만 가르치지 않고 왜 그렇게 해야 하는지를 설명해 준다.

3단계: 지켜본다

3단계 과정에서는, 일하는 위치를 서로 맞바꾼다. Menger가 일을 하고 멘제 옆에서 도우면서 잘못된 부분만 교정해 준다. 이 단계에서 특별히 중요한 일은 Menger를 격려해 주고 긍정적인 눈으로 보아주는 것이다. 이렇게 함으로 그들을 계속 노력하게 하고 포기하기보다는 발전해 나갈 마음의 동기를 갖게 한다. 그들이 일을 확실히 배울 때까지 지도해 주라. 이 과정을 거의 마치게 되면, 멘제로 하여금 이 과정을 멘토인 당신에게 설명하라고 하라. 이렇게 함으로 이 과정을 그들이 확실히 이해하고 기억하게 될 것이다.

4단계: 동기를 부여한다

4단계 과정에서 멘토는 일을 하는 데 관여하지 않고 Menger가 직접 일을 다 하도록 맡겨둔다. 이 단계에서 멘토의 역할은 Menger가 도움 없이 일을 잘해 내는지 보고 그를 계속 격려하여 더 발전시키는 것이다. 그가 그 일에 대해 자신감을 가질 때까지 옆에 있어 준다. 이렇게 함으로 그에게 상당한 동기를 부여하게 된다. 이 단계에서 Menger가 개선 사항들을 제시하고 고쳐 나가고 싶어 하는 경우도 있는데, 그때도 그렇게 하도록 격려하고 동시에 그로부터 배우도록 하라.

5단계: Menger에게 새로운 능력을 부여한다

Menger가 일을 잘하게 되면, 이제 그들은 다른 사람들에게 일을 가르칠 수 있다. Mentor가 잘 알고 있는 바대로, 배움의 왕도는 가르치는 것이다. 이 단계의 매력은, 다른 사람들이 훈련을 담당해 줌으로써 멘토인 나에게는 다른 중요한 일들을 할 수 있는 자유로운 시간이 생긴다는 것이다.

7) 세 가지 선물을 주라

가. 책임감(Responsibility)

나. 권 위(Authority)

다. 의무감(Accountability)

8) 필요한 장비(물자)들을 지원해 주라

행 정

행정적인 면에서 불분명한 부분들이 있다면, 오해가 생기지 않도록 잘 설명해 주라. 이렇게 함으로써 그들은 자신감을 가지고 자신들이 처한 위치에서 좋은 리더십을 발휘하도록 격려받는다.

긍정적인 말

Mentor인 나는 항상 긍정적으로 시작한다. 직장 내에서 일어나고 있는 일 가운데 내가 만나려는 사람들과 연관된 좋은 일을 검토하고 만나는 Menger의 관심 분야나 업무에 특별히 주의를 기울인다.

밀어주기

Menger과 함께 할 시간을 내라. 그들을 개인적으로 격려하라. 그리고 훈련을 통해 다듬어지고 나면 일이 얼마나 더 쉬워지고 능률이 오르는지 설명해 주도록 하라. 그들은 만남의 시간을 가진 후 일에 대한 적극적인 자세와 긍정적인 감정을 가지게 될 것이다.

비 전

사람들은 매일매일 계속되는 업무를 처리하느라 조직을 움직이는 원동력이 되는 비전을 잊어버리는 경우가 왕왕 있다. 지도자로서 자질을 갖추게 할 때 다시 한번 비전을 확실히 심어주는 것이 좋다. Menger가 비전을 확실히 볼 수 있게 되었을 때 당신이 하고자 하는 훈련이나 교육은 보다 효과를 거둘 것이다.

---

9) 조직적으로 관찰하라

멘제는 자기가 일하고 있는 현장에서 자기가 일을 제대로 하고 있는지 정기적으로 확인받고 싶어 하는 심리적 욕구를 가지고 있다. 그리고 그들이 일을 제대로 못하고 있을 경우에는 그 사실을 가능한 빨리 알고 고치기를 원한다. 이렇게 사람들을 바로잡아 주는 일은 조직에서 일어나는 많은 문제들을 신속히 해결하게 하고 더 많은 문제가 발생하는 것을 미연에 방지하며, Menger를 개발하는 데 큰 도움을 준다.

10) 주기적으로 만나 자질을 갖추게끔 하라

Menger와의 주기적인 만남에 앞서 다음과 같은 내용들을 준비한다.

내 용

Menger에게 꼭 필요한 내용을 중심으로 준비한다. 그리고 그 내용은 업무상 가장 중요한 우선순위부터 시작한다. 함께 시간을 보낼 때는 준비한 내용을 중심으로 이끌지 말고 교육받는 사람에 맞추어 수용자 중심으로 내용을 이끌어가도록 하라.

---

4. 멘제(Menger)의 활동 수칙

멘제의 일반적 경향은, 자기가 아무리 명석하고, 열성적이며, 밝은 미래와 감사할 줄 아는 태도를 지니고 있을지라도 멘토를 맨 처음 찾아가는 데 대한 두려움이 있다는 것이다. "왜 이분이 나를 보살펴주고 도와주려는 것일까, 이분은 나를 거부하지 않을까, 나의 참모습을 알면 형편없는 실수투성이로 보지 않을까, 혹 나를 지배하려는 것은 아닌가?" 등에 대하여 많은 의심과 두려움을 갖게 된다. 따라서 멘토가 어떤 사람인지를 점검해 보면 이러한 현상이 없어지게 되는데, 멘제를 향한 메시지들을 정리하여 보면 다음과 같다.

1) 멘제 개발 5가지 Skill

멘제 개발에 5가지 스킬은 먼저 멘토가 멘제를 왕자라는 의식을 갖고 제대로 파악해야 된다는 것을 의미한다. 손자병법에 지피지기(知彼知己)면 백전백승이라고 했듯이 멘토가 멘제에 대하여 아래 5가지를 제대로 파악한다면 단시간 내(High Speed)에 높은 만족 (High Satisfaction)을 얻을 수 있어 멘토링 전략에 성공률을 높이는 지름길이라고 볼 수 있다.

① 멘제의 구체적인 인적사항을 파악하여 DB화한다.
② 성격유형을 파악하여 스트레스를 피하고 적절하게 엔도르핀으로 대응한다.
③ 단기간에 해당하는 니즈(Needs)를 파악하여 해결을 모색한다.
④ 장기간에 해당하는 가치관을 파악하여 삶의 목표달성에 조언한다.
⑤ 인격지수(마음, 지식, 건강, 관리, 관계＝5index)를 파악하여 대안을 세운다.

2) 멘제의 활동 수칙

멘제에게 개인적으로 조언해 줄 수 있는 멘토를 찾아냈을 때, 아래에 언급한 지침들을 사용하면 그 사람과 긍정적인 의미에서 멘토링 관계(Mentoring relationship)를 맺는 데 도움이 될 것이다.

① 멘토에게 적절한 질문을 하라
멘토와 만나기 전에 무슨 질문을 할 것인지 생각해 두라. 그리고 그것들을 자신의 성장을 위한 전략으로 사용하라.

② 멘토에게 당신이 기대하는 수준을 분명히 하라
일반적으로 멘토링의 목표는 완전해지는 데 있기보다는 발전하는 데 있다. 아마도 극소수의 사람들만이 아주 특별한 수준으로 올라갈 수 있겠지만 누구나 수준이 향상되기는 할 것이다.

③ 낮아져서 배우는 자의 위치를 받아들여라
배우는 데서 너무 자존심을 세우지 마라. 멘토에게 자신의 재능이 뛰어나고 아는 것도 많다고 잘난 체하여 그의 환심을 사려는 행위는 도리어 관계만 불편하게 할 뿐이다. 그리

고 더 나아가 멘토에게서 배워야 할 점들을 배우지 못하는 걸림돌이 될 수도 있다는 사실을 기억하라.

④ 멘토를 존경하되 우상화하지 마라

멘토를 존경한다는 것은 그가 가르치는 것을 받아들인다는 의미이다. 하지만 멘토를 우상으로 받들다 보면 그의 지식과 경험이 가져다주는 강점들을 객관적 입장에서 우리 것으로 받아들이지 못하게 한다. 멘토를 존경하되 객관적이고 분석적으로 볼 수 있는 능력이 필요하다.

⑤ 배운 것은 즉시 실천하라

가장 이상적인 멘토링 관계는 무엇인가 새로운 것을 배운다는 데 그 초점이 모아진다. 배우라, 실천하라, 그리고 내 것으로 만들라.

⑥ 멘토에게 행동을 주의하라

어떤 주제를 함께 배울 것인지를 정하고, 만나는 시간이 가장 유익한 시간이 될 수 있도록 미리 준비하라. 정기적으로 만나고, 충분한 시간을 함께 보낼 수 있도록 시간을 잡으라.

⑦ 성장하는 것을 보여줌으로써 멘토에게 보답하라

당신이 말로는 감사하다고 하면서 전혀 나아지는 게 없다면, 멘토는 당신을 보면서 실패했다고 느낄 것이다. 성장하고 있음을 보여주는 것이 멘토에 대한 가장 좋은 보답이다. 더 나아지도록 노력하라. 성장하라. 그리고 그 결과를 멘토에게 보여주라.

⑧ 멘토에게 그만두겠다는 말을 조심하라

멘토에게 꼭 해내고 말겠다는 의지를 보여주라. 끝까지 인내하면서 승리를 쟁취하겠다는 자세를 보여주라. 그럴 때, 멘토는 자기의 시간을 낭비하고 있지 않다는 확신을 갖게 될 것이다.

3) 멘제가 멘토에게 갖추어야 할 매너

① 멘토를 존경하라

이는 멘토에게 아첨할 것을 주장하는 것이 아니라, 멘토를 통하여 얻었던 사실들에 대한 기쁜 마음을 감정 그대로 멘토에게 전하라. 그러면 멘토는 당신의 멘토로서 자신감과 보람을 느끼게 되며 당신에게 더 많은 것을 나누기 원하게 된다.

② 멘토에게 감사하라

감사하는 마음만큼 서로의 관계를 견고하게 하는 힘은 없을 것이다. "고맙습니다. 저에게 많은 도움이 되었습니다. 큰 영향을 끼쳤어요. 당신과의 관계는 저의 모든 삶을 바꿔 놓을 거예요." 멘토는 돈이나 영광을 위해 당신을 돕고 있지 않음을 명심하라. 단지 당신의 성공을 지원하고 성공을 보기 위해서인 것이다.

③ 멘토의 입장을 고려하라

당신의 멘토에 대한 입장을 고려하라. 우리 속담에 역지사지(입장을 바꾸어 생각해 보라)라는 말이 있다. "제가 그곳으로 가겠습니다." "편한 시간에 제가 맞추겠습니다."

④ 멘토와 서로 사랑하라

이 말 만큼 감동적이고 모든 것을 대변하는 아름다운 말은 없다. 당신의 멘토는 당신을 정말 사랑으로 보살피고 돕는다. 일방적인 사랑(짝사랑)은 결국 파국에 이르게 되고 마침내 증오로 변하게 된다는 사실을 명심하라.

5. 멘제 성장 6단계

Menger개발에 대해 각각 다르게 반응한다. Menger가 다음에 기술한 개발의 6단계 수준 중 어느 한 수준에 머물러 성장이 정체될 가능성이 있다. 각 수준들을 살펴보면 다음과 같다.

1단계 수준: 약간의 성장이 있다

어떤 멘제는 성장이 매우 더디고 성장에 방향감각이 없다. 이런 멘제들의 성장은 극히 미세하여 성장하고 있는지 모르기도 한다. 자질이 훌륭한 경우도 있으나 자기가 하는 일터에서 빛을 보기는 어렵다.

2단계 수준: 자기 일을 잘 해낼 만큼 성장한다

많은 Menger들은 자기가 맡은 일만 잘 해내면 자기개발이 다 된 것으로 믿고 있다. 그렇지 않다. 너무나 많은 Menger들이 이 수준에서 성장이 멈추어버린다. 그들에게는 좋은 지도자를 개발하는 능력이 있는 Mentor와 자신의 성장을 향한 열망이 필요하다.

3단계 수준: 현장에서 후보Menger를 훈련할 만큼 성장한다

3단계 수준까지 이른 사람들은 자기 분야에서 전문가가 되어 Menger들을 훈련할 만큼 성장하여 다른 Menger를 훈련하는 일에 보람을 느끼기 시작한다. 전문기술은 뛰어나지만 Mentorship기술에는 약한 사람들이 여기에 해당한다고 볼 수 있다. 멘토십 기술이 뛰어난 사람은 자기의 전문지식이 조금 부족하다고 하더라도 이 일을 해낼 수 있다. 멘토십 기술과 전문적인 기술 두 가지가 다 뛰어난 사람은 다음 수준으로 올라간다.

4단계 수준: 더 높은 수준의 일을 감당할 수 있을 만큼 성장한다

3단계에서 4단계로 수준을 올리는 일은 쉽지 않다. 4단계 수준에 이르기 위해서는, 개인적인 성장뿐만 아니라 전문 분야에서도 함께 성장하기 위해 자신을 바치고자 하는 열심히 있어야 한다. 그들의 사고와 경험을 넓힐 수 있을 때라야 그들은 능력을 갖추고 조직과 고위 지도자들에게 도움이 되는 인물이 될 수 있다.

5단계 수준: 다른 사람의 수준을 더 높여 줄 수 있을 만큼 Mentor로 성장한다

이 단계에 이르면 탁월한 Mentor가 탄생하게 된다. 이들은 다른 Menger를 키울 수 있는 수준에 이른 사람들이다. 이들은 고위 지도자들과 조직에 가치를 부여하는 데 더하기 식이 아니라, 곱하기로 가치를 부여한다.

6단계 수준: 어떤 일을 맡겨도 잘해 낸다.

6단계 수준까지 올라오는 사람의 숫자는 극히 제한되어 있다. 당신이 지도한 Menger 가운데 이 단계까지 올라온 사람이 있으면 많이 아끼고 존경해 주도록 하라. 이런 사람들은 어디서 무슨 일을 맡아도 잘 감당한다. 어떠한 특정분야라도 개척할 수 있는 능력과 기술이 있다. 당신은 그와 함께 당신 혼자서는 상상도 하지 못했던 놀라운 영향력을 발휘할 수 있을 것이다.

다음 페이지의 도표를 살펴보라. 각 수준에 해당하는 Menger의 숫자는 타원형으로 표시되어 있다. 수준이 올라가면 올라갈수록 그 수준에 해당하는 Menger들의 숫자는 줄어든다. 그리고 수준이 올라가면 올라갈수록 한 단계씩 뛰어오르기가 힘들다. 수준이 올라갈수록 전 단계보다 높은 수준의 헌신과 열심, 끈기가 요구된다.

어려운 결정을 내려야 한다고 말했던 이유는, 6단계까지 올라오는 Menger를 제외한 사람들에 대해 각 단계마다 당신은 어려운 결정을 내려야만 하기 때문이다. 당신이 Menger를 개발하는 Mentor라면 사람을 만날 때마다 당신은 그가 어느 수준에 와 있는지 금방 알아볼 것이다. 사람들은 대부분 1단계 수준에 있으므로, 1단계로부터 지도자 개발의 여정을 시작하라. 그 사람 곁에서 그가 배우고 성장할 수 있는 한껏 도와주라. 그것이 당신이 할 일이다. 그 사람이 더 이상 성장하려 하지 않으면, 그때 당신은 어려운 결정을 하여야 한다. 그 Menger를 떠나보내거나, 관계는 계속 유지할 수 있으나 그 Menger를 개발하면서 이런 종류의 결정을 내려야 할 때가 가장 힘든 때이다. 시간과 관심, 사랑을 쏟아부었던 사람을 떠나보내는 것은 사랑하는 아이를 잃어버리는 것과 같다. 하지만 당신은 강압적인 방법을 쓰면서까지 성장하고 발전하라고 그 누구에게도 요구할 수 없다. 당신은 Menger가 머물기 원하는 곳에 머물도록 어려운 결정을 내려야만 한다. 참으로 고통스러운 일이다. 하지만 Menger를 개발하는 일을 위해 우리가 반드시 치러야 할 대가다.

6단계 수준: 어떤 일을
맡겨도 잘 해낸다.

5단계 수준: 다른 사람의 수준을
더 높여 줄 수 있을 만큼 성장한다.

4단계 수준: 더 높은 수준의 일을 감당
할 수 있을 만큼 성장한다.

3단계 수준: 현장에서 다른 사람들을
훈련시킬 만큼 성장한다.

2단계 수준: 자기 일을 잘해 낼 만큼 성장한다.

1단계 수준: 약간의 성장이 있다.

3장 멘토링 현장 촉진 Skill

초대 멘토의 5가지 특성을 연구하면서 오늘날 현장에서 멘토의 방향 설정을 제시해 보기로 한다.

1. 관계-오디세우스 왕의 친구로 관계의 폭이 넓었다.
2. 존경-당시 최고로 존경받는 사람이었다.
3. 스승-가르치기를 좋아하는 스승이었다.
4. 역량-철학 수학 논리학의 대가이었다.
5. 결단-텔레마코스 왕자가 왕으로 성장하자 미련 없이 그의 곁을 떠났다.
   * 현장성과-인재개발-왕자가 왕이라는 리더로 성장
              -조직개발-이타카 왕국을 강국으로 재건

1. 멘토링 현장 활동 진단 Skill

멘토링 활동에서 성공률을 높이기 위한 필수적인 조건이 멘토의 자생력을 길러주는 것이다. 특히 전통적인 멘토링과는 달리 조직개발 멘토링에서는 멘토의 리더십을 제대로 개발해 주어야 멘토링 활동에 열정을 바칠 수 있는 것이다. 아래 내용과 같이 회사의 적극적인 지원이 필요한 것이다.

1) 회사에서 지원과 배려사항

① 멘토는 회사 차원에서 사전에 멘토링에 관한 전문적인 교육을 수강해야 한다.

② 멘토는 회사 차원에서 멘토 풀 센터 등으로 제도적인 지원이 필요하다.

③ 멘토에게 회사에서 분명한 멘토링 활동 목표를 부여해야 한다.

④ 멘토에게 동기부여를 사전에 제시하여 열성을 유도해야 한다.

2) 멘토 자생력 개발을 위한 3대 의식

① 멘토의 소명의식 – 멘토는 회사 CEO(Big Leader)의 위임을 받아 멘제를 질적으로 인재개발을 위한 작은 사장(Small Leader)으로 소명의식을 갖는다.

② 멘토의 사명의식 – 멘제를 전인격(知 情 意)적으로 서비스하는 데 사명의식을 갖는다.

③ 멘토의 창의의식 – 멘제와 활동기간 동안 성장목표를 달성하는 데 창의의식을 갖는다.

---

* 멘토 자기진단 측정 척도

1점=거의 2점=드물게 3점=간혹 4점=대부분 5점=언제나

　본 진단은 자기진단임으로 타인을 의식할 필요는 없다. 멘토 자신의 자생력을 개발하는 기준 자료임으로 멘토링 활동 중 정기적으로 진단하여 스스로 평가 자료로 활용한다.

■ 기업 멘토 활동 자기진단표

멘토가 되는 것은 또 하나의 부름(Calling)이다. 이 소명에 충실하게 살려면 어떻게 해야 할까? 여기 훌륭한 멘토가 될 만한 몇 가지의 항목들이 있다. 월간이나 계간 등 주기적으로 점검한다.

구분	자기진단 설문 항목	평 가				
		5	4	3	2	1
소명의식	1. 멘제를 위하여 관심을 갖고 주1회 메일을 전송한다.					
	2. 멘제와 함께 집회에 참석하면서 궁금해하는 점을 설명해 준 적이 있다.					
	3. 멘제가 회사규정이나 사칙에 대해 가장 의문스러워하는 점이 무엇인지 알고 있다.					
	4. 종종 그와 함께 직장체험을 나눈다.					
	5. 내가 속해 있는 회사에 만족하며 다른 이에게도 권할 의향이 있다.					
	6. 회사의 구성원이 된 것에 감사하고 있으며, 멘토가 된 것도 나에게 주어진 사명이라고 생각한다.					
사명의식	7. 멘제와 함께 봉사활동을 할 의향이 있다.					
	8. 자신의 가족을 멘제에게 소개하고 식사를 함께한 적이 있다.					
	9. 그들이 회사에 나오기까지의 과정을 알고 있다.					
	10. 멘제의 애경사에 관심을 갖고 참석한다.					
	11. 멘제에게 힘겨운 일이 생겼을 때, 나는 그가 찾아올 수 있는 평안한 사람이라고 생각한다.					
	12. 멘제를 많이 두는 것보다, 한 사람일지라도 잘 돌보는 것이 더 중요하다고 생각한다.					
	13. 멘제가 관심을 보이는 자선단체나 봉사활동에 대해 조언을 해줄 수 있을 정도의 지식을 갖고 있다.					
창조의식	14. 멘제가 최근에 했던 고민을 알고 있다.					
	15. 멘제의 가족의 이름을 알고 있다.					
	16. 멘제가 존경하는 성인에 대해 알고 있다.					
	17. 멘제에게 학회 출판 자료나 전문서적 구입을 권한다.					
	18. 멘제와 함께 수련회나 야외 행사에 참여했거나 계획 중이다.					
	19. 회사의 관심사에 대해 멘제와 토론하며, 이때 주장을 내세우기보다는 그의 의견을 경청하는 편이다.					
	20. 가끔 회사 밖으로 나가서 그들과 함께 유익한 문화생활을 한다.					
	계( )점					

종합평가	100~81	80~61	60~41	40~21	20이하
	리더 멘토	모범 멘토	잠재 멘토	문제 멘토	결격 멘토

■ 교회 멘토 활동 자기진단표

구분	자기진단 설문 항목	평가 5	4	3	2	1
소명의식	1. 멘제를 위하여 하루에 한 번 기도한다.					
	2. 멘제와 함께 집회에 참석하면서 궁금해하는 점을 설명해 준 적이 있다.					
	3. 멘제가 교회규정이나 교리에 대해 가장 의문스러워하는 점이 무엇인지 알고 있다.					
	4. 종종 그들과 신앙체험을 나눈다.					
	5. 내가 하고 있는 교회 활동에 만족하며 다른 이에게도 권할 의향이 있다.					
	6. 교회 성도가 된 것에 감사하고 있으며, 멘토가 된 것도 하나님의 특별한 은총이라고 생각한다.					
사명의식	7. 멘제와 함께 봉사활동을 할 의향이 있다.					
	8. 자신의 가족을 멘제에게 소개하고 식사를 함께 한 적이 있다.					
	9. 그들이 교회에 나오기까지의 과정을 알고 있다.					
	10. 멘제의 결신일을 축하해 주고 기도해 준다.					
	11. 멘제에게 힘겨운 일이 생겼을 때, 나는 그들이 찾아올 수 있는 평안한 사람이라고 생각한다.					
	12. 멘제들을 많이 두는 것보다는, 한 사람일지라도 잘 돌보는 것이 더 중요하다고 생각한다.					
	13. 멘제들이 관심을 보이는 자선단체나 봉사활동에 대해 조언을 해줄 수 있을 정도의 지식을 갖고 있다.					
창조의식	14. 멘제가 최근에 했던 고민을 알고 있다.					
	15. 멘제의 가족의 이름을 알고 있다.					
	16. 멘제가 존경하는 성인에 대해 알고 있다.					
	17. 교회 출판사에서 펴내는 신앙서적을 권한다.					
	18. 멘제와 함께 기도원이나 수련회에 참여했거나 계획 중이다.					
	19. 교회의 관심사에 대해 멘제와 토론하며, 이때 주장을 내세우기보다는 그들의 의견을 경청하는 편이다.					
	20. 가끔 교회 밖으로 나가서 그들과 함께 신앙에 유익한 문화생활을 한다.					
	계( )점					

종합평가	100~81	80~61	60~41	40~21	20이하
	리더 멘토	모범 멘토	잠재 멘토	문제 멘토	결격 멘토

■ 학교 멘토 활동 자기진단표

구분	자기진단 설문 항목	평가				
		5	4	3	2	1
소명의식	1. 멘제를 위하여 관심을 갖고 주1회 이메일을 보낸다.					
	2. 멘제와 함께 집회에 참석하면서 궁금해하는 점을 설명해 준 적이 있다.					
	3. 멘제가 학교규정이나 사칙에 대해 가장 의문스러워하는 점이 무엇인지 알고 있다.					
	4. 종종 그와 학교생활의 체험담을 나눈다.					
	5. 내가 속해 있는 학교에 만족하며 다른 이에게도 권할 의향이 있다.					
	6. 학교의 구성원이 된 것에 감사하고 있으며, 멘토가 된 것도 나에게 주어진 사명이라고 생각한다.					
사명의식	7. 멘제와 함께 봉사활동을 할 의향이 있다.					
	8. 자신의 가족을 멘제에게 소개하고 식사를 함께 한 적이 있다.					
	9. 멘제가 학교에 적을 두기까지의 과정을 알고 있다.					
	10. 멘제의 애경사에 관심을 갖고 참석한다.					
	11. 멘제에게 힘겨운 일이 생겼을 때, 나는 그가 찾아올 수 있는 평안한 사람이라고 생각한다.					
	12. 멘제를 많이 두는 것보다는, 한 사람일지라도 잘 돌보는 것이 더 중요하다고 생각한다.					
	13. 멘제가 관심을 보이는 자선단체나 봉사활동에 대해 조언을 해줄 수 있을 정도의 지식을 갖고 있다.					
창조의식	14. 멘제가 최근에 했던 고민을 알고 있다.					
	15. 멘제의 가족의 이름을 알고 있다.					
	16. 멘제가 존경하는 성인에 대해 알고 있다.					
	17. 멘제에게 학회 출판 자료나 전문서적 구입을 권한다.					
	18. 멘제와 함께 수련회나 야외 행사 참여했거나 계획 중이다.					
	19. 학교의 관심사에 대해 멘제와 토론하며, 이때 주장을 내세우기보다는 그의 의견을 경청하는 편이다.					
	20. 가끔 학교 밖으로 나가서 그들과 함께 유익한 문화생활을 한다.					
계( )점						

종합평가	100~81	80~61	60~41	40~21	20이하
	리더 멘토	모범 멘토	잠재 멘토	문제 멘토	결격 멘토

2. 멘토링 현장 토론 Skill

참고: 다음은 멘토와 멘제가 의견 충돌할 수 있는 상황이다. 상대를 기대와 칭찬 기법인 피그말리온의 효과를 염두에 두고 3가지 중 가장 좋은 답 한 개를 선택하라.

NO	토 론 주 제	선 택
1	두 주 동안 멘제가 남긴 다섯 건의 메시지에 멘토가 아무런 응답이 없다. 1 멘제는 계속 메시지를 남기고 아무 말도 해서는 안 된다. 2 멘제는 포기하고 다른 멘토를 찾아가야 한다. 3 멘제는 계속 노력하여 접촉이 되었을 때는 관심을 표명해야 한다.	
2	멘제가 약속을 어기고 해명하는 전화도 안 한다. 1 멘토는 관계를 끊어야 한다. 2 멘토는 또 약속을 하고 만났을 때에는 관심을 표명해야 한다. 3 멘토는 가능한 빨리 전화를 하여 관심을 표명해야 한다.	
3	멘토가 멘제와 로맨틱한 관계를 맺고 싶다고 암시한다. 1 멘제는 기분은 좋지만 그런 식의 관계는 싫다고 말해야 한다. 2 멘제는 대화 소재를 바꾸고 그 말을 무시해야 한다. 3 멘제는 그런 가능성에 관심을 갖는 이유를 물어보아야 한다.	
4	멘토가 멘제와의 약속을 어기고 해명하는 전화도 안 한다. 1 멘제는 가능한 빨리 멘토에게 전화하여 무슨 일인지 알아보고 다시 약속해야 한다. 2 멘제는 멘토가 전화하기를 기다려야 한다. 3 멘제는 멘토가 중요한 이유가 있다고 추측하고 아무 말도 해서는 안 된다.	
5	멘제가 멘토에게 비싼 선물을 사준다. 1 멘토는 짧은 글로 감사해야 한다. 2 멘토는 선물을 거절하고 부당성을 지적해야 한다. 3 멘토는 멘제와 상황을 토의하고 멘제에게 선물을 되돌려주려고 힘껏 노력하지만 멘제가 고집하면은 한 번은 받는다.	
6	첫 만남에서 멘제가 멘토와 그의 가족을 방문하겠다고 요구한다. 1 멘토는 멘제 아이디어에 감사하고 미래에 가능하다고 말해야 한다. 2 멘토는 동의하고 가능한 가장 빠른 날에 멘제를 초대해야 한다. 3 멘토는 이런 일은 멘토링 관계에서는 적절한 일이 아니라고 말해야 한다.	

7	멘토가 멘제의 필요와 상관없는 충고를 한다. 1 멘제는 멘토에게 이 충고가 상관없다고 멘토에게 알려야 한다. 2 멘제는 그 충고를 따라야 한다. 3 멘제는 멘토에게 감사하고 의사결정할 때 고려하겠다고 말해야 한다.	
8	다른 동료들이 멘토가 멘제를 돌보는 일에 질투를 나타낸다. 1 이런 상황이 일어날 것이므로 멘토는 무시해야 한다. 2 멘토는 경청하고 멘토링 관계의 목적을 설명하고 그들도 멘토링을 하도록 　설득한다. 3 멘토는 그 멘제와 멘토링하는 이유를 설명해야 한다. 그리고 그들과 멘토링 　하지 않는 이유도 설명해야 한다.	
9	멘토가 멘제의 동료들 앞에서 멘제를 심하게 비판한다. 1 멘제는 그들에게 힘과 능력이 있다는 것을 과시하기 위해 자신을 변호해야 　한다. 2 멘제는 그 사건을 견뎌내고 나서 후에 멘토를 상대한다. 3 멘제는 그것을 학습 경험으로 삼는다.	
10	첫 번째 만남에서 멘제가 멘토와 주제에 관해 견해가 다르다. 1 멘제는 마치 견해에 동의하는 것처럼 행동해야 한다. 2 멘제는 멘토에게 무엇이 잘못인지 알게 해야 한다. 3 멘제는 나중까지 논평을 보류한다.	
11	멘제가 행동윤리에서 멘토와 의견이 다르다. 1 멘제는 아무 말도 해서는 안 된다. 2 멘제는 자신의 상사에게 보고해야 한다. 3 멘제는 상사에게 가기 전에 멘토와 대면하여 이야기해야 한다.	
12	멘토가 새로운 멘제에게 개인적인 일을 요청한다.(예를 들면 가족을 위해 잡화점 쇼핑을 하게 된다.) 1 멘제 즐겁게 그 일을 해야 한다. 2 멘제는 이런 일은 좀 이상하다고 지적하고, 멘토가 바쁘다면 이 번만은 기꺼 　이 하겠다고 한다. 3 멘제는 그 일을 하면서 몸짓으로 부당함을 나타내야 한다.	
13	3개월 경과 후에 멘토는 멘제가 목표달성에는 관심이 없고 오직 담소하기 나 원한다고 결론을 내린다. 1 멘토는 담소도 멘토링에서 중요하므로 계속해야 한다. 2 멘토는 관계를 끝내고 이유를 설명해야 한다. 3 멘토는 멘제의 상황에 대처하여, 목표지향적인 활동을 지적해 주고, 행동 변 　화를 위한 최종 목표일을 정한다.	

14	멘제가 멘토에게 이성적으로 매력을 느낀다. 1 멘제는 멘토에게 그런 감정을 표현해서는 안 된다. 2 멘제는 멘토에게 그런 감정을 말해야 한다. 3 멘제는 자기 배우자에게 그런 감정에 대해 얘기해야 한다.	
15	멘제가 멘토를 점심에 초대하고 계산서가 나왔다. 1 멘토가 계산해야 한다. 2 멘제가 계산해야 한다. 3 둘 다 기다리면서 누가 내는지 봐야 한다.	
16	멘제의 직속상사가 멘제에게 멘토를 심하게 비판한다. 1 멘제는 직속상사가 말한 것을 멘토에게 말해야 한다. 2 멘제는 직속상사에게 알려줘서 고맙다고 하고 그것으로 끝내야 한다. 3 멘제는 직속상사에게 그런 비평을 듣지 않겠다고 말해야 한다.	
17	멘제가 멘토에게 심각한 개인문제(정신질환 등)도 털어놓기 시작한다. 1 멘토는 그런 문제를 멘제에게 상담해 주려고 노력해야 한다. 2 멘토는 자신의 개인문제를 멘제와 공유함으로 응수해야 한다. 3 멘토는 멘제에게 전문적인 도움을 받아야 한다고 제의해야 한다.	
18	멘토가 멘제에게 심각한 개인문제(정신질환 등)도 털어놓기 시작한다. 1 멘제는 그런 문제를 멘토에게 상담해 주려고 노력해야 한다. 2 멘제는 자신의 개인문제를 멘토와 공유함으로 응수해야 한다. 3 멘제는 멘토에게 전문적인 도움을 받아야 한다고 제의해야 한다.	
19	대화할 때 멘토가 자주 멘제의 말을 가로막는다. 1 그것은 멘토의 스타일이므로 멘제는 그냥 내버려 두어야 한다. 2 멘제는 그런 행동을 건의하고 대안을 토의해야 한다. 3 멘제는 멘토의 상사에게 그런 행동을 지적해 달라고 요청한다.	
20	대화할 때 멘제가 자주 멘토의 말을 가로막는다. 1 그것은 멘제의 스타일이므로 멘토는 그냥 내버려 두어야 한다. 2 멘토는 그런 행동을 건의하고 대안을 토의해야 한다. 3 멘토는 멘제의 상사에게 그런 행동을 지적해 달라고 요청한다.	
21	첫 번째 만남에서 멘제가 멘토에게 자신의 경력에 도움이 되기 위한 목적으로 자신을 멘토의 중요한 동료나 친구에게 소개시켜 달라고 요구한다. 1 멘토는 그것이 멘토링의 부분이므로 '예'라고 대답해야 한다. 2 멘토는 지나친 요구라고 거절해야 한다. 3 멘토는 그것이 미래에나 가능한 일이라고 말해야 한다.	

22	멘제가 멘토와의 미팅에 세 번씩이나 늦게 했다. 1 멘토는 새로운 멘제로 바꾼다. 2 멘토는 멘제와 대면하여 사유를 파악한다. 3 멘토는 다음 세 번의 미팅에 늦게 와야 한다.	
23	멘제가 멘토와 미팅에서 갑자기 울음을 터뜨린다. 1 멘토가 멘제를 끌어안아야 한다. 2 멘토는 미팅을 중단하고 멘제에게 귀가하라고 해야 한다. 3 멘토는 얘기를 듣고 우는 이유를 물어본다.	
24	멘제가 멘토에게 직속상사의 아주 개인적인 일들을 말하기 시작한다. 1 멘토는 이것이 미래를 위한 계획에 도움이 되므로 잘 들어야 한다. 2 멘토는 이것이 둘이서 의논하기에 부적합하다고 제의해야 한다. 3 멘토는 자기가 직속상사에 대해 아는 것을 더해야 한다.	
25	멘토가 멘제의 생일이 다음 주라는 것을 안다. 1 멘토는 그 일을 모르는 체 한다. 2 멘토는 전화하거나 카드를 보내야 한다. 3 멘토는 멘제에 선물을 사서 줘야 한다.	

4장 멘토링 상담학습 Skill

1. 멘토 상담학습 사례

1) 멘토링 Tutorial System 상담학습

멘토링은 전인교육방법이다. 아니 교육이라기보다는 둘이서 삶을 나누는 것이 정답이다. 멘토링에서는 교육자나 경영자나 목회자이기 이전에 먼저 인격자로서 성숙을 원하는 것이다.

그러므로 멘토링의 내용(Contents)은 지(知)적과 정(情)적과 의(意)적인 서비스 즉 인격적으로 멘토가 멘제에게 자신의 역량을 최대한 베푸는 삶이라고 볼 수 있다. 그러한 근거는 멘토링의 유래에서 당초 스승인 멘토(Mentor)가 왕자 텔레마코스와 20년 동안 생활 교육에서 찾아볼 수 있다. 바로 그 당시 교재로 사용했던 수학, 철학, 논리학이 무엇을 의미하는지 깊은 통찰이 있어야 한다. 수학=知, 철학=情, 논리학=意의 등식? 인격을 이해하는 데서부터 멘토링 학습은 출발한다.

참고로 멘토(Mentor)가 텔레마코스 왕자를 위해 특이한 1:1 Tutorial System 상담학습방법을 아래와 같이 열거한다.

- 멘토는 왕자와 대화식으로 교육을 하였다. - 대화식
- 멘토는 왕자와 열열한 토론을 벌였다. - 토론식
- 멘토는 질문자이고 왕자는 대답하였다. - 문답식
- 멘토는 왕자와 동료처럼 거리를 좁혔다. - 동료식
- 멘토는 왕자에게 사물을 예로 들어 설명했다. - 예화식
- 멘토는 왕자에게 신처럼 아버지처럼 정답게 지냈다. - 정답게

멘토는 왕자가 완전한 인간 즉, 인격자, 용사, 지혜자, 왕으로서 성장하도록 그에 맡겨진 임무를 완수하기 위해 온몸을 던져 완벽하게 수행했으며, 자신의 임무가 완료되었을 때에 미련 없이 떠나가는 아름다운 이야기에서 멘토링을 발견하게 되고 1 : 1 Tutorial System에 대한 상담학습 유래와 인재개발 방법론 그리고 한 사람을 고품질의 인재로 성장시키는 최적의 시스템임을 알 수 있다.

Mentoring Tutorial System은 오늘날 1 : 1 상담학습이 가능한 교육부분에 아름다운 사례를 갖고 있다. 교수와 학생과 관계에서 초중고교 선생님과 학생과 관계에서 감동적인 사례가 가끔 매스컴이나 잡지에 실리기도 하여 많은 사람에 감동을 주기도 한다. 왜냐하면 학교의 평준화 교육이나 기업의 집단 교육에서는 이러한 사례가 제도적으로 발생확률이 거의 불가능하기 때문이다. 먼저 전통 깊은 옥스포드대학의 사례를 소개한다.

2) 옥스포드대학(英)의 Tutorial System 사례

-세계적인 명문 옥스포드대학의 차별화한 상담학습방법으로 Tutorial System을 수백 년 동안 운영하고 있다. 내용은 담당교수를 멘토로, 학생을 멘제로 하는 1 : 1 멘토링 상담학습방법이다. 매주 정한 날에 4시간씩 교수와 학생이 직접 1 : 1로 대면하여 학습 토론을 갖는 제도로 이를 위해 학생은 일주일 내내 토론 주제에 맞는 자료를 구하여 공부하게 되고 당일 교수와 불꽃 튀는 토론으로 학습이 진행된다. 결국 공부의 열심은 한국의 고3을 연상케 되나 한국과 다른 점은 주입식 교육이 아니라 담당교수와 학생이 1 : 1의 상담 및 토론 방식이다. 세계의 명문 옥스포드대학의 Tutorial System은 타 대학과 차별화 교육으로 최고의 경쟁력을 갖고 있는 이유가 바로 여기에 있다고 볼 수 있다.

• 학습 엿보기＝지난해 11월 8일 오후 영국 옥스포드대 맨체스터 칼리지 본관 3층 철학과 맨더(37세) 교수실. 2학년 앤서니군이 칸트 철학에 관해 맨더 교수와 1 : 1 토론 수업(Tutorial)을 하고 있었다. "데카르트의 자유인식에 대한 학생의 해석이 올바르다고 보는가?" "그렇습니다." "그 자유인식을 실존주의적 입장에서 해석해 보겠나?" "……." 금세 대답이 나오지 않자 맨더 교수는 "에세이가 부실하다."고 공박했다. 얼굴이 붉어진 앤서군은 "이틀 밤을 샜다."고 항변했지만, "중요한 것은 시간의 양이 아니라 질"이라는 답변이 돌아왔다.

3) 멘토 상담학습의 차별화

현재 대부분의 조직들이 적합한 인재를 양성하기 위해 각종 교육·훈련 제도를 활용하고 있다. 실제로 많은 미국 기업들이 워크숍, 학점이수 제도, 인터넷 교육, 사설기관에서의 업무교육 등 각종 교육·훈련에 연간 300백만 달러 이상을 투자하고 있다고 한다. 그러나 이러한 투자에도 불구하고 실질적인 효과를 거두는 기업은 그리 많지 않다. 한 연구조사에 의하면, 이러한 교육의 효과는 실제 투자되는 금액의 10%를 넘지 않는다고 한다.

물론, 우리 기업들의 경우도 예외는 아니다. 2002년 LG경제연구원이 조사한 바에 따르면, 교육·훈련 결과에 대한 우리 기업들의 반응은 양적·질적 측면에서 모두 만족스럽지 못한 것으로 나타났다. 즉, '교육·훈련 기회가 충분히 주어지는가?'라는 질문에는 22%만이 그렇다고 응답했으며, 39%는 그렇지 않다고 응답한 것으로 나타났다. 또한 '그러한 교육·훈련이 실제 업무수행에 도움이 되는가?'라는 질문에는 28%만이 긍정적인 대답을 한 것으로 나타났다.

위의 조사결과를 통해서도 알 수 있듯이, 지금까지의 교육·훈련 제도는 여러 가지 한계점을 드러내고 있다. 따라서 향후 교육·훈련 제도의 효과적인 개선을 위해서는 다음과 같이 멘토 상담학습 네 가지 측면을 고려할 필요가 있다.

① 멘토링은 수준별 상담학습

개개인의 니즈에 맞는 맞춤형(customized) 상담학습이 필요하다. 각기 다른 개성을 가진 사람들을 한곳에 모아놓고 실시하는 집단적인 교육은 비용이 적게 든다는 장점이 있는 반면, 개개인의 특성이나 학습욕구를 제대로 반영하지 못한다는 단점이 있는 것이 사실이다. 따라서 앞으로는 개별 특성을 최대한 반영할 수 있는 1:1 상담 및 학습 제공 방식 등으로 교육·훈련 방법이 개선되어야 한다.

② 멘토링은 자생적 상담학습

구성원 스스로 자기발전에 대한 필요성을 인식하고 상담학습 방향을 주도적으로 이끌어갈 수 있는 시스템을 갖추어야 한다. 교육내용과 일정 등을 회사가 일방적으로 정해서 사원들에게 통보하는 지금까지의 방식을 과감히 버리고, 개개인의 성장욕구와 업무량을 고려하여 멘토/멘제 스스로 학습내용과 방법을 선택하고 결정하도록 해야 한다.

③ 멘토링은 과정 중심의 상담학습

무엇보다 지속적인 교육이 이루어져야 한다. 즉, 정기적으로 시행하는 일회성 교육을 지양하고, 필요에 따라 교육의 양과 질을 적절히 결정할 수 있는 지속적인 교육을 시행해야 한다. 그래야만 교육결과를 실제 업무에 바로 적용할 수 있기 때문이다. 또한 반드시 교육·훈련에 대한 진척도와 효과를 수시로 확인해 보아야 한다.

④ 멘토링은 현장 중심의 상담학습

실제 업무현장과 연계된 상담학습이어야 한다. 개념적인 내용만을 전달하는 강의나, 매뉴얼 또는 교재에 의한 교육은 실제 경험의 질을 높일 수 없다.

맥킨지가 미국의 인재개발 실무자를 대상으로 조사한 결과를 통해서도, 여러 인재육성 수단 가운데 집단교육의 스타일의 효과를 30% 정도, 일정기간 동안 프로젝트식으로 참여하는 멘토링 효과를 90%로 효과가 높게 나타났다고 발표했다.

2. 멘토의 상담학습 스킬(Counseling Skill)

멘토로서 카운슬러의 역할은 멘제가 실력을 마음껏 발휘하는 것을 가로막는 문제를 이해시키고 그 문제의 해결에 도움을 주는 것이다. 시간을 가지고 인내심을 지녀야 한다. 물론 더러는 30분만 들이면 해결할 수 있는 것도 있다.

정보부족이나 단순한 오해에서 비롯된 문제는 쉽게 풀린다. 그러나 훌륭한 기술을 가지고 있음에도 불구하고 팀플레이를 주저하는 멘제를 설득하여 다른 사람과 협력하도록 만들기 위해서는 며칠이나 몇 개월이 걸릴지도 모른다.

카운슬링이란 이러한 여러 가지 문제 상황을 해결해야 하는 '감초'인 것이다.

1) 상담심리 스킬 개요

멘토의 상담심리 스킬이란 주로 사회나 기업에서 멘제 자신의 입장과 역할, 아이덴티티

(Identity: 자신의 존재, 정체성)에 대한 이해를 향상시키고 보다 성숙한 인간으로 성장하는 것을 독려할 목적으로 하는 기법이다.

상담심리 스킬에는 멘제의 정신적·심리적 건강 증진을 목적으로 한 멘토의 지원행동도 포함되어 있으며 이러한 목적을 달성하기 위해 멘토는 다음과 같이 행동한다.

① 역할 모델(Role Model) 스킬

멘제에게 필요한, 적절하고 어울리는 태도나 가치관을 몸에 익히도록 하기 위해서, 멘토가 역할 모델을 몸으로 보여주는 것이다.

② 포용과 확인 스킬(어떠한 상황에 처한 멘제라도 따뜻하게 받아들임)

멘토가 멘제를 한 사람의 인간으로 존중하고 멘제에게 무조건적으로 긍정적인 관심을 가지고 있다는 것을 알리는 행동이다.

③ 카운슬링 스킬(부모 입장에서 상담에 나섬)

멘제의 정신적·심리적 스트레스를 덜어주기 위해 멘제가 일을 하면서 직면하는 다양한 걱정거리를 멘제에게 털어놓고 얘기할 수 있는 분위기와 기회를 제공하는 행동이다.

④ 우호 스킬(같은 인간으로서 자연스러운 지원 관계)

멘토와 멘제 사이에 우정과 신뢰에 바탕을 둔 비공개적인 멘토링 관계를 구축할 수 있도록 하는 행동이다.

* 메모-상담심리 스킬 사례

① 역할 모델 스킬-역할 모델을 보여줌
- 멘토는 멘토 자신의 입장에 어울리는 말과 행동을 함.
- 멘제의 모범이 될 수 있는 인물이 되도록 노력함.
- 멘제가 진심으로 신뢰할 수 있는 인간이 되도록 명심함.
- 멘제의 모범이 될 수 있는 능력과 실적을 보여줌.
- 조직의 기본 방침과 철학을 이야기해 줄 수 있어야 함.

② 포용과 확인 스킬-따뜻하게 받아들임

- 멘토 자신에게는 멘제의 좋은 점을 인정하고 그것을 이야기해 줌.
- 멘제를 한 개인으로 존중함.
- 멘제를 단순한 멘제로서가 아니라 함께 살아가고 함께 일하는 동료로서 인정함.

③ 카운슬링 스킬-자상하게 상담에 임함
- 멘제의 이야기를 멘제의 기분으로 들어줌.
- 멘제의 이야기를 멘토 자신의 의견을 강요하지 말고 들어줌.
- 멘제가 무슨 얘기든 털어놓을 수 있는 사람이 되도록 명심함.

④ 우호 스킬-많은 시간 인간적인 면에서 서로 교류함
- 많은 시간을 인간적인 차원에서 멘제와 교류를 함.
- 직장을 떠나서는 업무상 상하관계와 상관없이 멘제를 대함.
- 업무나 직장 이외의 일이라도 멘제와 서로 이야기를 나누고 두 사람의 의견을 같이함.
- 멘토링 기간이 끝나더라도 효과적인 관계를 유지함.

2) 카운슬링의 타이밍

- 지금까지 착실하게 업적을 올려온 멘제가 최근 들어 축 쳐져 있을 때.
- 교육이나 지도를 실시하여도 조금도 진보하지 않을 때.
- 멘제가 개인적인 문제에 관하여 당신에 도움을 요구해 올 때.
- 멘제가 벽에 부딪쳐 어떻게 해야 좋을지 모르고 있을 때.
- 조직이 급성장을 이루고 있거나 혹은 대개혁을 일으키고 있기 때문에 이에 어떻게 대응해야 좋을지 멘제가 난처한 상태에 있을 때.
- 지금까지 순조롭게 지나온 멘제가 갑자기 실패나 좌절을 경험하여 슬럼프에 빠져 있을 때, 특히 승진에 의해 책무가 무거워진 경우.

3) 카운슬링의 권리와 상담

카운슬러로서의 역할을 하기 전에 우선 진정으로 카운슬링이 필요한 것인지 자문하기 바란다. 가능한 멘제에게 자기 힘으로 문제를 해결할 기회를 부여하는 것이다.

카운슬링이란 지나친 참견을 하는 것—필요하지도 않았는데도 나서는 것—이 결코 아니다. 그 다음 타이밍이 대단히 중요하다. 지나치게 빠르거나 늦으면 나쁜 결과를 초래한다. 그러면 어느 때가 카운슬러로서의 역할을 담당할 필요한 때일까?

적절한 교육이나 지도를 실시했지만 효과가 없고 그대로 내버려 두자니 점차 수렁에 빠져드는 듯한 경우, 그리고 멘제로부터 협조 요청을 받았을 때이다.

다만 평소부터 멘제의 교육이나 지도에 열성적이지 않았다면 카운슬러의 역할을 맡아서는 안 된다. 이 첫째 조건을 충족하고 있는 사람만이 문제가 발생했을 때에 카운슬러로서 손을 내밀 수 있다. 그리고 "나는 멘제인 자네가 힘껏 최선을 다해 주기 바라고 있네. 자네 자신도 그러하리라고 생각하고 있네. 그러니 어떻게 하면 이 문제를 해결할 수 있을지 함께 의논해 보지 않겠나?"라고 말할 권리가 있다.

4) 카운슬링의 절차

실제로 카운슬링을 어떻게 운영하면 좋을까? 구체적으로 설명해 보도록 하겠다.

-준비: 실제로 카운슬링에 들어서기 전에 우선 해 두어야 할 것은 니즈(Needs)나 이슈를 파악하는 일이다. 인간관계의 개성이 문제인지, 프로그램 일정진행이 문제인지, 고객관리가 문제인지를 찾아내야 한다. 그리고 되도록 구체적이고 측정 가능한 행동에 초점을 맞추어야 한다. 문제 상황을 막연하게 알고 있는 것만으로는 반드시 착오가 발생하며 도움될 만한 해결법을 제시할 수 없다. 그렇지 않으면 당신이 모처럼 손을 내밀어도 멘제는 움츠러든 채 당신에 가까이하지 않을지도 모른다.

-의논의 일시를 정한다: **카운슬링**에는 적합한 시간, 적합하지 않는 시간이 있다. 의논할 날을 정한 다음에는 온갖 어려움을 물리쳐서라도 약속을 지킬 정도의 마음가짐이 필요하다. 최초의 두 번은 절대 취소해서는 안 된다. 당신과 멘제 양측이 의논하여 가능한 시간을 선택하는 것이 중요하다. 근무 시간에 하는 것도 좋다. 그러나 퇴근 후 술을 한잔

기울이면서 하는 카운슬링은 카운슬링이라고 할 수 없다. 참된 의미의 카운슬링이란 술을 빌려 이야기를 나누는 것이 아니다. 노련한 카운슬러는 만나는 날짜를 통보하는 데에도 신경을 쓴다. 너무 일찍 통보해 주는 것은 좋지 않다. 예를 들어 금요일에 다음 월요일이나 화요일에 만나자는 약속을 했을 때, 멘제는 문제가 있음을 직감하고 온통 주말을 불안하게 보낼 것이기 때문이다. 대개의 경우 그날 이른 아침에 약속을 청하는 것으로 충분하다. 그날 오후에 시간을 낼 수 있을지 확인하면 되는 것이다.

-**문제를 말한다**: 만나게 되면 당신 쪽에서 먼저 입을 열어야 한다. 왜 당신이 의논하고 싶어 했는지 간결하게 숨김없이 말을 해야 한다. 이 단계에서는 아직 문제의 핵심을 언급할 필요는 없다. 다만 말문을 열기만 하면 된다. 클라이맥스는 아직 미루어두고 멘제의 태도를 살핀다.

-**멘제가 하는 말을 듣는다**: **카운슬링**에서 가장 중요한 점이 멘제가 하는 말을 들어주는 것이다. 이때 당신은 온 신경을 집중시켜 듣지 않으면 안 된다. 당신은 멘제가 말하는 내용에서 무엇을 알아낼 것인가? 문제의 뿌리를 찾아내도록 해야 한다. 당신 자신에도 문제의 원천이 있을 수도 있다. 따라서 겸허하게 경청하여야 한다.

-**개인적인 문제의 경우**: 가족 문제, 질병, 알코올중독이나 마약중독, 금전적인 문제-등 개인적인 문제가 이슈되었을 때에는 카운슬러는 특별히 주의를 갖고 존중의 자세를 잃지 말아야 한다. 너무 관심을 보이면 프라이버시의 침해라고 오해받을 수도 있고 그렇다고 거리를 유지하면 이번에는 냉담하다고 책망받기 일쑤이다. 그러므로 당신이 가능한 범위 내에서 도와주고 싶다는 솔직한 마음을 알리고 상대를 안심시키는 것이 중요하다. 상담에 응해 줄 전문가(심리 카운슬러나 금융 카운슬러 등)를 소개해 주는 것도 좋다. 성실하게 멘제의 이야기를 들어주는 태도, 부하가 가벼운 마음으로 당신의 사무실로 들어설 수 있도록 문을 활짝 열어두는 것, 이것이 멘제에 대한 당신의 배려의 증거인 것이다.

-**즉석에서 행동계획을 수립한다**: 어떻게 도울 수 있을지가 명백해 진다면, 다음에 구체적인 행동계획을 수립할 필요가 있다. 언제 무엇을 할 것인가? 물론 멘제와 합의한 다음 결정하는 것이 좋을 것이다. 그리고 면담의 마지막에 다음 면담 일시를 결정한다. 일이 어떻게 진행되고 있는지, 원활하게 일을 처리하기 위해 당신이 할 수 있는 일은 없는지 체크하기 위해 면담하는 것이다.

5) 카운슬러가 삼가야 할 일

카운슬러는 자신의 본분을 지키고 그것을 넘어서는 행위는 삼가야 한다. 다음과 같은 행동이나 사고방식은 카운슬러에게 허용되지 않는다.

- 정신과 의사인 양 치료를 한다.
- 한 번만의 의논으로 끝마치려 한다.
- 아무 준비도 하지 않은 채 형편에 따라 적당히 의논에 임한다.
- 상대방을 나무란다.
- 개인적인 문제에만 흥미를 갖는다.
- 멘제의 문제는 인사팀의 책임이며, 자신은 관계없다는 태도를 취한다.
- 멘제의 과거를 낱낱이 조사할 기회라고 생각한다.
- 일방적으로 설교한다.
- 의논을 사무적으로 재빨리 끝내려 한다.
- 이 기회에 멘제가 안고 있는 문제를 전부 한꺼번에 해결해 버리려고 한다.

6) 뛰어난 카운슬러의 특징

- 가벼운 마음으로 이야기할 수 있게 한다.
- 상대방이 하는 말을 잘 듣는다.
- 멘제가 문제를 해결할 수 있도록 돕지만, 필요 이상으로 멘제의 행동을 억제하지 않는다.
- 문제에 관하여 의논하고 있을 때 공감을 표시한다.
- 멘제가 감정적이 되어 이성을 잃더라도 그것을 대범하게 보는 관대함을 갖는다.
- 자신감을 잃지 않는다.
- 멘제가 도움을 필요로 하고 있음을 곧 알아차린다.
- 멘제가 성공하는 것을 바라고 있다.
- 멘제의 자존심과 자신감을 키우려고 노력한다.
- 멘제가 하고 싶은 말을 열심히 들어준다. 자신이 듣고 싶어 하는 것에만 귀를 기울이지 않는다.

－멘제를 존중한다.

－차분히 시간을 들여 이야기한다.

－멘제의 사고방식을 받아들일 수 있어야 한다.

－멘제를 위하여 온 정성을 기울인다.

－다시 한번 시도할 기회를 부여한다.

멘토가 멘제를 진심으로 존중하고 있는지는 멘제가 카운슬러 역할을 얼마나 기쁘게 수행하고 있는 가로 판단할 수 있다. 왜냐하면 카운슬링을 하기 위해서는 멘토의 상당한 노력과 더러는 희생이 요구되기 때문이다.

상담할 문제들은 모두 인간에게서 출발하고 있다. 그럼에도 불구하고 문제의 원인인 멘제와 직접 의논하고자 애쓰는 멘토는 그리 많지 않다. 그러하기 때문에 좀 어려운 문제일수록 지연되고 있다. 상담을 경시하고 적당히 얼렁뚱땅 넘어가는 멘토도 있다. 이는 근무평가에는 오점이 남지 않기 때문이다.

"어이구, 죄송합니다. 조금 늦었습니다."라는 변명은 훌륭한 상담자에게는 절대로 나와서는 안 된다.

멘토가 멘제에게 상담을 위한 시간을 낸다는 것은 멘제를 존중한다는 것이다. 존중이 신뢰를 가져오고 신뢰가 또 주인 정신을 유발한다.

7) 체크리스트와 우선 실천 과제

－사회에 나와 처음으로 큰 실패를 맛보았을 때의 일을 떠올려보라. 당신의 멘토는 어떻게 처리해 주었는가? 당신이 자신을 책망하고 실의에 빠지지 않도록, 그리고 당신이 실패에 굴복하지 않고 실패를 교훈으로 삼아 힘차게 나아갈 수 있도록 멘토는 어떻게 배려해 주었는가? 당신은 실패로부터 어떤 교훈을 얻을 수 있었는가? 그 교훈을 동료와 나누어가졌는가? 입사 초기에 당신이 멘토로부터 받았던 상담과 현재 멘토인 당신이 하고 있는 상담과는 어떤 점이 다른가? 또 같은 점은 무엇이라고 생각하는가? 무엇 때문에 당신은 같은 방식을 취하고 있는가?

－당신의 업계는 현재 급격한 혁신(Innovation)이 추진되고 있는가? 만약 그렇다면

당신은 멘제가 급격한 변화에 대응할 수 있도록 적절한 수단을 강구하고 있는가? 멘제의 강점과 약점을 파악하고 있지 않을 경우에는 우선 1주일간 먼저 멘제와 면담하여 충분히 의논하여 보면 좋을 것이다. 멘제가 하는 일에 귀를 기울이고 멘제의 업적을 체크하여 보라. 그는 무슨 일에 자신감을 갖고 있는가? 그 자신 있는 기술을 더욱 키워줄 수 없을까? 강화해야 할 점은 무엇인가? 멘제가 선두를 달릴 수 있도록 하기 위하여 어떻게 도울 수 있을까?

－당신 자신의 과거를 다시 한번 돌이켜 보라. 극복하기에 가장 힘들었던 장애는 무엇이었던가? 왜 그렇게 힘들었는가. 그 경험을 당신의 멘제에게 들려줄 수 없을까?

－멘제와 면담하고 있을 때 멘제를 한 사람의 인간으로 존중하고 그가 하는 말을 차분히 듣고 있는가? 당신이 일방적으로 이야기하고 충고를 강요하고 있지 않는가? 멘제의 문제를 가볍게 여기고 있지는 않는가? 멘제가 스스로 마음을 가다듬고 해결의 실마리를 발견하도록 도와주고 있는가?

－멘제를 과보호하고 있지는 않는가? 그것이 멘제의 주인 정신을 가로막는 결과를 낳고 있지는 않는가? 멘제에게 나쁜 이야기는 하지 않고 좋은 이야기만 계속 하고 있지 않는가? 그러한 친절이 도리어 해가 되고, 멘제의 의타심을 조장하는 결과를 낳지 않을까? 문제가 생겼을 때 멘제에게 솔직하게 말하면, 무슨 일이 일어나리라고 당신은 생각하고 있는가?

8) 피그말리온 효과

심리학자 로젠탈(T. L. Rosenthal)은 어린 학생들을 대상으로 다음과 같은 실험을 했다고 한다. 어느 초등학교에서 선생님에게 "어린이 지능향상을 예측할 수 있는 새로운 테스트입니다."라고 설명을 해놓고 검사를 실시했다. 그 테스트 결과 후 20% 정도의 아이를 뽑아놓고 "이 애들은 앞으로 지적 발달이나 학업이 틀림없이 급상승할 것입니다."라고 선생님에게 결과 보고를 해주었다. 그런 암시 후 8개월이 지난 다음 과거에 했던 것과 똑같은 지능 테스트를 하여 지난번의 지능 테스트 결과와 비교해 보았다. 그랬더니 앞으로 잘할 것이라는 기대를 품게 했던 아이들의 지능이 다른 아이들의 지능에 비하여 현저하게 향상되었다는 것이다.

이런 현상을 심리학에서는 피그말리온의 이름을 따서 '피그말리온 효과(Pygmalion Effect)'라고 한다. 피그말리온 효과는 선생님이 20%의 아이들을 지적 발달과 학업 성적이 향상되리라는 기대를 가지고 정성껏 돌보고 칭찬한 결과 나타난 것이다. 그러한 사랑을 받은 아이들은 선생님이 자신에게 관심을 보여주니까 공부하는 태도도 변하고 공부에 관한 관심도 높아져, 결국 능력까지 변하게 된다는 것이다. 이 결과 '칭찬하면 칭찬한 만큼 잘한다.'는 것을 알 수 있다.

5장 멘토링 커뮤니케이션 Skill

1. 멘토링과 커뮤니케이션

인간은 커뮤니케이션하는 존재이다. 커뮤니케이션은 사람과 사람 사이를 연결해 주는 인간관계의 통로라고 할 수 있다. 만약 우리가 대인 기피증이 있는 사람처럼 커뮤니케이션을 거부한다면, 그리고 서로 대화를 한다고 해도 말을 건네는 사람이나 듣는 사람 사이에 대화가 단절되거나 왜곡된다면 우리는 서로를 이해할 수도 알 수도 없다.

커뮤니케이션이 단절된 인간은 너와 나로 남을 수밖에 없고 주위와 단절된 고독한 존재로 살아갈 수밖에 없다. 그것은 곧 커뮤니케이션은 인간사회의 생존양식이자 인간의 사회생활 그 자체라는 점을 가르쳐주는 것이다.

커뮤니케이션을 통해 너와 내가 서로 생각과 느낌을 나누고 상호이해와 신뢰, 사랑을 바탕으로 의미를 공유할 때 인간은 비로소 만족감을 느끼게 된다. 우리가 서로 마음의 문을 열고 커뮤니케이션을 할 때 나는 너에게, 너는 나에게 의미 있는 존재가 되는 것이다. 너와 내가 커뮤니케이션을 통해 '우리'가 될 때 인간은 비로소 사람됨의 참된 의미와 가치를 발견하게 된다.

이처럼 커뮤니케이션은 홀로 태어나 홀로 죽음을 맞는 고독한 존재인 인간과 인간을 이어주는 매우 중요한 요소로 인간의 궁극적인 행복과 직결되는 본질적인 요소라고 할 수 있다. 인간은 커뮤니케이션을 할 때 비로소 행복해질 수 있다. 어떤 조직이든 커뮤니케이션 없이는 발전을 기대할 수 없다.

커뮤니케이션은 회복의 능력을 갖고 있다. 뿐만 아니라 효과적인 커뮤니케이션은 기업이든 학교든 교회든 공공기관이든 능률을 높이고 문제를 해결하는 열쇠가 되기도 한다. 커뮤니케이션을 통해 우리는 파괴된 인간관계를 회복하고 건강한 사회를 만들어갈 수 있다.

따라서 우리는 다른 사람과의 커뮤니케이션을 통해 자신을 표현하고 다른 사람들과 더불어 사는 삶을 살기 위해 올바르게 커뮤니케이션하는 일에 관심을 가져야 한다. 커뮤니케이션은 사회적 존재로서의 인간이 사회성을 습득해 공동체의 일원으로서 살아가는 데 필요한 수단이자 요소이다.

특히 허무하고 불안한 현대인의 고독을 극복하고 파괴된 인간관계의 회복을 위해 우리는 커뮤니케이션의 의미와 때와 장소, 그리고 커뮤니케이션 파트너와의 적절한 커뮤니케이션 방법에 대해 관심을 가져야 한다.

사실 오늘날 기업이나 학교, 교회, 공공기관을 막론하고 커뮤니케이션이 중요한 발전요소로 인식되고 있는 것은 커뮤니케이션을 통해 그 조직을 활성화하여 능률을 높여야 한다는 판단에서 비롯된 것이다. 이러한 커뮤니케이션 이론이 요즘 멘토링에 적용되는 것은 매우 바람직한 일이라 생각된다. 우리는 그저 사물로 존재하는 것이 아니라 인간으로서 서로가 서로에 대해 관심을 갖고 커뮤니케이션을 할 때 존재의 의미와 가치를 발견하게 된다.

멘토링이란 멘토와 멘제 간의 커뮤니케이션 과정으로 설명될 수 있을 것이다.

2. 멘토링과 커뮤니케이션 이해의 전제

1) 인간의 커뮤니케이션 과정

멘토링과 커뮤니케이션을 이해하기 위해서는 먼저 인간의 커뮤니케이션 과정을 이해하는 일이 필요하다. 인간의 커뮤니케이션은 어떻게 이루어질까, 사람들 사이에 이루어지는 커뮤니케이션을 보다 명확히 이해하기 위해서는 인간의 커뮤니케이션 과정에 개입되는 기본적인 구성요소를 알아야 한다.

우선 커뮤니케이션이 이루어지기 위해서는 생각이나 느낌을 전달하고자 하는 발신자(멘토 혹은 멘제)[1]가 있어야 한다. 발신자가 없다면 원천적으로 커뮤니케이션은 이루어질 수

---

1) 멘토와 멘제는 상황에 따라 송신자가 될 수 있고, 수신자도 될 수 있다. 여기서 발신자는 송신자, 커뮤니케이터, 수신자는 수용자의 개념으로 혼용하여 용어를 사용했다.

없다. 커뮤니케이션이 이루어지기 위해서는 또 발신자가 보낸 메시지에 담겨 있는 생각이나 느낌 즉, 메시지의 의미를 이해하고 받아들이는 수신자(멘제 혹은 멘토)가 있어야 한다. 아울러 발신자의 머리나 마음속에 있는 생각이나 느낌은 언어 또는 비언어적인 상징으로 기호화된 메시지가 있어야 커뮤니케이션이 이루어질 수 있다. 두 사람 사이에 서로의 생각이나 느낌을 말이나 표정 혹은 몸짓과 같은 상징으로 기호화한 메시지를 주고받는 과정이 없다면 상호간에 진정한 의미의 커뮤니케이션이 이루어졌다고 볼 수 없다. 이처럼 발신자와 수신자, 메시지는 인간의 커뮤니케이션 과정에 있어서 가장 기본적인 구성요소라고 할 수 있다.

좀더 자세히 살펴보면 미국의 정치학자이자 커뮤니케이션 연구가인 헤럴드 라스웰(Harold Lasswell) 과 데이비드 벌로(David Belro) 등 초기의 학자들이 제안한 전통적인 SMCR 혹은 SMCRE 모델처럼 인간의 커뮤니케이션 과정은 대체적으로 발신자 수신자 채널 메시지 효과 등 5가지 요소로 이루어진다고 할 수 있다. 라스웰은 커뮤니케이션을 다음과 같이 누가(Who), 무엇을(Say what), 어떤 채널을 통해(in which channel), 누구에게 말해(to whom), 어떤 효과를 가져왔는가(with what effect)의 과정으로 요약 설명하고 있다.

〈인간의 커뮤니케이션 과정〉

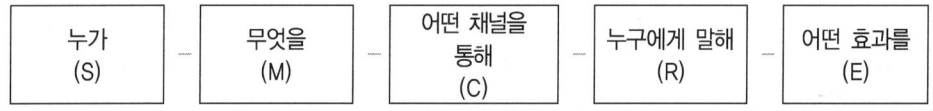

●발신자

여기서 S는 발신자 즉 메시지를 보내는 개인이나 조직을 의미한다.

●메시지

M은 발신자가 전달하고자 하는 내용 즉 자신의 생각이나 느낌을 상징을 사용해 기호화한 메시지를 뜻한다. 발신자든 수신자든 생각을 전달하기 위해서는 그 생각을 언어로 바꾸는 부호화(encoding) 과정을 반드시 필요로 한다.

●채 널

C는 메시지를 전달하기 위한 수단 혹은 매체를 뜻한다. 유선전화를 사용할 때 채널은 전화선이 된다. 사람과 사람 사이의 일반적인 구두대화의 경우에는 공기가 채널이 된다.

● 수신자

R은 수신자 즉 발신자가 보낸 메시지를 받은 개인이나 조직을 말한다.

수신자는 발신자가 부호화(encoding)해 보낸 메시지를 해독(decoding)하는 과정을 통해 메시지를 원래 의미하는 내용으로 바꾸게 된다.

● 효　과

E는 효과 즉 수신자의 의도적 혹은 비의도적인 반응을 의미한다. 발신자와 수신자 사이에 이루어지는 모든 커뮤니케이션은 의도적이든 그렇지 않든 결과를 수반하게 된다.

● 피드백

커뮤니케이션 과정을 구성하는 5가지 요소에 하나를 더 추가한다면 피드백(feed back)을 들 수 있다. 피드백은 수신자가 발신자에게 보내는 표정이나 몸짓, 질문 등과 같은 환류적 반응을 의미한다. 발신자가 보낸 메시지를 제대로 이해하지 못했을 경우 수신자는 알아듣지 못했다는 표정을 짓거나 발신자에게 그 의미를 묻기도 한다. 이때 발신자와 수신자의 역할이 서로 바뀌게 된다.

이처럼 커뮤니케이션은 메시지가 발신자에게서 수신자에게로 일방적으로 흐르는 것이 아니라 발신자와 수신자 간에 지속적으로 메시지 교환과정이 일어나게 된다.

이와 같은 피드백의 요소로 인해 커뮤니케이션 과정은 계속 반복, 순환하게 된다.

멘토링 과정은 멘토와 멘제 간에 피드백을 통해 멘토와 멘제가 기대하는 효과를 극대화할 수 있다.

2) 멘토링과 대인 커뮤니케이션

인간의 커뮤니케이션 영역은 커뮤니케이션이 발생하는 상황 혹은 조직의 단계에 따라 자아 커뮤니케이션, 대인 커뮤니케이션, 소집단 커뮤니케이션, 조직 커뮤니케이션, 공중 커뮤니케이션, 매스 커뮤니케이션 등으로 구분할 수 있다.

그중에도 멘토링은 1 : 1 대인 커뮤니케이션 영역에 속한다고 할 수 있다. 커뮤니케이션의 가장 기본적인 형태인 대인 커뮤니케이션은 둘 또는 그 이상의 개인들 사이에 이루어지는 직접적인 커뮤니케이션을 말한다. 친한 친구와 만나 얼굴을 맞대고 마주앉아 정담을 나누거나 직장에서 상사와 평직원 간에, 직원과 직원 간에 대화가 이루어지는 것은 대인 커뮤니케이션에 해당한다고 할 수 있다. 대인 커뮤니케이션은 주로 두 사람 사이에 이루어지는 비공식적인 커뮤니케이션이다.

3) 멘토링과 설득 커뮤니케이션

인간과 동물을 구별하기 위해 인류학자들은 인간은 '종교적 동물', '정치적 동물', 혹은 '커뮤니케이션 동물' 등으로 부르고 있다.

인간이 갖고 있는 커뮤니케이션 능력으로 인해 지금까지 인류는 무한히 발전을 거듭할 수 있었다. 그런데 인간들이 갖고 있는 커뮤니케이션의 최대관심은 '설득 커뮤니케이션'이다. 효과적인 커뮤니케이션을 통해 다른 사람을 자신이 원하는 방향으로 태도를 바꾸는 방법에 대한 관심이 지대하다는 것이다.

이러한 설득 커뮤니케이션에 대한 관심이 학문적 관심으로 발전하여 수사학(Rhetoric)이라는 학문을 탄생시키게 되었다. 이미 고대 아테네에서 수사학이 처음 등장했는데 그 이유 중 하나는 아테네의 민주정치에 있었다. 즉 정치가가 되려면 대중을 설득하여 당선되어야 했고, 그러자니 수사학에 대한 지식과 연구가 필요하게 된 것은 당연한 일이었다.

수사학이 학문으로서의 이론체계를 갖추게 되고 과학화된 것은 기원전 3세기에 와서 아리스토텔레스에 의해서였다. 이후 수사학은 궤변론자들에 의해 출세술로서 변질되고 궤변화하게 된다.

수사학은 신문이나 방송과 같은 매스컴이 등장하기 이전까지 커뮤니케이션 연구의 중심에 있었다. 그리고 수사학은 지금도 인간 커뮤니케이션 연구에 있어서 중요한 관심분야이다.

어떻게 하면 상대방을 효과적으로 설득시킬 것인가 하는 관심은 인간 커뮤니케이션의 중심과제이다. 따라서 인간 커뮤니케이션뿐만 아니라 매스 커뮤니케이션도 '설득'을 목적으로 한 커뮤니케이션 현상으로 볼 수 있다.

멘토링도 설득 커뮤니케이션의 범주에서 이해하는 것이 타당할 것이다.

3. 대인 커뮤니케이션의 분류

대인 커뮤니케이션을 분류하는 방법은 여러 가지가 있을 수 있으나 여기서는 다음과 같이 다섯 가지 기준에 따라 나누고자 한다. 먼저 '목적'에 따라 대인 커뮤니케이션을 분류해 볼 수 있는데 여기서는 대략 다섯 가지 형태가 있다.

첫째는 정보를 얻기 위한 것으로 크게는 사회조사 면접에서부터 작게는 길을 묻는 행위 등이 포함된다. 둘째는 교육을 위한 것으로 교실이나 가정에서 이루어지는 교육뿐만 아니라 무엇인가를 가르치는 행위를 모두 포함한다. 셋째는 설득을 위한 것으로 판매원이나 협상대표의 커뮤니케이션이 여기에 속한다. 넷째는 모임이나 친지 사이에서 이루어지는 것과 같은 흥미를 위한 대인 커뮤니케이션을 들 수 있다.

다섯째는 가족이나 부부 또는 이웃 간에 사회적 관계를 확인하고 유지하기 위한 목적의 대인 커뮤니케이션이 있다. 대인 커뮤니케이션은 의식적이든 무의식적이든 '목적'을 지니고 있다. 멘토링은 멘토와 멘제의 커뮤니케이션 행위를 통해서 리더십과 인성개발을 위한 커뮤니케이션이라는 점에서 위의 다섯 가지 형태를 어떤 모양으로든지 포함하면서도 일정기간 동안의 '활동 과정'을 통해 목표를 추구하는 특징을 가지고 있다.

두 번째로 대인 커뮤니케이션을 '유형'에 따라 분류할 수 있는데 두 사람 간의 면대면 커뮤니케이션(face-to-face), 3명 이상의 여러 사람 사이에 일어나는 커뮤니케이션(person-to-person), 강연이나 연설과 같이 한 사람이 여럿을 대상으로 하는 커뮤니케이션(one-to many) 등으로 나눌 수 있다.

이와 같이 상황별 분류는 참여자의 수에 따라 나눈 것인데 사람의 수만으로는 '소집단 커뮤니케이션'과 별로 다른 점이 없다.

가령 휴식시간에 복도에서 이야기를 나누는 3명의 사원은 대인 커뮤니케이션으로 볼 수 있으나, 이들 3인이 회사 발전이라는 목적을 가진 소위원회에서 토론을 한다면 '소집단 커뮤니케이션'으로 보아야 한다.

대인 커뮤니케이션은 보통 면대면 상황이기 때문에 주로 소수의 사람들 사이에서 일어난다. A라는 교수가 강의실에서 학생들에게 강의하는 것은 대인 커뮤니케이션이 될 수 있으나, 그 교수의 강의내용을 방송국이 녹화해서 방영한다면 이는 매스 커뮤니케이션으로 볼 수 있다.

멘토링은 1 : 1 커뮤니케이션 형태로 이루어지는 것을 기본으로 한다.

셋째, 대인 커뮤니케이션을 '형식'에 따라 분류할 수도 있는데 대인 커뮤니케이션을 형식에 따라 구분하면 공식적(formal)인 것과 비공식적(informal)인 것으로 나눌 수 있다. 공식적 커뮤니케이션은 교실에서의 강의나 연설, 강연 등 청중에 대한 커뮤니케이션 그리고 인터뷰나 단독 정상회담 등의 커뮤니케이션을 포함하며, 비공식적 커뮤니케이션은 일상적이고 사교적인 대화 등을 의미한다.

좁은 의미에서 대인 커뮤니케이션은 비공식적 커뮤니케이션으로 국한시키기도 한다. 예컨대 철수라는 학생이 강의에 참석했다면 공식적인 대인 커뮤니케이션의 사례이며, 철수가 강의 후 복도에서 우연히 만난 친구들과 대화를 나누었다면 비공식적인 대인 커뮤니케이션 사례이다. 멘토링은 대부분 비공식적으로 이루어지는 것을 특징으로 한다.

넷째, 대인 커뮤니케이션을 '표현수단'에 따라 분류되기도 한다. 즉 대인 커뮤니케이션은 언어적 커뮤니케이션과 비언어적 커뮤니케이션으로 구별할 수 있다. 그러나 일반적으로 대인 커뮤니케이션은 언어적 커뮤니케이션이 중심이 되었고 대인 커뮤니케이션에 대한 연구도 수사학에 집중되었다. 그러나 비언어적 커뮤니케이션은 언어적 커뮤니케이션을 보강할 뿐 아니라 그 자체로서 의미를 전달하는 중요한 표현수단이 된다.

마지막으로, 대인 커뮤니케이션을 '참여자의 성격'에 따라 분류할 수 있다. 바커(L. Barker)는 대인 커뮤니케이션에 참여하는 사람들의 성격과 목적에 따라서 대인 커뮤니케이션을 다섯 가지 유형으로 분류한다.

즉 학생과 선생 사이에 이루어지는 '학교 커뮤니케이션', 가족 구성원 간의 '가족 커뮤니케이션', 애인이나 친구 사이에 일어나는 '친교 커뮤니케이션', 문제해결을 위한 '갈등 커뮤니케이션', 기타 질문 응답 형식을 취하는 '인터뷰 커뮤니케이션'이다. 효과적인 멘토링을 위해 멘토와 멘제 사이를 성격이나 행동유형을 주어진 설문으로 자가진단(game)하여 동일성격끼리 연결해 주는 린치핀 게임, 인간의 인격가치를 평가하여 멘토와 멘제의 자기개발과 개인 목표달성의 기준으로 삼는 스타 게임, 주어진 목표 주제를 가지고 개발된 아이디어에서 실천할 수 있는 사항들을 찾는 브레인 게임이 이 범주에 속한다고 하겠다.

4. 대인 커뮤니케이션에 영향을 주는 요인들

1) 동질성과 이질성

동질성과 이질성이란 대인 커뮤니케이션을 하는 두 사람(멘토와 멘제) 사이의 사회적 거리를 뜻한다. 즉 대화를 하는 두 사람의 사회적 특성이 어느 정도 차이가 나는가를 설명하는 개념이다.

동질성이란 송신자(멘토 혹은 멘제)와 수용자(멘제 혹은 멘토)의 특성이 비슷하다는 것을 말하며, 이질성이란 특성에 차이가 있다는 것을 뜻한다. 일반적으로 동질성이 높으면 즉 교육적 수준, 사회적 지위, 경제적 수준 등이 비슷한 사람들 간에는 커뮤니케이션이 쉽게 이루어지고 이질성이 높으면 커뮤니케이션이 이루어지기 어렵다. 그러나 특정 주제에 대한 정보전달을 목표로 하는 대인 커뮤니케이션의 경우, 그 주제에 대한 지식까지도 동질성을 띠었다면 그 커뮤니케이션 자체가 별 의미가 없게 된다. 반대로 주어진 주제에 대한 지식이 너무 큰 차이가 나면 상대방을 이해시키는 데 어려움을 겪게 된다.

이런 경우 이상적인 동질성과 이질성의 정도는 사회 인구학적 특성이 동질적일수록 커뮤니케이션이 쉽게 이루어지고 특정 주제에 대한 지식은 어느 정도 이질성이 있을 때 정보전달이 효과적으로 이루어진다. 그 예로서 로저스(E. Rogers)와 슈메이커(F. Shoemaker)의 혁신전파에 관한 연구를 들 수 있다.

이들은 새로운 제품이나 아이디어의 채택이 매스미디어보다 대인 커뮤니케이션을 통해 보다 효과적으로 이루어진다고 했다. 이때 변화를 매개하는 개혁중개자(Change agent)가 이른바 의견지도자(Opinion leader)로서 대인 커뮤니케이션의 송신자가 되는데 이 의견 지도자의 지식수준이 수용자보다 한 단계 높을 때가 최적의 이질성이 되고 지식전달은 가장 효과적으로 이루어진다는 결과를 얻었다.

이들 연구의 주요내용을 요약하면 다음과 같다.
- 송신자와 수용자가 동질적일 때 커뮤니케이션은 쉽게 이루어진다.
- 송신자와 수용자가 동질적일 때 커뮤니케이션의 효과는 크게 나타난다.
- 송신자와 수용자 간의 커뮤니케이션이 효과적일수록 양자의 지식, 신념, 행위에서 보

다 큰 동질성이 나타나게 된다.
- 송신자와 수용자가 특정주제에 관하여 최적으로 이질성을 갖고 있을 때 커뮤니케이션을 통한 변화는 가장 쉽게 성취된다.
- 이질적인 커뮤니케이션은 송신자가 수용자에 대해 높은 감정이입을 가지고 있으면 보다 용이하게 이루어진다.
- 만약 송신자가 이질적 수용자에 대해 잘 모르든가 또는 자기와 동질적이라고 생각하는 경우에 커뮤니케이션은 비효과적이다.
- 이질적 커뮤니케이션일 경우 송신자가 수용자의 반응에 관심을 기울이면 보다 효과적이 된다.

이와 같이 두 사람의 속성이 동질적이냐 이질적이냐에 따라서 대인 커뮤니케이션의 효과가 달라진다고 하겠으며, 한편으론 대인 커뮤니케이션을 통해 동질성을 높일 수 있다고 하겠다.

2) 공유된 경험

대인 커뮤니케이션 효과에 영향을 주는 또 다른 요인으로서 대화자 사이의 공유된 경험을 들 수 있는데 다음과 같은 슈람(W. Schramm)의 모형이 이를 잘 설명해 주고 있다.

〈슈람의 대인 커뮤니케이션 모형〉

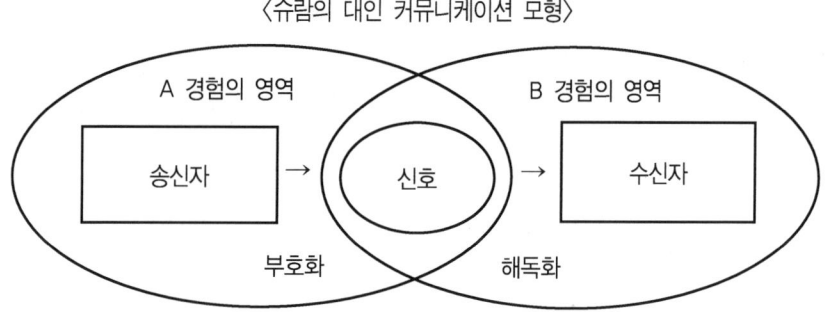

이 모델에서 슈람은 신호(signal)부분만이 송신자와 수신자 양자에 의해 공통적으로 보유되고 있는 것으로 보았다. 즉 각 원은 두 사람 사이의 경험영역을 의미하고 두 원이 겹쳐진 부분은 공통된 경험의 영역이다. 그는 송신자와 수신자 양자의 경험영역이 공유된 부분에서만 실제로 커뮤니케이션이 일어나고 있다는 개념을 소개하고 있다.

따라서 두 사람 사이에 공통된 경험영역이 넓을수록 대인 커뮤니케이션은 원만하게 이루어진다는 것이다. 이와 같은 공통된 경험의 영역은 앞에서 제시한 동질성과도 관련이 있다고 하겠다. 이 공유된 경험의 영역도 동질성과 마찬가지로 커뮤니케이션 효과를 높여주지만 한편으론 커뮤니케이션을 통하여 두 사람의 공통된 경험의 영역이 확장되기도 하는 것이다.

멘토링 활동에 있어서 멘토와 멘제 사이에 공통된 인식과 경험의 영역이 확대될 때 멘토링이 추구하는 효과는 따라서 상승하게 될 것이다.

3) 환경적 요인

대인 커뮤니케이션 효과에 영향을 줄 수 있는 요인으로 기핀(K. Giffin)과 패튼(B. Patton)이 제시한 환경요인이 있다. 이들은 환경요인을 다시 물리적 환경요인과 사회적 환경요인으로 분류하여 이것이 대인 커뮤니케이션의 효과에 어떤 영향을 주는지 살펴보았다.

물리적 환경을 보면, 연구자들은 대인 커뮤니케이션이 벌어지는 '방과 장소', '의자와 책상', '시간' 등을 들고 있다. 방과 장소는 방안의 크기와 형태, 색깔과 분위기 자체가 비언어적 커뮤니케이션 수단이 되어 의미를 전달하기도 하지만, 동시에 간접적으로 영향을 주기도 한다. 장소 역시 여러 가지 의미를 지니기 때문인데, 낯선 장소와 친숙한 장소에서의 커뮤니케이션 효과는 다를 것이다.

다음으로 의자와 책상이 어떻게 놓여있는지, 그 위치 거리 모양 등이 대인 커뮤니케이션에 영향을 줄 수 있기 때문이다. 편안한 소파 아니면 딱딱한 의자에서 커뮤니케이션을 할 때 그 결과는 다를 것이다. 시간 역시 대인 커뮤니케이션 효과에 영향을 미친다.

대화하는 시기가 적절하냐의 여부가 요인으로 작용할 수 있기 때문이다. 같은 교수가 같은 내용을 가르치더라도 오전 시간의 수업과 점심식사 후 1시경에 시작되는 수업은 큰 차이가 있을 것이다.

다음으로 대인 커뮤니케이션의 효과에 영향을 미칠 수 있는 환경적 요인으로 '사회적 상황'이 있다. 대인 커뮤니케이션이 일어날 수 있는 사회적 상황은 대략 다음과 같은 것이 있을 수 있다. 두 사람이 대화를 나누고 있는데 제3자가 나타났을 때라든가, 이야기 내용과 관계없는 사람이 옆에 있을 때 대인 커뮤니케이션의 방향은 달라진다.

다음은 대인 커뮤니케이션 참가자가 어떤 집단에 속해 있느냐에 따라 큰 영향을 받는다. 집단의 성격이나 규범이 대인 커뮤니케이션의 영역을 제한하기 때문이다.

마지막으로 한 문화의 규범과 전통, 관습은 사람들의 행동에 큰 영향을 줄뿐만 아니라 시간과 공간들에도 많은 영향을 미친다. 특히 언어의 차이는 대인 커뮤니케이션에 영향을 주는 가장 중요한 환경적 요인으로 볼 수 있다.

5. 멘토링에 있어서 참고할 만한 커뮤니케이션 모형들

멘토는 발신자 혹은 화자(Source 혹은 Speaker)이며 멘제는 수용자 혹은 청자 (receiver)로 설명할 수 있다. 앞서 설명한 바와 같이 멘토와 멘제 사이의 커뮤니케이션 (대화)은 대인 스피치 커뮤니케이션(Inter Personal Speech Communication)이다.

대인 커뮤니케이션으로서 멘토링은 멘토와 멘제 사이에 커뮤니케이션의 흐름이 어떤 형태로 이루어지느냐에 따라 그 효과도 사뭇 달라질 것이다.

대인 커뮤니케이션은 주로 다음과 같이 세 가지 형태로 이루어진다.

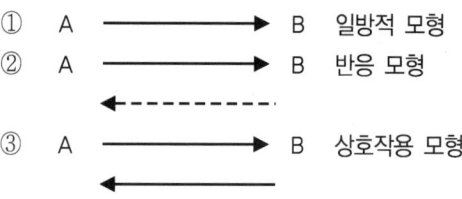

1) 일방적 모형

송신자(멘토 혹은 멘제)로부터 일방적으로 수신사(멘제 혹은 멘토)에게 전달되는 형태이다. 송신자는 수용자의 반응을 고려하지 않고 자기 생각대로 메시지를 전달한다. 이 경우는 주로 송신자와 수용자의 사회적 관계가 불균형일 때 일어난다. 예를 들면 상사가 부하에게 명령하는 경우가 여기에 속한다. 이 같은 메시지의 일방적 전달은 아리스토텔레스의 수사학 모형에서 찾아볼 수 있다.

〈아리스토텔레스의 수사학 모형〉

발언자	→	발언내용	→	청중	→	효과
Speaker		Speech		Audience		Effect

상황(Occasion)

수사학과 대인 커뮤니케이션은 양자가 모두 대면적(face to face) 상황이란 점이 공통점이지만 수사학은 상대방을 설득하는 데, 치중하는 데 비해 대인 커뮤니케이션은 설득뿐만 아니라 정보전달 및 의사표시 등 다양한 메시지를 포함한다는 점에서 차이가 있다.

2) 반응(feed back) 모형

송신자는 적극적으로 수용자에게 메시지를 전달하게 되며 수용자는 반응을 통해 자신의 의견이나 느낌 등을 비교적 소상하게 나타내게 되는 형태이다.

반응수단으로는 언어적 표현뿐 아니라 얼굴표정, 목소리, 눈빛 등과 같은 비언어적 표현도 사용된다. 그러나 수용자는 어디까지나 소극적으로 반응할 뿐 송신자와 대등한 위치에서 자신의 생각을 주고받지 못한다.

예를 들면 교수와 학생 사이의 커뮤니케이션이 여기에 속한다. 교수(멘토)는 지식을 능동적으로 전달하면서 학생의 반응을 고려하여 내용을 반복 설명한다든지 자신의 강의를 쉽게 하려고 노력하게 된다. 수용자(멘제)인 학생은 교수의 강의내용을 이해하려고 노력하면서 수시로 얼굴표정 눈빛 등 비언어적인 방법으로 어느 정도 이해했는지를 표현하게 되며 질문, 토론 등 언어적 방법을 통해 반응을 나타낸다. 그러나 학생은 수동적인 수용자의 역할을 하는 데 불과하다. 이같이 반응 모형은 두 사람 사이의 사회적 위치가 어느 정도 차이가 있을 때 주로 나타난다. 반응 모형에서 커뮤니케이션의 양은 일방적 모형보다는 많아지지만 두 사람이 동등한 입장에서 커뮤니케이션하는 경우는 적다.

〈대인 커뮤니케이션의 반응 모형〉

아이디어 Idea	부호화 Endoded	메시지 Message	해 독 Decoded	아이디어 Idea

송신자 Sender   소음 Noise   수용자 Receiver

반응 (Feed back)

※ K. Anderson의 변형된 정보이론 모형을 수정한 것임

이 모형에서 송신자는 자신이 전하고자 하는 아이디어를 부호로 바꾸어 수용자에게 전달하게 된다. 이때 사용되는 부호에는 언어, 그림, 동작 등 다양한 상징체계가 동원된다.

이때 수용자는 송신자의 뜻과는 다르게 해석할 수 도 있다. 이러한 해석의 차이는 수용자의 반응을 통해서만 파악이 가능하다. 즉 수용자(멘제)의 반응이 없이는 송신자(멘토)는 자신의 아이디어가 제대로 전달되었는지 알 수 없다. 따라서 송신자는 수용자의 반응을 고려하여 다음 메시지를 보내게 되는데 이 같은 커뮤니케이션 과정이 두 사람 사이에 계속되는 한 커뮤니케이션(대화)은 반복된다.

여기서 송신자의 아이디어가 수용자에게 그대로 전달되지 않는 경우가 발생하기도 하는데 그 이유 중 하나는 '소음' 때문이다.

소음은 주의의 소음이라든지 목소리가 작다든지 하여 커뮤니케이션 장애를 일으키는 물리적 소음과 송신자가 자기의 뜻을 제대로 표현하지 못한다든가 혹은 수용자가 송신자의 뜻을 다른 의미로 해석하는 등의 의미론적 소음이 있다.

3) 상호작용 모형

이 모형은 두 사람이 대등한 입장에서 메시지를 교환하는 형태이다. 메시지의 전달은 반응 모형에서처럼 쌍방향으로 이루어지지만 양자(멘토-멘제)가 동등한 관계에서 이루어진다는 점에 차이가 있다. 따라서 송신자와 수신자는 서로 동등한 관계에서 상대방의 반

응을 고려하면서 메시지를 교환하게 된다. 예를 들면 친구나 동료 사이의 커뮤니케이션이 여기에 속한다. 이 같은 상호작용을 잘 나타내고 있는 모형은 슈람(W. Schramm)의 상호작용 모형이다.

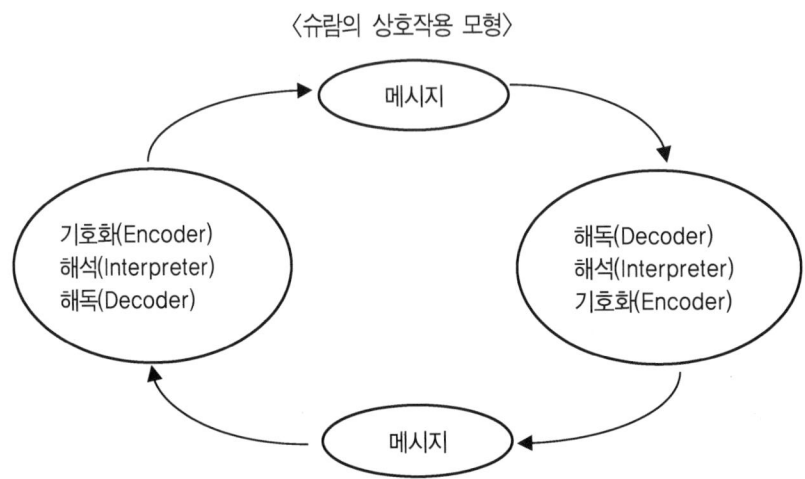

〈슈람의 상호작용 모형〉

이 모형에서는 송신자와 수용자의 뚜렷한 구별이 없으며 두 사람이 동등하게 메시지를 교환한다. 부호화(encoder)는 메시지를 상징으로 나타내는 과정이며 메시지가 전달되면 상대방은 이를 해독(decoder)하여 그 내용을 알게 된다. 다음에는 해석과정(interpreter)으로 메시지의 뜻을 파악하여 자기 나름의 의미를 부여하는 것이다. 그리고 다시 자기 생각을 메시지로 바꾸어 상대방에게 전달하게 된다. 이러한 과정은 계속 반복 일어난다.

6. 효과적 멘토링을 위해 대인 커뮤니케이션에서 고려할 사항

사람이 다른 사람과 대화를 할 때는 항상 대화의 주제(topic)가 있게 마련이고 대화의 주제는 별 의미가 없는 한담에서부터 심각한 사회문제에 이르기까지 다양하다.

그런데 대부분의 경우 사람은 주제에 대해 자기 나름대로의 지식이나 의견, 태도 등을 가지고 있다. 이러한 점은 상대방도 마찬가지이다. 따라서 이들 두 사람 간에 이루어지는 커뮤니케이션은 곧 어떤 주제에 대한 그들의 지식, 의견, 태도의 상호교환이라 하겠다.

그런데 멘토링을 진행하는 대인 커뮤니케이션에서 고려되어야 할 사항은 커뮤니케이션에 참여하는 두 사람 간의 관계이다. 평가적 차원에서 두 사람의 관계를 나눈다면 정도의 차이는 있겠지만 대부분의 경우 긍정적 혹은 좋아하는 관계이거나, 반대로 부정적 혹은 싫어하는 관계가 된다.

따라서 대인 커뮤니케이션에서는 다음과 같은 세 가지 사항이 고려된다. 멘토링 과정에 있어서도 이를 사항이 고려되어야 함은 물론이다.

첫째는 주제에 대한 자신의 지식이나 의견, 태도이고, 둘째는 주제에 대한 상대방의 지식과 의견, 태도이며, 셋째는 자신이 생각하는 상대방과의 관계가 긍정적인가 부정적인가 하는 점이다. 대체로 사람들은 자기와 의견이나 태도가 같은 사람을 좋아하는 경향이 있고, 동시에 자기가 좋아하는 사람이 자기와 다른 태도를 가지고 있음을 알게 되거나, 혹은 싫어하는 사람이 자기와 같은 태도를 가지고 있음을 알게 된다면 갈등을 느끼게 되고 심리적으로 불균형 상태에 놓이게 된다. 이와 같이 불균형상태에 놓인 사람은 균형적 상태로 돌아가려는 경향이 있는데, 이 같은 경향을 전제로 한 심리학 이론이 F. Heider의 균형이론(Balance Theory)이다.

그러나 하이더(Heider)의 균형이론은 단지 한 개인이 대화의 주제와 상대방에 대해 느끼는 심리적 상태에 초점을 맞추었을 뿐, 상대방의 심리상태는 고려하지 않았기 때문에 대인 커뮤니케이션을 설명하는 데는 부족한 점이 있다.

대인 커뮤니케이션에서는 두 사람이 모두 생각하고 변하는 존재로서 상호작용에 따라 서로를 적응해 가기 때문이다. 따라서 하이더의 이론은 대인 커뮤니케이션보다는 개인에 초점을 맞춘 개인 커뮤니케이션에 적합한 이론이라고 생각된다.

한편 Heider의 균형이론을 기초로 하여 대인 커뮤니케이션에서의 양자관계를 동시에 고려한 것으로 T. Newcomb의 모형을 들 수 있다. 그러나 Heider나 Newcomb은 두 사람 사이의 평가적 측면인 의견이나 태도에 관심을 두었고 인지적(cognitive) 측면인 지식이나 정보량은 다루지 않는 약점이 있다.

Newcomb은 Heider의 균형이론을 보충하여 A-B-X 모형을 제시했는데 이것은 상호지향성 모형(Co-orientation Model)이라고도 불린다. 여기서 상호지향성이란 두 사람이 모두 상대방에 대한 관계를 의식하고 있으며 나아가 두 사람이 서로 조화된 관계를 추구하려는 의도를 가지고 있음을 의미한다. 상호지향성 모형은 다음과 같다.

〈Newcomb의 상호지향성 모형〉

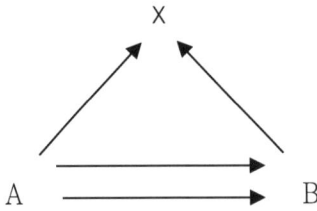

이 모형은 Heider의 모형과는 달리 A와 B가 서로 상호지향적 관계에 있음을 보여준다. 여기서 A와 B는 대인 커뮤니케이션에 참여하는 두 사람을 의미하며 X는 대화의 주제인 사건이나 현상이 된다.

상호지향성 모형이 대인 커뮤니케이션의 효과를 어떻게 설명하고 있는가를 살펴보자.

상호지향성 모형에 나타나는 개념으로는 객관적 일치도(agreement), 주관적 일치도(congruency) 및 이해의 정확도(accuracy)등 세 가지가 있는데 이러한 개념을 통해 대인 커뮤니케이션 효과는 보다 분명히 이해될 수 있다.

우선 대인 커뮤니케이션은 Newcomb의 모형에서 제시된 바와 같이 두 사람(A, B)과 대화의 주제가 되는 어떤 사건 혹은 현상(X)으로 구성된다. 즉 대인 커뮤니케이션은 두 사람이 어떤 사건(현상)X에 대해 가지고 있는 지식이나 의견, 태도를 교환하는 것이라 하겠다.

그런데 두 사람은 커뮤니케이션을 하기 전에 각기 상대방과의 관계를 근거로 하여 상대방의 지식과 의견, 태도를 알게 되고 이를 자기의 지식과 의견, 태도와 비교하여 양자 사이에 유사성이 있는지를 주관적으로 판단하게 된다. 이와 같이 특정사건(현상)X에 대한 자신의 생각과 인지된 상대방의 생각이 어느 정도 비슷한가 하는 것이 주관적 일치도(congruency)가 된다.

이러한 주관적 일치도가 Heider의 균형모델에서 중심되는 개념인 것이다.

두 사람 사이에 커뮤니케이션이 진행됨에 따라 처음에 예측했던 상대방의 지식이나 의견 및 태도와 실제로 나타난 것과는 어느 정도 차이가 있다는 것을 알게 된다.

그리고 이러한 차이를 정확도(accuracy)라고 부른다. 즉 차이가 좁을수록 정확도가 높아진다고 할 수 있으며 정확도는 얼마나 상대방을 이해했는가를 나타내주는 지표가 된다.

따라서 커뮤니케이션을 통해 나타나는 가장 큰 효과는 상대방을 이해하는 정확도의 증가라 하겠다. 멘토링에 있어서도 상대방을 이해하는 정확도는 매우 중요하다. 정확도의 정도에 따라 멘토링이 추구하는 목표 성취도가 영향을 받을 수 있기 때문이다.

한편 객관적 일치도(agreement)란 주관적 일치도와 대칭되는 개념으로 대인 커뮤니케이션을 통해 나타난 객관적인 두 사람 간의 지식, 의견, 태도의 일치 정도인 것이다.

만일 객관적으로 측정된 일치도는 높은데 서로 주관적으로 느끼는 일치도가 낮다면 이는 서로 오해를 하고 있는 상태로 커뮤니케이션을 통하여 주관적 일치도를 객관적 일치도에 접근시킬 수 있고 오해를 풀 수 있게 된다.

반대로 객관적 일치도보다 주관적 일치도가 훨씬 높다면 이는 서로 착각하고 있는 상태로 대화가 진행됨에 따라 서로의 다른 점을 알게 되고(정확도의 증가), 여기서 느끼는 불균형과 갈등을 해소하려고 커뮤니케이션의 방향이 바뀌게 된다.

여기서 자신의 생각을 상대방에 일치시키거나 상대방을 자기 생각에 맞게 설득하려는 노력이 계속되고, 이러한 노력이 결실을 보지 못한다고 판단될 때 두 사람 사이의 커뮤니케이션은 단절되는 것이다.

지금까지 나타난 연구결과를 보면 대인 커뮤니케이션을 통해 얻을 수 있는 효과는 의견이나 태도의 일치보다는 지식이나 정보의 교환이라고 한다. 그리고 커뮤니케이션은 우선적으로 상대방을 이해하는 데 도움을 주어 정확도의 증가가 우선적인 효과로 나타난다. 이러한 이해를 바탕으로 상대방과의 관계를 재정립하게 되고, 이 과정에서 일치도가 증가되든지 커뮤니케이션의 단절이 나타나게 되는 것이다. 또한 지식이나 태도의 변화에 따라 객관적 일치도도 달라지며, 이러한 과정은 대인 커뮤니케이션을 통해 계속되는 것이다.

7. 커뮤니케이션 효과를 증진시키는 커뮤니케이터의 속성

1) 커뮤니케이터의 속성

커뮤니케이션 효과를 증진시키기 위해서 커뮤니케이터는 대체로 4가지 속성을 가지고 있다.(David K. Bero)

첫째, 커뮤니케이션 기능(Skill)

둘째, 태도(Attitudes)

셋째, 지식수준(Knowledge level)

넷째, 사회 문화적 지위(Position with in a Social-Cultural System)가 그것이다.

여기서 커뮤니케이션 기능은 말하기 기능, 듣기 기능, 사고 기능을 포함한다. 멘토링에 있어서도 멘토가 어떻게 멘제와 커뮤니케이션할 것인가는 매우 중요하다.

커뮤니케이터로서의 멘토가 말하기 기능을 업그레이드시키기 위해 좋은 구두(oral) 커뮤니케이션(멘토링) 기준을 살펴보면 다음과 같다.

① 잘 선택된 토픽 - 멘토가 멘토링 과정에서 가장 주의를 기울여야 할 것은 바로 멘제의 관심을 끌게 할 수 있는 토픽을 정하는 일이다.

② 확실한 목적 - 개인 잠재력을 개발하고 인격을 갖춘 리더로 육성하는 것, 조직에서 추구하는 목표관리 등 멘토링 목적을 분명히 해야 한다.

③ 송신자(멘토 혹은 멘제)와 수신자(멘제 혹은 멘토)의 균형된 참여 - 효과적인 멘토링을 양자가 균형 있게 커뮤니케이션에 참여할 때 효과가 극대화된다.

④ 요지의 분명한 인식 - 대화의 핵심 내용이 무엇인지를 분명히 멘제에게 이해시킨 후 멘토링이 진행되어야 한다.

⑤ 숙련된 언어구사 - 상대방의 수준에 알맞은 언어를 사용하되 거부감을 주는 용어나 태도는 지양돼야 한다.

⑥ 효과적 표현 - 커뮤니케이션 목표를 달성하기 위해 상대방의 관심과 동의를 이끌어낼 수 있는 내용과 표현방법을 숙지하고 있어야 한다.

⑦ 포용성 - 상대방 입장을 이해하려는 마음이 우선되어야 한다.

듣기 기능에서 볼 때 송신자든 수신자든 대인 커뮤니케이션에서는 양자가 모두 이 기능을 중시해야 한다. 상대방의 이야기 내용을 제대로 파악하지 못하면 커뮤니케이션은 단절되거나 왜곡될 수 있다. 멘토링에 있어서도 멘토와 멘제 모두가 상대방 이야기의 수용자(청자)로서 주의를 기울여야 함은 물론이다.

대인 스피치 커뮤니케이션 수용자는

① 상대방의 음성의 해독과 지각과정(hearing)으로서 음성을 청취하게 되며

② 상대방이 말하는 메시지 내용의 수용과정(listening)으로서 말하는 내용을 청취하게 된다.

①과 ②의 차이점은 다음과 같다.

① 음성의 청취 - 커뮤니케이션 수용과 정의 수동적 측면이다.
② 내용의 청취 - 커뮤니케이션 수용과 정의 능동적 측면이다.

● 음성의 청취는 청자의 경험, 심리적 요인에 의한 변형이 없는 감각현상을 말하며, 내용의 청취는 청자의 관습, 의식적인 목적에 따라 해석되고 통제되는 심리적 과정이다. 하지만 이 둘은 연속적 과정에서 이루어지는 불가분의 관계이다.

● 내용의 청취는 화자가 전달하는 메시지의 심리적 수용과정으로서 메시지 내용에 대한 청자의 주의(attention), 지각(perception), 이해(Comprehension) 및 수용(acceptance)행위를 포함한다. 그러나 수용자는 메시지의 약 25%를 기억하며 그중에 받아들이는 것은 약 5%에 지나지 않는다고 한다.

2) 수용자(청자)의 성향

청자의 대표적인 내용청취 성향 10가지는 다음과 같다.(아이젠슨, 오이어 및 어윈-Eisenson, Auer and Irwin)

① 청자들은 그들이 믿기 원하는 바만을 듣고 믿으려는 경향이 있다.
② 청자는 자신의 기존태도와 일치하는 것만을 듣고 행동하게 된다.
③ 청자는 판에 박힌 자극에 대해 무비판적으로 판에 박힌 반응을 하는 경향이 있다.
④ 청자는 감각적인 언어에 대해 민감하게 반응하는 경향이 있다.
⑤ 청자는 반복적인 내용을 잘 받아들이는 경향이 있다.
⑥ 청자는 들은 바를 부분적으로 믿으려는 경향이 있다.
⑦ 청자는 권위 있는 사람의 말을 잘 받아들이고 그렇지 못한 사람의 말은 거부하려는 경향이 있다.
⑧ 청자는 다른 사람의 반응에 따라 내용을 받아들이는 경향이 있다.
⑨ 청자는 말을 들으면서 동시에 반응하려는 경향이 있다.
⑩ 청자는 남의 말을 비판적으로 들으려는 경향이 있다.

3) 수용자(청자)에게 영향을 미치는 요인

상대방이 말하는 내용청취에 대한 관계요인은 다음과 같다.

메시지 내용의 청취 행동 및 성향에 영향을 미치는 요인은 수용자(청자)의 지능, 태도, 독해력, 어휘력, 분석력, 흥미, 외적인 물리적 조건, 상황 등이다.

앤더슨에 의하면 청자의 연령, 성장과정, 자존심 등 내적 및 외적 통제 성격, 폐쇄적 및 개방적 성격, 성별 및 메시지를 받기 전의 마음가짐 등에 의해 내용청취 결과가 다르게 나타난다고 한다.

니콜스는 추리력, 주제에 대한 흥미, 주의력, 화자의 주장에 대한 감정 통제력, 화자에 대한 존경심, 학습능력, 장소의 환기 및 온도, 과거의 경험 등을 내용청취에 작용하는 요인으로 꼽았다.

따라서 효과적 커뮤니케이션을 하기 위해서는 다음과 같은 사항에 유의해야 한다.

● 유의점

송신자가 효과적으로 수용자와 커뮤니케이션하기 위해서는 말하기 전이나 도중에 수용자를 분석해서

① 수용자와 커뮤니케이션하게 된 이유
② 수용자의 기대
③ 주제에 대한 수용자의 지식정도와 흥미
④ 수용자의 동기 및 기존 성향 등을 파악할 필요가 있다.

수용자도 송신자와 효과적으로 커뮤니케이션하기 위해서는
① 송신자의 메시지 내용을 잘 이해하도록 노력해야 하며
② 그 내용 자체뿐만 아니라 송신자가 전달하고자 하는 의도를 분석 파악하며
③ 메시지 내용을 논리적으로 분석, 평가해서 판단하도록 해야 한다.

그리고 자신의 듣기 능력을 개발해서 사고의 속도를 증가시키며 이해력을 키워나가야 한다.

● 커뮤니케이션 효과를 증진시키는 송신자의 속성 중 태도(Attitudes)는 -자신에 대한 태도, 커뮤니케이션 주제에 대한 태도, 수용자에 대한 태도로 나눌 수 있다.

태도는 커뮤니케이션 과정에 큰 영향을 미치는데 대인 커뮤니케이션 장애요소 등은 모

두 화자(話者)와 청자(廳者)의 태도에서 연유된다고 하겠다.

이같이 대인 커뮤니케이션 효과에 작용하는 속성들을 공신력(Source Credibility)이라 한다.

4) 커뮤니케이터(멘토)2)의 점검

효과적인 커뮤니케이션(멘토링)이 이루어지기 위해서는 몇 가지 커뮤니케이터에 대한 점검이 있어야 한다.

① 마음으로 대화하라.

인간의 전인격적(지성, 감정, 의지) 마음만이 마음을 움직인다. '마음을 다하고…… 마음에 새기고……'(신명기 6: 4-6)

마음으로 대화해야(heart to heart) 수용자(청자)의 마음을 움직일 수 있다.

마음을 움직여야 삶이 변화된다. 따라서 커뮤니케이션(멘토링) 효과는 대화 상대방 마음을 움직일 때 극대화된다.

② 송신자(멘토)는 자신과 수용자(멘제)의 실체(상태)를 알아야 한다(대화 전 점검사항).
　　㉠ 멘토인 나의 정신(인격)은 어떠한가(에토스 ethos; 성격).
　　㉡ 멘토인 나는 멘제를 이해하고 있는가(파토스 pathos; 감정).
　　㉢ 멘토인 나는 말하는 내용(메시지)을 잘 인지하고 있는가(로고스 logos; 이성).

●메시지 전달의 3가지 본질(소크라테스)에 있어서 송신자(멘토)가 갖춰야 할 요소는 다음과 같다.
　ⓐ 에토스: 정신, 인격－송신자(멘토)의 신뢰성, 됨됨이는 매력의 본질이다.
　ⓑ 파토스: 정념, 동정－동일한 느낌, 남을 이해하여 그 사람과 같은 느낌을 갖는 것이다. 상대방(멘제)에게 어떻게 열정을 일으키고 감정을 다룰 것인가의 핵심정서이다. 상대방(멘제)으로 하여금 신뢰감을 갖게 하여 반응을 유발시키게 된다.
　ⓒ 로고스: 이성, 내용－메시지 내용이 충실하고 명확해야 한다.

---

2) 여기서 커뮤니케이터 송신자는 멘토로, 수용자는 멘제의 의미로 사용했다.

　　송신자(멘토)의 기본적인 역할은 수용자(멘제)로 하여금 대화하고자 하는 마음이 생기도록 원인을 제공하는 데 있다.

　　수용자(멘제)가 송신자(멘토)가 보내는 메시지(내용)를 이해하지 못했거나 듣지 않고 있다면 커뮤니케이션이 이루어졌다고 볼 수 없다. 따라서 커뮤니케이션(멘토링)의 효과는 반응으로 측정된다고 할 수 있다.

　　③ 수용자(멘제)연구는 커뮤니케이션(멘토링) 효과를 증진시킨다.
　　　　㉠ 수용자(멘제)의 성향(긍정적 or 부정적)을 파악해야 한다.
　　　　㉡ 수용자(멘제)의 당면한 환경을 알아야 한다.
　　　　㉢ 송신자(멘토)에 대해 어떤 감정을 갖고 있는가.

5) 효과적인 커뮤니케이션(멘토링) 여건은 다음과 같다.

　　① 송신자(멘토)와 수용자(멘제)의 친밀한 관계 수립
　　　　-부담 없이 의견을 교환할 수 있도록
　　② 수용자(멘제)를 알 것
　　-격려와 관심, 칭찬, 사랑으로 포용
　　③ 신뢰감을 주어라
　　④ 수용자(멘제)와 동일화하라 (멘제와 같은 나이였을 때 이야기 소재)
　　⑤ 진솔한 모습으로 대하라

6) 송신자(멘토) 스스로 자기점검해 보아야 할 사항

　　① 마음과 마음으로 커뮤니케이션(멘토링)할 자신이 있는가?
　　　　나는 그렇게 커뮤니케이션(멘토링)하고 있는가?
　　② 나는 어떤 수용자(멘제)를 가장 많이 인정하는가?(관심) 그 이유는?
　　③ 나는 어떤 수용자(멘제)의 기분, 감정, 태도에 의해 영향을 받는가?
　　　　받는다면 어떻게 영향을 받는가?
　　④ 수용자(멘제)는 멘토인 나의 이야기를 진지하게 듣는가? 그렇다면 이유는 무엇인가?

아니라면 왜 그렇다고 생각하는가?
⑤ 나는 수용자(멘제)의 형편과 욕구를 알고 있는가?

8. 멘토 / 멘제 커뮤니케이션 기술10

멘토와 멘제가 연결과 동시에 실질적인 멘토링 활동이 시작된다. 이때 가장 중요한 과제는 멘토와 멘제 간에 원활한 커뮤니케이션이 이루어져야 한다는 것이다. 즉 멘토링 활동은 단순히 회사나 업무에 대한 정보를 제공하는 차원이 아니라 원만한 대인관계를 기반으로 한 상호 학습과정이기 때문에 무엇보다 커뮤니케이션을 통해 서로의 입장을 이해하는 것이 중요하다. 그렇다면 멘토링 활동에 있어서 효과적인 커뮤니케이션 기법이란 무엇일까?

1) 먼저 멘토와 멘제 연결이 중요하다.

멘토와 멘제를 연결시키는 과정은 멘토링 프로세스의 가장 중요한 요소 중 하나이다. 이때 멘토링에 의한 시너지 효과를 극대화하기 위해서는 멘토의 강·약점과 멘제의 욕구·니즈가 적절하게 맞아야 한다. 한마디로 멘토와 멘제 간에 궁합이 맞아야 한다는 것이다. 그렇다면 멘토와 멘제의 궁합이란 무엇일까?

예를 들어 친구와 내가 맞는 사람인가를 판단하는 경우를 가정해 보자. 친구와 내가 잘 맞는다는 것은 결국 성격, 스타일, 관심사, 커뮤니케이션 스타일, 지적 수준, 직업, 가치관 등에서 공통된 분모를 찾을 수 있다는 것을 의미한다. 물론 이러한 측면이 모두 일치할 필요는 없으며 또한 공통된 부분이 100%가 될 필요도 없다. 다만 몇 가지 기준에 있어서 단 10%만 일치하더라도 그것이 상대방과 나를 연결해 주는 가교역할만 제대로 해주면 되는 것이다.

① 멘제의 의견을 존중하라
멘토와 멘제를 연결하는 방법은 다음 도표와 같이 크게 세 가지로 구분할 수 있다.

■ 멘토와 멘제의 짝짓기 방법

- 멘제가 자유롭게 멘토 후보를 지정하도록 하는 방법
  멘토 후보자 인력을 확보한 상태에서 멘제에게 3~5명 정도의 멘토 후보를 지정하게 한 후 이들과의 인터뷰를 통해 최종적으로 멘토와 멘제를 연결시키는 방법이다.
- 회사가 문서명령 등 주도적으로 연결하는 방법
  인사부서에서 멘토와 멘제의 경력 목표나 관심사를 검토한 후 가장 적합한 짝을 찾아주는 방법이다.
- 멘제의 상사가 직접 추천하는 방법
  평소 멘제를 가장 가까이서 관찰한 상사가 직접 멘토를 추천하는 방법이다.

도표에서 제시한 방법 중 회사 또는 상사가 주도하는 경우에는 가끔 부작용을 낳기도 한다. 즉, 멘토와 멘제의 성격, 능력, 기술 등을 종합적으로 고려하지 않고 일방적으로 이들을 연결할 경우 자칫 멘토링의 근본적인 목적과 어긋나 멘토링의 효과를 현저히 떨어뜨릴 수 있기 때문이다.

예를 들어 1990년 초반 UPS는 50여 명의 신입사원을 대상으로 실시한 멘토링에서 큰 실패를 경험하였다. 당시 이 회사는 신입사원의 적응화를 목적으로 멘토링을 실시했는데 회사가 의도한 만큼 멘토링 제도가 원활하게 돌아가지 않았다. 그 이유는 바로 회사가 일방적으로 멘토와 멘제를 연결했기 때문이라고 한다.

멘제에게 멘토를 선정할 권리를 일정 정도 보장해 줄 경우 멘토링을 보다 효과적으로 운영할 수 있다. 이러한 방식을 택할 경우 회사 주도의 방식에서 판단할 수 없는 세밀한 부분까지 반영할 수 있기 때문이다. 즉, 회사 주도의 연결 방식에서는 멘토나 멘제의 숨겨진 내면의 가치관이나 성향까지 고려하기가 현실적으로 어렵지만 멘제가 직접 멘토를 선택할 경우에는 상호대화를 통해 서로의 가치관이나 스타일에 적합한 상대를 선택할 수 있다.

예를 들어 야구 관람을 좋아하는 멘제가 멘토를 직접 고른다면 아마도 야구에 관심이 많거나 적어도 스포츠에 관심이 많은 멘토를 선호할 것이다. 아무래도 같은 취미나 관심사가 있으면 소위 '통하는' 관계가 될 가능성이 많기 때문이다.

이처럼 같은 취미를 갖고 있을 경우 함께 하는 시간이 늘어나기 때문에 보다 쉽게 서로에 대한 친밀감을 느낄 수 있다. 이러한 방법을 통해 멘토링 과정에서 발생할 수 있는 커뮤니케이션의 단절, 성격상의 불협화음 등의 갈등을 최소화할 수 있는 것이다.

증권회사인 찰스 슈왑(Charles Schwab)에서는 멘토링 제도의 효과적인 활용을 위해 프로그램 시행 전에 반드시 멘제에게 어떤 요건을 갖춘 사람이 멘토가 되었으면 좋겠는지에 대한 설문조사를 실시한다고 한다. 이 회사에서는 그 결과를 바탕으로 멘제가 원하는 이미지를 가지고 있는 사람을 멘토로 연결시켜 주고 있다.

반면, 멘제가 직접 멘토를 선발할 경우 소위 '끼리끼리 노는' 형국이 될 수 있다. 즉 너무 비슷한 사람끼리 연결되는 바람에 학습의 다양성을 추구할 수 없다는 단점이 생길 수 있는 것이다. 이로 인해 멘제가 폭넓은 사고나 다양한 지식·사고방식·가치관 등을 학습하지 못할 경우 멘토링의 효과가 현저히 떨어질 수밖에 없다.

이러한 단점을 극복하기 위해 다음 두 가지 방법을 고려해 볼 수 있다.

첫째, 멘제가 멘토를 직접 선정하되 서로 다른 부서 사람을 선택하도록 하는 것이다. 이 방법을 활용할 경우 멘제의 선택의 자유를 그대로 보장하면서 동시에 다양한 사람과의 상호작용도 촉진할 수 있다.

둘째, 멘제에게 회사에서 미리 확보해 놓은 멘토 인력 중에서 선택하도록 하는 것이다. 예를 들어 A유형의 멘제에게는 B유형의 멘토군을 지정해 주고 그중에서 자신의 멘토를 선택하도록 하는 것이다.

휴렛팩커드에서는 처음 멘토링 제도를 시작할 당시 회사가 일방적으로 프로젝트 매니저를 멘토로 선발해 주었다고 한다. 멘토와 멘제의 연결조건에는 어떠한 성격적 적합도도 반영되지 않았으며 단지 경험이나 업무기술 측면에서의 평가기준만을 적용했다고 한다. 그 결과 이 회사는 멘토링이 제대로 돌아가지 않는다는 사실을 알게 되었다.

결국 이 회사에서는 멘토와 멘제 연결방법에 있어서의 변화를 시도하게 되었다. 즉, 과거의 방식을 버리고 회사가 정한 멘토 인력 가운데 멘제가 자율적으로 멘토를 선발하도록 한 것이다. 또한 '멘토링 리셉션'이라는 과정을 통해 멘제의 선호도나 요구사항을 회사가 적극적으로 반영하도록 했다.

이 회사는 이러한 제도의 수정을 통해 멘토링 연결 성공률을 월등히 높일 수 있었다.

② 서로의 성격과 가치관을 검토하라

멘토멘제 상호간 성격이나 업무방식의 차이는 특히 제도적 멘토링에서 심각한 문제를 일으킬 가능성이 있다. 전통적 멘토링의 경우 서로의 성격이나 업무방식 등을 사전에 파악한 후에 관계를 형성할 것인지 여부를 결정하기 때문에 이러한 문제가 발생할 가능성이 그리 높지 않다. 그러나 인사부서나 상사의 직권으로 멘토와 멘제를 연결하는 제도적 멘토링에서는 서로에 대한 사전정보 없이 멘토링에 들어가기 때문에 앞의 사례와 같은 갈등을 초래할 위험이 매우 크다. 물론 제도적 멘토링에서도 인사부서나 상사가 멘토와 멘제의 적합도를 어느 정도 객관적인 자료를 통해 검토하지만 성격이나 취미 등 세세한 부분까지 파악하기는 사실상 힘들기 때문이다.

특히 제도적 멘토링에서 멘토와 멘제를 연결할 때에는 이들의 관계가 원만하게 이루어질 수 있도록 참여자들의 성격이나 업무방식 등을 충분히 고려해야 한다. 예를 들어 멘토와 멘제의 성격 테스트(Lynchpin game＝성격극복Tool)를 통해 성격이나 가치관 면에서 서로 상통하는지 여부를 검토해 보는 것도 좋은 방법이 될 수 있다.

실제로 효과를 높이기 위해 이들이 사전에 온라인 면담을 통해 서로의 성격이나 가치관을 충분히 이해할 수 있도록 배려하고 있다.

③ 같은 부서 vs 다른 부서 vs 직속상사

멘토와 멘제를 연결함에 있어서 같은 부서 사람으로 할 것인지 아닌지 여부는 각각의 장·단점이 있기 때문에 신중히 검토해야 할 문제이다.

우선 같은 부서 사람끼리 연결할 경우 해당 부서의 분위기나 규범, 상사의 리더십 스타일 등 다른 부서 사람들이 알 수 없는 정보를 상세히 전달해 줄 수 있다는 장점이 있다. 또 같은 업무를 담당하고 있기 때문에 해당 분야의 지식을 효과적으로 전달해 줄 수도 있다. 반면, 한정된 조직 내에서 멘토링이 이루어지기 때문에 폭넓은 인간관계를 쌓을 기회가 상대적으로 부족하다는 단점이 있다.

■ 패니매의 멘토와 멘제의 연결방법

> 패니매(Fannie Mae)의 멘토링 담당자인 세실리아 블래컷(Cecilia Blacutt)은 성공적인 멘토링 프로그램의 핵심은 '신중한 연결(Careful Matching)'에 있다고 한다. 이 회사에서 실시하는 설문조사의 주요 항목은 다음과 같다.
>
> **〈설문조사의 주요내용〉**
> ●회사의 멘토링 프로그램에 대한 귀하의 기대치(다양성 확보, 일과 생활의 균형 등)를 설명하시오.
> ●당신의 업무성과, 역량, 기술을 높이기 위해 과거 3~5년간 어떠한 노력을 기울였습니까?
> ●멘토는 어떤 능력·경험지식이 있어야 한다고 생각합니까?(가능한 구체적으로 기술)
> ●회사에 입사하여 담당했던 주요 업무는 무엇입니까?(직급, 직속상사, 근무기간 등을 포함)
> ●만일 당신이 멘토라면, 어떤 것들을 회사에 요구하겠습니까?

한편, 다른 부서 사람끼리 연결할 경우에는 부서 간 상호 인적 교류가 활발해지기 때문에 부서 간에 이해의 폭을 넓힐 수 있다는 장점이 있다. 또 다른 부서가 하는 일에 대한 이해를 높일 수 있기 때문에 업무수행에 따른 부서 간 팀워크를 강화할 수 있다. 회사 입장에서도 이처럼 부서 간 인적 네트워크가 다양하게 형성될 경우 전체적인 커뮤니케이션 수준이 높아지게 된다.

예를 들어 노포크서던의 경우 지리적으로는 같은 지역에 있으나 서로 다른 부서에서 근무하는 사람끼리 멘토링 관계를 맺어줌으로써 전사적으로 정보의 커뮤니케이션 기능을 촉진할 수 있었다고 한다.

반면, 이 경우 멘토가 멘제의 소속부서에 대한 업무방식이나 분위기, 전문적인 업무영역에 대해 정보가 부족하기 때문에 시의 적절한 조언과 지도가 어렵다는 단점이 있다. 특히 멘토가 멘제의 소속부서에 대한 안 좋은 감정이 있을 경우 멘제에게 부정적인 이미지를 심어줄 위험도 있다. 이러한 경우 멘제의 조직 만족도는 현저히 떨어질 수밖에 없다. 또한 자기 부서 일이 아니기 때문에 책임의식 또는 주인의식이 떨어져 건성으로 멘토링에 임할 가능성도 배제할 수 없다.

마지막으로 직속상사를 멘토로 선발할 경우 멘제와의 접촉빈도를 높일 수 있고 멘제가 쉽게 친근감을 느낄 수 있다는 장점이 있다. 반면, 기본적으로 업무관계로 묶여 있기 때문에 상사가 멘토링 본연의 역할을 충분히 발휘하지 못할 가능성이 있다. 아무래도 멘제 입장에서는 개인적인 사생활이나 가정문제 등을 같은 부서에 있는 직속상사에게는 일일이 털어놓을 수 없는 측면이 있기 때문이다.

또한 직속상사 입장에서도 멘제가 같은 부서의 부하직원일 경우 업무상 필연적으로 갈등이 있을 수밖에 없고 다른 직원들과의 형평성에 어긋나거나 부서 이익에 반하는 경우 멘제의 문제를 일일이 해결해 주기 힘들다는 한계가 있는 것이 사실이다.

예를 들어 멘제가 자기 적성과 장래를 위해 다른 부서로 가고 싶다거나 이직하고 싶다는 고민을 털어놓을 때 직속상사 입장에서 어떠한 결정을 내리는 것이 옳을까? 물론 부서나 회사 입장에서 꼭 필요한 인재라면 만류하는 것이 좋겠지만 멘제의 미래를 생각하면 그것만이 능사가 아니기 때문에 고민에 빠질 수밖에 없다. 이러한 경우 멘제의 장기적 성장과 발전에 도움이 되는 방향으로 조언을 해주는 것이 바람직하지만 그러한 조언을 해준다는 것이 결코 말처럼 쉽지는 않을 것이다. 이러한 어려움은 비단 같은 부서의 직속상사

뿐만 아니라 다른 부서 사람이 멘토 역할을 할 때에도 충분히 발생할 수 있다.

결국 어떤 사람을 멘토로 선발하든 그 사람은 최대한 멘제에게 도움이 되는 방향으로 결정을 내릴 수 있는 용기와 의지, 지혜를 가지고 있어야 한다는 것이 무엇보다 중요하다.

2) 멘토링 오리엔테이션으로 출발하라

멘토링 참여자들 간의 커뮤니케이션을 활성화하기 위해서는 우선 멘토링 프로그램에 대한 목적, 취지, 기대효과, 서로의 성격과 가치관, 커뮤니케이션 방법 등에 대한 사전정보를 충분히 제공해 주어야 한다. 이러한 기능을 담당하는 것이 바로 '멘토링 오리엔테이션'이다. 그냥 막연히 멘토링을 시작하기보다는 오리엔테이션을 통해 '왜 멘토링이 필요한가'에 대한 개념을 명확히 정립해 주어야 멘토링을 성공적으로 실행할 수 있다.

흔히, 업무성과가 높은 사람은 다른 사람들을 지도해 줄 자격이 충분하다고 생각하는 경향이 있다. 그러나 업무를 잘한 것과 타인을 지도하거나 코치해 주는 능력은 별개의 문제임을 명심해야 한다. 즉 말은 잘하지만 행동이 다르지 않는 사람이 있듯이 아무리 담당 업무에 능통하더라도 다른 사람에게 이에 대한 지식을 전달하는 일에는 서툴 수도 있기 때문이다. 따라서 이들이 오리엔테이션을 통해 업무지식뿐만 아니라 대인관계나 커뮤니케이션 방법에 대한 사전교육을 받을 경우 멘토링의 효과를 크게 높일 수 있다.

휴렛팩커드의 로즈빌 공장에는 약 100여 쌍이 멘토링 관계로 연결되어 있는데 이들은 하루 정도의 일정으로 워크숍에 참석하여 비디오 시청 및 시뮬레이션을 통해 멘토링에 대한 사전교육을 받는다고 한다.

또한 세계은행에서도 멘토링 활동에 들어가기 전에 이와 비슷한 워크숍을 시행하고 있다. 이 은행에서 시행하는 워크숍에서는 멘토링에 대한 개요, 멘토링 과정에서 발생할 수 있는 문제점과 대안, 대인관계 형성 방법 등에 대해 소개하며 교육 대상자들에게 이러한 내용을 철저히 숙지하도록 권고하고 있다.

그렇다면 멘토링 오리엔테이션에서 반드시 제공해야 하는 중요한 사전정보로는 어떠한 것들이 있을까?

첫째, 멘토링의 목적과 효과에 대해 명확히 주지시켜야 한다.

멘토링 참여자들에게 목적의식을 부여해야만 멘토링에 대한 관심을 높이고 활발한 활동을 유도할 수 있다. 예를 들어 신입사원의 조직 적응을 유도하는 효과적인 방법, 조직 내 계층간의 효과적인 커뮤니케이션 방법, 부서 간 신선한 정보와 지식의 교류촉진, 구성원의 조직에 대한 일체감 제고등과 같이 해당 기업이 추구하는 멘토링 목적을 분명히 전달하고 이에 대한 공감대를 확보해야 한다.

둘째, 기본적인 대인관계 형성 방법과 멘토링 프로세스에 대해 설명해야 한다.

멘토링을 처음 접하는 사람들은 낯선 상대와 관계를 맺는 것에 대한 두려움을 가지고 있는 경우가 많다. 더구나 이들이 멘토링이 어떤 단계로 진행되는지 모를 경우 이러한 불안감은 더욱 고조될 수밖에 없다. 따라서 자신을 효과적으로 소개하는 방법 등 기본적인 대인관계 형성 방법과 전체적인 멘토링 프로세스에 대한 사전정보를 반드시 제공해 주어야 한다.

셋째, 상호 커뮤니케이션 방법과 피드백 제공기술에 대한 교육이 필요하다.

대부분의 사람들이 조직 내 다른 사람과 업무이외에 장기간 긴밀한 관계를 형성하는 경우가 드물기 때문에 어떤 식으로 커뮤니케이션을 하고 피드백해야 하는지 난감해할 수 있다. 따라서 이에 대한 기술이나 요령 등을 사전에 교육할 필요가 있다.

넷째, 멘토링 과정에서 발생할 수 있는 문제 등에 대한 사전정보를 제공해야 한다.

사람과 사람의 관계에서는 항상 예상치 못했던 일들이 발생하기 마련이다. 멘토링도 예외는 아니다. 따라서 멘토링 과정에서 발생할 수 있는 문제점에 대한 충분한 설명과 그에 대한 대처방법을 사전에 철저히 설명해 주어야 한다.

한편, 멘토링 오리엔테이션은 지금까지 설명한 것처럼 실제 멘토링 활동에 필요한 정보를 제공한다는 기능 이외에 잘못된 연결을 조기에 발견하고 대체하는 기능도 포함하고 있다.

■ 멘토링 오리엔테이션에 포함되는 내용들

- 멘토링 기본원리 이해
- 멘토링의 효과와 장단점
- 멘토와 멘제의 역할과 책임
- 멘토의 활동 수칙 20
- 멘제 육성계획과 습득해야 할 역량
- 멘토와 멘제 선발 기준 및 프로세스
- 멘토링 프로세스 3(도입 활동평가)
- 멘토 / 메닛 활동촉진 3게임
- 멘토 / 멘제 효과적인 커뮤니케이션
- 멘토링 효과성 평가 기준

델타항공에서는 멘토링 프로그램을 실시하기 2~3주전에 멘토와 멘제들이 서로 만날 수 있는 오리엔테이션을 실시하고 있다. 이때 멘제는 자신에게 배정된 멘토가 적절하지 않다고 판단될 경우 교체를 요청할 수 있다. 이 회사는 이러한 제도를 통해 본격적인 멘토링 활동에 앞서 멘토와 멘제 간의 부적절한 연결을 사전에 방지함으로써 멘토링의 효과를 높일 수 있었다고 한다.

상호 학습을 통해 진행되는 멘토링에 있어서 서로에 대한 생각과 의견을 허심탄회하게 나누는 커뮤니케이션 기능은 멘토링의 성공을 좌우할 정도로 중요한 의미가 있다. 효과적인 커뮤니케이션을 위해서는 어떠한 노력이 필요할까?

3) 첫 만남의 어색함을 극복하라

원활한 커뮤니케이션을 위해서는 무엇보다 첫 만남의 어색함을 극복하는 것이 중요하다. 흔히 '척 보면 안다'라는 표현을 많이 사용하는데 이는 어떤 사람을 처음 만났을 때 몇 마디 말만 나눠보면 나에게 맞는 사람인지 아닌지를 단번에 알 수 있다는 의미 있다. 그만큼 대인관계에 있어서 첫인상이 매우 중요하다는 것을 대변해 준다.

멘토링에 있어서도 첫인상은 매우 중요한 의미가 있다. 즉, 멘토와 멘제가 처음 만났을 때 서로에 대한 호의적인 인상을 느끼지 못할 경우, 이후 멘토링 활동에 매우 부정적인 영향을 미칠 수 있다. 그렇다면 과연 첫인상은 어떠한 요인에 의해 결정되는 것일까?

심리학자들의 연구에 의하면 상대방에게 메시지를 전달함에 있어서 실질적으로 '말'이 차지하는 비중은 불과 7% 정도에 지나지 않는다고 한다. 즉, 나머지 93%는 상대방의 외모나 말투(38%) 또는 몸짓(55%) 등에 의해 전달된다는 것이다. 따라서 이러한 말 이외의 요소들을 효과적으로 활용할 경우 첫 만남의 어색함을 해소하는 데 큰 도움이 될 수 있다. 그러나 잘못 사용할 경우 오히려 부정적인 첫인상을 줄 수 있다는 점에도 주의해야 한다.

원활한 커뮤니케이션에 있어서 대화의 주제도 큰 영향을 미칠 수 있다. 즉, 처음부터 무거운 주제로 접근할 경우 반감을 살 수도 있기 때문에 가급적 처음 대화를 나눌 때에는 서로 부담 없는 편안한 주제로 시작하는 것이 바람직하다. 예를 들어 대학생활이나 일상생활에서의 에피소드나 서로의 취미나 특기, 좋아하는 음식 등이 첫 대화의 주제로 적합하다고 할 수 있다. 이러한 대화는 첫 만남의 어색함을 씻어줄 뿐만 아니라 서로의 공통점을 발견할 수 있는 기획도 되기 때문이다.

4) 서로의 기대치를 확인하라

멘토링 과정에서 원만한 관계를 형성하기 위해서는 애초에 서로에 대한 책임과 의무를 명확히 하는 것이 중요하다.

앞에서 제시한 방법들을 통해 첫 만남의 어색함을 떨쳤다면 이제 서로에 대한 기대치를 확인하는 과정을 거쳐야 한다. 우선 멘토는 멘제에게 구체적으로 무엇을 가르칠 것인가를 고민해야 하는데 기본적으로 혼자만의 생각이나 자신에게 편한 내용으로 주제를 선정하는 오류를 범하지 않도록 주의해야 한다. 즉, 충분한 대화를 통해 멘제가 진정으로 원하는 것이 무엇인지를 구체적으로 도출해 내야 한다.

이를 위해 멘토와 멘제가 번갈아 가며 아이디어를 제시하는 것도 좋은 방법이 될 수 있다. 이 경우 멘토는 절대 멘제가 말하는 중간에 말을 끊거나 평가를 내려서는 안 되며 반드시 끝까지 경청한 자신의 의견을 제시해야 한다. 그렇지 않을 경우 멘제는 처음부터 자신감과 멘토링에 대한 의욕을 잃게 될 것이다.

멘토의 역할범위에 대한 정의도 있어야 한다. 즉, 멘토의 역할을 학습 촉진자로 한정할 것인지 아니면 개인적 문제에 대한 상담·지원까지도 포함할 것인지를 결정해야 한다.

또한 시간적인 문제도 명확히 규정할 필요가 있다. 항상 지속적으로 만남을 유지할 것인지, 아니면 일정 주기를 정해 놓고 만날 것인지를 사전에 명확히 해야 한다. 이처럼 시간의 개념을 명확히 해야만 멘토와 멘제가 만남에 대비한 사전준비를 할 수 있기 때문에 멘토링을 안정적으로 이끌어갈 수 있다.

5) 멘토 코치로서의 활동을 강화하라

과거와는 달리 이제 우리에게도 '멘토'라는 말이 그리 낯설지 않은 것이 사실이다. 그러나 아직도 대부분의 직장인들은 멘토의 의미를 단순히 자신의 경력개발을 위해 일방적으로 도움을 주고 지원해 주는 관리자 역할로 한정해서 생각하는 경우가 많다.

다시 한번 강조하지만 진정한 멘토의 의미는 일장적인 조언자 역할이 아니라 광범위한 코칭활동에 있다고 보아야 한다. 즉 멘토는 멘제의 실력과 역량, 자질 개발을 위해 바람직한 행동과 노하우, 업무기술 등을 광범위하게 지도해 주는 코치 역할을 수행해야 한다는 것이다. 이러한 의미에서 '고기를 잡아주면 하루를 살지만 고기를 낚는 법을 알려주면 평생을 산다'라는 말은 멘토링의 의미를 대변하는 가장 적절한 비유라고 할 수 있다.

멘토가 멘토링 과정에서 코칭활동을 제대로 수행하기 위해서는 다음 세 가지 사항에 관심을 기울여야 한다.

첫째, 멘제에게 명확한 목표의식을 심어주어야 한다.

멘토는 멘제가 멘토링을 통해 반드시 달성해야 할 목표를 구체적으로 수립할 수 있도록 지도해 주어야 한다. 이를 위해 멘토가 수행해야 할 활동은 다음과 같다.

- 목표를 세우고 성과달성 계획을 수립하라.
- 어떤 일을 위임할 때는 사전에 구체적인 결과치를 설정하라.
- 멘제의 역량을 개발할 수 있는 계획을 수립하라.
- 성과수준을 향상시킬 수 있는 메시지를 지속적으로 전달하라.
- 향후에 달성해야 할 구체적인 행동강령을 설정하라.

둘째, 멘토가 멘토링 과정에 적극적으로 참여해야 한다.

멘토가 일방적으로 지시하지 않고, 멘제와 공동으로 목표를 수립하고 실천해 나갈 때 멘제의 자발적 몰입도를 높일 수 있다. 이를 위해 멘토가 해야 할 일은 다음과 같다.

- 멘제와 공동으로 목표를 수립하라.
- 문제해결 및 대안 마련에 있어서 멘제의 아이디어나 의견을 적극적으로 수렴하라.
- 멘제와 공동으로 육성계획을 세워라.
- 멘제에게 특정 회의를 주재하거나 코칭을 진행할 기회를 제공하라.
- 멘제 스스로 업무의 우선순위를 정하고 그 순서에 따라 업무를 진행할 기회를 제공하라.

셋째, 멘토링 계획을 실제 육성활동에 적용해야 한다.

일단, 멘토링에 대한 계획을 수립했다면 실제 멘토링 활동에 있어서도 멘제가 그러한 계획에 맞게 할 수 있도록 지도하고 지원해 주어야 한다. 다음은 그 구체적인 실행방향을 나타낸 것이다.

- 중요한 일을 효과적으로 수행하는 방법에 대해 설명하라.
- 세미나 또는 학회에 참가할 기회를 적절히 제공하라.
- 귀중한 경험이 될 수 있는 도전적인 과제를 부여하라.
- 일하는 방법을 대략적으로 설명하라. 그러나 너무 지나치게 세세한 것까지 지시하거나 명령해서는 안 된다.
- 멘제와 생각을 공유하고 지속적인 조언을 제공하라.
- 'Wait-Dont't-to' 방식을 사용하지 말라. 즉, '내 지시가 있을 때까지 기다려라'라는 말은 멘제의 주도적인 의견과 행동을 방해한다.
- 너무 조급하게 성과창출을 다그치지 말아라. 멘제에게 생각하고, 행동하고, 학습할 충분한 시간을 제공해야 한다. 멘토가 다그치면 멘제가 할 수 있는 일도 그르치고 만다.
- 일방적인 '~하라' 형식의 커뮤니케이션은 삼가라.

6) 효과적인 학습법을 활용하라

진정한 학습이란 무엇일까? 진정한 학습이란 가르치는 사람과 배우는 사람의 코드와 행동일 일치할 때 비로소 실현되는 것이다.

우리는 초등학교부터 고등학교에 이르기까지 많은 지식과 정보를 학습했지만 실제로 이러한 것들을 구체적으로 기억하는 사람은 매우 드물다. 물론 시간이 너무 지났거나 당시 관심이 없었기 때문에 주의를 기울이지 않아서 그럴 수도 있을 것이다. 그러나 학습방법이 부적절했다는 것도 결코 무시할 수 없는 이유 중 하나이다. 만일 학교에서 선생님들이 일방적으로 지식을 전달하지 않고, '왜 그런지' 또는 '어떻게 그렇게 된 것인지'에 대해 학생들과 함께 고민하고 체험해 본다면 학습효과는 놀랄 정도로 커질 것이다.

효과적인 학습법에 대해 들어본 적이 있는가? 이 법칙은 우리가 특정한 메시지를 '말'로 전달할 경우에는 상대방이 10% 정도만 기억하고 직접 시범을 보여주며 설명할 경우에는 50~60% 정도를 또 상대방과 함께 행동하면서 설명할 경우 80~90% 정도를 기억한다는 것을 의미한다.

멘토링의 효과도 이와 같은 맥락에서 생각해 볼 수 있다. 즉 구성원들의 학습효과를 높이기 위해서는 멘토가 멘제와 함께 직접 행동으로 실천하면서 지식을 전수하고 바람직한 행동을 전달해야만 멘토링의 효과를 극대화할 수 있다는 것이다. 이때 반드시 100% 완벽한 지식을 100% 완전하게 설명할 필요는 없다. 단지, 함께 하는 것만으로도 충분히 그 효과를 볼 수 있다.

이를 위해서 멘토는 멘제에게 회사에서 중요한 것이 무엇이며 업무를 수행함에 있어서 무엇을 어떻게 해야 하는지를 자연스럽게 보여주면서 멘제가 직접 체험할 수 있는 기회를 제공해 주어야 한다. 그러나 결코 이러한 작업을 너무 서둘러서는 안 된다. 즉, 멘제가 스스로 그러한 과정을 통해 서서히 느낄 수 있게끔 충분한 시간을 제공해 주어야 한다. '급히 먹는 밥이 체한다'고 했다. 억지 강요로 일방적으로 주입할 경우 멘제는 멘토가 전달하고자 하는 것의 본질적인 의미를 찾지 못할 것이다.

7) 대화의 힘을 적극적으로 활용하라

원활한 커뮤니케이션은 효과적인 '대화'에서 시작된다는 점을 명심해야 한다. 그냥 아무 생각없이 내뱉는 말들은 결코 진정한 '대화'라고 할 수 없다. 의미가 담긴 진심어린 대화를 통해서만 서로에 대한 이해와 멘토링의 학습효과를 촉진시킬 수 있다.

참고로 대화, 즉 'dialogue'란 그리스 언어인 'dia'와 'logos'에서 파생된 단어로, '의미리가 흐르는 과정(meaning flowing through)'이란 의미를 가지고 있다. 이를 토대로 '대화'라는 말의 뜻을 풀이해 보면 '상호 학습을 목적으로 말하는 것과 듣는 것의 균형을 이루는 쌍방향 커뮤니케이션'이라고 정의할 수 있다.

■ 대화의 두 가지 속성

자신을 방어하기 위한 대화	상호 학습하기 위한 대화
●논쟁하기 위해 청취	●이해하기 위해 청취
●상대방의 단점을 중심으로 말함	●다각적인 질문을 제시
●상대방에 대한 통제와 조정이 목적	●존경하고, 가치를 인정하고, 파트너로서 공생하는 것이 목적
●자신의 옳음을 입증하기 위한 대화	●학습에 대한 몰입을 촉진하기 위한 대화
●자신의 관점을 고수	●상대방의 관점을 공유하고 자신의 생각과 교환
●다른 사람을 자신에 맞춰 변화시키려 함	●다른 사람을 지원보조함
●방어, 보수	●공개, 개방

위의 도표는 대화의 두 가지 속성을 나타낸 것이다.

도표를 통해 알 수 있듯이 성공적인 멘토링의 초석이 되는 대화를 제대로 이끌기 위해서는 무엇보다 멘토나 멘제가 대화에 대한 올바른 관점을 가지고 있어야 한다. 즉, 대화는 자신을 방어하기 위해 사용하는 것이 아니라 상호 학습효과를 높이기 위해 활용하는 것이라는 개념을 명확히 정립해야 하는 것이다. 예를 들어 논쟁을 위한 대화, 일방적으로 상대방의 단점을 비방하는 대화, 무조건 자신의 의견만을 내세우는 대화는 상호 관계의 질을 높이는 데 전혀 도움이 되지 않는다.

따라서 멘토링에 있어서 대화는 멘토와 멘제가 함께 배워갈 수 있는 개방적 커뮤니케이션 분위기를 조성해 주는 '지름길' 역할을 해야 한다.

8) 질문을 적극 활용하라

우리가 평상시에 하는 대화속에서 가장 많이 사용하는 것 중 하나가 바로 '질문'이다. 질문은 주로 상대방의 생각이나 의사를 확인하거나 반대로 자신의 생각을 상대방에게 보다 명확하게 전달할 때 사용한다. 다소 평범한 이야기로 들릴 수 있지만, 질문의 내용이나 방식을 효과적으로 활용하면, 보다 풍성하고 의미 있는 커뮤니케이션이 가능하다.

커뮤니케이션 과정에서 활용할 수 있는 네 가지 질문방식과 그 유형별 사례를 살펴본다.

① 확인하는 질문

상대방의 의견이나 생각을 다시 한번 확인하는 질문방식으로 주로 다음과 같은 기능을 한다.

- 멘토와 멘제 간에 쌍방향 커뮤니케이션을 가능하게 한다.
- 멘토에게 무조건 의지하기보다는 멘제가 스스로 문제가 되는 현안에 대해 생각하게 한다.
- 멘토가 다시 한번 자신의 의견에 대해 깊이 고민하고 말할 수 있는 기회를 제공해 준다.

다음은 이러한 방식을 멘토링 과정에 적용할 수 있는 구체적인 사례들이다.

"○○에 대해 좀더 말해 주시겠어요?"
"좋아요, 그럼 그 이야기를 다시 한번 해볼까요? 언제가 편하세요?"
"상당히 흥미롭네요. ○○에 대해 그렇게 생각하는 이유를 좀더 알고 싶은데요."
"지금까지 있었던 일 중에서 가장 흥미로운 점은 무엇인가요?"
"○○에 대해 어떻게 생각하세요?"
"이번 ○○에서 어떤 것들을 배우셨나요?"

② 사전 점검을 위한 질문

사전 점검을 위한 질문은 멘제와 어떤 현안에 대해 논의하거나 과거 활동들에 대해 이야기할 때 활용할 수 있다. 예를 들어 프로젝트를 수행하면서 어려웠던 점, 동료와의 관계 등 과거 EH는 현재의 사건이나 활동에 대해 구체적으로 살펴볼 필요가 있을 때 주로 사용한다.

"지금까지 수행해 왔던 일들은 <u>무엇</u>인가요?"
"이 일을 한 지 <u>얼마나</u> 됐나요?"
"<u>누구와</u> 함께 일을 진행했나요?"
"<u>왜</u> 그런 일이 발생하게 됐죠?"

③ 논리 도출형 질문

때로는 사전 점검을 위한 질문만으로는 부족한 경우가 있다. 멘제가 갖고 있는 논리나 원천적인 생각을 이끌어내기 위해서는 다음과 같이 내재해 있는 경험이나 지식을 파악할 수 있는 깊이 있는 질문들이 필요하다.

"이번 프로젝트를 통해 <u>어떤 것</u>을 배웠나요?"
"당신은 <u>왜</u> 그러한 문제해결 방법을 사용했나요? 특별한 이유가 있나요?"
"그 일을 해결할 대안이 있나요? 있다면, <u>왜</u> 그러한 방법을 선택한 거죠?"

④ 행동 촉진형 질문
멘제가 보다 주도적으로 행동하고 책임감을 갖도록 하기 위해서는 즉각적인 실천과 행동을 촉진할 수 있는 질문이 필요하다. 이를 위해서는 질문에 '왜 그 일이 필요하고 어떤 계획으로 할 것인지' 등에 대한 내용이 담겨 있어야 한다.

"지금 하는 일의 주요 성과는 <u>무엇인가요</u>?"
"그 일을 완수하기 위해 <u>어떤</u> 일을 해야 하나요?"
"지금 제일 먼저 해야 할 일이 <u>뭐죠</u>?"
"일을 하기 위해 필요한 것이 있나요? <u>무엇을</u> 원하나요?"

9) 정기적인 만남을 유지하라

본격적인 멘토링 활동에 앞서 만남의 빈도와 유형을 미리 설정해야 한다. 만남의 주기는 멘토링의 목적에 따라 약간의 차이가 있을 수 있다. 예를 들어 역할 모델의 제시나 지식이전 등의 학습이 주요 목적이라면 한 달에 4~5번 정도가 적당할 것이다. 그러나 코치, 피드백, 개인적 고민상담까지 포함될 경우, 만남의 횟수를 이보다 늘릴 필요가 있다.
만남의 장소에 있어서도 여러 가지 변화를 꾀할 수 있다. 반드시 회사 내에서 만날 필요는 없으며, 때로는 좀더 허심탄회한 대화가 가능하도록 카페나 음식점에서 만나는 것도 좋은 방법이다.
일반적으로 멘토와 멘제가 만나는 주기나 횟수 등을 정하는 방법은 다음 두 가지로 정리해 볼 수 있다.
첫째, 멘토와 멘제가 상호 합의하에 각자의 스케줄에 따라 만나는 주기 및 장소 등을 정하는 방법이다.
둘째, 조직 또는 인사부서에서 사전에 정기적인 만남을 주선하는 방법이다.

물론 이 두 방법에는 각각의 장·단점이 있지만, 대부분의 멘토링 전문가들의 의견에 의하면 회사에서 주관하는 멘토링의 경우 조직이나 회사 차원에서 정기적인 만남을 지정하는 것(Mentoring Day 공지)이 바람직하다고 한다. 또한 그 기간은 2주 또는 한 달에 1~2회 정도가 적당하다고 한다.

휴렛팩커드의 경우 회사에서 멘토와 멘제가 만나는 주기를 미리 설정해 주고 있으며, 만나는 시간은 매 미팅시마다 2시간으로 지정해 주고 있다.

한편, 만남의 대상을 굳이 멘토와 멘제로 한정할 필요도 없다. 필요하다면 다른 참가자들의 활동을 벤치마킹할 수 있도록 모든 멘토링 참가자들을 참석시키는 것도 좋은 방법이다.

노포크서던, 델타항공, 유니온퍼시픽의 경우 분기 또는 두 달에 한 번씩 모든 멘토링 참가자들이 한자리에 모여 상호 네트워크를 형성하고 바람직한 멘토링 기법을 학습할 수 있도록 하고 있다.

10) 상호간 성공적인 마음가짐

지금까지 설명한 효과적인 커뮤니케이션에 있어서 가장 중요한 요소가 있다. 바로 멘토의 마음가짐이다. 예를 들어 멘토가 일방적으로 멘제에게 '지금부터 나는 너의 멘토가 될 것이다. 자, 한번 시작해 볼까?'라는 자세로 덤빈다면 결코 성공적으로 멘토링을 수행할 수 없다. 최대한 멘제에게 친숙하게 다가가고, 멘제의 경력이나 실력향상을 위해 진지하게 고민하는 모습을 보여주어야만 성공적으로 멘토링을 이끌 수 있는 것이다. 그렇다면 성공적인 멘토링을 위한 마음가짐이란 무엇을 말하는 것일까?

① 서로에 대한 신뢰와 몰입

서로에 대한 신뢰라는 것은 멘토와 멘제가 얼마나 많은 시간을 함께 했는지에 따라 달라진다. 즉, 멘토와 멘제가 많은 시간을 함께 할수록 서로에 대한 정보가 쌓여 그만큼 두터운 신뢰가 쌓이는 것이다.

그렇다면 몰입이라는 것은 무엇일까? 쉽게 말하면 멘제가 언제 어디서든 멘토의 도움을 받을 수 있도록 하는 것이다. 즉, 멘토에 대한 멘제의 접근 가능성이 어느 정도인지가 바로 멘토링에 있어서 '몰입'에 해당한다.

멘토링은 시간을 정해 놓고 이루어지는 활동이 아니다. 멘토에게 도움이 필요한 시간이 아침이 될 수도 있고, 저녁이 될 수도 있는 것이다. 그 시기가 언제가 되든 멘토는 멘제에게 적절한 도움을 제공할 수 있어야 한다. 물론, 멘토가 자신의 업무를 제쳐두고 대부분의 시간을 멘제에게 할애할 수는 없으며 그러한 행동이 바람직한 멘토의 모습이라고 할 수도 없다. 여기서 말하고자 하는 핵심은 실제로 그만한 시간을 투자하라는 것이 아니라 언제든지 멘제에게 몰입할 수 있는 여건과 시간적 여유를 만들겠다는 의지를 가지고 있어야 한다는 것으로 받아들이면 될 것이다.

② 인내심

멘토링 활동에 있어서 인내심만큼 중요한 것도 없다. 일단 멘토와 멘제 간에 신뢰감과 몰입이 이루어지면, 이를 지속적으로 유지하기 위해 끊임없이 인내심을 발휘해야 한다.

멘토링 초기에 멘제의 적극적인 활동을 이끌어낸다는 것은 매우 힘든 작업이다. 이때 멘토가 요구하는 방향으로 멘제가 따라와 주지 않는다고 화를 내거나 한다면 힘들게 쌓은 신뢰와 몰입이 한번에 무너질 위험이 있다. 따라서 모든 변화는 서서히 이루어지는 것이라는 마음가짐으로 멘제가 제 궤도에 오를 때까지 인내심을 가지고 기다려줘야 한다.

또한 사람마다 성향이 다르듯이 배우는 속도에도 분명한 차이가 있다는 점을 이해해야 한다. 즉, 어떤 사람은 빨리 배우는 소질이 있는 반면, 어떤 사람은 배우는 속도는 느리지만 확실한 것을 추구하는 사람도 있는 것이다. 따라서 멘토는 멘제의 학습능력을 충분히 이해하고 그에 맞는 적절한 멘토링 방법을 적용해야 한다. 다시 한번 강조하지만 멘토링은 결코 서두른다고 되는 문제가 아니다.

멘토뿐만 아니라 멘제에게도 이러한 인내심이 필요하다. 소위 'N세대'라 불리는 요즘 세대들은 인내심이 부족한 경우가 많은 것이 사실이다. 또한 쉽게 싫증을 내며 항상 새로운 것을 찾는 성향이 강하다. 그런데 문제는 이러한 성향이 인간관계에서도 드러난다는 것이다. 예를 들어 요즘 젊은이들은 사람들을 쉽게 만나고 쉽게 헤어지며, 자신이 하고 싶은 말을 마음에 담아두지 못하는 경향을 가지고 있다. 물론, 자신의 생각을 솔직하게 밝힌다는 점은 멘토링에 있어 긍정적으로 작용할 수도 있지만 그것이 상호신뢰 관계를 훼손할 정도로 지나친다면 멘토링 관계에 부정적인 영향을 미치게 된다.

③ 자기감정의 통제

멘토링 관계에서 멘토나 멘제는 모두 자신의 감정을 적절히 통제할 수 있어야 한다. 물론 사람은 감정의 동물이기 때문에 자신의 감정을 마음대로 통제한다는 것이 쉽지는 않을 것이다. 직장에서도 상사가 자신의 감정을 통제하지 못해 부하직원들이 매일같이 상사의 눈치를 보아야 하는 경우가 많이 발생한다. 이로 인해 자신의 의견을 밝히지도 못할뿐더러, 심지어는 반드시 해야 할 결제나 보고를 망설이는 경우도 있다.

멘토링 관계에서도 이러한 문제가 발생할 수 있다. 즉 멘토가 지나치게 자신의 감정을 있는 그대로 드러낼 경우 멘제가 엄청난 부담감을 느낄 수밖에 없는 것이다.

■ 신세대 인재의 특성

> 신세대들의 대표적 특성을 정리해 보면 '탈권위적' '창의적' '실리적' '자기주장이 강하다'라는 것과 15분도 참지 못한다는 의미의 '쿼터리즘', 즉 인내력 부족 등을 들 수 있다. 물론 어느 정도의 선입견도 있을 수 있지만, 여러 조사기관에서 발표한 신세대 직장관의 특성을 살펴보면 이러한 특징이 그대로 반영되고 있음을 알 수 있다.
>
> ① 탈조직화, 즉 개인주의적 가치를 추구한다.
>
> 신세대들은 조직에 대한 충성보다는 자신의 일에 더 큰 관심을 기울인다. 따라서 조직 내에서 어느 정도 자율성을 가지고 독립적으로 일하기를 원한다. 또한 한 직장에서 인정받기보다는 자신의 브랜드 가치를 높일 수 있다면 언제든지 이직할 수 있다는 가치관을 가지고 있다.
>
> ② 기성세대에 비해 변화를 수용하고 혁신을 추구하는 성향이 크다.
>
> 인터넷에 익숙한 신세대들은 그만큼 다양한 정보를 접하기 때문에 변화에 대한 적응도 빠르다. 때로는 공통 관심사를 가진 사람들끼리 모여 정보를 공유하고 새로움을 추구하며 여론을 형성하여 이를 전파하기도 한다. 따라서 이들은 개혁의지가 부족한 조직에는 만족하지 않는다.
>
> ③ 기성세대에 비해 합리적이고 민주적이다.
>
> 신세대들은 과거를 답습하는 기성세대들의 일방적이고 강제적인 업무부여 방식에 결코 동의하지 않는다. 또한 납득이 되지 않는 문제에 대해서는 언제든지 '왜?'라는 질문을 던진다. 반면, 자신이 공감하고 동의하는 일에 대해서는 누구보다 강한 열정을 보이기도 한다.
>
> ④ 자신의 의사를 자유롭게 표현하기를 원한다.
>
> 신세대들은 자신의 의사를 자유로운 방식으로 표현하기를 원한다. 만일 의사결정권자와 커뮤니케이션 통로가 막힐 경우 이들은 제도에 대한 강한 불만을 갖게 된다.

④ 적절한 피드백

멘토링에 있어서 '피드백'은 멘토의 가장 중요한 역할 중의 하나이다. 멘제가 수행하는 프로젝트나 과제에 대해 잘한 점과 좀더 개선이 필요한 부분을 명확히 알려주어야 향후 좀더 나은 방향으로 개선할 수 있기 때문이다. 그렇다면 이러한 피드백이 제도로 이루어지기 위해서는 어떠한 요건을 갖추어야 할까?

첫째, 피드백 목적에 대해 멘제와 합의를 해야 한다. 피드백의 목적이 멘제에 대한 평가나 보상보다는 멘제의 실력개발에 있음을 명확히 전달해야 한다. 즉, 멘제에게 개발이 필요한 부분이 어디인지, 이러한 피드백이 장차 경력개발에 어떠한 도움을 주는지 등에 대한 구체적인 설명과 합의가 필요하다.

둘째, 실제 행동으로 옮길 수 있는 구체적이고 실질적인 피드백을 제공해야 한다. 단순히 멘토링 결과에 대한 느낌이나 전반적인 분위기만을 전달하면 멘제가 구체적인 행동을 취하기가 어렵기 때문이다.

셋째, 피드백 결과에 대한 모니터링이 필요하다. 피드백이 일회성에 그쳐서는 안 되며, 지속적으로 멘제의 개발과정이나 실천 정도를 모니터링하겠다는 멘토의 강한 의지가 피드백 안에 담겨 있어야 한다. 멘토가 이러한 의지를 보일 때 멘제도 자기개발활동에 열정을 가지고 몰입할 수 있다.

멘토는 멘토링 결과에 대해 다음 도표와 같이 두 가지 방식의 피드백을 동시에 시행해야 한다.

첫째, 태도나 사기, 회사생활 방식 등 구체적인 지표나 결과를 산출하기 어려운 주관적 피드백이 있어야 한다.

둘째, 업무성과 등 구체적인 결과에 대한 객관적 피드백이 있어야 한다.

■ 주관적 피드백 vs 객관적 피드백

주관적 피드백의 주요 관점	객관적 피드백의 주요 관점
•태도나 사기 •조직가치나 행동규범 이행 정도 •커뮤니케이션 •리더십 방식 •타인·부문 간 협력 또는 팀워크 •창의성이나 변화 지향성 •사고와 행동의 유연성 •책임의식, 정작성실성	•업무의 재무적 성과 •업무처리 방식 •보유 기술이나 역량 •소속부서 목표의 달성도 •업무처리의 정확성·깊이·완경성 •계획력

물론 멘토링 과정이 끝난 후 멘제에 대한 최종적인 평가는 객관적 성과가 중심이 되겠지만 그러한 성과가 나오기까지의 과정도 무시할 수 없다는 점에서 주관적·객관적 피드백이 동시에 이루어져야 한다.

Part3 Mentoring Leadership

멘토링 인재개발 조직개발 수익개발 다이아몬드 리더십

여기서 멘토십(Mentorship)의 개념은 멘토링 리더십 또는 멘토 리더십을 의미하고 한 사람 멘토가 한 사람 멘제를 전인적인 개발방법으로 인격을 갖춘 차세대 리더로 세우는 일을 말한다. 아울러 리더십과 멘토십의 차별성과 시너지 효과를 아래 내용으로 요약해서 기술한다.

리더십 – 사람들(People)에게 영향력(Influence)을 발휘하여 많은 추종자들(Followers)을 얻는
    일 – 양적 평가
멘토십 – 한 사람(A Person)에게 역량(Competency)을 발휘하여 리더(A Leader)를 얻는 일 –
    질적 평가

리더십은 우선 양적으로 평가하게 됨으로 대수의 인원을 상대한다는 의미가 있으며 조직이나 담당부서의 전체 인원을 관리하게 됨으로 멀리 넓게 살필 수 있는 망원경적 리더십이나 숲에 비유되는 리더십이라 말할 수 있는 반면 멘토십은 질적으로 평가하게 됨으로 한 사람을 소중히 여기며 그 사람을 좁고 깊게 살펴야 함으로 현미경적 리더십이나 조직의 전체보다는 한 사람에 국한함으로 나무에 비유하는 리더십이라 할 수 있는 것이다.

그러나 우리가 잘못 생각한다면 두 리더십의 차별성만 부각한다면 잘못 오류에 빠질 가능성이 내포하고 있음에 주의 할 필요가 있다. 망원경과 현미경, 량과 질 관리는 조직에서 필수적인 양면임을 생각해야 한다. 그러므로 CEO의 리더십과 멘토의 멘토십을 제대로 균형 있게 적용한다면 유기체 조직을 제대로 살릴 수 있는 절호의 계기되어 인재경쟁력 확보라는 지름길을 마련할 수 있는 것이다.

1장 환경변화 멘토링 리더십 대안

> 지금까지 환경변화에서 리더십 개념에 내재되어 있는 고정관념과 이를 파괴하는 새로운 리더십 개념으로 재정립하기 위한 리더십 패러다임 전환의 방향을 살펴보고, 현재 리더십 교육이 전제하고 있는 몇 가지 가정에 비추어 리더십 교육의 문제점을 비판적으로 논의해 보았다.
>
> 여기서는 리더십 패러다임의 전환에 비추어 리더십 교육의 문제점을 극복할 수 있는 방향의 정립 및 현실적인 대안을 탐색하고 이를 위해 경영자나 현장 관리자가 발휘해야 될 4가지 개발 대안으로 멘토십(Mentorship)에 대하여 살펴보도록 하겠다.

1. 존재론적 리더십에서 관계론적 멘토십으로

우선 존재론적 리더십에서 관계론적 멘토십으로 전환시킬 필요가 있다. 개인의 리더십 역량 제고를 위한 노력에서 리더가 리더십을 발휘할 수 있는 제도적 여건과 환경을 창출하는 쪽으로 리더십 개발 전략을 개발해야 된다는 주장이다. 존재론적 리더십은 리더 개인에게 역점을 두고 개인으로서의 리더가 갖추어야 될 다양한 자질과 역량을 육성하는 데 관심이 있는 반면 관계론적 멘토십은 멘토에게 영향을 미치는 제도적 여건 조성과 인간적인 경영환경을 조성하는 데 보다 많은 관심이 있다.

이러한 관계론적 멘토십은 멘토 개인만을 고려하지 않고 멘토를 둘러싸고 있는 인간적, 환경적 변수를 종합적으로 고려하고 이들 변수들 간의 상호 영향력 관계를 고려하여 최종적으로 멘제와 인간관계 설정을 구축한다고 볼 수 있다. 특히 멘토의 역할 발휘에 영향을 미치는 인간적, 업무환경적, 제도적 조건을 변화시키고 멘토/멘제가 향후 몸담게 될 이상적인 일터(Workplace)가 갖추어야 될 다양한 요인을 조성하는 작업환경, 더 나아가 멘토와 이러한 일터와의 관계를 고려하여 멘토십 개발활동을 전개한다는 점에서 기존 리더십 역량 강화를 위한 단순 교육의 역할이 상대적으로 약화된다고 볼 수 있다.

관계론적 멘토십은 멘토와 타 리더의 리더십 발휘 여건과의 시너지 효과 차원에서 관계를 고려대상으로 검토하기도 하지만 멘토와 멘제와의 1 : 1 팀원과의 관계를 고려하여 그 개념을 이해할 수도 있다. 즉, 관계론적 멘토십은 기존의 리더십이 주로 개인의 역량을 제고시키는 데 초점을 두어 왔다면 앞으로 멘토는 멘제와 함께 고려했을 때 발현될 수 있는 협력적 관계, 예를 들면 존경과 신뢰 구축, 신바람 조성, 자부심 고취 등과 같은 공동체 중심으로 리더십 역량을 재정의 할 수도 있을 것이다. 이러한 역량은 멘토 혼자서 발휘할 수 있는 역량이 아니라 멘토가 멘제와 구성원과 함께 힘을 모아 노력할 때 발현할 수 있는 능력이라는 점에서 기존의 리더십을 개인 리더십이라고 칭할 수 있는 데 반해 멘제와 함께 팀을 이루어 발현될 수 있는 능력을 특별히 1 : 1 팀 리더십이라고 칭할 수 있다.

전통적인 리더십의 원천은 한 개인의 독자적인 능력, 자질, 역량에서 유래하지만 팀 리더십은 리더십의 원천을 멘제들 모두로부터 비롯된다는 전제와 가정을 갖고 있다. 개인 리더십은 리더 개인이 팀원의 협조와 도움 없이도 발휘할 수 있는 미래의 선견력, 판단력, 다양한 업무추진 능력 등과 같은 개인중심의 스킬을 강조한다. 반면 팀 리더십은 멘제와 함께 하지 않고는 발휘할 수 없는 리더십 역량, 예컨대 신뢰구축, 신바람조성, 1 : 1팀 파워 조성 및 일에 대한 자부심 고취 능력 등 인간관계에 역점을 둔다.

2. 단선적 리더십에서 복합적 멘토십으로

흔히 리더십 교육하면 단기 집중적인 교육이 일회성으로 끝나는 경우가 많다. 이러한 생각의 저변에는 교육은 중간에 간극이 없이 며칠 또는 몇 달 동안 연속적으로 전개되는 일회성의 의미가 내포되어 있다. 이런 패턴으로 리더십 교육이 전개되면 리더십 교육 전, 교육 중, 그리고 교육 종료 후 실천 현장과의 유기적 연계성이 부족하게 되고 결국은 리더십 교육의 결과가 실제 현장에서 발현되지 못하고 교육은 교육대로 이루어지고 현장은 여전히 리더십 부재 현상이 발생하게 된다.

교육을 통한 지식과 스킬의 습득이 효과적으로 진행되기 위해서는 교육이 시작되기 이전에 교육생들이 교육의 목적과 내용에 대한 문제의식이 전제되어야 하며, 이러한 문제의식을 심화시키거나 해결 대안을 고민할 수 있도록 교육내용이 체계적으로 구조화돼서 전달되고, 그 결과가 실천 현장에서 작용될 수 있도록 사후 조치가 동반되어야 한다. 그리고 필요하다면 수시로 다시 모여서 현장에서 직면했던 문제점을 함께 논의하고 해결 대안을 공동으로 모색하는 워크숍을 짧게 자주 가질 필요가 있다. 이렇게 되면 소집형 집합 또는 합숙교육의 실천 현장과 긴밀한 연관관계를 맺으면서 리더십 교육의 효과성을 극대화시킬 수 있을 뿐만 아니라 실제 리더십이 발휘되는 현장과 연계시켜 리더십 개발활동을 지속적으로 전개할 수 있게 된다.

교육 장면에서 이루어지는 리더십 역량 강화의 결과 실천 현장에서 그 효과를 발휘하기 위해서는 교육 장면은 가능하면 리더가 리더십을 발휘하는 상황과 여러 가지 측면에서 많은 차이가 난다면 리더가 습득한 다양한 내용과 스킬을 적용하기 어렵게 된다. 전통적인 리더십 교육이 실천 현장에서 이루어지는 리더십 개발활동과 함께 유기적으로 통합됨으로써 일회성 리더십 교육이 갖는 한계와 문제점도 어느 정도 극복할 수 있다.

그렇다면 리더십 개발활동이 실천 현장에서 구체적으로 일어나기 위해서는 어떠한 조치가 필요한가? 이 문제는 리더십 개발활동의 실천적인 지침을 마련하는 일뿐 아니라 현장 리더십의 최적의 대안인 멘토십 제도(Mentorship System)를 활용한다면 단선적인 리더십 교육에서 전인적인 삶이 소재가 되는 복합적인 멘토십으로 전환을 시도하여 실천 현장의 리더십을 강화해 볼 필요가 있다.

3. 단기적 리더십교육에서 장기적 멘토십 개발로

세 번째 대안은 리더십 교육에서 리더십 개발활동으로 완전히 전환시키는 것이다. 즉, 소집형 교육을 전제로 하지 않고 실천 현장에서 일상적인 직장생활과 함께하는 리더십을 개발하는 전략이다. 이러한 개발 방향이 성공하기 위해서는 일상적인 업무 구조나 직장생활 과정 속에 학습이 일어날 수 있도록 업무환경을 학습환경으로 재구축하는 작업이 필요하다. 업무 활동과 함께 학습과정이 하나의 통합된 구조로 설계될 필요가 있다는 말이다. 업무 활동과 독립적으로 추진하는 별개의 리더십 개발활동은 거창한 계획과 시작으로 출발하나 결국은 용두사미꼴이 되고 마는 경우가 허다하다.

그동안 한국 기업에서 OJT(on the job training)나 CDP(career development plan)가 성공적으로 정착되지 못하고 매년 유야무야 되는 경우를 보더라도 무엇 때문에 왜 반복적인 잘못을 저지르고 있는지 이해할 수 있을 것이다. 마찬가지로 실천 현장에서 리더십을 개발하는 활동을 구체적으로 명세화시키면 시킬수록 계획의 실현 가능성은 그만큼 희박하다고 볼 수 있다.

많은 부분을 리더십 개발의 주체인 개인에게 맡겨둘 필요가 있다. 여기서 최근 많은 관심을 끌고 있는 멘토링(Mentoring)을 적용해 볼 수 있다. 멘토링을 통해서 양성한 멘토(Mentor) 조직이 인간관계와 업무성과를 창출하는 데 혁혁한 공헌을 하고 있다면 당연히 멘토링에 중요한 역할을 담당했던 멘토/멘제가 조직 내에서 정당한 평가와 인사상의 공정한 대가를 받을 수 있는 여건 조성이 필요하며, 멘토링을 공식적인 조직의 지원 업무로 인정해야 한다.

단기 집중적인 리더십 교육에서 장기적인 멘토십 개발전략으로 전환되기 위해서는 리더십에 영향을 미치는 다양한 요인을 고려할 필요가 있다. 결국 멘토십은 멘토 자신이 실천 현장에서 직접 리더십을 발휘하면서 순간순간의 의사결정을 하고 자신의 의사결정의 결과를 비판적으로 성찰하는 실천 체험을 통해서 가장 잘 습득되는 것이라면 멘토십 개발은 실천 현장에서 멀리 떨어진 산 속의 연수원에서 실시할 것이 아니라 멘토십 개발과 관련된 다양한 실험이 전개될 수 있도록 멘토십 개발 환경을 조성하는 노력에 우리의 힘과 에너지를 집중하는 전략을 선택하는 방법이 필요하다. 뛰어난 멘토의 특성, 자질, 역량을 분석하고 규명해 낸 다음 교육을 통해 부족한 역량을 단기 집중적으로 쏟아 넣는 교육이 계속되는 한 느낌과 머리로 깨달음이 수반되겠지만 복잡하고 역동적인 현실 상황에서의 적용력은 현격히 떨어진다고 볼 수 있다.

멘토 교육은 이미 자기 나름대로 가치관과 신념 세계를 보유하고 있는 성인들이기에 이를 악물고 뼈를 깎는 고통, 그리고 실제로 적용하는 과정이 동반되지 않는 한 자신의 기존 가치관과 신념 체계를 변화시킬 의지가 좀처럼 발동하지 않을 뿐만 아니라 멘토십 역량이 개발되기 어렵다.

그러므로 뛰어난 리더가 갖추어야 할 뛰어난 멘토십 역량을 규명하기보다는 바람직한 일터가 갖추어야 될 요건을 규명하고 어떻게 구현해야 할 것인가를 고민하는 방법이다. 한마디로 개인을 통한 조직의 변화전략보다는 리더의 역할 변화를 일으키는 조건을 변화시켜 이를 통해 멘토 개인의 역할 변화를 이끌어내는 전략이다.

4. 평준화 리더십에서 수준별 멘토십으로

그동안 한국 기업의 인재개발 정책은 모든 영역을 골고루 잘하는 범재(凡材)를 채용하여 필요한 인재(人才)로 탈바꿈시키기 위해 많은 기업 교육, 특히 집합, 합숙 교육(Off JT)에 많은 노력과 관심을 보여 왔다.

더욱이 조직의 발전과 성패를 좌우하는 리더를 양성하기 위해서 장기적으로 6개월에서 1년 정도의 기간을 투자하는 경우도 있었다. 이러한 리더 양성과정은 경영 전반에 관한 기본 지식과 경영자로서 갖추어야 할 덕목, 안목, 식견을 집중하는 교과목을 주축으로 사업 전략의 구상 및 경영환경 변화에 적응하여 조직의 생존과 발전을 위해 리더로서 취할 수 있는 다양한 전략적 대응 방안 등을 교육시키는 과정이었다. 이러한 교육과정이 외국 사람의 눈에는 고부가가치를 수행하여야 할 중요한 위치에 있는 사람이 오랫동안 업무와 완전히 독립시켜 교육을 해야 되는지 도무지 이해할 수 없다는 것이다. 서양이 주로 해당 부문별로 필요하고 적합한 인재를 외부에서 채용하여 활용하는 전략에 치중하는 데 반해 동양은 선발이나 채용 전략보다는 조직이 요구하는 인재의 모습으로 육성하는 전략을 중시하고 있다.

이제 국제화, 개방화의 파고가 점증되고 있으며, 국경을 초월하여 한 직장 내에서도 얼마든지 다국적 보유자가 함께 일을 하게 되는 사례가 많아지고 있으며, 국제적인 기업 흡수와 합병, 전략적 제휴 등이 일상화됨에 따라 기존의 리더 양성 및 개발 전략에도 많은 변화가 예상되고 있다. 리더 한 사람을 양성하는 데 시간과 비용, 그리고 나아가 그 효과 면에서 과연 어떤 방법이 현실적으로 타당하고 비효과적인 방법인가를 따져보아야 할 것이다.

앞으로는 더욱더 신입사원과 경력사원은 물론 중견간부와 임원, 그리고 경영자까지 해당 부문별로 필요한 자격요건과 역량에 적합한 인재를 수시로 선발하고 채용하는 전략이 보다 보편화, 활성화될 것이다. 특히 평생직장 개념이 붕괴되고 평생직업관이 활성화되면서 한 사람이 평생 동안 직장을 자주 옮겨 다니는 일이 비일비재함에 따라 한 사람의 일생을 회사에서 어떻게 평준화로 인재개발 할 것인가에 대해 체계적인 계획을 수립하는 것보다는 해당업무 분야에서 핵심리더로 세울 수 있는 수준별 멘토링 인재개발 계획(Mentoring Plan)을 세워볼 필요가 있는 것이다.

2장 멘토링 리더십과 인재경쟁력

어려운 경제 환경에서 참된 기업 경쟁력이란 무엇일까? 고도성장기에는 매출지상주의의 기업이 주류를 이루었으나, 지금의 경제 정체기에는 이익률 중시의 기업이 늘고 있다. 이익률 향상을 위해서는 기존의 고객을 유지하고, 이탈을 방지하는 것이 긴요한 과제다. 이것을 실현하기 위해서는 종래와 같이 제품 품질만으로는 차별화가 어렵다. 경쟁력의 핵심은 어떻게 내적으로 구성원의 인재경쟁력의 확보와 외적으로 고객 이탈을 막아 이익률을 높일까 하는 것이다. 북미의 각 조직에서 활발하게 활용되고 있는 멘토링 리더십은 이것을 실현하는 데 큰 기여를 할 것이다.

21세기의 급변하는 경영환경 속에서 조직마다 적극적이고 능동적으로 대처하기 위해서는 리더의 새로운 역할 수행에 대한 인식은 물론, 그 역할에 부합하는 역량의 개발이 필수적이다. 정보와 지식이라는 새로운 생산요소가 중시되는 디지털 경제시대에 구성원들에게 힘과 용기를 심어주고 전문적 조언을 해주는 멘토링 리더(Mentoring leader; Mentor)가 되기란 그리 쉬운 일은 아닐 것이다.

1. 조직개발 멘토십에서 인재경쟁력

한국 기업들은 이제 거의 팀제로 전환되었다. 대부분의 조직들은 팀제가 가진 장점을 잘 활용하고 있다. 그러나 한편으로는, 팀 내에 팀원들의 직위(부장, 차장, 과장 등)가 상존하고 있고, 그 직위 때문에 역할 인식 및 수행에 다소 혼돈이 있는 것도 사실이다. 어떤 조직에서는 팀 내의 고참 또는 선임직원들이 자신들의 경험과 지식을 후배 팀원들에게 전수해 주려는 생각을 가지고는 있으나, 조직구조상 그러한 기회가 잘 주어지지 않을 뿐 아니라 스킬 또한 자신이 없다는 이유로 포기하고 만다. 의도되었건 아니건 간에, 이러한 조직은 팀장이 아닌 선임직원들에게 팀원 역할 이외의 다른 중요한 역할들을 박탈한 셈 이 되고만 것이다. 이러한 문제를 보완하기 위하여, 팀장 밑에 파트장(또는 그룹장)이라는 회사의 공식조직이 아닌 임의직책을 만들어 운영하는 팀조직도 있다. 엄밀히 말한다면 팀 제의 파행인 것이다.

팀조직은 학습조직이다. 그러나 팀장과 팀원이라는 역할만으로는 그 기능을 완전히 수 행하기가 말처럼 쉽지 않다. 왜냐하면 팀제는 팀장에게 '완전한 조직인간'이 되기를 요구하 기 때문이다. 팀 관리자이자 팀 학습의 선도자인 팀장은 팀원들의 협력이 없으면 팀 성과 를 달성할 수가 없다. 그래서 자율팀(SDWT: Self-Directed Work Team)을 이야기 한다. 그러나 자율팀이 될 만큼 팀원 모두가 성숙된 사람이라고는 할 수 없다. 그러함에 도 팀 학습 및 성장은 팀장만의 역할이어야 하는가?

멘토링 리더십(Mentoring Leadership)은 팀 목표, 팀워크, 팀 커뮤니케이션, 문제 해결, 학습 및 성장 등을 위하여 개인을 대상으로 리더십을 발휘하는 역량이다. 급변하는 경영환경에서는 조직 내에서 리더라면 누구나 멘토의 역할을 수행하여야 할 뿐만 아니라, 그 조직의 고참 또는 선임직원 또한 멘토가 되어야 한다. 그래야 팀장은 자신의 고유기 능인 '팀 성과의 관리자' 역할을 마음 놓고 수행할 수 있을 것이다. 따라서 실제적으로 조 직을 이끌고 있는 임원, 영업 지점장, 부서장, 영업소장, 팀장뿐만 아니라, 특히 조직 내 의 경험 많은 고참 또는 선임직원에게 멘토링 리더십이 더욱 요구된다.

멘토링 리더십에는 멘토링(Mentoring)의 고유 역량과 함께 다양한 팀원들로부터 협력 을 이끌어내는 조정(Coordinating) 스킬과 지위가 아닌 Personal power(즉, 영향력) 을 발휘하여 성과를 이끌어내는 카운슬링(Counseling) 스킬이 포함된다.

1) 멘토 업무의 차별화

멘토의 역할을 정의하는 하나의 방법은 다른 비슷한 두 역할과 구분 짓는 것이다. 다른 두 역할이란 코치와 관리자의 역할이다. 이 세 가지의 역할 모두는 좀더 경험이 많은 사람이 비교적 경험이 적은 사람을 대상으로 1대1의 상호작용을 하는 점에서는 유사하다. 그러나 목표와 그러한 목표를 달성하기 위한 스킬은 역할마다 다르다. 관계의 지속기간도 다양한데, 멘토링 관계가 가장 길다. 왜냐하면 멘토는 멘제의 자신에 대한 삶을 변화시키기 때문이다.

■ 역할의 차원

- 멘 토: 전인적인 삶의 조언자나 지도자다.
- 코 치: 업무수행자. 팀을 가르치는 사람. 스포츠에서 기본기를 가르치는 사람이다.
- 관리자: 감독자. 특히, 조직 단위를 책임지고 있는 사람이다.

■ 목표의 차원

- 멘 토: 멘제의 특성과 잠재력을 개발하여 **개인적인 성장**을 촉진시킨다.
- 코 치: 개인의 **업무능력 향상**과 또는 팀의 성공률을 높인다.
- 관리자: 상위 조직을 위하여 자신의 **조직의 업무성과**를 효과적으로 기능하게 한다.

■ 스킬의 차원

- 멘토: **멘제의 성장단계**에 맞춰서 지원, 도전, 또는 비전을 제시한다. 멘제의 성장단계는 멘토링 초기 단계에서 시작하여 멘제의 성장에 따라 중기, 후기, 완성기 단계로 나아가게 되고, 멘토는 멘제의 성장단계에 따라 지원기능, 도전기능, 비전기능을 적절히 배분하여 수행한다.

- 코치: 현재의 상태와 바람직한 상태와의 격차를 지적하고, '훈련을 위한 시스템적 접근방식'을 사용한다. 팀원들의 노력을 종합하기도 하고, 개인을 코치할 때에는 '한 개인의 전체적인 시스템적 관점에서 한 개인의 세세한 부분들에 주의를 기울여 **능력을 향상**시킨다.'

- 관리자: 조직의 목표를 그 조직구성원들에게 할당한다. 구성원 개별적인 **업무성과**를 감독하고 조정한다.

■ 관계의 지속기간 차원

- 멘토: 멘제가 자립하여 **리더로 성장할 때까지** 일정기간 동안 그 관계가 지속된다.

- 코치: 팀이나 개인이 바라는 수준의 **능력이 달성**할 때까지 지속된다.
- 관리자: 관리자의 역할이 조직구조 안에서 **성과가 도출**될 때까지 지속된다.

이제 멘토가 조직 내에서 중요한 역할을 하기 시작했고, 멘토링은 직원들을 개발시키는 한 수단으로 사용되게 되었다. 새로운 멘토를 훈련시키고, 훈련된 멘토들이 자신의 경험과 지식, 그리고 태도 등을 그들의 멘제에게 전달하고, 멘제를 성장시킬 수 있도록 도와주어야 할 때가 된 것이다.

많은 사람들은 멘토를 전통적인 인간관계라는 단어로만 인식할지 모른다. 그러나 멘토의 역할은 시대를 거치면서 다양한 변화를 겪어왔고, 결과적으로 멘토링의 목적도 다소 생산성 추구라는 조직의 목표에 부합하게 변화되었다고 볼 수 있다.

2) 멘토의 목적의 변화

현대의 멘토의 근본적인 목표는 멘제의 개인적인 성장을 촉진시키는 것이다. 패트리샤 크로스는 멘토링 관계를 멘제가 앞으로 나아갈 수 있게 길을 닦아주는 전통적인 멘토의 역할과 멘제가 더 유능한 여행자가 되도록 가르쳐주는 현대의 멘토의 역할을 비교하여 설명했다. 즉, 현대의 멘토는 멘제가 '할 수 있게(Facilitating)' 만들려고 한다는 것이다.

3) 멘토의 목표의 변화

그러나 멘토가 멘제가 무엇인가를 할 수 있게 만들려고 한다고 말하는 것만으로는 멘토의 목표를 정확하게 정의하지는 못한다. 멘토는 멘제에게 'Empower'한다. 힘이라는 것은 원하는 것을 얻을 수 있는 능력을 말한다. 'Empowerment'를 얻게 된 멘제들은 그들이 원하는 결과를 얻기 위하여 독립적으로 그들의 환경에 영향을 미칠 수 있다는 자신감을 얻게 된다. 발달심리학자인 위니코트의 말에 의하면 멘제는 이제 '독립적인 에이전시(自立)'를 얻게 되었다고 설명한다.

어떻게 멘토가 멘제에게 이런 변화를 불러일으킬 수 있는가? 멘제가 현재 진행 중인 상황의 문맥에서 '지속적으로 학습하게 함'으로써 그것이 가능한 것이다.

4) 성장여행의 멘토링

로렌트는 노르만과 마이클과 함께 멘토링 관계를 여행이라는 비유를 사용했다. "멘제가 학습자로서 자기개발 여행 중에 있다고 여겨지고, 멘토는 멘제가 의사결정하고 행동을 취하는 데 있어서 선생님의 역할을 하므로 이 비유는 타당하다."

딜로즈에 의하면 멘토와 멘제는 이 여행을 해 가면서 그들이 항상 나란히 걷는 것은 아니라고 하였다. 멘토는 멘제의 필요에 따라 자신의 입장을 바꾸어나간다. 어떤 때는 멘제의 표현을 듣고 그것을 반영해 줌으로써 멘제를 지원(support)하기도 하고, 어떤 때는 멘제의 행동, 동기, 태도나 지적인 가정에 도전(Chanllenge)함으로써 멘제와 대립하기도 한다. 때로는 멘제 앞으로 걸어가서 멘제가 달성할 수 있는 것이 무엇인지 그 비전(Vision)을 제시할 수도 있다. 그러나 멘토는 멘제로부터 항상 암시를 받아야 한다. 그리고 멘토는 자신의 레퍼토리에서 지원, 도전, 비전 제시의 세 가지 기능을 이끌어내어 멘토링의 성장단계(확인, 성장, 분리, 상호의존의 4단계)에서 적절히 활용해야 한다.

5) 멘토링 성공요인으로서 멘토

멘토링의 성공적 운영에 있어서 제대로 지도하고 조언해 줄 수 있는 멘토의 선정이 중요하다. 부적절한 자질과 태도를 갖고 있는 멘토의 선발은 멘제에게 부정적인 회사 이미지를 심어주거나 개발활동을 게을리할 수 있기 때문이다.

예컨대, 멘토가 신입사원을 경쟁자로 인식할 경우, 업무 지식이나 회사 방침 등을 제대로 알려주지 않을 수 있다. 또한, 업무적인 일이나 서로의 관심사와 고충에 대해 진지하게 대화하는 것을 부담스러워 하는 멘토도 있을 수 있다.

멘토는 세 가지 면에서 자질을 갖추고 있어야 한다.
첫째, 회사 방침이나 가치에 대해 충분히 이해하고 있어야 한다. 조직에 대한 올바른 가치관을 갖고 있지 않은 멘토는 자신의 편협한 관점 / 이견을 기반으로 하여 잘못된 조직 이미지를 주입시킬 수 있다. 그 결과, 각종 정치적인 소문이 팽배하거나 구성원들의 회사에 대한 충성심 저하를 초래할 수 있다.
둘째, 담당 분야에 대한 전문적 지식과 노하우를 겸비해야 한다.

셋째, 인재개발에 대한 강한 의지를 갖고 있는 사람이어야 한다. 아무리 실력이 뛰어나더라도 자신의 이익만 중시하고, 구성원들의 실력향상에는 관심이 적은 사람은 멘토로서는 적합하지 않기 때문이다.

한 예로, World Bank사를 보면, 멘토 선정 시 직속 상사는 피하도록 하며, 멘토와 멘제의 스타일이나 지적 수준 등을 종합적으로 고려하여 매칭시킨다고 한다. 또한, Kimberly-Clark사도 멘토의 선정에 심혈을 기울이고 있는데, '멘토링 경험, 해당업무 분야에 대한 전문성과 노하우, 인재육성에 대한 강한 의지'를 멘토가 갖추어야 할 핵심 자질로 삼고 있다고 한다.

2. 멘토링 리더십의 현장적용

경영환경이 급변하고 있다. 이러한 환경변화의 본질과 속성이 과거와 비교할 수 없을 정도로 새로운 본질과 속성을 띠고 있을 뿐만 아니라 리더십 패러다임도 근본적으로 전환되고 있다.

그럼에도 불구하고 위기와 난국을 타개할 리더를 양성한다는 미명하에 아직도 현실과 동떨어진 온실 안에서 리더를 양성하는 어리석음을 반복하고 있다는 사실을 비판적으로 성찰할 필요가 있다. 판과 장이 바뀌면 바뀐 판과 장에 적합한 사람이 필요하다. 경기 규칙이 바뀌면 경기하는 방식과 경기를 주도하는 코치와 감독의 역할이 근본적으로 바뀌어야 되는 것과 마찬가지로 환경이 종래의 환경과 비교가 안 될 정도로 급변하고 있다면 그러한 환경을 주도할 리더의 역할상과 갖추어야 될 역량도 전면적으로 재조명되어야 할 것이다.

그동안 리더십에 관련된 수많은 이론과 과정들이 진행되어 왔음에도 불구하고 국내 각 조직의 리더십 교육은 훌륭한 리더를 배출하는 데 성공하지 못하였다. 물론 선진기업 등 조직에서도 조직 내의 많은 리더들에 의하여 기업이 발전하기보다는 탁월한 리더십을 발휘하는 경영자들에 의하여 조직의 역량이 강화되어 온 사례가 많다.

GE의 잭 웰치(Jack Welch), 인텔(Intel)의 앤드류 그로브(Andrew S. Grove) 회장, 마이크로소프트(MicroSoft)의 빌게이츠(Bill Gates)는 탁월한 리더십을 발휘하는 경영자로 꼽히고 있다. 그러나 그들의 공통된 점은 자신의 리더십이 초우량 기업을 만들었다고 생각하지 않는다는 것이다. 이들은 한결같이 현장에서 움직이는 리더십을 강조하고 있다. 그래서 그들은 조직 내 관리자들이 현장에서 리더십을 발휘하여 자기 일터에서 권한과 책임을 강화할 수 있게끔 환경을 조성해 주고 있다.

이러한 추세와 맞물려 멘토링 리더십(Mentoring Leadership＝Mentorship)도 단순히 교육이라는 차원을 넘어서 살아 움직이는 현장 리더십(Workplace Leadership)으로 활용되어야 한다.

아래에서는 한국 기업에서 다루어지고 있는 리더십 교육의 문제점과 한계를 노정시켜 그 대안 탐색의 가능성을 타진해 보고자 한다. 여기서 제시되는 리더십 교육에 대한 비판적 논의는 다음과 같은 4가지 기본적인 전제에서 출발한다.

1) 환경요인 개선이 우선되어야 한다.

리더십은 궁극적으로 리더 개인의 역량을 육성, 개발하는 노력을 통해서 타인에 대한 영향력을 행사하는 과정이다. 문제는 리더가 리더십을 효과적으로 발휘하기 위해서는 리더십 발휘에 영향을 미치는 리더를 둘러싸고 있는 환경적 요인에 대한 고려와 적극적인 개입 노력 없이는 개인의 역량 강화에 집중되는 기존 리더십 교육은 실패로 끝날 가능성이 높다는 것이다. 이러한 관점에서 조직체의 변화는 구성원들의 역할과 그 역할의 조건을 바꾸는 데서부터 시작해야 한다. 리더는 어떤 특성과 자질을 갖추어야 되고 어떤 행동 특성을 갖추어야 되는지를 아무리 가르치더라도 리더가 발을 딛고 서 있는 현실이 여전히 종래의 제도나 시스템으로 운영된다면 리더 개인은 조직적 구조나 제도에 함몰될 수밖에 없다. 그러므로 환경요인이 개선되어야 해결의 실마리를 풀 수 있는 것이다.

2) 성인으로서 자율학습이 전제되어야 한다.

성인 학습자는 학교교육의 대상인 아동 학습자와는 다르다. 이들은 이미 오랜 조직생활과 다양한 직무 경험을 통해서 무엇이 옳고 그른지를 판단할 수 있는 가치관과 자신이 어떤 방향으로 삶을 영위할 것인지에 대한 인생관이 정립되어 있는 성숙된 학습자라고 볼 수 있다. 성숙된 학습자를 대상으로 이루어지는 리더십 교육은 타율적 교육/훈련 중심의 접근 방법보다는 성인 학습자 스스로 자신의 고정관념을 깨고, 느끼며, 자각하고, 체험하는 자율적 학습이 전제되지 않는 한 개인의 변화는 물론 조직의 변화를 기대하기 어렵다.

달걀을 누군가가 깨면 계란 프라이나 기타 계란 관련 반찬을 만드는 데 사용될 수 있다. 하지만 달걀을 스스로 깨고 나오도록 시간을 두고 기다려준다면 한 마리의 병아리라는 새 생명을 탄생하는 것에서 우리는 자신을 둘러싸고 있는 고정관념이나 변화의 필요성을 스스로 깨고 나올 수 있도록 조장할 수는 있지만 자기 스스로 깨우치지 못하고 남이 깨우쳐준다면 더이상 자신의 모습이 아님을 깨달아야 한다.

3) 현장과 교육주제가 연관되어야 한다.

기존 리더십 교육은 주로 단기간에 집중적으로 이루어진다. 이러한 단기 집중적인 리더십 교육의 주요내용은 리더가 갖추어야 할 자질이나 역량, 구체적으로 리더십 관련 전문지식이나 스킬 중심으로 편성된다. 이러한 리더십 교육의 저변에 내재되어 있는 전제는 리더십은 리더십이 실제 발휘되는 현장의 복잡한 역동성과는 무관하게 독립적으로 추출된 리더십 관련지식이나 스킬을 학습하면 현장으로 돌아가 학습된 지식이나 스킬을 적용하여 기대하는 리더의 역할을 발휘하는 것이라는 가정에 근거를 두고 있다.

대부분의 리더십 교육이 단기간에 이루어지는 것도 문제지만 리더십 교육 간 또는 리더십 교육과 현업과의 연계성 부족으로 일회성 교육으로 막을 내리는 경우가 많다는 점도 지적되어야 할 문제라고 볼 수 있다. 이러한 문제를 보완하기 위해서는 필히 리더의 작업현장과 교육주제가 연관되어져야 한다.

4) 교육현장과 작업현장의 간격이 없어야 한다.

리더십 개발 노력은 궁극적으로 리더십이 발휘되는 실천 현장에서 업무를 통해 가장 잘 습득될 수 있다. 실제 리더십이 발휘되는 상황은 역동적인 삶의 현장이다. 역동적인 삶의 현장은 리더십 교육이 이루어지는 강의상 상황과 너무도 다른 살아 있는 현장이다. 여기서는 리더십 교육을 통해 습득한 지식이나 기술, 매뉴얼적 처방 등이 일목요연하게 체계적으로 적용되기 어려운 복잡한 상황이며, 시간적 제한과 엄청난 심리적 압박감이 가중되는 고통스러운 상황이다.

일상적 관리는 업무의 정형화, 매뉴얼화가 가능하기에 자동화된 시스템으로 대체가 가능하다. 따라서 업무 현장과 격리된 상태에서 어떻게 하면 매뉴얼을 잘 따라 할 수 있을 것인지, 그리고 자동화된 시스템을 효율적으로 활용할 것인지를 교육시키고 난 이후 현장에 파견해도 소기의 성과를 거둘 수 있었다. 그러나 리더십의 본질은 복잡한 상항 분석과 대응 전략의 강구, 고뇌에 찬 결단 등이 요구되기에 어떤 특정 프로그램이나 시스템으로도 대체가 불가능하다.

복잡한 현실의 역동성에 근거하지 않는 리더십 교육은 예를 들어 걷는 것을 가르친 다음 실천 현장에서 알아서 뛰라는 식으로 이러한 교육방식은 획기적으로 변화될 필요가 있다. 역동적인 작업 현장을 감안한 리더십 교육만이 기대하는 교육의 목표를 거둘 수 있는 것이다.

3. 멘토십의 기대효과

한 사람의 멘토가 다른 사람에게 미칠 수 있는 영향력은 우리의 상상을 초월한다. 한 사람의 멘토가 가능성과 잠재력을 가진 멘제를 발견하고 제대로 멘토링를 한다면, 그 멘제가 다른 사람의 멘토가 되고 그 순 기능의 사이클이 이어져 개인의 삶이 달라지는 변화가 일어날 것으로 충분히 예측할 수 있다. 즉 멘제가 멘토라는 리더로 역할이 바뀔 때 아래와 같은 삶의 변화를 체험하게 된다. 이러한 상황을 멘토십의 5가지 기대효과라고 한다.

〔개인의 삶 변화 기대효과〕　　　　　　　〔조직의 인재경쟁력 기대효과〕

1 이기주의~이타주의 ──────────────────────── 사랑의 공동체

멘제인 남의 마음까지 포용할 수 있는 여유가 생기고 조직은 사랑의 공동체 구축에 접근한다.

2 개인중심~조직중심 ──────────────────────── 애사심발휘

멘제인 조직구성원과 협력할 수 있는 여유가 생기고 이로 인해 자연스럽게 애사심이 발휘된다.

3 지적교육~전인개발 ──────────────────────── 지식경영조성

지적 업무뿐 아니라 가지고 있는 모든 전인적인 삶이 학습 주제가 되고 조직은 지식경영의 기본 목표를 달성하게 된다.

4 조직가치~인간가치 ──────────────────────── 학습조직 구축

사내 및 시장가치를 넘어 지성과 인성이 개발 주제가 되어 인간가치가 업그레이드되고 조직은 다양한 학습조직의 분위기가 조성된다.

5 직장성공~인간성공 ──────────────────────── 인재경쟁력확보

단세포적인 평범한 직장인에서 리더로서의 위치를 확보함으로 인간성공에 가치관이 확립되고 평사원 의식에서 리더 의식으로 전환함으로 조직의 인재경쟁력 확보에 직접적인 원인을 제공하게 된다.

3장 멘토링 리더십 5단계 개발학습

멘토십은 멘토의 멘제에 대한 영향력이다. "어떻게 하면 멘제에 대한 영향력을 증가시킬 수 있는 것인가?" 그러므로 멘토십은 영향력 즉, 더 많은 영향력을 행사할수록 효과적인 멘토가 되는 것이다. 그러나 영향력에서도 좀더 구체적인 내용에 들어가 알아보면 효과적으로 활용할 수 있다. 먼저 일반적인 리더십의 5가지 발전단계에서 멘토십에 해당하는 단계를 알아보고 아울러 멘토인 자신이 어느 단계에 속에 있는가를 살펴보도록 하자.

1. 멘토십 발전 5단계 Skill

1) 리더십의 5단계(5Levels of Leadership)

단계1	지위를 통한 권리리더십 -사람들은 의무감에서 리더를 따른다.	이때 리더십은 당신에게 부여된 권한 때문에 어쩔 수 없이 따르게 된다. 대부분 사람들이 모두 1단계에 머물러 있다. 지위를 가지고 있다는 것을 리더가 되었다고 착각한다는 것이다. 결국 상사의 역할을 하는 위치를 차지했다는 것이다. 지위가 결코 리더를 만드는 것은 아니다. 사실 조직을 떠나는 사람은 직장을 떠나는 것이 아니라 상사를 떠나는 것이다. 이 단계에 머물면 머물수록 실패의 확률은 높아진다.
단계2	허용을 통한 관계리더십 -사람들은 자신들이 원해서 리더를 따른다.	좋은 관계를 유지함으로 직원들이 리더로 따르는 경우이다. 그들이 리더를 좋아하고 리더가 역시 직원을 좋아하기 때문이다. 리더라면 관계의 중요성을 인정한다. 관계가 리더십의 토대이다. 당신의 사기 진작으로 직위 이상으로 당신을 따른다. 그러나 더이상 진보하지 않으면 동기부여된 사람들은 불안감을 느낀다는 것을 주의해야 한다.

단계3	성과를 통한 결과리더십 -사람들은 당신이 조직을 위해 일구어놓은 일로 인해 당신을 따른다.	당신이 조직에서 성과를 보였기 때문이다. 리더십에 대한 신뢰성이 생겼다는 것이다. 지위와 허용과 여러분 자신뿐 아니라 조직 안에서 현실화되었다는 것을 말하는 것이다. 즉 3단계는 당신의 성과, 결과로 인해서 당신을 따른다는 것이다. 바로 성공을 감지하는 단계다.
단계4	인재개발을 통한 재생산 리더십 -사람들은 당신이 그들을 위해 행한 일로 인하여 당신을 따르게 된다.	인재를 양성하면 자신의 성공을 배가 시킬 수 있다. 당신이 그들을 위해 무언가를 했기 때문에 그 사람들은 충성심을 보인다. 이렇게 되면 당신의 꿈과 비전을 더욱 배가하게 된다. 많은 사람들이 당신의 짐을 대신 짊어져 준다.
단계5	인격을 통한 존중 리더십 -사람들은 당신의 인격과 당신이 대변하는 일을 통해서 당신을 존경한다.	사람들은 당신의 인품 때문에 당신을 따르게 된다. 1단계에서 4단계까지만 제대로 밟았다면 쉽게 이룰 수 있다. 오랫동안 많은 사람을 리드했기 때문에 더 성장해 있는 것이다. 1단계는 저절로 준 지위, 2단계는 허용의 단계 열심히 해야만 할 수 있는 것, 3단계는 생산의 단계, 당신이 조직을 위해서 한 성과가 있기 때문에 따른다. 4단계 인재개발의 단계, 리더가 자신을 위해 해준 일 때문에 따른다.

2) 리더십의 7가지 법칙(7Rules of Leadership)

법칙1: 더 높은 단계로 올라갈수록 더 오래 걸린다. 하지만 오래 걸려도 괜찮다. 하나의 과정이기 때문이다. 요즈음 사람들은 너무 빨리 뛰어넘으려고 한다. 오래 걸려도 문제될 것은 없다.

법칙2: 더 높이 올라갈수록 더 높은 수준의 헌신이 요구된다. 3단계에 있다면 서로 더 많은 헌신을 요구하게 되고 헌신도도 올라가게 된다.

법칙3: 높은 단계로 올라갈수록 리드하기가 쉬워진다. 이것은 아주 중요한 포인트이다. 리더십은 더 나아갈수록 쉬워진다. 다시 말해 4단계가 1단계보다 훨씬 쉬워진다는 뜻이다.

법칙4: 높은 단계로 올라갈수록 성공할 확률이 더욱 높아진다.

법칙5: 결코 세워놓은 하위 단계를 무시할 수 없다. 한 단계, 한 단계 올라갈수록 리더십의 깊이가 더 깊어진다는 것이다. 추락한다 해도 4단계에서는 3단계까지만 떨어진다는 것이다. 그러나 1단계에 있을 경우 떨어진다면 영원히 떨어지는 것을 의미한다.

법칙6: 리더로서 당신은 모든 사람과 같은 수준에 있지는 않다. 리더십 5단계를 배우면서 자신에게 질문하게 된다. 내 리더십의 단계는 무엇인가? 흥미로운 사실은 각각 사람들의 리더십이 각양각색이라는 것이다. 신입사원이라면 1단계일 확률이 높고 오래 근무한 사람이라면 2단계일 것이다. 근무를 오래하고 친하면서 프로젝트를 하면서 성과도 냈다면 3단계일 것이다. 다른 사람을 개발했다면 4단계일 것이다.

법칙7: 리더는 다른 리더들도 함께 높은 수준으로 올라가야 한다. 1단계는 저절로 주어지는 것. 허용의 수준에서는 관계를 맺는 것. 2-3-4단계는 열심히 노력해야만 가능한 것. 3단계는-생산, 4단계는-인재양성의 성장이다. 끝으로 5단계는 저절로 이뤄지는 것이다.

3) 리더십의 단계별 체크리스트(Step of Leadership)

이제 멘토로서 스스로 자신의 성공적인 멘토십을 단계별로 아래 체크리스트를 통해 찾아보도록 하자. 아래 5단계별 설문도구는 각 단계에서 성공하는 데 필요한 특성들이다.

NO	설문도구	4	3	2	1	0
단계1 지위를 통한 권리리더십 소계( )	나는 업무를 완전히 파악하고 있다.					
	조직의 역사를 완전히 파악하고 있다.					
	업무에 대한 분명한 책임을 지고 있다.					
	업무처리가 신속 정확하다.					
	업무에 창조적인 아이디어를 제공한다.					
단계2 허용을 통한 관계리더십 소계( )	사람을 진정으로 사랑하고 있다.					
	함께 일하는 사람을 성공토록 돕는다.					
	절차보다는 사람을 더욱 사랑한다.					
	나의 계획에 사람들을 참여시킨다.					
	까다로운 사람을 지혜롭고 처리하고 있다.					
단계3 성과를 통한 결과리더십 소계( )	목표달성을 위해 주도권을 쥐고 활동한다.					
	추진 업무 결과에 대한 책임을 진다.					
	크나큰 보상이 주어지는 일을 찾아서 한다.					
	조직의 전략과 비전을 사람들에게 이해시킨다.					
	결정하기를 두려워 않고 상황변화를 유도한다.					

단계4 인재개발을 통한 재생산 리더십 소계( )	가장 소중한 자산이 바로 사람이다.					
	사람 개발에 최우선순위를 둔다.					
	사람들이 따를 수 있는 모델이다					
	부하직원에게 성장의 기회를 준다.					
	사람들에게 리더입장에서 도움받고 있다.					
단계5 인격을 통한 존중리더십 소계( )	나를 따르는 자들이 충성스럽고 희생적이다.					
	부하직원을 지도하는 데 많은 시간을 보냈다.					
	주위 많은 사람들이 찾는 인물이 되었다.					
	사람들의 성장 모습이 가장 큰 즐거움이다.					
	한 부서를 초월해서 인정을 받는 인물이다.					
결정 현재 우수단계 ( ) 희망단계 ( )						

4장 멘토링 리더십 가치개발학습

1. 멘토의 프로필

조직개발 역할을 멘토로 이름지은 이유는 이 명칭이 조직이 처한 상황에 따라 요구되는 개인 대 개인의 관계를 가장 잘 설명하기 때문이다. 이제부터 설명할 멘토링은 중세 서유럽의 상인 및 수공업자들이 상호 부조적인 동업조합인 길드(Guild)를 통해 적용했던 방식이나, 대부분의 고전예술가들이 받았던 교육방법과 유사하다고 볼 수 있다. 전통적인 길드에는 초보자들의 발전을 위해 가르치고 도움을 준 선생들이 있었다. 고전음악, 오페라 및 발레를 공부한 예술가들의 일대기를 살펴보면, 자신을 지도해 준 이에게 감사를 표하는 경우를 자주 볼 수 있다.

위의 두 가지 예는 멘토링이 무엇인지, 그러한 과정이 어떻게 장인 및 예술가들로 하여금 완벽의 경지에 이를 수 있도록 도움을 주는지 시사하고 있다. 현 시대에도 이러한 교육을 받는 사람들은 지속적인 자기발전을 위해 명료한 기준을 추구하는 것이 그들 삶의 이유라고 생각하고, 멘토를 통해 발전적 활동을 하는 데 고무되어 있다.

멘토형 리더 알아보기

멘토의 특징

멘토는 사람들에게 열정을 불어넣는다. 그들은 이른바 아이를 위해 장난감, 놀이기구, 실험장치 등과 같은 물건을 가득 쌓아놓고 지내는 사람에 빗댈 수 있다. 그는 모든 것을 배움의 기회로 받아들인다.

멘토의 태도

- 각 개인의 지속적인 발전을 경쟁력 제고의 토대로 간주한다.
- 개별적인 능력의 차이, 배움에 대한 욕구, 학습 스타일을 고려해서 각 개인들이 발전해 나갈 수 있도록 실질적이면서도 다양한 방법을 가르쳐준다.
- 모든 직원들이 학습과 발전의 기회를 누릴 수 있도록 한다.
- 특정 개인들의 발전과 능력을 조직에 적절히 적용한다.
- 조직에 유용한 방향으로 개인적인 능력을 발전시킨다.
- 개별적인 목표를 달성시킬 수 있도록 도움을 주고 고무시킨다.
- 지속적으로 학습을 하고 능력을 최대한 발휘함으로써 자기관리를 한다.
- 목표와 기대치를 명백하게 세워두고, 실용적이고 시의 적절한 조사 자료를 활용하며, 적절한 보상, 승진 등을 통해 조직원들의 업무수행을 관리한다.
- 개인생활과 직장생활의 균형을 추구한다.

현대적 기업에서의 멘토링은 과거와는 어느 정도 형태가 달라졌다. 예를 들면 완벽에 가까울 정도로 숙달된 멘토를 찾기 힘들다는 점이다. 대부분의 멘토는 그저 숙달된 멘토의 경지에 이르기 위해 노력하고 있는 중일 뿐이다. 그러나 이것이 크게 문제될 것이 없는 이유는 멘토가 반드시 개인의 능력 향상만을 추구하는 사람은 아니기 때문이다.

멘토는 개개인의 목표에 따라 적절한 발전방법을 지원해 주는 사람들인 것이다. 아직 배움의 단계에 있는 경영자 혹은 관리자라 해도 다른 직원들의 발전을 위해 적절한 지원을 할 수 있는 것이다.

자신이 완벽한 리더의 수준에 아직 미치지 못한다고 생각하는 관리자는 다른 사람들에게 직접 동기부여를 할 수 없다고 생각할지도 모른다. 그러나 숙달된 멘토도 직원들에게 동기를 부여하거나 그들의 사기를 떨어트릴 수도 있는 상황을 만드는 사람이다. 직원들을 가르치는 선생이 되려는 것이 아니라, 새로운 학습의 기회를 찾을 수 있도록 도움을 주는 사람이다.

사람들은 언제나 여러 과정을 거쳐 발전을 하게 된다. 어떤 일에서는 초보자의 수준이지만, 또 다른 경우에는 숙달자의 수준일 수도 있다.

멘토링은 사람들이 서로에게 무엇인가를 배우는 과정이 될 수 있다. 때문에 반드시 기업에서 오래 머무른 사람이 그렇지 않은 사람을 가르쳐야 한다는 것을 의미하지는 않는다. 비록 신참이라고 하더라도 다른 사람들에게 도움을 줄 수 있는 능력을 가졌을 수도 있다.

이 장에서는 기업이 직원들에게 제공하는 업무환경의 유형과, 그것을 만들어가는 관리인의 역할에 대해 설명할 것이다. 여기서 제시하는 방법이 '비현실적'이라고 느낄 수도 있겠다. 그러나 생각해 보자. 혹시 '현실적'이라는 것을, 방해받지 않고 자신의 업무를 이행한 후, 월급을 받아 귀가하는 것만을 의미하는 것으로 잘못 이해하고 있는 것은 아닌지를. 이러한 태도가 존재하는 한 기업이 고객을 위한 가치 창조에 중점을 두게끔 하는 효율적인 경영자가 되기는 어렵다.

멘토에 의해 형성된 업무환경은 획기적인 아이디어나 의도에서 나온 것이 아니라 사람들의 헌신적이고 장기적인 노력이 모아져서 나온 것이라 할 수 있다. 조직의 높은 자리에 있다고 해서 이런 것을 명령으로 이룩할 수는 없다.

따라서 멘토는 개별적인 요구사항에 따라 조직원들의 발전에 도움을 주고, 그들로 하여금 잠재력을 발휘하도록 이끌어주는 사람이다. 잠재력과 개인의 특성을 연결짓는다고 해서 반드시 특출한 결과로 조직에 기여해야 한다는 것은 아니다.

2. 조직과 멘토십의 관계

멘토의 역할은 조직원들의 행동을 고무시키는 리더십 발휘 방식과 인재개발 분야에 초점이 맞춰져 있다. 동기를 부여한다는 것이 바로 사람들을 고무시켜 행동을 취하도록 하는 것이기 때문에, 멘토의 역할이 단순히 동기부여에만 국한되었다고 생각하기 쉽다. 그러나 나는 동기부여라는 것은 누군가에게 더 효율적인 업무수행을 하도록 자극하는 '기술'이라는 부적절한 개념에 이의를 제기하려 한다. 이 개념에서는 인재개발보다는 업무 관리에 더 큰 중점을 두고 있기 때문이다.

이러한 행동 심리에 근거한 전형적인 동기부여 '기술'은 자극을 통해 개(犬)의 반응을 유도하는 파블로프의 실험과 유사하다고 볼 수 있다.

이는 전형적으로 보상(자극)은 바람직한 결과(반응)를 유도해 내고, 처벌(자극)은 바람직하지 못한 행동(반응)을 자제시킨다고 보는 방식인 것이다.

동기부여를 기술로 보면 관리자 자신의 입장에서 직원들이 이행해 주기를 바라는 업무에만 중점을 두기 때문에 실패할 수밖에 없다. 직원들은 이와 같은 '기술'에 조종당하는 느낌을 받게 되는 것이다.

동기부여는 무엇인가를 하고 싶게 만드는 것이며, 그것은 사람의 내면을 움직여야 가능한 것이다. 자신이 원하는 대로 다른 사람들이 움직이기를 강요하는 전통적인 기술은 장기적인 영향을 미치기 힘들다. 이제 멘제들에게 초점을 맞춰 행동을 고무시켜야 한다. 이때 마음속에 '결과'를 미리 생각해 두는 것이 아니라, '멘제'에 대한 생각을 하고 있어야 한다. 이러한 차이는 쉽게 알 수 있다. 당신이 동기부여를 받았던 경험을 떠올려보자. 분명 당신에게 무엇인가를 하고 싶게 만들었던 때보다는, 기술에 의해 강제적으로 조종당했을 때의 영향이 오래가지 못했을 것이다.

동기부여는 사람과 사람 사이에 일어나는 일이다. 자신의 발전을 위해 수행할 업무가 주어지고, 노력에 대한 보상이 따라야만 성공적이라 할 수 있다. 전통적인 동기부여 기술에서는 직접적으로 영향력을 행사해야만 사람들을 움직이게 된다. 그러나 멘토는 각 직원들의 동기부여의 내적 동인을 찾아냄으로써 간접적인 도움을 줄 수 있다.

멘토는 조직원들이 새로운 지식을 터득하고 잠재된 능력을 발휘해 업무를 이행할 수 있도록 도움을 주는 방법으로 발전을 유도한다. 일단 동기부여를 받아서 하려는 의욕이 왕성해진 사람은 무엇인가를 달성하기 위한 자신만의 에너지를 가지고 있다. 그래서인지, 그런 사람들의 경우 안심이 된다는 이유로 시간이 지나면 동기부여를 하지 않고, 결국 기술적으로만 조정을 하려는 경향이 있다. 이럴 때 그의 개인적인 관심사는 전혀 고려되지 않는다. 따라서 멘토는 그 사람이 해야 하는 업무와는 상관없이 그들 안에서 스스로 개인적 동기를 끌어낼 수 있는 계기를 마련해 주어야만 한다.

내적으로 동기가 부여된 멘제들은 최선의 노력을 기울이게 마련이다. 그들은 지속적인 발전을 위해 노력하고 동기부여로 인해 더욱 높은 수준의 업무달성이 가능해지는 것이다. 대부분의 사람들은 배움의 기회를 놓치지 않으려고 한다. 그러나 다른 사람이 자신에게 무엇인가를 가르치려 들면 자신을 낮추는 것으로 간주하고 거부하게 마련이다. 회사 연수는 자신의 발전을 위한 기회가 아니라, 단지 유용할 것이라는 사측의 이유만을 강요받고 참가할 때의 느낌은 전혀 다르다. 스스로 배우려는 의지가 크면 사람들은 선택적 자기발전을 추구하지만, 배움을 지시받거나 강요받으면 내적으로는 거부하게 된다. 이러한 상황이라면, 연수를 받게 되더라도 직원들은 자신의 사고방식은 무조건 틀린 것이며, 연수는 틀린 것을 바로잡아 주기 위한 것임을 강요받는다는 느낌으로 참여를 하게 되는 것이다. 이러한 방법은 행동에 대한 열정을 키울 수가 없다.

기본적인 멘토링은 각 개인이 조직 내부의 업무 방식에 대해 배우고, 적응하며 그에 따라 업무를 수행할 수 있도록 도움을 주는 과정이며, 이러한 업무에 관련된 멘토링은 처음 입사한 직원들에게도 많은 도움을 준다. 신입사원들은 기업의 규칙에 대해 잘 알고 있는, 경험이 풍부한 사람에게서 도움을 받고 싶어 한다. 조직의 특정업무 방식과 개별적인 능력을 평가하는 과정 등에 대한 조언은 물론이고, 업무를 성공적으로 수행하기 위한 방법까지 이들에게는 아직 미지의 것이다. 그러나 지나치게 조직에의 적응만을 강조하면 역효과가 생길 수도 있다. 동기부여의 효과가 절정에 이르는 시기는 직원들이 조직의 성공에 공헌할 수 있는 잠재능력을 일깨우기 위한 학습기회가 제공되었다고 믿을 때이다.

동기부여에 대해 이 장에서는 업무관리보다는 인재개발에 중점을 두었다. 이에 대해 몇몇 관리자들은 의문을 가질 수도 있다. 이러한 동기부여의 방법이 지루하고 반복적인 업무를 행해야 하는 조직에게는 오히려 해가 된다고 보기 때문이다. 그 조직에서 유난히 자극을 받은 사람들은 다른 데서 만족감을 찾으려 할 것이기 때문이다. 다른 회사를 찾거나 직장 외의 멘토링 프로젝트에서 만족감을 추구할 수도 있다.

그러나 진정한 멘토는 개별적인 발전을 유도함으로써 다른 직장을 선택하게 되더라도, 그들이 언제 어디서라도 성공적인 삶을 누릴 수 있도록 한다. 멘토는 단 한 명의 개인을 위해서라도 위험을 감수할 의지가 있는 사람이다. 능률적인 멘토는 만약 직원이 직장을 그만두어야겠다고 결정할 때, 그 사람을 기꺼이 보내주며 독려할 수 있어야 한다. 그전에 직원들이 현 상황에서 새로운 지식을 얻고 견해를 넓히는 데 도움을 주고, 스스로가 업무

수행을 통한 의미를 찾을 수 있도록 해야 한다. 조직원들의 요구를 절대적으로 이해하고 고민하되, 특정 직원에 대해 강요를 하기보다는 개별적인 선택권을 존중해야 한다.

즉, 조직원의 개별적인 요구사항에 중점을 두어야만 회사에 이익이 될 수 있다. 이러한 태도를 통해, 멘토는 조직의 전반적인 분위기를 바꿔놓는다. 진정으로 열정적인 직원들은, 자신이 조직의 발전에 지속적으로 공헌할 수 있음을 느끼며 일할 때 더욱 고무되게 마련이다.

승진, 진급, 담당 업무의 변화 및 업무성과 평가 등은 조직생활의 일반적인 과정이다. 이런 상황을 만나면 직원들은 자신의 경력에 지장이 생길지도 모른다는 두려움에, 아직 더 배워야 한다는 자기개발 욕구를 감추기도 한다. 이때 멘토는 조직업무와 개발학습 사이의 서로 모순되는 듯한 요구를 조절할 수 있다. 항상 학습하는 조직은 이러한 개별적인 학습이 전제되어야 한다.

3. 멘토십이 추구하는 가치관
(핵심역량 – Core Competency)

동기부여는 멘토링 활동 – 12목표 프로그램 상황에서 멘토가 적용하는 가치관과 그러한 가치관을 불러오는 환경 및 조건의 영향을 받는다. 자신의 핵심가치 중 하나를 선택하여 그 가치관이 어떻게 행동을 고무시키는지를 살펴보면 동기부여와 가치관 사이의 연관성을 찾아볼 수 있다.

발전은 핵심가치관과 연결되는 행동에서 출발한다. 사람들은 자신의 핵심가치에 의거하여 살 때 자극을 받게 된다. 그런데 동기를 부여하는 방법으로 두려움을 주는 경우가 많다. 보상과 처벌을 활용하는 시스템은 두려움을 동기로 사용하고 있다고 볼 수 있다. 이는 바람직한 방법이 아니다.

능률적인 멘토라면 각 멘제의 핵심가치를 이해하고, 그것을 통해 그 사람이 발전할 수 있도록 가장 적절한 선택을 하도록 도와야 한다. 또한 핵심가치를 등한시할 만한 돌발 상황이 오더라도 이겨낼 수 있는 능력을 강화시켜야 한다. 상황과 관계없이 멘토 자신에게 핵심가치를 지탱할 수 있는 능력이 부족하다고 치자. 이 경우 자신 스스로도 또 다른 멘토에게 학습의 기회를 얻는 데 높은 가치를 둔다는 것을 보여줌으로써 효율적으로 멘제들을 리드할 수 있다.

4. 멘토십의 기술 학습법

1) 동기를 부여한다.

멘제들의 가치관을 동기부여에 연결시켜 그들의 행동을 관찰하고, 그들이 바람직한 가치관을 형성해서 행동으로 옮기도록 도움을 준다.

2) 멘제들의 자기개발 욕구를 충족시킨다.

개별적인 다양성을 고려해서 여러 가지 방법을 통해 선택적인 평가를 내린다.

3) 학습기회를 제공한다.

멘제들이 다양한 학습을 통해 유용하고 사용적인 정보와 지식을 얻는 데 필요한 인프라를 구축한다.

① 동기를 부여한다.

가. 전통적인 동기부여 방법과 가치관
당신은 어떠한 방식으로 타인에게 동기를 부여하는가? 또는 어떤 식으로 동기를 부여받는가?

대부분의 경영인들은 월급, 승진 등의 보상을 통해서라고 답한다. 그러나 이 질문에 대해 심층적으로 고민하는 멘토는 다양한 방법으로 직원들을 고무시키고 있다. 복잡한 상황에 대한 대처법을 찾아주고, 모든 직원들이 부서나 팀에 대해 대표성을 띄고 있다고 믿게 하며, 개별적 요구 혹은 부서의 요구사항에 속히 대응함으로써 활기찬 업무환경을 만들어 주고 있는 것이다.

동기를 부여해야 하는 상황이 오면 관리자는 직원들 각자의 요구사항을 우선 살펴야 한다. 시시각각 변하는 외부상황들 사이에서 내부의 개개인의 요구를 만족시킨다는 것은 관리인에게는 중대한 도전이 아닐 수 없다.

사람들은 자신이 세운 가치관을 따르려고 노력한다. 그런데 특정상황이 되면 다양한 가치관 사이에서 표류하게 된다. 동기부여는 효율적인 가치관을 형성해서 이를 만족시킬 만한 행동들을 선택하게 하는 것이라고 볼 수 있겠다. 그러나 관리자가 직원들의 가치관을 대신 결정해 줄 수는 없다. 가치관이라는 것은 어디까지 개인적인 문제이기 때문이다. 그러나 특정 가치관의 충족을 비교적 쉽거나 어렵게 만드는 조건을 창출할 수는 있다.

예를 들어, 돈은 대부분의 사람들에게 중요한 것이지만 업무성과향상을 유도하는 강력한 동기는 되지 못할 수 있다. 오히려 마음을 움직일 수 있는 가치관이 더 쉽게 행동을 유도해 낸다. 그러나 봉급에 관해 직원들이 만족하지 못할 때 업무에 대한 열정이 줄어드는 일은 부지기수이다. 돈에 대한 가치관을 충족하지 못할 경우, 다른 가치관을 뒷전에 두는 사람들이 있기 때문이다.

동기부여에 효율적이거나 반대로 열정이 줄어들게 만드는 상황에서 모두가 같은 영향을 받지는 않는다. 즉, 동일한 조건이라 해도 모든 사람들이 같은 영향을 받지는 않는다. 예를 들어, 마감 날짜에 대한 압력이 있을 때 어떤 직원들은 그에 맞춰 업무를 끝마치는 데만 모든 정열을 바칠 것이다. 반면 날짜는 지키지 못하더라도 업무 완성도를 높이기 위해 꼼꼼히 시간을 들여 일을 처리하는 사람도 있다.

개인의 가치관과 행동 역시 외부의 영향을 받아 형성되게 마련이다. 외부적인 업무성과를 향상시키기 위해 성취의 기쁨을 가치관으로 받아들이는 사람도 있다. 하지만 반대로 자신에게는 조직이 정해 준 기준에 도달할 능력이 부족하다고 생각해 열정을 잃어버리거나 변명을 늘어놓기에 바쁜 사람도 있다.

그 외에도 여러 가지 조건들이 가치관에 영향을 줄 수 있다. 몇몇 직원들은 경쟁 압력에 고무되어 성취의 동기를 느끼는 반면, 혹자들은 이러한 압력을 두려워하며 그저 어떻게라도 살아남아야 한다는 절박감만 있을 수도 있다.

동기부여에 있어 내적 근거는 외부 영향력보다 더욱 강력하다. 개인의 발전은 언제나 자기 인식이 분명하고 자신의 능력 및 행동에 대한 확신이 있어야 가능하다. 바로 이러한 방식으로 사람들은 자신이 열망하는 결과 혹은 결론에 도달하고, 지향하는 가치관과 행동을 일치시키고 있다. 발전할 수 있다는 가능성은 우리로 하여금 완벽한 내적 동기부여를 추구하도록 한다. 외부 조건들이 특정방식의 행동을 개인에게 요구한 것이 아니라 스스로 선택했기에 발전이 가능한 것이다. 단, 무의식적인 행동은 진정으로 원하는 행동이 아닐 수도 있다.

이러한 맥락에서 멘토는 구체적으로 다음 세 가지 일을 수행해야 한다.
멘제가 자신의 행동과 그에 따른 결과에 대해 '객관적인' 정보를 얻을 수 있도록 적절한 평가를 내려준다.
멘제의 가치관과 행동에 영향을 줄 수 있는 환경을 조성한다.
멘제가 외부 조건에 더욱 효율적으로 대처하고, 바람직한 가치관과 행동을 선택할 수 있도록 개별적인 발전을 가능하게 한다.

나. 영향력 있는 가치관의 힘

동기부여를 위한 전통적인 접근법은 상벌에만 중점을 둘 뿐, 조직원의 의식에는 별로 주목하지 않는다. 그저 자극을 주면 자동적으로 어떠한 행동이 나타나는지만 살핀다. 이 과정에서 의식적인 사고는 필요하지 않다. 사람들은 상은 받고 벌은 피하는 방법을 따라 행동하게 마련이다. 이러한 식으로 외부에서 설정한 상벌제도는 상대적으로 영향력이 적을 수밖에 없다. 만약 그렇지 않다면, 아무도 저조한 업무실적으로 해고되지 않았을 것이며, 모든 사람들이 기업이 제공하는 재정적 보상을 받기 위해 노력할 것이다.

보상은 개인적인 열망 혹은 성공기준과 조화를 이루어야만 동기를 부여할 수 있다. '처벌'은 외적으로는 효율적인 것처럼 보일 수도 있다. 하지만 그것이 '자발적인' 것이고, 자신이 시도했던 바에 실패하여 처벌을 받고 난 후 각오를 다졌을 때에야 진정 효과적인 것이다. 대부분 처벌은 누군가가 어떠한 일에 실패하였을 때 위협으로 많이 사용하곤 한다.

정말 처벌은 효율적인 것일까? 처벌을 피하기 위해 업무를 수행하는 직원들은 고무되어 행동하는 것이 아니다. 다른 사람을 고무시킨다는 것은 그 사람이 자신의 가치관을 향해 나아가도록 도와주는 것이다.

멘제의 핵심가치관에 대해 이야기한 적이 있다. 그러나 우리는 각 개인의 행동에 지속적으로 영향을 미치며 발전을 향해 나아가도록 만드는 '개인적인' 가치관이 있다는 점에 주목할 필요가 있다. 이러한 가치관에 대해 좋고 나쁘다는 판단을 내릴 필요는 없다.

왜냐하면 그런 개인적 가치관은 개인의 인생과 시종일관 연관되어 있기 때문이다. 개인적 가치관은 개인이 세상과 싸워나가는 과정에서 점점 더 발달되어 가는 것이다.

개인의 의식 최하단에는 자신이 의식하지 못하는 가치관이 꿈틀거리고 있을 수도 있다. 겉모습에만 시선이 제한될 가능성이 크기 때문이다. 상단으로 올라가야 자신이 중요하다고 여기는 가치관에 가까이 왔다고 생각한다.

가치관을 이용해 동기부여의 효과를 보려면, 이제부터 개인적 가치관이 지속되는 네 단계(보호, 수용, 성취, 도전)를 유심히 살펴보자.

각 단계의 가치관의 의미를 해석하고 그와 관련해 타인에게서 쉽게 찾아볼 수 있는 행동을 떠올려보자. 또한 가치관을 더욱 강화시킬 수 있는 리더십의 형태는 무엇인지 알아보자.

가치관의 네 가지 단계는 보호, 수용, 성취 및 도전이다. 매슬로(Maslow)의 욕구위계설(Hierarchy of needs)을 응용하였다.

멘제 가치관의 보호단계

모든 것을 그대로 보존한 채로 업무 책임에 엄격한 제한을 두길 바라며, 변화를 위협으로 받아들인다. 일단 정한 신념을 변하지 않는 진리라고 생각하며, 안전구역 내에 머무르기를 바라는 가치관이 지배하는 단계이다.

두드러지는 태도

- 업무에 대한 모든 질책으로부터 자신을 철저하게 변호한다.
- 작은 질책에도 쉽게 무너진다.
- 위험을 감수하는 것을 두려워한다.
- 업무수행에 있어 명료한 한계를 지으려 한다.
- 다른 사람들이 자신의 업무를 방해하는 것을 싫어한다.
- 현 상황에 변화가 오는 것을 싫어한다.
- 다른 사람과 업무를 수행하면 자기통제가 힘들 거라고 생각하기 때문에 혼자서 일하는 것이 더 편하다.
- 자신의 생각과 일치하지 않는 생각은 들으려 하지 않는다.
- 타인을 심하게 비난하거나 해결하기 힘든 논쟁에 휩싸이기 쉽다.
- 일반적인 조직규범에서 벗어나는 사항은 무시한다.
- 그 의미나 의도를 제대로 알지 못하더라도 조직에서 내세우는 사고를 그대로 따른다.
- 새로운 상황을 피하려 한다.
- 능력이나 지식이 부족하다고 생각하므로 실패할 위험이 있는 일은 맡지 않으려 한다.
- 새로운 정보나 지식에 대한 관심이 적다.

관리방법

- 모든 업무는 서로 연결되어 있다는 것을 언제나 인식하게 한다.
- 기업에 돌발 상황을 일으키는 모든 정보를 공개한다.
- 직원이 자신의 능력이나 일반적인 행동방식을 성공과 효율을 위해 변화시킬 수 있도록 기존 상황에서의 변화를 제안한다.

다. 가치관 지속 단계 활용 팁(Tip)

- 각 단계는 모두 의미심장하여, 우리는 매일 각 단계를 경험할 수 있다.
- 한 단계에서 다음 단계로 신속하게 이동할 수 있으며, 특정상황에서는 둘 이상의 단계에 동시에 머무를 수도 있다.
- 우리가 직면하고 있는 상황이나 환경과 같은 외부적 조건은 이 모든 단계에 영향을 줄 수 있다. 그러나 이러한 외부 영향력을 무시하고 자신이 원하는 선택을 할 수도 있다.
- 제대로 달성하지 못할 경우 하위단계로 다시 이동할 수 있다.
- 사람들은 보통 상위단계에 도달하기를 원하는데, 그 단계에 가면 핵심가치에 가장 일

치하게 되고 생산성이 가장 높아진다.

- 경영자나 사측에서 외적으로 가치관을 만족시키거나 하위단계의 가치관을 기준으로 보상을 해준다 해도, 최상의 단계에 도달할 가능성이 보이지 않는다면 의욕을 잃게 된다.
- 낮은 단계에서는 학습과 발전에 대한 의욕이 적거나 거의 없다.
- 단계가 높아질수록 외부적인 보상이 필요없어진다.
- 높은 단계에 이를수록 행동은 고무된다.

라. 동기부여에 가치관 적용하기

조직의 리더라면, 모든 사람에게 가치관에 대한 선택권이 있다는 점을 잊지 말아야 한다. 하위단계의 가치관을 불러올 수 있는 조건을 창출하기는 쉬우나, 이럴 경우 사람들은 그들의 가치관에 해가 되는 외부 영향력을 거부하게 된다. 그래서 불리한 조건이라 해도 핵심가치를 유지하려고 애쓰며 그러한 가치관에 일치하게 행동하는 경우가 있다. 반대로, 높은 단계의 가치관을 지원하는 조건을 만들 경우 사람들은 그다지 가치관에 흥미가 없을 수도 있고, 그러한 가치관을 따를 수 있는 역량을 갖추지 못했다고 느낄 수 있다.

앞서 말한 바와 같이, 리더가 동기를 부여하기 위해 채택할 수 있는 외부 조건에는 여러 가지가 있다. 이를테면, 봉급, 각종 복지 혜택, 승진, 보너스, 결정에 대한 참여, 업무프로세스를 개선하거나 향상시키기 위한 협력 활동 및 각종 성과 인정 등이 포함된다. 그러나 이러한 외부 조건은 동기를 부여받은 개개인의 가치관과 일치해야만 제 기능을 발휘한다.

예를 들어, 직원이 목표추구 기준이 높다고 해서 무작정 봉급을 인상하는 것은 효율성을 저하시킬 수 있다. 다음과 같이 동기부여에 가치관을 적절히 적용하는 여러 가지 방도가 있다.

- 조직원들의 현 가치관이나 그들이 지니기를 바라는 가치관과 일치하는 경영활동을 펼친다.
- 조직원이 선택한 가치관이 제 역할을 할 수 있도록 상황이나 조건을 바꾼다.
- 외부 조건들의 변화 없이 각 개인이 스스로 자신의 상황을 바꿀 수 있도록 도움을 주어, 그전의 가치관이 더이상 현재의 행동을 지배하지 못하게 한다.
- 현재 새롭게 가치관을 받아들인 조직원이 있다면, 상황을 바꾸어주거나 업무를 새로 구성해 준다.

- 해당 조직원의 업무수행능력이 미흡할 때 자신의 가치관을 만족시키도록 자극을 준다.
- 더 높은 단계의 가치관을 만족시킬 수 있도록 새로운 업무나 상황을 만든다.
- 점점 높은 단계의 가치관을 목표로 하는 환경을 창출하고 낮은 단계의 가치관에는 서서히 에너지 투입을 줄인다.
- 조직원들의 개인적 다양성을 염두에 둔 자기평가를 통해 그들에게 개인적으로 구축되고 이행되는 발전방법이 있다면, 지속적으로 지원한다.

멘제 가치관의 수용 단계

타인과 어느 정도 조화를 이루려 노력하며 리더와 동료들에게 존경을 받을 수 있는 업무를 찾는다. 조직이 내세우는 의견이 있으면 자신의 의견을 굽히게 되고, 조직의 규범을 그대로 준수하는 가치관을 가진 단계이다.

두드러지는 태도

- 사전 허락이나 동의를 받은 행동만을 이행한다.
- 자신의 열정을 누군가가 칭찬해 주기를 바란다.
- 혼자서 대안을 찾으려 하기보다는 무엇이 필요한지에 대해 누군가가 설명해 주기를 바란다.
- 의견 대립이나 논쟁을 피한다.
- 차이점을 논의하기보다는 무조건적으로 동조하려 한다.
- 다른 견해를 추구하기보다는 수용할 만한 견해를 내놓고 동의를 얻는 데 주력한다.

관리방법

- 성공할 가능성이 높은 업무를 할당한다.
- 책임을 위임할 때는, 업무를 진행하기 전에 함께 확인하도록 한다.
- 모든 결정에 대한 최종 승인을 섣불리 내리지 않도록 한다.
- 직원들이 업무에 대한 평가보다는 개인에 대한 평가로 받아들일 수 있도록 칭찬과 질책에 명백한 구분을 둔다.
- 타 부서와의 선의의 경쟁을 할 수 있는 환경을 조성한다.
- 타 부서가 자신의 부서에 부정적인 영향을 줄 때 그 부서의 행동에 대해 신속하게 비판하도록 한다.
- 기업 전체보다는 업무 팀이나 부서의 활동을 더욱 강조한다.
- 조직에서 추구하는 방향과 다른 아이디어 및 질문에 대해 묵인하지 않도록 한다.
- 다양한 의견 사이의 유사성과 연관성을 강조함으로써 의견 차이를 신속하게 해결한다.
- '여기서는 그런 식으로 업무를 처리하지 않는다.'와 같은 생각을 주입시키지 않는다.

② 멘제들의 자기개발 욕구를 충족시킨다.

모든 사람들은 조직생활을 통해 자신만의 능력, 장점 및 학습 스타일을 보여준다. 그러므로 그들의 발전 욕구는 각기 다르게 마련이다. 멘토는 각 개인의 잠재 능력을 깨우기 위해 다양한 요구사항을 충족시킴으로써 도움을 준다. 이것은 매우 어려운 일이다. 발전 욕구와 학습 스타일을 조합하는 일은 끝이 보이지 않는 안개 속을 걷는 일이나 다름없다. 또한 멘토는 조직 전체의 발전 욕구를 충족하기 위한 실질적인 범위를 정하기 위해 조직의 비전, 사명, 취지를 인지하고 있어야 할 뿐만 아니라, 특정업무 할당에 대한 안목도 키워야 한다.

멘제 가치관의 성취 단계

더 높은 수준에 오르려는 목적으로 업무를 수행하고, 정확성 및 신뢰성을 높여가며 책임을 완수한다. 다른 직원들과 협동적인 업무관계를 형성하고 조직에 깊이 헌신하려는 가치관을 가진 단계이다.

두드러지는 태도

- 업무를 완성하는 데 장해물이 있으면 반드시 해결한다.
- 업무를 수행하기 위해 필요한 끈기와 결단력을 가지고 있다.
- 자신의 업무에 있어 기준을 세워 배우려 하거나 더 발전적인 방향을 추구한다.
- 자신의 업무수행 내용에 대해 자부심을 갖는다.
- 유사한 관심을 가지고 있거나 서로에게 이익이 될 수 있는 직원들끼리 협력한다.
- 동료 직원들이 열정을 더 높일 수 있도록 도움을 준다.
- 불확실한 상황에 대해 섣불리 판단하거나 의견을 표하지 않는다.
- 다른 직원들의 이해를 얻기 위해 그들의 말에 귀를 기울인다.
- 자신의 지식과 능력이 어느 정도인지 시험해 보기를 좋아한다.
- 다른 사람들이 자신의 지식이나 능력을 필요로 할 때 도움을 준다.
- 업무수행수준을 높일 수 있도록 비판을 가하거나 수용한다.

관리방법

- 업무 할당을 할 때 개인의 장점을 철저히 고려한다.
- 업무 책임 간의 한계를 줄이되 혼란스러운 상황은 피한다.
- 원하는 결과에 대해 확실하게 인지시킨 상태에서 그 결과를 위한 수단에 관해서는 개인에게 재량권을 준다.
- 성공과 업무성과향상에 대한 중요한 정보를 제공한다.
- 다양한 상황에서 직원들의 사고와 행동을 파악한다.
- 직원들이 멘토를 신뢰하여 자문을 구할 수 있도록 장려한다.
- 직원들이 자신의 장점이 무엇인지 파악하도록 해 능력을 십분 발휘하게 한다.
- 부서 내의 모든 직원들이 상호 협조할 수 있는 원칙이나 기준을 세우기 위해 합의를 도출한다.
- 상황을 개선할 방법을 찾거나 이전 경험에서 배운 점들을 평가해서 응용한다.

다음과 같은 질문을 통해 조직적 맥락에서의 발전을 생각해 보자. 확정된 전략에 따라 성공하려면 어떤 능력이 필요한가? 조직의 미래 방향을 생각할 때, 어떠한 리더십이 필요한가? 물론 이러한 질문은 중요하다. 하지만 멘토는 무엇보다도 개별적인 장단점에 중점을 두고 있다. 그는 개인이 자기발전을 추구하는 것을 돕고, 조직적 요구와의 관련 여부에 상관없이 조직적으로 지원을 해준다. 조직 전체에서 신념을 갖고 개별적인 발전을 지원하는 환경을 조성해야만 직원들이 동기부여를 받아서 업무를 수행하고, 그로 인해 기업을 위해 더 나은 생산력을 끌어낼 수 있다는 생각 때문이다.

멘제 가치관의 도전 단계

현 능력을 넘어설 정도의 업무까지 책임지려 하고, 새롭거나 익숙하지 않은 상황에 대한 위험도 기꺼이 감수하려 한다. 특히 새로운 학습이 성공을 위해 필수적일 때 기꺼이 배우며 새로운 것을 창출하고, 도덕적인 토대를 완전하게 반영해서 업무를 수행한다. 타인과는 차별적이고 우월한 위치에 오를 수 있는 일에 도전하려는 가치관을 가진 단계이다.

두드러지는 태도

- 어려운 업무를 수행할수록 열의를 느낀다.
- 성공 가능성에 대한 현실적인 문제를 제기할 때, 더 힘이 난다.
- 타인의 견해에 대한 이해력이 높다.
- 타인에게 이익이 되도록 행동한다.
- 사고에 불필요한 한계선을 두지 않고 기업에 이익이 되는 다양한 아이디어를 제시한다.
- 조치를 취할 때 다양한 대안을 활동적으로 찾아본다.
- 다른 사람의 의욕을 꺾거나 저지시키는 저항이나 한계에 정면으로 맞선다.
- 언제나 높은 열정을 가지고 일을 추진한다.
- 윤리적 의미를 고려해서 결정을 내린다.

관리방법

- 각 행동에 대한 역할 유형을 명확히 제시한다.
- 개인적 발전을 추구하고 책임을 완수하는 방법에 대한 개인의 능력, 판단, 결정권을 신뢰해 준다.
- 이러한 신뢰에 부합하는 자원을 아끼지 않는다.
- 이러한 가치관을 소유한 사람들은 쉽사리 외부 조건의 영향을 받지 않는다. 이러한 외부 조건들이 퇴색됨에 따라 조직원은 개인의 발전단계를 기반으로 현재의 가치관들이 유용한지, 혹은 다음 단계로 넘어가는 데 도움이 되는지 결정할 수 있다. 관리인이 취할 수 있는 최상의 행동은 난해한 상황에 맞설 수 있는 능력을 강화시킬 수 있도록 개별적 발전을 지원하는 것이다.

멘토는 개별적인 장단점을 파악해서 이해하려 노력한다. 여러 가지 방법을 이용하여 개개인 간의 다양성을 평가함으로써 멘토는 그들이 적절한 발전계획을 세울 수 있도록 도움을 준다. 이러한 계획을 통해 각 개인은 자신의 학습형태가 어떠한지, 기술적으로 어디에 중점을 두어야 하는지를 파악해서 결과적으로 자신이 열망하는 수준에 오를 수 있다. 그러한 방법에는 기업연수, 세미나, 개인적 지도 및 연구 등이 있다. 일부 기업들은 회사 내 프로그램에 많은 돈과 시간을 투자하지만, 그것이 개별적인 요구사항을 채워주지 못하는 경우도 있다. 사외 연수에 참여하는 사람들 역시 학습내용을 업무에 적용시키는 데 있어 충분한 지원을 받지 못한다.

다른 사람으로부터 자신이 무엇을 배워야 하고 변화해야 한다는 식의 강요나 지시를 받는다는 느낌이 들 경우, 조직원은 물론 조직도 진전한 발전을 할 수 없다. 그래서 멘토는 이러한 거부감을 없애기 위해 노력한다. 다양한 평가방법을 통해 개개인의 장점 및 단점에 대한 확신을 심어주고 다양한 학습형태를 제시해 주기 때문이다. 효율적인 멘토는 이러한 평가사항을 기본 데이터로 사용해서 언제나 조직적인 요구사항을 토대로 각 직원들이 자신만의 발전계획을 세우고 이행하는 데 도움을 준다.

③ 학습기회를 제공한다.

업무스타일, 선호도, 능력 등의 개별적 차이점을 파악하는 것은 발전계획을 세우는 데 중요한 시발점이 된다. 발전계획을 세울 때 가장 간과하는 부분은 사람들이 지식이나 정보, 기술을 습득하는 방법의 차이일 것이다. 불행하게도 대부분 조직에서의 학습상황은 이러한 차이점을 고려하지 않은 채로 진행되고 있다. 그저 직면하는 상황에 적응하도록 요구받고 있을 뿐이다. 능숙한 멘토는 다양한 학습 스타일을 파악한 후 각 개인들이 자신만의 스타일을 찾아내어, 성공할 가능성이 높은 학습기회를 추구하도록 도움을 준다.

일반적인 개인의 학습 스타일에는 다음과 같은 것이 있다.
- 사실에 근거한 자료 및 사례연구를 이용한다.
- 아이디어를 종합하거나 개념을 파악함으로써 학습한다.
- 아이디어나 지식을 행동으로 옮기거나 적용해 봄으로써 배운다.
- 조직 내에서 상호 의견교환을 하거나, 타인과 아이디어 및 의견을 공유한다.
- 실험 또는 모의시험을 통해 학습한다.
- 과거의 사건들을 분석한다.
- 시청각 자료를 이용한다.
- 자신만의 경험 및 생각에 대해 고찰한다.

사실 이러한 리스트는 끝이 없다. 사람들 각자에게 맞는 여러 가지 방법이 있는 것이고, 그러한 방법은 업무유형 및 기술, 상황에 따라 다양하게 적용된다. 이 책이나 이와 유사한 내용의 다른 책을 읽는다는 것은 당신이 학습과정의 일부로서 대개는 개념적 내용을 제공하는 책자를 선호한다는 것이다.

학습 스타일에 따른 개인적 선호도를 정확하게 파악하고, 현재까지의 발전경험을 조사해 보면 학습 스타일이 어떠한지 확인할 수 있다.

학습을 완벽하게 하고 그 내용을 유용하게 적용하기 위해서는 몇몇 단계를 거쳐야만 한다. 개인적으로 그중의 특정 단계를 선호할 수 있지만, 실제로 모든 개인은 모든 단계를 통해 학습을 해야 한다. 기업들은 매년 연수 및 직원들의 능력개발에 많은 비용을 들이지만, 그 돈이 아깝다는 생각이 든다. 왜냐하면 학습 사이클을 완벽하게 완성할 수 있는 경우라고 생각하지 않기 때문이다.

모든 사람들이 각각의 학습단계를 완벽하게 경험할 수 있는 기회를 제공하는 것이 멘토의 역할이다.

멘토가 조직원들의 개인적 요구사항을 일일이 파악할 경우, 각 개인의 선호도에 가장 알맞은 학습기회를 찾을 수 있다. 또한 선호도가 낮은 단계를 거치는 데도 도움을 줄 수 있다. 그러나 개인적인 선호도와는 상관없이, 학습 사이클의 모든 단계를 거쳐야만 제대로 된다.

다음 그림은 데이비드 콜(David Kolb)의 학습 스타일을 응용한 것으로, 학습 사이클은 화살표로 연결되어 있어 한 단계도 고정된 것이 없음을 알 수 있다. 각 단계는 다른 단계와 상호 의존의 상태에 있다. 멘토에게 필요한 기술은 직원들로 하여금 학습 사이클로 표시된 전 범위의 학습기회를 경험할 수 있도록 하는 것이다.

이 사이클에 표시된 모든 단계에 가치관을 부여하는 것은 그리 어렵지 않다. 개인적으로는, 나는 개념적 이해 단계에서 학습을 시작하는 것을 좋아하지만, 그와는 다른 시점에서 학습을 하려는 사람도 많다.

예를 들어, 책상 위에 컴퓨터가 놓여지면서, 사람들은 단말기 앞에 앉아 기본적인 연수과정을 거치게 되었고, 특정 시점에서는 CPU, 메모리 등에 대한 교육을 강요받기도 했다. 그들에게 필요한 것은 컴퓨터를 고장내지 않고 안전하게 사용하는 방법 같은 '위험성 낮은 연습'이기 때문이다. 그런 교육을 통해 적절한 경고를 받음으로써, 상황을 파악하는 눈이 더 넓어진다. 이러한 연습을 거친 후에 개념적인 이해로 돌아가면 좀더 도전적인 상황에 대한 아이디어를 얻고 도움을 받을 수 있다. 그 다음에는 문서를 작성하기 위해 문서 편집 프로그램이나 수식 계산 프로그램 등을 사용해 '실제로 컴퓨터를 경험'하게 된다.

위험성 낮은 연습은 통제된 상황에서 이루어지며 조직원들이 특정 기술 및 지식을 이용하는 데 친숙해지도록 하는 과정이다. 반면 실제 경험에서는 거의 통제가 이루어지지 않는다. 기업 연수를 통해 특정 기술을 학습했다면, 실제적인 상황에 적용시키는 것이 더 중요하다. 이러한 연습과 경험과정에서는 문제점이 드러나거나 질문이 생기게 마련이며, 이는 사람들이 개념적인 이해를 하는 데 도움이 될 수 있다. 개념적인 이해는 복잡한 이론이나 추상적인 지식을 이해하는 데 필요하다. 나는 사람들이 이 학습 사이클을 통해 위험 부담이 낮은 연습이나 직접적인 경험과 같이 아직 구축되지 않은 상황을 헤쳐 나가는 데 유리한 기술을 터득하기를 바란다. 또한 결과를 예측할 수 없을 정도로 불확실한 상황에 제대로 대처할 수 있기를 바란다. 연수를 받는다 해도 실제적인 문제해결에 돌입하기는 어렵다. 많은 학생들이 시험에 출제된 문제들을 푸는 데는 어려움을 느끼지 않지만, 실제 생활에서 나타나는 문제에 대해서는 큰 부담을 느끼기 쉽다. 우리들이 현재 직면하는 문제가 처음 접했을 때는 간단하게 보였던 것처럼.

학습 사이클

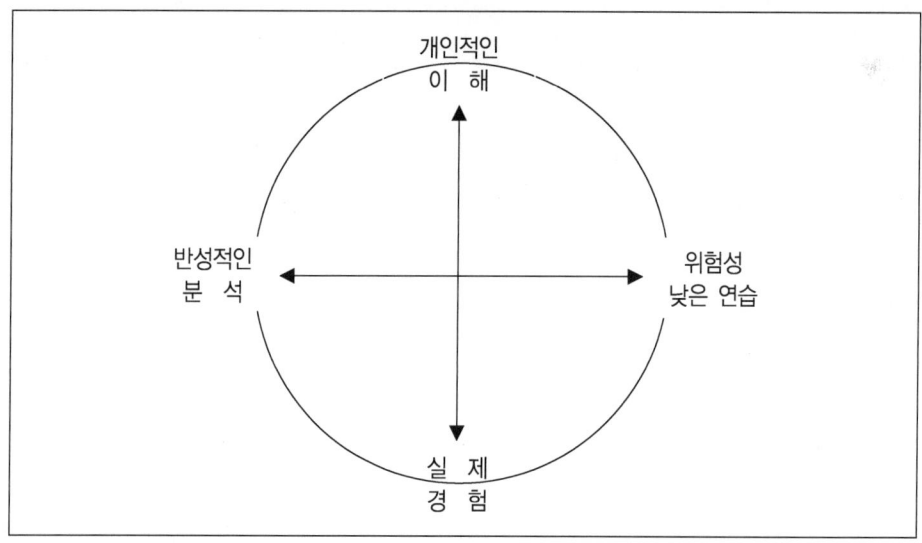

개념적인 이해를 거쳐야만 모든 것이 잘 정리된 듯했던 과거에서 그렇지 않은 현재로 지식을 이어갈 수 있다. 이론과 현실은 양립할 수 있는 것이다. 이론과 현실은 상호 의존적이며, 둘 중의 어느 한 가지도 무시하지 말아야 한다.

네 번째 단계인 반성적인 분석은 이론과 현실은 연결시켜 주는 단계이다. 이 단계는 연습 및 경험단계에서의 반응을 평가해, 다양한 질문을 통해 통찰력을 얻고, 패턴을 분석하고, 문제점을 진단하는 과정이다. 그러한 평가를 통해 개념적인 이해에 대해 더욱 심층적으로 파고들 수 있고, 한층 더 복합적이고 도전적인 연습단계나 경험단계로 들어갈 수 있다.

연수 및 세미나 등은 개념적인 이해와 위험성이 낮은 연습이라는 두 단계만을 포함하고 있을 뿐이다. 그러나 멘토의 역할을 통해 당신은 모든 단계에서 학습기회를 지원할 수 있다. 실제적인 경험을 얻을 수 없고 반영 가능한 분석의 시간이 마련되지 않은 세미나나 연수로 모든 것을 해결하려고 에너지를 허비할 필요는 없다.

실패에 대한 처벌의 수준을 낮추고 문제가 커지기 전에 해결하는 방법을 통해 충분히 대처할 수 있는 기회를 마련해야 한다. 그렇게 되었을 때, 전문가보다 실패할 위험이 더 큰 초보자라 하더라도, 새롭게 배운 기술들을 업무에 적용시키고 싶은 동기를 부여받을 수 있을 것이다.

5장 Diamond 인재개발 멘토십

멘토링의 5가지 원리를 적용하여 Diamond형으로 멘토가 먼저 영향력을 개발하고 자신의 역량을 발휘하여 멘제를 개인적으로 인재개발하는 프로그램이다.

1. 인재개발 멘토링원리 5

멘토링 프로그램은 왕자 교육이라는 고품질의 인재개발에서부터 출발한다. 한 왕자를 위하여 멘토는 20여 년간 인격을 상징한 **수학(知), 철학(情), 논리학(意)**을 교재로 사용하여 전인적인 삶이라는 주제로 지혜롭고 현명한 왕으로 성장시켰다. 그러한 멘토십의 원리를 알기 쉽게 5가지로 요약해서 아래 내용으로 설명한다.

원리1. 한 사람 멘토(Mentor)와 한 사람 멘제(Menger)를 선정한다.

멘토 / 멘제를 선정하는 것은 특별한 기준이 있어야 한다. 일반적으로 아무나 선정하는 것이 아니라 각 조직마다 멘토링 목표에 맞게 특정한 사람을 멘토와 멘제로 선정한다는 의미가 내포되어 있다.

원리2. 일정기간 동안 멘제 중심의 1:1 관계를 맺는다.

멘토링 활동에는 조직마다 멘토와 멘제에게 약정한 기간을 설정해 주어야 한다. 특히 1 : 1로 연결하고 활동을 하되 멘제 중심의 활동이 이뤄져야 올바른 멘토링이라고 볼 수 있다. 당초 왕자 텔레마코스에 초점을 맞추고 멘토 선생이 20년간 집중적으로 열정을 다하여 현명한 지도자로 성장시켰다는 것에 유의해야 한다. 멘토나 리더가 중심이 된다는 것은 멘토링의 활동에서 본질에 크게 벗어나고 있다는 것을 알아야 한다.

원리3. 멘토의 역량(Competency)을 최대한 발휘한다.

멘토가 멘제를 위하여 자신의 가장 노하우격인 역량(남이 따를 수 없는 경쟁력 있는 능력)을 발휘하여 멘제를 업그레이드하는 데 전심전력을 다하여야 한다. 멘토와 멘제가 미팅 시 신변잡기 차원의 모임이라면 효과를 거두기에는 어렵다고 본다. 특히 멘토가 제대로 역량을 갖추고 멘제에게 전이(轉移)가 이뤄진다면 자동적으로 지식경영과 학습조직이 이뤄진다고 볼 수 있다.

원리4. 멘제의 특성과 잠재력을 개발한다.

멘토링 활동이 성공하려면 가장 중요한 포인트가 멘제의 DB를 구축하는 것이다. 개인의 인적사항은 물론이고 상호간 관계를 더욱 돈독히 하기 위하여 예를 들면 성격분석을 통하여 멘토/멘제 상호 성격의 차이를 극복하는 데 노력하여야 한다. 잠재력이라는 것은 멘토/멘제의 가치개발에 초점을 두되 당초 멘토가 텔레마코스에게 20년 동안 교재로 수학, 철학, 논리학을 가르쳤듯이 오늘날 멘토링의 교육훈련의 컨텐츠는 인격의 가치를 개발하여 업그레이드하는 데 중점을 두고 있다.

원리5. 인격을 갖춘 차세대 리더로 세우는 원투원 멘토십이다.

멘토가 멘제를 일정기간 동안 멘토링함에 있어 먼저 자신의 인격 즉 지, 정, 의에 대한 역량을 서비스하는 것이다. 멘제가 인격적으로 업그레이드한다는 뜻은 지적 분야만 힘쓸 것이 아니라 정적 분야, 절제력이나 판단력 분야 등 균형을 맞춰 개발한다는 것이다. 여기서 리더라는 뜻은 두 가지 면으로 생각할 수 있다. 첫째는 위대한 지도자로 사회적으로 큰 영향력을 발휘한다는 것이고 둘째는 조직 적용 멘토링에서 리더라는 개념은 멘토의 도움을 받은 멘제가 일정기간이 지나서 멘제 자신도 도움을 주는 멘토로 생활 태도가 바뀌는 것을 의미한다.

2. Diamond 인재개발 모형도
(멘토 영향력 개발 4단계 기법)

어렸을 적 여러분은 자라서 무엇이 되고 싶었는가? 유명 배우나 가수가 꿈이었는가? 아니면 대통령이었는가? 아마 올림픽선수나 세계 최고의 갑부가 꿈이었을지도 모르겠다. 누구나 꿈과 포부를 가지고 있다. 그리고 이미 그 꿈을 어느 정도 이룬 사람도 있다. 하지만 아무리 큰 성공을 거둔 사람도 아직 이루어야 할 꿈과 목표를 가지고 있다. 멘토링 프로그램(Mentoring Program)을 통해서 멘토(Mentor)들이 영향력을 발휘하여 멘제(Menger)들과 함께 이러한 꿈과 잠재력을 실현하기 바란다.

1) 멘토 영향력의 의미와 가치

① 영향력의 보편성

사람은 누구나 영향력(Influence)을 가지고 있다. 그러나 그 영향력은 단번에 얻을 수 있는 것이 아니라 차츰 성장하는 것이다. 한편으로는 영향력을 발휘하기 위해 꼭 남이 부러워하는 직업을 가질 필요는 없다. 사실 다른 사람과 함께 살아가는 한 누구나 남에게 영향을 미친다. 가정, 직장, 교회, 운동장에서 하는 모든 행동이 남에게 영향을 준다.

성공하거나 더 좋은 세상 만들기에 일조하려면 영향력 있는 사람이 되어야 한다. 영향력이 없으면 성공도 없다. 물건을 더 많이 팔고 싶은 세일직원에게 미치는 영향력의 크기에 판매액은 달려 있다. 코치는 선수에게 영향력을 발휘할 때만이 팀을 승리로 이끌 수 있다.

교인들이 많이 모여 교회를 부흥시키려면 목회자는 회중의 마음을 사로잡아야 한다. 부모가 아름다운 가정을 이루기 위해서는 아이들에게 좋은 영향을 주어야 한다. 삶의 목표가 무엇이든 영향력 있는 사람이 되면 그 목표를 빠르고도 효과적으로 이룰 수 있으며 또 그렇게 이룬 업적이 사람들의 기억 속에 더 오래 남는다.

② 영향력의 수준성

영향력은 묘한 특징을 가지고 있다. 누구나 주위의 거의 모든 사람에게 영향력을 미치긴 하지만 그 영향력의 수준은 각기 다르다. 가장 친한 친구의 개에게 명령을 내려보면

이 점을 느낄 수 있다.

이 점에 관해 별로 생각해 보지 않는 사람이라도 자신이 큰 영향력을 미칠 수 있는 사람과 그렇지 않은 사람이 있다는 것을 본능적으로 알 것이다. 그 예로, 여러분과 함께 일하는 동료 네다섯 사람에 관해 생각해 보라. 여러분이 어떤 제안을 하면 모두 똑같은 반응을 보이는가? 당연히 그렇지 않을 것이다. 여러분이 하는 제안마다 마음에 들어 있는 사람이 있는 반면 여러분의 제안을 회의적으로 바라보는 사람이 있다.

여러분은 둘 중 누구에게 영향력을 발휘하고 있는 것인가? 물론 첫 번째 사람이다. 그런데 두 번째 사람이 여러분의 상사나 동료가 제시한 모든 아이디어를 마음에 들어 할 수도 있다. 한마디로, 사람마다 영향력의 강도가 다른 것이다.

상대방을 대하는 사람들의 태도를 유심히 관찰해 보면 상대방의 영향력에 따라 대하는 태도가 다름을 알 수 있다. 따라서 상대방의 태도를 보면 여러분이 얼마나 영향력을 가지고 있는지 금세 드러난다. 심지어 집에서도 여러분의 영향력은 여러 수준을 가지고 있다. 여러분이 결혼해서 두 명의 아이를 기르고 있다고 가정하고 그 아이들이 여러분에게 어떤 태도를 보이는지 상상해 보자. 첫째 아이는 여러분의 말을 잘 듣고 둘째 아이는 아내의 말을 잘 듣는다면 여러분은 첫째 아이에게 더 큰 영향력을 발휘하고 있는 것이다.

2) 멘토 Dia 인재개발 4단계

영향력의 한 형태인 리더십이 **직책**(Position)에만 의존할 때 가장 낮은 1단계 리더십이 된다. 이 단계의 리더십은 남과의 관계를 발전시키면서 더 높은 2단계로 이동한다. 바로 직무내용 설명서 내에서 부하직원의 리더십을 **허용**(Permission)하는 것이다. 부하직원과 더욱 생산적인 방향으로 협력해서 **성과**(Production)를 도출할 때 리더십은 3단계에 이른다. 그 다음 4단계는 부하직원이 잠재력을 발휘하도록 **인재개발**(Development)을 돕는 리더십이다. 마지막 5단계 리더십은 남이 모든 잠재력을 발휘할 때까지 평생을 바쳐야 하기 때문에 **인격**(Personhood)**적 단계**에 이르는데 이 단계 사람은 극히 드물다.

직책(Position) - **허용**(Permission) - **성과**(Production) - **인재개발**(People Development) - **인격**(Personhood)

영향력도 이와 비슷하다. 단번에 얻을 수 있는 것이 아니므로 단계적으로 성장하는 것이다. 아래 열거한 영향력 발전 4단계를 참고하여 각 단계를 자세히 살펴보자.

역할 모델(Modeling)－동기부여(Motivating)－멘토링(Mentoring)－인재 재생산 (Reproducting)

3) Diamond 인재개발법 모형도

Diamod 인재개발 멘토링은 다이아몬드형 야구 Base와 같이 멘토링 활동이 이루어지는 것을 의미한다. 아래 도표와 같이 홈~1루 모델단계(Modeling) 멘토링, 1루~2루 동기부여단계(Motiivating) 멘토링, 2루~3루 멘토링단계(Mentoring)멘토링, 3루~홈 재생산단계(Reproducting) 멘토링으로 표시한다.

Mentoring
멘토링단계

Motivating
동기부여단계

Reproducting
인재 재생산단계

Modeling
역할 모델단계

1단계: 역할 모델(Modeling)

사람들은 눈으로 보는 것의 영향을 먼저 받는다. 아이를 기르는 엄마라면 이 점을 느꼈을 것이다. 엄마가 아이에게 아무리 말을 해도 정작 아이가 받아들이는 것은 엄마의 말이 아니라 행동이다. 누군가에게 믿고 존경할 만한 자질이 있다고 생각되면 대부분의 사람들은 자신의 삶에 영향을 미칠 사람으로 그를 찾는다. 그리고 그를 알면 알수록 그에 대해 더 많은 신뢰감을 가지고 그의 영향을 더 많이 받는다. 단, 눈에 보이는 그의 행동이 맘에 들면 말이다.

모르는 사람을 만나면 처음에는 전혀 영향력을 발휘할 수 없다. 그러나 그가 믿는 누군가가 다리를 놓아주면 잠시 그 사람의 영향력 일부를 '빌릴' 수 있다. 그러면 그는 여러분을 제대로 알기 전까지 여러분을 믿을 만한 사람으로 가정한다. 하지만 시간이 흐를수록 여러분이 어떠한 행동을 보이는지에 따라 그 영향력을 높일 수도 잃을 수도 있다.

흥미롭게도 유명인사의 경우는 그렇지 않을 수도 있다. 많은 사람이 텔레비전이나 영화 등의 대중매체에서만 보았을 뿐 직접 보지 못한 유명인사에게서 큰 영향을 받는다. 그러한 경우 주로 그 유명인사의 실제 삶이 아니라 대중매체를 통한 이미지에 영향을 받는데 그 이미지는 배우나 정치인, 스포츠스타, 연예인의 실제 삶과 다를 수 있다. 그럼에도 많은 사람이 유명인사를 존경한다. 그리고 대중매체 속에서 비춰지는 그들의 행동과 태도를 그대로 믿고 그 영향을 받는다.

여러분은 역할 모델이 될 수 있지만 더 높은 수준의 영향력으로 나아가기 위해서는 각 사람과 협력해야 한다.

2단계: 동기부여(Motivating)

좋은 방향으로든 나쁜 방향으로든 역할 모델이 되기만 해도 강력한 영향력을 발휘할 수 있다. 또 멀리 떨어진 사람에게도 영향을 미칠 수 있다. 하지만 상대방의 삶에 진정한 영향을 미치고 싶다면 가까이 다가가야 한다. 바로 두 번째 단계인 동기부여로 나아가는 것이다.

감정에 호소할 때 동기를 부여할 수 있다. 이 과정은 다음 두 가지 결과를 낳는다. 1) 서로 간에 다리가 놓인다. 2)서로 간에 신뢰가 쌓이고 자신감이 생긴다. 함께 있는 동안 자신과 여러분에 대해 좋은 감정을 가질 때 여러분에 영향력은 매우 커진다.

3단계: 멘토링 활동(Mentoring)

상대방에게 동기를 부여하는 단계에 이르면 그 삶에 좋은 영향력을 줄 수 있다. 그러나 더 강력하고 오래 가는 영향력을 원한다면 다음 단계인 멘토링으로 나아가야 한다. 멘토링이란 멘토가 상대방 멘제의 적성(Aptitude)을 찾아 역량(Competency)을 발휘할 수 있도록 자신의 삶을 쏟아 돕는 것이다. 이 멘토링의 힘은 매우 강력해서 눈앞에서 멘제의 삶이 변하는 것을 볼 수 있다.

멘토는 정열을 쏟아 멘제의 삶의 장애물을 극복하도록 돕고 인간성(Humanity)과 생산성(Productivity) 현장에서 성장하고 발전할 수 있는 방법을 제시하면 결국 삶을 바꾸어놓을 수 있다.

4단계: 인재 재생산(Reproducting)

상대방 멘제의 삶에 미칠 수 있는 가장 높은 단계의 영향력은 멘토로 인재 재생산이다. 재생산이란 멘토가 또 다른 사람 멘제의 삶에 좋은 영향을 미치고, 배운 것에 스스로 터득한 것을 보태 전달할 수 있도록 돕는 것이다. 이 4단계에 이르는 멘토들은 인내가 필요하지만 누구나 가능성이 있다. 이기심에서 이타심으로 관용을 가져야 하며 시간과 노력이 필요하다.

또 사람에 대한 영향력을 높이려면 개인적인 관심과 애정을 가져야 한다. 여러 사람에게 모범을 보이는 단계를 넘어 더 높은 단계의 영향력으로 나아가기 위해서는 각 멘제들과 멘토로 헌신하는 데 일일이 협력해야 하는 것이다.

4) 좋은 영향력과 나쁜 영향력

자신이 남에게 영향력을 발휘한다는 사실을 깨달았으면 그것을 어떻게 사용할지 생각해 보자. 특히 과거에 남에게 나쁜 영향을 미쳤더라도 마음을 바꾸어 먹고 좋은 영향을 미칠 수 있다는 사실을 알아야 한다. 우리는 가장 가까운 사람들에게 항상 영향을 미치며 살고 있다. 우리는 이 점을 잘 잊지 않는다. 하지만 그리 가깝지 않은 사람에게 미칠 수 있는 영향에 대해서는 망각하는 경우가 많다.

가족이나 동료, 종업원과 부대끼며 살아갈 때 많은 다른 삶과 만난다는 사실을 잊지 말라. 분명 누구나 길에서 만나는 낯선 사람보다는 가족에게 더 큰 영향을 미친다. 그리고 높은 지위에 있으면 모르는 사람에게도 영향을 미친다. 그러나 일상의 평범한 만남 속에서도 누군가에 영향을 미칠 수 있다. 상점 점원이나 은행 금전 출납 계원과 만나는 짧은 순간을 언짢은 기억으로 만들 수도, 웃는 낯으로 다가가 즐거운 하루로 만들 수도 있다. 그 선택 즉 좋은 영향력과 나쁜 영향력은 여러분의 몫이다.

5) 좋은 영향력의 삶의 가치

더 높은 단계의 영향력으로 나아가 적극적으로 영향력을 발휘하게 되면 남에게 좋은 영향을 주고 그 삶의 가치를 더해 주게 된다. 좋은 영향을 미치는 사람이라면 누구나 남의 삶에 가치를 더해 줄 수 있다. 예를 들어 보모는 글을 읽어줌으로써 아이가 책을 사랑하고 평생 배움을 즐기는 사람이 되도록 유도한다. 선생님은 신뢰와 사랑을 보냄으로써 학생이 자신의 가치를 깨달을 수 있도록 만든다. 그런가하면 사장은 책임과 능력을 위임해 직원이 시야를 넓히고 더 나은 일꾼과 인간이 되도록 만든다. 또 언제 어떻게 아이에게 사랑을 베풀어야 하는지 아는 부모는 아이가 심지어 사춘기에도 열린 마음을 갖도록 만든다. 이 모든 사람들이 남의 삶에 영원한 가치를 더하는 것이다.

현재 이 책을 읽고 있는 여러분은 남에게 어떤 영향력을 미치고 있는가? 여러분의 행동은 수천 명의 인생에게 영향을 줄 수도 있고 두세 명의 동료와 가족에게만 영향을 줄 수도 있다. 그러나 몇 명인지는 그렇게 중요하지 않다. 중요한 것은 언제라도 영향력의 수준을 바꿀 수 있다는 점이다. 과거에 남에게 나쁜 영향을 미쳤더라도 좋은 영향으로 바꿀 수 있다.

또 지금까지는 영향력의 수준이 낮았다 할지라도 앞으로 수준을 높여 남을 돕는 사람이 될 수 있다. 여러분은 남의 삶에 참으로 좋은 영향을 미칠 수 있다. 남의 삶에 막대한 가치를 더할 수 있다.

6) 영향력에 있는 목록

누구나 자신의 삶에 가치를 더해 준 멘토의 목록을 쉽게 작성할 수 있다. 사람마다 이루고 싶은 꿈과 남기고 싶은 유산은 다르지만, 멘제의 삶을 변화시키려면 영향력을 발휘할 수 있어야 한다는 사실만큼은 누구에게나 적용된다. 그만큼 효과적으로 멘제의 삶을 움직일 수 있는 방법은 어디에도 없다. 영향력이 있는 멘토가 되라. 그러면 누군가 자신의 삶을 변화시킨 사람의 명단을 작성할 때 멘토인 여러분의 이름을 넣을지도 모른다.

3. Dia 인재개발 실무기법

제1단계 멘토의 역할 모델과 영향력

1) 진실하기 Integriting for Menger

① 진실성의 의미

진실성은 사업 성공뿐 아니라 영향력이 있는 사람이 되기 위해서도 중요하다. 진실성은 존경, 위엄, 신뢰를 비롯한 여러 덕목의 기초가 된다. 진실성이라는 기초가 약하거나 근본부터 잘못되었다면 영향력이 있는 사람이 되는 일은 한낱 꿈에 지나지 않는다. 사람의 한 면을 믿을 수 없다면 어떤 면도 진정으로 믿을 수 없다. 이것이 현실이다. 심지어 진실성을 갖지 못한 자신의 모습을 얼마 동안 감출 수 있는 사람도 언젠가는 실패를 맛본다. 다시 말해 일시적으로 얻은 영향력은 결국 사라지게 마련이다.

진실성은 집의 기초와도 같다. 기초가 튼튼한 집은 비바람이 몰아쳐도 무너지지 않는다. 반면 기초에 금이 간 상태에서 폭풍우가 몰아치면 그 금이 더욱 깊어져 기초, 그리고 나중에는 집 전체가 무너지고 만다. 이것이 멘토가 진실성을 잃지 않으려는 작은 잘못부터 고쳐야 하는 이유이다.

* 진실성은 멘토를 받쳐주는 가장 필요한 덕목이다.

② 진실성의 정의(Webster's New Dictionary)

웹스터 사전에서는 진실성에 관해 이렇게 기술한다. '도덕과 윤리 원칙의 준수 도덕적 인격의 건전함 정직' 윤리 원칙은 쉽게 바뀌지 않는다. 악의 없는 거짓말도 역시 거짓말이다. 1,000원을 훔쳤건 1억을 훔쳤건 똑같은 도둑질이다.

진실성은 개인적인 이익보다 인격을, 물건보다 사람을, 권력보다 섬김을, 편리함보다 원칙을, 눈앞보다 멀리 보는 시각을 중요하게 여긴다.

③ 진실성이 주는 유익

진실성이 주는 가장 중요한 유익은 신뢰이다. 이 신뢰가 없으면 다른 모든 것은 아무 소용이 없다. 신뢰는 사적, 공적 관계에서 가장 중요한 요소이다. 여러 사람을 하나로 묶는 끈과도 같은 신뢰는 영향력 있는 멘토가 되기 위해 꼭 필요하다. 오늘날에는 신뢰를 찾아보기 힘들어졌다. 사람들은 점점 서로를 의심의 눈초리로 바라보고 있다.

특별히 믿지 못할 이유가 없는 한 남들이 나를 믿으리라 생각할지 모르겠다. 하지만 오늘날과 같이 서로를 믿지 못하는 현실 속에서는 먼저 내가 믿을 만하다는 증거를 보여야 한다. 이것이 영향력 있는 멘토가 되기 위해서 진실성이 꼭 필요한 이유이다. 훌륭한 인격을 갖출 때만이 남의 신뢰를 얻을 수 있다. 그러므로 인격은 인생의 작은 순간에 만들어진다.

* 멘토링은 멘토가 멘제를 인격을 갖춘 차세대 리더로 세우는 일이다.

④ 진실성의 8가지 품성

오늘날 사람들은 필사적으로 리더를 찾지만 멘토링에서는 오직 믿을 수 있는 사람, 곧 훌륭한 인격을 지닌 사람만 멘토로 삼기를 원한다. 멘제에게 좋은 영향을 미치고 싶다면 진실성과 관련된 다음 8가지 품성을 개발하고 매일 그에 따라 살도록 노력하라.

㉠ 일관된 인격을 보여라

항상 믿을 만한 사람만이 확고한 신뢰를 얻을 수 있다. 이따금 자신이 무엇을 하고 있는지 모른다면 확고한 신뢰의 단계까지 관계가 깊어질 수 없다.

㉡ 언행을 일치시켜라

신뢰를 받으려면 훌륭한 음악 작곡가와 같아야 한다. 가사와 곡이 일치해야 한다.

㉢ 솔직하라

아무리 숨기려 해도 약점은 드러나게 마련이다. 약점을 솔직히 밝히고 인정하면 정직과 진실성으로 높이 평가받을 수 있다. 그리고 더 좋은 관계를 맺을 수 있다.

㉣ 겸손하라

자신이 남보다 낫다는 자만이나 질투에 빠지면 신뢰를 얻을 수 없다.

㉤ 남을 도우라

남을 먼저 생각하는 것만큼 훌륭한 인격도 없다. 남의 성공을 도우면 나도 성공할 수 있다.

㉥ 약속을 지켜라

지킬 수 없는 약속은 하지 말라. 그리고 말한 것은 끝까지 지켜라. 약속을 지키지 않으면 틀림없이 신뢰가 깨진다.

Ⓐ 섬기는 자세를 가져라

우리는 섬김을 받기 위해서가 아니라 섬기기 위해서 이 땅에 태어났다. 남에게 나 자신과 시간을 주는 것은 관심을 가진다는 뜻이다. 진실성을 가진 사람은 받기보다 주기를 좋아하는 사람이다.

ⓞ 서로의 삶에 참여하라

사람들은 진실성을 가진 사람의 말을 듣고 따른다. 영향력이 기술이 아니라 참여라는 점을 항상 기억하라. 자신의 삶과 성공에 남을 참여시킬 때만이 성공을 언제까지나 이어갈 수 있다.

아이를 돌볼 때, 타이어 바람이 나갔을 때, 상사가 없을 때, 아무도 모를 것이라는 생각이 들 때 어떻게 하는지 봐야 사람의 진면목을 알 수 있다는 말이 있다. 하지만 진실성을 가진 멘토는 어떠한 경우라도 변함이 없다. 그는 장소, 상대방, 상황에 상관없이 항상 원칙에 따라 산다.

⑤ 진실성의 4가지 행동 수칙

행동에 따라 원칙을 굽히거나 원칙에 따라 행동을 바꾸는 두 가지 길이 있다. 어떤 길을 선택할지는 여러분의 자유다. 그러나 영향력 있는 멘토가 되려면 진실성이라는 길을 선택해야 한다. 다른 길은 모두 파멸로 향하는 길이다. 진실성을 가진 멘토가 되기 위해서는 원칙으로 돌아가야 한다. 어려운 결단을 내려야 할 경우도 있지만 진실성은 그만한 가치가 있다.

㉠ 정직과 신뢰를 고수하라

진실성은 구체적이고 확고한 결단으로 시작된다. 진실성 문제를 해결하지 못하고 있다가 위기에 닥치면 실패할 수밖에 없다. 오늘 당장 엄격한 도덕 원칙에 따라 살고 어떤 경우라도 그 원칙을 저버리지 않기로 결단하라.

㉡ 돈의 유혹에 빠지기 전에 결단하라

돈의 유혹에 빠지기 전에 돈 문제를 해결하지 못한 사람은 결국 돈에 팔리고 만다. 진실성을 저버리고 싶은 유혹으로부터 자신을 보호할 수 있는 최선의 길은 오늘 당장 결단하는 것이다. 어떠한 권력, 원한, 명예, 돈에도 진실성을 팔지 않기로 결심하는 것이다.

㉢ 작은 일이 중요하다

작은 일이 우리의 인격을 바꾸어놓는다. 1센티미터든 1킬로미터든 원칙에서 벗어나는

것은 마찬가지다. 정직은 매일, 매주, 매년 변함없이 옳은 일을 할 때 몸에 배어드는 습관
이다. 작은 일에서 항상 옳게 행하면 도덕이나 윤리에서 벗어날 확률이 적다.

ⓡ 매일 원하는 일을 하기 전에 해야 할 일을 먼저 하라

진실성은 끝까지 책임을 다하는 것이다. 해야 할 일을 먼저 하면 원하는 일을 할 수 있
는 날이 온다. 자신과 남의 변덕스러운 욕망에 자꾸 휩쓸려 갈팡질팡하는 사람, 곧 진실
성이 부족한 사람을 표현하기에 노예라는 단어가 아주 적합하다. 반대로 진실성이 있으면
자유를 만끽할 수 있다. 잘못된 선택, 죄악, 거짓말, 잘못된 인격 문제에서 오는 압박감으
로부터 자유로울 수 있으며 마음껏 멘제에게 영향을 미치고 막대한 가치를 더해 줄 수 있
다. 더 나아가 진실성은 성공으로 이끌어준다.

* 진실하기 점검표

멘토 자신의 훌륭한 인격을 개발하는 데 전념하라.
과거에 여러분은 자신의 인격을 전적으로 책임졌는가? 영향력이 큰 사람이 되려면 그렇게 해야
한다. 어려운 상황에 처했거나 상처를 받은 경험이 있는가? 잠시 잊어보아라. 이 모든 것을 잠시
잊고 남은 것 중에 확고한 진실성이 없다면 오늘부터 당장 삶의 방식을 바꾸어라.

다음 서약서를 읽고 아래에 서명하라.
인격적인 사람이 되도록 노력하겠습니다. 진실과 신뢰, 정직을 제 삶의 중심에 놓겠습니다. 제가
대접받고 싶은 대로 남을 대접하겠습니다. 삶의 어떤 순간에도 최고수준의 진실성을 갖고 살겠습
니다.

서명: 날짜:

작은 일부터 하라.

다음 주 동안 인격과 관련된 자신의 습관을 유심히 관찰해 보라. 다음과 같은 행동을 할 때마다
기록해 보라.

- 진실을 모두 말하지 않는다.
- 확실히 약속을 했건 넌지시 비췄건 약속을 지키지 않는다.
- 해야 할 일을 다음으로 미룬다.
- 비밀에 붙여야 할 일을 발설한다.

원하는 일보다 해야 할 일을 먼저 하라.

이번 주 동안, 해야 하지만 미루어두었던 일을 하루에 두 개씩 찾아라. 그리고 다른 일보다 그 일
을 먼저 하라

멘토의 진실성 측정 Tool

아래 10가지 진실성 특정 Tool을 사용하여 5점 척도로 멘토 자신의 진실성을 지수로 표시하라. 이 설문은 수시로 작성하여 멘토 진실성 개발에 측정도구로 활용한다.

1 내게 줄 것이 없는 사람을 얼마나 잘 대하는가?
2 조직구성원에게 솔직한가?
3 주위 사람에게 모범을 보이는가?
4 여러 사람 앞에 있을 때와 혼자 있을 때 변함이 없는가?
5 굳이 그럴 필요가 없어도 잘못을 즉시 시인하는 가?
6 나보다 멘제가 우선이라고 생각하는가?
7 도덕적 문제와 관련된 결정에 대해 변함없는 기준을 가지고 있는가? 아니면 상황에 따라 기준이 달라지는가?
8 내게 손해가 되더라도 올바른 결정을 내리는가?
9 남에 관해 할 말이 있을 때 그에게 직접 말하는가? 아니면 뒤에서 수군대는가?
10 최소한 한 사람에게라도 내가 생각하고 말하고 행동한 것에 책임을 지는가?

소 계

제2단계 멘토의 동기부여와 영향력

2) 양육하기|Nurturing for Menger

① 양육의 본질

어떤점 에서 사람은 동물과 비슷한 반응을 보인다. 동물처럼 육체뿐 아니라 정신적 보살핌을 필요로 한다. 주위를 둘러보면 격려와 인정 보호가 필요한 사람들을 발견할 수 있다. 이러한 사람들을 보살피는 과정을 양육이라 하는데 모든 사람에게 이 양육이 필요하다. 멘제의 삶에 영향을 미치고 싶다면 양육하라. 권위가 있어야 영향력을 발휘할 수 있다고 잘못 생각하는 사람들이 많다. 남의 잘못을 바로잡고 스스로 보기 힘든 약점을 지적하며 소위 건설적인 비판을 한다는 것이다.

'양육'이라 하면 머리에 가장 먼저 무엇이 떠오르는가? 아마도 대개는 아기를 달래는 엄마를 떠올릴 것이다. 엄마는 아기를 돌보고 보호하며 젖을 준다. 또 격려하고 필요를 채워준다. 시간이 남거나 편리할 때만 관심을 기울이는 것이 아니다. 아기를 진심으로 사랑하고 잘 자라기를 바란다. 마찬가지로 멘제를 돕고 영향력을 발휘하려면 사랑과 관심을 가져야 한다. 멘제에게 좋은 영향을 미치고 싶은 멘토는 그를 미워하거나 얕보아서는 안 된다. 오히려 사랑하고 존경한다는 표현을 해야 한다.

양육이란 부모와 자식 사이에만 존재하는 것이라고 생각할 수도 있다. 직원이나 동료, 친구는 각자 집에서 충분히 양육을 받았을 것이라 생각할 수 있다. 그러나 의외로 격려와 양육에 목말라하는 사람이 많다. 물론 혼자서도 잘하는 사람이 있기는 하다. 그러나 그런 사람조차도 양육해야 한다. 왜냐하면 자신감을 심어줌으로써 좋은 영향을 미치고 더 뛰어난 사람으로 만들 수 있기 때문이다. 뛰어난 양육자 멘토가 되면 멘제에게 막대한 영향을 미칠 수 있다.

멘토 여러분은 멘제의 성장과 독립이 되어야 한다. 멘제를 양육하되 여러분에게 의지하도록 만들면 도움보다 오히려 해가 된다. 자신의 이익을 추구하거나 자신의 과거 상처를 치유하려는 목적이 개입되는 것도 멘토의 삶에 적극적인 영향을 미칠 수 없다. 멘제를 통해 대리 만족을 얻으려는 시도도 마찬가지다.

② 양육의 내용
양육의 본질을 알았으면 양육하는 법을 구체적으로 배울 준비가 된 셈이다. 직원과 가족, 친구, 교회 일꾼, 동료를 비롯한 모든 사람이 양육의 대상이 될 수 있다. 얻으려고 애쓰기보다는 다음과 같은 것을 주면서 양육을 시작해 보라.

㉠ 사랑을 표현하기
남의 삶에 영향을 미치기에 앞서 사랑을 표현해야 한다. 사랑이 없으면 관계 형성과 미래, 성공도 없다. 자신의 삶에 큰 영향을 미친 멘토들을 뒤돌아보라. 훌륭한 선생님, 존경하는 상사, 각별한 관계의 이모나 삼촌 등, 여러분은 분명 그들의 관심을 느꼈을 것이다. 그리고 물론 여러분도 애정으로 보답했을 것이다.

㉡ 존중하기
세상에는 남을 존중하는 사람과 그렇지 못한 사람이 있다. 다양한 환경에서 일하면서 이러한 두 가지 유형의 상사와 일해 본 경험이 있는 사람이라면 존중심을 갖고 있는 상사가 얼마나 큰 힘이 되는지 알 것이다. 멘제들은 바로 그런 멘토들의 영향을 받고 싶어 한다.

㉢ 안정감 주기
양육의 또 다른 중요한 측면은 멘제에게 안정감을 주는 것이다. 안정감이 없으면 사람은 상대방을 믿지 않고 잠재력을 발휘하기를 거부한다. 하지만 안심하면 긍정적인 반응을 보이고 최선을 다한다. 멘제가 멘토에게 원하는 구체적인 안정감은 -멘토가 믿을 만한가? -멘토는 약속을 잘 지키는가? -멘토는 나를 인격으로 존중하는가?이다. 그러므로 멘토는 전적인 신뢰를 얻어야 멘제의 삶에 좋은 영향을 미칠 수 있다.

㉣ 인정하기

특히 기업의 리더에게 가장 쉽게 찾아볼 수 있는 잘못은 남을 인정하지 않는 것이다. 이러한 결과로 직장인의 첫 번째 불만족의 원인은 상사의 불신이다. 인격과 업무에 대해 인정해 주지 않는 리더를 진정으로 따르는 사람은 없다. 불란서에서는 "남자는 인정해 주는 사람에게 생명을 바치고 여자는 칭찬해 주는 사람에게 마음을 바친다"는 격언이 있다.

㉤ 격려하기

격려를 아끼면 상대방에게서 건강하고 생산적인 삶을 **빼앗을** 수 있다. 그러나 격려를 받는 사람은 불가능에 도전하고 커다란 고난을 극복할 수 있다. 아울러 격려라는 선물을 준 사람은 영향력 있는 멘토가 된다.

③ 자연스러운 양육법

본래부터 남을 양육할 수 있는 사람은 드물다. 대부분의 사람들은 남을 사랑하고 유익을 끼치기가 여간 힘들지 않다. 특히 애정을 받지 못하고 자란 사람은 더욱 그렇다. 그러나 누구라도 남을 양육하고 가치를 더해 줄 수 있다. 바로 남을 배려하는 마음을 기르면 남을 양육하는 즐거움과 그 삶에 영향을 미치는 특권을 누릴 수 있다. 그 방법은 아래와 같다.

㉠ 모든 노력을 기울여라

양육하는 사람이 되기 위해 모든 노력을 기울여라. 모든 노력을 기울여 남을 도우면 자신의 우선사항과 행동이 변한다. 남을 사랑하는 사람은 항상 도울 방법을 찾는다. 반면 남에 대해 무관심한 사람은 핑계거리만 찾는다.

㉡ 믿어주어라

사람은 가까운 사람의 기대에 따라 성공하기도 실패하기도 한다. 남에게 신뢰와 희망을 주어라. 그러면 그는 그 기대를 저버리지 않기 위해 무슨 일이라도 할 것이다.

㉢ 가까이 다가가라

멀리 떨어져서 양육할 수는 없다. 남을 양육하려면 처음에는 함께 보내는 시간을 많이 가져야 한다. 하지만 점점 관계가 깊어지고 그가 자신을 신뢰하게 되면 개인적인 접촉의 횟수를 줄여도 된다. 그전에는 가까이 다가가 깊은 관계를 맺어야 한다.

㉣ 대가 없이 주어라

상대방에게서 뭔가 바라는 것이 있으면 진정한 멘토가 될 수 없다. 멘토는 양육한다는 마음을 가져야 한다. 대가를 바라지 말고 거저 주어라. 멘토인 당신도 과거 당신 주위에 있었던 많은 멘토들로부터 수없이 거저 받았음을 기억하라.

ⓜ 기회를 주어라

양육을 받은 멘제가 어느 정도 성장하면 스스로 성장하고 성공할 수 있는 기회를 주어라. 물론 양육하기를 멈추면 안 되지만 많은 성과를 거둘수록 그는 용기와 자신감을 갖고 기회에 도전할 수 있게 된다.

ⓗ 더 높은 수준으로 이끌어라

양육의 최종 목표는 멘제가 잠재력을 최대로 발휘하여 리더로 성장하는 데 돕는 것이다. 그런 의미에서 양육은 멘제에게 성장의 발판을 마련해 주는 것이다.

* 양육하기 점검표

특별한 격려를 하라

이번 달에 격려할 사람을 멘제를 비롯해서 두세 명 선택하라. 각 사람에게 짧은 글을 써 보내고 그들과 가까이 지내라. 대가를 바라지 말고 그들에게 시간을 투자하라. 그러고 나서 월말에 그들의 긍정적인 변화가 있었는지 점검하라.

관계를 회복하라

여러분이 과거에 나쁜 영향을 미쳤던 한 사람을 선택하라. 가령 멘제를 포함하여 동료, 가족, 직원 등 누구라도 상관없다. 그 사람을 찾아가서 과거의 행동이나 말에 대해 사과하라. 그러고 나서 그의 장점을 찾아 말해 주어라. 다음 몇 주간에 걸쳐 그의 관계를 어떻게 회복할지 고심하라.

3) 믿어주기 Believing for Menger

① 신뢰에 관한 4가지 의미

남에 대한 신뢰는 남과 협력할 때 영향력 있는 사람에게 꼭 필요한 자질이다. 그러나 오늘날에는 그러한 자질을 가진 사람이 매우 드물다. 신뢰에 관한 다음 4가지 사실에 관하여 생각해 보자.

㉠ 대부분의 사람들은 자신을 신뢰하지 않는다.

오늘날 많은 사람들이 자신을 믿지 못한다. 그리고 실패할까 두려워한다. 심지어 터널 끝에 빛이 보여도 그것을 자신에게 달려오는 기차로 생각하고 절망하고 만다. 항상 부정적인 측면만 보는 것이다. 하지만 사실은 어려움 때문에 실패하는 것이 아이다. 오히려 자신을 신뢰하지 못해 실패하는 경우가 많다. 조금만 자신감을 가져도 놀라운 일을 해낼 수 있지만 그렇지 않으면 정말 곤란한 상황에 빠지고 만다.

㉡ 대부분의 사람들은 신뢰받지 못한다.

오늘날 우리 사회에서는 많은 사람들이 소외감을 느끼고 있다. 미국의 수감자의 90%가 어렸을 적 부모로부터 "너는 감옥에 가게 될 거야."라는 말을 들었다. 이처럼 아이에게 자신감을 가지라고 가르치는 대신 희망을 빼앗아버리는 부모가 있다. 심지어 가장 가까운 사람에게서조차 신뢰를 받지 못하는 사람도 많다. 자신의 편이 아무도 없는 것이다. 그러나 하찮은 말 한마디가 천 냥 빚을 갚는다는 격언을 기억해야 한다.

ⓒ 대부분의 사람들은 상대방이 자신을 믿는지 안 믿는지 금세 알아챈다.

사람들은 상대방이 자신을 믿는지 안 믿는지 금세 알아챈다. 그리고 그 믿음이 진실인지 거짓인지도 알아챈다. 진실한 신뢰야말로 남의 삶을 변화 시킬 수 있다. 영향력 있는 사람이 되려면 남이 자신을 높이 평가하게 만들라. 그러려면 먼저 남을 신뢰하라. 그러면 그는 신뢰를 받은 만큼 자신감을 행동으로 보일 것이다.

ⓔ 대부분의 사람들은 자신에 대한 신뢰에 보답하기 위해 무슨 일이라도 한다.

사람들은 자신에 대한 기대 수준에 맞게 행동한다. 곧 의심과 불신에 대해서는 평범한 행동으로 반응한다. 그러나 신뢰와 높은 기대에 대해서는 최선을 다해 보답한다. 그리고 그 과정에서 서로가 유익을 얻는다.

지금까지 남을 믿어주지 않았다면 당장 사고방식을 바꾸고 남을 믿기 시작하라. 그러면 자신의 삶이 훨씬 풍요로워질 것이다. 남을 믿어주면 놀라운 선물을 주는 것이나 다름없다. 돈을 주면 금세 써버린다. 물건을 주면 제대로 사용하지 못할 수 있다. 그렇다고 도움을 줘봤자 그때뿐이기 일쑤다. 하지만 자신감을 심어주면 열정과 독립심이 생긴다. 그리고 나서 돈과 물건, 도움을 주어야 그것을 잘 활용해 더 나은 미래를 만들 수 있다.

② 상대방을 믿는 법

사실 대부분의 사람들은 상대방을 믿는 법을 배워야 한다. 상대방에 대한 믿음을 갖기 위해 BELIEVE의 각 철자로 시작되는 다음의 7가지 교훈이 도움이 될 것이다.

ⓐ 상대방이 성공하기 전에 믿어라(B elieve)

누구나 승자를 좋아한다. 이미 자신을 증명해 보인 사람을 믿기는 그리 어렵지 않다. 반면 아직 증명되지 않은 사람을 믿기는 정말 어렵다. 그러나 그러한 믿음이야말로 동기 유발의 핵심이다. 따라서 상대방이 성공하기 전에, 아니 심지어 상대방이 자기자신을 믿지 못하고 있을 때 믿어주어야 한다.

ⓑ 장점을 강조하라(E mphasize)

남에게 좋은 영향을 미치려면 정반대의 태도가 요구된다. 즉 상대방에 대한 믿음을 나타내고 동기 유발할 수 있는 최선의 방법은 장점에 관심을 집중하는 것이다.

ⓒ 과거의 성공을 상기시켜라(L istup)

장점을 강조하는 것으로 충분하지 않는 경우도 있다. 이 경우 상대방에 대한 믿음을 표현하고 동기를 유발하기 위해 더 많은 격려가 필요하다.

ⓔ 실패할 때 자신감을 불어넣어라(I nstill)

상대방을 격려하고 믿어주면 그는 자신의 성공을 확신하기 시작하고 이내 삶의 중요한 기로에 서게 된다.

ⓜ 함께 성공을 경험하라(E xperience)

인생에서 실패가 성공의 어머니라는 사실을 머리로 아는 것만으로는 충분하지 않다. 실제로 성공을 향해 나아가기 위해서는 할 수 있다는 믿음이 필요하다.

ⓗ 미래의 성공을 상상하라(V isualize)

사람은 음식 없이 40일, 물 없이 4일, 공기 없이 4분을 버틸 수 없다고 한다. 하지만 희망 없이는 4초도 견디지 못한다. 희망을 주고 미래의 성공을 말해 주는 것은 성장시키고 동기를 부여하며 계속 나아갈 이유를 주는 것이다.

ⓢ 더 높은 수준의 삶을 기대하라(E xpect)

영향력 있는 사람은 타인의 내일을 바라보고 큰 꿈을 꾸도록 만드는 일을 목표로 삼는다. 상대방이 더 멀리 바라보고 더 높은 수준의 삶을 꿈꾸게 만드는 방법은 바로 믿어주는 것이다.

* 믿어주기 점검표

과거의 성공을 이용하라.

멘제에게 곧 어려운 일을 맡겨야 한다면 그가 과거에 거둔 성공을 상기하라. 그러고 나서 그를 만날 때마다 그것들을 검토하라. 만약 이렇게 했는데도 과거의 어떠한 성공도 기억나지 않는다면 시간을 너무 적게 투자한 탓이다. 서로 잘 알기 위해 충분히 시간을 투자하라.

실패를 극복할 수 있도록 도움을 주어라.

최근 주위에서 실패를 경험한 멘제나 친구, 직원, 가족이 있을 수 있다. 시간을 내어 그와 이야기를 나누어라. 이야기의 전말을 들어보고 자신감을 심어주어라. 또 그에 대한 확고한 신뢰를 표현하라.

지금 당장 시작하라.

조직을 위해 새로운 인력을 영입한 후에는 즉시 멘토링 관계를 형성하라. 가만히 앉아서 그가 성공하기를 기다리기보다는 그의 인격과 능력에 대한 신뢰를 계속해서 표현하라. 그러면 여러분의 기대에 부응하려는 그의 모습을 즐거운 마음으로 지켜볼 수 있게 될 것이다.

---

4) 들어주기 Listening for Menger

뛰어난 리더들이 영향력을 발휘하고 성공하기 위해 꼭 필요한 요소로 꼽는 기술이 있다. 과연 무엇인지 알겠는가? 바로 듣는 기술 경청이다. 그런데 듣는 기술의 중요성을 알고 있는 사람은 그리 많지 않다. 그러나 경청하는 태도는 영향력 있는 사람이 되기 위해 꼭 필요한 요소다. 다음의 내용에 귀 기울여보자.

① 경청해야 하는 이유

남의 말에 진심으로 귀 기울이지 않고 자기 차례가 돌아올 때까지 기다리지 못하는 사람이 많다. 이와 달리 영향력이 있는 사람은 남의 말에 귀를 기울여야 하는 이유를 잘 알고 있다.

㉠ 존중심을 보일 수 있다.

사람들이 대화할 때 자주 범하는 실수는 남의 관심을 끌기 위해 필요 이상으로 노력한다는 것이다. 똑똑하고 재치가 넘치며 유머가 넘치는 사람으로 보이고 싶어 하는 것이다. 그러나 생산적인 대화를 나누려면 남의 말에 관심을 기울일 수 있어야 한다. 관심을 끌려 하지 말고 관심을 기울여라. 크게 생각하는 사람은 듣기를 독점하고 작게 생각하는 사람은 말하기를 독점한다. 그러므로 멘제의 말을 잘 경청하는 멘토는 그와 더 깊고 강한 관계를 맺을 수 있는 것이다.

㉡ 관계가 형성된다.

멘제의 말을 잘 경청하는 멘토는 그와 더 깊고 강한 관계를 맺을 수 있다. 그런 사람과는 대화할 맛이 나기 때문이다.

㉢ 지식을 넓힌다.

사실 지위가 높아질수록 올바른 정보를 얻기 위해 남에게 더욱 의존해야 한다. 일찍부터 뛰어난 경청기술을 개발하고 계속해서 사용해야 한다. 그래야 성공에 필요한 정보를 얻을 수 있다.

㉣ 아이디어가 나온다.

남의 말에 귀를 기울이면 아이디어가 없어 고민하는 일은 절대 없다. 또 멘제들은 자기 말에 경청하는 멘토에게 모든 헌신을 아끼지 않는다. 이처럼 사람들에게 자신의 생각을 말할 기회를 주고 열린 마음으로 경청하면 새로운 아이디어가 끊임없이 나온다.

㉤ 충성심을 얻을 수 있다.

남의 말을 잘 들어주면 사람이 모여든다. 또 사람들의 말을 존중하고 경청하는 사람은 그들의 강한 충성심을 얻을 수 있다.

ⓑ 자신과 남에게 큰 도움이 된다.

언뜻 보면 남의 말을 경청하면 남에게만 유익하다는 말처럼 들린다. 그러나 전혀 그렇지 않다. 남의 말을 경청하면 분명 자신에게도 유익하다. 그러므로 좋은 관계를 맺고 필요한 정보를 찾아라. 그리고 자신과 남에 대해 더 많이 알려고 애써라.

② 경청의 일반적인 장애요인

귀를 기울이는 데 있어 자신의 잠재력을 모두 발휘할 수 있는 사람은 드물다. 대부분의 사람들은 현재의 듣는 기술에 만족하지 못하고 있다. 이런 사람이 듣는 기술을 개선하기 위해 가장 먼저 해야 할 일은 다음과 같은 일반적인 장애 요인들을 발견하는 것이다.

㉠ 말하기를 선호하는 태도

사람들은 말하기를 좋아하고 듣기를 싫어한다. 심지어 세일드맨과 같은 인간관계 전문가도 마찬가지다. 그러나 생산적인 대화는 설득이 아니다. 듣는 것이다. 생각해 보라. 자기 혼자 말해서는 아무것도 팔 수 없다.

㉡ 초점 상실

남의 말을 경청하려면 대화자에게 모든 정신과 관심을 쏟아야 한다. -상대방의 몸짓을 관찰하라-얼굴 표정의 변화를 살펴라-상대방과 눈을 마주쳐라. 그래서 경영학자 피터 드러커(Peter Drucker)는 "대화에서 가장 중요한 것은 입으로 말하지 않는 소리를 듣는 것이다."라고 말했다. 상대방을 면밀히 관찰하고 말의 의미를 되새기는 데 남는 정력을 쏟을 때 기술은 크게 향상된다.

㉢ 정신적 피로

오랜 동안 남의 말을 듣다보면 온몸에 힘이 빠질 수 있다. 하지만 아무리 정신적인 피로가 심하다고 하더라도 건성으로 들어서는 안 된다. 힘들고 지치더라도 정신을 집중하고 노력을 기울여야 남의 말을 잘 들을 수 있다는 사실을 명심하라.

㉣ 고정관념

상대방의 개성을 무시하고 그가 속한 집단 전체의 특성만 떠올리면 곤란에 빠질 수 있다. 그러므로 컴퓨터 회사에 다니면 컴퓨터 밖에 모르는 얼간이, 십대라면 반항아, 금발이라면 칠칠치 못한 사람, 기술자라면 뻣뻣한 사람이라고 고정관념을 버려라. 그런 고정관념을 버리지 않으면 상대방의 말을 진정으로 듣지 못한다.

㉤ 마음의 짐

마음의 짐을 떨쳐버리지 않으면 남의 말을 있는 그대로 받아드릴 수 없다. 예를 들어 특정 집단에 지나치게 집착하거나, 특정 주제에 방어적 태도를 보이거나, 남의 말에 자꾸 끼어드는 것이다. 바로 이런 문제를 해결해야 남의 말에 진심으로 귀를 기울일 수 있다.

　ⓑ 자기만 생각하는 태도

아마도 남의 말에 귀를 기울이는 데 가장 치명적인 요소는 자기만 생각하는 태도일 것이다. 자신만을 생각해서는 남의 말에 귀를 기울일 수 없을 뿐더러 남보다 자신에게 더 큰 피해가 돌아간다는 사실을 명심하라.

③ 경청의 9가지 기술

하루 9%는 글쓰기에 소비한다. 하루 16%는 읽기에 소비한다. 하루의 30%는 말하기에 소비한다. 하루 45%는 듣기에 소비한다. 이쯤 되면 듣기가 주요하다는 사실을 누구나 인정할 것이다. 그런데 어떻게 해야 들을 수 있다는 말인가?

그렇다. 남의 말을 잘 듣기 위해서는 먼저 듣기를 원해야 한다. 아울러 몇 가지 기술을 겸비한다면 더할 나위 없을 것이다. 다음 9가지 기술은 매우 중요한 듣기 기술이다.

　㉠ 상대방을 쳐다보아라

상대방에게 모든 관심을 기울일 때 비로소 진정한 듣기가 시작된다. 누군가와 대화를 나눌 때에는 다른 일을 하지 말라. 예컨대 종이를 접거나 접시를 닦거나 텔레비전을 보지 말라. 모든 일을 제쳐 놓고 상대방에게만 집중하라. 그리고 당장 시간이 없을 때에는 적당한 다른 시간을 정해서 약속하라.

　㉡ 끼어들지 말라

자기 말에 누군가 끼어들 때 좋아할 사람은 아무도 없다. 무시당하는 기분이 들기 때문이다. 그래서 남의 말을 방해하는 것은 그의 발을 밟는 것만큼 무례한 행동을 하는 것이나 같다. 끼어들기를 좋아하는 사람은 대개 다음과 같은 성향을 가지고 있다.

－남의 말에 가치를 두지 않는다.

－남의 관심을 끌어 자신의 뛰어남을 보이고 싶어 한다.

－대화내용에 너무 흥분한 나머지 남의 말이 끝나기를 기다리지 못한다.

끼어들기 좋아하는 사람은 자신의 성향을 의심해 보고 그런 성향을 고쳐야 한다. 상대방에게 충분히 말할 시간을 주어라. 혼자서만 말해야 한다는 생각을 버려라. 오히려 말을 하지 않는 시간을 지금까지의 말을 정리하고 어떻게 대응할지 생각할 수 있는 좋은 기회로 여겨라.

　㉢ 이해하라

사람들이 남의 말을 얼마나 빨리 잊어버리는지 아는가? 보통사람은 그 사람 말이 끝나자마자 50%를 잊는다고 한다. 그리고 시간이 지날수록 기억하는 양은 점점 줄어든다. 그래서 하루가 지나면 대개 25%의 기억만 남는다. 남이 전하는 말을 듣기만 해서는 곧 잊어버린다. 말의 의미를 찾아야 제대로 들을 수 있는 것이다. 아래 10가지 내용의 의미를 찾아보자.

- 머리와 마음으로 들어라
- 이해하려는 마음으로 들어라
- 말뿐 아니라 마음으로 들어라
- 내용과 감정을 함께 들어라
- 눈으로 들어라
- 의견뿐 아니라 관심으로 들어라
- 입으로 말하지 않는 것까지 들어라
- 받아들이려는 마음으로 들어라
- 상대방의 두려움과 마음의 상처를 들어라
- 상대방이 자신의 말을 어떤 식으로 들어주었으면 좋겠는지 생각해 보고, 그런 식으로 상대방의 말을 들어주어라.

남의 입장이 될 수 있다면 이해하는 능력이 한층 향상된 것이다. 그리고 이해를 잘하면 남의 말을 잘 들을 수 있다.

ⓐ 대화하는 순간의 의도를 파악하라

대화할 때 상대방의 의도를 정확히 파악하는 능력은 매우 중요하다. 사람들이 말하는 이유는 다양하다. 위로를 받거나 답답한 속내를 털어놓고 싶어서, 설득하고 지식을 전하기 위해서, 이해를 구하거나 마음을 진정시키기 위해서, 이 모두 이유가 될 수 있다. 그래서 말하는 의도를 정확히 파악하기가 쉽지만은 않다.

서로 다른 목적을 갖고 대화를 나눈 나머지 갈등에 빠지는 경우가 많다. 대화의 순간 상대방의 의도를 헤아리지 못한 결과이다. 주로 남성은 대화를 통해 문제를 해결하고자 한다. 이 경우의 의도는 해결이다. 반면 여성은 단순히 말하고 싶어서 대화에 참여한다. 그래서 대개 해결책을 요구하지도 바라지도 않는다. 결국 대화 상대자의 현재 의도를 알아야 진정한 대화가 이루어지고 상대방을 이해할 수 있다는 말이다.

ⓑ 자신의 감정을 확인하라

앞서 언급했듯이 사람들은 특정한 사람이나 환경에 과민 반응을 보이는데 이는 바로 마음의 짐 때문이다. 따라서 상대방의 말을 듣고 감정이 격해질 때마다 자신의 감정을 확인해야 한다. 필요 이상의 과민 반응을 실제 행동으로 옮길 때에는 더욱 그렇다. 그래야만 믿는 사람에 울분을 토하는 우를 범하지 않을 수 있다. 비단 마음의 짐으로 인한 행동이 아니더라도 상대방이 자신의 관점과 생각, 주장을 충분히 말할 때까지 끼어들어서는 안 된다.

ⓑ 판단을 보류하라

상대방의 말이 채 끝나기도 전에 판단을 내린 경험이 있지는 않은가? 누구나 그런 경험이 있을 것이다. 그러나 남의 말을 잘 듣기 위해서 속단은 금물이다. 끝까지 이야기를 들은 뒤에 판단해도 늦지 않다. 그렇지 않으면 상대방이 정작 말하고자 하는 핵심을 놓칠 수 있다.

ⓢ 가끔 상대방의 말을 정리해 주어라

전문가의 말에 의하면 적극적으로 들을 때 가장 큰 효과가 나타난다. 적극적인 듣기의 또 다른 방법은 가끔 상대방의 말을 정리해 주는 것이다. 하나의 주제에 대한 말이 끝나면 다음 주제로 넘어가기 전에 중요한 요점을 정리해 주어라. 이는 상대방의 말뜻을 정확히 알았다는 표시이다. 그렇게 하면 상대방은 계속 말할 맛이 나며 여러분도 대화에 더욱 몰두할 수 있다.

ⓞ 확인을 위해 질문을 하라

듣는 기술에 뛰어 난다는 것은 한편으로 상대방에게 좋은 질문을 던지는 기술이다. 상대방이 기분을 상하지 않도록 적절할 때 질문을 던져야 한다. 그리고 그 질문을 통해 상대방의 의중을 정확히 알아야 한다. 관심어린 질문을 던져보아라. 상대방이 모든 속내를 털어놓을 것이다.

ⓩ 듣는 일을 항상 우선하라

마지막으로 듣는 일을 우선하라는 교훈을 마음에 새겨라. 아무리 바쁘고 아무리 높은 지위에 있어도 마찬가지이다. 듣는 능력을 당연하게 생각하는 사람들이 있다. 사실 많은 사람들이 듣는 일을 쉽게 생각하고 자신은 잘 듣고 있다고 믿는다. 그러나 듣는 일은 전혀 쉽지 않다. 물론 누구나 들을 수 있지만 진심으로 귀를 기울일 줄 아는 사람은 극히 드물다. 최근 누군가의 말을 들어주지 않은 일이 있는가? 그렇다면 아직도 늦지 않았다. 지금 당장 그의 말을 들어주고 여러분의 삶과 그의 삶을 변화시켜라.

* 들어주기 점검표

자신의 듣는 기술을 평가하라.

  멘제나 친구에게 다음 질문을 하면서, 멘토는 다음 아홉 가지 질문에서 자신의 듣는 기술을 5점 척도로 평가하라. 그리고 낮은 평가 설문에 대해 친구의 설명을 들어보아라. 단 멘제가 설명하는 동안 끼어들거나 변명해서는 안 된다.

  1. 나는 멘제가 말하는 동안 그 얼굴을 쳐다보는가?
  2. 멘제가 말을 마칠 때까지 기다리는가?
  3. 멘제의 말을 이해하려고 애쓰는가?
  4. 말하는 순간 멘제의 의도를 헤아리는가?
  5. 항상 내 감정을 점검하는가?
  6. 이야기의 전말을 듣기 전까지 판단을 보류하는가?
  7. 멘제가 말할 때 가끔씩 그 말을 정리해 주는가?
  8. 필요할 때마다 확인을 위한 질문을 하는가?
  9. 대화할 때 먼저 들으려고 노력하는가?

합 계

개선을 위한 방법

1.

2.

3.

몇 주 동안 위의 방법대로 노력해 보아라.

실제로 듣는 연습을 하라.

멘토링 활동 중에 있는 멘제와 이번 중에 만나 한 시간 동안 대화만을 나누어라 그 사람에게 모든 관심을 기울이고 그 시간의 3분의 2를 듣는 데 사용하라.

---

5) 이해하기 Understanding for Menger

사람을 이해하고 협력할 수 없을 때 어떤 성공도 거둘 수 없다. 더 나아가 영향력 있는 사람이 될 수도 없다.

① 남을 이해함으로 얻는 유익

멘제를 이해하면 그만큼 좋은 대화를 나눌 수 있다. 멘제를 설득할 때 가장 큰 실수는 자신의 생각과 감정을 무리하게 표현하려고만 애쓰는 것이다. 멘제가 정말 원하는 것은 그의 인격을 존중하고 현재 상황을 이해하며 자신의 말을 귀담아 들어주는 것이다. 멘토가 멘제를 이해해 주는 순간 그도 멘토의 관점을 이해하려고 노력하게 된다. 멘제의 생각과 감정, 동기, 주어진 상황에서 행동과 반응을 이해할 수 있을 때 비로소 그에게 좋은 영향을 미칠 수 있는 법이다.

② 남을 이해하지 못하는 이유

서로를 이해하면 이렇게 좋을 것을 알면서도 실천하는 사람이 적은 이유는 무엇일까? 여기에는 다음과 같은 이유가 있다.

㉠ 두려움

남을 이해하지 못하는 사람은 대개 두려움을 갖게 된다. 그리고 일단 두려움을 갖기 시작하면 남에 대해 더 알려고 하지 않는다. 우리 사회에서 이런 악습관이 되풀이 되고 있는 것이다.

안타깝게도 리더에 대한 직원의 태도에서 이런 두려움을 많이 찾아볼 수 있다. 노동자는 경영자를, 중간관리자는 고위 경영자를, 고위 간부는 중역을 두려워한다. 그런데 이러한 상황은 지나친 의심과 대화부족, 생산성 감소로 이어진다.

㉡ 자기중심적인 마음가짐

만약 두려움이 문제가 아니라면 자기중심적인 마음가짐이 문제일 가능성이 높다. "개인적인 질문이 아닌 이상, 모든 질문에는 양면이 있다."고 누군가가 말했다. 많은 사람들의 마음가짐을 대변해 주는 말이다. 물론 의도적으로 그런 것은 아니지만 인간은 본래 자기 이익을 가장 먼저 생각하는 존재다.

-가장 덜 중요한 단어: I(나)

-가장 주요한 단어: We(우리)

-가장 중요한 두 단어: Thank you(고맙습니다)

-가장 중요한 세 단어: All is forgiven(고맙습니다)

-가장 중요한 네 단어: What is your opinion?(당신의 의견은 어떻습니까?)

-가장 중요한 다섯 단어: You did a good job(잘 하셨습니다)

-가장 중요한 여섯 단어: I want to understand you better(당신을 더 잘 이해하고 싶습니다)

자기중심적인 자세에서 이해하는 자세로 바꾸려면 항상 남의 입장에서 보려는 의지와 노력이 있어야 한다.

ⓒ 차이를 인정하지 않는 태도

자기중심적인 마음가짐을 버린 후에는 다른 사람의 개성을 인정하는 법을 배워야 한다. 자기식대로 남을 생각하지 말고 차이를 인정하라. 자신에게 없는 재능이 남에게 있으면 좋지 않는가? 서로의 약점을 메워줄 수 있으니까. 서로의 차이를 인정할 수 있는 수준에 이르면 리더십이 크게 향상됨을 느낄 수 있다.

ⓔ 유사성을 인정하지 않는 태도

다른 사람에 관해 알면 알수록 자신과 공통점이 많다는 사실을 느끼게 마련이다. 사람은 누구나 희망과 두려움, 기쁨과 슬픔, 성공과 실패의 경험을 갖고 있기 때문이다. 이 점을 잘 보여주는 한 예를 들어보자. 여러 가지 초콜릿을 파운드 단위로 파는 가게가 있었다. 그런데 이상하게도 한 점원 앞에는 손님이 길게 줄을 서 있고 다른 점원들 앞은 텅 비어 있었다. 하루는 가게 주인이 이 사실을 눈치채고는, 담당 점원에게 그 비결을 물었다. "간단해요. 다른 사람은 초콜릿을 일 파운드보다 많이 폈다가 덜어요. 하지만 저는 항상 적게 폈다가 더 담아주거든요. 그러면 손님들이 낸 돈만큼 채워주려는 것처럼 보이거든요."

③ 남을 이해하기 위해 필요한 것

무엇보다도 상대방에 관해 알아야 그를 이해하고 그 삶에 좋은 영향을 줄 수 있다. 그러나 상대방을 이해하기에 앞서 알아야 할 사항들이 있다.

㉠ 누구나 대단한 사람이 되기를 원한다.

대단한 사람이 되기 싫은 사람은 아무도 없다. 심지어 야망 없이 분수에 맞게 살려는 사람도 남에게 존경받기를 원한다. 이와 같이 누구나 존경과 부러움의 대상이기를 원한다. 다시 말해, 대단한 사람이 되기를 원한다. 사람들의 이런 바람을 항상 염두에 두면, 만나는 모든 사람을 세상에서 가장 중요한 사람으로 대할 수 있게 된다. 그리고 그런 마음가짐이 대화 속에서도 묻어나오게 되는 것이다.

㉡ 지식보다 사랑이 먼저다.

영향력 있는 사람이 되려면 지시하기에 앞서 사랑을 베풀어야 한다. 사랑과 관심을 먼저 주어야 호감을 살 수 있기 때문이다. 사랑하기란 언제나 어렵다. 가장 행복하고 즐거운 기억도 사람과 관련되지만 가장 어렵고 마음 아픈 기억도 사람과 관련된다. 이처럼 사람은 가장 큰 자신이면서 가장 부담스러운 짐이다. 그러나 어떤 경우라도 상대방에 대한 사랑을 잃어서는 안 된다.

㉢ 모든 사람은 누군가를 필요로 한다.

일반적인 통념과 달리 자수성가란 없다. 누구나 우정과 격려, 도움이 필요하다. 남과 함께 일할 때 얻는 성과에 비하면 사람이 혼자서 할 수 있는 일은 거의 없다고 해도 과언이 아니다. 또 함께 일하면 만족감도 얻을 수 있다. 사실 고독한 방랑자가 행복한 경우는 극히 드물다.

ⓒ 대단한 사람이 이해하고 믿어주면 누구나 대단한 사람이 될 수 있다.

상대방을 이해하고 믿어주면 그는 대단한 사람이 될 수 있다. 큰 노력이 필요한 것도 아니다. 적절할 때 하는 작은 일이 큰 변화를 일으킬 수 있다. 여러분으로 인해 다른 사람이 특별한 사람이 된 것 같은 기분을 느낀 적이 있는가? 그런 느낌을 주기 위해서는 큰 노력이 필요하지 않다. 반면 그 유익은 이루 말할 수 없이 크다. 누구나 다 삶에 중요한 사람이 될 수 있는 가능성을 갖고 있다. 여러분은 그저 그 가능성을 현실로 이루기 위해 격려와 관심만 주면되는 것이다.

ⓜ 한 사람을 도울 때 사실은 수많은 사람에게 영향을 주고 있는 것이다.

상대방을 이해하기 위해 마지막으로 알아야 할 것이 있다. 한 사람을 도울 때 사실은 수많은 사람에게 영향을 주고 있다는 점이다. 그 한 사람이 또 다른 사람에게 도움을 줄 수 있다는 말이다. 심지어 선한 동기를 갖고 남을 도우면 자신에게도 유익이 돌아온다. 아니, 오히려 주는 것보다 받는 것이 많다. 즉 남에게 끊임없는 존경과 애정을 받게 된다.

* 이해하기 점검표

평가 후 행동 절차

매우 뛰어나는 평가가 나왔으면 남에게 그 비결을 가르쳐주어라. 뛰어나거나 평범한 평가가 나왔으면 계속해서 배우고 발전하라. 새로운 사람을 만날 때마다 다음 4가지 질문을 이용해 이해력을 즉시 향상시킬 수 있다.
1. 멘제는 어디서 왔는가?
2. 멘제는 어디로 가기를 원하는가?
3. 현재 멘제가 원하는 것은 무엇인가?
4. 내가 멘제를 어떻게 도울 수 있는가?

멘토 자신의 이해 능력이 생각보다 못하다면

다음의 말을 마음에 깊이 새겨라.
"사랑하는 사람은 사랑의 세계에서 산다. 반면 미워하는 사람은 미움의 세계에서 산다. 요컨대 당신이 만나는 모든 사람은 당신의 거울이다(Ken Keyes, Jr.)."

제3단계 멘토의 멘토링 활동과 영향력

훌륭한 멘토링은 멘제를 성장으로 이끄는 것이다. 멘토링의 4가지 방법은 **멘제를 성장시킨다**. 멘제를 도와 **항해하면서 인생의 문제를 해결한다**. 멘제와 더 깊은 **관계를 맺는다**. 그리고 멘제의 잠재력을 최고도로 발휘할 수 있도록 **능력을 부여**하는 것이다.

멘토링 활동에서 멘제에게 성장할 동기를 주면서 수단을 제시하지 않으면 별 소용이 없다. 멘토는 멘제의 잠재력과 꿈을 현실로 바꿀 기회를 계속적으로 제공해야 한다. 일단 멘토링을 통해 미친 영향력은 영원히 사라지지 않는다고 말할 수 있다. "자신에게 맞지 않는 일에 열정을 허비하지 않는 사람은 현명하다. 그러나 자신이 잘할 수 있는 일을 찾아 그것에 최선을 다하는 사람은 더욱 현명하다."(William Gladstone 英 정치가) 자신이 잘할 수 있는 역량(Competency)을 알고 있는 사람은 그리 많지 않다. 대부분 사람들은 그 역량을 찾아 성장하고 꿈을 실현하기 위해 도움을 필요로 한다. 이것이 멘토링이 꼭 필요한 이유이다. 그러므로 멘토는 멘제의 인격과 직업의 성장에 있어 홀로 설 수 있을 때까지 지도해야 한다.

6) 성장하기 Enlarging for Menger

삶의 가치는 얼마나 오래 사느냐에 있지 않고 어떻게 사느냐에 달려 있다. 오래 살지만 가치 있는 삶을 조금밖에 살지 못하는 사람도 있다. 멘토링으로 성장시킨다는 말은 멘토를 통해 멘제가 주어진 시간을 최대한 잘 활용하고 삶의 질을 높이도록 돕는 것을 의미한다.

① 멘토링과 인재성장 투자

제품을 만드는 일과 회사를 세우는 일은 서로 다르다. 왜냐하면 회사는 곧 사람이고 회사에서 나오는 어떤 것도 사람보다 귀하지 않기 때문이다. 사실 우리는 자동차와 비행기, 냉장고, 라디오, 구두끈 등을 만드는 것은 아니다. 우리는 사람을 만든다. 그러면 그 사람이 제품을 만드는 것이다. 곧 멘토링은 사람을 성장시키고자 하는 구체적인 투자기법이다.
ⓒ 멘제의 삶의 수준을 높여라
멘제의 재능을 개발하고 새로운 기술을 습득하며 문제해결 능력을 높여주면 삶의 질과 만족감의 수준이 크게 높아진다. 멘제가 성장하면 반드시 삶의 방식이 바뀌는 법이다.
* 멘제를 성장시키는 일은 곧 기회를 잡는 것이다. 멘제의 잠재력 개발을 도울 수 있는

기회를 말이다.

ⓛ 멘제의 성공 가능성을 높여라

어떤 직업에도 미래는 없다. 미래는 바로 그 직업을 가지고 있는 멘제에게 있다. 그러므로 성장하는 멘제의 미래는 밝다. 더 넓은 시야, 더 나은 태도, 더 뛰어난 기술, 새로운 사고방식 등을 통한 성장은 더 좋은 성과와 더 나은 삶으로 이어진다. 그리고 궁극적으로 멘제의 성공 가능성이 높아진다.

ⓒ 멘제의 성장 능력을 높여라

멘제의 성장을 돕는다는 말은 일시적으로 도움이 되는 무기나 도구를 제공한다는 말은 아니다. 장기적인 유익을 끼치는 것이다. 좋은 장비를 제공할 뿐 아니라 배우고 성장할 수 있는 능력을 높여주는 것이다. 일단 성장한 멘제는 어떤 자원이나 기회가 생기든 그것을 최대한 활용할 수 있게 된다. 그리고 더 나아가 그러한 성장이 증식하기 시작한다.

ⓔ 조직의 가능성을 높여라

성장시키고자 하는 멘제가 회사나 학교, 교회, 스포츠 팀, 클럽 등, 그룹의 구성원이라면 그룹 전체가 그 구성원인 멘제의 성장으로부터 유익을 얻을 수 있다. 예를 들어 조직 구성원들 대부분이 약간만 성장해도 전체 조직의 수준이 높아진다. 구성원 몇 명이 크게 성장하면 그들의 향상된 리더십의 영향으로 조직의 성장 및 성공 가능성이 높아진다. 이 두 종류의 성장이 동시에 이루어지면 그 조직은 곧 커다란 성공을 거두게 된다.

② 성장대상: 멘제 선택 방법

멘제의 성장을 돕고 싶다고 해서 누구나 멘토가 될 자질이 있는 것은 아니다. 먼저 자질을 갖추어야 한다. 대부분의 경우 남을 성장시키려면 먼저 자신이 성장해야 한다. 특히 멘토링을 하려면 더욱 그렇다. 자신이 갖고 있지 않은 것을 전해 줄 수 없기 때문이다.

멘토 자신이 성장하고 남의 성장을 도울 자질을 갖추었다면 어떤 대상을 선택할지 신중히 생각해야 한다. 물론 가까운 사람이든 전혀 모르는 사람이든 상관없이 모든 사람에게 진실성의 모범을 보여야 한다. 그리고 관계를 맺은 모든 삶의 동기 유발을 목표로 삼아야 한다. 그 대상은 가족, 사원, 교인, 동료, 친구, 누구라도 될 수 있다. 그러나 삶 속의 모든 사람을 성장시킬 수 있는 시간은 없다. 그러기엔 너무 힘이 든다. 따라서 주위에서 가장 유망한 사람을 멘제로 선택해야 한다. 성장 가능이 가장 높은 사람 말이다. 성장시킬 멘제 대상을 고려할 때 다음의 도움말을 염두에 두어라.

㉠ 인생철학이 자신과 비슷한 사람을 선택하라

성장시키고자 하는 멘토 후보가 마음속에 갖고 있는 가치와 우선순위가 자신과 비슷해야 한다. 자신과 멘제의 마음 바탕에 공통점이 없으면 결국 목적이 서로 다를 수밖에 없다. 그래서는 원하는 효과를 거둘 수 없다. 멘토 자신의 가치가 어떠한지 안 상태에서는 결정을 내리기 어렵지 않다. 한걸음 더 나아가 자신과 멘토링 대상이 비슷한 가치를 갖고 있으면 둘이 협력할 때 조화로운 결정을 내릴 수 있다.

ⓛ 잠재력이 있는 사람을 선택하라

믿을 수 없는 사람을 도울 수는 없다. 딱하게 보이는 사람이 아니라 가장 잠재력이 뛰어난 사람을 선택해 최선을 다해 멘토링하라. 다시 말해 미래가 유망해 보이는 사람을 선택하라. 상처받은 멘제를 양육하고 사랑해 주며 동기를 유발하라. 하지만 성장하고 성공할 가능성이 있는 멘제에게만 자신의 전부를 쏟아라.

ⓒ 자신이 도움을 줄 수 있는 사람을 선택하라

성장 가능성이 있다고 해서 누구나 여러분에게서 도움을 받을 수 있는 것은 아니다. 멘토링 여러분의 장점 및 경험에 맞는 잠재력을 가진 사람을 찾아라.

ⓔ 상대방의 잠재력을 정확히 파악할 수 있어야 한다.

모든 사람이 잠재력을 최대로 발휘해 위대한 사람이 되면 더할 나위 없다. 물론 최고의 멘토링은 멘제를 최고의 수준까지 성장시키는 것이다. 하지만 현실은 그렇지 못하다. 누구나 현재보다 높은 수준으로 성장할 수 있지만 누구나 최고수준에 이를 수 있는 것은 아니다. 따라서 멘제의 잠재력을 정확히 파악해 올바른 방향을 제시하는 일이 우선이다.

ⓜ 적당한 때 시작할 수 있는 사람을 선택하라

상대방의 삶에 있어 적당한 시기에 멘토링을 시작하라. "철이 뜨거울 때 때려라."는 말이 있다. 이는 적당한 때 행동하라는 의미다. 너무 빨리 시작하면 그 사람은 성장할 필요를 느끼지 않는다. 그렇다고 너무 늦게 시작하면 도울 수 있는 기회를 잃게 된다.

적당한 사람을 찾았으면 성장을 돕기 전에 반드시 그의 동의를 얻어야 한다. 격려와 동기 유발을 싫어할 사람은 없으므로 그것들에는 동의가 필요 없다. 그러나 멘토링은 서로가 그 과정을 알고 동의한 다음 100%의 노력을 기울여야 진정한 효과를 거둘 수 있다.

③ 멘제 성장의 영역

남을 성장시키는 일은 보람이 있고 재미있다. 하지만 동시에 시간과 돈, 노력이 투자된다. 따라서 그 일을 최우선 사항으로 삼아 최선을 다해야 진정으로 성장시킬 수 있다.

성장이란 이미 터득한 것 말고 다른 것을 시도하지 않으면 절대 성장할 수 없는 것이다. 멘제의 성장을 원한다면 한 걸음씩 앞으로 나아가며 성취감을 맛보게 하라. 물론 사람마다 성장하는 모습은 다르지만 반드시 상장해야 할 영역이 있다. 특히 다음의 4가지

영역에 관심을 갖기 바란다.

㉠ 태 도

무엇보다도 태도야말로 성공하고 삶을 즐길 수 있는지 여부를 결정한다. 또 태도는 자기 삶의 모든 측면에 영향을 미칠 뿐 아니라 남에게 영향을 미친다.

㉡ 관 계

세상은 사람들로 이루어져 있기 때문에 누구나 좋은 관계를 맺는 법을 배워야 한다. 남과의 관계를 맺고 대화를 나누는 능력은 결혼, 자녀양육, 직업, 친구 관계 등에 영향을 미친다. 남과 잘 어울리는 사람은 어떤 일에서든 앞서 갈 수 있다.

㉢ 리더십

리더십에 따라 모든 일의 성패가 좌우된다. 남과 협력하려는 사람은 리더십을 길러야 한다. 그렇지 않으면 혼자서 모든 일을 감당해야 한다.

㉣ 개인 및 전문기술

이 영역을 마지막으로 다루는 것이 의외일지도 모르겠다. 이 좋은 생각을 갖고 있지 않고 남과 협력하는 기술이 결여되어 있다면 어떤 전문기술도 별로 효과가 없기 때문이다. 남의 성장을 도울 때에는 내면부터 성장시켜라. 성장에 가장 중요한 요소는 외적인 기술이 아니라 내적인 기술이다.

진심으로 남의 성장을 도우면 결국 자신에게도 도움이 된다. 이것은 인생에서 가장 아름다운 보상의 하나다. 남의 성장을 위해 자신을 내놓는 것은 남 못지않게 자신에게도 큰 유익일 뿐 아니라 그 조직 사회에서 선순환의 인재개발의 모범을 스스로 보여주는 것이다.

* 성장하기 점검표

성장 일정
다음 양식을 이용해, 위에서 선택한 세 명을 성장시키기 위한 전략을 개발하라. 후보 멘제1 멘제2 멘제3 이름: 잠재력: 열정: 인격문제: 최대장점: 다음 단계: 현재 필요한 자료: 성장과 관련된 다음번 경험:

7) 항해하기 Navigating for Menger

멘제의 성장과 잠재력 발휘를 도우면 전혀 새로운 수준의 삶으로 안내할 수 있다. 하지만 아무리 많이 배우고 성장해도 여전히 장애물이 있다. 실수도하고 개인적, 직업적 삶에서 문제에 봉착하게 된다. 누군가의 도움 없이는 헤쳐 나갈 수 없는 상황에 빠질 수 있다.

지치고 짜증나는 사람들로 가득찬 비행기 여행에서 많은 사람들을 배려하고 불쾌한 상황을 반전시키는 데 주도적인 역할을 하는 사람은 기장을 비롯한 승무원들의 노력 덕분이다.

우리는 이러한 노력을 '항해'(Navigating)라고 부른다. 대부분의 사람들은 삶의 고난을 헤쳐 나가기 위해 도움을 필요로 한다. 이러한 상항에서 과정 과정에서 좋은 태도를 가진 한 사람 멘토 덕분에 우리는 불편함을 잊을 수 있다. 특히 인생의 복잡한 문제가 닥쳐와 어찌할 바를 모를 때 멘토의 도움이 필수적이다.

멘토링은 남이 삶의 목표를 설정하고 혼자 힘으로 나아갈 수 있을 때까지 계속해서 돕는 리더십이 필요하다. 그런 의미에서 사람은 임시방편으로 건널 수 있는 틈이 아니라 목적지까지 항해해야 하는 바다와 같다. 여러분은 남이 항로를 찾고 빙산을 발견하면서 험난한 바다를 헤쳐 나갈 수 있도록 도와야 한다. 최소한 멘제가 올바른 코스를 찾고 스스로 항해할 수 있을 때까지 멘토와 함께 여행을 해야 한다.

① 멘토 선장과 항해 목적지

멘토는 멘제의 꿈을 어느 정도 파악했다고 해서 멈추어서는 안 된다. 도착지가 어딘지 알아야 한다. 멘제가 분투하는 목적지를 찾는 데 도움을 주기 위해서는 멘제에게 정말 중요한 것이 무엇인지, 무슨 생각을 갖고 있는지 알아야 한다. 즉 다음과 같은 것을 알아야 한다.

㉠ 멘제가 무엇을 열망하는가?

그가 진정으로 원하는 목적지를 알려면 그의 마음을 움직이는 요인이 무엇인지 알아야 한다. 물론 열정과 동정심도 중요한 요인이다. 그러나 역사 속의 위대한 사람들이 위대한 이유는 그들이 이미 얻은 것 때문이 아니라 앞으로 얻기 위해 삶을 바치는 대상 때문이라고들 한다. 마음의 귀로 들으라. 그러면 멘제가 삶을 바쳐 얻고자 하는 대상을 알 수 있다.

㉡ 멘제가 무엇을 노래하는가?

사람의 마음을 감동시키는 것은 오랜 시간을 두고 볼 때 많은 열정을 쏟아야 한다. 멘토링 대상 속의 열정을 찾으면 그가 원하는 목적지에 대한 단서를 얻을 수 있다.

㉢ 멘제가 무엇을 꿈꾸는가?

"비전과 꿈을 영혼의 자식이라도 되는 양 소중히 여겨라. 그것들은 바로 궁극적인 성공의 청사진이다(Naoleon Hill)." 진정한 꿈을 발견하면 목적지가 들어난다. 멘제가 꿈을 발견하고 목적지를 알 수 있도록 도움을 주어라.

② 멘토 선장의 항로 계획

분별력을 갖고 멘제의 열정과 잠재력, 비전을 심도 있게 관찰하면 그가 정말로 원하는 곳이 어딘지 알 수 있다. 그러나 그처럼 애매모호한 것을 목적지를 삼은 사람은 결국 낙심하고 만다. 우리의 삶에서 행복, 부귀, 성공은 목표 설정의 부산물이지 목표 자체는 될 수 없다. 비전을 찾았으면 그 실현 방법을 모색해야 한다. 멘토 선장은 그 부분에도 도움을 주어야 한다. 한마디로 항로를 계획하고 목표를 설정하는 것이다. 멘제의 항로 계획에 도움을 주려면 다음과 같은 영역을 유심히 살펴야 한다.

㉠ 목적지

목표를 향해 나아갈 때 올바른 항로에서 이탈하는 경우가 너무나도 많다. 성공을 경험해 보지 못한 사람은 현재의 위치에서 원하는 목적지로 어떻게 가야 할지 알지 못한다. 그래서 쉬운 길을 발견하지 못하고 미궁 속에서 헤맨다. 선장 멘토는 바로 그런 사람을 최상의 항로로 안내해야 한다.

㉡ 올바른 지식

멘제를 도우려고 하지만 오해를 하거나 지식이 부족해 제대로 돕지 못하는 사람이다. 훌륭한 멘토는 상대방의 부족한 점을 찾아 부드러운 목소리로 일러주며 그것을 극복하도록 돕는다.

㉢ 빨리 성장할 수 있는 방법

단 하루 만에 목적지에 도착할 수는 없다는 사실을 명심해야 한다. 목표를 위해 한 걸음씩 나아가야 하는 것이다. 멘토링의 기대는 멘제의 잠재력만 최대로 이끌어준다면 미숙한 신입 멘제가 노련한 직원의 수준에 금세 도달할 수 있는 것이다. 남을 도울 때에는 장기적인 목표와 함께 단기적인 목표를 제시해야 한다. 금세 성취할 수 있는 목표가 주어질 때 자신감이 생기고 빨리 성장할 수 있기 때문이다.

③ 올바른 항해 방법

첨단 자기 항해 장비가 없던 시절 선장은 밤하늘의 별을 보고 항로를 벗어나면 바로잡았다. 아무리 올바른 항해를 계획하고 키잡이가 조심을 해도 배는 자주 항로를 벗어나기 마련이다. 그때마다 조정이 필요하다.

사람도 마찬가지이다. 아무리 방향을 잘 알고 빈틈없이 계획을 세워도 항로에서 벗어날 수가 있다. 그때 항로를 바로잡지 못하면 문제가 발생한다. 그 원인은 두 가지다. 항로를 벗어났다는 사실을 모르거나 어떻게 벗어나야 할지 모르는 것이다. 그런데 처음부터 항로를 바로잡을 수 있는 사람은 그리 많지 않다. 대부분은 그 기술을 배워야 한다.

　㉠ 불필요한 비난에 귀 기울이지 않게 하라

　해결책을 찾기보다는 남을 비판하기가 백배는 쉽다. 하지만 그런 비판은 아무런 도움이 되지 않는다. 비판에 얽매이지 말고 미래를 보도록 지도하라. 비판의 목소리를 흘려버리는 것이 문제를 해결하고 앞으로 나아갈 수 있는 최선의 방법임을 가르쳐라.

　㉡ 도전에 무릎을 꿇지 않게 하라

　세상의 많은 사람들은 어려운 문제를 만나면 포기하기 십상이다. 따라서 선장은 항해를 하다가 문제가 발생하면 그 문제의 해결을 도와야 한다. 특히 멘토링 초기에는 더욱 그렇다. 긍정적인 태도를 잃지 않도록 격려하고 문제해결 방법을 제시하라.

　경영전문가 켄 블란챠드(Ken Blanchard)는 다음과 같은 문제해결의 4단계를 제시하고 있다.

　－문제에 관해 생각하고 그 문제를 명확히 하라.

　－문제해결을 위해 다양한 방법을 구상하라.

　－각 방법을 적용했을 때의 결과를 예측하라.

　－가장 적합한 방법을 선택하라.

　㉢ 단순한 해결책을 찾게 하라

　가장 효과적인 문제해결책에는 두 가지 조건이 있다. 하나는 단순한 해결책이 가장 현명한 해결책보다 낫다는 점이다. 두 번째 조건은 결단력이다.

　항로를 바로잡고 단순하고도 효과적인 방법을 찾으며 그 방법을 지체 없이 적용하게 하라. 잠시라도 항로에서 벗어나지 않게 하라.

　㉣ 자신감을 불어넣어라

　문제를 안고 있는 사람은 끊임없는 격려가 필요하다. 인생을 살아갈 때에는 돈, 집, 사회적 지위, 남의 시선 등 그 무엇보다도 어떤 생각을 갖고 있는지가 가장 중요하다. 따라서 멘제의 문제보다는 그의 생각과 자세부터 바로잡아야 한다. 자신감이 있으면 어떤 문제라도 극복할 수 있기 때문이다.

　④ 선장 멘토와 선원 멘제 관계

　마지막으로 훌륭한 선장 멘토는 멘제와 함께 여행을 떠난다. 지도책만 주고 사라지는 것이 아니다. 그는 멘제의 친구가 되어 함께 항해한다.

멘제와 함께 나아갈 때 힘든 시간이 닥쳐올 수 있다. 둘 다 완벽하지 않기 때문이다. 스스로 효과적인 문제해결을 찾고 있을 때 그 삶은 극적으로 변하기 시작한다. 인생의 어려운 상황에서 더이상 무기력하게 주저앉지 않는다. 고난을 인내하고 심지어 어느 정도 피할 수도 있게 된다. 그렇게 문제해결에 익숙해지고 나면 어떤 도전에도 물러서지 않게 된다.

멘제의 삶을 이끄는 멘토가 되라. 그러면 멘토인 여러분의 영향력이 그의 삶을 한층 더 발전시킬 것이다. 더 나아가 가장 힘든 순간에 도와주면 멘제를 평생의 친구로 만들 수 있다.

* 항해하기 점검표

예측하라.
멘제에 대한 당신의 경험과 지식을 바탕으로 미래에 그에게 닥칠 어려움을 예상하여 적어보라.
1.
2.
3.

미리 계획하라.
그러한 미래의 문제를 해결하는 데 여러분은 어떤 도움을 줄 수 있는가? 언제 어떻게 도울 것인지 적어보라.
1.
2.
3.

---

8) 관계맺기 Connecting for Menger

멘토링에서 관계 형성은 절대 빠져서는 안 되는 핵심요소이다. 즉 남에게 좋은 영향을 미치려는 사람에게 반드시 필요하다. 남을 위한 항해란 잠시 함께 여행을 해주면서 삶의 장애물을 극복할 수 있도록 돕는 것이다. 하지만 관계 형성이란 상호유익을 위해 멘제를 자신의 여행에 끌어들이는 것이다.

멘제를 여러분의 여행으로 끌어들이기 전에도 이와 비슷한 일이 벌어진다. 즉 목적지를 확인하고 멘제에게 다가가서 관계를 맺는 것이다. 이 일을 성공적으로 마무리하면 서로의 관계가 더욱 깊어진다. 아울러 멘제를 한 단계 더 발전시킬 수 있다. 기억하라. 한 단계 발전하는 길은 항상 오르막길이므로 멘제에게는 멘토의 도움이 꼭 필요하다.

① 멘토링 관계 촉진 9가지 기술

다행이도 멘토링에서 관계 형성에 전문기술은 필요 없다. 노력하기만 하면 누구와도 관계를 맺을 수 있다. 단, 대화 기술, 남의 성장과 변화를 도우려는 열정, 그리고 명확한 목적의식이 요구된다. 특히 어디로 가야 할지 몰라서는 곤란하다. 멘토는 멘제와 관계를 맺을 때 다음 단계들을 기억하라.

㉠ 사람들의 관심을 당연하게 받아들이지 말라

멘제를 소중히 여길 때만이 그와 관계를 맺을 수 있다. 무능한 리더는 때로 목적지에만 정신이 팔린 나머지 사람들에 대해서는 망각한다. 하지만 잠시라도 사람들의 관심을 당연하게 받아드리는 순간 리더십은 사라지기 시작한다. 물론 관계도 맺을 수 없다. 그러나 멘제를 소중히 여기면 관계 형성 외에도 또 다른 유익이 있다. 바로 멘제도 똑같이 멘토를 소중히 여기게 된다.

㉡ 변화를 일으킬 수 있다는 마음가짐을 가져라

뭔가 해내고 싶다면 할 수 있다는 마음가짐을 가져라. 자신을 믿지 못하면 아무것도 할 수 없기 때문이다. 변화를 일으킬 수 있다는 마음가짐을 가지려면 다음과 같이 하라.

- 자신이 변화를 일으킬 수 있음을 믿어라.
- 먼저 베풀면 변화가 일어남을 믿어라.
- 관계를 맺은 상대방이 변화를 일으킬 수 있음을 믿어라.
- 함께 커다란 변화를 일으킬 수 있음을 믿어라.

㉢ 솔선수범하라

사람들이 서로 관계를 맺지 않는 데에는 많은 이유가 있다. 그중 특히 조직 내부에서 쉽게 눈에 띄는 이유가 있다. 부하직원이 먼저 다가와야 한다고 생각한다는 리더가 많다는 점이다. 그러나 사실은 정반대이다. 뛰어난 리더라면 솔선수범해야 한다. 반면 먼저 다가가서 만나고 관계를 맺기 위해 노력하지 않으면 십중팔구 관계를 형성할 수 없다.

㉣ 공통기반(Conmmon Ground)을 찾아라

멘제와 관계를 맺고 싶다면 서로 마음이 맞는 영역부터 시작하라. 이는 공통기반을 찾으라는 뜻이다. 귀를 기울이면 서로의 경험과 시각이 일치하는 영역을 발견할 수 있다. 예를 들어 취미, 사는 곳, 직업, 좋아하는 스포츠, 자녀 등에 관해 이야기를 나누라. 그러나 대화보다 더욱 중요한 것은 태도이다. 긍정적인 태도를 갖고 멘제의 시각에서 사물을 보려고 노력하라. 마음을 열고 호감을 가지면 반은 성공한 것이다. 그래서 이런 말이 있지 않은가? "조건이 같으면 당연히 좋아하는 사람과 일할 것이다. 하지만 조건이 나빠도 마찬가지이다."

공통기반을 발견하고도 대화에 어려움을 느낄 수 있다. 먼저 다가가서 관계를 맺으려는 데도 망설이는 사람이 있다면 공통된 감정을 찾아보아라. 가장 좋은 방법은 다음 3단계를 거치는 것이다. 먼저 멘제의 현재 감정을 탐지하고 그 감정을 인정해 준다. 그러고 나서 자신이 과거에 그와 비슷한 감정을 느낀 적이 있으면 그것을 말해 준다. 마지막으로 그 감정을 어떻게 처리했는지 말해 준다.

공통기반을 찾는 데 익숙해지면 언제 어디서나 누구와도 이야기를 나눌 수 있다. 그리고 결국 깊은 관계를 맺을 수 있다.

ⓜ 개성과 차이를 인정하고 존중하라

공통기반을 찾는 일도 중요하다. 하지만 세상에 똑같은 사람은 없다는 사실을 인정할 줄도 알아야 한다. 그리고 그런 차이야말로 인생의 묘미이기도 하다. 물론 항상 그런 시각으로 사람을 보아서는 안 되지만 남을 잘 이해하고 싶은 사람은 다음 인격의 4가지 기본유형을 깊이 음미해 보도록 하라. 모든 사람은 이 유형의 하나에 속한다. 그리고 경우에 따라서는 두 가지 유형을 함께 가진 사람도 있다.

- 명랑한 사람 - 장난을 좋아한다. 관계 중심이다. 재치가 있다. 안일하다. 인기가 많다. 예술적이다. 감정적이다. 솔직하다. 낙관적이다.
- 침울한 사람 - 완벽을 추구한다. 내향적이다. 일 중심이다. 예술적이다. 감정적이다. 목표지향적이다. 조직적이다. 비관적이다.
- 냉정한 사람 - 평화를 원한다. 외향적이다. 감정에 좌우되지 않는다. 의지가 강하다. 관계 중심이다. 염세적이다. 비관적이다. 목적 중심이다.
- 다혈질인 사람 - 권력이나 통제력을 원한다. 의지가 강하다. 결단력이 강하다. 목표지향적이다. 조직적이다. 감정에 좌우되지 않는다. 외향적이다. 솔직하다. 낙관적이다.

멘제와 관계를 맺을 때 차이를 인정하고 존중하라. 예를 들어 다혈질인 사람에게는 강하게 접근하라. 침울한 사람에게는 깊이 다가가라. 냉정한 사람에게는 확신을 보여주어라. 명랑한 사람에게는 다소 들뜬 모습을 보여라.

ⓗ 멘제가 원하는 바를 찾아라

멘제가 원하는 바를 알면 된다. 누구나 인생에서 가장 중요하게 여기는 것이 있다. 바로 그것을 찾아야 한다. 다음의 조언이 도움이 될 것이다. "멘제의 마음 자세를 알려면 그가 이룬 업적을 살피고 심정을 알려면 포부를 살펴라." 멘제가 원하는 바를 찾았으면 진실성을 갖고 그것을 이용하라. 단, 자신이 아닌 그의 유익을 생각하라.

ⓧ 진심으로 대화를 나눠라

멘제와 대화를 나눌 때 진심만큼 중요한 것은 없다. 둘만의 대화든 많은 청중 앞에서의 연설이든 마찬가지다. 어떤 지식이나 기술, 재치도 진심으로 도우려는 마음가짐을 대신 할 수 없다. 그러므로 멘제와 대화를 나누고 관계를 맺을 때 진심으로 대하라.

ⓞ 공통된 경험을 만들어라

깊은 관계를 맺기 위해서는 공통기반이나 대화만으로 충분하지 않다. 관계를 확고히 굳히려는 노력이 필요하다. 사람은 다리대신 벽을 쌓기 때문에 항상 외롭다. 다리를 놓아 변함없는 관계를 맺으려면 경험을 공유하라. 협력하면 혼자 일할 때보다 훨씬 큰 성과를 거둘 수 있다.

물론 어려울 때 가까워지기 쉽지만 반드시 극적인 경험을 공유할 필요는 없다. 함께 식사를 하고 축구경기를 관람하라. 방문할 곳이 있으면 함께 데리고 가라. 이렇게 경험을 공유하는 시간이 많아질수록 더욱 깊은 관계가 형성될 것이다. 특히 멘제가 어려움을 겪고 있을 때 다가가라.

그리고 깊은 관계가 형성되면 함께 여행을 떠날 준비가 된 셈이다.

ⓧ 관계를 맺었으면 출발하라

멘제에게 영향을 미치고 올바른 방향으로 인도하고 싶다면 멘제와 먼저 관계를 맺어야 한다. 그러기도 전에 목적지를 향해 출발하려는 시도는 미숙한 멘토에게서 공통적으로 찾아볼 수 있는 오류이다. 관계도 맺기 전에 떠나는 여행은 불신과 저항, 깨지기 쉬운 관계로 이어진다. 따라서 여행을 함께하기 전에 마음을 함께해야 한다는 사실을 항상 명심하라. 누군가 이런 말을 했다.

"사람들이 당신을 따라 대의를 향해 나아갈 수 있도록 오늘 당장 미래의 의지를 심어주어라. 그것이 진정 리더십이다." 바로 관계가 의지를 만들어낸다.

* 관계맺기 점검표

깊은 관계를 맺어라.

일상관계에서 가장 중요한 사람과 의미 있는 시간을 가져본 적이 없다면 이번 달 안에 기회를 만들어라. 배우자를 동반해 주말을 함께 보내기로 계획하라. 단, 깊은 관계를 맺고 경험을 공유하기 위해 최선을 다해야 한다는 점을 명심하라.

상호간 비전을 이야기하라.

멘토와 멘제가 깊은 관계가 형성되었다면 상호간 희망과 꿈을 말하라. 미래에 대한 비전을 제시하고 그 비전을 향한 여행에 멘제를 초대하라.

9) 능력(권한)부여 Empowering for Menger

능력을 부여하면 사람을 통해 일할 수 있게 된다. 하지만 능력을 부여한 사람에게만 유익이 있는 것은 아니다. 능력을 부여받은 사람도 개인 및 직업상 발전에서 최고의 수준에 이를 수 있다. 간단히 말해 능력부여란 개인 및 조직의 성장을 위해 자신의 영향력을 나누어주는 것이다. 남의 삶에 투자해 최상의 노력을 이끌어내려는 목적으로 자신의 영향력과 지위, 권력, 기회 등을 나누어주는 것이다. 또 남의 잠재력을 보고 자신의 자원을 나누어주며 전적으로 믿어주는 것이다.

능력부여는 삶을 변화시키고 멘토인 자신과 멘제 모두에게 유익을 끼친다. 능력을 부여하는 일은 자동차와 같은 물건을 멘제에게 주는 일과 다르다. 차를 주면 내가 걷거나 대중교통을 이용하는 불편을 겪어야 한다. 그러나 능력을 주는 일은 정보를 나누는 일과 비슷하다. 즉 전혀 손해를 보지 않고도 멘제의 능력을 높여줄 수 있다.

① 능력부여 조건

누구나 능력을 부여할 수 있지만 모든 사람에게 능력을 부여할 수는 없다. 다음의 조건이 맞아야 한다.

㉠ 특정 능력(권한)을 가진 지위

자신의 능력 밖에 있는 사람에게 능력을 부여할 수는 없다. 후계자의 능력 인계를 허락하는 사람은 누구인가? 바로 능력을 가진 사람이다. 그 외에는 격려할 따름이다. 허락은 권한을 가진 인물, 즉 아버지, 상급자 등에게서만 나온다. 따라서 능력부여의 첫 번째 조건은 특정 능력을 가진 지위이다.

㉡ 소중한 관계

관계는 억지로 만들어내는 것이 아니라 형성되는 것이라는 말이 있다. 시간과 경험 공유가 필요하다는 뜻이다. 앞장에서 말한 방법으로 관계를 맺기 위해 노력했으면 리더십을 발휘하고 능력을 부여할 수 있을 정도로 깊은 관계로 나아가야 한다. 멘제와 그와의 관계를 소중히 여기게 되면 능력을 부여할 준비가 된 셈이다.

㉢ 배려하는 존경심

관계를 통해 멘제는 멘토와 함께 있기를 원하게 된다. 한편 존경심을 통해서는 여러분의 능력을 원하게 된다. 남의 존경을 받으려면 남을 먼저 존경해야 한다. 모든 사람은 어떤 일이나 어떤 사람에 대해 중요한 존재가 되기를 원한다. 그래서 그러한 필요를 충족시켜 주는 멘토에게 애정과 존경심, 관심을 보이기 마련이다. 일반적으로 남에 대한 배려는 자신과 남에 대한 믿음을 의미한다. 믿어주고 애정과 신뢰를 보내면 멘제는 그것을 느낀다. 그리고 그러한 배려는 멘토의 리더십으로 이어진다.

ⓔ 헌 신

능력을 부여하고 싶은 리더에게 요구하는 마지막 조건은 헌신이다. 헌신은 새로운 힘을 가져다준다. 어떤 질병이나 가난, 재난이 찾아오더라도 목표에서 눈을 떼지 않는 것이 바로 헌신이다. 능력을 부여하는 일은 언제나 쉽지 않은데 처음일 때는 특히 그렇다. 마치 돌부리와 웅덩이가 많이 있는 도로와도 같다. 그러나 그만큼 보상도 크기 때문에 해볼 만한 가치가 있다.

② 능력부여의 올바른 자세

능력을 부여할 수 있는 지위에 있고 멘제와 관계를 맺고, 존중하고, 능력부여 과정에 헌신하기로 결심했으면 거의 모든 조건을 갖춘 셈이다. 그러나 실제로 능력을 부여하기 위해서는 중요한 요소가 한 가지 더 남아 있다. 바로 멘토의 올바른 태도다. 능력부여와 관련된 변화에 대해 어떠한 자세를 갖고 있는지 다음 질문을 통해 확인해 보자.

㉠ 멘제를 믿고 그를 우리 조직에서 가장 소중한 자산으로 여기는가?
㉡ 능력을 부여하면 개인적인 성취 이상의 성과를 거둘 수 있다고 믿는가?
㉢ 능력을 수용할 수 있는 멘제를 적극적으로 찾고 있는가?
㉣ 멘제를 현재 내 수준보다 성장시킬 용의가 있는가?
㉤ 리더십 자질을 가진 멘제에게 시간을 투자할 용의가 있는가?
㉥ 내가 가르친 덕분에 멘제가 칭찬받는 것을 받아들일 용의가 있는가?
㉦ 멘제의 방법과 개성을 존중하는가? 아니면 내가 통제하는가?
㉧ 미래의 멘제에게 권위와 영향력을 공개적으로 부여할 용의가 있는가?
㉨ 멘제에게 책임을 맡긴 이상 통제하진 않을 용기가 있는가?
㉩ 멘제에게 전권을 넘기고 진심으로 지원해 줄 용의가 있는가?

두 개 이상의 질문에서 "아니요."라는 답변이 나왔다면 태도를 바꾸어야 한다. 자신에게 절대 손해가 아님을 깨닫고 자신의 모든 것을 줄 수 있을 정도로 멘제를 믿어야 한다. 능력을 부여할 때는 처음에는 작고 단순한 일부터 맡기고 점점 책임과 능력의 강도를 높여야 한다.

③ 능력부여할 때 단계

자신이 성장을 계속하는 이상 남에게 베풀어야 함을 명심해야 한다. 남에게 자리를 **빼
앗길지** 모른다는 염려는 전혀 도움이 되지 않는다. 능력을 부여할 때는 아래 7가지 단계
를 활용하라.

㉠ 평가하라

능력부여의 첫 번째 단계는 평가이다. 경험이 부족한 멘제에게 너무 많은 능력을 주면
실패할 수 있기 때문이다. 반면 경험이 많은 멘제에게 계속에서 작은 능력만을 주면 좌절
감을 느끼고 사기가 떨어질 수 있다. 멘토가 멘제의 능력을 잘못 판단하면 우스운 상황이
벌어질 수 있다.

누구에게나 성공의 가능성이 있음을 명심하라. 그리고 그 잠재력을 끌어내기 위해 부족
한 부분을 채워주어라. 능력부여의 멘제를 평가하면서 특히 다음의 영역이 부족한지 확인
하라.

- 지식: 능력을 제대로 활용하기 위해 멘제가 알아야 할 것들에 관해 생각해 보라. 멘
  토가 아는 것을 멘제도 알 것이라고 속단하지 말라. 지식은 나누어줄 때 진정한 가치
  가 있는 것이다.
- 기술: 멘제의 기술 수준을 평가하라. 능력도 없는데 책임을 맡는 것만큼 고통스러운
  일도 없다. 과거의 모습뿐 아니라 현재의 모습을 유심히 관찰하라. 어떤 기술은 타고
  날 수 있지만 훈련이나 기술을 통해 배워야 하는 기술도 있다. 능력을 부여할 때에는
  해당 임무에 필요한 기술을 알아내고 멘제에게 그 기술이 있는지 확인해야 한다.
- 열정: 그리스 철학자 플루타르크(Plutarch)는 "가장 비옥한 땅에서는 최상의 풀이
  자란다."고 말했다. 어떤 기술이나 지식, 잠재력도 성공을 향한 열정만큼 중요하지 않
  다. 열정이 있을 때 능력부여는 순조롭게 이루어진다. 인간은 영혼에 불이 붙으면 불
  가능을 사라지게 만드는 존재이다.

㉡ 모범을 보여라

지식과 기술 열정을 가진 멘제라도 능력을 부여받은 후 무엇을 해야 할지 모를 수 있
다. 그런 멘제에게 행동으로 보여주는 것이 최상이다. 사람은 보는 대로 행동한다. 멘제에
게 능력을 부여했으면 그에게 멘토인 여러분의 일하는 모습을 보여주어라. 여러분이 원하
는 바를 가르치고 이해시키기 위해 그보다 좋은 방법은 없다.

㉢ 성공에 대한 확신을 불어넣어라

모든 사람이 성공을 원하고 알아서 노력할 것이라 생각하면 오산이다. 그렇지 않는 사
람도 분명 있다. 따라서 멘제에게 성공할 수 있다는 확신을 불어넣을 뿐 아니라 여러분이

멘제의 성공을 원하고 있음을 말해 주어야 한다. 그 방법은 다음과 같다.

- 기대하라: 상대방은 말이나 행동 이면에 있는 마음 자세를 금세 알아챈다. 겉으로 멘제의 성공을 기대하는 척하면서 속으로 의심하지 말라. 진심으로 기대하라.

- 말로 표현해라: 멘제에 대한 신뢰와 기대를 말로 표현해야 한다. 성공할 수 있다고 자주 말하라. 한마디 성공을 예언하는 선지자가 되라.

- 계속해서 격려하라: 멘제에 대한 신뢰는 아무리 자주 표현해도 지나치지는 않다. 그래서 멘토는 멘제의 성공을 위해 더 큰 포부를 심어준다. "정말 훌륭합니다." 하고 말해 주고 나서 내일 또 찾아가 칭찬하면서 이렇게 말하는 것이다. "작년에 당신은 그 일을 해낼 수 있을지 자신이 없었을 것입니다. 하지만 당신은 해냈습니다. 내년에는 얼마나 많은 성과를 거둘지 기대가 되는 군요." 멘제의 성공을 진심으로 원하고 돕기 위해 최선을 다하면 멘제도 그것을 모르지 않는다. 그리고 주어진 일을 해낼 수 있는 자신감을 갖기 시작한다.

ⓡ 권위를 넘겨주어라

능력부여의 핵심은 권위, 즉 영향력을 넘기는 것이다. 누구나 남에게 책임을 나누어줄 용의는 없다. 누구나 기꺼이 업무를 나누어준다. 하지만 능력부여는 단순히 책임만 부여하는 것이 아니라 힘과 능력까지도 나누어주는 것이다. 멘제가 영향력 있는 사람이 되어 멘토의 도움을 필요로 하지 않을 때까지 도전거리를 제시하라.

ⓜ 멘제에 대한 신뢰를 공개적으로 인정하라

멘제에게 능력을 넘긴 직후에는 그에 신뢰를 공개적으로 인정해야 한다. 공개적인 인정은 멘제에게 신뢰를 보이는 효과가 있을 뿐 아니라 그를 지지하고 그에게 권위를 나누어주었다는 사실을 다른 동료들에게도 알리는 것이다. 이는 영향력을 남에게 나누어주는 가장 확실한 방법이다. 멘제에게 능력을 부여하고 그에 대한 신뢰를 공개적으로 인정하는 데 특히 뛰어나다. 멘제를 키울 때는 능력을 넘겨주고 그에 대한 신뢰를 그와 동료에게 보여주어야 한다. 그러면 곧 그가 성공하는 모습을 눈앞에서 볼 수 있을 것이다.

ⓑ 피드백을 제공하라

물론 공개적인 칭찬이 중요하지만 솔직하고 건설적인 피드백이 병행되지 않으면 잘못된 결과를 낳을 수 있다. 멘제와 개인적으로 만나 실수와 잘못된 판단을 극복할 수 있도록 지도하라. 물론 처음에는 그러한 단점을 극복하기가 쉽지 않다. 그때는 격려가 필요하다. 다소 부족하더라도 칭찬해 주고 도움을 주어라. 그러면 실제로 그런 칭찬을 받을 만한 사람으로 성장할 것이다.

ⓢ 홀로 서게 만들라

멘제에게 능력을 부여하는 최종 목표는 혼자서도 결정을 내리고 성공을 거둘 수 있게 만드는 것이다. 한마디로 때가 되면 자유를 누리라는 말이다.

④ 능력부여 결과

기업, 대학, 교회 등 모든 조직의 멘제에게 능력부여는 매우 중요하다. 특히 능력부여는 많은 유익을 가져온다. 첫째, 조직의 일원에게 자신감과 열정, 의지를 불어넣는다. 둘째, 멘제 자신에게 나은 삶과 자유를, 조직에는 성장과 안정을 가져다준다.

남에게 능력을 부여하면 거의 모든 측면에서 자신의 삶이 더 나아짐을 발견할 수 있다. 능력을 부여하면 자유가 생기기 때문에 자기 삶을 위해 더 많은 시간을 할애할 수 있다. 또 자신의 영향력이 높아지고 조직 전체가 발전하게 된다. 그리고 무엇보다도 능력을 부여받은 사람의 삶에 좋은 영향을 미치게 된다.

* 능력부여 점검표

---

* 회사, 부서, 가족, 교회, 학교 등의 멘토로서 여러분은 멘제에게 책임을 나누어주어야 한다.

멘제에게 용기를 주고 싶은가? 그렇다면 그 사람의 장점을 찾아 말해 주라. 만날 때마다 그에 대한 신뢰를 표현하라.
공식적으로 책임을 부여하기 전에 다음의 점검표를 이용해 철저한 계획을 세워라.

- 임무를 기술하라:
- 그 책임을 맡길 멘제의 이름을 적어라:
- 그 임무에 필요한 지식은 무엇인가?:
- 그 멘제에 그러한 지식이 있는가?:   □그렇다   □아니다.
- 그 임무에 필요한 기술은 무엇인가?:

- 그 멘제에게 그런 기술이 있는가?:   □그렇다   □아니다
- 멘토인 당신이 시범을 보인 적이 있는가?:   □그렇다   □아니다
- 그 멘제에게 권위와 능력을 주었는가?:   □그렇다   □아니다
- 그에 대한 신뢰를 공개적으로 표현 했는가?: □그렇다   □아니다
- 그가 홀로 서게 될 날짜를 정했는가?:   □그렇다   □아니다

책임을 부여할 때마다 이 과정을 되풀이해 봄으로 제2의 천성으로 만들라. 능력을 부여받은 사람이 성공을 거둔 다음에도 칭찬과 격려, 공개적인 신뢰로 계속해서 도움을 주라.

제4단계 멘토의 인재 재생산과 영향력

릴레이 경기에서는 아무리 잘 달려도 다른 주자에게 배턴을 넘기지 않으면 경기에서 지

고 만다. 그러나 잘 달리는 사람이 다른 뛰어난 주자를 발굴해서 훈련을 시키고 자연스럽게 배턴을 넘기면 경기에서 이길 수 있다. 영향력이라는 주제에서는 그런 과정을 멘제의 멘토로 재생산이라고 한다.

10) 재생산하기 Reproducting for Menger

멘토링이란 멘토와 멘제가 일정기간 동안 달리는 항해라고 볼 수 있다. 이 과정의 마지막 단계에서 멘토는 멘제와 함께 달리는 법을 배운 셈이다. 멘토는 진실성의 모범을 보이는 일이 얼마나 중요한지 알고 있다. 그리고 양육, 남에 대한 신뢰, 귀를 기울이고 이해하는 자세를 통해 동기를 부여할 수 있게 되었다.

또 멘토링을 통해서만 멘제가 진정으로 성장할 수 있다는 점을 알고 있다. 즉 성장시키고 함께 인생의 어려움을 극복하면서 항해하고 관계를 맺고 능력을 부여해야 한다. 이제 멘토는 뛰어난 주자가 되었다. 아울러 멘제를 멘토링했으면 또 한 명의 뛰어난 주자가 탄생한 것이다. 이제 배턴을 넘길 때이다.

하지만 멘토인 당신도 또 다른 주자에게 배턴을 넘기지 않으면 경기는 끝나고 만다. 즉 재생산의 기회를 놓치고 만다는 것이다. 배턴을 받지 못한 그 주자는 뛸 이유를 상실하고 그와 함께 운동력도 사라진다. 그것이 영향력 있는 사람이 되기 위해서 재생산 단계가 매우 중요한 이유이다.

① 재생산자 멘토를 일깨우는 원칙

누구나 또 다른 멘토를 양성함으로써 영향력을 향상시킬 잠재력을 갖고 있다. 여러분 안의 재생산자 멘토를 일깨우기 위해 다음의 원칙들을 삶의 일부로 삼아라.

㉠ 멘토인 자신을 지도하라.

멘제를 이끌려면 먼저 멘토인 자신을 지도할 수 있어야 한다. 자시에게 없는 것을 증식시킬 수는 없기 때문이다. 그러므로 멘토가 성공하지 못하는 첫 번째 이유는 자신을 지도하지 못하기 때문이다. 우리가 큰일을 할 수 있을지는 현재 자신의 모습에 달려 있다. 먼저 자신이 발전해야 큰일을 해낼 수 있다.

㉡ 계속해서 미래의 멘토를 찾아라.

"학생이 준비되면 선생은 자연히 나타난다."는 말이 있지만 선생이 준비되면 학생이 나타난다는 것 또한 사실이다. 멘토로서의 자질을 계속 개발해 나가면 여러분은 곧 다른 멘제를 양성할 수 있는 위치에 선다. 그러고 나서 뛰어난 재생산자가 되고 싶다면 리더십 잠재력이 가진 높은 멘제를 발굴하라.

ⓒ 팀을 우선하라.

미래의 멘토 양성에 뛰어난 사람은 자신보다 팀의 발전을 먼저 생각한다. 여러분은 자신을 팀플레이어로 생각하는가? 여러분이 팀을 잘 돕고 있는지 확인하기 위해 다음 질문들에 답해 보자. 여러 질문에 "아니요."로 대답하면 팀에 대한 마음가짐을 재확인해야 한다.

－나는 남에게 가치를 더해 주는가?

－나는 조직에 가치를 더해 주는가?

－나는 성공할 때 그 공을 즉시 남에게 돌리는가?

－우리 팀이 계속 새로운 멤버를 영입하고 있는가?

－나는 '학습현장에서 대기하고 있는' 사원들을 최대한 활용하는가?

－팀의 많은 사람들이 중요한 의사결정에 계속해서 참여하는가?

－우리 팀은 스타 양성보다 팀 승리를 강조하는가?

ⓓ 헌신 추종자가 아닌 멘토를 양성하는 일에 헌신하라

모든 일의 성패는 리더십에 달려 있다. 멘제를 잘 키우고 능력을 부여할 때 여러분 자신과 조직, 미래의 멘토, 그 멘토 주위에 좋은 영향을 미칠 수 있다. 따라서 미래의 멘토를 양성하는 일은 영향력 있는 사람의 가장 중요한 의무이다. 영향력 있는 사람이 되려면 그 의무에 헌신하여야 한다.

② 현상유지에서 재생산으로 5단계

많은 사람들이 현 상태만 유지한 채 살아가고 있다. 앞으로 나아가기보다는 기존의 영토를 빼앗기지 않으려고만 애쓰고 있다. 그러나 그런 삶은 도무지 발전이 없는 가장 수준 낮은 삶이다. 영향력 있는 멘토가 되려면 재생산하는 삶을 추구해야 한다. 가장 낮은 단계에서 시작해서 현상유지와 재생산 사이에 존재하는 다음 다섯 단계를 살펴보자.

⊙ 난리법석

모든 리더의 약 20%는 발전 과정에서 가장 낮은 단계의 삶을 살고 있다. 그들은 조직 내에서 다른 사람을 키우지 않기 때문에 그들이 떠나고 나면 아무것도 남지 않는다. 그들은 새로 들어온 사람을 붙잡아 두지 못한다. 그 때문에 이 단계를 난리법석으로 명명했다. 그들은 한 사람이 견디지 못하고 떠나면 그 자리를 메울 다른 사람을 찾기 위해 난리법석을 떨며 시간을 허비한다. 소규모 사업의 소유주들은 대개 이 단계에 머물러 있다. 그런 조직의 사기는 점점 떨어져 오래지 않아 모두 지치고 만다.

ⓛ 생 존

발전 과정의 다음 단계는 생존 상태이다. 이 단계에 있는 리더는 다른 사람을 키우지 않지만 기존 인력을 그럭저럭 잡아둘 수 있다. 모든 리더의 약 50%는 이런 식으로 조직을 운영하고 있다. 그런 조직은 평범하고 그 직원은 만족을 느끼지 못하며 아무도 잠재력을 최대로 발휘하지 않는다. 이런 리더십 아래에서는 아무도 진정한 유익을 얻지 못한다. 더 나은 미래에 대한 아무런 약속이나 희망도 없이 모든 조직의 일원이 그저 하루하루를 생존하기에 급급하다.

ⓒ 흡 수

모든 리더의 10%는 다른 사람을 위해 뛰어난 리더로 만들기 위해 노력하고 있다. 그러나 관계를 맺으려고는 하지 않는다. 그 결과 미래의 리더들은 다른 기회를 찾아 그 조직을 떠난다. 다시 말하면 다른 조직에 흡수되는 것이다. 이러한 상황은 대개 리더에게 좌절감을 안겨준다. 다른 조직의 리더에게 인재를 빼앗기고 그 자리를 메우기 위해 많은 시간을 허비해야 하기 때문이다.

ⓔ 시너지(Synergy)

리더가 깊은 관계를 맺을 때 사람들은 훌륭한 리더로 성장하고 잠재력을 최대로 발휘한다. 그리고 그 조직에 뿌리를 내린다. 이 단계부터 멘토링이라고 부를 수 있다. 시너지라고도 부르는 이 효과는 부분의 합계보다 전체가 나음을 뜻한다. 이는 통합된 속에서는 부분이 서로 상승 작용을 일으켜 에너지와 진보, 운동력을 창출하기 때문이다. 시너지 단계에 이른 조직은 사기가 넘치고 직업 만족도가 높다. 그리고 멘토/멘제 등을 포함하여 모든 사람들이 유익을 얻는다. 모든 리더의 약 19%만이 이 단계에 있는데 아쉽게도 이 단계를 최고의 단계로 생각하고 있다.

ⓜ 재생산 멘토링

시너지 단계에 도달해 있는 리더는 대개 더이상 발전을 시도하지 않는다. 더 높은 재생산 단계가 있는지 모르기 때문이다. 재생산 단계의 리더는 조직에 뿌리를 내리고 잠재력을 최대로 발휘하며 또 다른 리더를 양성할 수 있는 미래의 멘토 등 리더를 키워낸다. 바로 영향력이 재생산되는 단계이다. 모든 리더의 1%만이 이 단계에 이르렀지만 그들의 성장과 영향력의 잠재력은 거의 무한대에 가깝다. 재생산 단계에서 계속 노력하는 극소수의 리더는 세상을 바꾸어놓을 수 있다.

③ 재생산하는 법

하버드 비즈니스 리뷰(Harvard Besiness Review)에서 출간한 논문에서 작가 조셉 베일리(joseph Bailey)는 성공적인 중역 조건에 관해 조사했다. 30명 이상의 최고 중역을 대상으로 한 그 조사에 의하면 그들 모두가 멘토로부터 직접적인 영향을 받았다. 따라서 재생산을 위해서 멘토링은 필요하다. 미래의 리더를 발굴해 양성하고 능력을 부여하는 과정 곧 영향력 있는 사람이 되는 길을 보여준 다음 또 다른 리더의 양성을 위해 자유롭게 놓아주는 과정이 멘토링이다. 쉽게 말해 더 큰 성공의 씨앗을 뿌리는 일이다.

멘토링에서 인재 재생산의 의미는 멘제를 멘토로 세우는 일이다. 아래 도표 William Gray 교수(加 브리티시대)를 통해 멘토와 멘제의 관계 발전에서 멘토링 활동의 순환적인 재생산을 이해할 수 있다.(* 원안 자료를 저자가 수정해서 예시했음.)

■ 멘토링 재생산 Mentor-Menger 관계 모델 (by '78 William Gray 교수)
M m-멘토표시 P p-멘제 표시 (Protege-원어)

M →	Mp →	Mp →	mP →	P
↑	↑	↑	↑	
정보제공형 멘토링 유형	안내형 멘토링 유형	상호합작형 멘토링 유형	정보제공형 멘토링 유형	재생산목표: 멘제의 멘토로 성공

양육해 주는 유형   능력을 부여하는 유형   인재 재생산 유형

오늘날의 멘제는 성공을 거두기 위하여 멘토로부터 양육을 받고(Nurturing), 능력을 부여받는 것(Empowerring) 두 가지가 필요하다. 멘토들은 유연성 있는 방식인 '4가지 멘토링 유형'을 사용하는 것을 배움으로써 두 종류의 도움을 줄 수 있다.

인류역사를 통한 전통적인 멘토링 패러다임은 '멘제에게 지혜를 전수해 주고, 조언을 하고, 안내자였던 사람'으로 멘토를 정의한다. 이러한 사전적 정의는 '멘토가 주인'이라는 사고에서 비롯되었으며, 어떤 분야에 있어서 대부분의 사람들에 대한 지식의 원천일 때만 성립된다. 멘토의 역할은, 멘토가 알고 있는 지식으로 멘제를 세우는 것이었다. 그래서 멘제도 그 지식을 잘 알게 되는 것이다. 이러한 것은 종종 멘토의 복제품인 멘제를 만드는 결과가 되기도 하였다.

오늘날 제도적 멘토링(Systematic Mentoring)에서의 멘제는 과거의 멘제보다 훨씬 교육도 잘 받고, 좀더 다양한 삶을 살아왔으며, 직업적 경험도 많다. 그럼에도 불구하고,

그들은 여전히 멘토의 경험으로부터 얻은 실무적 노하우와 지혜로 세움받기를 필요로 한다. 왜냐하면 이러한 것들(밑줄 친 것)은 혼자서나 연수과정을 통해선 적절하게 학습될 수 없기 때문이다.

오늘날의 멘제는 또한 그들의 꿈과 열정을 추구할 다양성, 창의성, 아이디어 및 독창력을 발휘할 능력을 받을 필요가 있다. 이것은 조직(회사 등)이 멘토링 프로그램을 후원하여 멘제들이 혁신적으로 조직에 공헌하도록 함으로써 가능하다. 이와 같은 멘토링 인재개발기법으로 조직은 급변하는 경쟁세계 속에서 정체되거나 진부화되지 않고 인재 재생산을 통하여 인재경쟁력 확보를 할 수 있다.

재생산하기 점검표

멘토 자신의 리더십 잠재력을 개발하라.

멘토 자신의 리더십 잠재력을 끊임없이 개발해야 멘제에게 리더십을 가르칠 수 있다. 성장을 위한 계획을 아직까지 실천하지 않았다면 지금 당장 시작하라. 다음 3달 동안 매주 검토할 교재와 잡지와 테이프를 선택하라. 그러한 습관을 들일 때만이 성장이 가능하다.

리더십 잠재력을 가진 멘제 후보를 개발하라.

주위 사람들을 성장시키고 능력을 부여하다 보면 미래의 멘제 후보가 나타난다. 그중 가장 잠재력이 뛰어난 사람을 선택해 특별히 멘제로 선정하여 멘토링하고 더 수준 높은 리더십 기술을 가르쳐라. 단, 멘제 후보가 성장을 원하고 미래의 리더십을 키우는 데 적극적인 사람이어야 한다.

단순한 업무수행이 아니라 리더가 되는 법을 가르쳐라.

선택한 멘제와 최대한 많은 시간을 보내며 리더십의 모범을 보여라. 매주 시간을 내어 교육과 자료제공, 세미나 참여 등을 통해 멘제의 리더십 잠재력을 끌어내라. 그의 리더십 잠재력을 최고도까지 끌어내기 위해 최대한 도움을 주라.

재생산하라.

멘토는 멘제가 훌륭한 리더가 되면 멘제가 멘토로서 멘토링할 대상을 선택하게 한 다음 그를 놓아주어라. 그리고 멘토인 당신도 또 다른 미래의 리더를 찾아 위의 과정을 반복하라.

이제 영향력 있는 사람이 되어 남의 삶에 좋은 영향을 미치기 위해 무엇이 필요한지 모두 살펴보았다. 마지막으로 멘토의 영향력 10가지를 요약해 보면 다음과 같다.

- 만나는 멘제에게 진실성의 모범을 보이라.
- 멘제가 자기자신을 가치 있게 여길 수 있도록 양육하라.
- 멘제를 믿어줌으로써 자신감을 심어주어라.
- 멘제의 말에 귀를 기울여 관계를 형성하라.

-멘제를 이해해 줌으로써 그들의 꿈 실현에 도움을 주어라.

-멘제의 잠재력개발을 성장시켜라.

-멘제가 홀로 설 수 있을 때까지 선장이 되어 함께 항해하라.

-멘제가 더 높은 단계로 나아갈 수 있도록 더 깊은 관계를 맺어라.

-멘제의 잠재력 실현을 위해 능력을 부여하라.

-멘토의 영향력이 멘제를 미래 멘토로 성장할 수 있도록 인재 재생산에 힘써라.

6장 Diamond 조직개발 멘토십

멘토십의 5가지 특성을 적용하여 Diamond형으로 조직에서 목표를 선정하고 멘토 / 멘제가 일
정기간 동안 목표를 달성해 가는 조직개발 프로그램이다.

1. 조직개발 멘토십 특성 5

멘토십의 특성은 멘토링 리더십에 관한 내용을 요약한 것으로 일반 리더십과 멘토십의
차별성과 시너지를 다룬 내용이다.

일반 리더는 양(量) 관리와 멘토는 질(質) 관리로 구분할 수 있으나 상호 Synergy로
인재경쟁력을 확보하여 이상적인 유기체 조직을 구축할 수 있다.

Dia 조직개발에서는 멘토가 인간성(Humanity)을, 일반 리더가 생산성(Productivity)
을 담당하여 효과적인 성과를 도출하는 프로그램이다.

특성1 멘토십의 이념(Idealogy)

멘토십의 이념은 인간존중에서부터 출발한다. 여기서 **인간존중**이라는 의미는 멘제의 무
한대한 잠재력을 개발해 준다는 것이다. 바로 그냥 놔두면 5% 정도 개발될 것이 멘토가
관여함으로 더욱 %를 업그레이드시켜 준다는 것이다.(보통사람 5% 개발, 노벨상 수상자
10% 개발, 에디슨 15% 개발)

특성2 멘토십의 정의(Definition)

멘토십의 정의는 멘토와 멘제의 **인간관계를 촉진**한 데 있다. 카네기재단의 발표자료에

의하면 성공한 사람 10,000명을 상대로 성공요인 설문조사의 결과가 8,500명(85%)이 인간관계에 있다고 대답하고 있다. 국내 직장생활에서 가장 중요하다고 대답한 것이 인간 관계가 45%로 제일 높게 나타나고 있다. 그렇다면 멘토와 멘제 간에 어떠한 기준으로 관계가 설정되어야 하는가? 바로 존경과 신뢰관계를 들 수 있다.

특성3 멘토십의 목적(Purpose)과 목표(Target)(개인, 조직)

멘토링의 목적은 멘제를 차세대 **리더로 세우 것**(Standing Together)이다. 리더라는 개념은 사회적으로 위대한 지도자라는 뜻도 있지만 조직 적용 멘토링에서는 도움받는 멘제가 훗날 도움을 주는 멘토로 삶의 태도가 바뀌는 것을 말한다. 조직에서의 목표는 바로 멘제가 멘토로 변함으로 중간지도자를 개발하게 되는데 결국 인재경쟁력을 확보하게 되는 것을 의미하고 개인에서 목표는 인격 즉 인간가치를 업그레이드하는 것이 목표다.

특성4 멘토십의 내용(Contents)

멘토링 핵심 내용(Contents)은 **인격**(知, 情, 意) 자체다. 그러므로 멘토링 활동은 바로 知的에 치우친 교육이 아니라 전인적인 삶으로 조언해 주는 인재개발이 되어야 한다. 그 기원은 그리스신화에서 멘토(Mentor) 스승이 텔레마코스(Telemachus) 왕자를 20년간 멘토링할 때 교재로 수학(知를 상징), 철학(情을 상징), 논리학(意를 상징)을 사용했다는 데서 기인한다.

■ 인격내용 적용 도표

인격 서비스	세부분류	Star Game 적용 부문
지적(知的) 서비스	지식, 기술, 정보	High Tech - 지식지
정적(情的) 서비스	포용력, 기대와 칭찬, 헌신봉사	High Touch - 마음지수 High Health - 건강지수 High Relation - 관계지수
의적(意的) 서비스	의지력, 절제력, 판단력(선과 악)	High Control - 관리지

특성5 멘토십의 전략(Strategy)

멘토십의 전략은 멘제 중심**의 1 : 1**(One to One) **서비스**를 말한다. 멘제 중심의 서비스란 일반 리더십이나 유사멘토링에서 리더 중심으로 활동이 이뤄지는 것과 큰 차이가 있는 것이다. 그러므로 멘제 중심의 1 : 1 의미는 멘제1 : 멘토1, 멘제1 : 멘토나 리더의 소그룹 등식을 말한다.

2. Diamond 조직개발 모형도

DIA 조직개발은 바로 구성원들의 활동과정에 적용하는 활동촉진 프로그램으로 업무 능률을 향상시킴으로 조직의 인재경쟁력을 높이는 프로그램이다.

Diamond 조직개발 멘토링은 다이아몬드형 야구 Base와 같이 멘토링 활동이 이루어지는 것을 의미한다. 아래 도표와 같이 홈~1루-신입단계(Getting) 멘토링, 1루~2루-성장단계(Growing) 멘토링, 2루~3루-전문단계(Keeping) 멘토링, 3루~홈-리더단계(Leadering) 멘토링으로 표시한다.

멘토링 조직개발은 인간관계를 활성화하여 상호 유익을 도모하고 일정기간 활동하는 동안에 성공률을 높이기 위한 방법으로 각 과정(Process)마다 프로그램을 적용하고 있다.

특히 야구경기에서 홈인하는 선수는 극소수임을 감안할 때 조직구성원들의 성공률도 야구경기와 큰 차이가 없을 것이다. DIA 조직개발은 바로 구성원들의 활동과정에 적용하는 활동촉진 프로그램으로 업무능률을 향상시킴으로 조직의 인재경쟁력을 높이는 프로그램이다.

DIA 조직개발 멘토링의 목적은 멘토가 한 사람 멘제를 다이아몬드 보석처럼 귀하게 여기고 차세데 리더로 세우는 것을 목적으로 한다. 멘토링에서 조직의 목표는 인재경쟁력을 확보하는 것이다.

Keeping
전문단계

Growinging
성장단계

Leadering
리더단계

Getting
신입단계

3. 조직별 멘토링 활동목표

멘토링 도입에 가장 먼저 챙겨야 할 일이 우리 조직에서 어떤 분야 즉 무슨 목표를 가지고 멘토링 활동을 할 것 인가? 이다. 이 목표가 제대로 설정되어야 목표에 의한 멘토/멘제의 책임과 자발적인 활동 그리고 개인역량평가와 조직이 기대하는 생산성 평가도 정량과 정성으로 할 수 있다. 저희가 모델로 설정한 12개 목표 중에서 아래 4가지를 조직 대상별로 제시한다. 목표가 설정된 후에는 목표에 맞게 5가지 기본조건을 채택해서 시행한다.

대상	멘토링 12개월 활동목표 설정모델			
기업	신입사원 정착률 향상	경력개발촉진	지식기술이전	핵심인재개발
교회	새 신자 정착률 향상	양적출석률향상	질적 사역자개발	Slump교인회복
대학	신입생 정착률 향상	입학정원확보	학습능력 향상	취업률 향상
학교	교사자기개발장학	학생학습지도	학생생활지도	신입생적응력

4. 기업 12목표별 멘토링 프로그램

DIA 1 신입단계(Getting Mentoring)

신입단계 멘토링은 신입사원, 전입사원, 스카우트 사원을 대상으로 회사에 조속히 정착하는 것 과 회사생활의 기초를 닦는 것을 목적으로 시행하는 단계다.

목표 1. 신입사원 정착 멘토링 프로그램

DIA 2 성장단계(Growing Mentoring)

성장단계는 신입단계에서 조직구성원으로서 무장하고 담당업무에 임하기 전에 앞으로 맡을 업무에 대하여 선배전문가에게 수습받는 단계다.

목표 2. OJT 업무숙달 멘토링 프로그램

DIA 3 전문단계(Keeping Mentoring)

전문단계 멘토링은 조직에서 가장 중요한 단계다. 신입단계에서 입사한 사원들에 대한 유지 관리하는 단계인데 각 조직마다 앞문이 열려 있고 뒷문도 열려 있다는 즉 인사관리에 취약한 상태를 말한다. 신입단계에서 교육이다 멘토링이다 많은 비용을 투자하는데 막상 제대로 유지 관리를 하지 못하기 때문에 좋은 인재를 놓치는 경우가 허다하다. 최근에는 좋은 인재는 놓치고 문제사원만 남는다는 심각한 상황까지 이르고 있다. 그래서 멘토링에서는 아예 유지 관리라는 소극적인 자세에서 '업무전문가'로 양성하는 멘토링 시스템을 적용하는 단계다. 특히 바람직스러운 것은 이 단계에서 일반전문가와 조직이 원하는 핵심업무전문가를 구분하여 멘토링 프로그램을 적용한다면 더욱 효과적일 것으로 생각된다.

목표 3. 경력개발 멘토링 프로그램

목표 4. 제품품질 향상 멘토링 프로그램

목표 5. 영업사원 스킬향상 멘토링 프로그램

목표 6. 서비스사원 스킬향상 멘토링 프로그램

목표 7. 독서인재개발 멘토링 프로그램

목표 8. 여성인재개발 멘토링 프로그램

목표 9. 지식 기술력향상 멘토링 프로그램

목표 10. 노사화합 촉진 멘토링 프로그램

DIA 4 리더단계(Leadering Mentoring)

리더단계 멘토링을 야구의 홈인 선수를 생각하면 된다. 첫째는 소수 인원이라는 것과 두 번째는 라운딩할 때 전 시스템이 잘해 주어야 성공할 수 있다는 것이다. 한 사람만 잘해서는 성공확률이 극이 낮다는 것이다. 국내 조직의 문제는 바로 리더단계인 핵심인재를 양성하는 시스템이 미약하다는 것이다. 그 이유는 상위직으로 갈수록 오너 경영체제에서 비공개적으로 리더격 인재가 선발되기 때문으로 볼 수 있다. 해외에서는 전문경영인 체제가 제대로 되어 있기 때문에 공정하고 경쟁적인 시스템에 의해서 우수한 인재가 선발되어 조직이 CEO나 주요 임원이 바뀌더라도 큰 문제없이 운영되고 있다. 바로GE나 월마트 등 핵심인재개발 시스템은 정규교육시스템과 멘토링이라는 특수개발시스템이 조화를 이루어 성공적으로 리더개발을 하고 있는 것이다.

목표 11 핵심인재개발 멘토링 프로그램

목표 12 협력업체 경영지원 멘토링 프로그램

[기업 주요 목표 프로그램 설명서]

① 신입사원 정착률 향상 프로그램

오늘날 각 기업마다 신입사원의 이직률이 정상적인 곳은 15%~20%, 심한 곳은 30%가 넘는 곳이 있어 신입사원관리에 애를 먹고 있는 실정입니다. 그간 다행이 멘토링 제도를 이미 도입한 기업에서는 기적적인 감소율을 나타나고 있어 자신 있게 권할 수 있는 프로그램이다.

금번 전략 차원에서 개발되는 전산시스템은 오프라인의 인원 한계를 넘어 수백 명, 수천 명을 최적의 매칭(Maching)기법으로 연결하여 정착률을 높이고자 하는 것이다.

② 전 사원 인성지수개발 프로그램

기업체마다 사람은 많은데 쓸만한 사람은 적다고들 합니다. 맥킨지 컨설팅은 이미 21C는 인재전쟁을 예견했다. 멘토링은 인성우선에다 적성을 얹히고 그 위에 기술과 실력을 발휘할 수 있는 인성중심 인재개발기법이다. 사전에 노사화합을 유도하고 구성원의 윤리의식을 심어주는 최적의 프로그램이다.

③ 구성원 경력개발촉진 프로그램

인사관리 통계에 의하면 관리자의 80% 이상이 전직을 원한다. 한편으로는 회사에서 유능한 사원일수록 외부에서 스카우트 제의를 받아갈수록 기존사원의 질이 저하 되고 있다. 50%의 사원은 회사가 자신 경력개발에 등한시하고 있다고 주장하고 있다.

본 프로그램은 사원 개인의 경력개발로 개인 만족을 줄 수 있는 반면 회사 입장에서는 양질의 사원을 확보하는 계기가 되어 회사에 대한 충성도를 높일 수 있는 프로그램이다.

④ 회사 핵심인재개발 프로그램

각 기업마다 핵심업무가 있는 반면 핵심인재도 필요로 한다. 핵심업무인재란 기업에서 기술 등 업적으로 노하우를 가진 사람이다. 바로 지식경영의 주된 역할을 할 사람이다. 그리고 회사의 미래 경영을 책임질 간부나 임원 요원을 양성하는 것이 절실하다.

본 프로그램은 바로 지식경영과 학습조직을 통해서 핵심업무 요원과 핵심리더를 양성하는 프로그램으로 각광받고 있다.

5. 교회 12목표 멘토링 프로그램

1) 교회 조직개발 현상

일반적으로 목회를 하면서 보편적으로 범하기 쉬운 오류는 기존 교인관리보다는 새 신자 전도에만 열중하여 양적 성장을 이루어 눈에 보이는 성과를 높이려는 데에 있다. 새 신자를 전도하기 위하여 교회는 적극적인 전도활동을 수행하지만, 그것이 그리 쉽지 않다는 사실을 곧 인식하게 된다. 왜냐하면 새 신자를 전도하기 위해서는 상당한 예산과 노력이 들뿐 아니라 최악의 경우에는 총동원 이벤트를 한 후에도 별로 정착하지 못하는 경우가 허다하기 때문이다.

반면 기존의 교인(평신도)을 관리 유지하는 것은 상대적으로 비용이 적게 들뿐만 아니라 기존의 교인들에게 좋은 인상을 심어줌으로 새 신자를 자연스럽게 전도할 수 있는 장점도 있다. 결국 새 신자를 힘들여 전도하는 것도 중요하겠지만 그 이전에 허술하게 짜여진 기존 교인관리 프로그램을 보강하는 것이 우선되어야 한다는 것이다. 이렇게 기존 교인 관계를 유지, 강화하는 기법으로 북미 선진 교회에서 활용되고 있는 1 : 1 멘토십을 소개한다.

1. 왜! 교인이 떠나는가?
2. 문제는 무엇인가?
3. 어떻게 그 문제를 해결할 수 있는가?

멘토링 활동에서는 이러한 점들이 1 : 1 관계에서 도출됨으로 교회 목회 전략으로 충분한 대응이 가능하다.

2) 교회 조직개발 멘토십 전략

먼저 교회 조직개발 멘토링에서 아래와 같이 모델로 12가지 도입목표(Project)를 설정한 것이다. 막연히 돕는다, 안내한다, 상담한다, 코치한다, 조언한다, 해결해 준다 식의 멘토링은 조직의 효과성에는 거리가 먼 것으로 결론짓게 된다. 교회에 적용할 분명한 목표를 설정하고 프로젝트식으로 멘토링 사역을 추진한다면 반드시 목회성과에 놀랍게 기여할 것이다.

멘토링을 교회에 적용함에 있어 먼저 특정 사역부문을 선정하여 목표를 정하는 것이 무엇보다도 중요하다. 대부분 교회에서 외부의 간단한 사례나 특강수강 정도의 상식으로 막연하게 도입을 시도하려는 것은 실패 확률이 높다고 볼 수 있다.

멘토링코리아에서는 아래와 같은 멘토링 프로그램 목표를 교회 조직에 도입할 때는 교회마다 멘토링에 관한 전문지식을 갖춘 자가 쉬운 목표별로 프로그램(Program)을 추진하되 교회 실행팀(TFTeam)을 구성하여 추진할 것을 권한다.

DIA 1 – 신입단계 멘토링(Getting Mentoring)

신입단계 멘토링은 새 신자, 전입교인을 대상으로 교회에 조속히 정착하는 것과 교회생활 기초를 닦는 것을 목적으로 시행하는 단계다. 교회 등록 전 구역멘토링에서 역할을 해야 한다.

목표 1. 새 신자 정착 멘토링 프로그램

DIA 2 – 성장단계 멘토링(Growing Mentoring)

성장단계는 신입단계에서 등록교인으로서 적응하고 각 부서와 조직에서 활동하면서 학습과정 세례과정을 거쳐 정식교인이 되기 위한 멘토링 단계다.

목표 2 학습지원 멘토링 프로그램
목표 3 세례지원 멘토링 프로그램
목표 4 양적 성장 출석률 향상 멘토링 프로그램
목표 5 청소년개발 멘토링 프로그램

DIA 3 – 사역단계 멘토링(Keeping Mentoring)

사역단계 멘토링은 교회에서 가장 중요한 단계다. 신입단계에서 등록한 교인들에 대한 유지 관리하는 단계인데 각 교회마다 앞문이 열려 있고 뒷문도 열려 있다는 즉 교인관리에 취약한 상태를 말한다. 신입단계에서 전도 폭발이다 교육이다 많은 비용을 투자하는데 막상 제대로 유지 관리를 하지 못하기 때문에 좋은 교인을 줄줄이 놓치는 경우가 허다하다. 최근에는 좋은 교인은 놓치고 문제교인만 남는다는 심각한 상황까지 이르고 있다. 그래서 멘토링에서는 아예 교인 유지 관리라는 소극적인 자세에서 "사역전문가"로 양성하는 멘토링 시스템을 적용하는 단계다. 특히 바람직스러운 것은 이 단계에서 일반교인과 목회자가 원하는 핵심사역 전문가를 선정하여 멘토링 프로그램을 적용한다면 더욱 질적 성장의 효과적일 것으로 생각된다.

목표 6 질적 성장 사역자개발 멘토링 프로그램

목표 7 Slump교인회복 멘토링 프로그램

목표 8 제자훈련성경공부 멘토링 프로그램

목표 9 여성인재개발 멘토링 프로그램

목표 10 중보기도연결 멘토링 프로그램

DIA 4 – 리더단계 멘토링(Leadering Mentoring)

리더단계 멘토링은 야구의 홈인선수를 생각하면 된다. 첫째는 소수 인원이라는 것과 두 번째는 라운딩할 때 전 시스템이 잘해 주어야 성공할 수 있다는 것이다. 한 사람만 잘해 가지고는 성공확률이 극이 낮다는 것이다. 한국 교회의 문제는 바로 리더단계인 교회핵심 인재 및 후계자를 양성하는 시스템이 미약하다는 것이다. 그 이유는 상위직으로 갈수록 목회자 독단운영체제에서 비공개적으로 리더격 인재가 선발되기 때문으로 볼 수 있다. 그로 인하여 목회 세습이다. 자기 사람만 키운다는 불화요인이 교회마다 문젯거리로 대두되고 있는 실정이다. 해외에서는 리더개발 체제가 제대로 되어 있기 때문에 공정하고 경쟁적인 시스템에 의해서 우수한 인재가 선발되어 교회가 CEO나 주요 직분자가 바뀌더라도 큰 문제없이 운영되고 있다. 국내에서도 최근 사랑의 교회(옥한흠~오정현 목사)에서 교회CEO멘토링에 좋은 모델을 보여주어 벤치마킹자료로 활용될 수 있기를 기대한다.

목표 11 핵심 직분자 및 후계자 개발 멘토링 프로그램

목표 12 목회자, 선교사 개발 멘토링 프로그램

[교회 주요 목표별 프로그램 설명서]

① 새 신자 정착률 향상 프로그램 −전 4 : 9~12

오늘날 각 교회마다 왕성한 전도활동으로 새 신자들이 급증하고 있습니다. 그러나 정착률은 평균 50%도 안 되는 교회가 허다하다. 이는 교회 전도가 행사 위주로 치우치는 면도 있고 또한 새 신자부에서 단기적으로 양육하는 것도 한 이유가 된다.

본 프로그램은 새 신자를 학습자로, 세례자로 양육할 때까지 장기간 멘토링을 체계적으로 도입함으로 괄목할 만한 정착률을 높이고자 한다.

② 출석률 향상 양적 성장 프로그램 -마 18: 12~14

가장 믿을 수 없는 것이 교인 통계라는 말이 있습니다. 대부분 교회가 재적 인원 50%도 안 되는 인원이 출석하고 있습니다. 대도시 교회는 아예 재적에 의한 출석통계가 불가능한 곳도 있다. 그만큼 요새 교인들은 고정된 교회보다는 자유롭게 출석하는 사람이 많다. 출석률 향상 양적 성장 프로그램은 출석 부진한 교인을 멘제로 하고 일정기간 출석 우수교인을 멘토로 하여 재적 대비 출석률을 높이고자 한다.

③ Slump교인회복 프로그램 -벧전 2: 9

한국 목회자들은 대부분 총동원 주일 등 전도에는 열정을 다 바치고 있어 앞문이 활짝 열려 있는 편이다. 그러나 뒷문도 활짝 열려 있어 교인들이 줄줄이 새고 있다. 그만큼 목회자들이 기존 교인관리에 허점을 노출하고 있는 것이다.

교회 내 슬럼프에 빠진 교인을 리스트업하여 멘제로 삼고 교회 신실한 직분자를 멘토로 양성하여 열린 앞문에 닫힌 뒷문 전략으로 성장을 거두고자 한다.

④ 사역자개발 질적 성장 프로그램 -출 18: 21~27

국내 대부분 교회가 제자 훈련은 앞 다투어 잘하고 있다고 본다. 그러나 예수님의 제자 훈련 방법은 사역자로 세우기 위한 훈련이었지 제자를 양성하기 위한 것은 아니다.

본 프로그램은 선임 사역자 멘토는 후임 멘제의 인간성을 배려하고 성숙한 크리스천 리더로 성장시키는 것이다. 교회 내 교사사역 찬양사역 기타 봉사사역뿐 아니라 지역 사회를 위한 사역자를 양성하는 것이다. 여기에 참여하는 멘토나 멘제는 개인주의가 팽배한 오늘날 이기주의에서 이타주의로, 개인 중심에서 교회중심으로 진정한 사역 리더십을 발휘할 수 있는 교회 지도자를 양성하는 프로그램이다.

6. 대학 12목표별 멘토링 프로그램

DIA 1-신입단계 멘토링(Getting Mentoring)

신입단계 멘토링은 신입생, 전입생, 편입을 대상으로 대학에 조속히 정착하는 것과 대학 생활의 기초를 닦는 것을 목적으로 시행하는 단계다.

목표 1. 신입생 정착률 향상 멘토링 프로그램(재학생 / 신입생)

목표 2. 신입생 확보 멘토링 프로그램(재학생 / 고3학생)

DIA 2 - 성장단계 멘토링(Growing Mentoring)

성장단계는 신입단계에서 대학 구성원으로서 무장하고 담당업무에 임하기전에 앞으로 맡을 업무에 대하여 선배 전문가 교직원이나 재학생에게 수습받는 단계다.

목표 3. 직원 OJT 업무숙달 멘토링 프로그램(기존 교수 및 직원 / 신입교수 및 직원)

목표 4. 학습 능력 신장 멘토링 프로그램(교수, 전임강사, 조교 / 학습부진생)

DIA 3 - 유지단계 멘토링(Keeping Mentoring)

유지단계 멘토링은 대학에서 가장 중요한 단계다. 신입단계에서 입학한 학생들에 대한 유지 관리하는 단계인데 각 대학마다 앞문이 열려 있고 뒷문도 열려 있다는(휴학 자퇴 입대 등) 즉 학생관리에 취약한 상태를 말한다. 신입단계에서 교육이다 멘토링이다 많은 비용을 투자하는데 막상 제대로 유지 관리를 하지 못하기 때문에 많은 학생들, 또는 우수 교직원을 놓치는 경우가 허다하다. 그래서 멘토링에서는 아예 유지 관리라는 소극적인 자세에서 '업무 및 기술전문인력'으로 양성하는 멘토링 시스템을 적용하는 단계다. 특히 바람직스러운 것은 이 단계에서 일반전문가와 대학이 원하는 핵심업무 전문가를 구분하여 멘토링 프로그램을 적용한다면 더욱 효과적일 것으로 생각된다.

목표 5. 복수 전공 멘토링 프로그램

목표 6. 특기개발 멘토링 프로그램

목표 7. 국가기술자격 취득 멘토링 프로그램

목표 8. 어학실력향상 멘토링 프로그램

목표 9. 직원 노사화합 촉진 멘토링 프로그램

DIA 4 - 리더단계 멘토링(Leadering Mentoring)

리더단계 멘토링은 야구의 홈인선수를 생각하면 된다. 첫째는 소수 인원이라는 것과 두 번째는 라운딩할 때 전 시스템이 잘해 주어야 성공할 수 있다는 것이다. 한 사람만 잘해 가지고는 성공확률이 극이 낮다는 것이다. 국내 대학의 문제는 바로 리더단계인 핵심인재를 양성하는 데나 취업촉진, 그리고 대외관계개선 시스템이 미약하다는 것이다.

목표 10. 졸업생 취업촉진 멘토링 프로그램

목표 11. 주문형 학과 멘토링 프로그램

목표 12. 학내 핵심인재개발 멘토링 프로그램

[대학 주요 목표별 프로그램 설명서]

[신입생 적응력향상 프로그램]

오늘날 각 대학마다 신입생의 자퇴 및 휴학률이 20%~30%로 인하여 재정 압박은 물론, 각 학과 학습 분위기까지 심히 우려되는 현상을 초래하고 있습니다.

대학에서 3000명 신입생 멘제와 3000명 재학생 멘토를 최적의 매칭(Maching)기법으로 연결하여 대학 적응력을 높이고자 합니다.

[졸업생 취업률 향상 프로그램]

대학체에서 대졸 신입사원을 기피하고 경력사원을 선호함으로 취업이 날로 심각해지고 있습니다. 쓸만한 인재양성을 위해 주문식 학과에 멘토링 시스템을 적용하여 취업률 향상에 돌파구를 마련코자 합니다.

[학습 능력 향상 프로그램]

학생들은 공부하지 않고 대학에서는 방치하고 교수들은 관심과 열정이 없다는 것이 오늘날 대학의 큰 문제입니다. 학습 분위기를 혁신하기 위하여 먼저 학습부진 학생을 멘제로 하고 교수를 멘토로 하여 대학의 고객인 학생과 학부형의 만족도를 높이고자 합니다.

[입학 재원확보 프로그램]

국내 대학 수가 너무 많은 358개 입니다. 이미 입학정원 확보에 대부분 대학이 초비상 상태입니다. 대학에서는 교수에게 전적으로 책임을 묻고 있습니다. 그래서 부산의 모 대학은 입학정원 확보가 50%에 이르자 교수 50%를 퇴출시켰다는 보도도 나오고 있습니다. 재학생을 멘토로 출신고교 3학년생을 멘제로 연결하여 교수들과 합동 작전으로 입학 재원을 확보하자는 것입니다.

7. 학교 12목표별 멘토링 프로그램

DIA 1 - 신입단계 멘토링(Getting Mentoring)

신입단계 멘토링은 신입생, 전입생, 편입을 대상으로 학교에 조속히 정착하는 것과 학교생활의 기초를 닦는 것을 목적으로 시행하는 단계다.

목표 1. 신입생 적응력향상 멘토링 프로그램
목표 2. 신입교사 적응력향상 멘토링 프로그램

DIA 2 - 성장단계 멘토링(Growing Mentoring)

성장단계는 신입단계에서 학교 구성원으로서 무장하고 학습에 임하면서 앞으로 학교생활과 학습능력 향상에 선배학생이나 멘토교사에게 수습 받는 단계다.

목표 3. 교사 교직업무숙달 멘토링
목표 4. 학생 학습능력 신장 멘토링

DIA 3 - 유지단계 멘토링(Keeping Mentoring)

유지단계 멘토링은 학교에서 가장 중요한 단계다. 신입단계에서 입학한 학생들에 대한 유지 관리하는 단계인데 각 초·중·고교에서 매년 학교생활에 적응하지 못하고 떠나는 학생이 해마다 55,000명이라는 통계가 있다. 앞문이 열려 있고 뒷문도 열려 있다는 학생 관리에 취약한 상태를 말한다. 신입단계에서 교육이다 멘토링이다 많은 비용을 투자하는데 막상 제대로 유지 관리를 하지 못하기 때문에 많은 학생들을 놓치는 경우가 허다하다. 그래서 멘토링에서는 아예 유지 관리라는 소극적인 자세에서 '학습능력 및 특기개발자'로 양성하는 멘토링 시스템을 적용하는 단계다. 특히 바람직스러운 것은 이 단계에서 학교에서 원하는 교사와 바람직한 학생상의 인재개발을 목표로 멘토링 프로그램을 시행한다면 더욱 효과적일 것으로 생각된다.

목표 5. 왕따 방지 연결 멘토링
목표 6. 특기, 재능 개발 멘토링
목표 7. 취미, 오락 지도 멘토링
목표 8. 슬럼프 학생 치유 멘토링
목표 9. 영재, 천재 개발 멘토링

DIA 4 – 리더단계 멘토링(Leadering Mentoring)

리더단계 멘토링은 야구의 홈인선수를 생각하면 된다. 첫째는 소수 인원이라는 것과 두 번째는 라운딩할 때 전 시스템이 잘해 주어야 성공할 수 있다는 것이다. 한 사람만 잘해서는 성공확률이 극이 낮다는 것이다. 국내 학교의 문제는 바로 리더단계에서 수준별 Tutorial Mentoring 학습을 통하여 적성개발과 진로 지도에 멘토링 프로그램을 적용함으로 큰 효과를 얻을 수 있을 것이다.

목표 10. 학생 생활지도 멘토링

목표 11. 학생 진로지도 멘토링

목표 12. 교사 자기개발 멘토링

7장 Diamond 수익개발 멘토십

CEO 멘토십 5가지 전략을 적용하여 Diamond형으로 진행과정을 설정하고 멘토링 그룹활동을 통하여 생산성 향상을 추진하는 수익창출 프로그램이다.

1. CEO 멘토십 전략 5

어떤 조직(**기업, 학교, 교회, 군대, 공공기관 등**)이든 그 조직을 경영하는 방법도 중요하지만 그 조직이나 방법을 살리는 것은 역시 사람이다. 아무리 완비된 조직을 만들고 새로운 기법을 도입한다고 해도 그것을 활용할 사람이 똑바르지 못하면 성과도 오르지 않고 따라서 조직의 사명을 다할 수 없게 된다. 조직이 사회에 공헌하면서 스스로 융성, 발전할 수 있느냐의 여부는 사람에게 달려 있다. 그러므로 조직 운영에 있어서도 먼저 무엇보다도 사람을 구하고 사람을 길러야만 한다. 그렇다면 어떻게 하면 훌륭한 사람을 육성할 수 있을 것인가인데 여기에는 구체적으로 여러 가지 방법이 있을 것이다.

경영이념이란 단순히 종이에 쓰인 문장에 불과한 것이라면 아무런 쓸모가 없고 그것이 임직원 한 사람 한 사람에 체화(體化)가 되어야만 비로소 살려나갈 수 있는 것이다.

그러므로 모든 기회에 거듭 되풀이해서 호소해야 하고 공감을 얻어야 한다. 또 그것은 단순히 이념만을 설득시킬 것이 아니라 실제로 일상 업무에 있어서 CEO는 할 말을 다하고 고쳐야 할 점은 올바르게 잡아줘야 한다. 아래 5가지는 CEO가 갖추어야 할 구성원 인재개발 5가지 멘토십 전략이다.

전략 1. Humanity 멘토십인가?

먼저 이에 대면하는 단어로 Productivity(생산성)를 들 수 있다. 이 말은 지금까지 우리의 산업현장에서 생산성을 위주로 한 경영방침에서 조직의 구성원들이 생산수단의 역할을 해 왔다는 의미이다.

그러나 21C 오늘의 상황에서 이러한 물적 위주의 경영은 경영 내(內)외(外)적 환경에서 심한 도전을 받게 됨으로 부득이 방향전환을 하지 않을 수 없는 상황에 직면했다.

이러한 시점에서 가장 비중 있게 애용할 수 있는 단어로 저자는 Humanity(인간성) 경영을 멘토링 인재개발 전략의 방향으로 선정한 것이다.

먼저 한 사람 한 사람이 인간성이라는 분모(分母)에 −경영자도, 기술자도, 정치가도, 교육자도, 군인도, 목회자도−기능적인 부문을 분자(分子)로 올려놓자는 것이다. 좀더 구체적으로 거론하자면 멘토링의 인재개발 프로그램은 각 조직에서 Humanity(인간성)70%, Productivity(생산성) 30%로 적용할 수 있도록 멘토링 프로그램을 체계화했다는 것을 의미한다. 독자의 이해를 돕기 위하여 현재 경영현장에서 다루고 있는 인사관리 업무는 그대로 진행을 원칙으로 한 것이며 위의 수치는 멘토링 시스템이 적용되는 목표 분야에서만 국한하고 있음을 밝혀둔다.

전략 2. Two Way 멘토십인가?

Oneway(일방)경영과 대조되는 단어이다. 일방경영은 사장이나 일부 지도자들이 경영의 업무를 독점하여 일방적으로 처리하는 것을 의미한다. 이는 사원들을 신뢰하지 못하는 데서 오는 점도 있고 경영자 자신이 만능 박사라는 자기도취에서 오는 수도 있다. 아무래도 고도성장에서는 단시간 내에 다량의 물량을 생산하여야 하기 때문에 시간에 쫓기다 보면 그럴 수도 있음직하다. 그러나 어떤 경우에서든지 경영자의 일방처리는 전 사원의 중지를 모아 시너지 효과를 거둬야 할 때에 결과적으로 많은 두뇌를 잃는 우(愚)를 범하는 것이다. 반면 Twoway경영은 일정 업무를 적절히 멘토사원에게 위임함으로 사원들로부터 경영의 신뢰를 얻을 수 있고 사원으로서 자부심과 애사심을 쉽게 얻을 수 있다.

멘토링은 사장의 정규업무에서 다루기 어려운 특수업무(개인일, 가정일, 취미, 특기생활, 동호회 활동 등)를 멘토에게 위임하는 것으로 회사에서 동기부여 등 관심을 갖고 후원하면 사장과 멘토와의 큰 시너지 효과를 얻을 수 있는 것이다.

전략 3. C. R. M 멘토십인가?

영어로는 Customer Relation Management의 약자로 '고객관계관리'기법이다. 이는 회사(Company)의 생산중심의 경영체계를 마케팅 즉, 고객중심의 체계로 전환하고자 하는 최근 기법으로 고객과의 관계를, 먼저 고객의 인적사항이나 그간 거래사항을 자료 (Data Base)화한 후에 그 자료에 의하여 고객의 취향에 맞게 1 : 1로 마케팅을 하자는 것이다. 이 CRM은 한 회사가 한 고객이 원하는 한 상품을 서비스해 줌으로 고객의 만족 을 얻어냄으로 재구매의 효과를 얻을 수 있는 것이다. 결국 **한 고객을 챙기는 1 : 1 마케 팅을 말한다.**

멘토링에서는 바로 이 고객관리기법인 CRM을 그대로 내부 사원고객에게 적용 해보자 는 것이다. 왜냐하면 1 : 1 기법은 그 원조가 멘토링이기 때문에 너무나도 자연스럽게 도 입이 가능한 것이다. 결국 **한 사원을 챙기는 1 : 1 멘토링**인 것이다. 사원들도 개개인의 인적사항, 개인성격, 재능, 특기, 취미, 노하우, 기술, 자격, 학위 등의 자료 등을 멘토링 활동에 적용하고 멘토(Mentor)와 멘제(Menger)를 연결하여 그 활동을 지원해 주면 만 족을 얻어내는 데는 어렵지 않을 것이다.

전략 4. High Touch 멘토십인가?

이는 High Tech라는 첨단지식(High Technology)에 대비되는 단어로 오늘날 과학 문명의 발달로 인하여 사람의 기술이나 지식은 너무 앞서 가는데 그에 비례해서 사람끼리 관계, 즉 상호 인성(Touch)도 고도로 깊어져야(High) 균형 있는 사회를 이룬다는 뜻이 다. 특히 사람의 속성상 지적(知的) 부문 즉, 좌측 뇌에 교육을 집중하면 **의식화**(意識化) 되어서 우리가 원치 않는 문제가 발생되는데 타인을 비판하고, 정죄하고, 자기중심적이 되 어서 조직의 분위기를 깨는 데 일조(一助)한다는 것이다. 오늘날 우리의 정규교육 현실과 기업의 교육 프로그램은 이러한 현상(現狀)을 급속도로 확산하는 주역(主役)을 담당하고 있다고 해도 과언은 아니다.

반면 멘토링 시스템은 이러한 이념이나 논리로 의식화되어 있는 상황에서 새로운 틀 (New Paradigm)로서 경영의 현장에서 인간적인 배려로 업무촉진을 해보자는 것이다. 다수를 관리하고 집단 교육하는 데서 오는 문제점을 멘토링에서는 1 : 1로 관계를 맺어 **생 활현장**에서 개인적인 교제로 감정, 희로애락, 상담, 고백, 나눔 등으로 Hightech를 보완 할 수 있는 최적의 High Touch기법이다.

전략 5. Mindship 멘토십인가?

한마디로 사람의 마음(Mind)을 얻어내는 리더십(Leadership)을 의미한다. 그러면 반 대되는 용어는 무엇이 있을까? 저자는 궁리 끝에 Bodyship을 선택했다. 좀더 설명을 더

붙인다면 직장에 취업할 때 누구나 제일 먼저 작성하는 서류가 '근로 계약서'이다. 여기에는 중요한 사항으로 근로 시간이 있는데 일반적으로 하루에 8시간의 근로 조건을 제시하고 있다. 이 8시간의 개념은 하루에 노동력 즉, 보이는 몸(Body) 신체를 그 시간만큼 제공한다는 의미가 담겨 있다. 극단적으로 말한다면 몸으로 8시간만 채우면 되는 것이다.

바로 여기에 경영자의 지혜로운 리더십이 발휘되어야 한다. 몸만 얻는 Bodyship의 경영자와 마음까지 얻는 Mindship의 경영자의 경영성과는 어떠할까? 바로 멘토링은 Mindship을 원하는 경영자에게 멘토(Mentor)로 하여금 그 사명을 자연스럽게 이룰 수 있는 계기가 될 것이다.

2. Diamond 수익개발 모형도

DIA 수익개발은 바로 구성원들의 활동과정에 생산성 행상을 적용하는 프로그램으로 수익을 창출하는 프로그램이다.

고객만족단계
 3. 실행과정

인재경쟁력단계
 2. 도입과정

수익창출단계
 4. 평가과정

인간존중단계
 1. 준비과정

3. 수익개발 컨설팅 방법

멘토링 제도를 일회성 교육서비스에 12개월 프로젝트 개념으로 즉 컨설팅 프로그램 개념으로 개발한 내용들을 소개한다. 업체에서 요구 시 크게 두 가지 컨설팅 방법을 소개한다. Mentoring Process(과정)별로 컨설팅하면서 아울러 Mentoring Term(기간)별로 컨설팅 서비스를 제공하게 된다.

1) Mentoring Process제공 프로그램

① 준비과정(Plan Process)
② 도입과정(Setting Process)
③ 활동과정(Action Process)
④ 평가과정(Evaluation Process)

2) Mentoring Term제공 서비스

① 주　간(Weekly)
② 월　간(Monthly)
③ 계　간(Seasonly)

4. 멘토링 과정별 적용 프로그램

Process 1-준비과정 프로그램

Planning Process	멘토링 도입을 원하는 업체는 최소 3개월 준비기간이 필요하다. 그 기간 동안에 자료도 수집하고 필요한 전문교육도 받고 멘토링 전문가와 대화를 통하여 자사 멘토링 추진 팀을 구성하고 12개월 추진 계획을 수립하는 단계다. 특별히 어떤 목표로 멘토링을 진행할 것인가?를 염두에 두고 조직의 환경분석을 먼저 시행해야 한다.
Consuting Point	Consulting Tool
전문교육 수강 TFTeam 구성 활동 목표 설정을 위한 환경분석 12개월 프로젝트 실행 계획서	**Tool 1-멘토풀센터운영** **Tool 4-멘토링 목표설정** 　1. MPC 의미　　　　　　　　1. 멘토링 활동목표 설정요령 　2. MPC 운영목적　　　　　　2. 목표1-신입사원 멘토링 　3. MPC 위치　　　　　　　　3. 목표2-노사화합 멘토링 　4. MPC 구성원　　　　　　　4. 목표3-영업사원 멘토링 　5. MPC 멘토관리절차-7　　　5. 목표4-지식기술 멘토링 　6. 멘토활성화지원 7대기능　　6. 목표5-관계촉진 멘토링 　　　　　　　　　　　　　　7. 목표6-경력개발 멘토링 　　　　　　　　　　　　　　8. 목표7-핵심인재 멘토링 **Tool 2-멘토링시스템구축** **Tool 5-멘토링 동기부여** 　1. Mentoring System 구축방법　1. 멘토링 동기부여 필요성 　2. Mentoring System 구축도　　2. 제도적 차원에서 동기부여 　3. Monitoring System필요성　　3. 인사체계에 반영 동기부여 　4. Monitoring 역할세부지침　　4. 멘토링 활동중에 동기부여 　5. Monitoring 활용행정도구　　5. 멘토링 진흥대회 동기부여 **Tool 3-멘토링환경분석** **Tool 6-멘토링 행정양식** 　1. 인재개발환경분석 5 INDEX　1. 멘토 지원 양식 　2. 인재개발지수(PDI)측정방법　2. 멘제 지원 양식 　3. 인재개발지수(PDI)진단도구　3. 멘토 월간보고서 양식 　4. 인재개발지수(PDI) 시각화　4. 모니터 수시 보고서 양식 　5. 환경분석후대안책　　　　　5. 멘토링 일기 양식 　　　　　　　　　　　　　　6. 멘토링 실천계획서 양식 　　　　　　　　　　　　　　7. 멘토링 학습보고서양식

Process 2 – 도입과정 프로그램

Setting Process	멘토링 도입과정은 멘토/멘제가 선정된 후 활동을 개시하는 출발 (Kick Off) Workshop 단계다. 이 과정은 조직의 CEO가 관심을 갖고 현장에 참석하여 격려와 축하를 해 주는 것이 활동 촉진의 계기가 된다. 진행은 4시간~20시간으로 멘토/멘제 기본교육과 활동 촉진 게임 그리고 회사 주관 결연식순서로 진행한다. 결연식이 끝난 후에는 교제의 시간을 갖고 식사 등 Party 형식으로 축하분위기를 유도한다.
Consuting Point	**Consulting Tool**

도입 Workshop
 	
결연식 Program
	Tool 7-멘토/멘제 활동 6단계
	   Step1-준비단계
	   Step2-협정단계
	   Step3-실행단계
	   Step4-피드백단계
	   Step5-장애물제거단계
	   Step6-마무리단계
	
	Tool 8-멘토링 교육 과정
	  1. 멘토링(Mentoring) 교육개요
	  2. 사례 1-현장간부급특강-서울보건대
	  3. 사례 2-현장 Workshp-POSCO
	  4. 사례 3-Camp Workshop-노동부
	  5. 사례 4-전문가과정-남동발전
	  6. 사례 5-컨설턴트과정-조병용 교수
	  7. 사례 6-프로그램전문가과정
	       -Manager
	  8. 멘토링 교육컨설팅 전반기실적
	  9. 멘토링 교육신청 및 교육비계산
	 10. 멘토링 컨설턴트 프로필
		Tool 9-멘토/멘제 결연식
		  1. 결연식 프로그램 유의사항
		  2. 프로그램 세부진행순서
		  3. 멘토/멘제 선서 양식
		  4. 멘토/멘제 결연식 시나리오
		  5. 멘토/ 멘제 상호간 약정서
		  6. 멘토/멘제 서약서 양식
		
		Tool 10-멘제인재개발 5-DB
		  DB1. Menger Profile
		  DB2. Menger 성격유형
		  DB3. Menger 인격지수
		  DB4. Menger 가치관
		  DB5. Menger Needs

Process 3−활동과정 프로그램

Activiting Process Concept	멘토링 활동과정은 이미 기간이 정해진 6개월 또는 12개월 동안 멘토/멘제가 개인별 및 그룹활동 프로그램을 전개하는 과정이다. 먼저 미팅을 통하여 멘토링 활동소재를 개발하고 멘토/멘제는 사내, 사외에 구분 없이 자유롭게 활동이 이뤄져야 한다. 회사에서는 멘토링 데이를 선포하여 상급자의 눈치를 볼 필요 없이 두 사람의 미팅을 주선해 주어야 한다. 　회사에서는 활동비 (월50,000~200,000원 선택)를 지원 하고 또 체계적인 활동을 위하여 홈페이지나 카페 등 사이버에서 활동을 유도해 준다. 멘토/멘제의 자생력을 키우는데 동기부여를 제공하고 특히 보수교육 수강기회를 주어야 한다. 　이 기간 컨설팅은 주간별로 e-mail서비스를 제공하고 월간별로 운영시스템 점검 및 모니터링 피드백을 하고 계간으로 보수교육과 그랜드 미팅, 멘토/멘제 개인 역량 점검과 멘토 자기 점검표를 체크하며 중간 평가를 시행한다.

Consuting Point	Consulting Tool
Weekly (주간) Service Monthly (월간) Service Seasonly (계간) Service 멘토/멘제 개인별활동 그룹별활동	**Tool 11-멘토링 주간 서비스** 　1.주간 서비스 운영방법 　2.주간 서비스 참가방법 　3.주간 서비스 내용(Contents) **Tool 12-멘토/멘제 미팅소재개발** 　1. 멘토/멘제 미팅소재개발 의미 　2. 조직 경영에 관한 소재 　3. 멘제 필요(Needs)에 관한 소재 　4. 멘제 가치관에 관한 소재 　5. 인격지수 개발에 관한 소재 　6. 생애설계 작성에 관한 소재 **Tool 13-멘토/멘제활동 프로그램** 　1. 멘토링 활동 프로그램 개요 　2. 멘토링 활동 프로그램 유의할 점 　3. 멘토링 활동 프로그램 유형 모델

Process 4 - 평가과정 컨설팅 도구

Checking Process Concept	멘토링 평가 과정은 제도적 멘토링의 특성으로 멘토링 제도 운영을 위한 3가지 투자 즉 인력투자 시간투자 자금투자에 대한 회수율(ROI)에 관한 평가 프로그램이다. 평가 방법은 먼저 멘토링에 참여한 멘토/멘제에 대한 개인역량평가와 멘토링 전체쌍 그룹의 평가를 할 수 있다. 세분해서 정량평가와 정성평가 방법 그리고 중간평가와 최종 평가방법으로 적용 할 수 있다. 　이러한 평가 프로그램이 있음으로 멘토링에 참여하는 추진 팀과 멘토/멘제에게 확실한 책임감을 느끼도록 하며 그 평가결과에 따라 보상을 실시함으로 멘토링 성공확률을 크게 높일 수 있게 된다. * 유지율-멘토/멘제 각쌍이 종료까지 유지율 평가에 적용한다. * 정착율-신입사원이 종료후 정착율 평가에 적용한다. * 확보율-핵심인재, 경력자확보율 평가에 적용한다. * 성과율-노사화합, 경영지원등 평가에 적용한다. * 숙달율-OJT업무숙달, 지식경영, 품질향상, R&D 향상율 평가에 적용한다. * 투자회수율-투자대 회수율평가에 적용한다.
Consuting Point	**Consulting Tool**
중간평가 최종평가 개인평가 그룹평가 정성평가 정량평가	**Tool 14-멘토링 활동 종합평가** 　1. 멘토링 평가제도 개요 　2. 멘토링 도입과정 점검사항 　3. 멘토링 운영팀 점검사항 　4. 멘토링 만족도 진단도구 　5. 멘토/멘제 역량평가 도구 　6. 멘토링 6대 정량 평가도구 　7. 멘토링 활동 평가 사례
A/S업무	**Tool 15-멘토활동 인증제도** 　1. 멘토 인증제도 운영법 　2. 멘토 인증 기준표 　3. 멘토 인증서 양식

5. 멘토링 수익개발 12개월 스케줄

멘토링 컨설팅 기간은 업체와 협의하여 정하되 멘토/멘제 활동 기간이 기준이 된다. 멘토링 활동 기간 설정은 멘토링 활동 목표에 좌우 된다. 예를 들자면 새로운 업무에 관한 내용 설명 등 OJT성격의 멘토링은 6개월, 구성원의 관계 활성화 등에 적용되는 신입사원 멘토링, 노사화합 멘토링 상하관계 촉진 멘토링 등은 12개월, 특수업무에 적용 되는 지식기술 이전 멘토링 경력개발 멘토링 영업스킬 멘토링 생산스킬 멘토링 R&D 멘토링 리더십개발 멘토링 등은 24개월, 그리고 핵심인재나 핵심업무 에 적용되는 멘토링은 3~5년을 권한다.

특별히 금번 소개하는 12개월 일정표는 3개월 준비과정과 실행과정 12개월로 설정하여 샘플로 소개하는 것으로 업체에서 목표 설정과 기간 확정은 주문형으로 가능하다.

구분	예비1	예비2	예비3	실행1	2	3	4	5	6	7	8	9	10	11	12	비고
준비과정																
전문교육 TFTeam 환경분석	☐	☐	☐													
도입 과정																
Workshop 결연식				☐												
활동과정																
주간서비스 월간서지스 계간서비스 보수교육 그랜드미팅				☐	☐	☐☐	☐		☐☐	☐	☐	☐☐	☐	☐	☐☐	
평가과정																
중간평가 결과평가 사후관리						☐			☐			☐			☐	

Part4 Mentoring System

멘토링 시스템 현장적용방법

오늘날 조직에 적용하는 멘토링의 특징은 도입을 원하는 조직에서 일정기간을 필요로 하는 프로젝트(Project) 개념에서 활동목표에 따라 컨설팅 매뉴얼(Manual)이 필요하게 된다.

왜냐하면 조직에 적용하는 멘토링은 조직의 특성상 투자의 개념과 성과 측정 차원에서 평가가 뒤따르는 것이 필수적이기 때문에 체계적인 시스템으로 접근이 필요하기 때문이다.

먼저 멘토링 컨설팅의 개념을 어떻게 프로그램화하여 현장에 구체적으로 제공할 것인가? 특히 제도적 멘토링에 관하여는 어떻게 경영현장에서 인간성을 위주로 한 생산성 확보가 가능할 것인가?가 전제되어야 한다.

멘토링 컨설팅 수행은 도입 프로그램 원칙을 설정하는 과정이므로 멘토링 추진 주체(Mentoring TFTeam)가 설정된 후 프로그램 진행상 문제가 발생을 염두에 두고 복잡하고 다양한 컨설팅 프로젝트를 진행해야 하는 것이다

특히 추진팀은 멘토링을 인재개발 투자라는 전제하에 결과적으로 생산성 효과와 연결 프로그램을 구축해야 한다는 확고한 방침으로 추진에 임해야 한다.

1장 제도적 멘토링 현장도입방법

대부분 업체에서조차 전통적인 멘토링의 틀을 크게 벗어나지 못하고 있어 지속적인 프로그램 유지가 되지 않아 교육 이벤트식 일회성으로 끝나는 예가 허다하다. [제도적 멘토링]의 기원은 1982년 William Gray(加 브리티시대 교수)에 의하여 개발된 New Mentoring Program에 의한다.

기업, 학교, 교회, 군대, 공공기관 등 조직체에 체계적인 멘토링 프로그램을 도입하여 운영하는 것을 말한다. 개인 간에 자연스럽게 연결하여 활동하는 전통적 멘토링을 조직구성원에 적용할 때는 준비, 도입, 활동, 평가 프로그램을 적용하여 시행하게 되는데 이런 경우에 제도적인 멘토링(Systematic Mentorung)이라고 한다.

제도적 멘토링의 목적은 조직에 멘토링 제도를 도입함에 있어 투자(인력투자, 자금투자, 시간투자 등)에 대비 인재개발 성과와 생산성 효과를 확보하기 위함이다.

1. 제도적 멘토링 적용방법

1) 오늘날 멘토링 현상

오늘날 대부분 멘토링을 도입하고 있는 조직에서는 무계획적으로 멘토와 멘제를 매칭해 놓고 아무런 조치 없이 방치한 경우, 멘토와 멘제가 서로 말도 하지 않는 경우, 심지어는 멘토가 멘제의 경력발전을 방해하는 경우까지 속출하고 있는 실정이다.

이와 같이 많은 조직들이 멘토링을 단순한 미봉책으로 대응하고 있다고 해도 과언이 아니다. 멘토링을 장기적으로 이끌어가는 데 필요한 조직문화나 내부지원이 결여된 조직이 많다는 것이다.

우리는 지속적인 연구와 실천을 통해 멘토링 프로그램을 체계적으로 도입하고 개선하고 잠재적 문제에 대하여 시스템적 사고로 예방책을 강구하여야 한다.

그러한 의미에 먼저 멘토링 시스템을 도입하기 전에 전통적인 멘토링과 제도적인 멘토링에 관한 개념정리가 앞서야 할 줄로 안다.

2) 제도적 멘토링의 의미와 목적

제도적 멘토링이란 회사가 멘토링 관계의 설정, 프로세스 모니터링, 프로그램 결과에 대한 책임 활용 등 멘토링에 관련된 모든 제반 활동을 주도적으로 이끌어가는 방식을 말한다. 제도적 멘토링을 통해 회사가 얻고자 하는 주요 목적은 다음과 같다.

1. 구성원의 인성개발
2. 전문지식의 향상과 경력개발
3. 신입사원 적응력향상
4. 인간존중의 조직문화의 개선
5. 핵심인재 양성과 이탈방지
6. 부서 및 사원 간 커뮤니케이션의 활성화
7. 중간지도자 개발 및 관리층의 인재개발 리더십 강화

3) 제도적 멘토링의 필요성과 문제점

회사주도의 제도적 멘토링을 활용하는 가장 큰 이유는 조직 내부에서 자연적으로 멘토링 관계를 형성하기가 어렵기 때문이다. 또한 제도적 멘토링은 전통적 멘토링 활동을 보완해 주는 기능도 한다. 예를 들어 사적인 관계를 통해 자연스럽게 이루어지는 전통적 멘토링에서는 멘토와 멘제 간에 지리적인 거리가 있거나, 조직이 급속하게 성장할 경우 부서 간에 활발한 커뮤니케이션이 어려워질 수 있다. 이때 제도적 멘토링을 활용하여 회사가 멘토와 멘제를 인위적으로 연결할 경우 이러한 문제를 효과적으로 해결할 수 있다.

반면 제도적 멘토링에서는 조직이 직접 멘토링 과정을 세세히 관리 평가해야 하기 때문에 상당한 시간, 비용, 관리노력 등이 소요된다는 단점이 있다. 또 멘토와 멘제를 회사가 인위적으로 선정한다는 점에서 항상 최적의 연결을 기대할 수만은 없다.

4) 제도적 멘토링의 차이점

다음의 도표는 William Gray박사(加)에 의하여 개발한 체계적인 제도적 멘토링과 비체계적인 전통적 멘토링과의 차이점을 나타낸 것이다. 도표를 통해 알 수 있듯이 두 가지 방식 사이에는 회사의 목표와의 연계성, 멘토링 활동에 대한 통제권, 회사 차원에서 지원, 활동평가 등에 나름의 차이가 있다.

전통적 멘토링과 제도적 멘토링 비교표

내 용	전통적 멘토링	제도적 멘토링
멘토링 활동목표 유무	무	유
멘토링 약정기간 유무	무	유
멘토링 교육 프로그램 유무	무, 유	유
멘토, 멘제 연결방법 유무	무	유
멘토링 중 모니터링 유무	무	유
멘토링 중 평가방법 유무	무	유
기 타	개인 간의 인재개발	조직에서 인간성과 생산성 향상

5) 제도적 멘토링 시스템 구축방법

멘토링 제도를 실행하기 위하여 다음과 같은 3가지 형태의 틀을 갖추게 되면 운영상 효과를 거둘 수 있으며 특히 목표제와 평가제에 의한 생산성 효과도 보장할 수 있게 된다.

형태 1 조직(Organization)
-멘토링 제도를 도입함에 있어 정규조직에 상응하는 멘토링 조직이 구축되어야 한다. 예를 들면 '멘토링운영위원회' '멘토링아카데미' '멘토링TFTeam' '멘토 풀센타' 등으로 명칭하면 된다.

형태 2 사람(People)
-조직을 운영하는 데 필요한 사람을 세운다. 예를 들면 '운영위원장' '추진팀장(TFTeam), 프로그램 매니저, 모니터 등이다. -멘토링운영위원회-위원장-멘토링 추진팀-추진팀원, 프로그램 매니저-모니터-멘토/멘제

형태 3 운영 프로그램(Program)

－조직과 사람을 갖추었다고 볼 때 그 다음 중요한 것이 체계적인 프로그램을 개발하든지 그렇지 못하면 외부에서 채택하는 일이다. 지금까지 국내 조직에서 의욕만 앞섰지 제대로 프로그램을 갖추지 못한 것이 바로 실패의 원인이라고 볼 수 있다. 참고로 멘토링코리아에서 개발된 프로그램으로 멘토링 전문인력을 양성하는 20시간~80시간 정규교육과정과 멘토링 제도 도입 12단계 컨설팅 매뉴얼이 있다.

6) 제도적 멘토링의 실행조직 및 업무분장

① **멘토링운영위원회** 멘토링 종합계획 및 사업 중간보고, 평가회 실시 베스트 멘토링 사례 선정 시상 우수 멘토, 멘제 선발 시상 우수 멘토링 수기(手記) 시상 운영업무 관련 자료 수집보관 향후 업무계획수립을 위한 연구－추진과제 선정 및 타당성 조사－목표별 추진전략 수립－목표별 소요예산 조사

② **멘토링 추진팀(T. F. Team) 및 프로그램 매니저 멘토링 활동** 프로그램 총괄홍보활동－홍보물 기획 및 제작－이벤트 실시－행사 개최－광고 게재(홈페이지, 사보, 게시판 등)－멘토링 활동 주1회 홍보멘토/멘제 선정 및 매칭멘토/멘제의 오리엔테이션을 통한 올바른 멘토링 방향 설정멘토/멘제 결연식 개최

③ **멘토링 모니터 그룹 운영** 부진한 커플 독려 및 재매칭 작업 프로그램 개선 요구사항에 대한 작업 멘토/멘제의 문제해결 및 건의

7) 모니터의 역할의 세부지침

멘토링 프로그램의 성공의 비결은 모니터링에 의한 매칭의 관리에 있다. 멘토링은 일반적으로 6~12개월간 실시하는데 그 기간 동안 진행 사항을 파악하기 위해서 멘토와 멘제로부터 한 달에 한 번 월간보고서를 제출하도록 하고 각 기간 월마다 목표와 그 달성도, 문제점, 과제에 필요한 최소한의 정보 등 간단한 보고에 요구되는 사항을 검토하도록 한다. 이 월간보고서에 기초하여 멘토와 멘제의 매칭과 그 효과를 프로그램 매니저역이 체크를 합니다. 이때 서로 간의 조율이 맞지 않고 바라는 효과가 나타나지 않을 경우에는 빠른 시간 내에 멘토와 멘제를 개별 면담하여 그 상황을 명확하게 파악하여 수습하고 다

른 쌍 구성을 고려해야 프로그램 전체의 성과를 높일 수 있다. 프로그램 실시 중에는 짧은 프로그램 기간(6~12개월)에 어느 정도의 효과를 달성할 수 있을지 파악하면서 각 매니저의 적절한 지도, 조정과 함께 멘토링 프로그램 위원회에서 전체적인 방향을 확인 후 다음 기간을 계속할 것인지, 목표나 멘토를 변경하여 계속할 것인지를 결정한다. 아울러 성과가 있었던 팀 구성과 멘토의 공적(功績)도 하나하나 기록으로 남기며 목표관리제도에도 반영하도록 한다. 이때 성과가 있었던 멘토와 멘제에게는, 뭔가 보상을 하는 것이 더욱 효과적이다. 또한 멘제의 의욕향상에 어느 정도 기여했는지, 우수한 인재를 육성하고 유지하는 데 얼마나 공헌을 했는지 파악하여 그 효과를 확인해 두어야 한다. 1) 멘토/멘제 상대로 하는 모니터링 모니터는 멘토가 당면하고 있는 아래사항을 참고하여 다음과 같이 모니터링을 수행해야 한다. ① 멘토가 직면하는 문제 가. 많은 업무량과 출장이 잦은 편이다. 나. 멘토/멘제 간에 개성이 부딪치는 관계가 있다. 다. 멘토가 좋은 활동을 보이지 않는다. 라. 멘토가 멘제의 부서장의 영역을 침범하는 경우가 있다. ② 멘토/멘제를 모니터링해야 할 내용. 가. 각자 자기의 멘제와 충분한 횟수로 미팅을 가졌는가? 나. 매월이나 매주 등 정기적으로 만났는가? 다. 어느 정도 만남 시간을 가졌는가? 라. 미팅 시 주로 다루어지는 화제는? 마. 서로 간의 관계는 친밀했는가? 바. 의사소통이 향상되었는가? 사. 멘토 자신의 성장과 발전이 있었는가? 아. 멘제와 의사결정을 공유하고 있는가? 카. 멘제와 속마음을 나눴다고 보는가? 차. 멘토 자신의 문제가 해결되었다고 보는가?

3. 제도적 멘토링 성공전략

1) 제도적 멘토링의 실패원인

먼저 멘토링을 도입하는 과정에서 분명히 개인이나 조직의 입장에서 멘토링을 프로젝트 개념으로 투자요인에 유의해야 한다. 첫째가 시간투자이고 둘째는 인력투자이고 셋째는 자금투자로 볼 수 있다.

그러므로 멘토링이 실패로 끝날 경우 개인과 조직 모두에게 상당한 금전적 심리적 손실을 가져오게 된다.

우선 멘토 입장에서는 자신이 멘토링에 투자한 엄청난 시간에 대해 아무런 소득을 보지 못했다는 상실감으로 인해 상당한 충격을 받을 수 있다. 또 실패한 멘토라는 소문이 퍼질 경우 조직 내에서의 입지가 상당히 좁아질 수 있다. 게다가 이러한 실패담은 조직 전체의 손실로도 이어질 수 있다. 즉, 아무리 시간과 노력을 투자해도 결국 실패하면 '좋은 소리를 못 듣는 구나'라는 부정적인 인식이 전체 멘토 후보자들에게 퍼질 경우, 조직에서 멘토 인력을 확보하는 데 당장 큰 어려움을 겪을 수 있기 때문이다.

멘제의 경우 실패에 따른 부정적 영향이 더욱 직접적으로 나타난다. 즉, 멘토링에 실패한 멘제는 업무 또는 조직생활에 적응하지 못할 뿐만 아니라, 실력향상 및 경력개발이 부진해지고 상사나 동료들과도 원만한 대인관계에 부정적인 영향을 미치게 된다.

조직 전체 차원에서 보면, 멘토링 제도의 설계 및 운영과정에서 투자한 자원에 대한 소득이 없으므로 상당한 금전적 손실을 보게 된다. 또한 전체 구성원들의 사기나 조직분위기도 크게 떨어지게 된다.

그렇다면 과연 멘토링에 실패하는 이유는 무엇 때문일까? 멘토링의 실패원인은 프로그램 목적의 부적절성, 설계과정에서의 미숙함 등 여러 가지가 있을 수 있다. 그런데 이러한 원인들을 자세히 살펴보면, 대부분 조금만 더 주의를 기울인다면 충분히 해결할 수 있는 문제들임을 알 수 있다. 따라서 실패를 반복하지 않기 위해서는, 반드시 기존의 멘토링 활동에 대한 도입과정과 실행과정에서의 효과에 대한 평가가 제대로 이루어져야 한다.

물론, 100% 완벽한 제도나 시스템은 있을 수 없다. 그러나 멘토링 과정에 불합리한 요소 등을 찾아내고 이를 개선하는 활동을 지속적으로 해나간다면 멘토링의 성공률을 크게 높일 수 있을 것이다.

멘토링 실패원인

정규업무와 멘토링 업무와의 혼돈
수평적 멘토 / 멘제 관계에서 상하급 수직라인의 한계를 극복하지 못함
멘토 / 멘제 간의 비윤리적 비도덕인 과당경쟁 관계 초래
CEO의 무관심과 상급자의 몰이해
분명한 목표설정이 아니고 비현실적이고 알쏭달쏭한 목표설정
적극적 참여 유도에 실패(지리적 한계, 지역 및 부서의 이질성 등)
지나치게 단기적으로 멘토링 활동기간을 운영
회사 차원(경영진 인사부서 등)에서 지원부족

동료나 주위 사람들의 오해(예를 들자면 멘토링을 사교적 관계, 파벌형성 등으로 왜곡)
멘토 / 멘제의 니즈나 가치관을 제대로 고려하지 않는 활동
멘토 / 멘제의 개인 성장이나 목표를 고려치 않고 생산성 향상에 주력할 때
멘토, 멘제, 상사의 삼각관계에서 갈등 노출

2)제도적 멘토링에서 성공전략

인재확보 여부가 기업 경쟁력의 성패를 결정한다는 인식이 확산되면서 해외기업들은 물론 국내기업들도 우수인재를 확보하기 위해 총력을 기울이고 있다. 또한 대기업뿐만 아니라 지금까지 상대적으로 인재확보에 소극적이었던 금융권이나 공기업들도 고급 인재를 적극적으로 찾아 나서고 있다. 특히, 전문성과 실력을 갖추고 있다면 국적이나 출신을 가리지 않겠다는 글로벌 차원의 인재유치 움직임도 점차 강해지고 있다. 이처럼 기업들의 소위 '인재확보전쟁'은 앞으로 더욱 치열해질 것으로 예상된다.

이러한 경영환경 속에서 기업이 지속적으로 성장하고 경쟁력을 유지하기 위해서는 끊임없이 회사의 전략적 과제 달성에 필요한 인재를 육성해야 한다. 즉, 기업 스스로 '인재를 만들어내는 공장'이 되어야 한다는 것이다. 또한 회사는 한 사람의 힘으로 움직이는 조직이 아니기 때문에 미래 기업을 이끌어갈 핵심인재를 확보하는 것도 중요하지만 구성원 전체의 실력을 향상시키는 활동도 게을리해서는 안 된다.

멘토링은 이러한 기업의 인재육성 활동을 효과적으로 지원해 주는 매우 효과적인 제도라고 할 수 있다. 물론, 직무순환, 액션러닝 등 인재육성을 위한 다양한 기법들이 있기 때문에 멘토링이 인재육성을 위한 유일한 방법이라고 할 수는 없다. 그러나 멘토링은 이러한 기법들과 비교되는 명확한 차이가 있다. 바로 '사람과의 관계를 통한 학습'이라는 점이다. 즉, 지금까지 강조한 바와 같이 멘토링은 상호 인간적, 정서적 관계를 통해 진행되기 때문에 인재육성 측면에서 다른 어떤 방법보다도 효과적이라고 할 수 있다.

지금까지 멘토링의 목적에서부터 구체적인 실행방법에 이르기까지 중점적으로 관리해야 할 핵심사항에 대해 살펴보았다. 그러나 멘토링이 실제로 조직 내에서 원활하게 돌아가기 위해서는 무엇보다 조직 차원에서의 충분한 지원체제를 조성해야 한다. 설계상 아무리 뛰어난 제도라 하더라도 조직의 분위기나 여건이 받쳐주지 않는다면 그림의 떡으로 전락할

수 있기 때문이다. 따라서 멘토링 제도를 성공적으로 실행하기 위해 반드시 필요한 요건에 대해 7가지로 살펴보기로 한다.

① 회사의 적극적인 지원이 필요하다

앞에서 언급했듯이 멘토링의 유형에는 회사가 주도하는 제도적 멘토링과 구성원들에 의해 자발적으로 이루어지는 전통적 멘토링이 있다. 그런데 이러한 유형에 관계없이 멘토링에 대한 회사의 적극적인 지원은 멘토링의 성패를 좌우할 만큼 중요한 요소이다.

무엇보다 회사는 멘토나 멘제, 그리고 멘제의 상사가 각자 제 역할을 충실히 수행하는 데 필요한 인적·물적 자원을 시의 적절하게 제공해 주어야 한다. 물론, 참여자들 스스로 알아서 할 수도 있지만 실제로 이들은 현업에 치여서 또는 구체적인 방법을 몰라서 실행에 옮기지 못하는 경우가 많다. 따라서 이처럼 멘토링 과정에 문제가 발생했을 경우, 회사가 이러한 노력을 게을리할 경우 멘토링 참여자들의 적극적인 활동을 기대할 수 없으며, 결국 어렵게 만들어놓은 제도가 유명무실하게 되고 말 것이다. 따라서 회사에서는 본격적인 멘토링 활동에 앞서 반드시 구성원들에게 그 취지와 목적을 알려주어야 하며, 풍부한 멘토 후보자를 모집하여 멘제들이 각자의 니즈에 적합한 사람을 멘토로 선발할 수 있도록 도와주어야 한다.

미국의 주류 생산업체인 브라운 포맨에서는 분기별로 신입사원들을 대상으로 멘토링 제도에 대한 충분한 정보를 갖고 멘토링에 참여할 수 있도록 '기회의 형평성'을 제공하는 데 있다. 이 회사는 이 밖에도 다음과 같은 지원제도를 통해 멘토링의 원활한 작용을 돕고 있다.

첫째, 멘토링에 참여하는 조직원들이 멘토링 과정에서 발생하는 여러 가지 문제들에 대해 언제든지 조언을 구할 수 있도록 '멘토링 조정자(Coordinator)'를 두고 있다.

둘째, 총 24명의 '멘토링 촉진자(Facilitator)'로 하여금 멘토링 제도와 관련된 구성원들의 질문에 충실히 답변해 주고, 멘토링에 대한 맞춤형 서비스를 제공하도록 하고 있다.

② 멘토링 활동기간을 잘 잡아야 한다

멘토링의 활동기간은 멘토링의 목적이나 회사 여건을 적절히 고려하여 결정해야 한다. 예를 들어 멘토링 기간을 길게 잡을 경우, 서서히 장기적인 계획을 가지고 운영할 수 있다는 장점이 있는 반면, 자칫 멘토링 활동의 방향을 잃거나 시시각각 변하는 환경이나 구성원들의 니즈를 적시에 반영하기 힘들다는 문제가 발생할 수 있다.

한편, 멘토링 기간을 짧게 잡을 경우, 단기적인 목표달성을 위해 집중할 수 있다는 장점이 있는 반면, 멘제에 대한 깊이 있는 교육이 어렵고 자칫 멘토링이 시간만 채우고 마는 피상적인 제도로 전락할 가능성이 있다. 이러한 장·단점으로 인해 기업에서 멘토링을 진행할 때에는 적게는 한 3개월, 많게는 1년 정도로 기간을 잡는 것이 일반적이다. 이처럼 멘토링 기간은 회사마다 다를 수 있지만 반드시 다음 두 가지 요소가 반영되어야 한다.

첫째, 멘토링의 프로그램 목표이다. 즉, 멘토링의 기간은 '멘제가 정해진 목표수준을 달성할 때까지인가?' '지속적인 교육·개발을 위해서인가?' '멘제의 마인드 및 태도 변화를 위해서인가?' '전문지식과 기술을 전수하기 위해서인가?' 등에 따라 달라질 수 있는 것이다. 예를 들어 그 목표가 전문기술 이전에 있다면 멘토링 기간을 그리 길게 잡지 않아도 될 것이다. 그러나 만일 멘제의 마인드나 태도의 변화 또는 조직문화의 주입 등이 목표라면 적어도 1년 이상의 기간이 필요하다.

둘째, 멘제의 니즈도 고려해야 한다. 즉, 멘제에게 어느 정도 수준의 멘토링이 필요한지를 알아봐야 한다. 예를 들어 하나를 알려주면 열을 아는 사람의 경우, 단기간에 목표달성이 가능하기 때문에 멘토링 기간 역시 그리 길게 잡을 필요가 없다. 그러나 상대적으로 정보를 받아들이는 속도가 느려서 하나하나 세밀하게 지도해 주기를 바라는 멘제에게는 장기간 지속적인 멘토링이 필요할 것이다. 만일 이런 사람에게 단기간의 멘토링을 시행할 경우 효과는커녕 오히려 혼란만 가중시키게 된다.

③ 제반 인사제도와 연계한다.

멘토링 활동을 선발, 평가, 보상, 배치 등 제반 인사제도와 연계시켜 활용할 필요가 있다. 멘토링을 인간 성장이라는 별도의 독자적인 제도로 추진하되 한편으로 회사의 인적자원 관리라는 관점에서 보다 적극적으로 활용해야만 멘토링에 대한 구성원들의 몰입도를 높일 수 있기 때문이다. 예를 들어 대인 간 커뮤니케이션 기술을 선발이나 승진의 요건으로 선정하거나 코칭 경험을 리더로 승진하는 데 있어서 필수 과정으로 설정하는 것도 하나의 방법이 될 수 있다.

④ 사내 리더에게 인재육성의 책임을 지운다.

멘토링이 리더의 중요한 역할중 하나임을 분명히 각인시켜야 한다. 조직에서 시행하는 멘토링의 상당 부분이 직속상사에 의해 진행된다는 점에서 이들의 관심과 역할수행은 성공적인 멘토링의 기본이 된다.

이를 위해서는 리더들이 인재육성의 핵심으로서 활발하게 활동할 수 있는 여건과 제도적 장치를 마련해 두어야 한다. 예를 들어 멘토링 활동을 위해 관리자가 수행해야 할 역할과 기술에 대한 정보를 제공한다거나, 멘토링 활동을 인사평가에 반영하는 방법 등을 생각해 볼 수 있다.

　모토로라와 클라이슬러에서는 현장의 리더들에게 구성원들을 효과적으로 코치하는 기술을 교육시킴으로써 인재육성활동에 적극 활용할 수 있도록 유도하고 있다.

　멘토링 결과에 대해 일정한 보상을 시행함으로써 멘토와 멘토링 참여도를 높일 수도 있다. 실제로 많은 멘토링 활동들이 실패로 끝나는 원인 중의 하나가 바로 멘토링 성과에 대한 가시적 보상이 미약하기 때문이다. 아무리 열심히 멘토링 활동을 수행해도 알아주는 사람이 없다면 멘토의 적극적인 활동을 기대하기 힘들 것이다. 따라서 성공적인 멘토링 사례에 대해서는 구성원들에게 널리 전파하여 축하와 인정을 받게 하거나 승진이나 금전적 측면에서의 보상을 제공해야 한다.

　미국의 금융서비스 회사인 킴벌리 클라크에서는 멘토링을 성공적으로 수행하여 인재 및 후배 양성에 기여한 사람에게는 그 성과를 연봉에 반영해 주고 있다.

　⑤ 직속상사의 적극적인 협조를 구한다.
　멘토링이 성공적으로 이루어지기 위해서는 멘제의 상사의 적극적인 협조가 필요하다. 예를 들어 멘제의 직속상사가 아닌 사람이 멘토로 선발된 경우 멘토와 멘제 상사 사이에는 미묘한 대립구도가 형성될 수 있다. 이러한 대립이 심화될 경우 멘토링 프로그램 자체에도 부정적인 영향을 미치게 된다. 그렇다면 왜 이러한 대립이 발생하는 것일까?

　첫째, 인재육성의 중요성에 대한 인식이 부족한 상사하는 멘토링에 참여하는 구성원을 곱지 않은 시선으로 바라볼 가능성이 있다. 상사 입장에서는 충분히 '밀린 업무 때문에 바빠 죽겠는데 쓸데없이 멘토나 만나서 시간을 허비할 필요가 있나'라는 생각을 할 수 있는 것이다. 실제로 많은 상사들이 당장 눈으로 확인할 수도 없는 부하직원의 실력개발보다는 눈앞에 놓인 업무나 프로젝트의 진행을 더 급하게 생각하고 있다. 이러한 생각을 가진 상사들에게서 멘토링에 대한 적극적인 협조를 유도해야만 멘토링을 원활하게 진행할 수 있는 것이다.

　둘째, 일종의 보상심리로 인해 멘토링을 싫어하는 상사도 있을 수 있다. 즉, '나는 죽도록 열심히 일해서 여기까지 왔는데 왜 저 사람들의 발전을 위해 내가 이렇게까지 도움을 주어야 하지?'라고 소위 '본전 생각'을 하게 되는 것이다. 이러한 상사들 또한 멘토링 활동에 큰 저해요소가 될 수 있다.

이와 같은 문제를 해결하고 직속상사들이 적극적으로 멘토링에 참여하도록 유도하기 위해서는 어떠한 조치를 취해야 할까?

첫째, 멘토와 상사에게 멘토링 성과에 대한 공동책임을 부여하는 방법이 있다. 이를 위해서는 멘토링 과정에 상사가 직접 참여할 수 있는 공간을 만들어주어야 한다. 일반적으로 다른 부서나 외부 멘토에 비해 직속상사는 멘제가 어떤 점을 잘하는지, 어떤 점이 부족한지, 향후 어떤 과제를 줘야 더 좋은 성과를 낼 수 있는지 등에 대해 잘 알고 있기 때문에 이러한 정보를 멘토링에 활용할 경우 큰 도움이 될 수 있다. 예를 들어 상사가 직접 육성계획수립, 오리엔테이션, 중간점검 과정에 참여하여 멘제의 활동결과를 토대로 정기적인 피드백과 조언을 제공하도록 한다면, 이들은 멘토링 과정에서 자신이 소외되지 않았음을 깨닫고 멘토링에 적극 협조하게 될 것이다. 다만 상사는 소속 사원인 멘토／멘제에게 직접 멘토링에 관한 지시나 보고를 받아서는 안 된다. 모니터를 통해 간접적으로 접근하는 것이 옳은 방법이다.

둘째, 멘토링의 이점(利點)을 상사에게 적극적으로 홍보할 필요가 있다. 즉, 멘토링을 받는 부하가 있다는 것이 상사에게 얼마나 좋은 일인지를 지속적으로 인지시켜야 한다는 것이다. 사실, 부하의 실력개발은 직속상사의 주요 임무중의 하나인데 이러한 임무를 다른 멘토가 대신해 준다면 상사 입장에서 큰 이득이 된다고 할 수 있다. 또한 멘토링을 통해 부하가 스스로 자기개발 계획을 세우고 성과관리를 하게 된다면 상사는 그만큼 편해질 수밖에 없다. 또 상사는 멘토의 멘토링 과정을 주의 깊게 지켜봄으로써 사람을 리드하고 조언하는 방법을 배우는 기회로 활용할 수 있다. 즉, 멘토링은 상사의 리더십을 키우는 데에도 큰 도움이 될 수 있다.

광통신케이블 제조회사인 코닝에서는 상사에 대한 교육을 시행함으로써 멘토링 성과를 높이고 있다. 이 회사에서는 신입사원의 직속상사가 제대로 된 멘토를 선발할 수 있도록 2시간짜리 강의를 시행하고 있다. 상사는 강의에 참석하여 바람직한 멘토를 선별하는 방법, 멘토링 활동과정에서 상사가 멘토(또는 멘제)에게 제공해 주어야 할 도움 등에 대한 교육을 받게 된다.

⑥ 멘토링 활동 후에도 지속적인 관계를 유지한다

회사가 주도하는 제도적 멘토링은 대부분 일정기간을 정해 놓고 진행하는 경우가 많다. 그런데 이러한 기간 이후에도 멘토링 참여자들이 서로 전통적인 멘토링 관계를 유지하게 한다면 프로그램의 효과를 높일 수 있다.

예를 들어 '당신들의 멘토링 기간은 1년입니다.'라는 식으로 기간을 못 박을 경우, 그 기간이 종료되면 서로 교류가 전혀 없는 상태로 돌아갈 수 있기 때문이다. 이처럼 멘토링의 공식적인 기간이 지나더라도 서로 비공식적으로 자주 만나 조언과 도움을 제공할 수 있도록 하는 것이 좋다.

미국의 통합 화물철도회사인 콘레일(Conrail Inc.)에서는 멘토링 활동기간을 강하게 규정하지 않음으로써, 멘토링 참가자의 60~70% 정도가 멘토링이 끝난 후에도 비공식적 관계를 맺는 효과를 거두었다고 한다.

⑦ 경영자의 열정과 몰입이 핵심이다

어느 조직에서든 제도나 시스템이 성공적으로 운영되기 위해서는 무엇보다 최고경영자의 열정과 의지가 필요하다. 멘토링 역시 조직 내에 하나의 제도로서 자리잡기 위해서는 경영진의 이러한 노력이 절실하다. 예를 들어 경영진이 구성원들에게 멘토링에 참여하라고 지시만 할 뿐, 실제로 멘토링에 대한 관심과 몰입의 노력을 보이지 않을 경우 멘토링의 성공은 기대하기 힘들다.

따라서 최고경영진이 솔선하여 구성원들에게 인재육성에 대한 확고한 의지를 보여주어야 한다. 실제로 일류기업의 성공배경을 보면 한결같이 경영진들이 인재육성에 강한 철학과 의지를 갖고 있었다고 한다.

GE의 전 회장인 잭 웰치 역시 인재육성이야말로 가장 큰 사업이라며 그 중요성을 강조한 바 있다.그는 끊임없이 사업현장을 직접 돌아다니면서 우수인재를 조기 발굴하기 위해 노력했으며 현업에 있는 사람들이 진정으로 필요한 것이 무엇인지를 파악하기 위해 많은 노력을 기울였다고 한다. 또한 회사 연수원에서 직접 강의를 하고 구성원들과의 토론을 통해 사람을 제대로 키우는 것이 얼마나 중요한지를 전파하는 데 앞장섰다. 잭 웰치의 이러한 일관된 노력으로 인해 구성원들도 점차 인재육성이 GE의 핵심이념임을 마음으로 받아들이게 된 것이다.

　이처럼 조직 내에 멘토링에 대한 전사적인 공감대가 형성될 때, 비로소 멘토링을 성공적으로 이끌 수 있었다.

2장 멘토링 현장에서 멘토 / 멘제의 유익

1. 멘제에게 주어지는 유익과 대가

전통적으로 조직의 책임자가 직원의 경력 계획을 책임져왔다. '저 위에 있는' 누군가가 모든 직급의 직원들에 대해 언제 훈련하고, 언제 재배치하고, 언제 승진시킬 것인지를 결정하는 것이다. 예를 들어 많은 회계법인에서 직원들은 주니어 오디터 junior auditor에서 오디터로, 시니어 오디터로, 다시 매니저로, 그리고 파트너로 차례차례 승진하게 된다.

이렇게 미리 만들어진 경력 사다리도 직원들에게 매력적일 수 있지만, 대개의 경우 해당 직원은 선정되고 난 후에야 자신의 경력 목표를 설정하게 된다. 직원들은 종종 누군가 자신의 인생을 꼭두각시처럼 조종하며 그때그때 조직의 필요에 따라 이리저리 움직인다는 느낌을 받게 된다. 그 결과는 무관심, 의존성, 좌절감, 스트레스 의욕 상실로 이어지며 때로 자신의 가치관과 포부를 조직의 것과 통합시키려는 독립적 사고방식을 가진 직원들을 잃기도 한다. 참으로 큰 대가가 아닐 수 없다.

어려움을 느끼고 있는 소중한 직원들을 돕기 위해 제도적 멘토링이 할 수 있는 일은 무엇인가?

첫째, 제도적 멘토링은 '좋은 운(運)을 만나고' 싶어하는 이들에게 길을 만들어준다. 멘제는 목표를 설정하고 이를 달성하기 위한 실천 계획서를 만드는 데 참여함으로써 자기자신의 이익을 충족시킨다. 이러한 활동이 가시적으로 성과를 거두는 경우를 꽤 자주 볼 수 있다.

둘째, 멘토는 조직 내에서 멘제의 관심과 스킬에 맞는 자리가 어디에 있는지, 또 어떻게 갈 수 있는지를 가르쳐준다. 이 경우, 노련한 멘토는 직원들의 이직 때문에 발생하는 조직의 비용을 절감해 준다.

셋째, 멘토는 멘제가 자신에게 맞지 않는 직업을 피할 수 있도록 도와준다. 교육기관에서 실시하는 멘토링 프로그램은 청소년이 자신에게 맞지 않은 직업을 피할 수 있게 해준다.
아주 재미있고 색다른 시도가 있는데, 교사 양성 프로그램에 참여하는 많은 대학생들에게 고등학생을 위한 멘토가 되어보라고 하는 것이다. 만약 이 예비 교사(대학생 멘제)가 멘토 역할에 소질을 보이지 않을 때는, 자신의 멘토로부터 교사가 아닌 적절한 직업을 찾아보라는 조언을 듣기도 한다. 이는 회사는 물론 모든 관련된 사람들에게 이익이 되는 것이라고 설명할 수 있다. 이제 회사도 더이상 어떻게 할 수 없다는 것을 알게 된다. 그러나 한편, 프로세스가 진행되는 3~5년 동안 회사는 그의 생산성과 열정으로 인해 이익을 얻는다.

어떤 조직에서는 한 직원이 멘토와 한 시간 동안 상담하고서 그가 지원했던 특정직이 자신이 원하는 것이 아니라는 것을 깨닫게 되었고, 이로써 8,000달러를 절감했다고 보고했다. 그 직무에 대한 훈련은 광범위하고 비용이 많이 드는 일이었기 때문에 회사로서는 그 과정에서 소요되는 비용을 절감할 수 있었던 것이다.

1) 멘토링이 멘제에게 주는 유익

문헌에 나타나거나 제도적 멘토링으로 직접 경험해서 알게 된, 멘제가 일반적으로 얻게 되는 이점을 사례와 함께 소개한다.

■ 고교 졸업생 취업 프로그램
청소년 자동차 기술교육 프로그램에서, 학생 인턴은 강의를 하는 강사와 자동차 판매점의 마스터 정비 기술자 모두에게서 자동차 수리기술을 배우게 된다. 멘토는 인턴의 '패스포트'에 도장을 찍어 현장에서 배운 스킬을 증명해 준다. 이 프로그램은 학생 인턴이 졸업 후 공부를 계속해서 자동차 업계 인증을 받을 수 있도록 준비시켜 준다.

■ 조직문화로의 신속한 동화

통신회사에서 진행한 프로그램은 신입사원과 종전 직원들을 짝 지워서 신입사원들이 회사에 정착해서 아이디어와 스킬을 발휘하도록 돕는다.

■ 리더십 개발 가속화

휼렛패커드에서는 인사 테크놀로지 전략을 이용해 유망 직원들을 12개월 고속 육성 프로그램으로 훈련시켰다.

■ 수입 증대

캐트린 타일러Kathryn Tyler는 한 멘토링 관련 잡지에 멘토를 가졌던 전문직 종사자들이 그렇지 않은 사람들보다 연간 5,610달러에서 2만 2,450달러를 더 벌었다고 보고했다. 보험 업계의 백만달러원탁회의의 12년 회원인 베시 울포크는 멘토링을 통해 1994년 현재 지난 5년간 생산성을 세 배로 올렸다.

■ 소수 그룹의 승진

그랜필드Granfield가 쓴 1992년 기사에 따르면, 1985년 멘토링을 처음 도입한 이래 듀퐁 경영진의 소수 민족 숫자가 10퍼센트에서 35퍼센트로 많아졌다.

■ 스킬습득 기간의 단축

빠르게 변화하는 시장 경제와 글로벌화는 더 빠른 스킬습득을 요구한다. 이는 급속하게 변하는 테크놀로지로 인해 더욱 중요해지고 있다.

■ 직무 만족도 향상

이것은 제도적 멘토링을 수행하는 조직과 당사자들 모두에게 중요한 성과다.

■ 교육적 부가가치

토비Touby가 TMs 1998년 기사에 따르면, 캐털리스트Catalyst가 「포춘」 1,000대 기업들을 대상으로 실시한 조사에서 여성 임원의 81퍼센트가 멘토를 두고 있으며, 이것을 학력보다 더 중요하게 생각했다.

■ 조직 내 영향력 증가

셸 오일 컴퍼티 멘토링 프로세스의 수석 모니터 애실리 필즈는 "우리의 희망은 참가자들이 멘토링 활동을 종료하고 나서 멘토링이 다음 직급으로 승진하는 데 있어서나 직장생활에 있어서나 가장 유익한 경험 중 하나였다고 깨닫는 것이다."라고 말했다.

다음은 제도적 멘토링에 참여하는 멘제가 얻는 이득을 더 구체적으로 설명한 것이다.

■ 본인의 니즈에 맞는 능력개발

본인 스스로 깨닫거나, 상관의 평가나 다른 형태의 진단을 통해서 어떤 사람의 스킬 부족이 드러나면 보통 어떤 일이 일어나는가? 주로 그 사람의 니즈가 충족될 수 있도록 훈련하는 프로그램이나 세미나를 찾거나 설계한다. 그리고 그 과정은 그 사람이 필요로 하는 정확한 스킬, 지식, 실습을 제공해 줄 수도 있고, 그렇지 못할 수도 있다.

하지만 좋은 제도적 멘토링 프로세스에서는, 관련된 사람들이 멘제의 정확한 니즈에 부합하는 능력개발 계획서를 작성하게 된다. 이 능력개발 계획서는 대부분 멘제와 멘토, 멘제의 직속상사, 그리고 프로세스 모니터에 의해 정해지는데, 이들은 멘제의 스킬을 개발하는 특정한 방법들을 찾아낸다. 이들이 실제로 멘제의 니즈에 맞는 훈련이나 실습을 연계할 수 있을 뿐 아니라, 앞으로 수행할 과정에 대해서도 네 사람 모두가 동의함으로써 멘토링 프로세스에 책임이 더해진다.

웰스파고은행은 지점장 MAP(가이드를 뜻하는 것으로, MAP은 약어가 아님) 프로그램을 개발할 때 이러한 스킬 중심 접근법을 이용했다. 지점장을 수행하는 데 필요한 스킬을 확인한 다음, 그러한 스킬을 개발하는 데 필요한 활동을 선정한 것이다. 예를 들어, 지점장은 정책을 읽고 질문에 답할 수 있어야 하며, 경우에 따라 은행의 모범사원과 이야기를 나누거나 커뮤니케이션 독학 과정을 이수해야 한다. 프로그램의 일부로서, 각 지점장에게는 멘토 역할을 하는 MAP 매니저, 즉 직원의 니즈와 성과에 따라 이러한 개발활동을 생략하거나 추가할 수 있는 상급 임원이 지정된다. MAP 매니저는 일반적인 훈련과정에서는 결코 얻을 수 없는, 조직의 문화와 내부 운영에 대한 주요 정보를 제공해 주며 지점장을 후원하고 지도해 준다.

■ 성공 가능성 제고

페더럴 익스프레스의 매니저들 사이에서 인기 있는 멘토였으며 지금은 은퇴한 찰리 하트니스는 "그저 실패를 피하는 것만으로는 성공할 수 없다. 내 생각엔 멘토가 '후보자(멘제)'에게 줄 수 있는 가장 중요한 것은 그들이 실패하지 않도록 도와주는 것이다. 실패하는 것만 피할 수 있다면, 그들은 자기자신의 능력을 바탕으로 성공할 것이다."라고 말했다.

실패가 적을수록 성공할 가능성이 높다는 이 철학은, 특히 부적응 청소년 프로그램에서 멘토링이 중요한 교육 도구라는 것을 뒷받침한다. 지난 1990년 미국의 '전국멘토링회의'에서 멘토교사의 전문성을 극대화하고 흑인과 소주 민족 학생들의 재학률을 높이기 위한 멘토링 활용 발표가 있었다. 미국 문맹퇴치프로젝트Project Literacy U. S. (PLUS)는 '원 플러스 원One PLUS One'이라는 멘토링 프로젝트를 설계했다. 이것의 목표는 청소년들의 문자 해독률·학업 성적·경력 목표 및 자존감을 향상시키기 위해 공식 멘토링을 장려하는 것이다.

미국 교육부 장관 라우로 F. 카바조스Lauro F. Cavazos는 자신의 글에서 다음과 같이 밝혔다.

가난하거나, 소수 민족이거나, 또는 최근 이민을 온 청소년들은 젊은이들이 직면한 위험에 더 많이 노출되어 있다. 이들은 때로 가장 열악한 학교에 다니고, 성공적인 성인 역할 모델을 접할 기회가 적고 주류 사회로 통하는 명확한 길에서 멀리 떨어져 있다. 연구 결과, 이 젊은이들 중 자신에게 관심을 가져주는 성숙한 어른, 즉 멘토로부터 지원을 받은 아이들은 고등학교를 졸업하고 안전하게 직업전선에 뛰어들 가능성이 더 높다. 이는 매우 중요한데, 왜냐하면 우리의 자녀들이 실패하지 않도록 하는 것은 우리 사회의 책임이기 때문이다. 그들의 실패는 개인적 비극일 뿐만 아니라, 국가적인 삶의 질과 민주제도에 직접적인 위협이 된다.

멘토는 실업 수당 수급자 명단에서 벗어나, 처음으로 취업을 하게 된 신입사원들이 어렵게 얻은 일자리를 말 그대로 유지하는가 잃는가를 좌우할 수 있다. 미국에서 2~3대째 사회복지 수혜를 받은 가정의 경우, 복지 수혜 기한이 만기되면 일자리를 찾을 수밖에 없는 상황에 내몰린다. 이런 환경에서 자란 신입직원들은 취업 규칙이나 윤리 규정에 대한 경험이 적거나 아예 없을 수도 있다.

이들 중에는 육아나 통근, 시간에 맞춰 출근하기 따위조차 힘겨워하는 사람도 있을 것이다. 남을 잘 돌보는 멘토는 나이와 경력, 가치관이 아무리 다르더라도 신입사원이 느끼는 갭을 극복하도록 도와줄 수 있다.

■ 맞지 않은 일자리에서 허비하는 시간 줄이기

"나는 지루하다. 내 스킬이 활용되지 않고 있다. 나는 갈 곳이 없는 것처럼 느껴진다. 나는 내가 원하지 않았던 경력 행로에 갇혀버렸다. 내가 돈을 더 벌 수 있는 유일한 방법은 관리직으로 진급하는 것이지만, 나는 매니저가 되고 싶지 않다." 조직의 니즈에 자신의 관심을 맞출 수 없는 직원들의 푸념은 이런 식이다. 이들은 업무 시간과 불행과 불만으로 보내다가 자신들이 관심도 없는 직업이나 조직에서 시간을 허비했다고 느끼며 퇴사를 한다.

■ 피그말리온 효과

디온 고메즈는 게을렀으며 그 자신도 이 사실을 알고 있었다. 그래서 그는 「시카고 트리뷴」의 뉴욕 지국장인 조지 커리에게 자신의 멘토가 되어달라고 요청했다. 고메즈가 뉴스 기사 쓰기를 미루면, 커리는 스스로 '독설 편지'라고 부르는 글을 썼다. "나는 그에게 일을 제대로 하든지 아니면 아예 그만두든지 하라고 말해 줬습니다."라고 커리는 애정 어린 태도로 말했다. 고메즈는 더욱 고맙게 생각했다. "조지는 저에게 자신이 보기에 제가 가능성이 있다고 말했습니다. 그는 나에게 '나는 당신이 잘할 수 있다고 생각한다. 나는 당신에게 믿음을 가지고 있다. 나는 당신이 가능성을 지니고 있다고 생각하고, 당신이 잘해 나갈 수 있다고 생각한다.'라고 말했습니다. 그리고 나는 그렇게 했습니다. 이제 그는 자기 동료들에게 나를 소개할 때 뉴욕에서 가진 첫 번째 멘제라고 소개합니다. 그가 나를 자랑스러워하니까, 나 역시 기분이 좋습니다." 고메즈는 이후 일면 기사를 몇 편 실었고, 언젠가는 커리와 비슷한 일을 하리라 다짐하고 있다.

이 이야기는 멘제가 얻는 흥미로운 이득을 보여준다. 상관이나 교사들, 그리고 심지어 부모들은 대개 사람들(멘제, 부하직원, 학생, 자녀)이 지금까지 해온 대로만 능력을 발휘할 것을 기대한다. 하지만 멘토는 그 사람이 과거에 했던 일에 대한 선입견이 적으며, 다른 사람들이 보지 못한 가능성을 알아보는 경향이 있다. 멘토는 멘제가 더 많은 것을 하고 이전보다 더 잘할 것이라고 기대하도록 만들 수 있다. 열정적인 언어학자 히긴스 교수와 그의 지도를 받아 변화하는 엘리자 두리틀 Eliza Doolittle(영화 '마이 페어 레이디 My Fair Lady'의 두 주인공)처럼, 양측이 그렇게 기대하기 때문에 멘제는 성공하는 것이다. 영향력 있는 멘토는 멘제에게 힘을 실어준다. 두 사람이 멘토링 관계에 있음을 드러내어 멘제가 멘토의 자원과 힘을 이용할 수 있다는 신호를 다른 사람들에게 보내주기 때문이다.

■ 조직에 대한 인식 향상

멘제가 조직의 상부에 있는 멘토를 가지게 되면, 중요한 정보가 대화를 나누는 중에 전달된다. 이러한 커뮤니케이션은 사내 뉴스레터나 운영 게시판보다 더 효과적이고 더 시의적절하다. 조직의 향후 향방을 아는 멘제는 그에 맞춰 경력 계획을 설계할 수 있고, 변화하는 사업 요구에 맞는 개발활동을 할 수 있다. 예를 들어, 많은 회사가 기계·전기 장비와 기구를 전자식으로 바꾸었을 때 많은 기술자들은 자신의 스킬이 더이상 필요치 않은 상황을 맞았다. 이들이 이러한 방향 전환에 대해 미리 알았더라면, 미리 전자 분야의 훈련을 받았을 것이다.

멘제가 현재 속해 있는 조직 밖에 멘토가 있는 경우에는, 다른 산업, 전문 분야, 또는 직업에 대한 이해를 높일 수 있다. 이처럼 다른 조직 간의 멘토링 관계는 제도적 멘토링 프로세스로 설계되는 경우가 많지 않지만, 많은 사람들이 그러한 관계로부터 생기는 중요한 유용성을 강조하고 있다.

2) 멘제가 겪을 수 있는 어려움

멘토링 관계가 항상 멘제에게 유익한 쪽으로만 진행되는 것은 아니다. 때때로 멘토링 관계가 문제를 낳거나 곤란한 경험으로 이어질 수도 있다. 다음은 몇 가지 생각해 보아야 할 잠재적 어려움이다.

■ 멘제가 본래의 직무를 등한시한다?

사실을 직시하자, 일부 부서장과 현장 감독자들은 부하직원들이 회사를 곧잘 속이려 든다고 여긴다. 예를 들어, 연구결과 생산성 및 직업 만족도를 향상을 가져오는 제도임에도 불구하고, 많은 관리자들이 근무 시간 자유 선택제나 자택근무를 못마땅하게 여긴다.

이러한 관리자의 관점은 엄격한 감독 없이는 사람들이 일을 하지 않을 것이라는 우려의 다름 아니다. 그런 의미에서 멘토가 제시하는 능력개발활동이 너무 매력적이고 흥미로운 나머지 멘제가 일상 업무를 등한시하게 될 것이라는 관리자의 걱정은 있을 수 있는 일이다.

한편으로, 자기관리에 아직 능숙하지 못한 멘제가 때때로 세심한 심사 과정에서도 걸러지지 않고 잘못 선발되는 경우도 있다. 하지만 지금까지 경험한 바로는 그런 경우는 거의 없는 것으로 보인다.

조직이 자신의 성장과 개발을 위해 충분히 배려하고 있다고 느낄 때, 사람들은 대개 모든 직무에서 뛰어난 성과를 보이기 위해 노력한다.

■ 멘제가 멘토와 상사 사이를 이간질한다?

만약 상관과 사이가 좋지 않은 멘제라면 멘토에게 손을 뻗쳐 힘을 빌리려 할 수도 있다. 이 때문에 능력개발 계획 과정에 멘토뿐 아니라 상관도 참여시켜야 한다는 것이다. 그래야 파괴적인 행동을 가능한 막을 수 있고, 멘토링 관계에 관여하는 모든 사람들의 역할과 책임을 확실히 할 수 있다.

이 삼각관계를 최대한 조화시킬 수 있게 멘토, 멘제, 상관의 역할을 구성하는 방법이 자세히 제시되어야 한다.

■ 승진에 대한 비현실적인 기대를 갖는다?

어떤 조직에서는 멘제를 두고 후보라는 용어를 사용하지 않으려 했는데, 이것은 이 용어가 프로그램 참여가 승진으로 이어진다는 것을 암시하기 때문이었다. 하지만 몇몇 멘토링 프로세스에서는, 특히 연방정부 고위 간부 육성 프로그램에서는, 활동을 성공적으로 마치고 명시된 요건에 맞는 사람들에게는 승진이 보장된다.

반면 어떤 프로그램들은, 비록 멘제로서 활동하면 승진 기회가 높아지기는 하지만 반드시 보장된 것은 아니다.

멘제가 비현실적인 기대를 갖는 것을 방지하기 위해서는 프로세스에 참여하는 것을 무엇을 의미하는지, 그리고 그것이 곧 승진이나 성공을 의미하지 않는다는 것을 모두에게 분명하게 알리는 것이 중요하다.

■ 의욕만 있지 책임감은 없다?

멘토링 도입Workshop 과정에서 멘제의 문제점과 해결책에 대해서 많이 듣게 된다.

- "때론 멘토들은 멘제가 충분히 적극적이지 않다고 말합니다. 그러면 우리는 멘제들에게 피드백을 해서 멘토에게 자주 연락하라고 말해줍니다."
- "어떤 사람들은 대인관계 스킬이 부족합니다. 우리는 그럼 사람들을 커뮤니케이션 과정에 참가시켜서 멘토링 관계를 더 잘 활용할 수 있도록 도와주고자 합니다."
- "자신의 학습 개발에 대한 책임이 주어지면, 사람들은 처음에 걱정을 많이 합니다. 하지만 시간이 지나면 긴장도 풀리고, 멘제들은 알아서 자신의 일을 책임감 있게 해나갑니다."

위의 세 가지 예는 멘제가 자신의 능력개발에 대한 책임을 갖는 것이 정말 어려운 일이라는 것을 나타내준다. 그러나 연습, 피드백과 공식 프로그램 등을 통해 변화가 일어나기 시작한다. 의존적인 행동을 버리는 데에는 노력이 필요하다. 따라서 제도적 멘토링 프로세스도 아무런 문제없이 실행되는 것은 아니다. 세심한 모니터링과 평가가 같은 장치를 통해 멘제가 자신의 능력개발에 스스로 책임지게 해야 하며, 이것은 애초에 프로세스 안에 포함시켜 실행해야 한다.

■ 다른 사람들의 질투와 시기를 받는다?

일류 경영대학원이나 임원 개발 프로그램에 선발되는 유능한 인재들은 종종 그렇지 못한 동료들로부터 '선생 마음에 든 학생' '고속 승진자' 또는 '제트족'이라고 불리며 시샘을 받게 마련이다. 하지만 대부분의 야심 있고 적극적인 사람들은 제도적 멘토링 프로세스에 참여하든 그렇지 않든 그런 소리를 자주 듣는다. 자기보다 두 단계 높은 직급의 비공식 멘토를 둔 한 멘제는 제도적 멘토링 프로세스에서라면 그녀를 향해 쏟아지는 동료들의 질투와 험담이 덜했을 것이라고 말했다. 구조화된 프로세스라면 그 관계를 명확하게 정의해주어, 동료들로 하여금 '인정'하게 만들었을 거라는 얘기다.

■ 멘토가 약속을 지키지 않는다?

"나는 운이 좋았습니다. 나의 멘토는 훌륭했거든요. 별 도움이 안 되는 멘토를 만난 사람도 있었어요. 하지만 어떻게 다른 멘토로 바꿔달라고 요구할 수 있겠어요. 그래서 그냥 참았죠. 결국 그 사람은 아무것도 배우지 못했습니다." 저자와 비공개 인터뷰를 가졌던 한 멘제의 말이다. 때때로 멘토들은 시간 약속을 지키지 않는다. 심지어 멘제의 능력개발활동을 도와주지도 않는다. 모니터의 개입이 없다면, 그런 경우 멘제는 멘토링 관계에서 오히려 피해를 보게 된다.

멘토를 선별하고 적응시키고 평하는 것은 매우 중요하다. 멘토 선발 및 선정 과정에 대한 가이드라인은 별도로 자세히 설명하도록 하겠다. 멘토 역할을 맡은 사람은 이 관계의 주된 이유가 멘제의 스킬과 경험을 제도적으로 개발하는 것이라는 걸 알아야 한다. 멘토링 관계의 효과를 최대한 높이기 위해서는 프로세스 기간 동안 멘제와 멘토, 양쪽 모두 평가하고 피드백을 주는 것이 중요하다.

이와 함께 멘토링 관계는 서로 합의된 협약서에 기초해야 하며, 여기에는 적어도 다음의 사항이 포함되어야 한다.

• 학습하고 실습할 스킬에 대한 분명한 설명

- 이러한 실습을 제공하는 활동의 종류
- 멘토링 활동 및 피드백의 빈도와 시간에 대한 합의

만약 멘토가 합의된 협약서를 지키지 않을 경우 어떻게 할지에 대한 명확한 가이드라인이 미리 있어야 한다. 멘제는 프로세스 모니터를 찾아가 제3자의 개입을 요청하는 데 불편함을 느끼지 않아야 한다.

■ 멘토가 멘제의 성과를 가로챈다?

더러 자기를 믿는 사람을 이용하는 비도덕적인 사람들이 있다. 이러한 위험에서 멘제를 보호하기 위해서는, 멘토-멘제 프로젝트를 공개적으로 하는 것이 좋다.

어떤 프로세스에서는 모니터가 주최하는 격월 미팅을 열어서, 멘토와 멘제가 프로젝트가 얼마만큼 진척했는지 이야기하고 자신의 활동을 요약하도록 한다. 이 같은 미팅에서 모니터의 능숙한 카운슬링과 동료 간의 영향을 통해 멘토가 멘제의 성과를 부당하게 가로채는 것을 방지할 수 있다.

다시 한번 말하지만, 멘제에게 있어서 멘토링 참여의 목적 중 하나는 좋은 매니저든 나쁜 매니저든, 이들과 성공적으로 관계하는 법을 배우는 것이다. 만약 멘제가 자신이 부당하게 이용당하고 있다고 느낀다면, 모니터에게 기꺼이 도움을 요청할 수 있어야 한다. 그러면 모니터는 멘제가 멘토와 만족스러운 합의에 도달할 수 있는 방법을 모니터링해 줄 것이다.

자신의 멘토를 갖고 싶다면 우선 가능한 이득과 불이익을 신중히 생각해 보아야 한다. 즉각적인 마법을 기대하며 멘토링 관계를 갖는 사람들은 곧 실망을 하게 된다. 커뮤니케이션 및 문제해결 스킬이 있어야 훌륭한 멘토링이 이루어진다. 눈을 크게 뜨고, 현실적인 기대를 가지고, 멘토링 관계를 시작하는 멘제야말로 자신이 찾는 보상을 얻을 가능성이 훨씬 높다.

2. 멘토에게 주어지는 유익과 대가

뉴욕 주 북부 엠파이어스테이트 대학의 교수 키스 엘킨스는 멘토링을 너무나 좋아해 풀타임으로 이 일을 하고 있다.

그 학교에서는 모든 교직원이 멘토로 간주된다. 보통 엘킨스는 학생 개개인과 멘토링을 하는데 풀타임 학생과는 일주일에 한 번, 하프타임 학생과는 2주에 한 번 미팅을 한다. 함께 학습 계약서도 만들고 학습 전략도 상의한다. 각 학생은 학위를 받는 데 필요한 개별 커리큘럼을 만들어야 한다. 엘킨스의 일은 자신이 역량껏 학생들을 지도하고 도와주는 것이다.

엘킨스는 "처음 미팅에서, 나는 학생들에게 세 가지 기본 질문을 한다."며 "'무엇을 공부하고 싶은가? 왜 그것을 공부하려고 하는가? 어떤 방법이 가장 학습이 잘 되는가?'인데, 다소 논쟁적으로 들리지만, 이 방법은 학생들로 하여금 다시 한번 생각하는 시간을 준다."고 말한다.

그 후 엘킨스와 학생은 활동내용과 과제를 결정하는데, 보통 개인 단위로 수행한다. 엠파이어스테이트 대학에는 공식 강의나 연구 과목이 없다. 학생은 자신의 교육 계획을 스스로 작성하고 완수할 책임이 있으며, 그렇게 하는 데 필요한 수단도 스스로 찾아야 한다. 따라서 학생들에게 엘킨스 같은 멘토들은 매우 중요한 존재다. 엠파이어스테이트 대학 프로그램은 뉴욕주립대학 시스템의 독특한 부분으로 극단적인 제도적 멘토링이라 할 수 있다. 당연히 이것은 의욕적인 학생들과 가장 헌신적인 멘토들만 성공할 수 있다.

엘킨스는 1975년 이 프로그램에 흥미를 갖기 시작했는데, 그의 '존 듀이 식' 교육철학과 맞았기 때문이다. 그러나 현재 그는 그러한 프로그램에 지불하는 대가가 적지 않음을 알게 되었다. 이 프로그램에서는 멘토가 엄청난 양의 서류 작업과 조정 작업을 해야 한다. 하지만 엘킨스를 비롯해 이 대학의 교수들은 매우 훌륭하고 유능하지만 더 좋은 대학으로 옮길 생각을 하지 않는다. 무엇 때문에 그런가? 이에 대해 엘킨스는 다음과 같이 대답한다. "어떻게 들릴지 모르지만, 아마 우리가 어리석은 이상주의자들인 것 같다. 힘들긴 하지만, 이 프로그램은 우리가 교육이란 이런 것이어야 한다고 믿는 것에 가장 가깝다. 이 곳은 매우 보람 있는 곳이다."

여기서 우리는 기업이든 작은 자원봉사단체든 멘토링 제도를 제도적으로 잘 운영하면 좋은 멘토들에게 보람을 주며, 여러 가지 면에서 동기를 유발한다는 사실을 알 수 있다.

1) 멘토링이 멘토에게 주는 유익

다음은 제도적 멘토링 제도가 멘토에게 줄 수 있는 몇 가지 중요한 개인적 · 직업적 측면의 이득이다.

■ 자존감이 향상된다.

경험이 적은 사람에게서 자신의 멘토가 되어달라는 부탁을 받는다고 상상해 보라. 이러한 요청은 내가 조직 내에서 존경받고, 칭찬받고, 주목받고 있다는 것을 시사한다. 뉴욕주 재정부에서 멘토 프로그램을 관리하는 메리 헬렌 로젠스타인에 의하면, 멘토는 순전히 자원해서 참여하지만, 반드시 멘제가 요청을 해야만 매칭이 성사된다. "이러한 매칭 형식은 멘토들이 자신을 보는 법을 도와준다."라고 로젠스타인은 말한다. "여기에는 약간의 자존심 문제가 개입되는데, 물론 멘토에게 좋은 일이다." 누군가 멘토 요청을 받으면 다른 매니저들은 자극을 받아 자신의 스킬과 이미지를 높이기 위해 노력한다.

■ 업무에 대한 관심이 높아진다.

개방적인 사고를 가진 멘토에게, 멘제는 신선한 공기를 불어넣어 줄 수 있다. 멘제는 멘토가 진부하다고 여겼던 어떤 문제에 대해 새로운 방식으로 생각하도록 자극을 줄 수 있다. 경험 공유를 위한 워크숍에서 멘토는 자신이 파트너에게서 배운 것들을 자연스럽게 나누게 된다.

예를 들어 다른 세대들과 대화하는 방법 등이다.

플래닝 리서치 회사의 경영자 육성 매니저인 수잔 로빈슨은 "멘토들은 사실 멘토링 활동에서 멘제보다 더 많은 것을 얻을 수 있다."면서 매달 몇 시간씩 멘제와 만나는 1년 동안 "상급 매니저(멘토)들은 자신이 무엇을 배웠는지 누구보다 더 명확히 알고 있다."고 말했다.

■ 멘제와 친밀해진다.

많은 사람들이 제도적 멘토링에 반대하는 이유는 인위적 인간관계 형성을 꼽는다. 하지만 친밀감은 제도적으로 멘토링에서도 형성될 수 있다.

트리니티 대학의 한 멘토는 멘제와의 관계를 이렇게 기술한다. "우리는 그냥 그것을 즐기고 함께 웃으며 대화를 나눌 뿐이다. 우린 좀더 진지해야 한다고 생각했지만, 결국 모든 과정을 즐기기로 했다. 우리는 만나면 트리니티 이야기나 그동안 있었던 재미있는 이야기들을 나눈다." 친밀감이 누구에게나 일어나는 것은 아니지만, 부수적인 효과가 될 수는 있다. AT & T의 품질계획 매니저인 매릴린 저커먼에 따르면, "멘토는 더 큰 목적의식을 심어주고 용기를 북돋아주는 등 정서적 차원의 역할을 한다."고 한다.

■ 금전적 보상이 주어진다.

어떤 프로세스에서는 멘토들에게 금전적 보상을 한다. 이 문제가 거론되면 항상 열띤 논쟁이 벌어지곤 한다. 대부분의 멘토는 다른 사람의 성장을 돕는 것이 좋기 때문에 멘토 역할을 한다고 선뜻 말한다. 하지만 멘토 후보자 포커스 그룹을 대상으로 좋아하는 보상 수단을 놓고 브레인스토밍을 하면, 빠짐없이 금전 보상이 거론된다. 가장 좋은 방법은 보너스 가산점을 준다든지 수당을 지급하는 것이다.

■ 사업환경에 대한 인식이 확장된다.

멘토 플러스는 중소기업경영자들이 경기 · 생산성 · 경영 · 재정 문제 향상 등을 위한 의견을 교환할 수 있는 업종별 토론회를 운영한다. 이 토론회는 경영자들에게 컨설턴트, 그룹 내 다른 회원들과 함께 어려움이나 관심사에 대해 이야기를 할 수 있는 기회를 준다. 한 회원은 이렇게 말한다. "토론회에 참석하면 다른 사람들의 의견을 알 수 있고, 또 5개월 동안 알고 지냈기 때문에 그들은 내가 무슨 일을 하는지 잘 알고 있다."

■ 멘토 자신의 개발 니즈가 충족된다.

멘토는 멘제 못지않게 얻는 것이 많다. 특히 계획 세우기, 피드백, 멘토링 및 경력 관리 스킬 등을 많이 배우게 된다. 셀 오일 컴퍼니의 멘토링 프로세스 매니저인 존 세퀴이라는 이렇게 말한다. "그들은 멘토링 스킬을 가다듬게 된다. 그리고 조직 덕분에 자신의 지식과 경험, 스킬을 다른 사람들이 배운다는 것에 만족감을 얻는다."

■ 발자취를 남길 수 있다

조직에 발군의 족적을 남기고 싶어 하는 중역들에게 제도적 멘토링은 아주 좋은 수단이다. 조직에 혁혁한 공을 세우고 최근 퇴직한 사람들이 그 조직과 계속 관계를 맺기 위해 멘토링에 지원하는 일도 있다. 회사의 지속적인 성장 여부에 따라 퇴직금이 달라질 경우 멘토링에 대한 동기는 더욱 강화된다. 대부분의 사람들은 잠시의 명성보다는 더 많은 것을 바라며, 자신의 생각이나 스킬을 전수하는 것은 앞으로 길이 남을 유산을 조성하는 일이다. 1990년 당시 고등학교 3학년생이던 더글러스 후퍼는 멘토 에세이 대회에서 수상한 후 다음과 같이 말했다. "멘토들은 우리 인생 내내 있다. 우리 각자에게는 추억, 아이디어, 그리고 꿈을 주는 어떤 특별한 사람이나 사건이 있는 것 같다. 어렵기는 하겠지만, 나는 어떤 사람에게 멘토가 되고 싶다."

■ 사업 및 업무적으로 멘제의 도움을 받을 수 있다.

제도적 프로세스에서, 멘제는 멘토의 지도 아래 특정 프로젝트를 완수하는 경우가 많으며, 따라서 멘제는 그 멘토에게 별도의 인력자원이 된다. 조직 내에게 여러 명의 멘제를 육성시킨 한 멘토는 가장 뛰어난 멘제들을 자신의 부서에 데려다 놓고 싶은 것은 인지상정이라고 말했다.

한편 플로리다 주 주피터의 체인지 스트레티지 사장 낸시 루이스 하인즈는 고객을 멘토로 보아야 한다고 말한다. "우리가 왜 사업을 하는지 어떻게 해야 사업을 더 잘할 수 있는지 알게 해주며, 동시에 우리가 고객들이 그들의 사업을 더 잘할 수 있는지 알게 해주며, 동시에 우리가 고객들이 그들의 사업을 향상시키도록 가르쳐줄 수 있기 때문"이라는 것이다. 사우스웨스트 텍사스 주립대학 경영학과 조교수인 T. J. 할라틴은 다음과 같이 멘토가 얻는 이익을 잘 정리했다.

멘토인 관리자나 직원은 다른 사람이 목표를 향해 노력하는 것을 돕는다는 멘토 고유의 만족을 느낀다. 부하직원 멘제들이 어떤 목표를 달성하면 그 순간 멘토는 자신의 일처럼 기뻐한다. 멘토는 또 부하직원이 보내는 존경과 자신의 과거 성공담에 대한 관심, 그리고 자신의 조언을 부하직원이 행동 가이드라인이나 원칙으로 삼는 것을 보면서 멘토 자신이 중요한 사람이라고 생각하게 된다. 멘토의 과거 노력에 대한 멘제의 존경과 인정은 두 사람 사이의 관계가 오래 지속될 수 있는 바탕이 된다. 멘토링 관계 자체를 통해 멘토들은 조직과 운용에 대한 정보를 얻을 수 있다. 부하직원들은 자연스러운 자원이 되며, 자발적이고 적극적으로 자신들의 지식을 나누려 한다. 멘토로서 조직과 조직구성원들 모두에게 기여한 업적은 인사고과 때 멘토에게 유리하게 반영된다. 특히 그가 조직 내에서 팀워크를 이룩한 점이 주목받을 것이다.

2) 멘토가 겪을 수 있는 어려움

물론 멘토가 되면 불이익도 있다. 어떤 프로세스는 가장 이타적인 멘토들조차 한계를 느껴 의욕을 상실시키는 경우도 있다. 이제 이러한 문제 몇 가지를 살펴보고 조직에서 어떻게 장애물을 없애거나 적어도 최소화할 수 있는지, 그 방안을 알아보자.

■ 멘토로서 부적합할 수 있다?

제도적 멘토링 프로세스는 보통 멘토들을 특별한 사람이라고 인정, 포상하게 하는데,

따라서 능력 있고 조직에서 좋은 위치를 유지하고 싶어 하는 사람들에게 멘토는 매력적으로 보일 수밖에 없다. 멘토들이 회사 내에서 인정을 받으면, 다른 매니저들도 자신이 멘토 역할에 적합한지 아닌지에 상관없이 멘토에 자원하고 싶어 한다.

좋은 제도적 프로세스는 멘토 후보자들을 주의 깊게 선별한다. 일대일 대화보다는 스프레드시트를 더 좋아하는 매니저는 멘토로서 적합하지 않으며, 반드시 프로세스 모니터의 조언에 귀 기울여야 한다. 훌륭한 모니터는 이와 같은 멘토 후보가 승진이나 조직 내 인정을 얻을 다른 방법을 찾도록 도와줄 것이다. 부적합한 멘토 후보를 가려낼 수 없다면, 멘토와 멘제 모두에게 좌절감만 안겨줄 것이다.

■ 필요한 스킬이 부족하다?

멘토는 멘토링, 개인지도, 피드백 제공, 경력 계획수립, 그리고 그 밖에 특정 활동에서 멘제를 도울 수 있어야 한다.

그러나 멘토 후보가 경력 계획수립 능력은 없지만 다른 면에서 뛰어날 수도 있다. 이 사람은 당연히 자신이 지식이나 스킬이 부족하다는 것을 밝히고 싶지 않을 것이다. 따라서 특정 스킬 항목들의 측정은 복잡하기는 해도 꼭 필요한 일이다. 그런 다음 멘토 후보가 부족한 스킬을 습득하도록 방안을 세울 수 있다. 이를테면 멘토 후보는 부족한 스킬인 연력 계획수립 개발 프로그램이 포함된 오리엔테이션 프로세스에 참가하도록 주선하는 것이다. 이와 함께 멘토가 만족할 만하게 일을 수행하지 못하는 경우에도 모니터는 기꺼이 도움을 주고 멘토링할 수 있어야 한다.

■ 멘토링 및 피드백 역할을 진지하게 보지 않는다?

코칭은 멘토링 프로세스의 핵심이다. 코칭이란 정확히 무엇인가? 멘토는 멘제를 관련 활동과 프로젝트로 이끄는 능력이 있어야 한다. 멘토는 어느 부분이 잘 되고, 어느 부분은 연습이 더 필요한지 가르쳐줄 수 있어야 한다. 멘토는 멘제의 능숙한 행동과 그렇지 못한 행동을 구분할 줄 알아야 한다. 멘제의 수행을 이런 식으로 구분할 수 있다는 것은 곧 어떤 기분에 따라 평가를 했음을 의미한다. 여기서 '평가'의 기능적 정의는 바로 '사전에 합의된 어떤 기준에 대비해 누가 얼마나 잘 하고 있는지'를 말한다. 피드백이 가장 효과적이기 위해서는, 객관적 평가에 기초를 두고, 바람직한 행동의 긍정적 강화를 포함하며, 개선해야 할 행동에 대한 지도와 함께 모델을 제시해야 한다. 이 과정에서 멘토는 평가, 코칭, 피드백의 스킬을 숙달해야 한다. 만약 이런 핵심 분야에서 멘토의 능력이 의심된다면 오리엔테이션에 어떤 형식으로든지 코칭과 피드백 훈련이 포함되어야 한다.

멘제는 멘토에게 특정 임무에 대해 도움을 요청함으로써, 코칭과 피드백에 영향을 줄 수 있다. 예를 들어, 멘제가 예비 고객을 대상으로 중요한 발표를 앞두고 멘토에게 조언을 구하면서 그 프레젠테이션에 참석해 나중에 피드백을 해달라고 요청할 수 있다. 멘제가 주도하는 이러한 적극적인 상호작용은 멘제와 멘토 모두에게 진지하게 받아들여질 가능성이 높다. 어떤 멘토-멘제는 세일즈 방문을 함께 하면서 실시간 코칭을 해주는 훌륭한 사례를 남겼다. 이들이 고객인 켈리를 방문했을 때, 멘제가 장점들을 설명하다가 한 가지를 빠트리자, 멘토는 멘제에게 "그리고 켈리는 이것이 어떻게 유통 시스템의 가치를 높여줄 수 있는지 궁금해할 것 같군요."라고 말해 멘제의 세일이 더욱 성공적일 수 있게 해주었다. 멘토 자신에게도 방문 세일에서는 바람직한 행동을 강화할 기회가 되었다.

조직 차원의 장치가 있다면 멘토의 역할에 영향을 줄 수도 있다. 만약 멘토의 코칭 능력을 정기적으로 평가한다면 멘토는 책임을 진지하게 받아들일 것이다.

■ 멘제와 교류할 시간이 부족하다?

노련한 매니저와 관리자들은 부하직원의 능력을 개발하는 일이 자신의 주요 책임이라고 말한다. 바쁜 업무 스케줄에서 어떻게 시간을 내어 멘제와 만나느냐는 질문에 한 임원은 이렇게 대답한다. "공식적으로나 비공식적으로나 나는 항상 멘토 역할을 한다. 나의 역할은 부하직원들이 올바른 결정을 하도록 돕는 것이다. 나는 그들이 자신의 아이디어를 내서 의견을 물으면 거기에 대한 답변을 해줌으로써 멘토 역할을 한다. 하지만 궁극적으로는 그들이 스스로 결정을 내릴 수 있기를 바란다. 만약 내가 그들의 결정을 모두 대신해줘야 한다면, 내가 왜 그 사람들을 필요로 하겠나? 따라서 '추가적인 멘제'를 맡는 것은 나에게 시간 면에서 별로 힘든 일이 아니다. 어차피 내가 원래 하는 일이니까."

모든 매니저가 이러한 철학을 가진 것은 아니다. 어떤 매니저는 자신의 일이 너무 바빠서 멘제와의 관계를 소홀히 하기도 한다. 시간에 쫓기는 일이 생길 때 가장 먼저 취소하는 미팅이 멘제와의 미팅인 것이다.

이러한 태도는 멘토와 멘제의 미팅이 업무 평가에 연계되거나 모니터가 미팅 시간 및 횟수를 체크한다면 극복될 수 있다. 프로세스에서 멘토가 멘제와의 만남을 우선순위에 두도록 도와주어야 하는 것이다. 법률 회사, 회계법인처럼 고객이나 프로젝트에 소비하는 시간을 기준으로 고객에게 경비를 청구하는 회사의 경우, 멘토와 멘제가 함께 멘토링에 사용하는 시간에 대해 별도의 수당을 지급함으로써 멘토링 활동이 회사 업무의 일부임을 인정하기도 한다. 이러한 방법은 조직이 인재육성에 가치를 둔다는 분명한 메시지를 전달한다. 정기적인 피드백을 통해, 멘토들은 일상적인 업무와 멘제의 니즈를 다룰 수 있도록 시간을 창의적으로 활용하는 법을 배울 수 있다. 공식 멘토링 협약서의 성격에 따라서 멘제와의 직접 미팅은, 매월 1회로 하고 사이사이에 전화 연락을 할 수도 있다.

약속을 지키는 것이 피해보는 일이라고 느끼는 멘토는 멘토로서 적합하지 않을 수 있다. 또는 지금이 멘토 역할을 맡는 적절한 시기가 아닐 수도 있다.

또 멘토들은 멘제에게 의미 있는 일을 위임함으로써 멘제를 자신의 시간을 절약해 주는 수단으로 활용할 수도 있다. 자동차 서비스 기술자들은 학생들이 정비 부문에서 많은 작업을 할 수 있고, 따라서 그들이 매일 더 많은 일을 맡을 수 있다는 사실을 깨달았다. 작업 시간보다는 완성된 작업량에 따라 보수가 주어졌기 때문에, 기술자 멘토들은 더 많은 수입을 얻게 되었다. 이 전략은 두 가지 목적을 달성한다. 멘토에게는 시간 여유를 주고, 멘제에게는 업무 스킬을 단련할 수 있는 것이다.

■ 가시적인 보상, 이익, 또는 대가가 없는 것처럼 보인다?

멘토에 대한 보상 문제는 멘토링 프로세스를 구성하는 데 있어 가장 흔히 야기되는 장애물 중 하나다. 다이내믹하고 성격이 급한 리더들은 다른 사람을 위해 상당한 시간과 에너지를 투자하려면 눈에 보이는 무언가를 보상받아야 한다고 주장한다. 동기부여가 제대로 안된 멘토는 멘토링 활동을 쉽게 포기하기도 한다.

앞서 주목한 바와 같이, 어떤 멘토들은 자신이 다른 사람의 성장과 개발에 기여한다는 사실만으로도 충분히 보상을 받는다고 생각한다. 그러나 어떤 멘토들은 지속적인 참여를 유지하려면 확실한 보상이 필요하다고 본다. 어쨌든 사람은 보통 어떤 형태로든지 보상이 뒤따르는 활동에 적극적이고 지속적이게 마련이다. 따라서 노력과 창의력을 요하긴 해도, 멘토들을 위한 보상은 제도 설계 시 포함되어야 한다.

멘토링을 업적 평가의 일부로 만드는 것이 중요하다는 것은 이미 자세히 이야기했다. 훌륭한 업적에 대한 포상은 멘토의 정기 진행 보고에 포함되어야 한다. 3M에서는 멘토로 선발되는 것 자체가 존경을 받는 인물이 된다. 어떤 곳에서는 승진이나 금전적인 보상이 주어진다. 캘리포니아 주 어떤 학군에서는 교사가 멘토가 되는 것을 수락하면 최고 7만 달러까지 벌 수 있다. 기업에서는 멘토로서 지속적이고 만족할 만한 성과를 낼 경우 보너스 가산점을 줄 수 있다.

멘토에게 보상을 하는 또 다른 방법은 공개적 포상이다. 조직 내 뉴스레터나 정기간행물이 발간된다면, '이 달의 멘토'로 선정돼 기사로 실을 수 있다. 멘제가 도움을 받는, 특별한 주목할 만한 사례들은 멘제들에게서 수집할 수 있다. 또 제도 운영에 대한 홍보에 멘토 역할을 하는 사람들에 대한 약력 소개나 멘토링 경험담이 포함될 수 있다. 능력과 리더십에 대한 이러한 공개적 포상은 강력한 보상이 될 수 있다.

■ 멘제를 독점하려고 한다?

멘토가 멘제에게 너무 집착한 나머지 독점욕을 나타낼 때가 있다. 그렇게 되면 멘토는 멘제와 직속상관의 관계를 해치게 된다. 정규업무보다 멘토링 관계의 우선순위를 강조해 멘제의 관심과 시간을 독점하려는 멘토는 조직 내 분열을 가져온다. 마침내 멘제가 멘토와 상관을 비교하게 되고, 이때 상사가 지면 모든 상황은 나빠진다.

멘토는 관점을 올바르게 유지시키는 데에는 몇 가지 기술이 있다. 첫째, 멘제, 멘토, 직속상관 사이에 상호 합의된 협약서를 만들고 멘제가 할 일을 명시해야 한다. 예를 들어 멘제가 멘토링 기간 동안에도 모든 정규업무를 수행해야 한다면, 협약서에 이러한 기대사항들을 강조함으로써 멘제의 정규업무 과제 수행에 멘토가 도움을 줄 수 있도록 해야 한다. 둘째, 협약서에 멘토링 관계의 기간이 명시되어야 한다. 그러면 멘토는 공식적인 관계의 한시성을 인식한다.

마지막으로, 멘제, 멘제의 직속상관, 멘토, 그리고 모니터 사이의 커뮤니케이션을 공개적으로 유지하는 것이 절대적으로 중요하다. 만약 독점욕 등의 문제가 보이면 멘토에게 이 관계의 목적에 대해 상기시킬 수 있다.

■ 멘제가 할 일도 멘토가 해버린다?

메토가 멘제가 성공에 대해 기득권을 가지고 있을 때, 멘토는 멘제가 해야 할 일 중 일부를 자신이 맡고 싶은 유혹을 느낄 수 있다. 만약 멘제가 너무 매력적인 프로젝트를 진행할 경우. 멘토는 멘제가 훌륭해 보이게 하고 싶은 나머지, 멘토로서 지도하는 것과 멘제의 일을 대신 해주는 것 사이의 경계선을 넘어버릴 수 있다.

대부분의 학습 상황에는 어느 정도 위험 요소가 있지만, 사실은 경험이 가장 좋은 선생이다. 오리엔테이션, 피드백 과정에서 멘토들은 지도 학습이 멘제의 성공 가능성을 높이고 멘제의 자존감을 향상시킬 수 있다는 점에 충분히 동의해야 한다. 멘토의 역할을 자신이 직접 하는 것이 아니라 지도하고 조언하는 것이다.

■ 멘제와 경쟁한다?

조직에서 배우고, 성장하고, 승진하려는 욕구를 공개적으로 드러내는 사람은 그 바로 위 레벨에 있는 상관에게 위협이 될 수도 있다. 이런 이유로, 직속상관들은 종종 부하직원의 잠재성을 무시하거나, 더 나쁜 경우 그 사람의 길에 장애물을 놓기도 한다.

멘토링 제도를 후임자 육성 및 승진을 위해 도입했다면, 이 함정을 피하는 비교적 쉬운 방법은 멘제에게 적어도 두 단계 위에 있는 멘토를 붙여주는 것이다. 그러나 수평적인 조직에서는 이 해결책을 쓸 수 없다.

멘토와 멘제를 서로 다른 부서나 기능 파트에서 매칭함으로써 거리를 더 멀리 띄우는 것도 방법이다. AT & T 벨 연구소의 이본느 셰퍼드는 다른 부서에 있는 멘제를 맡는 것이 상사가 놓치기 쉬운 객관성을 가질 수 있게 해준다고 말한다.

만약 멘토가 되려는 중이거나, 제도적 프로세스를 설계하는 중이라면, 아래의 멘토가 얻는 여러 가지 혜택을 생각해 보자.

- 대인관계 스킬이 향상된다. 멘토들은 다른 사람과의 효과적인 관계를 위해 자신의 스킬을 연마한다.
- 자존감 강화, 정신적 만족감, 다른 사람의 성장을 돕는다는 긍지가 생긴다.
- 다른 사람의 성장을 돕는 경험은 도와주는 사람에게 긍지를 심어준다.
- 조직 내에서 지위가 향상된다. 멘토들은 조직의 미래 리더를 육성하는 역할을 맡음으로써 존경을 받는다.
- 직원들의 우수성과 핵심능력을 파악함으로써 직원 배치가 결정에 이용 가능한 인재 풀이 생긴다.
- 안정적이거나 감원 중인 조직에서, 멘토는 자신의 책임 밖의 프로젝트에서도 직무 역량 강화를 경험하게 된다.
- 더 많은 업무를 수행하게 된다.
- 효과적인 인력 개발로 인해 승진할 기회가 많다.
- 보너스 또는 다른 금전적 인센티브가 주어질 수 있다.
- 멘제의 도움을 받아 진행 중인 일에 대한 창의적 제안을 할 수 있다.
- 판에 박힌 일이나 과중한 업무로 인한 상대적 박탈감을 해결할 수 있다.
- 멘제의 신선한 관점은 멘토의 의욕과 동기부여를 새롭게 해줄 수 있다.
- 멘토링 제도가 효과적이라고 판명되면 멘토는 능력을 인정받고, 조직 내 지위도 높아진다.
- 조직의 구조와 운영에 대한 인식이 확장된다.
- 조직의 미션 및 방향에 대한 영향력이 넓어진다.
- 멘제를 통해 직원들 사이에서 어떤 일이 일어나는지 알게 된다.

3장 멘토링 조직별 현장적용 실제

멘토링 시스템 도입을 위해서는 조직별로 특성을 감안해서 적용 프로그램을 선택하는 것이 효과적이다. 이번 강의는 기업, 대학, 학교, 교회 등 4가지 조직에 필요한 프로그램을 소개하기로 한다.

* 기업에 필요한 멘토링

현행 집단교육은 갈수록 고비용 저효율이라는 차원에서 문제가 심각하다. 멘토링은 최적의 대안으로 중간지도자인 멘토를 세워 1 : 1 인재개발 체제로 저비용 고효율뿐만 아니라 핵심인재개발과 사원역량 조기개발에 혁신적인 프로그램으로 인정받고 있다.

* 교회에 필요한 멘토링

모세가 평신도를 개발하여 중간지도자에게 업무를 위임한 사례와 같이 오늘날 목회 현장에 평신도 멘토제를 도입하여 의사소통이 원활한 목회(Two way 목회)를 지향해야 한다. 오늘날 평신도에게 과분한 성경교육은 결과적으로 이기주의적인 제자는 양산될지 모르나 진정한 사역자는 얻기 힘들다. 목적보다도 수단이 앞서가는 것은 스스로 부메랑 피해를 목회자 자신이 안게 되는 것이다. 멘토링에서는 예수님의 소수중심으로 따뜻한 인정을 베푸는 멘토링목회(Hightouch 목회)로 전향할 때가 되었다고 본다.

* 학교에 필요한 멘토링

학력위주(Hightech)의 학습 풍토는 살벌한 경쟁심을 유도함으로 사제 간, 학생 간 모래알 같은 분위기가 되어 전인교육을 지향하는 학교교육에 치명타를 안겨주고 있다.

멘토링은 멘토와 멘제 간에 1 : 1 관계로 교사와 교사, 학생과 학생 간 따뜻한 인정(High-touch)이 우선적으로 베풀어짐으로 자연스럽게 인성교육의 장(場)이 마련되게 된다.

* 대학에 필요한 멘토링

대학에서 멘토링의 필요성은 먼저 엘리트의식의 딱딱한 조직분위기를 형제와 자매와 같은 **부드러운 분위기**를 유도할 뿐 아니라 지적(知的) 면에도 살벌한 경쟁의식에서 남을 챙겨주는 포용력을 발휘함으로 대학분위기를 인간성 바탕 위에 자발적으로 **고차원의 학업 성취를 달성**하는 데 필요한 제도이다.

1. 기업경영에 대한 적용방법

1) 기업경영에서의 멘토링 적용분야

① 신입사원 정착률 향상 멘토링
　　- 신입사원과 기존사원을 1 : 1로 연결한다.
　　- 신입사원과 경력자 및 전문가를 1 : 1로 연결한다.

② O. J. T. 업무숙달 멘토링
　　- 새 보직사원과 기존사원을 1 : 1로 연결한다.
　　- 전문가 양성 대상자와 전문가 및 기술사원을 1 : 1로 연결한다.

③ 노사화합 촉진(Slump사원 치유) 멘토링
　　- Slump에 처한 사원과 모범사원을 1 : 1로 연결한다.
　　- 고충이나 애로사항이 있는 자와 지도급사원을 1 : 1로 연결한다.
　　- 평사원과 모범사원을 1 : 1로 연결한다.

④ 핵심지도자개발 멘토링
　　- 관리자 진급 대상자와 간부급사원을 1 : 1로 연결한다.
　　- 현장관리자와 간부급사원을 1 : 1로 연결한다.
　　- 임원 및 간부 승진 대상자와 임원을 1 : 1로 연결한다.

⑤ 첨단지식, 기술공유 멘토링
- 자격증 희망자와 자격증 소지자를 1 : 1로 연결한다.
- 평사원과 전문사원을 1 : 1로 연결한다.

2) 멘토링 활동의 적용방법 예는 다음과 같다

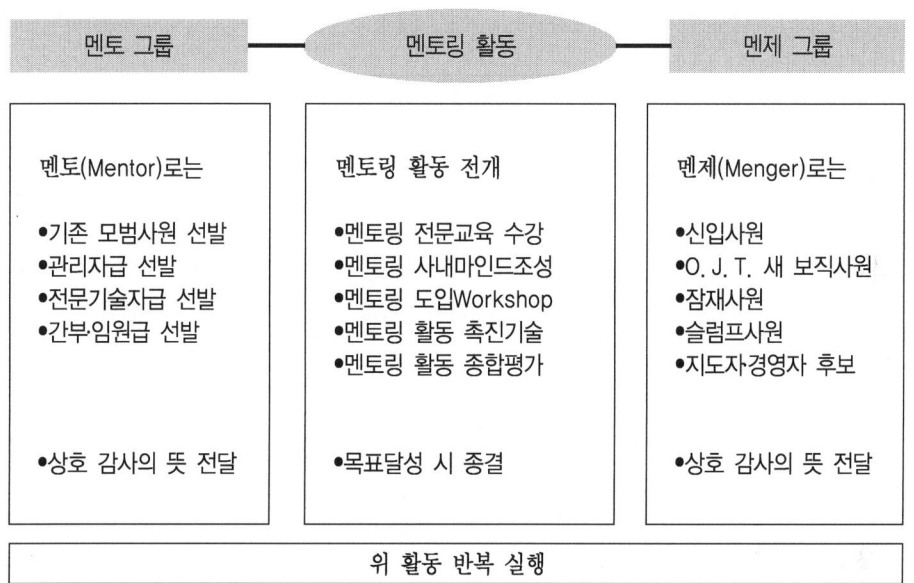

멘토 그룹	멘토링 활동	멘제 그룹
멘토(Mentor)로는	멘토링 활동 전개	멘제(Menger)로는
•기존 모범사원 선발 •관리자급 선발 •전문기술자급 선발 •간부임원급 선발	•멘토링 전문교육 수강 •멘토링 사내마인드조성 •멘토링 도입Workshop •멘토링 활동 촉진기술 •멘토링 활동 종합평가	•신입사원 •O. J. T. 새 보직사원 •잠재사원 •슬럼프사원 •지도자·경영자 후보
•상호 감사의 뜻 전달	•목표달성 시 종결	•상호 감사의 뜻 전달

위 활동 반복 실행

3) Mentoring 조직표

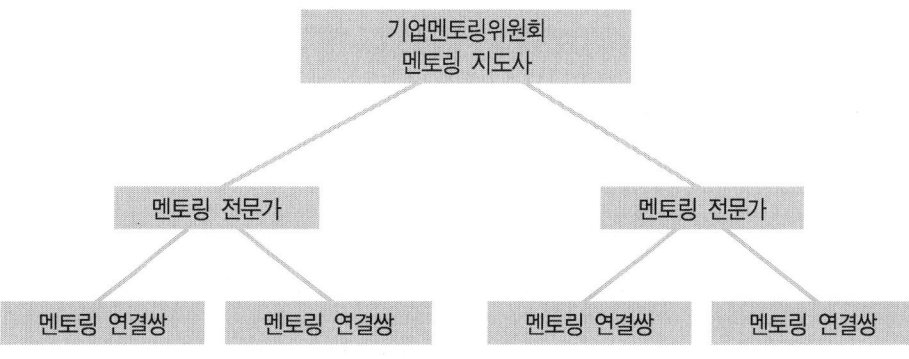

-**멘토링 지도사**: 멘토링 실무를 담당하는 사원으로서 멘토링의 계획과 각종 자료를 관리한다.(mko 지도사 자격증 과정 이수자)

-**멘토링 전문가**(TFT팀원): 멘토링 활동에서 예를 들면, 각 부서별로, 공장별로 멘토링을 지원하고 모니터링을 할 수 있는 요원으로서 조언해 주며 활동보고 내용을 통하여 관리한다. mko 전문가 자격증과정 이수자)

-**멘토링 연결쌍**(Mt, Mg): 멘토링 활동을 전제로 연결된 쌍으로 먼저 성격분석을 통하여 가장 잘 조화되는 쌍을 우선으로 연결하고 멘토링의 목적과 의도에 맞게 활동한다. 멘토링 활동에서 주체가 되는 Mt, Mg 쌍이다.

4) 멘토링의 성공요건

기업이라는 조직의 특성상 먼저 경영자가 주도하여 전 사원에 멘토링 마인드를 조성해야 한다. TFT(TaskForce Team)를 구성하여 1-2명 정도는 멘토링 전문요원으로 양성해서 멘토링 적용방법부터 활동에 이르는 과정을 관리하고 모니터링을 해야 한다. 처음에는 전 분야에 적용하는 것보다는 특정부서나 특정업무(예: 신입사원 멘토링, OJT 멘토링 등)를 선정하여 집중할 수 있도록 한다. 멘토링 활동에는 사전에 숫자개념의 목표율을 정하여 책임 있게 추진한다.

■ 아래 도표 참조

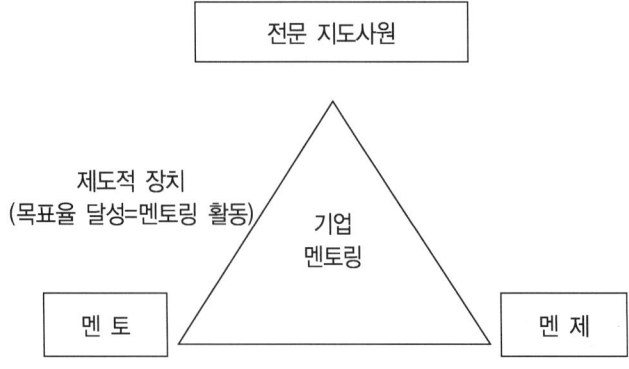

5) 멘토링의 효과

① 단기간에 최소의 비용으로 효과를 나타낸다. 또한 조직이 견고해지며, 창의성과 자율성이 강해진다.

② 과거 도제와 같은 기술전수의 효과를 나타낼 수 있으며, 불량률이 저하되고, 품질이 향상된다.

③ 전 사원을 우수사원으로 향상시킬 수 있으며, 자신의 자질을 발휘할 기회를 주고 인간관계를 통하여 특히 이직률이 높은 업종(보험업 등의 영업사원)에서 정착률을 높일 수 있는 획기적인 방법이다.

④ 조직 전체가 최상의 성과를 내는 견고한 조직으로 발전시킬 수 있다.

⑤ 멘토링 자체가 지식경영이며(지식의 창조, 저장, 활용, 공유가 멘토링 활동 자체임) 지식경영의 가장 핵심인 암묵지의 형식지화와 공유가 아주 자연스럽게 일어난다. 멘토링은 좁게는 일종의 암묵지 공유라고도 볼 수 있다.

⑥ 체계적인 마케팅 활동으로 매출신장은 물론, 고객과의 유대강화가 고정고객화로 이어지며, 고객과의 이상적인 접촉을 통하여 고객 needs에 대한 정확한 정보를 얻어, 신제품 개발과 기존제품 보완에 능동적 대처가 가능하다.

2. 학교 교육에의 적용방법

1) 학교 교육에서 멘토링 적용분야

가. 학생지도활동(우수, 잠재, 슬럼프 학생)

선생님과 집중지도 대상학생을 1 : 1로(지도대상이 많은 경우에는 선생님 한 명당 여러 명을 할당) 연결하여 지도한다.

집중지도 학생은 아래의 학습활동 또는 특별활동을 하는 과정에서 발견.

나. 학습지도활동

자신의 부족한 부분을 신청, 잘하는 학생이 지도하고 보충해 주는 제도

학생개인지도(Student Tutoring)： 상급학생이 저학년생을 개인지도(초등학교의 경우, 6학년이 3학년을, 5학년이 2학년을, 4학년이 1학년을 지도)하는 방법

동급생 개인지도(Peer Tutoring)： 동급생끼리 개인지도 한다.

교사-학생 개인지도(Mentor-Menger 개인지도)： 교사가 학생을 개인지도 한다.

다. 특별활동, 재능활동, 여가활동

예체능활동, 컴퓨터, 기타 재능활동 및 여가·취미활동과 봉사활동(교내, 사회)을 학습활동에서와 같은 방법으로 시행하며, 사회 봉사활동과 같은 경우는 봉사활동 대상자와 특정기간 동안 1：1 또는 반(소그룹) 학생들과 대상자를 1：1로 연결하여 돌아가면서 봉사활동을 전개한다.

라. 신입교사, 신입생 조기정착 활동

기존교사와 재학생을, 신입교사와 신입생과 연결하면 조기정착이 가능하다.

2) 학습활동의 적용방법 예는 다음과 같다

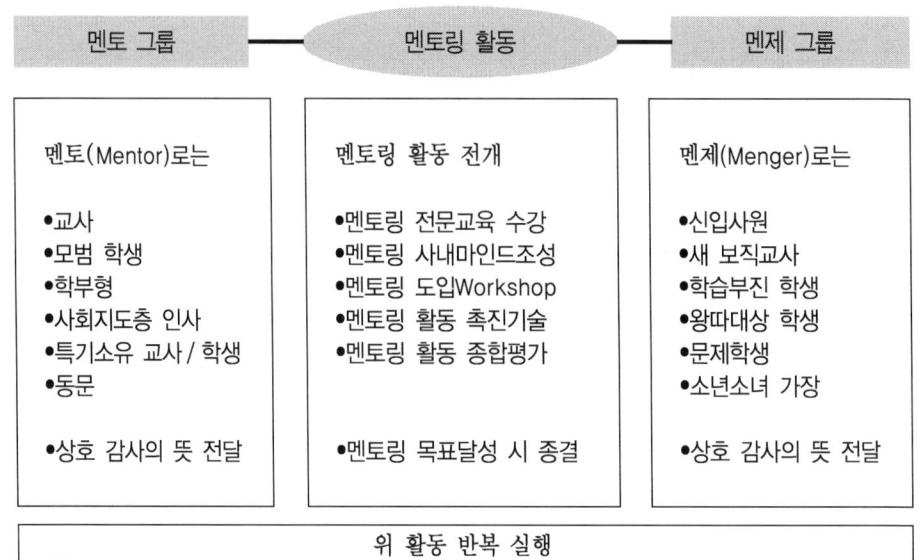

3) Mentoring 조직

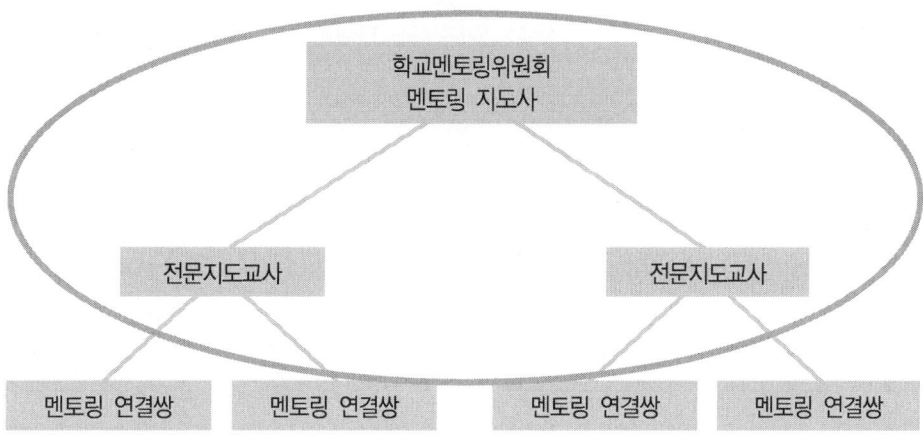

- **멘토링 지도사**: 멘토링을 총괄하는 교사로서, 멘토링의 계획과 각종 자료를 관리한다.(mko지도사 자격증과정 이수자)
- **전문지도교사**: 학습활동의 예를 들면, 각 교과과목 선생님들로 구성하여 학생이 지도할 수 없는 경우 직접지도 또는 학생들이 지도하는 과정을 Monitoring하여 조언하고 활동보고 내용을 통하여 관리한다.
- **멘토링 연결쌍**: 멘토링은 관계를 바탕으로 형성되기 때문에 상호 가장 잘 어울리는 쌍을 목적과 의도에 맞게 연결한 후 활동하는 주체들이다.

4) 멘토링의 성공요건

우리나라 학부모들의 성향으로 볼 때, 자신의 자녀가 다른 학생을 지도하는 것을 쉽게 인정하려 하지 않을 것이므로 동기부여를 위한 외부의 강제성(제도적 장치)을 가져야 할 것으로 본다. 그 방안으로서는 현재 봉사활동에 대한 평점적용 부분을 Mentor로서 활동(학습지도, 특별활동지도, 봉사활동 등)한 결과를 가지고 대체하되, 그 비중을 상향조정함으로써 멘토를 자원하도록 유도한다.

멘토링 결과에 대한 정기 평가대회(발표대회)를 통하여 우수 팀을 선발 장려하고, 멘토와 멘제로 연결된 학생 상호간의 부모에게도 반드시 통보하여 두 가정에서도 관심과 격려를 하게 하며, 때로는 두 가정도 관계를 형성하여 서로 감사하는 삶을 살도록 유도한다.

■ 도표 참조

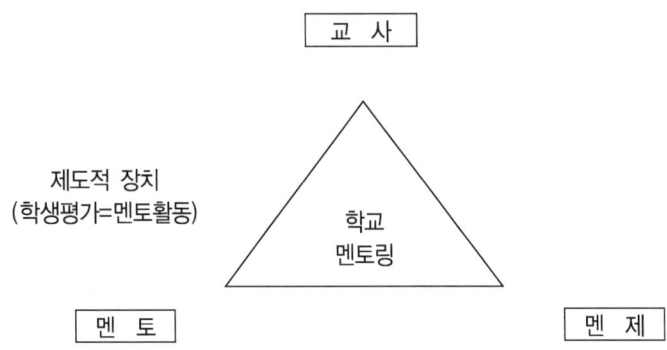

5) 멘토링의 효과

가. 집단 따돌림(왕따) 문제해결

집단 따돌림의 문제는 관계의 단절을 의미하며, 반면 멘토링은 건강한 관계 형성을 의미하기 때문에 멘토링의 도입은 곧 학생과 학생, 선생님과 학생 사이의 관계 형성(지도활동, 학습활동, 취미활동, 특기활동 등)을 통하여 집단 따돌림을 원천적으로 없앨 수 있으며, 혹 발생되었다 할지라도 멘토링 활동 중 쉽게 그 사실을 발견하여 학생-학생 또는 교사-학생 멘토링으로 치료할 수 있다.

나. 면학 분위기 조성과 사교육비 문제해결

학생 상호간에 부족한 학생을 개인지도하는 과정에서 학교 전체의 면학 분위기가 조성되며, 전체 학생(배우는 학생은 물론이고, 가르치는 학생들도 더 확실한 지식으로 정착)들의 성적 향상을 꾀할 수 있고, 나아가 사교육비를 근절할 수 있다.

다. 지도력과 지식인의 양성

다른 학생을 지도함으로써 지도력(Mentorship)과 인간관계 훈련 및 자신의 지식을 활용하는 살아 있는 지식으로 만들 수 있다.

라. 과학적인 자료에 의한 학생지도

멘토링 활동과정을 모니터링한 자료와 보고 자료를 근거로 학생 개개인에 맞는 진로(진학)지도, 잠재능력개발, 최선의 해결방법 탐색 능력개발 등의 학생지도를 과학적 근거에 의하여 실시할 수 있다.

마. 무엇보다 선생님을 존경, 동료 사랑의 인간존중의 태도를 기를 수 있다.

① 1 : 1로 활동하면서 서로의 학생 집도 방문하고, 심지어는 두 가족끼리 야외에도 가면서 학생들을 위로하고 격려하는 동안에 타인의 어려움을 알고 베풀 수 있는 인간으로 성장하며, ② 봉사활동 역시, 비록 형식적으로 시작한 경우까지도 1 : 1의 관계를 형성하며 지속적인 관계 속에서 진실이 싹트게 되며, ③ 선생님과 학생 간에서도 1 : 1관계에서 깊숙한 내면의 세계까지 이해하면서 존경과 사랑이 자리하게 된다.

3. 교회 목회에 대한 적용방법

1) 교회 목회에서의 멘토링 적용분야

가. 새 신자 정착률 향상(앞문 여는 전략) 멘토링
새로운 신자와 새 신자 멘토 교사를 1 : 1로 연결
새로운 신자와 성숙교인을 1 : 1로 연결

나. 지도자, 직분자 개발 멘토링
교회에서 지도자개발 대상자를 선정하여 교회 중직자 멘토와 1 : 1로 연결
부교역자와 담임 교역자를 1 : 1로 연결
평신도 중 지도자 대상자와 교회 직분자 멘토를 1 : 1로 연결

다. 잠재교인개발(평신도개발) 멘토링
초신자나 신급이 낮은 자와 직분자 멘토를 1 : 1로 연결
경력이나 전문지식을 갖춘 초신자와 직분자 멘토를 1 : 1로 연결
라. 청소년개발 멘토링
청소년과 교회 직분자 멘토를 1 : 1로 연결

청소년과 모범 청소년 멘토를 1 : 1로 연결

마. Slump교인 회복(뒷문 닫는 전략) 멘토링
Slump교인과 중보기도 멘토를 1 : 1로 연결
Slump교인과 후원자 멘토를 1 : 1로 연결

2) 멘토링 활동의 적용방법 예는 다음과 같다

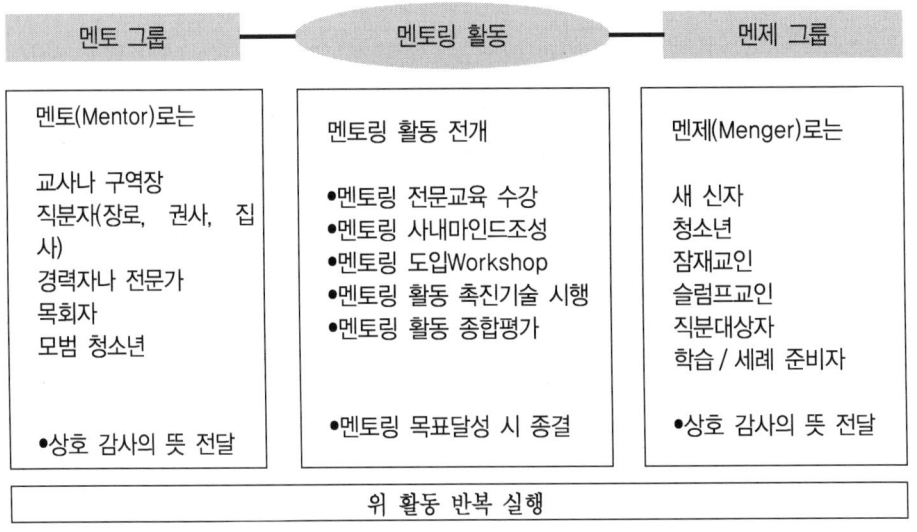

멘토 그룹	멘토링 활동	멘제 그룹
멘토(Mentor)로는 교사나 구역장 직분자(장로, 권사, 집사) 경력자나 전문가 목회자 모범 청소년 ●상호 감사의 뜻 전달	멘토링 활동 전개 ●멘토링 전문교육 수강 ●멘토링 사내마인드조성 ●멘토링 도입Workshop ●멘토링 활동 촉진기술 시행 ●멘토링 활동 종합평가 ●멘토링 목표달성 시 종결	멘제(Menger)로는 새 신자 청소년 잠재교인 슬럼프교인 직분대상자 학습 / 세례 준비자 ●상호 감사의 뜻 전달

위 활동 반복 실행

3) Mentoring 조직표

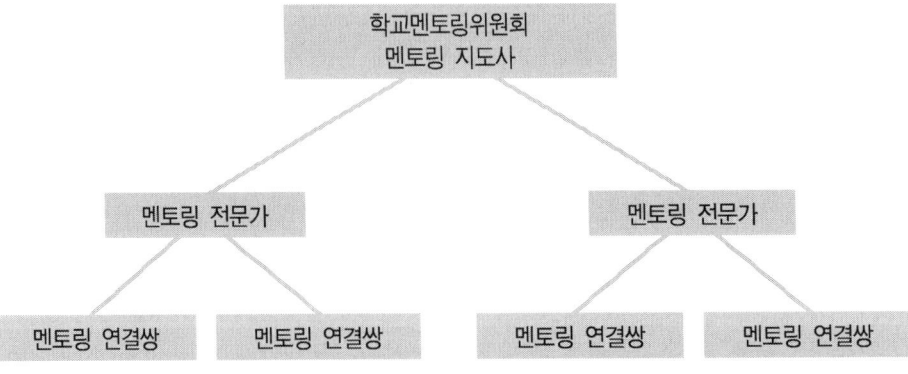

학교멘토링위원회
멘토링 지도사

멘토링 전문가   멘토링 전문가

멘토링 연결쌍   멘토링 연결쌍   멘토링 연결쌍   멘토링 연결쌍

- **멘토링 지도사**: 멘토링 실무를 전담하는 자로서 멘토링의 계획과 각종 자료를 관리한다.(mko 지도사 자격증과정 이수자)
- **멘토링 전문가(TF 팀원)**: 멘토링 활동에서 예를 들면, 각 기관별, 각 부서별로 멘토링을 지원하고 모니터링을 할 수 있는 요원으로서 조언해 주며 활동보고 내용을 통하여 관리한다.(mko 전문가 자격증과정 이수자)
- **멘토링 연결쌍(Mt, Mg)**: 멘토링 활동을 전제로 연결된 쌍으로 먼저 성격분석을 통하여 가장 잘 조화되는 쌍을 우선으로 연결하고 멘토링의 목적과 의도에 맞게 활동을 한다. 멘토링 활동에서 주체가 되는 Mt, Mg 한 쌍이다.

4) 멘토링의 성공요건

교회라는 조직의 특성상 먼저 담임목사가 주도하여 전 교인에 멘토링 마인드를 조성해야 한다. TF팀을 구성하여 1-2명 정도는 멘토링 전문요원으로 양성해서 멘토링 적용방법부터 활동에 이르는 과정을 관리하고 모니터링을 해야 한다. 처음에는 전 분야에 적용하는 것보다는 특정부서나 특수업무(예-새 신자 멘토링, 중보기도 멘토링 등)를 선정하여 집중을 할 수 있도록 한다. 멘토링 활동에는 사전에 숫자개념의 목표율을 정하여 책임 있게 추진한다.

■ **도표 참조**

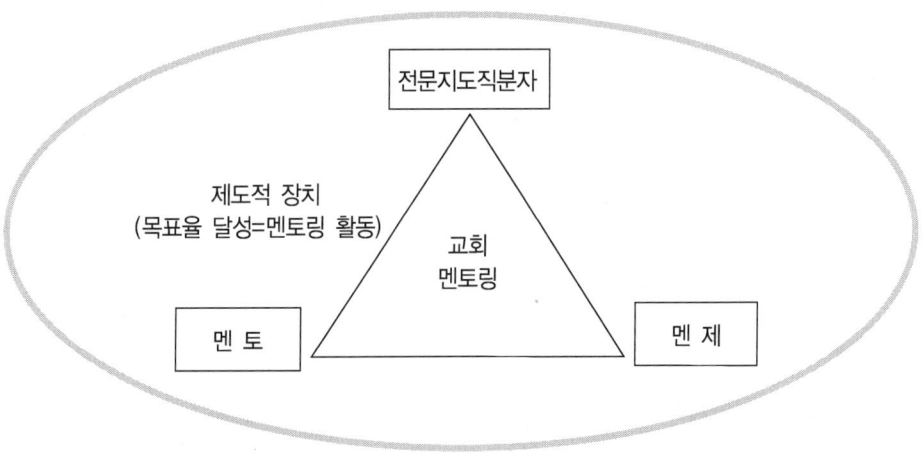

5) 멘토링의 효과

가. 목회자와 평신도 간에 사역의 균형이 유지됨으로 목회자는 본연의 임무에 충실할 수 있다.

나. 공동체 교회 분위기가 조성되어 따뜻한 분위기와 인간미가 넘치는 교회로 소문이 날 수 있다.

다. 멘토를 양성함으로 인하여 소명의식, 사명의식, 창의의식이 개발됨으로 인격과 신앙을 겸비한 중간지도자를 기를 수 있다.

라. 새 신자 정착률이 월등히 향상되어 멘토링 이전의 정착률보다 이후의 정착률이 80-90% 가능하다.

마. 그동안 1 : 1 성경공부로 제자훈련이 잘된 자들을 멘토직으로 전환하여 현장 사역자로 활용할 수 있다.

바. 평신도개발 전략으로 각 기관, 각 부서에 사역활동이 원활해지며 새 신자 멘토링에서 앞문 열고, 평신도 유지율 향상 멘토링에서 뒷문 닫는 전략이 될 수 있으므로 교회가 질적, 양적으로 크게 성장되고 목회혁신의 지름길이 될 수 있다.

4. 대학 현장에 적용실제

1) 신입생 정착률 향상 멘토링
   -신입생을 재학생과 연결하여 1년간 멘토링하면 정착률 향상이 가능하다.

2) 취업률 향상 멘토링
   -취업대상 협력업체 임직원과 졸업 예정 학생을 1 : 1로 연결하여 지도한다.

　　　　-재학생을 동문이나 사업체 운영 학부형과 연결하여 관계를 지속하도록 한다.
　　　　-취업 대상자나 협력업체는 교수와 취업 센터에서 체계적으로 선정한다.

　　3) 학습능력 향상 멘토링
　　　　-학생의 부진한 학습 성적을 교수, 강사, 조교가 지도하고 보충해 주는 제도다.
　　　　-학생 개인지도(Student Tutoring): 선배학생이 후배학생을 지도하는 방법.
　　　　-특정 과목의 능력 향상을 위하여 교수가 학생을 개인지도한다.

　　4) 특별활동, 재능활동, 자격취득활동 멘토링
　　　　-예체능활동, IT부문, 자격취득부문 기타 재능활동 및 여가 취미활동과 봉사활동
　　　　　(교내, 사회)을 학습활동에서와 같은 방법으로 시행하며, 사회 봉사활동과 같은
　　　　　경우는 봉사활동 대상자와 특정기간 동안 1:1 또는 반(소그룹)학생들과 대상자
　　　　　와 1:1로 연결하여 돌아가면서 봉사활동을 전개한다.

　① 멘토링 활동의 적용방법 예는 다음과 같다

멘토 그룹	멘토링 활동	멘제 그룹
멘토(Mentor)로는 교수 강사 조교 선배학생 동문 및 학부형 사회지도층 인사 특기소유 교수 / 학생 협력업체 임직원 ●상호 감사의 뜻 전달	멘토링 활동 전개 ●멘토링 목표설정 ●멘토링 활동기간설정 ●멘토, 멘제 기준설정 ●멘토링 교육시행 ●멘토, 멘제 연결식 ●멘토링, 모니터링 활동 ●멘토링 종합평가 ●목표달성 시 종결 ●멘토링 목표달성 시 종결	멘제(Menger)로는 신입생 신입교수 학습부진 재학생 취업대상 재학생 Slump 재학생 고3학생 ●상호 감사의 뜻 전달
위 활동 반복 실행		

② Mentoring 조직표

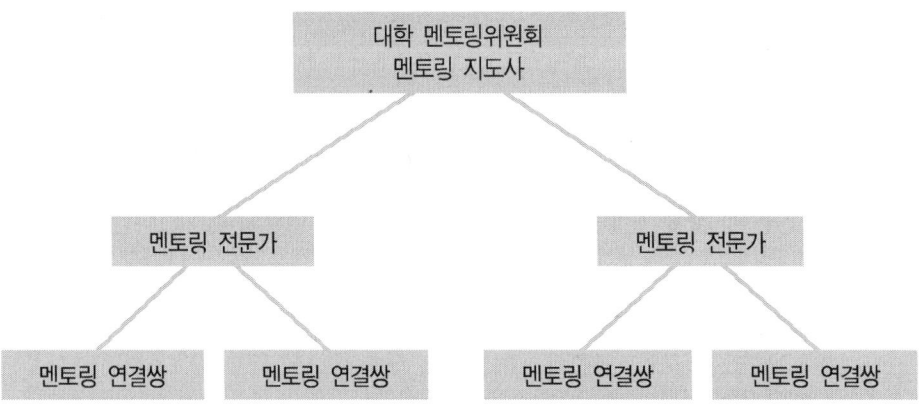

⊙ 멘토링위원회: 멘토링 실무를 전담하는 자로서 멘토링의 계획과 각종 자료를 관리한다.

⊙ 멘토링 TFTeam: 멘토링 활동에서 예를 들면, 각 대학별, 각 학과별 멘토링 프로그램을 전문 관리하고 모니터링을 할 수 있는 요원으로서 조언해 주며 활동 보고 내용을 통하여 관리한다.(매니저, 모니터로 호칭)

⊙ 멘토링 쌍: 멘토링 활동을 전제로 연결된 쌍으로 먼저 성격분석을 통하여 가장 잘 조화되는 쌍을 우선으로 연결하고 멘토링의 목적과 의도에 맞게 활동을 한다. 멘토링 활동에서 주체가 되는 멘토, 멘제 한 쌍이다.

③ 멘토링 프로그램의 목적

⊙ 선배나 교수의 도움으로 학습능력을 배양하여 자아실현을 위한 효과적인 인생설계를 한다.

⊙ 선배나 교수의 역량발휘에서 배우는 자신의 인재개발 추진한다.

⊙ 대학 내 선/후배 및 사제 간의 끈끈한 우정과 인간관계를 구축한다.

⊙ 선배나 교수도 후배를 지도하면서 자신의 상호 학습에 효과를 얻는다.

⊙ 상호 아이디어 개발로 대학발전에 시너지 효과를 창출한다.

⊙ 대학교육의 목표에 대한일체감 형성 및 리더로서 질적 향상을 거둔다.

■ 도표 참조

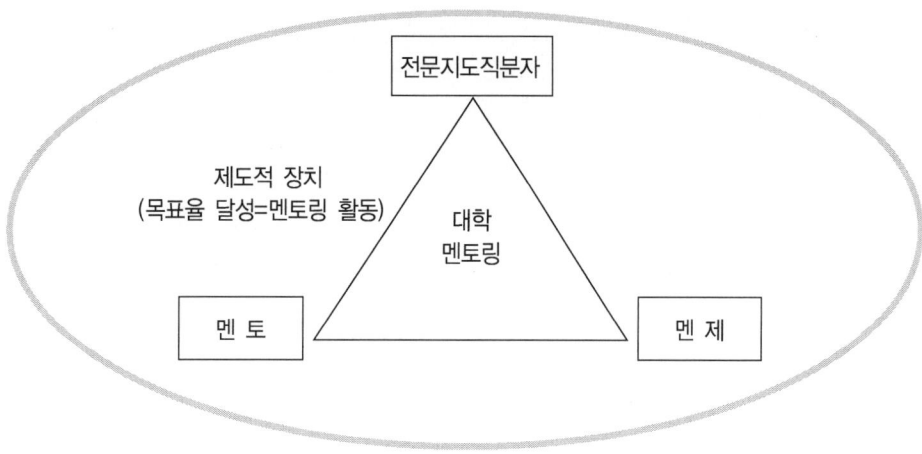

④ 멘토링의 효과

멘토링 프로그램은 기업 등 여타 조직에서 뿐만 아니라 현재 대학이 안고 있는 신입생 정착문제, 학습능력저하문제 또한 취업문제, 진로문제 즉 학교와 직업세계로의 원활한 이행을 위한 하나의 대안이 될 수 있다. 멘토링은 직업 개발뿐만 아니라 지적, 개인적, 사회적으로 성숙하게 만드는 계기가 됨으로 학교 현장에서 널리 사용될 수 있다.

멘토링 시스템이 학교 현장에 적용됐을 경우 멘토링에 참여한 **학생들은 중도 탈락이 감소되고 성적 향상과 직업 기회의 증진이 멘토링에 참여하지 않는 사람에 비해 높고 좋은 습관과 동기부여, 의사소통 기능향상 등도 높아진다.** 이러한 프로그램들의 효과에 대한 실증 연구들에서 상반된 연구결과도 나타나기도 하지만 대다수 프로그램에 참여한 학생들은 긍정적인 느낌을 가졌다고 한다.

결국 이러한 멘토링 프로그램들은 진로직업교육을 받을 수 있고 이를 통해 산업체가 원하는 태도, 기술, 지식, 등을 이해하는 기회를 얻게 됨으로써 이와 같이 멘토링 프로그램들은 좀더 광범위한 학교-직업세계 이행 노력을 위한 구성요소들 중의 하나로 볼 수 있을 것이다.

이상으로, 멘토링 시스템을 도입함으로써 얻을 수 있는 기대효과는 학생, 학교, 산업체라는 세 가지의 주체 모두에게 나타난다고 볼 수 있다.

㉠ 학생입장-

일정한 영역에서 전문적인 지식이나 경험을 가지고 있는 선배와의 멘토／멘제의 상호관계를 통해서 개개인의 요구에 맞는 새로운 지식과 기술, 그리고 비공식적인 정보나 암묵적인 관습 및 문화 등을 직접 경험하는 기회를 갖는다. 이러한 경험은 제도적인 장치가 뒷받침된다면 대학 초기부터 직업 탐색 및 진로 계획을 수립할 수 있으며 기업이라는 현장 적응력과 통찰력을 키울 수 있다.

　ⓛ 산업체입장-

이러한 멘토링 시스템은 대학교와 졸업 후 갖게 될 직업의 세계를 자연스럽게 연결시켜 줌으로써 산업체 입장에서는 필요로 하는 우수인력을 조직에 확보할 수 있으며 산학 협동의 바람직한 방법으로도 정착될 수 있을 것이다.

　ⓒ 학교입장-

학생들의 중도 탈락을 저하시키고 학생들의 소속감 고취로 학교의 위상이 높아진다는 효과도 간과할 수 없다.

　ⓔ 멘토입장-

또한 동료로서, 교수로서, 선배로서 멘토의 역할을 담당한 사람들은 지역사회와 산업체의 평생학습지원자로서 기여를 하며 리더십을 발휘하는 기회도 얻게 된다.

4장 멘토링 컨설팅 행정양식 도구

1. 멘토 지원서(Mentor Application)

성명:	부서:	소속장:
전화:	H P :	이메일:

지원동기:

멘제에게 도움 줄 수 있는 요건:
1 멘토링 수강경력
2 전공과목
3 자격증 및 지적 재산권 등
4 조직에서 전문분야 및 핵심역량
5 기타특기

교육사항

학교/기관	학위/자격증	졸업

기타(교육/경험 등)

상기와 같이 지원합니다
200   년   월   일
지원자 성명: 서명

최종결정: 멘토링운영위원장

최종심사결과를 아래와 같이 발표한다
가함(   ) 다음 기회 재심(   ) 유보함(   )
멘토링운영위원장 성명   서명

2 멘제 지원서 (Menger Application)

| 성명: | 부서: | 소속장: |
| 전화: | H P : | 이메일: |

지원동기:

멘토에게
얻고저 하는 내용

멘토에게 도움 줄 수 있는 요건:
1 멘토링수강 경력
2 전공과목
3 자격증 및 지적재산권 등
4 조직에서 전문분야 및 핵심역량
5 기타특기

기타사항:

상기와 같이 지원합니다
200 년 월 일
지원자 성명: 서명

최종결정: 멘토링운영위원장

최종심사결과를 아래와 같이 발표한다
가함( ) 다음 기회 재심( ) 유보함( )
멘토링운영위원장 성명 서명

3. 멘토 / 멘제 결연식 프로그램 샘플양식

업체상호 :

결연일자 :

결연장소 :

1	개 회 사	순 서 담 당 자
2	**멘토/멘제선서** 　－멘토대표선서 　－멘제대표선서	사회자 CEO
3	**격려사**	CEO
4	**CEO 선물 증정** (도서 등) 　－멘토대표 　－멘제(여) 대표	CEO
5	**사진 촬영** (CEO와함께) 　－단체사진 　－멘토멘제쌍별과 CEO사진	사회자 CEO
6	**축하만찬** (아래에서주최자선택) 　－부페급식사 　－바비큐파티 　－음료파티	사회자

●**기타 참고사항**

　1) 멘토 멘제 선서는 멘토 멘제 쌍단위의 대표가 아니고, 각각의 대표임.

　2) CEO의 선물은 도서. 결연식 후 멘토 멘제 전원 배부

　3) 사진촬영은 CEO와 직접 하며, 나중에 액자에 넣어 전달할 것

[멘토/멘제 선서 양식]

[선   서]

　　저희는 제 (1) 회 멘토링 파트너로서 선정됨을 자랑스럽게 여기며 사장님과 동료 앞에서 다음과 같이 선서합니다.

* 멘토대표

하나, 저는 멘토의 역할을 소중히 여기며 멘제의 역할 모델로서 멘제의 성장을 위해 깊은 관심과 노력을 기울일 것을 다짐합니다.

* 멘제대표

둘, 저는 멘제로서 언제나 바른 생각과 바른 마음으로 항상 모범이 되어 멘토로 성장하는데 최선을 다하겠습니다.

* 멘토/멘제 대표.

셋, 저희는 멘토링 과정에서 알게 된 상호간 비밀을 언제나 보호하겠습니다.

2006년　　월　　일

멘토대표 :　　　　　서명
멘제대표 :　　　　　서명

4. 멘토 월간보고서(Mentor Report)

구 분	성 명	소 속		정기미팅 요일	결연일	성격 유형
		부 서	팀			
Mentor						
Menger						

* (   )월 멘토/멘제 미팅 활동내용

미팅 회수	월일 장소		소재 내용	비고
1차 미팅	월일	장소	1 2 3 * 다음소재:	
2차 미팅	월일	장소	1 2 3 * 다음소재	
3차 미팅	월일	장소	1 2 3 * 다음소재	
4차 미팅	월일	장소	1 2 3 * 다음소재	
5차 미팅	월일	장소	1 2 3 * 다음소재	

* 멘토/멘제 관계보고   좋음-------5 4 3 2 1--------안 좋음
* 발생된 문제점은?
* 기타보고사항
* 활동비정산
 -총사용금액 (   )   -증빙서보완금액(   )   -증빙서불비금액(   )

5. 모니터 수시 보고서(Monitor Report)

구분	Mentor에 관한 사항	Menger에 관한 사항
인 적 사 항	성명: 생년월일: 부서: 직책: 주요특기사항:	성명: 생년월일: 부서: 직책: 주요특기사항:
성 격 문 제		
현 재 상 태		
예 상 문 제 점		
해 결 방 안		
실 적	1 수시평가 2 중간평가 3 결과평가	

6. Mentoring Diary(Mentor / Menger)

멘토링일지 (Mentoring Diary)

멘 토 :
멘 제 :

	일자		시간		장소	

* 미팅소재
1
2

* 결과 의견
1
2

* 차기 추진사항

멘토(Mentor)
1
2
3
4
5

멘제(Menger)
1
2
3
4
5

7. Mentoring Planning(Mentor / Menger)

멘토/멘제 실천계획서
(Braingame)

작성일자 :
멘   토 :   사인
멘   제 :   사인

개발 소재	현재 지수	진행 중인 사항	지원 사항	진행 완료일	다음 진행사항
마음지수 1 2 3					
지식지수 1 2 3					
건강지수 1 2 3					
관리지수 1 2 3					
관계지수 1 2 3					

5장 멘토링 컨설팅 설문진단 도구

1. 멘토 / 멘제 가치개발 성숙도 설문조사

-멘토링 도입에서 평가까지 활동기간에 멘토/멘제에 대한 가치개발 성숙도를 점검하는 설문 도구로 아래 10개항 내용을 도입 전, 활동기간 중, 활동종료 후 등 멘토/멘제에게 3회 작성토록하고 멘토링 종료 후 대비표를 작성하여 종합평가 자료로 반영한다.

작성자: 멘토와 멘제 성명-

작성일: 사전설문-2007,　　　　　,　　　　　,

중간설문-2007,　　　　　,　　　　　,

사후설문-2007,　　　　　,　　　　　,

1. 멘토링에 대한 인지도는?	5	4	3	2	1
2. 나의 직장 내 인간관계는?	5	4	3	2	1
3. 담당업무의 만족도는?	5	4	3	2	1
4. 조직이 나를 개발하는 정도는?	5	4	3	2	1
5. 나의 애사심은?	5	4	3	2	1
6. 타인에 대한 포용력은?	5	4	3	2	1
7. 나의 지적 수준은?	5	4	3	2	1
8. 나의 정신적인 건강 정도는?	5	4	3	2	1
9. 나의 절제력과 판단력은?	5	4	3	2	1
10. 가정과 사회에서 나의 인간관계는?	5	4	3	2	1

2. 멘토 / 멘제 교육성과 만족도 설문조사

－아래 설문은 수강자(멘토 / 멘제)가 멘토링 교육 수강 후에 자기 예측 및 가능성을 표현하는 것으로 멘토링 활동 후 종합평가 자료로 활용합니다.

멘토 성명:　　　　　　　　멘제 성명 :

작성일자:

1. 멘토링 프로그램 내용 이해정도는?	5	4	3	2	1
2. 멘토(멘제) 역할을 어느 정도 수행 가능한가?	5	4	3	2	1
3. 멘토링 활동에 시간 헌신 가능성은?	5	4	3	2	1
4. 멘토링 교육에서 동기부여에 대한 만족도는?	5	4	3	2	1
5. 멘토링에서 인재개발에 대한 중요도는?	5	4	3	2	1
6. 멘토링 활동 목적에 대한 수긍 정도는?	5	4	3	2	1
7. 멘토링에 대한 사명감 정도는?	5	4	3	2	1
8. 좀더 강의를 듣고 싶은 마음은?	5	4	3	2	1
9. 타인에게 강의를 권하고 싶은 마음은?	5	4	3	2	1
10. 멘토링 제도의 성공가능 예측률은?	5	4	3	2	1

3. 멘토 / 멘제 상호간 만족도 위한 모니터링 설문조사

1 주관: 모니터

2 대상: 멘토(　) 멘제(　) 별도로 작성

3 기간: 12개월 멘토링 시 계간별 4회 실시함

4 방법: 5점 척도

5 활용: 멘토 / 멘제 활동촉진을 위한 정성평가 자료로 활용

[설문도구 체크리스트]

설문항목	설문 측정 기준	비고
1 부서장의 멘토링 관심도는?	매우 높다, 높다, 보통이다, 낮다, 매우 낮다	
2 상호간 미팅 횟수는?	1회 / 주, 2~3회 / 주, 1회 / 2주, 1회 / 월	
3 미팅1회 평균소요시간은?	30분, 30~1시간, 1~2시간, 2시간 이상	
4 멘토링 실시 목적에 대하여	매우 잘 앎, 잘 앎, 보통 앎, 잘 모름, 거의 모름	
5 멘토링실시 이해도는?	매우 높다, 높다, 보통이다, 낮다, 매우 낮다	
6 누가 멘토링 주제(테마) 선정?	멘토 멘제 상호합의 기타	
7 주제에 관한 느끼는 난이도는?	매우 어렵다, 약간, 보통, 약간 쉽다, 매우 쉽다	
8 상대에 관한 귀하의 만족도는?	매우 만족, 만족, 보통, 미흡, 매우 미흡	
9 현재 멘제의 직무만족도는?	매우 높다, 높다, 보통이다, 낮다, 매우 낮다	
10 앞으로 상호 관계유지를 계속 할 것인가?	계속 유지함, 고려함, 유지어려움, 바로 청산	
11 멘제가 부서배치 후 심각하게 이직을 고려한 적이 있는가?	있다 없다	
12 멘토링 홈페이지 활용도는?	매우 높다, 높다, 보통이다, 낮다, 매우 낮다	
13 조직의 멘토링 지원에 대한 만족도는?	매우 만족, 만족, 보통, 미흡, 매우 미흡	

강사에 대한 평가

모니터의 종합의견

4. 멘토 / 멘제 상호간 만족도 설문조사

멘토 성명: 멘제 성명:

작성일자:

- 모니터가 주관하여 멘토링 활동기간에 수시로 멘토 / 멘제에게 아래와 같은 동일양식의 설문지를 주고 상호간 작성하도록 한다.

1. 멘토 / 멘제 상호간 많은 도움을 받았습니까?

   5   4   3   2   1

2. 멘토 / 멘제 상호간 도움에 만족하십니까?

   5   4   3   2   1

3. 멘토 / 멘제 상호간 어떤 면에 만족하십니까?
   1) 성실도   2) 교수능력   3) 친절함 4) 응답의 신속성
   5) 인간적 매력 6) 풍부한 지식   7) 기타

4.부족한 것이 있다면 어떤 것이라고 생각하십니까?
   1) 성실도   2) 교수능력   3) 친절함 4) 응답의 신속성
   5) 인간적 매력 6) 풍부한 지식   7) 기타

5. 멘토 / 멘제 상호간 도움을 앞으로도 계속 받고 싶습니까?

   5   4   3   2   1

5. 멘제의 니즈와 가치관 설문지

멘제 성명:

작성일자:

■ 멘제 니즈 파악 필요성

멘토링 활동에서 인간관계를 촉진할 수 있는 가장 핵심적인 요소는 멘제의 니즈와 가치관을 정확히 파악하는 것입니다. 의사가 환자를 옳게 진단함으로 신속 정확하게 치료하듯이 멘토도 현재 상태에서 멘제의 내적인 욕구를 정확히 판단한다면 단시간 내에 필요 적절한 대응책을 강구할 수 있으므로 멘토링 활동에서 시간절약과 효과성을 극대화시킬 수 있는 것입니다.

또한 멘토와 멘제 간에 미팅 소재로도 충분히 활용될 수 있어 바로 멘토의 자생력을 제대로 발휘할 수 있는 필수 조건이 되는 것입니다. 멘토와 멘제의 연결 직후에 멘제로부터 아래 양식의 설문도구를 작성 하도록 하고 보안을 유지하면서 그 결과 자료를 멘토만이 활용할 수 있어야 합니다.

■ 멘제 니즈(Needs) 파악하기

–아래 설문 중에서 5가지를 우선순위로 번호를 표시합니다. 멘제의 니즈는 단기적(5년 이내)이며 긴급한 사항으로 아래 내용을 생각할 수 있습니다. 그러나 멘제가 아래 사항 이외에도 5가지를 자의로 선발할 수도 있습니다.

1 학위취득(　　)	2 승진하기(　　)	3 연봉 정하기(　　)
4 자격취득하기(　　)	5 상급자와 관계(　　)	6 교육수강하기(　　)
7 신앙에 관한 문제(　　)	8 보직에 문제(　　)	9 유학 가기(　　)
10 건강문제(　　)	11 주택문제(　　)	12 신용카드문제(　　)
13 가정문제(　　)	14 결혼문제(　　)	15 부부간의 문제(　　)

■ 멘제 가치관 파악 필요성

–멘제의 가치관이라 함은 5년 이상 장기간으로 멘제가 중요한 일을 생각할 수 있습니다. 직장생활을 하는 동안 또는 인생살이에서 가치관의 우선순위를 어디에 둘 것인가?를 파악하는 것입니다.

예를 든다면 내가 직장 및 생활과 일상적인 삶 속에서 가치를 어디에 둘 것인가?

■ 멘제 가치관 파악하기

1 출세하기 위해서(　　)	2 일(업무)이 좋아서(　　)
3 돈벌기 위하여(　　)	4 인맥을 넓히기 위하여(　　)
5 특정한 사명을 위하여(　　) (시민운동, 민주화. 환경운동 등)	
6 가족과 행복한 삶을 위하여(　　)	7 신앙적인 사명에서(　　)
8 부모에게 효도하기 위하여(　　)	9 직장 친구 사귀기 위해서(　　)
10 전공을 살리기 위하여(　　)	11 특정한 사람을 도와주기 위하여(　　)

Mentoring Game

멘토링 인재개발 촉진게임

한국인 정서에 맞게 개발된 멘토링 인재개발 촉진게임은 먼저 멘토링에 참여하는 멘토/멘제의 개인개발에 초점을 두고 자신의 가치가 업그레이드되는 과정을 체험함으로 멘토링 활동에 몰입도를 극대화하여 자생력으로 멘토링을 진행하고자 하는 프로그램이다.

Workshop 형태로 진행되는 12게임은 사람의 성장을 4단계로 즉 유년시절, 청소년시절, 직장인시절, 그리고 조직개발용으로 구분하여 총 20시간 학습용으로 개발되었다. 참고로 12게임 진단도구는 교재 [멘토링 활동 12게임 프로그램]에 수록되어 있다.

이번 Part에서는 조직에서 인재개발 촉진게임으로 필수적으로 다른 직장인용 3게임을 다루도록 하겠다.

* Lynchpin Game - 직장 멘토링에서 멘토/멘제의 연령이나 리더십 수준이 큰 차이가 나지 않아 성격 충돌의 우려를 사전에 방지하고 동일유형의 연결을 권한다.
* Star Game - 인격을 갖춘 리더로 개발이 목적인 멘토링에서 참여자의 인격을 5가지 테마로 설정하여 출발점에서 현재의 지수를 파악하고 개인개발 목표를 정한다.
* Brain Game - 멘토/멘제의 미팅 소재개발 게임으로 앞으로 멘토링 활동기간에 상호간 목표에 합당하게 소재를 정하고 미팅 시마다 점검하여 목표달성에 기여한다.

1장 게임1 Lynchpin Game
성격차이극복 진단도구

> 멘토링의 정의는 멘토 / 멘제 상호간 인간관계 촉진이다. 변하지 않는다는 성격을
> 전제로 짧은 기간 동안 상대의 성격을 알고 대응함으로 성격차이를 극복할 수 있는
> 최적의 Tool이다. 1회에 한하여 실시하고 멘토링 활동기간 중 상호간 수시 대응법으
> 로 활용한다.

제1절 Lynchpin Game 개요

1. Lynchpin Game 목적

1) 먼저 자기의 성격유형을 찾아 강점과 약점을 알고
2) 그 후 멘토와 멘제의 연결 도구로 사용하고
3) 상대방에게 바람직한 대응과 피해야 할 대응으로 좋은 관계를 유지하기 위함.

2. Lynchpin Game의 명칭 어원

1) Lynch(연결) Pin(핀)은 「연결핀」이라는 뜻으로 트랙터가 트레일러를 끌 때 반드
   시 둘 사이에 연결핀을 꽂아야 제대로 끌 수 있다는 데서 기인(美 Bobb Biehl)한
   것으로 멘토링에서 멘토가 멘제와 연결하는 도구(Tool)로 활용하고 있다.

2) 린치핀 게임에서 활용하고 있는 성격 찾기 설문은 페르조나(Persona) 방식임.

3. Lynchpin Game의 성격유형

1) 설문내용-강점 40개 항목 약점 28개 항목 등 68개 항목임
2) 성격유형-주도형(Dominating Style)
　　　　　　우호형(Facilitating Style)
　　　　　　관리형(Controling Style)
　　　　　　분석형(Analytical Style) 등 4가지 유형임

4. 멘토와 멘제의 연결방법

1) 가장 적합한 동일성격-동일성격끼리 연결방법
2) 무난한 보조성격-동일성격이 모자랄 경우 보조성격끼리 연결
3) 피해야 할 대조성격-가능한 대조성격끼리는 연결을 피해야 합니다.

5. Lynchpin Game의 핵심사항

린치핀 게임에서 제일 중요한 핵심사항은 멘토와 멘제 상호간에 성격을 파악한 후에 바람직한 대응과 피해야 할 대응을 제대로 이해하고 멘토링 기간에 시행해야 한다.
그렇게만 한다면 상호 좋은 관계를 유지할 수 있을 것이다.
1) 바람직한 대응-이런 내용을 접하게 되면 더욱 좋은 분위기에서 실적이 향상된다.
2) 피해야 할 대응-이런 내용을 접하면 스트레스를 받고 좋은 실적을 낼 수 없다.
　　A. Lynchpin Game의 설문표
　　B. Matrix 성격유형 구분표
　　C. 멘토, 멘제 연결원칙
　　D. 유형별 특성 및 대응방안

제2절 Lynchpin Game Workshop

1. Lynchpin Game 설문표

□ 성명: □ 연령: □ 성별: □ 소속: □ 직위:

1) 이 설문 항목은 4가지 행동유형에서 강점과 약점을 선별할 수 있다.

2) 가능한 한 4개 한 묶음에서 1개씩을 선택하라.

3) 그러므로 전체 68항목 중에 17개만 O표 하면 된다.

	〈강 점〉1-40번			〈약 점〉41-68번	
No	설문항목	O표	No	설문항목	O표
1	행동이 적극적이다		37	개방적, 쾌락적인 일을 좋아한다	
2	협력적이다		38	상대방의 기분을 이해한다	
3	효율적이다, 능률적이다		39	스스로 움직인다	
4	근면하다		40	분석력이 뛰어나다	
5	매사에 열중한다		41	본제에서 벗어난다	
6	가까이하기 쉽고, 친하기 쉽다		42	결단이 느리다	
7	열심히 일한다		43	남에 대한 배려가 부족하다	
8	매사를 면밀히 추진한다		44	유연성이 결여되어 있다	
9	활기가 넘친다		45	시간관념이 희박하다	
10	사교술이 능숙하다		46	자기주장이 적다	
11	행동이 민첩 신속하다		47	억지를 부린다	
12	논리적, 체계적이다		48	결단을 내리는 데 시간이 걸린다	
13	대인관계에 능숙하다		49	감정에 좌우된다	
14	코치나 상담에 능숙하다		50	일에 대한 관심이 희박하다	
15	책임감이 강하다		51	말투가 억세다	
16	질을 중시한다		52	박력이 부족하다	
17	상대방을 몰두하게 한다		53	기분이 변하기 쉽다(싫증나기 쉽다)	
18	온화하다		54	남의 일에 너무 신경을 쓴다	
19	늘 성과(결과)를 중시한다		55	지나치게 자기중심적이다	
20	문제발견에 흥미를 느낀다		56	혼자 일을 한다	
21	영감(inspiration)을 중요시한다		57	정리, 정돈이 서툴다	
22	개인적인 정보에 강하다		58	비약이나 모험을 노리지 않는다	
23	도중에 포기하지 않는다		59	안색, 목소리, 표정이 빈약하다	
24	사실을 중시한다		60	표정이 없는 편이다	

No	설문항목	O표	No	설문항목	O표
25	비약에 목표를 둔다(大志)		61	차근차근 책읽기를 싫어한다	
26	소집단 활동을 즐긴다		62	신속하지 못하다	
27	시간에 정확하다		63	무리한 목표라도 도전한다	
28	지식, 정보를 수집한다		64	보수적(비약하려 하지 않는다)이다	
29	민감하게 반응한다		65	논리적으로 생각하기를 싫어한다	
30	긴장을 풀어준다		66	주저하기 쉽다	
31	간결하고 낭비가 적다		67	냉담하다	
32	일을 제대로 처리한다		68	사교성이 결여되어 있다	
33	미래지향적이다				
34	분위기 조성을 잘한다				
35	열정적이다				
36	자기관리를 할 수 있다				

2. 조합형(Matrix) 성격유형 구분표

앞 페이지에서 선택한 17개 항목의 번호를 아래 중에서 선택하면 귀하의 성격유형 (Personality Type)은 가장 많이 집계되는 항목이다. 그러므로 주도형, 우호형, 관리형, 분석형 중에 하나가 된다. 설문 작성 결과에 만족하지 못할 경우에는 다시 작성도 가능하다. 혹시 동점이 되는 경우가 있는데 다음 페이지에서 두 가지 유형의 특성을 읽어보고 자기에 맞는 부분을 최종 선택한다.

4가지 성격유형 구분표

D ominating Style (주도형)	F acilitating Style (우호형)
1, 5, 9, 13, 17, 21, 25, 29, 33, 37, 41, 45, 49, 53, 57, 61, 65	2, 6, 10, 14, 18, 22, 26, 30, 34,38, 42, 46, 50, 54, 58, 62, 66
C ontroling Style (관리형)	A nalytical Style (분석형)
3, 7, 11, 15, 19, 23, 27, 31, 35,39, 43, 47, 51, 55, 59, 63, 67	4, 8, 12, 16, 20, 24, 28, 32, 36,40, 44, 48, 52, 56, 60, 64, 68

3. 멘토, 멘제 연결 원칙

멘토와 멘제의 연결에서 가장 좋은 한 쌍(Best Pair)은 같은 성격끼리 연결한다. 그러나 인원수가 맞지 않을 경우에는 무난한 한 쌍(Gold Pair)인 상호 보완되는 성격끼리 연결한다. 가능한 연결이 부적합한 한 쌍(Poor Pair)은 상호 대조되는 성격이다. 대조되는 성격도 사제 간(師弟間) 등 신분의 현저한 차이나, 10년 이상 나이 차이, 장기간이나 평생 멘토링에서는 크게 구애받지 않는다. 그러나 단기간이나 나이가 비슷한 사원 간의 멘토링에서는 생산성을 염두에 둔다면 대조 성격 간의 연결은 피하는 것이 좋다. 왜냐하면 대조 성격은 다툼의 확률이 많기 때문이다.

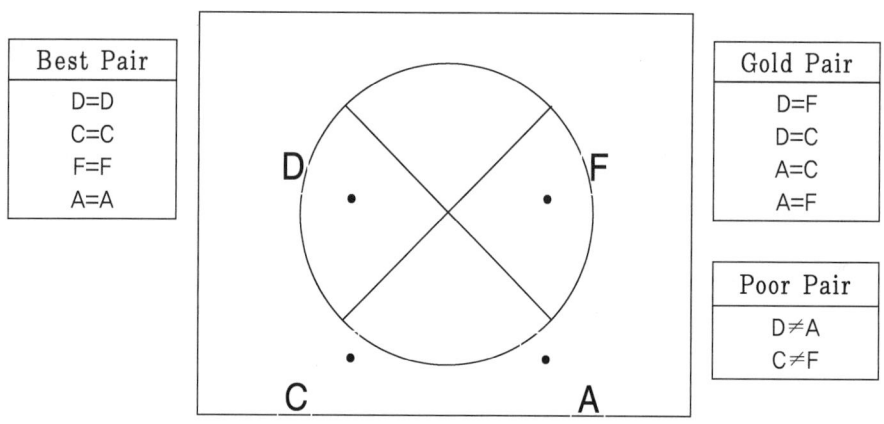

제3절 4가지 유형의 특성분석 및 대응방안

1. 주도형(Dominating Style)

1) 주도형의 특성

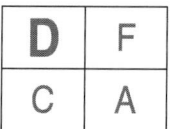

- 주도형(Dominate)인 사람은 매사에 적극적이며, 자신은 물론 남도 잘 부추긴다. 사교적으로 이야기하기를 즐기고, 늘 주변에 활발한 분위기를 조성해 낸다.

- 주변사람들과 커뮤니케이션을 꾀하면서 일을 추진해 나가지만, 주도권을 잡는 데도 관심을 기울여, 창조적인 것을 찾아 위험을 무릅쓰고 문제해결에 도전한다.

• 전형적인 특징을 정리해 보면

　① 외향적　　　　② 정열적　　　　③ 설득적

　④ 사교적　　　　⑤ 자발적이라 하겠다.

　※ 이 사람의 행동은 **칭찬**(Recognition)**욕구**에 의거하고 있다.

강 점	약 점
1. 행동이 적극적이다	1. 본제에서 벗어난다
2. 매사에 열중한다	2. 시간관념이 약하다
3. 활기가 넘친다	3. 감정에 좌우된다
4. 대인관계에 능숙하다	4. 기분이 변하기 쉽다(싫증나기 쉽다)
5. 상대방을 몰두하게 한다	5. 정리, 정돈이 서툴다
6. 영감(inspiration)을 중요시한다	6. 차근차근 책읽기를 싫어한다
7. 비약에 목표를 둔다(大志)	7. 매사를 논리적으로 생각하기를 싫어한다
8. 민감하게 반응한다	
9. 미래지향적이다	
10. 개방적, 쾌락적인 일을 좋아한다	

2) 주도형의 대응

가. 기본욕구

인 정	칭 찬

나. 바람직한 대응

　① 흉금을 터놓기 위해 세상사나 농담으로부터 이야기를 시작한다.

　② 상대방을 추켜세우거나, 최대한 관심을 표시한다. 내놓은 아이디어나 생각을 지지한다.

　③ 크게 논의한다.

　④ 정력적으로 신속하게 큰 소리로 이야기한다.

　⑤ 다른 사람이나 저명인사의 의견을 인용한다.

⑥ 커다란 관점에서 이야기를 전개한다.

⑦ 목표달성 과정의 즐거움을 시사한다.

⑧ 경쟁심을 부추긴다.

⑨ 상대방의 꿈이나 아이디어에 관심을 표명한다.

다. 피해야 할 대응

① 소극적이며 인정 없는 태도를 취하지 않는다.

② 자질구레한 이야기는 피한다.

③ 원리, 원칙이나 규칙을 고집하지 않는다.

④ 상대방을 비판하거나 설득하지 않는다.

⑤ 좋고 나쁨, 사실, 숫자 등을 고집하지 않는다.

⑥ 일만을 따지는 이야기가 되지 않게 한다.

라. 적극적으로 써야 할 말

① 급성장　　② 창조　　③ 차별화

④ 영향력　　⑤ 이미지　　⑥ 인간

2. 우호형(Facilitating Style)

1) 우호형의 특성

D	F
C	A

• 우호형(Facilitating)인 사람은 무엇보다도 개인적인 연관을 중시한다. 옆에서 보면 차분한 가운데 부드럽고 성실하며 소극적이나, 따뜻하고 감정에 가까이하기 쉬운 사람이라는 느낌이 든다.

• 팀워크를 중시하여 철저한 협력 아래 일을 추진해 가기를 좋아하지만, 모험을 별로 하려 들지 않는다. 무엇보다도 책임을 다 함께 지고 싶어 한다.

• 인간관계를 쌓는 데에 관심이 있으며, 결단을 할 때에는 주위사람들로부터 지원을 요청한다.

● 전형적인 특징을 정리해 보면

① 지지적　　　　　② 협력적　　　　　③ 사교적

④ 인내심이 강하다　　⑤ 충실하다

※ 이 사람의 행동은 **용납(Acceptance)욕구**에 의거하고 있다.

강 점	약 점
1. 협력적이다	1. 결단이 느리다
2. 가까이하기 쉽고, 친하기 쉽다	2. 자기주장이 적다
3. 사교술이 능숙하다	3. 일에 대한 관심이 희박하다
4. 코치나 상담에 능숙하다	4. 남의 일에 너무 신경을 쓴다
5. 온화하다	5. 비약이나 모험을 노리지 않는다
6. 개인적인 정보에 강하다	6. 신속하지 못하다
7. 소집단 활동을 즐긴다	7. 주저하기 쉽다
8. 긴장을 풀어준다	
9. 분위기 조성을 잘한다	
10. 상대방의 기분을 이해한다	

2) 우호형의 대응

가. 기본욕구

용 납	수 용

나. 바람직한 대응

① 흉금을 터놓은 분위기로 개인에 관계된 이야기로부터 들어간다.

② 1 : 1로 대응하고, 개인적인 관심이나 목표를 끌어낸다.

③ 상대방에게 말을 시켜 의견을 끌어낸 뒤, 그의 말에 귀를 기울인다.

④ 상대방이 협력해 준 것에 대해서 감사표시를 한다.

⑤ 상대방에게 불안감이나 염려를 끼쳤다면 이를 제거한 뒤 격려한다.

⑥ 당신이 주도적으로 목표를 정하고, 압력을 가하지 않은 채 동의를 촉구한다.

⑦ 온화한 부드러운 말씨로 이야기한다.

⑧ 상대방의 생각을 적극적으로 받아들인다.

⑨ 결단을 내리는 데에 모험이 적음을 보증한다.

다. 피해야 할 대응

① 일에 관한 이야기를 곧바로 하지 않는다.

② 냉담한 태도, 무관심한 태도를 나타내지 않는다.

③ 논리나 책략으로 반론을 피지 않는다.

④ 지배적으로 군림하거나 과도한 요구는 하지 않는다.

⑤ 갈등을 빚지 않는다.

⑥ 곧바로 결론을 이끌어내지 않는다.

라. 적극적으로 써야 할 말

① 인간	② 서비스	③ 팀웍
④ 성실	⑤ 커뮤니케이션	⑥ 가정

3. 관리형(Controling Style)

1) 관리형(Controling Style)의 특성

D	F
C	**A**

• 관리형(Controling)인 사람은 일에 강한 관심을 지녀 솔선수범하고, 결과나 성과를 중시하는 데에 높은 가치를 경주한다. 행동은 신속하고, 기회를 교묘히 이용하여 남을 밀어 제치고서라도 자기의 의지를 관철시킨다. 혼자서 일을 하거나 남을 지도하여 일을 하게 하기를 좋아한다. 경쟁심도 왕성하다.

• 대인관계는 담백한 편이고, 일 이외의 교제라든가, 세상 돌아가는 이야기 등은 좋아하지 않는다.

• 전형적인 특징을 정리해 보면

① 자립적   ② 솔직   ③ 과단성

④ 실리주의   ⑤ 능률 등을 들 수 있다.

※ 이 사람의 행동은 **성취**(Achievement)**욕구**에 의거하고 있다.

강 점	약 점
1. 효율적, 능률적이다	1. 남에 대한 배려가 부족하다
2. 열심히 일한다	2. 억지를 부린다
3. 행동이 민첩, 신속하다	3. 말투가 억세다
4. 책임감이 강하다	4. 지나치게 자기중심적이다
5. 늘 성과(결과)를 중시한다	5. 안색, 목소리, 표정이 빈약하다
6. 도중에 포기하지 않는다	6. 무리한 목표라도 도전하다
7. 시간에 정확하다	7. 냉담하다
8. 간결하고 낭비가 적다	
9. 열정적이다	
10. 스스로 움직인다	

2) 관리형의 대응

가. 기본욕구

성 취	효 율

나. 바람직한 대응

① 일에 관한 이야기를 중심적으로 한다.

② 간결하고 알기 쉽게 이야기한다.

③ 시간을 정확히 지킨다.

④ 정력적으로 신속하게 이야기한다.

⑤ 목표와 결과를 늘 분명히 한다.

⑥ 상대방의 결단, 의사결정에 위임한다.

⑦ 선택하기 쉽게 조건의 수를 적게 둔다.

⑧ 성공할 확률을 사실이나 숫자에 근거하여 설명한다.

⑨ 주요 사실을 골라 논리적으로 재빠르게 나타낸다.

다. 피해야 할 대응
① 시간낭비는 피한다(두서없이 지루하게 말하지 않는다).
② 개인적인 문제나 개인의 생각을 내놓지 않는다.
③ 지시, 명령, 충고하는 말투를 쓰지 않는다.
④ 의문스러운 점이나 불명확한 점을 남기지 않는다.
⑤ 결론을 먼저 내지 않는다.
⑥ 잡담이나 세상사는 말을 하지 않는다.

라. 적극적으로 써야 할 말
① 결단　　② 시간　　③ 목표
④ 이익　　⑤ 성공　　⑥ 통솔력

4. 분석형(Analytical Style)

1) 분석형의 특성

- 분석형(Analytical)인 사람은 목표를 향해 착실히 추진해 나감을 높은 가치로 삼는다.
- 행동은 언제나 냉정, 침착하고 차분하며, 소극적인데다가 규칙적인 반면, 독립심은 강하다. 일에 있어서는 체계적이며 사실과 논리에 입각한 접근을 중시하고, 정보나 데이터를 수집, 분석하기를 좋아하며 모험은 최소한으로 하는 방법을 철저히 검토한다.
- 대인관계는 비즈니스맨답게 감정을 드러내지 않는다. 결단을 내릴 때는 확률이나 확증을 늘 염두에 두고 행한다.
- 전형적인 특징을 정리해 보면
  ① 논리적　　② 완벽주의
  ③ 사실중시　　④ 신중함을 들 수 있다

※ 이 사람의 행동은 **안전(Security)욕구**에 의거하고 있다.

강 점	약 점
1. 근면하다	1. 유연성이 결여되어 있다
2. 매사를 면밀히 추진한다	2. 결단을 내리는 데에 시간이 걸린다
3. 논리적, 체계적이다	3. 박력이 부족하다
4. 질을 중시한다	4. 혼자 일을 한다
5. 문제발견에 흥미를 느낀다	5. 표정이 부족하다
6. 사실을 중시한다	6. 보수적(비약하려 하지 않는다)
7. 지식, 정보를 수집한다	7. 사교성이 결여되어 있다
8. 일을 제대로 처리한다	
9. 자기관리를 할 수 있다	
10. 분석력이 뛰어나다	

2) 분석형의 대응

가. 기본욕구

안 정	정 보

나. 바람직한 대응

① 일에 관한 이야기로부터 들어간다.

② 신중하게 천천히 진행된다.

③ 데이터, 자료 등 사전준비는 완벽하게 하여 대응한다.

④ 충분한 시간을 갖고 차근차근 이야기한다.

⑤ 구체적이고 실증적인 데이터로 정보를 풍부하게 주고 뒷받침해 준다.

⑥ 상대방에게 생각할 수 있는 시간을 충분히 준다.

⑦ 뜻밖의 결과가 나오지 않게 하고, 모험이 적음을 보증한다.

⑧ 논리적 사실에 의거하여 체계적으로 설명한다.

⑨ 결론은 서면으로 남겨둔다.

다. 피해야 할 대응

① 상대방이 혼란될 만한 이야기는 피한다.

② 너무 과장된 이야기는 하지 않는다.

③ 추켜세우거나 너무 친숙하게 이야기는 않는다.

④ 다른 사람이나 저명인사의 의견을 사용하지 않는다.

⑤ 책략이나 교묘한 수단을 쓰지 않는다.

⑥ 결단(의사결정)을 서둘지 않는다.

라. 적극적으로 써야 할 말

① 정보데이터   ② 보증   ③ 의무

④ 손익   ⑤ 지식   ⑥ 정확

2장 게임2 Star Game
인격지수개발 진단도구

멘토링 프로그램의 콘텐츠(교재내용)는 인격이다. 최초의 멘토가 텔레마코스 왕자를 20년 동안 교재로 수학(知), 철학(情), 논리학(意)을 사용한 데서 기인하며 바로 오늘날 인격을 상징한다.

그러므로 멘토의 존재 이유는 전인적인 삶의 조언자 역할을 하기 위함이다. Stargame은 인격을 5가지 주제로 구분하여 멘토 / 멘제 상호간 점검하여 삶을 개선함으로 인격 지수를 높이고자 하는 프로그램이다. 3개월 단위로 체크하여 멘토 / 멘제 역량평가 자료로 활용함이 효과적이다.

제1절 Star Game 개요
-인격지수 개발하기

1. Star(스타) Game의 목적

1) 자기 가치를 측정하여 인재개발지수(PDI)를 파악하고
2) 강점과 약점을 멘토링 소재로 삼아 그 지수를 업그레이드하여
3) 개인의 3Win **성공전략**으로 '21C 차세대의 리더'로 세우는 일이다.

2. Star Game의 명칭어원

한 사람의 인격의 가치를 5가지 주제로 선정하여 체크하고 별(Star)의 5가지 각(角)에 표시할 수 있도록 한 차트표를 말합니다. 한 사람을 톱스타(Topstar)로 개발한다는

상징적인 의미도 담았다.

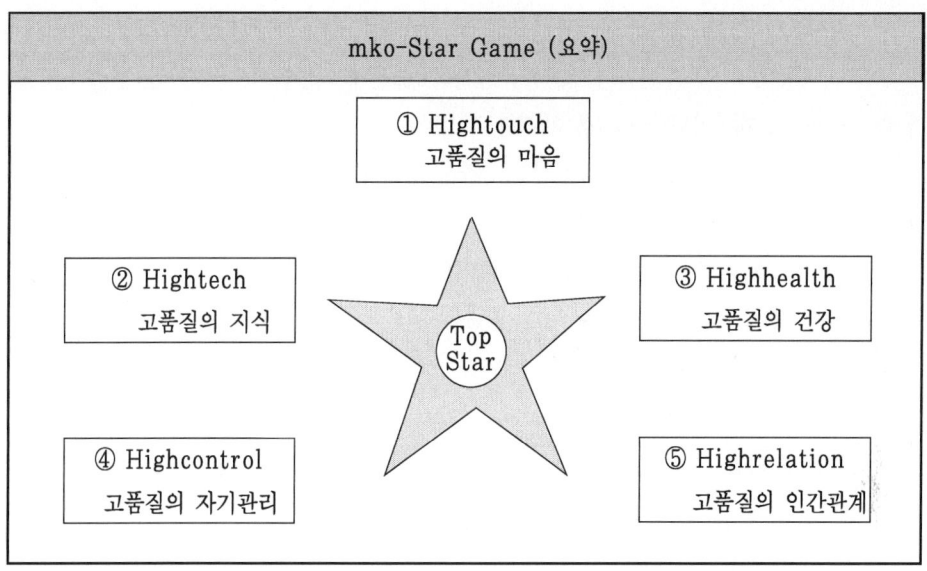

A. Star Game 요약

B. Star Game 측정표

C. Star Game Chart

제2절 Star Game Workshop

1. 개인의 인재개발지수(PDI)의 의의와 목적

One to One 멘토링은 단순한 지적 학습과정이 아닙니다. 사람을 개발하자는 것이다. 그것은 우리의 교육 대상-그들이 경영인이건, 학자건, 주부이건, 직장인이건, 학생이건, 목회자이건-을 어떤 위치로 한정하여 해석하는 것을 그만두는 것이다. 왜 그런가하면, 어떤 존재이기 이전에 그는 인간이기 때문이다.

멘토링에서 사람개발은 '한 사람인 멘토(Mentor)가 한 사람인 멘제(Menger)에게 자신을 모델(Model)로 한 전인적(全人的)인 삶을 전이(轉移)하는 것'이다.

다시 전인적인 삶을 세분화(細分化)한다면 마음부분(Hightouch), 건강부분(Highhealth), 지적부분(Hightech), 자기관리부분(Highselfcontrol), 이웃관계부분(Highrelation)으로 나누었고 각 부분마다 10가지 설문(10설문×2점 만점=20점)을 선정하여 자기 측정방식으로 개발기법(Tool)을 채택한 것이다.

여기에서 개인의 인재개발지수(PDI)는 5가지 부분마다 만점 20점을 지수로 하여 실제 자기 측정하여 얻은 점수를 역시 실제 지수로 활용토록 했다.

인재개발지수의 측정목적은 측정한 자료를 멘토와 멘제가 멘토링하는 동안에 강점과 약점을 분명히 알 수 있으므로 그에 대한 충분한 대응책을 마련하여 5가지 부분의 지수를 업그레이드할 수 있는 것이다.

> 요약한다면, 멘토와 멘제에게 인재개발지수가 미치는 궁극적인 효과는 '착한 사람', '똑똑한 사람', '건강한 사람' 즉, 3Win 성공전략으로 '21C 인격을 갖춘 미래의 리더'로 세움을 받는 것이다.

결국 멘토링에서 Mentor는 Menger 한 사람을 위해 100% 역량을 발휘하여 그의 개성과 재능(Talent)을 최대한 발휘할 수 있도록 하여야 한다. 더욱 구체적으로 5가지 즉, 마음지수, 건강지수, 지식지수, 자기관리지수, 이웃관계지수 등 그의 인간개발지수(PDI)를 업그레이드해 줄 수 있는 사람이어야 한다.

Star Game 5가지 분야별 지수 목표			
지수 분야 　　　　　지수 목표	지수별 착안점	인간개발지수점수표	
① Hightouch(마음지수)	포용력, 정서력, 봉사헌신력	만점 20점	
② Hightech(지식지수)	지식력, 기술력, 정보력,	만점 20점	
③ Highhealth(건강지수)	정신과 신체의 건강력	만점 20점 합계100점 중(　)	
④ Highcontrol(관리지수)	의지, 절제, 판단, 분별력	만점 20점	
⑤ Highrelation(관계지수)	조직원 간, 가족 간, 사회활동	만점 20점	

소　　　　　　　계				
수 81-100	우 61-80	미 41-60	양 21-40	가 0-20

2. Star Game 측정표

- 개인의 인재개발지수란? '내가 Star(고품질의 인재)로 얼마만큼 개발되었는가'를 아래 5가지 부분으로 자기(自己) 측정하는 것이다.
- 절대평가이기 때문에 설문에는 어느 것이 맞고 틀리다고 할 필요가 없습니다. 자기의 삶의 현장에서의 습관과 행동을 그대로 표시하면 된다.
- 이 평가지는 남들과 비교하기 위한 것이 아니라 멘토와 멘제가 단지 멘토링 활동에서 인재개발지수를 업그레이드하여 상호간 개인발전을 하기 위한 참고자료다.
- 다음의 각 설문이 당신의 경우에 얼마나 해당되는지 아래 점수를 기록하라. 설문 한 개당 2점 만점으로 한다.

수	우	미	양	가
2	1.5	1	0.5	0

번 호	High Touch 마음지수	점수
1	나는 타인을 위해 가능한 넓게 포용력을 발휘하는 편이다.	
2	나는 이웃을 위해 구체적으로 헌신 봉사한 사례가 있다.	
3	나는 다른 사람과 다툼이 있을 때 먼저 화해를 청한다.	
4	나는 아름다운 음악을 들으며 그 느낌을 머릿속에 상상해 보곤 한다.	
5	내가 해야 할 일은 힘들고 하기 싫더라도 분명히 해낸다.	
6	다른 사람이 나를 비판할 때 화가 날지라도 그 원인을 곰곰이 찾아본다.	
7	나는 업무 외에도 악기나, 그림과 같은 특기나 취미를 한 가지 이상 가지고 있다.	
8	나는 타인을 책망하기보다는 칭찬을 더 많이 해주는 편이다.	
9	다른 사람이 훌륭한 일이나 좋은 성과(성적)를 거두었을 때 진심으로 축하해 준다.	
10	나는 교양서적과 명상에 관한 글을 자주 읽는 편이다.	

번 호	High Tech 지식지수	점 수
1	내가 소지한 자격증의 활용 가치는?	
2	내가 소지한 지적 재산권(특허권 포함)의 활용 가치는?	
3	내가 소지한 업무 노하우(Know How)의 활용 가치는?	
4	내가 취득한 학위(학, 석, 박사 등)의 활용 가치는?	
5	내가 취득한 정보의 활용 가치는?	
6	내가 소지한 기술의 활용 가치는?	
7	나의 컴퓨터(인터넷 등) 실력은?	

번 호	High Tech 지식지수	점 수
8	내가 다루는 업무에서 전문서적을 활용하는 정도는?	
9	나의 자기개발을 위한 장단기 계획은?	
10	외국인과 의사소통 수준은?	
	소 계	

번 호	High Health 건강지수	점 수
1	나는 정기적으로 건강을 위해 운동을 한다.	
2	나는 정기적으로 건강진단을 받는다.	
3	나의 체중과 신체는 균형을 이루고 있다.	
4	나의 기상시간과 취침시간은 일정하다.	
5	나는 과로 등을 피하면서 정상적인 근무시간을 유지한다.	
6	나는 의료보험증 사용 빈도가 높지 않다.	
7	나는 건강에 무리하지 않게 휴식을 취한다.	
8	나는 건강에 좋은 음식을 고를 수 있다.	
9	나는 정신 수양을 위해 명상의 시간을 갖는다.	
10	나는 회사나 가정 등에서 스트레스를 받으면 바로 풀려고 노력한다.	
	소 계	

번 호	High Selfcontrol 자기관리지수	점 수
1	나는 선(善)과 악(惡)을 판단할 수 있는 능력이 얼마인가?	
2	나는 진리(眞理)와 허위(虛僞)를 "	
3	나는 상(賞)과 벌(罰)을 "	
4	나는 혈기(血氣)를 절제할 수 있는 능력이 얼마나 있는가?	
5	나는 식욕(食慾)을 "	
6	나는 성욕(性慾)을 "	
7	나는 오락(娛樂)을 "	
8	나는 시간(時間)을 계획하고 그대로 지키고 있는가?	
9	나는 나의 수입(收入)과 지출(支出)에 균형을 맞추고 있는가?	
10	나는 나에 주어진 물자에 대하여 절감 의식이 어느 정도인가?	
	소 계	

번호	High Relation 인간관계지수	점수
1	나는 조직에서 상급자와 관계가 좋은 편이다.	
2	나는 " 동료 직원과 "	
3	나는 " 하급직원과 "	
4	나는 가정에서 부모님과 "	
5	나는 " 부부 또는 형제자매와 "	
6	나는 " 자녀 또는 친척들과 "	
7	나는 동창회에 참석하여 두터운 관계로 사귀고 있다.	
8	나는 취미, 오락, 특기 등의 동호회에 참석하여 회원으로 활동한다.	
9	나는 업무상, 교제상, 동업계나 전문인 모임에서 교제를 넓히고 있다.	
10	나는 사회 건전 단체나 봉사 기관에 참석하고 있다.	
	소 계	

제3절 Star Game Chart

1. 인재개발지수 별 모양 시각화(視覺化) 작성요령

Star Game 측정표에서 5가지 주제별로 각 지수(점수)를 먼저 확인하고서 다음 단계로 들어간다. 아래 별을 보면 각 꼭지별로 10칸씩 나눠 있음을 발견할 것이다. 그러면 각 지수별의 만점은 한 꼭지당 20점임으로 한 칸에 2점씩 배점하여 실득점수를 가지고 큰 별 속에서 작은 별(실제 득점 지수)을 그리면 멘토와 멘제의 별(Star)이 시각화(視覺化) 되어진다.

- 멘토:
- 멘제:
- 작성일자:

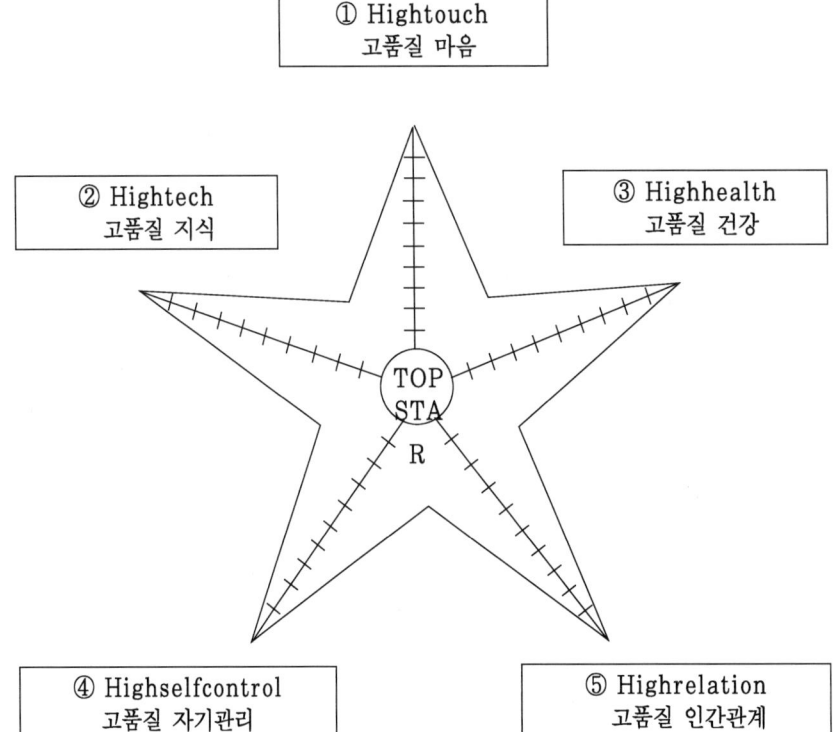

3장 게임3 Brain Game
미팅소재개발 진단도구

멘토링은 인간성을 위주로 활동한다는 선입견으로 멘토 / 멘제가 모여서 술잔을 나누고 신변잡기와 상급자의 험담을 이야기하는 것으로 오해하는 사람이 많다.

이는 어디까지나 체계적인 프로그램을 몰이해하는 데서 오는 오해일 뿐이다. 먼저 멘토 / 멘제가 개인의 목표 즉 Stargame에서 5가지 주제를 업그레이드하기 위한 실천카드를 작성하여 멘토 / 멘제 실천계획서를 작성하는 것이고, 조직의 목표 즉 금번 멘토링에서 채택된(예-신입사원 정착률 향상 등) 12목표를 가지고 매니저, 모니터, 멘토들이 모여서 목표달성방안을 가지고 토론하며 목표달성방안을 제사하여 생산성 확보를 위한 프로그램이다.

수시로 Braingame을 활용하여 멘토 / 멘제가 미팅할 때마다 미팅소재를 개발하고 각자의 삶을 개선함으로 1)조직의 분위기를 개선하고 2)구성원 간 인간관계가 원활해지며 3)자기개발의 촉진기회가 될 수 있는 프로그램이다.

제1절 Brain Game 개요

Brain Game(브레인 게임)이란? Brain Storming과 멘토링 실천카드 작성게임(Game)을 합친 합성어다.

이 장에서는 멘토링 활동 중에서 멘토와 멘토 혹은 멘토와 멘제가 팀을 이루어 먼저 Star Game의 5가지 주제와 조직의 도입목표 10가지 주제를 가지고 팀별로 모임을 갖고 각 주제별로 개선, 개발, 문제해결 등의 아이디어를 모으게 된다.

그 후 개발된 아이디어 내역을 가지고 멘토와 멘제 각 쌍별로 앞으로 멘토링 기간 동안 실천할 수 있도록 육하원칙에 의한 실천카드를 작성한다.

이 Brain Game의 효과는 개인이나 팀웍으로 창의력이 크게 향상되며 조직의 문제해결이나 목표달성에 직접 참여함으로 주인의식, 애사심이 강해지고 스스로 문제를 풀어간다는 자부심을 가질 수 있다.

또한 작업 현장에서 멘토링 도입목표(Projects)를 직접 다룸으로 멘토링 평가 목표율이 향상됨으로 결국은 기업의 생산성 향상에 기여할 수 있다.

가. 개인개발 목표 주제 5가지 제시
나. 조직개발 목표 10가지 제시
다. Brain Game 진행요령

---

1. 개인개발 목표 주제 5가지 제시

멘토링에서 개인개발의 목표는 Star Game에서 주어진 5가지 주제를 업그레이드(Up Grade)하는 것이다. 즉 나의 '인재개발지수(PDI)'를 높이는 것입니다. 이를 위해 우선 제2장에서 측정된 개인의 지수를 검토하고 약점부분을 우선적으로 보완할 수 있는 대안을 마련해야 한다. 예를 들자면 5가지 중에서 지식지수가 낮으면 그 부분을 중점적으로 멘토링 기간 동안 관심을 갖고 멘토 멘제가 공동으로 개선활동을 해야 한다는 것이다.

```
1 - High Touch      (고품질 마음)
2 -   〃  Tech       (고품질 지식)
3 -   〃  Health     (고품질 건강)
4 -   〃  Control    (고품질 관리)
5 -   〃  Relation   (고품질 관계)
```

2. 조직개발 목표 12가지 제시

학교개발 멘토링 활동에서 가장 중요한 것은 '어떻게 도입목표를 설정할 것인가'이다. 막연한 가운데 멘토링을 진행한다는 것은 실패를 안고 시작하는 것과 다름이 없기 때문에 저자는 아래와 같이 학교에 도입 가능한 목표 주제 12가지를 선정해서 모델로 정했다. 그러나 각 학교의 형편에 따라 충분히 가감(加減)할 수 있음을 알아야 한다.

No	기업 도입부문	학교 도입부문	교회 도입부문	비 고
P-1	신입사원 정착	학생생활 지도	새 신자 정착률 향상	
2	업무숙달 OJT	학생학습 지도	교인 출석률 향상	
3	경력개발 촉진	특기 / 재능 개발	평신도 사역자 확보	
4	지식기술 공유	자격증 취득과정	Slump교인 치유	
5	노사화합 촉진	영재 / 천재 개발	청소년 활성화 촉진	
6	핵심인재개발	취미 / 오락생활	독서 인재 양성	
7	Sales Skill향상	왕따대상 연결 지원	성숙교인 개발	
8	독서인재개발	독서권장 인재개발	직분자 양성	
9	생산수율 / 품질 향상	Slump교사 / 학생 치유	지도자 양성	
10	서비스사원 가치개발	동문 등 후원자 연결	제자훈련	
11	여성인재개발	신입생 적응력향상	중보기도 지원	
12	협력업체 지원	신입교사 적응력향상	여성교인 개발	

제2절 Brain Game 진행요령

Brain Game 진행은 현행 분임조나 팀별로 토의를 진행하는 방식을 취하면 된다. 멘토링에서 다른 점은 팀이나 조의 명칭을 '멘토링 팀=Team'으로 통일한다는 것과 우선 성격 찾기 게임 결과에 따라 동일성격자끼리 모여서 팀을 구성한다. 그 후 팀에서 일정시간 내 개발한 아이디어를 전체로 취합하여 계시한다. 여기까지가 Brain Storming이다.

그 후 취합된 아이디어를 멘토와 멘제 한 쌍 즉 멘토링셀=Cell이 멘토링 기간 동안 소재로 다루어야 할 아이디어를 채택하고 그 다음에 멘토링셀(Mentoring Cell)별로 아이디어에 육하원칙을 가미하여 '실천카드 작성게임' 양식을 만든다. 서류가 완비되면 멘토와 멘제는 상호 날인하여 한 장씩 갖고 작업을 종료한다.

☞ 멘토링셀(Cell) – 멘토와 멘제의 최소 한 쌍 멘토링 팀(Team)–Cell의 여러 모임

단계순서	해야 할 일
1. Mt–Mg 연결	성격 및 행동유형분석 결과로 Mt–Mg를 동성으로 연결한다.
2. 5팀 자리	Star Game의 5주제별로 구분, 5팀으로 Mt–Mg 같은 쌍으로 자리한다.
3. 팀별로 주제 분담	팀별로 개인주제 5개, 조직개발 목표 10개(P-1) 주제 중에서 분담한다.
4. 촉진교육	각 주제별로 먼저 촉진설명 교육을 받는다.
5. Brain Game	일정시간을 정하여 팀별로 맡은 주제를 Brain Game(분임토의방식)으로 실행 가능한 Idea를 개발한다.
6. Idea 취합	각 팀장은 개발된 Idea를 별지양식 ①에 취합한다.
7. Idea 발표	전체 진행관리자는 각 팀장으로부터 취합한 Idea를 전원에게 공개한다.
8. Mt–Mg 선정	Mt–Mg 각 쌍은 발표한 Idea 중에서 시행 가능한 것을 각 주제별로 Mt–Mg각 각 5개 내로 골라 양식 ②에 기록한다.
9. Mt–Mg 싸인	Mt–Mg는 Mentoring약정기간을 정하고 양식 ②에 약속 사인을 하고 1부씩 교환한다.
10. 별표시 비교	Mt–Mg는 약정기간 중 미팅 시 수시로 점검하고 약정기간 종료 시 몇 차례 Star Game을 시행하여 당조 Star(별) 성적과 비교해 본다. 바로 인재개발지수(PDI)의 업그레이드를 점검해 보는 것이다.

☞ Mt-Mentor의 약자, Mg-Menger의 약자

제3절 Brain Game Workshop

1. 아이디어 개발 Workshop

● 멘토링 팀 별로 Star Game 5가지 주제에서 시간의 분량 범위 내에서 가지 수를 선택하고 분임토의식으로 진행하여 Idea를 개발하되 숫자의 제한을 받지 않는다.

● 기업목표의 10가지 주제를 참고로 하되 시간의 분량에 따라 몇 가지를 할 것인가 선택한다.

● 각 팀장은 자기 팀에서 다룬 주제별 Idea를 아래 양식에 의거 제출하고 팀 전체 관리자는 전체를 한눈에 볼 수 있도록 취합해서 게시한다.

○ 주제별:
○ 팀 명:
○ 팀 장:
○ 팀 원:

■ Idea 집계표

1	11
2	12
3	13
4	14
5	15
6	16
7	17
8	18
9	19
10	20

2. 개인개발 실천카드 게임 Workshop

Brain Game Idea 중에서 멘토와 멘제가 멘토링 활동기간에 시행 가능한 사항을 주제별 아이디어 중에서 5가지 이내로 선택한다. 반드시 주제에 맞고 그리고 육하원칙으로 작성해야 한다.

- 멘토(Mentor):   인
- 멘제(Menger):   인
- Mentoring 기간: 200 . . .   200 . . .

소 속:

| Mentor 실천카드 (   ) | Menger 실천카드 (   ) |

주 제 별	실 천 사 항
마 음	1 2 3 4 5
지 식	1 2 3 4 5
건 강	1 2 3 4 5
자기관리	1 2 3 4 5
인간관계	1 2 3 4 5

3. 조직개발 실천카드 게임 Workshop

Brain Game Idea 중에서 멘토·멘제가 멘토링 활동기간에 시행 가능한 사항을 주제별

아이디어 중에서 5가지 이내로 선택한다. 반드시 주제에 맞게 그리고 육하원칙으로 작성해야
한다. 멘토링 활동 목표 12가지를 5가지로 줄였으므로 형편에 따라 주제 선택이 가능하다.

- 멘토(Mentor):   인
- 멘제(Menger):   인
- Mentoring 기간: 200   . . .   200   . . .

소 속:

Mentor 실천카드 ( )		Menger 실천카드 ( )
주 제 별		실 천 사 항
P-1	1 2 3 4 5	
P-2	1 2 3 4 5	
P-3	1 2 3 4 5	
P-4	1 2 3 4 5	
P-5	1 2 3 4 5	

Mentoring Casestudy

멘토링 도입 및 성공사례집

멘토링의 사례 중 전통적인 사례는 개인 간에 자연스럽게 이루어지기 때문에 수도 없이 많은 사례를 들 수 있다.

그러나 본 Part에서는 특별히 각 조직에서 체계적인 멘토링 프로그램을 통해 투자개념에서 성과 측정이 강하게 요구된다는 사실을 감안하여 '제도적 멘토링 프로그램 적용' 사례를 소개하고자 한다.

우선 멘토링의 효과성을 평가한 미국의 맥킨지 건설팅사 등 4군대를 소개하고 국내는 삼양사 등 성공사례 중심으로, 해외는 모토롤라 등 체계적인 멘토링 사례를 그리고 더글러스 항공 등 7개 사례는 조직의 비즈니스와 연결하여 성공사례를 실었다. 마지막 사례는 국내 대학의 멘토링 사례들을 요약해서 실었다.

1장 해외기관 효과성 평가 Case Study

먼저 맥킨지 컨설팅 21C 인재전략 리포트를 소개하면서 말문을 연다. 최근저서 「인재전쟁」(세종서적 번역간)에서 **"멘토링이 인재개발에서 놀라운 힘을 발휘하고 있다."**고 극찬하고 있다. 어떤 이유에서일까? 다음과 같이 요약해서 소개한다. 이 책은 맥킨지 컨설턴트들이 5년에 걸쳐 77개 기업과 6,000명 이상의 관리자들을 대상으로 실증적 연구를 해 정성들여 쓴 **"인재전쟁(The War for Talent)"**이 21C 인재전략 리포트로서 HRD분야에서 각광을 받고 있다고 말하고 있으며 오늘날 기업마다 유능한 인재확보를 위해서 치열한 전쟁에 돌입했다는 것과 '인재'라는 이슈의 전략적 중요성과 최고경영자들의 태도변화가 중요하다는 점을 강조하고 있다.

특히 멘토링을 다룬 5장(43p분량) **'조직에 인재개발을 정착시켜라'**에서 멘토링 시스템을 조직에 제도화해야 한다는 점을 강조하면서 멘토링을 경험한 설문응답자의 말을 빌려 **"멘토링이 인재개발에 놀라운 힘을 발휘하고 있다."**고 말한다.

1. 맥킨지 컨설팅의 멘토링 효과성 평가

자료 1. 엘리자(Eliza) 이야기와 피그말리온 효과

'피그말리온 효과'란 기대감을 갖고 사람을 대하게 되면 상대방의 말과 행동에 변화가 생긴다는 불가사의한 마음의 작용이다. 그리스신화에 나오는 '피그말리온'이라는 조각을 잘하는 왕(王)은 상아에 여성상을 조각한 다음, 이 여성상을 살아 있는 현실의 여인으로 변하게 하고 싶다고 강렬하게 원했는데 이왕의 진지하고 강렬한 믿음에 감동을 받은 여신

'아프로디테'가 그 조각에 생명을 불어넣어 왕의 소원을 들어주었다는 내용이다.

멘토링 활동에서도 멘토(Mentor)가 '피그말리온'처럼 마음속에 강렬하게 기대하고 있으면 멘제(Menger) 즉 상대방이 그 기대에 부응해 주는 현상을 '피그말리온 효과'라고 부른다.

오늘날 산업계의 가장 큰 도전은 가장 가치 있는 자원인 구성원들을 충분히 개발하지 못하고 충분히 이용하지 못하고 또한 효과적으로 관리하지 못하는 상황을 바로잡는 것이다. 그것뿐만이 아니다. 히긴스 교수는 "**인재들이 완전히 개발된 상태로 조직에 합류하는 일은 거의 없다.**"라고 말했다. 사람들은 상당한 잠재력을 가지고 있다. 제대로 영양분을 공급받고 적절한 훈련을 받아야 잠재력을 충분히 발휘할 수 있는 것이다. 이런 점에서 히긴스 교수는 넝마주이 엘리자를 귀부인으로 개발하는 데 '**멘토링의 놀라운 힘**'을 시범으로 보여주었다.

죠지 버나드쇼의 희곡 '**피그말리온(Pygmalion)**'에서 넝마를 걸친 런던 토박이 소녀 엘리자는 음성학자인 히긴스 교수의 관심을 끌게 된다. 히긴스는 자신이 돌볼 경우, 엘리자가 영국귀족영어를 완벽하게 구사하는 숙녀로 변할 수 있음을 증명해 보이려고 그를 맞게 된다. 멘토로서 히긴스는 결국 그의 꿈을 넘어서 성공을 거두고, 그 과정에서 멘제인 엘리자와 자기자신마저 변화시키게 된다. 바로 우리가 잘 알고 있는 영화 "마이 페어 레디(My Fair Lady)"가 그것이다.

자료 2. 에밀리(Emily) 이야기와 피그말리온 효과

엘리자와는 반대로 에밀리는 영어와 종교학을 복수전공하여 대학을 우등으로 졸업하였다. 그러나 졸업 후 거친 세계에 들어갈 준비가 전혀 되어 있지 않다는 점에서는 엘리자와 마찬가지였다. 졸업 후 그는 기술 컨설팅 회사에 입사했으나 아무도 그녀의 잠재력을 확장할 수 있는 기회를 주지 아니했다. 에밀리는 현재의 직무에서 더이상 개인적인 도전이나 발전의 기회를 찾을 수 없다는 것을 알고 핫잡닷컴(Hotjobs.com)으로 자리를 옮겼다.

그녀는 나중에 회사의 대변인이 되었으며 컴텍스 컴퓨터 회사로부터 소프트웨어 부문의 영예로운 상을 수상하기도 했다. 다음에 그녀는 제품관리부문의 부사장이 되었다. 개인적 재능과 노력에 의해 에밀리는 성공할 수 있었다. 그러나 성공에는 또 다른 요소의 도움이 있었다. 그녀는 전(前) 최고경영자인 리처드 존슨(Richard Johnson)으로부터 받은 개인적인 격려와 가르침이 없었다면 그렇게 빨리 성공할 수 없었을 것이라고 인정했다.

멘제인 에밀리는 말했다. "내가 처한 상황에서 나는 20년의 경력을 쌓은 멘토인 리차드 존슨처럼 행동할 수 있을 것으로 많은 사람이 기대했다. 『*나는 마치 멘토의 20년 경력을 단 2년에 농축하여 경험한 것 같은 느낌이 든다.*』"

그렇다. 멘제인 에밀리가 멘토인 존슨으로부터 10배의 놀라운 속도로 경력업무를 숙달한 것은 바로 멘토링의 놀라운 힘을 그대로 보여준 것이다.

자료 3. 맥킨지의 멘토링 경험자의 놀라운 효과

맥킨지 저서 「인재전쟁」에서 멘토링 경험자들은 아래와 같이 설문에 놀라운 답을 하고 있다.

1. 멘토링 활동에 자신이 최선을 다했다-95%
2. 멘토링 후에 타사로 이직 하지 않았다-88%
3. 멘토링이 회사의 성공에 도움이 되었다-97%
4. 멘토링 활동이 그들의 삶을 바꾸었다-50%

자료 4. 맥킨지의 멘토링 프로그램의 성공요건
1. 한 사람을 소중히 여기고 깊은 애정을 전달한다.
2. 멘토링 시스템을 제도화해야 한다.
3. 신중하게 멘토를 선정해야 한다.
4. 각각 사업단위로 멘토링 프로그램을 갖고 있어야 한다.

2. ASTD의 멘토링 효과성 평가

-멘토링은 '기업에서 두 마리 토끼-**지식경영, 학습조직**-를 잡는 데 성공한 프로그램이다.'라고 2003 보고서에서 평을 하고 있다.

1) Mentoring System-ASTD 2003 결과보고서

HRD분야에서 세계 최고의 권위를 인정받고 있는 미국 산업 훈련 협회(ASTD)는 2년을 주기로 HRD에 관한 세부적인 결과보고서를 내고 있다. Mentoring System 분야에 대한 금년 보고서를 아래 내용으로 소개한다. 다양한 인재개발기법 중에서 타에 추종을 불허하는 Mentoring System은 북미지역에서 21C 최적의 인재개발 전략으로 자리매김을 하고 있다는 사실이다.

① Knowledge Management(지식경영)에서 성공을 거둠
② Organizational Learning(학습조직)에서 성공을 거둠

2) 회사가 구성원에게 배려해 준다는 의식이 들게 해 주어서 회사에 대한 효과로

① 회사에 대한 충성도가 배가 되었으며
② 이직률 감소 효과가 현저히 나타났고
③ 전사적인 안목으로 의식 전환이 성장했으며
④ 사내 Networking이 활성화가 되었음
⑤ 전략적 사고로 업무를 다루는 의식이 신장했음

3. 포츈지의 멘토링 효과성 평가

다음의 자료는 2003년 **포츈지(Portune)가 선정한 500대 기업 중 멘토링에** 관한 설문조사와 수익성과 연결되는 자료다. －포츈지 500대 기업 임원 설문결과 96% "멘토링은 중요한 development tool이다."

75% "자신의 직업적 성공에 핵심적 역할을 했다."

71%의 포츈지 500대 기업 및 비상장기업이 멘토링을 활용하고 있다.

77%가 "멘토링이 직원 이직방지 및 성과향상에 도움이 되었다."

4. C L C 의 멘토링 효과성 평가

C L C(Corporate Leadership Council 美)의 이직률과 멘토링 효과자료

- 포춘지 500대 기업 중 60개 기업 이직률 설문조사한 결과
- 멘토링 미실시 기업 35% - 실시 기업 16%

2장 국내 제도적 멘토링 Case Study

1. 삼양사 신입사원 조기정착화와 멘토링 시스템
㈜ 삼양사 인력개발팀 인력개발담당 김정법 과장

> - 이 글은 월간 인사관리 3월호에 인력개발팀 멘토링 담당 김정법 과장이 기고한 내용입니다.
> * 삼양사는 1기 멘토링 26쌍이 출발하여 1년 후에 2003. 7월 평가에 의하면 - 신입사원 멘제 정착률 100% - 멘토 / 멘제 쌍별 유지율 100%라는 기적적인 실적을 거두었습니다. - 멘토링 시스템 중 특히 모니터링 제도를 성공적으로 운영한 결과입니다.
>
> 멘토링코리아 류재석 소장

1) 삼양사의 인재상

조직 내 우수인재에 대한 정의는 다양하다. GE의 경우 GE Value 준수를 최우선하는 도덕성과 함께 4E, 즉 Energy(열정), Energizer(동기부여능력), Edge(최고지향), Executation(실행력)을 갖춘 인재상을 요구하고 있으며 SONY의 경우 Curiosity(호기심), Persistence(마무리에 대한 집착), Flexibility(사고의 유연성), Optimism(낙관론), Risk-Taking(리스크 감수)의 5가지를 갖춘 인재상을 요구한다.

삼양사는 이러한 세계 초일류 기업의 인재상에서 기인하여 삼양사의 인재상을 다음과 같이 정의한다. '전문능력을 갖추고 있으면서도 긍정적인 Attitude를 보여줄 수 있는 인재, 즉 전문능력(전문능력의 보유), 변화주도 (열정을 통한 신 가치 창출), 도덕성(조직/고객에 대한 사명감), 인간미, 이렇게 네 가지를 갖춘 인재야말로 삼양사가 요구하며 육성해 나가고자 하는 지향점이 되는 것이다.

2) 최근 신입사원 성향 및 특성

최근 신입사원의 키워드는 두 가지라고 본다. 패기와 열정이 그것이라고 볼 수 있는데 보수적, 관료적 조직이라면 이러한 최근 신입사원의 성향에 대해 '다소 무례함'이라고 오해할 정도이나 실제 장시간 열린 마음으로 그들을 대하면 논리와 이성에 충실하고 감성 또한 상당히 풍부한 세대라는 것을 알 수 있다.

하지만 선배세대들보다는 자기중심적이며 어려움을 참고 견디는 인내심이 부족하여 쉽게 덤벼든 만큼 쉽게 포기하는 성향도 볼 수 있는데 이러한 성향들 때문에 예전 조직에서는 크게 중요시되지 않았던 신입사원의 조직 내 정착이라는 문제가 이제는 웬만한 조직의 인력을 관리하는 부서라면 어디라도 고민하게 되는 공통적인 골칫거리가 아닐 수 없다.

이러한 현상은 바로 이직률과 직결되게 되는데 삼양사 또한 예외는 아니어서 심각한 수준은 아니지만 제도 및 인력개발 프로그램적인 측면에서의 해결방안을 모색하여 신입사원의 이직률을 최소화하고 이들을 최종 핵심인재로 육성해 나가는 방법들을 모색하게 되었다.

그럼 지금부터 삼양사의 신입사원 육성프로그램의 전반적인 모습과 그중 신입사원 멘토링 제도에 대해서 자세히 설명해 보도록 하겠다.

3) 신입사원 육성 프로그램

삼양사의 인재를 개발하는 곳은 경영지원실 산하 인력개발팀으로서 팀장을 포함 8명 (KM담당, 인력개발담당 2명, 연수담당, 사무지원 2명, IT강사)으로 구성되어 있다.

삼양사 인력개발팀의 Misson은 삼양의 인재상을 HRD적인 측면에서 접근하여 크게 여섯 가지로 분류, 지향해 나간다. 여섯 가지 Misson은 Glibalization(**인재의 글로벌화**), Strategy Supporting(**전략실행 지원**), Organizational Change(**조직활성화**), Leadership(**리더십 강화**), Future Leader (**미래경영자 육성**), Job Skill Development(**직무전문가 육성**) 이상 여섯 가지 Mission을 추구한다.

인력개발팀이 운영하는 교육과정은 Towers Perrin과의 컨설팅을 통하여 도출된 조직원 개개인의 직무역량(Job Competency)을 향상시키기 위한 CBHRD(Competency Based Human Resources Development)를 추구하며 인재분류별, 직급별, 역할별, 직무기능별로 특화된 맞춤식 교육을 제공하고자 노력하고 있다.

신입사원의 경우 미래경영자를 육성하는 프로그램의 일환으로 진행되는 전체 육성프로세스는 삼양입문과정(1개월) → OJT(4개월) → 중국 해외연수(8일) → Mentoring(12개월) → 핵심인재 선발 → MBA파견 순이다. 그중 멘토링 제도 운영에 대해 자세히 설명하면

4) 삼양사 멘토링 시스템

삼양사 멘토링 시스템은 신입사원의 조직 내 조기정착, 안정된 생활유도 및 직무역량 향상을 목적으로 2002년 1월 공채 대졸신입사원을 대상으로 2002년 7월에 1기 멘토링을 처음 시작하였다.

최초 멘토링의 형태는 1단계 안정된 생활유도라는 테마로 6개월을 운영하고, 2단계는 1단계 테마에 직무역량 향상이라는 테마를 더하여 12개월을 운영, 총 18개월로 운영하여 2003년 12월 31일부로 종료하였으나 2003년 신입사원 대상의 2기 멘토링의 경우 멘토링 운영효율을 고려 2단계를 6개월로 축소하여 현재 1단계 멘토링 종료 후 2단계 멘토링을 운영 중이며 2004년 6월부 종료 예정이다.

멘토링의 주체는 스승이자 선배로서의 멘토(Mentor)와 제자이며 후배사원인 멘제(Menger), 제도의 지원 및 모니터링을 담당하는 모니터(Monitor)의 3M으로 구성된다. 해당 멘토/멘제의 선정방법은 삼양사 핵심인재 pool 중에서 행동규범이 바르고 리더십을 소유한 자, 해당 멘제와 10년 차 미만인 자 중에서 최종 COO 승인을 받은 자가 Mentor pool에 선정되며 멘토양성교육을 이수한 후 멘토/멘제 각각의 성격유형진단을 통해 최종 커플로 맺어지게 되는데 여기에서 특이한 점은 같은 BU(Business Unit), 같은 팀 내 선후배 간과 이성 간에는 커플로 맺어주지 않는다는 점과 같은 사업장 근거지 내 선후배 간끼리 매칭을 시켜줘야 한다는 것이다.

이유는 같은 조직 내에 있는 선후배 간은 아무래도 서로 간 자신의 속내를 보여주는 솔직한 멘토링 활동이 어렵다는 점과 이성 간은 아무래도 동성 간보다는 쉽게 친화되기 어렵다는 점, 그리고 아무리 나머지 여타조건이 적합하더라도 쉽게 만날 수 있는 공간적 여건이 확보되지 않는다면 원활한 멘토링 활동을 기대할 수 없기 때문이다.

멘토 양성과정이 종료되면 이어서 바로 멘토링 발대식을 가지게 된다. 발대식은 COO가 직접 주관하게 되는데 COO 앞에서 멘토/멘제 대표의 멘토링 활동을 열심히 하겠다는 의지의 선서 후 COO 격려사가 이어지고 확정된 커플과 COO와 같이 촬영하는 커플사진 및 전체 멘토링 pool과 COO가 함께 촬영하는 단체사진을 찍게 된다. 사진은 현상되어 액자와 함께 전체에게 나눠지며 멘토/멘제는 책상 위에 가족사진과 함께 나란히 액자사진을 놓도록 권유한다.

여기서 주목할 수 있는 사실은 조직 내 신규제도, 특히 멘토링과 같은 제도는 무엇보다도 경영진의 철저한 commitment가 전제되어야만 가능하다는 것이다. 삼양사 COO인 김원 사장의 경우 멘토링 발대식 시 젊은 날 본인에게 인생의 방향성을 제시해 준 "경영자는 이렇게 공부하라(미야자키 가가야키 지음)"라는 책을 직접 나눠줌으로써 삼양사 멘토링 제도의 직접적인 sponsor임은 물론 Super Mentor로서의 면모를 보여주고 있다.

그럼 지금부터 본격적으로 멘토링 활동방법을 소개하면 멘토링 실시 전 먼저 멘토/멘제 상호간 세부적인 신상명세를 공유하여 서로를 인식한 뒤 5가지 지수를 도출하는 데 5가지 지수(5index)란 마음, 지식, 건강, 자기관리, 인간관계 5가지 항목에 대한 진단을 통해 멘토/멘제 상호간에 취약한 부분이 무엇인지를 파악하여 상호간 공동의 지수향상관련 테마를 수립해 나가게 된다. 상호간의 공동테마를 수립하지만 멘제의 취약부분에 대한 지수향상이 주 목적이라고 할 수 있다. 테마가 수립되면 테마 수행계획서를 각 단계 멘토링 시행 전마다 모니터에게 제출하게 되고 분기마다 주요 활동내용에 대한 실시보고서를 제출한다.

1단계 6개월간 멘토링 활동을 한 후 모니터가 주관하는 멘토링 Follow up 프로그램이 대전 연수원에서 진행되는데 주요 교육내용은 1단계 멘토링 기간 동안 진행된 실제 멘토링 내용을 제출한 보고서 내용 중심으로 모든 참석자와 함께 공유하고 앞으로의 계획에 대해 발표함으로써 차기 멘토링 활동에 대한 자기다짐의 시간을 갖는다.

또한 모니터는 그동안 모니터링을 통한 멘토링 제도 운영상의 문제점 및 협조요망사항을 공유하게 되는데 특히 멘토 입장에서 요구하는 크게 세 가지 측면에서의 이슈를 다루게 된다.

첫째는 멘토링 제도를 실시 / 운영하는 인력개발팀에 바라는 제도변환 및 개선에 대한 측면

둘째는 인력을 기획하는 HR팀에 바라는 인력운용적인 측면,

셋째는 실제 해당 멘제가 소속된 팀장에게 바라는 멘토로서의 요망사항 등 세 가지이다.

이러한 세 가지 측면에서 모니터링된 사항 중 공통된 문제의 경우 인력개발팀에서 취합, 멘토링 커플 전체와 공유하는 시간을 갖고, 특정 멘제가 직면한 문제 및 갈등의 경우 HR팀과 멘제 소속팀장에게 직접 건의, 문제가 심화되기 전 사전조정 단계를 거치게 된다. 실제 이직 직전에 있던 멘제를 이러한 모니터링을 통하여 해결한 사례가 있다.

마지막으로 Follow up에서 다루어져야 될 중요한 교육부분 중 하나는 멘토 / 멘제가 서로 신뢰하고 화합할 수 있는 장을 만들어주는 것이다. 실제 멘토 / 멘제들의 근속연차가 현업업무를 가장 많이 수행하는 팀 내 실무역할을 많이 수행하기 때문에 실제 face to face의 활동이 여의치 못한 경우가 많다. 실제 모니터링을 위한 설문을 진행해 봐도 이러한 Follow up을 이용한 화합 프로그램을 멘토 / 멘제 양자 모두 동일하게 요구하고 있다. 이러한 맥락에서 진행되는 프로그램은 등산, 볼링, 감성훈련 등 다양한데 현실적 여건을 고려해 선별 진행한다.

1단계 Follow up이 종료된 시점부터 본격적인 2단계 멘토링이 시작되는데 서두에서 밝힌 바와 같이 1단계 안정된 생활유도 및 조직 내 조기정착이라는 주제를 넘어서 실제 멘제가 현업에서 업무를 수행하는 능력, 즉 직무역량까지 멘토가 향상시켜 주도록 유도하고 있다. 멘토 / 멘제의 소속이 틀린 관계로 정확한 직무 대비 Skill & Knowledge를 멘토가 지도하기는 곤란하나 능력 있는 선배사원으로서 직무를 다루는 노하우에 대한 전수는 가능하다는 판단에서 더해진 테마이며 실제 상호간 다른 직무에 대해 관심을 가지면서 새로운 업무를 알게 되는 효과와 선배사원의 적극적인 노하우 전수가 활성화되고 있다.

2단계 멘토링 역시 1단계보다 업그레이드 수정된 커플별 테마 대비 계획을 수립하여 사전제출하고 1단계와 동일한 방법으로 멘토링 활동을 하게 된다.

2단계 멘토링 6개월이 최종 종료하게 됨으로써 공식적인 모든 멘토링은 종료하게 되고

멘토링 종료식을 정식으로 가지게 된다. 종료식 역시 발대식과 마찬가지로 COO가 직접 주관하게 되는데 전체적인 내용은 발대식과 유사하나 다른 점은 종료식의 경우 멘토링 2단계 전체적인 평가를 하여 우수자에 대한 포상 및 우수사례 발표가 진행된다는 점이다.

1, 2단계 멘토링이 진행되는 동안 모니터는 평가 및 모니터링만을 수행하는 것이 아니라 실질적인 멘토링 활동이 가능하도록 지원해 주는 역할이 사실상 더 중요하며 실제 그렇게 해야지만 성공적인 멘토링이 가능하다. 삼양사 모니터의 경우 매달 커플당 10만 원의 멘토링 지원금을 제공함으로써 멘토링 활동을 통해서 발생되는 비용에 대해 직접 지원을 하고 있고 매달 15일을 원칙으로 '멘토링 데이'를 실시하여 해당 멘토링 커플 및 멘토/멘제 소속팀장에게 업무연락을 송부, 멘토링 데이 오후는 사내 업무시간 중이라도 멘토/멘제가 서로 만나서 관련 활동을 할 수 있도록 배려를 요청하는 등의 간접 지원을 하고 있다.(매달 15일 원칙을 고수하는 이유는 스승의 날 5월 15일에서 기인한 것이다.)

실제 모니터링을 해보면 멘토/멘제 스스로는 동기부여가 높아 활동에 적극적이고자 하나 소속팀장들의 마인드가 아직 변하지 않아 활동상의 어려움이 있다고 조사된다. 따라서 모니터는 이러한 팀장들의 마인드를 변화시켜 나가는 것도 중요한 모니터로서의 역할 중 하나라고 볼 수 있다.

전체적인 멘토링 단계별 활동내용이나 방법에 대한 설명은 이것으로 마치고 멘토링 제도의 평가분석 및 사후 관리는 어떻게 진행되는지 설명하겠다.

5) 평가분석 및 사후 관리

멘토링의 평가는 월 단위평가와 최종평가로 나눠진다. 월 단위평가는 월 단위 멘토링 활동을 모니터에 의해 수시 진행되는데 전화 및 인터뷰를 통해서 진행되는 직접평가와 멘토링 활성화 시스템이자 모니터링 시스템인 '멘토링 홈페이지'를 통해 진행되는 간접평가로 나누어볼 수 있다.

삼양사 멘토링 홈페이지는 크게 세 가지 기능을 가지고 있는데 첫째는 전반적인 멘토링 주요내용 및 활동스킬, 관련지식 등 멘토링 관련 source 제공기능과 멘토/멘제 간의 게시판을 이용한 on-line 활동기능, 정기 보고서 제출의 업로드 기능이다. 평가를 목적으로 한다기보다는 다른 멘토링 커플의 활동내용상의 노하우를 공유시키는 목적이 더 강하기 때문에 모니터 입장에서는 멘토링 활성화와 평가업무의 용이성, 이 두 마리 토끼를 동시에 잡을 수 있는 장점이 있어서 이 글을 읽는 기업의 멘토링 관련담당자는 꼭 한번 반영을 권유하고 싶다.

평가가 평가만으로 끝나는 것이 아니라 이러한 월 단위평가를 통해서 제일 우수하다고 판단되는 커플에게는 '이 달의 멘토링 챔피언'이라는 포상을 실시하게 되는데 해당 커플에게는 문화상품권 10만원을 제공하고 있으며 만약 일정기준 이상의 우수커플이 선정되지 않을 시 상대적으로 우수한 커플에게 시상하는 것이 아니라 아예 포상커플을 선정하지 않음으로써 평가 및 활동 자체에 대한 위상을 저하시키지 않으려 하고 있다. 포상금의 경우 현금이 아닌 문화상품권을 제공함으로써 멘토 / 멘제가 멘토링 활동과 관련된 직접적인 목적으로 쓰이게끔 유도하는 것도 중요한 일이다.

최종평가는 2단계 멘토링까지 완전 종료된 후 멘토링 종료식 전 실시하게 되는데 총 1차, 2차 심사를 통해서 최우수 1커플, 우수 2커플 총 세 커플의 우수커플을 선정하게 된다. 1차 심사는 월 멘토링 챔피언 수상커플 및 멘토링 홈페이지상 업로드된 정기 보고서를 심사하여 주관팀인 모니터에서 1차 대상 pool을 선발하고 2차 심사는 1차 대상 pool이 제출하는 최종 보고자료를 심사하여 경영지원실장이 확정하게 된다.

2차 심사항목은 다음 표 1과 같다.

표 1) 최종 멘토링 평가 항목

평가요소	세 부 내 용
배점최종평가 60	● 평가방법: 멘토링 활동 관련 평가 ○ 평가내용: −단계별 멘토링 활동계획(테마) 대비 실시사항 주요내용 −멘토링을 통한 멘제 갈등 해결사례 −멘제의 조직 내 정착정도(업무적, 인간관계적인 부분 등) −멘토 / 멘제 각각 멘토링 실시 후 5index 변환내용
월 단위평가 20	● 평가방법: 활동기간 중 on / off Line상 활동평가 ○ 평가내용: −월 멘토링 챔피언 수상여부

Menger평가(20) 최종평가(20) ■ 평가방법: 최종 멘토링 보고서 평가−평가내용: '나의 멘토링 아이디어'의 내용의 참신성 우수커플은 상패와 함께 포상금을 지급받으며 멘토 해당소속팀장에게 차기 역량평가 시 반영토록 협조 업무연락을 취하게 되며 우수사례

의 경우 사내 적극 홍보하게 된다.

6) 앞으로의 계획

곧 2004년 신입사원 대상의 3기 멘토링이 오는 7월에 kickoff될 예정이다. 2기에 걸친 우수사례 확보 및 멘토/멘제들을 대상으로 진행해 온 모니터링 결과를 토대로 좀더 삼양사의 현실에 맞는 신입사원 육성제도의 일환으로서의 멘토링을 안정화 및 발전시켜 나갈 예정인데 그 일환으로 멘토 자격을 삼양사 내 유능한 인재라면 반드시 가지고 있어야만 하는 선수 자격화시키는 방안과 멘토링과 관련된 실질적인 인센티브도 더욱 강화해 나갈 생각이다. 또한 멘토링을 단순한 신입사원 육성책만이 아닌 현 팀장 중 임원으로 승계를 위한 후계자 육성 멘토링(멘토: 임원, 멘제: 해당팀장)과 임원의 사업 내 전략실행을 지원할 수 있는 역멘토링(Reverse Mentoring)도 계획하고 있다.

7) 제1기 멘토와 멘제의 소감

■ 멘토 이동준(EP개발팀 과장)

• 멘토링 제도의 장점

1. 멘제뿐만 아니라 멘토 자신의 발전도 꾀할 수 있어 상호간 윈 윈 효과가 있다.
2. 신입사원들(멘제)의 조직 적응력을 높일 수 있으며 멘토에게는 회사생활을 다시 돌아보게 하는 계기가 되어 향후 즐거운 회사생활을 할 수 있도록 도와준다.
3. 동일한 취미생활을 통해 건강 증진을 도모할 수 있으며 상호 인적 네트워크 교류로 사내 인간관계를 제고할 수 있다.
4. 서로에게 부족한 점을 보충할 수 있으며 공통관심 분야에 대해 학습함으로써 지식을 넓혀 나갈 수 있다.
5. 멘제의 회사 적응력향상뿐만 아니라 미래의 멘토로 육성할 수 있다.

• 아쉬운 점 및 개선점

1. 멘토와 멘제의 소속팀장들이 멘토링 제도의 중요성을 인지하지 못해 멘토링 데이와

같은 정규 일정까지 소화하지 못하고 있다(소속팀장도 동참할 수 있는 멘토링이었으면 함).

2. 매달 멘토링 데이가 지정되어 있지만 실제로 운영되는 경우는 거의 없다. 업무 중에 멘토링 활동을 하기 힘들다면 꼭 한 달에 한 번이 아니라 3개월에 한 번정도 인력개발팀 주관으로 저녁 또는 점심식사라도 하면서 멘토링 활동에 대한 의견을 교환할 수 있는 시간이 마련되었다면 훌륭한 멘토링될 수 있을 것이다.

3. 멘토링 기간이 끝난 이후에도 멘토와 멘제 관계를 유지할 수 있도록 인력개발팀에서 지원과 지속적인 관심을 유지해 주었으면 한다.

4. 사전 아무 준비·지식 없이 멘토링을 대하다 보니 효율적으로 멘제에게 도움을 줄 수가 없어 초기에는 멘토 자신조차 혼란을 겪었다. 사전에 멘토 풀을 선정해 매년 그 대상자들을 상대로 멘토 육성 교육을 실시하는 것이 바람직한 것으로 보인다.

• 최종소감

멘제(윤경수 씨)의 경우 소심하고 내성적인 성격을 가지고 있어 처음에는 선배들에 대하여 조금 두려운 마음이 있었던 것 같다. 그러나 멘토 역시 문제는 없지 않았다. 시작은 거창하지만 마무리가 잘 되지 않는 멘토의 성격과 멘제의 성격은 '불완전과 불안전의 마음으로 인한 완전'을 이루었다고 평가하고 싶다. 다른 무엇보다 사람을 알고 사람을 사귀게 된 유용한 계기되었다고 생각한다.

부족한 점은 술자리를 활용한 편안한 대화나 시간을 마련하지 못했던 점이 아쉬움으로 남는다. 멘토링 종료 이후에도 계속적인 만남을 통해 멘제-멘토가 아닌 멘토-멘제의 상생의 관계를 이어나가고 싶다.

■ 멘제 윤경수(식품기획팀)

• 좋았던 점

멘토링을 통해 가장 유익했던 점은 멘토를 떠나 한 분의 선배님을 알게 된 점이다. 더 나아가 많은 분들과 다양한 분야를 알게 되어 멘제 자신의 내적 발전을 향상시킬 수 있었다. 또한 업무 이외의 부분, 즉 상사와 동료를 대하는 태도를 배울 수 있었으며 원활한 인간관계 유지 방법도 배울 수 있었던 기회였다. 무엇보다 멘토링을 통해 조직에 보다 빨리 적응할 수 있었으며 자신을 돌아볼 수 있는 계기가 되었다. 그리고 지식 함양이나 취미활동 개발, 운동을 통한 내외적으로 발전을 이룰 수 있어 소중한 시간이었다.

● 아쉬운 점

멘토의 경우 영업직에 있다 보니 내근직이었던 멘제와의 멘토링 활동 시간이 부족했던 점이 조금은 아쉬웠다. 주로 저녁시간과 주말, 휴일을 이용하여 멘토링 활동을 하였으나 향후 멘토링 데이를 적극활용, 활발한 멘토링 활동을 할 수 있었으면 한다.

● 멘토링 아이디어

'지식 · 건강 · 교양 아우르는 멘토링'

1. 업무 관련지식과 어학 관련지식 두 가지를 선정하여 멘토링 기간 동안 멘토와 멘제 모두 지식을 함양한다.

2. 주말마다 함께 즐길 수 있는 운동 한 가지를 선정하여 같이 운동을 즐기되 여기에 더하여 가족들도 함께 할 수 있는 운동으로 정한다.

3. 멘토와 멘제 소속팀들 간의 행사(등산 등)를 기획하여 멘토링 제도의 필요성을 각 소속팀장들이 충분히 이해할 수 있도록 한다.

4. 정기적으로 타 멘토와 멘제와 모임을 개최하여 자신들의 멘토링 활동을 발표하고 좋은 점은 벤치마킹하여 보다 성공적인 멘토링 활동이 될 수 있게 유도한다.

5. 지원사항은 과거 성공적인 멘토링 활동을 피드백해 주고 타 커플에게 모범이 되는 멘토와 멘제 커플을 선정하여 특별 보상금을 지원한다(포상 및 인센티브 - 최종 종료 후 최우수커플 선정, 해외연수의 기회를 제공한다).

2. 포스데이타 - 신입사원 정착률 향상 멘토링

1년차 발표자: 인사팀 김영만(2002. 6. 12) - 월간 인사관리

2년차 발표자: 인사팀 김영만 대리 교육팀 이종인 팀장

(2003. 7. 10) - 2차 멘토링 페스티벌 진행

> 포스데이타는 포스코 계열사(CEO 김광호, SI 전문업체)로서 1,300여 명의 사원이 분당을 본사로 서울센터, 포항센터, 광양센터에서 각기 근무하고 있다. 인재개발에 남다른 관심을 갖고 운영위원회 결정으로 2001. 8월에 국내에서 2번째로 멘토링 시스템을 도입했다. 1년 후 실적은 이직률 16.0%에서 2.4%로 감소했고, 2년차는 1.8%로 감소한 효과가 나타났다. 현재는 3년차 멘토링을 진행 중이다. 아래 자료는 1년차와 2년차 발표자료를 요약해서 게재한 것이다.

[1년차 발표자료 요약]

1) 멘토 제도의 실시 배경

포스데이타에서는 신입사원의 조직 적응도 향상 및 체계적인 기본기술 습득을 통한 전문가로서의 성장토대 마련을 위해 2001년 8월부터 '멘토 제도'를 도입, 실시하고 있다.

이 제도는 새로 채용한 직원 또는 초급직원을 경험이 많은 모범 선배직원에게 배정시켜주고, 선배직원으로 하여금 후배직원을 양성하는 책임을 부과해 주는 제도이다. 직원을 일찍부터 잘 훈련시켜 그의 경영능력을 길러주는 것이 회사발전에 가장 중요한 방법이기 때문에 존슨&존슨, AT&T, 메릴린치 같은 대회사들이 이 제도를 실천하고 있다고 한다.

'Mentor 제도'의 도입배경은 크게 세 가지 측면에서 살펴볼 수 있다. 첫째는 99년도부터 최근 3년간 신입사원의 채용이 급속히 증가함에 따라 조직정착의 체계적인 지원이 필요했으며, 둘째는 전문기술을 지닌 선배사원의 개별 밀착관리를 통해 필요 전문기술 및 경험을 효과적으로 전수함으로써 조직성과향상을 꾀하고, 마지막으로 개인적인 애로 및 건의사항에 대한 1：1 상담 및 지도를 통해 회사와 일에 대한 몰입도를 고취하기 위해서였다.

약 9개월이 지난 지금 신입사원과 선배사원뿐만 아니라 전 직원들로부터 큰 호응을 얻고 있다.

2) Posdata 멘토 제도 실시내용

■ 멘토의 자격요건

멘토의 자격요건은 첫째, 믿고 따를 수 있는 인품과 충분한 업무경험 및 기술보유자이어야 하며, 둘째, 회사의 Mission, 전략, 업무에 대한 정확한 목표를 이해하고 있는 자, 마지막으로 Leadership을 갖춘 회사 3년 이상 경력 직원이어야 한다. 이 세 가지 요건을 동시에 충족하여야만 멘토로 임명될 수 있다. 자격요건 심사는 멘토링운영위원회(인사팀과 교육팀으로 구성)에서 한다.

■ 멘토의 역할

멘토의 역할은 크게 다음의 4가지로 볼 수 있다.

1. Teacher(교사) - 가르치는 교사 역할(IQ)
2. Counselor(상담자) - 들어주는 상담자 역할(EQ)
3. Coach(코치) - 같이 뛰어주는 코치 역할
4. Sponsor(스폰서) - 추천하고 신분 보증하는 역할

구체적으로 예시하면 신입직원의 조직 및 업무적응에 필요한 상담과 지도(인생상담 포함), 애로 및 건의사항에 대한 자체해결 및 관련부서 협조요청, 멘토링 결과(매주 1회) 소속부서장 및 인사팀에 보고, 3개월 후 멘토링 결과 Report제출(소속팀장, 인사팀) 등 으로 요약할 수 있다.

■ 멘토 임명방법 및 절차

① 신입사원 채용 후 부서배치 1~2주일 전에 인사팀에서 신입사원 인적사항과 함께 해당팀에 멘토 추천의뢰를 한다.

② 소속팀장은 신입사원의 직무와 개인신상에 가장 적합한 선배사원을 멘토로 선정하여 담당임원의 승인을 받아 인사팀에 통보한다.(해당팀에 멘토 대상자가 없을 경우 타 팀장 협조를 구해 선발가능)

③ 인사팀 또는 '멘토링운영위원회'에서는 신입사원과 멘토의 적합성을 고려하여 검토 후 멘토 임명 인사발령을 시행한다.

④ 교육팀 및 멘토링운영위원회는 멘토 임명자를 소집하여 교육 후 멘토링 활동을 지원한다.

■ 회사지원

회사는 멘토의 임명 후 3개월 동안 멘토링 활동을 지원하고 관리하게 되는데, 그 구체적인 내용은

① 월 10만원 한도 내에서 활동비를 지원해 주고,

② 멘토 교육과정을 개설하여 멘토 임명 후 멘토 제도 정의 및 도입취지, 내용, 멘토 역할 및 효과적인 멘토링 방법 등을 필수 수강토록 하며,

③ 멘토 운영위원회를 구성하여 매월 정기모임, 제도개선 및 상담 등을 통하여 지속적이고 효과적인 활동지원을 하고 있다.

3) 제도의 효과와 문제점 및 향후계획

■ 멘토 제도의 효과

2001년 8월 시행 후 현재까지 243명의 멘토가 임명되었으며, 현재 114명은 멘토링 완료, 129명이 멘토링 진행 중에 있다.

이미 멘토링을 마친 멘토들을 대상으로 느낀 점들을 정리해 본 결과

- "자신의 과거를 뒤돌아보는 계기, 자기반성의 기회가 되었던 것 같다."
- "스스로 모범이 되려고 노력하게 되고, 책임감이 더 생겼다."
- "눈높이 교육에 힘써 리더십 훈련효과가 있었고, 좋은 교육경험이었다."
- "신세대 사고, 생활방식을 이해하는 기회가 되었다."
- "신입사원들에게 자연스러운 출발 및 접근방법인 것 같다."
- "스스로 공부해서 가르쳐주다 보니 내적 강화 효과가 있었다." 등과 같은 의견이 있었다.

이러한 멘토들의 스스로 느낀 효과 이외에도 회사입장에서 볼 때

① 신입사원의 조직 정착도 제고를 통해 우수인재의 이탈방지에 놀라운 효과(실제로 **신입조기 퇴사율이 16.0%에서 2.4%로 감소**)가 있었고,
② 개별 밀착관리를 통해 잠재적 Star직원(능력과 실적을 겸비한 직원)의 조기선별이 가능하였으며,
③ 개인적인 애로사항에 대한 1 : 1 상담 및 지도를 통해 회사와 일에 대한 몰입도를 확보할 수 있었고,
④ 신세대 사고, 생활방식 이해를 통한 기존직원의 역멘토링 효과로 인해 Digital문화의 자연스러운 전파가 이루어지는 효과가 있었다.

■ 멘토 제도의 문제점 및 향후계획

멘토 제도가 도입 / 시행되고 아직 1년이 지나지 않은 시점이지만 현 상황에서의 문제점 및 이에 대한 보완사항은 다음과 같다.

첫째로 문제가 되는 것은 '**경쟁의식**'이다. 같은 분야에서 활동할 것이기 때문에 '나의 기술을 모두 전수해 주면 나보다 더 나아지지 않을까' 하는 경쟁의식 때문에 멘토링을 기피

하려는 현상이 발생할 수 있다. 이에 대한 대책으로 멘토링 기간을 3개월로 제한하였으며, 그 이후에는 자율적인 관계가 될 수 있도록 배려하는 것이 중요하다.

또 한 가지 문제점은 **멘토의 시간과 헌신에 대한 부담**이다. 일반적으로 멘토에 임명될 위치의 사람이면, 각 분야의 전문가이기 때문에 대체적으로 바쁜 일정에 쫓기고 있는 경우가 많다. 때문에 멘제와 충분한 시간을 같이 할 수 없는 문제점이 발생하는데, 이는 멘토의 철저한 교육계획을 통한 질적인 멘토링으로 해결방안을 찾을 수 있다.

향후 정기적 영상회의, 자유토론 등을 통하여 멘토링 활동을 강화하고, 멘토링을 완료한 멘토를 대상으로 수기공모(우수작에게 상금+원고료 지급)를 통해 전 직원으로의 마인드 함양 및 신입사원뿐만 아니라 전 직원으로 그 대상을 확대해 나갈 계획이다.

4) 2년차 발표자료 요약

① 학습목표
- 성공하는 커뮤니케이션의 스킬을 알고 적용할 수 있다.
- 멘제의 유형을 파악하고 유형에 따라 대처할 수 있다.
- 멘토의 기본개념과 역할을 알고 설명할 수 있다.
- 갈등 사례를 통해 해결점을 찾아 현업에서 적용할 수 있다.

② 학습대상자 멘토(인사명령)

③ 학습내용
1단계-사전학습
2단계-교육(온라인교육, 집합교육)
3단계-워크숍

* 경영성과 평가: 교육실시 후 1년 내에 신입사원 퇴직 수와 퇴직이유를 조사하여 멘토 교육이 성과에 미친 영향을 측정

④ Mentoring 운영관리
  가. 운영방법

-Mentoring 결과(주 단위, 월 단위) 소속부서장 / 임원 및 인사교육팀에 보고

-3개월 후 Mentoring 결과 Report제출〔소속팀장, 인사교육팀〕

-활동비 지원: 매월 10만원 내 멘토링 활동 실비지

-멘토링 후 간담회 등을 통한 개선방안 도출

⑤ Mentoring 운영효과

가. 신입사원 조직 적응, 정착도 제고-도입 2년 후

-실제 퇴직율 감소〔신입조기 퇴사율 16.0%~1.8%로 감소〕

나. 신입사원 도입교육, POS-JEC 등 공식교육의 OJT교육의 효과

다. 업무, 적응력, 기술력향상~조직성과향상에 기여

라. 애로 및 건의 사항에 대한 상담 및 지도를 통한 조직만족도 제고

마. 동종업계 최초시행으로 신세대 문화 창출

⑥ Mentoring 후 멘토들의 느낀 점, 후기

가. 자연스러운 출발, 접근 효과

나. 자신의 과거를 뒤돌아보는 계기, 자기반성의 기회

다. 스스로 모범이 되려고 노력, 책임감이 더 생겼다.

라. 눈높이 교육에 힘써 리더십 훈련효과, 좋은 교육경험

마. 신세대 사고, 생활양식 이해(역멘토링 효과)

바. 스스로 공부해서 가르쳐주다 보니 내적 강화 효과 등

5) Posdata 멘토 제도 보도자료 - 한국경제 등 8 / 21일자

'신입사원 직장 적응, 선배직원이 책임진다.'

포스데이타, 신입사원 지도 프로그램 '멘토제' 실시

-선배직원이 신입사원 일대일로 3개월간 밀착 지도, 관리

-기술지도에서부터 인생상담까지 종합 컨설턴트 역할

올해 졸업해 포스데이타 IT컨설팅 팀에 근무하고 있는 한 청( )씨. 한 청( )씨는 매일 매일 직장에 출근하는 것이 무척 즐겁다. 신입사원으로서 의욕도 높거니와 친형처럼 직장

생활의 모든 것을 일일이 챙겨주고 도움을 주는 선배사원이 있기 때문이다.

처음 직장생활을 할 때 많이 사람들이 느끼는 이상과의 괴리에서 오는 갈등, 생소한 업무에 대한 어려움 등을 한 청( )씨는 느끼지 못했다. 선배사원과 자그마한 고민이라도 툭 터놓고 이야기, 해결점을 찾을 수 있기 때문이다. 특히 팀장에게 이야기하기 어려운 애로사항까지 선배사원이 중간에서 건의하고 해결해 주니 얼마나 고마운지 모른다.

이러한 것은 바로 포스데이타(대표 金光晧, www.posdata.co.kr)가 운영하는 '멘토제(Mentor)' 때문에 가능한 것. 멘토제는 선배사원이 신입직원을 일정기간 동안 1대1로 지도, 관리하는 것으로, 신입사원들의 회사 적응도를 높이고 전문가로 발전하는 데 필요한 기본기술을 신속하게 습득할 수 있도록 하기 위해 도입되었다.

'멘토'는 기술지도에서부터 애로사항, 문제점 등, 인생상담에 이르기까지 종합 컨설턴트 역할을 담당하게 된다. '멘토'는 대리급 이상 직원들 중 선발을 통해 임명하며 별도의 교육도 받게 된다. 멘토 활동기간은 3개월간이며, 특별 활동비가 별도로 주어진다. 현재 활동 중인 멘토는 모두 50명으로 각기 지도 프로그램을 수립해 운영 중이며, 퇴근 후 친밀도를 높이기 위해 볼링, 컴퓨터 게임, 영화, 가정방문 등 다양한 활동을 벌이고 있다.

(멘토 사원 이야기)
멘토로 활동하고 있는 SI사업부 손지영(31)씨는 "제가 신입사원 때 느꼈던 어려움들을 되풀이하지 않도록 하기 위해 가능한 한 많은 도움을 주기 위해 노력하고 있다"며 "업무 적응도도 빠르고 생활도 열심히 해 보람을 느낀다."고 말했다.

3. 동양기전 멘토링의 효과적인 운영방
인사담당 전오철 대리

동양기전(주) 멘토링은 먼저 전오철 대리의 열정과 회사의 적극지원으로 성공률을 높이고 있습니다. 전문교육을 이수하고 그동안 꾸준히 준비하여 1차로 연구원 신입사원 멘토링을 3개월에 걸쳐 유지율과 정착률을 100% 달성했습니다.

2차로 경력사원 정착률을 목표로 3개월간 활동으로 역시 유지율과 정착률 100% 실적을 거두었습니다. 3차 생산직 여사원 정착률 멘토링을 준비 중에 있습니다. 이 글은 월간 인사관리 3월호에 전오철 대리가 기고한 내용입니다.

21세기의 지식사회가 도래되고, IT산업의 발전으로 최근의 환경변화는 지난 수십 년간의 변화보다 급속하게 변하고 있다. 이런 환경변화에 유연하게 대처하고, 경쟁력을 확보하면서 기업이 지속적인 성장을 하는 것은 대단히 어려운 일이며, 그 경쟁력의 중심에 인재가 있다. 기업의 인재육성과 우수인재 확보는 기업의 사활을 다투는 중요한 문제가 되었으며, 구성원들의 잠재력을 개발하고 핵심인력을 육성하려는 움직임이 가속화되고 있다.

이러한 움직임 속에서 인사관리도 관리와 통제 중심에서 현장 중심으로 이동되고 있다. 현장 중심의 인사관리란 종전의 일방 통행식의 정책을 탈피해 종업원의 NEED를 먼저 파악하고 선행 지원하는 인사관리의 새로운 역할 정립을 의미한다.

오늘날의 복잡 다양화되는 기업활동과 종업원의 NEED를 파악하기 위해서는 기존에 활용했던 포괄적이고 단일화된 '돋보기형' 인사관리에서 다양한 NEED를 좀더 세밀하게 접근할 수 있는 '현미경형' 인사관리로의 전환이 필요하다.

이러한 '현미경형' 인사관리 중에 하나가 바로 멘토링이다. 당사(동양기전주식회사)는 '창의적 인재', '능동적 인재', '인간적 인재'라는 인재상 아래 '윤리경영', '독서경영' 등의 독특한 기업문화를 가지고 있는 자동차 부품 제조업체로써 다양해지는 신입사원들의 욕구를 해결하고, 조기정착을 통하여 인재효율성을 제고시키려 멘토링 제도를 도입하게 되었다.

1) 당사 멘토링 시스템

최근 신입사원의 욕구는 다양해지고 있다. 인터넷의 발달과 급변하는 환경은 기존 선배사원들이 가지고 있는 생각과 문화와는 차이가 있음을 인정하지 않을 수 없게 만들었다. 하지만 기업은 같은 VISION 아래 한 방향으로 함께 합심하고 노력하여 타사와 경쟁하여야 하기 때문에 당사는 첫째, 기존 선배사원과 신입사원들의 문화와 생각의 차이를 어떻게 줄일 것인가? 둘째, 어떤 방식으로 신입사원을 조기정착시켜, 선배사원과 신입사원 모두 시너지 효과를 낼 수 있도록 할 것인가? 하는 해결책을 찾고자 2003년 10월 1일 멘토링 제도를 도입하게 되었다.

2) 선행사항

멘토링 도입 시 가장 중요한 부분은 전 사원의 공감대 형성이다. 공감대가 형성되지 않고는 제도가 제대로 실행될 수가 없다. 그래서 동양기전은 제도 도입 필요성 및 타사사례 등을 경영자에게 보고하여 시행하기로 결정하고 6개월 전부터 그룹별 설명회 및 동양사보 등을 통해 홍보를 해나가기 시작했다. 아울러 외부강사를 초빙하여 멘토링 제도에 대한 교육도 함께 실시하여 많은 계층들로부터 공감대를 얻어냈다. 공감대 형성은 제도에 대한 이해 및 함께 동참하여 추진하고자 하는 전 사원들의 의욕을 불러일으킬 수 있다.

3) 멘토링 추진위원회 구성

기존의 인사담당에서 운영하던 인사관리 시스템과는 별개로 D. Y(동양) 멘토링위원회라는 별도의 조직을 구성하였다. 또한, 조직구성원은 전문교육을 수료하고 외부 강사 초빙 등을 통해 멘토십을 학습하였다. 위원회의 구성원은 경영자 및 사원대표 등의 다양한 계층의 사원이 참여하고 있으며, 모니터 요원으로도 활동을 하면서 멘토와 멘제의 활동을 촉진시키는 역할을 하고 있다.

4) 멘토링 프로세스

멘토링위원회가 구성되면

첫째, 먼저 전 사원을 대상으로 멘토링설명회를 개최한다.

둘째, 각 부서에서 추천된 멘토 후보를 멘토링위원회에서 심사기준에 따라 적합한 멘토를 선정하게 된다.

셋째, 선정된 멘토를 대상으로 멘토십과 멘토링 제도 교육을 실시한다.

멘토십이 바탕에 있지 않으면 멘토의 역할을 수행하는 데 소홀하게 되며, '현 업무 외에 다른 업무가 부가된다.'라는 불만이 발생할 수 있으므로 교육을 통해서 멘토십을 형성하는 것이 무엇보다도 중요하다.

넷째, 교육 및 게임을 통하여 성격분석을 하고 유사한 성격끼리 멘토, 멘제 커플을 맺는다.

다섯째, 월례조회 등을 통하여 멘토에게 멘토링 배지 등을 증정하고 결연식을 맺어 멘토링 기간 동안은 배지를 달고 다니게 해 멘토로 선정된 것에 대한 자부심을 갖게 한다.

여섯째, 주기적으로 멘토링 프로그램을 통하여 활동할 수 있는 공간을 만들어주고, 활동성과가 좋은 사람은 포상을 하고 부족한 사람은 분발시킨다.

일곱 번째, 활동결과에 대한 평가 및 결과를 경영자에게 보고한다.

5) 멘토링 프로그램

활동기간 동안 멘토링위원회에서는 다음 네 가지 프로그램으로 멘토링 커플을 지원한다.

첫째, 동기부여 프로그램이다. 멘토에게 월 활동비를 지원해 주고 활동평가 후 우수멘토로 선정된 멘토는 수상을 하게 된다. 그 결과는 종합평가 시 인성부분을 참고하는 자료로 활용된다.

둘째, 오프라인 활동촉진 프로그램이다.

멘토링 추진위원이 멘토/멘제 커플을 나누어서 모니터링을 하게 되고 부진한 커플을 독려하고 그들에게 접수된 건의사항 및 고충사항은 위원회에서 해결한다. 위원회는 월간 단위로 멘토만을 대상으로 하는 간담회를 개최하고 멘토 멘제 단체활동을 주관함으로써 활동을 촉진시키고, 매주 금요일을 멘토링 데이로 지정해서 주내에 활동하지 못한 부분을 상기시키고 지속적으로 활동할 수 있도록 도움을 주고 있다.

셋째, 온라인 활동촉진 프로그램이다. 당사는 멘토링 커뮤니티와 E-MAIL을 적극 활용하고 있다.

멘토링 커뮤니티를 구성해서, 온라인 교육을 시행하고 베스트 PRACTICE를 선정해, COMMUNITY 게시판에 공고한다. 이를 통해 선정된 사람은 자부심을 갖게 하고, 다른 멘토에게는 분발을 촉구하게 한다. 또한, 기록으로 남겨 개별적인 활동으로 남을 수 있는 활동을 모두에게 공유시켜 활동결과를 벤치마킹하게 한다.

실제로 1기 멘토/멘제는 커뮤니티를 통해 타 커플의 활동사례를 벤치마킹하였고 선의

의 경쟁을 함으로써 활동이 촉진되는 것을 모니터링할 수 있었다. 커뮤니티가 커플의 네트워크를 통한 지원이라고 한다면, 이메일은 멘토링 활동의 알람 역할을 한다. 멘토링위원회라는 별도 계정으로 보내지는 E-MAIL은 매주 금요일 멘토링 데이에 추천활동과 함께 보내진다. 단순히 추천활동뿐만 아니라 대표이사의 신년사 등 조직문화와 관련된 여러 자료들을 멘토에게 보냄으로써 멘토가 멘제를 효과적으로 지도하는 데 도움을 주게 된다.

넷째, 활동평가 프로그램이다.

멘토는 월 1회의 활동보고서를 제출하게 되고, 멘제를 대상으로 1개월 차와 멘토링 종료 후에 각각 설문조사를 실시하게 된다. 활동평가 점수는 멘토50점 멘제40점 모니터 가점 10점으로 구성되어 있으며, 보고서 제출도, 아이디어 제공, 커뮤니티 활동, 멘제 설문조사 결과로 평가하게 된다.

6) 멘토링 시행결과 및 효과

당사는 2003년 9월 1일에 입사한 사원 19명을 대상으로 10월 1일부터 제1기 멘토링이 진행되었으며 12월 31일 기준으로 유지율 100%, 정착률 100%의 결과가 나타났다.

활동 후 멘제에게 실시되는 멘제 만족률 설문조사에서도 긍정적인 결과가 집계되었다.

현재는 제1기 멘토링의 성공적인 정착에 힘입어 경력사원을 대상으로 한 제2기 멘토링이 진행 중이다. 기간은 12월 1일~2004년 2월 28일까지이며 현재까지 100%의 유지율과 100%의 정착률을 보이고 있다. 멘토링 시스템이 신입사원 이외에도 경력사원들의 조직 적응력향상과 긍정적인 마인드조성에 효과를 나타낼 것이라고 기대하고 있다.

1기 2기에 이어 제3기 멘토링이 시행되었다. 3기 멘토링은 1기 2기와는 달리 생산부문의 멘토링이다. 국내외 자료에서 생산부문의 멘토링 사례는 찾아볼 수가 없어서 D. Y 멘토링위원회에서는 '도전'이라고 표현하고 있다. 2004년 2월 1일 입사한 생산 신입여사원과 입사 3년차 이상의 멘토가 연결되어 활동하고 있다.

짧은 기간이지만 지금까지 당사가 시행해 본 결과 멘토링 운영의 성공 포인트는

첫째, 멘토링이 프로그램화되어야 한다는 것이다. 동양기전을 비롯한 국내 많은 기업도 멘토링과 유사한 후원자제도를 한번쯤은 시행해 보았을 것이다. 하지만 성과를 거두지 못한 이유는 멘토와 멘제를 연결만 시켜놓고 그들을 관리해 줄 프로그램이 정립되어 있지

않기 때문이라고 생각한다.

둘째, 목표가 단순하고 명확해야 한다. 당사의 사례처럼 제1기 신입사원 정착률 향상, 제2기 경력사원 정착률 향상, 제3기 생산부문 정착률 향상 등의 구체화된 목표가 있어야만 도달하기가 쉽다.

셋째, 멘토링의 생명은 끊임없는 관심이다. 조직 내에서 경영자가 관심을 갖고, 위원회에서는 지속적으로 새로운 프로그램을 개발하고, 활동비 등의 경비지원을 해야 만이 멘토링 프로그램이 활성화될 수 있다고 생각한다.

동양기전은 1기, 2기, 3기를 통해 멘토링 제도를 단시간 내에 효과적으로 정착시켰다. 2003년 10월 멘토링 제도를 도입하여, 사원들이 '돋보기형' 인사관리보다 '현미경형' 인사관리 즉 세밀한 관찰과 세심한 배려가 밑바탕에 깔려 있는 현장 중심의 인사관리를 원하고 있다는 것을 다시 한번 인식하게 되었다. 또한, 멘토링은 당사에 다음과 같은 세 가지 효과를 나타냈다.

첫째, 공통의 문화가치와 회사의 VISION 등을 인식시켜 줌으로써 신입사원이 조직문화에 신속히 융화되어 정착률 100%를 달성하게 되었다.

둘째, 지식이전과 기술전수이다. 멘토가 익힌 지식과 기술 등을 1 : 1로 멘제에게 이전시켜 주고, 멘제는 새로운 환경변화를 멘토에게 인식시켜 줌으로써 멘토 / 멘제가 다 같이 향상되는 시너지 효과가 있게 되었다.

셋째, 업무 이외에 개인적인 애로사항 등을 서로 상담하고 해결함으로써 인간관계를 향상시켜 개인 간, 팀 간의 갈등해소를 가져와 업무향상을 가져오는 효과를 볼 수 있었다.
그러나 우리는 여기에 만족하지 않고 새로운 프로그램 개발을 적극 추진하여 멘토링 시스템을 더욱 발전시키고, 다른 인재육성 프로그램과도 연결시켜 단순한 정착률 향상만이 목적이 아니라 회사의 핵심인력 육성에 기여할 수 있도록 할 예정이다.

(ocjun@dy.co.kr)

7) 멘토와 멘제 소감

■ 멘제 최은석 (기획실 회계팀)

초등학교 때인가 '마니또'란 것을 해보고 처음으로 접해 보는 공식적인 유대관계인 것 같다. 아무도 모르게 뒤에서 도와주는 그림자 역할을 하면서 참 뿌듯하기도 하고, 주는 기쁨이 이거구나 느끼면서 받는 사람보다 더 좋아했던 기억이 난다.

신입사원으로 처음 회사에 입사하면서 사회생활에 대한 막연한 두려움과 '내가 과연 잘 할 수 있을까?' 하는 걱정을 많이 했었다. 그러다 정말 운이 좋게 멘토링 제1기로서 여러 멘토 / 멘제님들과 개인적인 유대관계를 통해 그런 두려움을 조금이나마 해소할 수 있었고, 말로만 듣던 동양기전의 기업문화가 참 인간적이라는 것을 새삼 느낄 수 있었던 기회였던 것 같다. 그리고 가족이나 친구들이 이해 못할 것 같아 말할 수 없었던 고민거리, 멘토님과 함께 나누면서 든든한 후원자 한 분을 만난 것 같아 참 고마웠다.

선배님들이 말하길 직장생활이란 것이 일이 힘들어서가 아니라 사람 사이의 관계가 힘들어 누구나 한번은 이직을 생각해 본다고 한다. 하지만 직장 내에 누군가 나를 진심으로 후원해 주고, 고민을 들어주며, 충고를 아끼지 않는 길잡이 역할을 해주시는 분이 한 분이라도 있다면 마음의 상처로 쉽게 이직을 결심하지 않을 것 같은 생각을 했다.

3개월간 멘토링……

짧지만은 않은 기간이기에 많은 것을 할 수 있을 거라 생각했는데 회사에 적응을 하는 사이 어느새 시간이 훌쩍 지나가 버렸다. 막상 3개월이 지나고 나니 너무 짧아 그동안 멘토님과 많은 시간을 보내지 못한 것 같아 아쉬운 생각이 든다. 하지만 멘토님과 다짐을 했다. 공식적인 멘토링은 여기서 끝이 나지만 꼭 멘토 / 멘제이기 때문에 활동을 해야 한다라기보다는 직장의 선배로서 인생의 선배로서 또 때로는 친언니같이 언니로서 마음의 유대를 계속 유지하기로……

그리고 언젠가 나에게 멘토의 기회가 주어진다면 이 다음에 꼭 좋은 멘토가 되어서 멘토님께 받았던 고마움을 더해 나의 멘제에게도 길잡이 역할을 해주고 싶다는 바람과 욕망을 가져본다.

- 멘제 김영진(연구소)
  - 활동소감
  - 건의사항
- 멘토 윤선희(회계팀 과장)
- 기타 활동 후기

4. 삼성테크윈 업무 OJT를 병행한 멘토링 성공사례

김준현 삼성테크윈㈜ 인사Unit 과장

삼성테크윈은 멘토 / 멘제 23쌍이 2003 / 7월에 멘토링 활동을 시작하여 12개월 기간으로 활동 중입니다. 2기 80쌍이 금월 3월 중에 출발을 앞두고 있습니다.

현재 시점에서 중간평가는 이직률 14.4%가 6.4%로 감소했습니다. 이 글은 월간 인사관리 3월에 멘토링 담당 김준현 과장이 기고한 내용입니다.

21세기 Digital 시대의 진정한 리더가 되기 위해 당사는 2000년 '삼성항공산업㈜'에서 '삼성테크윈㈜(Technology Winner)으로 사명을 변경하고 World class의 제품을 육성하기 위해 모든 역량을 집중하고 있다. 특히 멀티미디어의 총아인 디지털카메라와 영상정보기기, 반도체 부품 및 장비 그리고 항공기 엔진에 이르기까지의 다양한 제품군(群)은 새로운 인재와 그에 맞는 인재상을 요구하고 있으며 그 결과로 최근 3년간 신입사원의 수는 급격히 늘어나고 있는 추세다.

1) 신입사원은 조기에 조직의 가치관을 공유해야

최근 입사하는 신입사원들의 성향은 기성세대에 비해 '자기중심적 개인주의'가 강하다는 반면에 보다 풍요롭고 안정된 사회 속에서 성장하여 온 까닭에 솔직하고 진지한 일면과 합리적인 사고방식을 갖고 있다는 점이다.

신입사원들은 자신들의 주장이 기업으로부터 받아들여지지 않는 데 대하여 당혹감을 느끼기도 하고 심지어 기업에 대한 실망을 느끼고 조직을 떠나는 사례가 늘고 있다. 즉 기업에 대한 소속감의 약화, 전직성향의 상승으로 나타나고 있는 것이다.

리챠드 파스칼(Richard Pascale) 교수는 신입사원에 대하여 가능한 한 조기에 '회사인간'으로 바꿀 것을 강조하고 있다. 신입사원의 특성인 가치관의 다양성은 존중하되, 영속적 성장이라는 명확한 조직의 목표를 갖고 있는 기업에 들어온 이상 하루빨리 그들의 가치관을 조직의 가치관에 맞도록 바꾸는 노력이 필요하다는 것이다.

즉, 기업문화에 적응할 수 있는 인재를 채용하는 것이 가장 중요하겠지만 이미 채용한 신입사원에 대해서는 기업문화에 맞는 가치관을 가질 수 있도록 조기에 훈련과 교육이 필요하다고 강조하고 있다.

이를 위해 당사에서는 기존의 후견인 제도를 보완하여 2003년부터 새로운 멘토링 프로그램을 도입, 운영하고 있다.

2) 업무 OJT와 병행하는 멘토링 프로그램

당사에서 운영 중인 멘토링 프로그램의 특징은 '업무 OJT를 겸한 멘토링'이라는 것이다. 일부에서는 멘토링은 업무와 무관하게 진행되어야 한다는 의견이 있으나 기업 입장에서는 1:1 인간관계를 통한 신입사원의 조기정착과 자연스런 업무 OJT가 가능하게끔 유도하는 것이 가장 합리적인 방법이라 여겨진다. 업무 지휘관계의 특성상 인간관계 형성의 한계점은 분명 존재하게 되지만, 신입사원들이 일을 통해 조직에 정착하는 방법이 그 어떤 조기정착 유도 프로그램보다 질적 우위에 있다는 것은 모두 공감하는 부분이라고 생각한다.

원래 OJT가 '업무 Skill전수'라는 과업지향적 목표에 1:1 관계라는 인간적 유대를 가미한 것이라면, 멘토링은 인간적 교류를 통해 자연스럽게 업무 Skill을 전수하는 것으로 볼 수 있다. 즉, 멘토링을 통해 보다 완성된 OJT조직을 운영할 수 있다는 점이다.

당사의 멘토링 제도는 그간 비공식적인 후견인을 지정하여 운영하던 방식을 수면 위로 끌어올려 공식화시킨 점이 기존의 후견인 제도와 다른 점이라 할 수 있겠다.

모든 것이 낯설기만 한 신입사원들에게 누군가가 자신을 지켜주고 돌봐주고 있다는 사실은 신입사원들에게는 커다란 힘이 되고 있으며, 실제로 신입사원들의 이직률이 줄어드는 결과를 가져오고 있다.

3) 멘토의 선정

당사의 멘토는 일정한 자격요건을 필요로 하며 인사부서와 신입사원의 부서장이 검토하여 최종 결정하게 된다. 멘토의 선정기준은

첫째, 인격적으로 신뢰가 가고 대인관계가 원만한 사람이어야 한다. 대인관계가 원만하지 못하거나 적극적이지 못한 사람이 멘토가 될 경우 잘못된 멘토의 의식과 행동을 그대로 답습할 우려가 있으며 또한 멘토의 가정이나 건강에 이상이 있는 경우에는 신입사원(멘제)의 본보기가 되기가 어렵기 때문이다.

둘째, 일정수준의 업무성과를 내는 사람이어야 한다. 이는 멘제에게 업무상 조언이 가능하고 노하우의 전수가 가능해야 하기 때문이다.

셋째, 조직에 대한 로열티 및 자기희생 그리고 솔선수범 의지가 강한 사람이어야 한다. 그래야 멘토와 멘제 모두 멘토링을 통해 자연스럽게 애사심이 고취되고 직무몰입의 자연적인 유도가 가능하기 때문이다.

마지막으로 회사 및 부서의 고유한 조직문화의 전수를 가능하게 하기 위해 1년 미만의 전입자와 징계를 받은 자를 멘토 선정 시 제외시키고 있다. 이렇게 선정된 멘토와 멘제는 경영진과 부서장들이 참석한 가운데 공식적인 결연식을 갖게 된다.

결연식 이후 멘토의 사원증(IC카드)에 'Mentor'라는 스티커를 부착해 줌으로써 주위의 사람들로 하여금 멘토의 존재를 인식할 수 있도록 부각시키고 있다.

4) 멘토링 오리엔테이션 내용

멘토와 멘제가 선정되고 나면 멘토링 전문기관을 통해 오리엔테이션을 실시하게 된다. 오리엔테이션은 멘토, 멘제의 개인적 성격유형을 여러 Typology 중 한 가지(DiSC, MBTI, 애니어그램, 5 Index 등)를 이용하여 서로의 장단점 및 유형을 확인한 후 단계별 멘토링 활동의 목표를 정하게 되는데 여기서 서로 간의 친밀도를 높이기 위한 기초적인 방법부터 비교적 장기적 목표인 업무적응 및 개인별 성장목표를 공유하여 언제 어떻게 목표들을 달성할 수 있을 것인가에 대한 진지한 논의가 시작된다.

멘토는 멘제에 대한 기본적인 사항들 - 입사동기, 가치관, 비전, 개인적 관심사 - 에 대한 정보를 얻게 되고 멘제는 멘토의 육성철학, 직무경험, 지도 스타일 등에 관한 정보를 획득하게 된다. 이렇게 서로 논의한 계획들을 사무국에 제출하고 멘토링의 공식적인 첫걸음을 내딛게 된다. 멘토링 활동이 시작되고 나면 6개월 후에는 멘토 보수교육이 진행된다. 보수교육은 외부 멘토링 전문가의 특강 및 성공 및 실패사례 공유 등으로 구성된다.

5) 단체 멘토링 활동으로 적극적 참여 유도

멘토링 활동에서 가장 중요한 것은 지속성이다. 업무상 바쁜 일정 때문에 멘토가 멘제와 충분한 시간을 갖지 못하게 되는 경우가 대부분이며 시간을 갖더라도 아주 짧은 경우가 많다. 그리고 멘토와 멘제가 서로 만나서 무엇을 함께 할 것인가에 대한 고민도 발생하게 된다.

이런 점들을 해결하기 위해 멘토링 사무국에서는 주기적으로 단체 멘토링 활동을 실시하고 있다. 원래 멘토링 활동 자체는 지극히 개인적인 것이지만 합동 멘토링을 통해 자신들 외의 다른 커플에 대한 활동 방법론에 대한 벤치마킹과 노하우를 공유하기도 한다.

일종의 멘토링 활동의 독려 차원으로 이해하면 될 것이다. 단체 멘토링 활동의 내용으로는 등반, 운동경기, 스포츠 관람, 문화체험 등을 들 수 있으며 지난 2월에는 경영진과 멘토, 멘제들이 일주일간 릴레이 중식 간담회를 실시하기도 하였다.

6) 효과 및 문제점

첫째, 멘토링에서 기대되는 가장 큰 효과는 무엇보다도 신입사원들을 조직에 빨리 적응시키는 데 있다. 멘토링 프로그램을 도입하기 이전인 2001년과 2002년의 신입사원 이직률은 14.4%였으나 멘토링을 도입한 2003년 신입사원의 이직률은 6.3%로 줄어들었다. 물론 실업증가, 취업의 어려움 등 사회 전반적인 요소도 작용을 했겠지만 멘토링이 지대한 역할을 담당했다는 점은 부인할 수 없다.

둘째, 그간의 인재육성 방식이었던 대량 교육체제가 1 : 1 맞춤교육 체제로 변하기 시작했다는 점이다. 개인별 니즈를 반영하는 맨투맨 관리만이 소중한 인재를 놓치지 않는 중요한 방법이라는 것을 회사가 인식하기 시작했다는 것이다.

셋째, 멘토로 선정된 자들은 조직의 차세대 리더로서 리더십 체험을 해보았다는 점이다. 이는 신입사원인 멘제뿐만 아니라 멘토들에게도 이직의 확률을 감소시켰으며 일선 조직관리 방식에 긍정적인 모델을 제시한 케이스라 볼 수 있다.

이는 멘토들을 대상으로 한 설문에서도 확인할 수 있는데 전체 멘토의 70% 이상이 현재의 멘토링에 대해 긍정적인 자세를 취하고 있으며 부서장들 역시 멘토의 66% 이상이 업무상 높은 성과를 냈다고 답변하였다.

반면 당사의 멘토링에 대한 문제점으로는

첫째, 급격히 증가하는 멘제들에 비해 멘토의 숫자가 부족하다는 점이다. 멘토 pool이 제대로 구축되지 않은 상황에서 성급하게 멘토와 멘제를 결연시키다 보니 극소수의 커플들이 일종의 의무감에 휩싸여 멘토링 활동의 본질을 왜곡하여 소기의 목적을 달성하는 데 어려움을 겪곤 하였다. 이 점은 멘토, 멘제의 결연방식에 대한 개선여지를 충분히 갖게 하는 점이다.

둘째, 부서 내에서 멘토링 활동이 자칫 다른 사람들과의 관계에서 위화감과 알력으로 작용할 수 있다는 점이다. 이것은 현실적으로 피하기 어려운 점이지만 멘토로 지정되지 않은 다른 사람들에게 차기 활동 시 멘토로 지원할 수 있는 여건을 조성해 줌으로써 해결할 수 있다고 생각된다.

셋째, 멘토링 대상자들과 사무국의 꾸준한 관심과 정성이다. 멘토링 활동이 일회성으로 끝나지 않고 지속될 수 있도록 정기적인 멘토링 행사를 확대 추진하고 사무국의 모니터링 방법을 다양화시켜야 한다.

7) 우수사례에 대한 지속적인 홍보 필요

멘토, 멘제와 더불어 멘토링에서의 또 하나의 중요한 역할은 해당 부서장들이다. 부서장이 멘토링에 대한 이해가 부족하면 해당 커플은 멘토링 활동에 어려움을 겪게 된다. 이에 당사는 멘토링 도입 시에 부서장의 멘토링에 대한 올바른 개념과 부서장으로서의 역할 등에 대해 사전교육을 시행함으로써 멘토링 활동에 대한 공감대를 형성시켰으며, 사무국에서는 주기적으로 커플별 활동에 대한 피드백을 해주어 부서장의 관심을 지속시키고 격려를 가능케 하였다.

또한 사내 인트라넷으로 멘토링 홈페이지를 구축하여 각종 정보를 제공하고 서로의 활동을 공유할 수 있도록 하였으며, 사내 기획방송을 통해 전 사원에게 멘토링 활동을 홍보하기도 하였다. 작년 연말에는 멘토, 멘제의 멘토링 활동사진을 모아 기념 캘린더를 제작하여 배포하기도 하였다.

이런 모든 홍보활동은 개인적, 비공식적 활동이라는 멘토링의 약점을 극복할 수 있는 좋은 방법이며 주위의 관심을 지속시킬 수 있는 대안이기도 하다. 주위의 관심이 사라지게 되면 자연스레 멘토링 활동이 위축될 수 있는 가능성이 높기 때문이다. 경영진을 포함하여 전 사원에게 멘토링 활동의 우수사례를 다양한 매체를 활용하여 꾸준히 홍보하는 것이 멘토링 사후 관리의 핵심이라 할 수 있다.

8) 성공적인 멘토링을 위한 방안

성공적인 멘토링 도입을 위한 방안으로는

첫째, 우선 멘토링에 대한 충분한 사전검토와 준비가 필요하다. 조직 내에 도입하려는 멘토링의 목적이 신입사원들의 분위기 적응을 위한 것인지 핵심인재의 육성에 관한 것인지 명확히 정립해야 한다.

또한 멘토의 자질을 갖춘 사람이 조직 내에 얼마만큼 있는지, 새로운 멘토 pool의 구축이 용이한지에 대한 검토도 필요하다고 본다. 멘토링을 도입한 후 멘토가 없거나 부족하다면 멘제들의 적응과 성장에 어려움이 발생할 수 있다.

둘째, 멘토링에 대한 명확한 이해가 전제되어야 한다. 멘토와 멘제뿐만 아니라 부서장, 경영진에게 이들의 존재를 알리고 활동내용에 대한 피드백을 지속시켜야 한다. 또한 멘토는 지시자가 아닌 파트너로서의 자세를 견지할 필요가 있다. 일방적인 지시보다는 멘제가 갖고 있는 문제의 현상을 제대로 알려줘야 하며 멘제 스스로 주인의식을 갖고 생활하도록 유도하여야 한다.

마지막으로 정기적인 멘토링 효과분석과 성과에 대한 적절한 인정과 보상이 필요하다. 멘토링 활동과정이나 결과에 대한 엄격한 평가가 주기적으로 진행되어야 하며 그 결과에 따라 금전적, 비금전적 보상도 함께 동반되게 된다면 그 효과가 배가될 것이다.

당사에서는 멘토링 제도가 조직활성화 및 생산성 향상, 일선 조직관리에 긍정적이라는 판단 아래 사업장 고유문화로 정착시키기 위해 온 힘을 기울이고 있으며, 향후 신입사원뿐만 아니라 경력사원에게도 확대 적용할 계획이다.

(hugh.kim@samsung.com)

3장 해외 제도적 멘토링 Case Study

1. 모토롤라 멘토링 Hightouch In Hightech

글 - 톰 랜드(Motorola 과장 / 기술연수담당)

머리글

1980년, 기술집약 기업 모토롤라(남플로리다 소재)에 멘토링이 도입되었다. 모토롤라에서의 멘토링 프로그램은, 기술을 능숙하게 이용하는 문제, 졸업생이 학원에서 산업현장으로 이동하는 문제, 사원능력의 재충전·발전, 그리고 구하기 힘든 유능한 인재를 계속 회사에 있게 하기 등의 문제에 효과적인 해결책으로서 가치 있는 것이다. 모토롤라에서의 멘토링 프로그램의 교차기능팀(Cross-Function Team) 모델을 소개하겠다.

들어가면서

지금부터 모토롤라에서 8년 동안 진행된 기업 멘토링 프로그램을 소개하려 한다. 멘토링 프로그램은 기술인력 발전에 관한 문제들을 설명하려고 시작되었다. 멘토링 프로그램은 포괄적인 'New Engineer Development Program'의 중요한 구성요소이다. 멘토링 프로그램은 목표를 아주 성공적으로 수행하였고, 기술적·마케팅적·비서적(Secretarial) 멘토링을 포함한 몇몇 프로그램들을 파생시켰다.

이 글은, 고도 기술집약 회사와 이 기술인력이 직면하는 문제들과, 이런 문제들에 멘토링이 어떻게 효과적인 'High touch' 해결책이 되는가 하는 것을 설명한다. 모토롤라 멘토링 프로그램의 목적과 목표, 그리고 ProgramTtask Flow를 다룬다.

　자, 그러면 첨단산업 환경에서 멘토링 프로그램을 구축하는, 각 단계를 예로 들어보자.

모토롤라 소개

　남플로리다에서의 멘토링 프로그램은 5,000여 명의 직원과 두 가지 주요 통신장비를 다루는 기업에서 시행된 것이었다. 플로리다 주 포인튼 비치 소재의 The Paging Division(호출기 제작부서)은 1,700명의 직원이 있고, 라디오 페이저, 페이징 터미널, 페이징 시스템 등을 개발·생산하고 있다.

　직원이 3,500명인 플로리다 주 플랜테이션 소재의 The Potable Product Division 은 2-way 포켓라디오, 마이크로일렉트로닉스, Support Applied Research, Data Products Operations 등을 생산한다.

모토롤라 멘토링 프로그램에서의 의미심장한 통계

　모토롤라에서의 멘토링 프로그램은 1980년에 남플로리다에서 도입되었다. 멘토링 프로그램은 172명의 멘제를 배출하였고, 훈련된 멘토는 64명이었다. 세 가지 다른 멘토링 프로그램(신입기술사원멘토링·기술멘토링·비서적멘토링)이 있지만, 본 글에선 신입기술사원 멘토링만 다룰 것이다. 나머지 두 멘토링 프로그램도 첫 번째 것과 비슷하게 구성돼 있기 때문이다.

　멘토링 프로그램의 운영비용은 기본적으로, 프로그램 운영자(이 사람은 프로그램을 가동하고 다른 인력자원과 개인적 기능을 50% 유지하는 데에 자기 시간의 반을 쓰게 된다.)에 쓰는 것으로 제한한다.

모토롤라 기술인재

　'모토롤라 정보통신 섹터'는 기술집약 기업이라 불린다. 엔지니어링(기술)이 사업에서 주요 요소이다. 엔지니어링 파트가 섹트 내에서 가장 중요한 요소이다. 이것(기술)이 가장 중요한 자원이지만, 엔지니어링은 또한 비용이 많이 드는 요소이다. 이런 이유에서, 엔지니어링 자원의 이용과 효율성을 개선하는 어떤 단계든, 값비싼 지불이 요구된다. 실제로,

애써 투자한 기술인력이 이직(移職)하는 것은 단순한 사건이 아니다.

　단순히 한 직원이 사표를 내는 것 이상의 타격이 된다. 이직문제의 원인되는 요소는 '효용 (utilization)'에 관련된 것이다. 그러므로 기술자들의 효용(Utilization of Engineer)하는 기법을 개선하는 것은 이 가치 있는 자원을 더욱 효율적으로 사용하는 면에서 뿐만 아니라, 유능한 기술인력을 더 많이 보유함으로써 기술을 비축하는 것이다.

〈기술인력에 대한 이슈들과 문제들〉

산업환경에 진출하는, 기술대학 신입기술사원에 대한 이슈들과 문제들은 다음과 같다:

- 사용 가능한 기술적 재능
- 학교에서 배운 지식을 실제 현장에서 적용하기
- 남플로리다로 이주하게 되는 문제
- 신입기술사원의 'Career개발' 향상시키기(첫 번째 일은 Career의 안정을 위해서, Tone, 태도, 취미 등을 잘 펼치는 것이며, 또한 한 기술자가 만드는 가장 중요한 Carrer Dicision이다.)
- 일에 대한 만족(주요 요소들은: 초기 업무배당, 상사의 자질, 그룹과 조직의 분위기를 잘 느끼도록 적응되는 정도 등이다)
- 양질의 대학졸업자들이 이직(移職)하는 것을 최소화하기(이직은 처음 직장에 출근하는 날부터 잠재하기 시작한다)
- 기술력의 재보충(기술력은 기술력을 바탕으로 하는 조직에겐 생명줄)
- 모토롤라의 정책들과 실행들에 대한 의사소통이 말단 사원에게까지 잘 이해되어야 하는 것
- 관리력(Management)이 말단에까지 미쳐야 하는 것
- 업무 완수에 있어 중요한 이슈들과 사소한 일들을 구분·격리하기

멘토링 프로그램의 목표와 목적

비즈니스 환경에서, 멘토링 프로그램의 이익(salt)은, 경영자에게 손익계산서에 직접적인 영향을 주는 가치로서 인식되어야 한다. 이것은 멘토링 프로그램의 목표와 목적이 조

직이 직면한 문제와 이슈의 해결을 향한 직접적인(direct) 연계기관(link)을 가져야 한다는 말이다. 모토롤라의 프로그램은 이용(Underutilization)과 신입사원의 적정한 좋은 출발, 기술력 유치(Attracting)하고 존속시키기, 경영과의 의사소통(Communication with Management) 등을 설명한다.

모토롤라에서의 멘토링 프로그램**의 목표와 목적**들은 다음과 같다:

- 신입기술사원들에게, 그들이 부서장과 상의하지 못할 쟁점과 문제에 대해 상담과 인내를 제공
- 신입기술사원들에 관련된 쟁점에 대해 진행관리자(management)들에게 피드백을 제공
- 신입기술사원의 필요와 가치를 중견간부들에게 알림
- 기술인력을 유치하고 존속시키는 회사의 능력을 향상시킴
- 계속되는 멘토와 멘제 미팅
- 멘제와의 월간 모임
- 1년에 4번 멘토와 함께하는 분기고찰(review) 과정
- 멘제의 문제해결
- 멘토링 프로그램 평가(evaluation)
- 프로그램 피드백

본 글의 Reminder는 세부사항에서, 이 점검(Critical) 단계들을 각각 논의한다.

모토롤라 멘토링 프로그램 업무흐름도(Task Flow)

다음 장 차트는, 모토롤라에서의 교차기능 팀 멘토링(Cross Function Team Mentoring)을 그림으로 보여주고 있다. 멘토링은 팀 개념을 강화하고, 프로그램이 현재의 인적 자원과 관리시스템을 통합시키도록 교차기능을 한다. 프로그램에 관련된 주요 인원들은 다음과 같다:

- 멘토링 프로그램 총집행자(신입기술사원들과 본 프로그램에 대한 이슈를 위한 구심점)
- 멘토

- 멘제
- 멘제의 부서장
- 교육부서
- 진행관리자
- 멘토링 프로그램 총집행자가 모토롤라 멘토링 프로그램을 구축을 위해 시행하는 점검 (Critical) 단계들은 다음과 같다:
- '멘토 풀'선정
- 멘토 교육 실시
- 멘제 오리엔테이션 실시
- 멘제와 멘토매칭
- 계속되는 멘토와 멘제 미팅
- 멘제와의 월간 모임
- 1년에 4번 멘토와 함께하는 분기고찰(review) 과정
- 멘제의 문제해결
- 멘토링 프로그램 평가(evaluation)
- 프로그램 피드백

본 글의 reminder는 세부사항에서, 이 점검(critical) 단계들을 각각 논의한다.

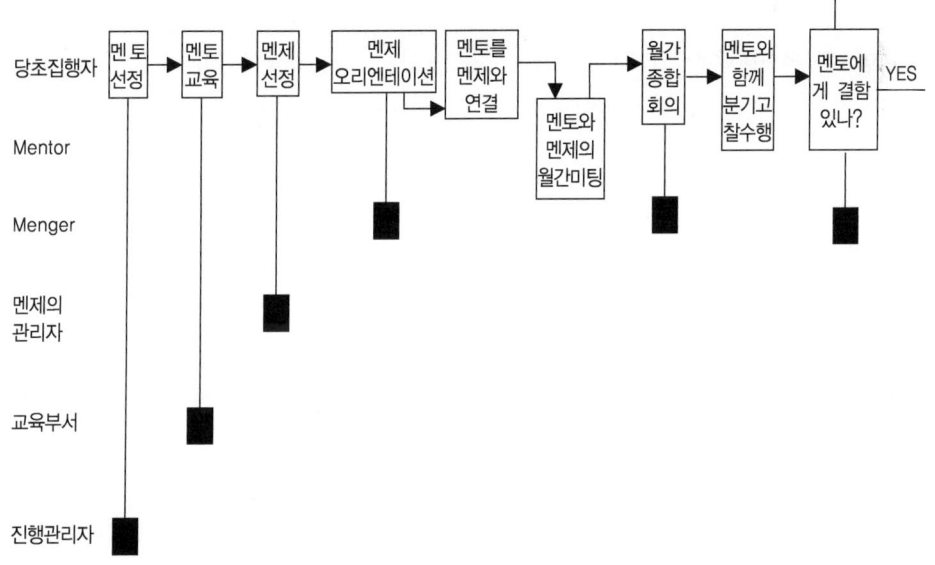

(can't from above)

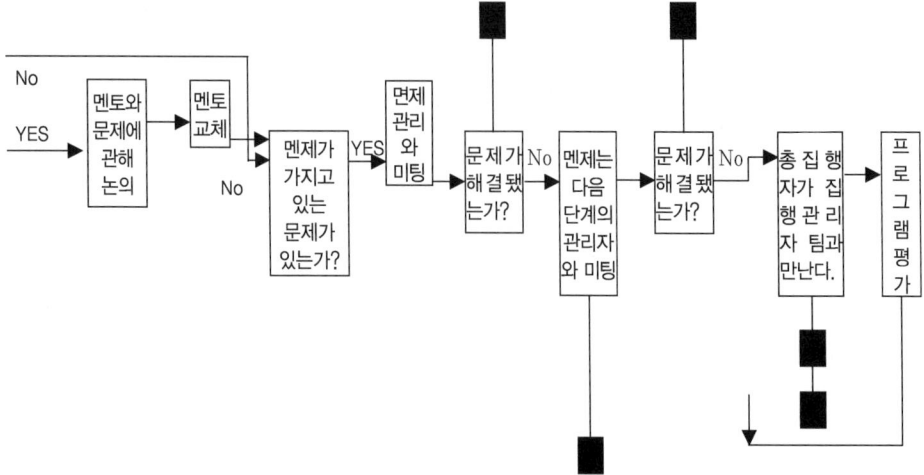

멘토링 프로그램 총집행자

멘토링 프로그램 총집행자의 역할은 아주 활력적인 것이다. 선정(Selection)단계는 최고경영자와 개개 인력(Human Resource Personnel)이 후보들을 평가(Evaluate)하는 과정을 포함한다.

'프로그램 총집행자의 직무 기술서(the administrator's job description)' 속에 있는 다음의 과제에 기초해서 말이다:

- 멘토의 선정과 교육과정에서 지원.
- 멘토, 멘제, 멘제 부서장을 인터뷰(핵심적 문제들을 드러내기 위해).
- 멘제가 만족할 때까지 그의 문제를 모니터한다.
- 프로그램을 평가(evaluate)한다.
- 진전된 사항과 문제들을 통해 얻은, 관리(Management)를 지속한다.
- 프로그램 실행을 계속 발전시킨다.

모토롤라 멘토링 프로그램 점검(Critical)방침

멘토 풀 정의하기

멘토는 중견간부이거나 상급자이어야 하지만 멘제의 직속상사여서는 안 된다. 멘토의 목표는, 멘제와 한정적이지만 실제적인 접촉을 규칙적으로 지속하는 것이고(매우 드문드문 할지라도), 멘제와 함께 주요 이슈를 토론할(모토롤라 사람 중) 또 다른 사람을 알선하는 것이다. 신중하고 경륜 있고 통찰력 있는 멘토라는 존재는, 의사소통 채널을 단일화하고, 안내자와 상담자로서 역할을 수행한다.

바람직한 멘토상은 다음을 갖추고 있다:
- **'최선을 다하는 자질'**: 멘토는 전문성과 남을 배려하는 면에서 뛰어나야 한다.
- **'조직에 대한 지식'**: 성공적인 멘토는 조직의 목표, 목적, 구조, 진행흐름을 알고 있는 자이다(조직의 앞으로의 계획이 무엇인가 하는 것을). 그리고 조직 내에서의 곤경을 피할 수 있는 방법을 멘제에게 제시한다.
- **'산업에 대한 지식'**: 멘토는 산업계의 변화, 발전, 경향(Trend)에 대한 파악이 빨라야 한다. 이래야 멘제에게 도전과 기회를 줄 수 있는 것이다. 멘토는 멘제의 목표를 파악하고 개인적 / 캐리어적 발전을 위한 상담자가 된다.
- **'시의 적절함'**: 멘토의 조언과 지시는 멘제가 처한 실상황에 맞는 것이라야 한다. '지금껏 해왔던 방식'을 고집하는 것은 실상황에 맞지 않는 것일 수 있다. 한편, 이것저것 일일이 지시하는 것은 멘제 개인의 성장에 장애가 될 수 있다.
- **'북돋움'**: 멘제에게 격려가 필요할 때가 있다. 그래서 멘토에겐 적극성과 지원력이 필요하다. 멘제가 새로운 도전이나 벽을 만났을 때, 북돋을 수 있다는 것은 대단한 성과이다.
- **'시간을 바침'**: 멘제를 지원하고 안정적인 관계를 만들기 위해 멘토는 시간을 내는 것이 필요하다. 공식적 비공식적 시간은 관계를 발전시키고 영속시키는 필수 조건이다.
- 멘토링 프로그램 총집행자는 회사중역과 협동하여, 잠재적인 멘토 후보들을 판별하고 그들을 개인적으로 인터뷰하여 멘토를 기꺼이 수행하기로 하는 결실을 만든다. 멘토 풀에서의 구성원의 상태는 멘제의 구성원의 상태를 고려하고, 특히 소수그룹(여성이나 핸디캡이 있는 자 등)을 고려해야 한다. 모든 멘토는 한나절 분량의 교육세미나를 받는다.

멘토 교육

'멘토 훈련 프로그램'의 목적은:

- 멘토와 멘제의 역할 및 책임이 명확해지게 하고
- 성공적으로 도울 수 있도록 멘토에게 기법을 지원하고
- 문제해결과 피드백에서 사용할 코치적 기법을 익숙하게 사용하게 하고
- 멘토가 발전적인 고찰(Progress Review)을 수행하는 프로세스에 능숙하게 하고
- 멘토를 지원하여, 멘제가 모토롤라에 잘 적응하는 것이 잘 되게 한다.

멘토의 역할

멘토의 역할은:

- 멘제의 전문성이 길러지고, 개인적 발전을 이루고 Career에 만족할 수 있도록 돕는 역할
- 모토롤라의 정책들과 흐름을 바라보는 멘제와, 부서의 책임자 사이의 연결관 역할
- 직무상 실수로 생긴 문제들을 다루는 데 있어서, 멘제에게 자료를 제공하는 역할
- 부서의 책임자와 멘제의 상사에게 자료를 제공하는 역할
- 멘제의 상담역, 옴부즈맨, 후원자, 비평가, 조력자 역할

멘토의 책임

멘토가 가지는 책임은:

- '업무수행보고회'(Performance Reviews)에서 멘제를 지원한다. 이것은 멘제가, 개인적 목표와 부서의 목표가 서로 어떻게 연관되는지 잘 인지하게 한다. 어떤 문제를 예상 / 평가하기 전에, 그리고 공동체를 든든하게 한 후에, 멘토는 멘제와 그의 부서장을 조화시킨다. '업무수행보고회'에서 멘토는 직접적인 참여를 하지 않지만, 멘제와 그의 부서장과의 의사소통을 북돋아야 한다. '업무수행보고회'는 신입기술사원을 대상으로 보통 6개월마다 연다.
- 멘제가 요구하는 안내(Guidance)를 제공한다. 멘토는 멘제의 현재의 직무만족도와, 앞으로 어떤 일을 맡기 바라는지 파악해야 한다. 문제가 있는 곳에서 멘제의 부서장을 만나서 상황을 평가하고, 신뢰를 쌓고, 유대관계를 만들고, 문제를 해결하도록 열린 정책들을 사용하도록 북돋는다. 멘토는 문제를 해결하는 데 있어 멘제의 부서장의 영역을 침범하는 것을 피해야 하지만, 정상적인 업무절차(Procedure)는 증진시켜야 한다. 멘토는 인사부서(the Personnel Department)를 이용한다면 최후의 수단

으로 이용해야 한다.
- 멘제의 발전에 안내(Guidance)를 제공한다. 멘토는 외부적인 문제들에 전문적인 도움을 사용해야 하는지 명확히 해야 한다(→Mentor should identify if professional help is needed for outside problem).
- 주택과 재정 등에서의 재배치문제(동산/부동산 문제?)에도 조언을 줄 수 있다.
- 회사의 레크리에이션 활동들과 여러 교육과정을 발견하여 참여하도록 돕는다.

멘토링은 멘제에게 넓은 시야(Big Picture)를 줄 수 있다. 다른 부서의 기능과 상호관계는 어떻게 되어 있나, 기술인력이란 누구인가, 그리고 회사에서 업무상 마주치게 될 동료들이 누구인가 등. 멘토는 멘제와 관련된 이슈들을 알고, 멘제가 맡고 있는 직무를 이해하고, 멘제가 자신들의 쟁점을 해결하여 성장하도록 도와야 한다. 특히 멘토는 멘제의 부서장과 자기 사이의 역할과 기대를 명확히 하여 멘제의 부서장이 신입기술사원을 돕는데, 그의 책임을 다 펼칠 수 있도록 처신한다. 멘토는 부서장에 의해 다뤄지지 않는 사항을 챙긴다.

멘토 수행하기

훈련 중에 멘토-멘제의 접촉 횟수는 한정할 필요가 없다. 그러나 보통 한 달에 한 번 정도이다. 미팅 시간은 경우에 따라 차이가 있다. 보통은 30분~1시간이다. 멘토가 멘토링의 수행 스케줄을 정하도록 하는 것이 모토롤라의 입장이다. 프로그램의 성공은 각 멘토의 적극성과, 얼마나 깊숙이 참여하는가에 달려 있다. 멘토가 각 미팅에서 논의되는 것을 기록하는 것은 큰 도움이 된다. 그러나 이런 기록이 멘제의 회사 개인기록 파일이 되는 것은 아니다. 멘토로서는 기밀스런 정보를 다룰 수도 있겠으나, 바른 판단을 가져야 한다. 의심이 들 때, 멘토는 멘토링 총집행자와 함께 상황을 점검해야 한다.

멘토의 역할이 아닌 것

멘토는 멘제의 급여·전임(轉任)·퇴임·대기·승진에 관련된 의사결정에 참여해선 안 된다. 하지만 멘제의 부서장이 이런 문제의 결정에 대해 멘토에게 자문을 받을 수는 있다. 이 부문에 있어서 멘토는, 멘제와 그의 부서장과 함께 이 문제에 대해 이견을 좁히도록 논의하여여 한다.

멘토 훈련은, 돕는 관계(HelpingRrelationship)에 초점을 맞춘 모듈을 포함하고 있다. 이 모듈은 다음과 같은 화제를 다룬다: 발생시키는 성장이 요구되는 조건들(Conditions required for growth to occur), 이슈들의 타입들과, 멘제가 도와달라고 가져오는 문제들을 공유하는 멘토, 일반적으로 발생하는 문제들에 대한 논의, 문제들을 다루는 각기 다른 접근방법, 열린 논의를 제한하는 요소들, 멘토를 지원하는 자원들(예: 멘제를 돕기 위해 가야 하는 장소) 등.

멘제 오리엔테이션

다음으로 중요한 단계는 멘제가 신입기술사원 오리엔테이션 과정에 참여하는 것이다. 이 과정은 부서의 중견간부팀에 의해 진행된다. 그리고 세미나의 주제는 '이론과 실제 사이의 갭을 메우기'이다. 일반적으로 이 그룹오리엔테이션은 일 년에 한 번 열리며, 신입기술사원들에게 중견간부들과 대화하는 기회를 제공코자 하는 것이다. 모토롤라의 경영진이 신입사원들에게 말하고자 하는 메시지는:

그들이 경영자에게 접근하기란 쉬운 것이며 경영자는 친근한 존재라는 것.

- 도전적인 일들을 바라라; 그렇지 않다면 뭔가 잘못된 것이다.
- 기술혁신과 비즈니스 / 기술 환경에서의 일에 대한 강인한 의지를 요구함.
- 모토롤라는 지속적으로 완벽한 제품을 탄생시키기 위해 품질개선에 매진하고 있다는 것.
- 고객의 만족이 우리 모두의 최우선의 목적이라는 것.
- 모토롤라는 팀워크와 전 사원의 경영에의 참여에 매진한다는 것.

오리엔테이션 세미나에서의 화제들

세미나는 다음과 같은 화제들을 다룬다: 모토롤라 기술력 소개, 새 기술자들에게 조직이 기대하는 것들, 맡은 직무를 명확히 이해하는 것, 스스로의 성장을 위해 각 기술자들이 맡는 책임, 의사소통하는 방법, 도움을 구하는 방법, 문제를 제거하는 법, 기술수행에 있어서 조직이 바라는(추구하는) 것, 모토롤라에서의 경력 쌓기와 장래성 등.

모토롤라 멘토링 프로그램에서, 멘제에게 바라는 특질들:
- **'위임하는 태도'**: 멘토는 열정(열심)을 보이는 타입의 사람(앞장을 서고 사람에게나 조직에 충성된 사람)에 끌린다.
- **'긍정적 태도'**: 비판보다는 칭찬하는 성격의 사람이 멘토링 유대관계에서 더욱 얻는 것이 많을 것이다.
- **'열린 마음'**: 멘제는 개방되고 객관적이고 폐쇄적이지 않은 태도로 귀 기울여야 한다.

멘토의 제안과 아이디어가 모두 자신에게 적합하지는 않을 것이다.

- **'유머감각을 유지하라'**: 유머감각은 대인 간에 화목을 유발하고 남을 편안하게 한다.
- **'때로는 주도권을 쥐라'**: 멘토는 멘제보다 높은 지위에 있기에, 멘토가 시간을 정하고 장소를 마련하기 쉽다. 그러나 멘토링 유대관계는 팀플레이지 한 사람이 다 책임을 지는 것이 아니다. 때로 멘제가 주도권을 쥐어, 만남을 만들고 여러 가지를 정하라.

멘제에겐 멘토링 프로그램의 개요(Overview of the Mentor Program)가 주어져 있다. 그리고 오리엔테이션 과정을 마치면 보통 멘토-멘제의 미팅이 시작된다.

매칭과 만남

멘토와 멘제는 각자 다음 사항을 작성한다:

자신의 전문분야, 출신대학, 전문분야의 회원증 여부, 자기 전문분야에서의 목표, 개인적 목표, 취미, 멘토링에서 멘제가 바라는 것 등.

보통 멘제 대 멘토의 비율은 최고 2:1이다. 멘토-멘제 쌍을 만들 때, 매칭기준을 순서대로 열거해 보면: (멘토와 멘제의) 대학, 같은 전공, 전문분야(예: 전기공학), 전문분야에서의 목표, 개인적 고려사항 등.

멘토-멘제 만남 가이드라인을 보면, 멘토가 일반적인 사항(Generalities)을 말할 것과, 자신에 관한 사항을 알리고, 멘제에 관한 정보(배경, 흥미, 이력, 어떤 코스들을 밟아 왔는지)를 알고, 멘토의 역할과 책임을 고찰(Review)할 것을 권하고 있다.

멘토는 준비를 갖추어야 하고, 필기를 하며, 좋은 장소를 마련하고, 모토롤라에 대해 좋아하는 것에 대해 토론하고, 다음 미팅을 정한다. 멘토는, 멘토-멘제 팀이 서로 합의해서 정할 목표들이 무엇인지 논의하는 미팅을 년4회 마련한다(멘토링 유대관계에서의 역할들・미팅시간 및 횟수 등에 대한 피드백, 중요 이벤트, 유대관계에 대한 피드백 등에 관해 논의).

다음 미팅에서, 멘토는 토의(업무 할당, 수행특성; 강・약(Performance Characteristics; Strengths and Weaknesses), 주요 장애물이나 직면한 문제들, 멘제가 모토롤라와 남플로리다에 적응하는 것, 멘제가 모토롤라에 기대하는 것, 도전과 유용성, 그리고 감독을 받는 것 등에 대한)를 위해 '멘토 인터뷰 체크리스트'를 사용할 수 있다.

멘토 또한 멘제가 업무, 우선순위, 갖가지 것을 이용하고 다루는 일, 업무에 대한 흥미, 제 자신의 성장, 업무환경, 작업량의 정도, 가장 큰 문제, 가장 큰 성취, 그리고 필요하다면 육성활동(Follow-up action) 등을 고찰할 수 있다.

멘토링 프로그램 총집행자는, 여러 가지는 조정하고, 처음 멘제를 멘토에게 공식적으로 소개시키는 일이 필요하다. 그 다음부터는 멘토가 전 미팅을 조절한다.

매월의 의논미팅과 년4회의 분기고찰(Review)

멘토링 프로그램 총집행자는 매월의 의논미팅을 모든 멘제에게 연다. 그러나 멘제는 자발적으로 참여한다. 강제가 아니다. 의논미팅의 목적은 드러난 문제들을 논의하고, 제안을 하고, 멘토들와 함께 공동 기획될 수 있다. 아이템들은 요약(Summarized)되어야 하고, 멘토들과 공유되어야 한다.

멘토링 프로그램 총집행자는 멘토와 년4회의 분기고찰(Review)을 한다. 논의미팅에서 떠오른 이슈들을 검토하는 일 등을 하게 된다. 프로그램 개선을 위한 새로운 기회(Opportunities)나 제안이 논의된다.

전형적인 문제들(Typical problems)

멘제(Menger):
멘제가 멘토에게 가져가는 이슈들은 보통:
- 자기 보수가 너무 적다고 느끼는 것이나, 급료인상이 너무 적다는 것.
- career신장에 만족 못함(-왜 내가 승진이 되지 못했나? 등).
- 승진에 관련된 문제에 대한 정보부족
- 어떻게 하면 더 빨리 클 수 있는가?, 내게 무엇이 필요한가?
- 자기 부서장의 일처리에 대한 불만.
- 도덕적 문제: 다른 사람에게 주어진 업무에 대한 신뢰, 흥미를 느끼는 분야에 대한 다른 사람과의 갈등, 회사기밀정보 다루는 일.

- 개인끼리의 갈등과 그것을 극복하는 법.
- 어떻게 하면 맡은 작업이나 프로젝트를 잘 끝낼 수 있나?
- 평상시 다루는 업무와는 다른 류의 업무들은, 어떻게 처리해야 하나?
- 회사가 어려울 땐, 내가 해고되는가? 누구를 내보내는가 하는 결정은 어떻게 결정되나? 대량 감원사태가 오는가?
- 부서에서 다른 사람들이 보는 나의 인상은 어떤가?
- 행정적인(Administrative) 문제들
- 개인적인 문제: 가정, 금전문제, 법률, 건강, 감정 등
- 자기 업무실적이 평가된 것에 대해 동의하지 못함.
- 지원 / 교육 / 개발활동을 위한 회사의 성의는 무엇인가?

멘토의 우선목표는 장벽을 파악하여 제거하고 효과적인 수행을 하게 도와, 멘제가 자기 잠재력을 전부 발휘하게 돕는 것이다. 멘토의 책임은 멘제 부서장의 지원과 협력 안에서 (부서장의 자리에서는 아님) 멘토를 수행하는 것이다. 멘토의 행동이, 모토롤라와 개인적 목표에, 부합되는 것은 멘제의 부서장을 통해서이다.

모토롤라 멘토링 프로그램의 Task Flow는, 멘토와 멘제가 열린 정책시스템(Open Door Policy System)을 통하여, 멘제의 문제를 해결하게 한다. 첫째, 멘제가 자기 부서장과, 문제에 대해 말하도록 한다. 문제가 해결되지 않으면, 더 위의 간부에게 말하고, 문제가 여전히 해결되지 않으면, 멘토와 프로그램 총집행자가 진행관리자팀(Management Team)과 만나 문제에 대해 논의한다.

인사부(人事部)는 가장 나중의 수단으로 문제해결에 관여한다. 이러한 문제해결 방식은 멘제와 부서장 사이에 책임을 놓아서, 문제들이 크게 악화되기 전에 해결을 하게 하고, 경영시스템의 통합(integrity)을 그대로 유지시킨다.

문제를 찾아내어, 문제가 남겨지지 않게 하고 관련된 모든 파트가 만족스럽게 하는 것이 멘토링 프로그램 총집행자의 책임이다.

멘토(Mentor):
멘토가 직면하는 가장 중요한 문제는, 멘제와의 미팅들을 위한 시간을 만듦으로써 나타

나는 프로그램에, 보다 많은 열의를 내는 것이다. 때때로 멘토의 많은 업무량과 많은 출장은, 그들이 멘토링에 강한 열의를 가지지 않는다면 멘제가 곁길에 빠질 수도 있게 한다. 멘토는 이 점을 때로 이런 말로써 합리화할 것이다.

"내 멘제는 잘해 가고 있다. 그에게 더 거들 것이 없고, 그에게 내가 별로 필요치 않다." 종종 멘토와 멘제 간에 개성이 부딪치는 일이 있거나, 멘토가 좋은 활동을 보이지 않거나, 그리고 드물지만 멘제의 부서장의 영역을 침범하는 경우가 있으나, 보통 멘토가 멘제의 부서장에 협조하고 부서장의 권위를 침범하지 않도록 조심하기에, 이런 일은 별로 없을 것이다.

이 같은 상황에서, 멘토링 프로그램 총집행자는 멘토와 문제를 논의하는 것이 필요하다. 그리고 문제가 해결될 수 있는지 파악한다. 해결될 수 없는 정도로 심각하면, 멘제는 다른 멘토를 배정받는다.

평가(Evaluation)와 피드백

월간 의논미팅과, 년4회 멘토와 함께하는 분기고찰(Review)을 통해 멘토링 프로그램 총집행자는 비공식적으로 프로그램을 평가할 수 있다. 멘토링 프로그램이 프로그램의 목적에 부합되고 있는지 평가하는 데 있어 다음의 이슈들이 있을 것이다.

- 의사소통이 향상되었는가?
- 멘제의 성장과 발전이 있었는가?
- 멘제가 의사결정을 공유하고 있는가?
- 멘제의 문제가 해결되고 있는가?

프로그램 평가는, 전체 교차기능(Cross-functional) 멘토링 팀(총집행자, 멘토, 멘제, 멘제의 부서장, 진행관리자)의 협동노력이다.

- 총집행자의 책임은
- 평가(Evaluation)방법을 수립하기
- 투입되는 소스로서의 역할(Serve as a source for input)
- 변화와 개선을 유도하기
- 프로그램 효과를 서머리하고 평가하기 위해 설문조사와 인터뷰하기

- 결과를 문서화하기
- 멘토링 팀과 최고 경영자에게 피드백하기

멘토링 프로그램 설문결과

모토롤라에선, 신입기술직원들에게 '기술직 설문(Engineering Job Challenge Survey)'이 두 번 실시되었다. 멘토링 프로그램에 관해서, 대부분(38명)의 응답자는 다음과 같이 응답했다:

- 각자 자기의 멘토와 충분한 횟수로 미팅을 가졌다.
- 매월 만났다.
- 시간은 30분에서 1시간가량이었다.
- 만남은 생산적 또는 매우 생산적이었다.
- 미팅에서 다룬 것은: 업무할당, Career에 대한 질문(어떻게 향상시킬 수 있는가 하는), 개인적인 문제, 직장에서의 곤경을 피하는 법 등.
- 멘토의 중재 기술은, 멘제의 의견을 잘 듣고 신입기술직원의 감정을 이해함을 보여준다(Mentor's listening/interpersonal skill shows they listened well and seemed to understand the feelings of a new engineer).
- 멘토와의 관계는 친밀했다.
- **'신입기술직원을 돕는 멘토는 Career적 / 개인적 문제를 해결한다.'**는 응답이, 멘토링이 멘제의 직속상사에게 도움이 되는가 하는 항목에서 2위로 많이 나왔다.
- 멘제가 프로그램에 참여해야 하는 기간은 12개월이었다.
- '대학졸업자들에 행한 최근의 설문은, 반 이상의 응답자가 어떻게 그들이 자신들의 캐리어를 시작할 회사를 결정할 것인가 하는 데에, 우선순위로 멘토를 고려했다.'는 항목에 응답자들은 동의했다.

결 론

지금까지 모토롤라에서 시행된 매우 성공적인 멘토링 프로그램을 소개하였다. 대학 환경에서 비즈니스 환경에로의 전환은 쉬운 문제가 아니다; 기술직의 Career에서, 첫 업무가 가지는 중요성은 세심한 관리가 필요한 것이다; 신입기술사원 충원·개발·근속시키기 · 첨단기술을 발휘할 지식 갖추기 등은 무엇보다 필수적인 것이다. 멘토링은 이런 것들에 응답을 주는, 효과적인 인적 자원 정책이다. 모토롤라와 신입기술사원 모두에게 승리를 가져다주는 제도이다.

이제 모토롤라에서 멘토로 활약한 '게리 그리봄' 씨의 글을 인용하며 이 글을 마치려 한다.

나의 두 번째 멘제를 잘 양육하고 관계를 종결한 후에, 나는 여러분이 나의 멘토링 프로그램의 성과(Evaluation)에 대해 알게 해야겠다고 생각했다. 내가 보기에 멘토링 프로그램은 우선 다음 분야에서 성공적이다: 문제파악과 해결(신입직원을 자기 업무에 친숙하게 만듦으로써), 형식들(Forms)과 인터뷰 프로세스; 관심과 질문과 자기 부서장에겐 얘기하기 어려워하는 불만사항을 위한 튼튼한 지지대(Sounding board)로서의 활동, 그리고 경력에 대한 상담.

멘토링 프로그램은 또한 멘제가 업무상 정직하게 하고, 의사소통의 '갭'과 미처 사항을 잘못 이해하는 것이 발생하는 것을 방지한다. 신입직원들이 첫 시작을 하는데 그들에게 개인적으로 도움을 주었다는 것에 대해 나는 큰 만족을 얻었다. 멘토링 프로그램을 수행함으로써 말이다.

■ 필자 소개 - 이 글을 쓴 톰 랜드는 모토롤라의 기술연수 담당과장이다. 모토롤라에서 7년 근무했다. 2년 동안 멘토링 프로그램 총집행자였으며, 인력자원 개발 담당자였다.
-International Journal of Mentoring Vol.3, No.1, winter 1989-

2. AT & T 종합 멘토링

글 - 이본 쇼우(AT & T CPL, 멘토링 프로그램 담당자)

머리글

이 글은 AT & T(인디아나폴리스)의 Consumer Products Lab(CPL)에서 사원들

이 상호이익 관계를 증진할 기회를 개인적으로 그리고 전문적으로 갖도록 구축한(1989) 멘토링 프로그램에 대한 연구이다.

AT & T(인디아나폴리스 소재)에서 공식적 멘토링 프로그램이 사용되지 않았을 때도, 활동적인 많은 멘토-멘제 관계는 있었다. 이 관계 속에 있는 사람들은 세 가지 새로운 활력 있는 프로그램들에 참여해 왔다.

우리의 새로운 프로그램에서 우리는 무엇이 이뤄지기를 바라는가? 우리의 목적은 지위 고하를 막론한 사원이, 질문을 하고 관심사항을 논의하고, 우호적이고 비난적이지 않은 환경에서 다른 사원의 경험으로부터 도움을 얻는 특별한 기회를 제공하는 것이다. AT & T에서의 멘토링 프로그램들은 '보강'을 의미하지 '대체'를 의미하지 않는다. 그리고 사원들과 그들의 직속상사들 간의 정상적이고 필수적인 상호작용을 내포한다.

멘토링의 화제들은, 진행적인(Procedural) 그리고 임무 화제들(Assignment Topics), 그리고 경력 성장을 망라해 다뤄져서, 세 가지 각각의 프로그램이 수립되었다. AT & T 멘토링 프로그램들은 매우 성공적이었고 수많은 지원자들이 멘토가 되기를 자원했다.

CPL-인디아나폴리스에서의 세 가지 프로그램

'신입사원 멘토링 프로그램'(The New Employee Mentoring Program)은, 지위 고하를 막론한 모든 신입사원을 대상으로, 6개월간 집행되었다. 멘토는 사원들의 직속상사에 의해 선정되고, 가능한 한 새로이 훈련받게 된 사람과 같은 부서, 같은 직급의 사람들 중에서 선정되었다. 멘토는, 효과적이고 딱딱하지 않은 태도로, 신입사원들의 자신들의 업무를 익히는 데에 있어 능히 지원해야 한다. 멘토는 자료활용법과 업무절차(Procedures)를 익히고, 능숙해지도록 멘제를 지원한다.

'자문관계 멘토링 프로그램'(Consultants Mentoring Program)에서, 사원은 아이디어/관심사항/자료/멘제가 맡은 업무 등을 향상시키는 방도 등을 논의할 수 있는 멘토를 배정받았다. 또 다양한 기술과 경험을 갖춘 컨설턴트의 명단을 볼 수 있다. 멘토와 멘제는 회사의 누구나 지원할 수 있고 열려 있다. 프로그램에 얼마동안 참여해야 하는 지는 정해져 있지 않다-완전히 개개인의 사정에 맡겨져 있다.

'상호 멘토링 프로그램'(Interpersonal Mentoring Program)은 멘토가, 중견간부인 멘

제에게 제공된다. '상호 멘토링 프로그램'에서의 업무는, 회사의 문화와 구조를 잘 아는 멘토의 지식을 기반으로, 일처리 환경(work culture) / 대인관계 / 경력성장을 논의하는 것이다.

멘토는 자기 지식을 기꺼이 공유하고 알려줘야 한다. 프로그램 시작시간과 종결하는 시간은 정해져 있지 않다.

신입사원이 '신입사원 멘토링 프로그램'에 참여하는 것은 거의 의무조항이지만, '컨설턴트 멘토링 프로그램'은 자원하는 사람에 한한다. 실상 각 프로그램의 정의(定義)는 좀 모호하고, 서로 중복되는 점도 있다. 각 프로그램은 위에 설명한 대로, 제각기의 특징을 가지고 있다. 그러나 각 문제들을 논의하며 멘토와 멘제가 얘기한, 전체 이슈들은 두 사람의 판단으로 남는다.

같은 방식으로, 프로그램들은 극적이어야 한다 - 멘제의 올해 업무에 최고의 자문을 할 수 있는 멘토가, 다음해의 업무에도 최고의 자문실력을 발휘할 수 있을지는 모르는 것이다. 본 프로그램은, 이런 유동성과 변화를 수용하고 극복한다.

멘토(Mentor)위임

신입사원이 채용되면, 인사부서는 멘토링위원회 멤버에게 신입사원의 이름을 통보해서, 신입사원이 개인적으로 위원회 멤버와 접촉하고 정보를 제공받을 수 있게 한다. (일이 순조롭게 진행되면) 이어서, 인사부서는 신입사원이 '신입사원 담당 멘토'에게 잘 위임받았음을 확인한다. 뒤에, 신입사원이 상호(Interpersonal) 멘토를 원하는지 컨설턴트 (Consultant) 멘토를 원하는지 본다. 반응이 긍정적이면 멘토링위원회 멤버는 그를 멘토와 매칭시키거나, 신입사원 자신이 멘토를 스스로 선택한다.

AT & T 멘토링 프로그램은 매우 성과가 컸다. 프로그램이 다음의 사항을 갖추었기 때문이다:

1. 멘제는 모두 굉장히 많은 정보를 받았다.
2. 멘제의 좌절을 제거하고, 누가 이 분야에 전문지식을 가지고 있는지에 대한 정보가 부족해서 발생하는, 멘제의 작업 에러를 제거하는 데에 도움이 됐다.
3. 본 프로그램은, 지식을 다른 이에게 전하는 능력을 키워줌으로써, 멘토에게 도움이 됐다.

멘토는 '린다 필립존스' 박사로부터 멘토링에 관한 오리엔테이션을 받았고, 그밖에 멘토

링 관계 서적의 목록을 받았다. 멘토는 AT & T의 도서관과 워크숍에서 알게 된 멘토링
서적을 읽음으로써, 멘토링에 대한 활용정보를 더욱 알게 되었다.

1) 신입사원 멘토링 프로그램

'신입사원 멘토링 프로그램'의 목적은, 신입사원에게 자료 / 업무진행절차 / 신속히 갖가
지 것에 익숙하기 등을 배우는 것을 알려주는 멘토를, 짝지어주는 것이다. 본 프로그램은,
지위 고하를 막론한 신입사원에게 거의 의무사항으로 실시된다. 멘토는 멘제의 직속상사로
부터 위임을 받는다. 프로그램의 기간은 6개월이다.

신입사원의 직속상사

신입사원의 직속상사는, 멘토가 신입사원에게 위임하는 것과 첨부된 '신입사원 오리엔테
이션 체크리스트'에 대한 항목들이 적절하게 다뤄지는 것을 보증(Ensure)하는 책임이 있
다. 체크리스트의 항목들은 다양한 자리에 있는 사원들에 의해서 개발된 것이다.

신입사원의 멘토들

부득이한 경우를 빼면, 멘토는 신입사원과 비슷한 등급(Classification)이거나 같은
부서여야 한다. 가능하면, 멘토와 멘제는 같은 사무실에 있어야 한다. 최소한 멘토와 멘제
는 상호협력이 가능한 상태에서 매칭되어야 한다.

신입사원이 아니라 다른 부서에서 전임한 멘제를 맡은 멘토는, 원활한 의사소통과 정
착, 즐겁게 부서생활을 할 수 있게, 최선을 다해 지원한다.

멘토는 멘제가 조직과 업무자료와 업무절차를 배우게 하는 책임이 있다.
멘토는 필요한 정보를 얻게, 의논의 장을 마련하는 책임이 있다.

멘제(Menger)

멘제는 적극적으로, 위임된 멘토를 이용해 CPL(Consumer Products Lab)에 대해
배워야 한다. 맡고 있는 업무에 필요한 자료는 많이 있다. 업무절차에 대해 잘 알게 되면,
업무의 지연과 이용되는 정보 / 분야 / 서비스를 잘못 이해하는 것을 피할 수 있게 될 것이다.

신입사원 오리엔테이션 체크리스트

첫째 날, 회사는 다음 분야에 대해 논한다. 초봉, 업무일정, 출근카드, '고용기회 동등 (Equal Employment Opportunity)'과 '긍정적 행동 프로그램'(Affirmative Action Program), 제정 서비스 등.

또한 첫날에, 부서책임자는 멘제를 부서로 맞이하고 신입사원멘토(신입사원을 담당하는 멘토)를 위임하고 멘제에게 멘토를 소개한다. 신입사원은 책상과 전화를 배정받고 부서에 대한 일반적인 설명을 듣는다. 식당, 화장실, 회사 내부구조에 대한 설명을 듣는다. 작업을 배정받고 어떻게 완수해야 되는지 논하게 된다.

멘제의 첫 주가 흘러가는 동안, 양육과정이 열린다. 이 과정에서 부서의 책임자는 멘제의 업무에서의 발전을 체크하고, 업무와 급여에 대해 논의하고, 자기개발의 기회를 고찰하고, '고용기회 동등(Equal Employment Opportunity)'과 '긍정적 행동 프로그램'(Affirmative Action program)을 논의하고, AT&T의 조직에 대해 개괄하고, CPL(Consumer Products Lab) 시설을 개관하고, 클럽활동에 대해 고찰한다.

2) 자문관계 멘토링 프로그램

'자문관계 멘토링 프로그램'의 목적은, 사원에게, 아이디어 / 관심 / 멘제의 업무에 좋은 방안 등에 대해 논의할 수 있는(비판적이지 보다 포용적 성격인) 멘토를 부여하는 것이다. 자문관계 멘토링 프로그램은 절차와 방법, 혹은 엔지니어링이나 스태프, 간부, 관리자급 영역에서의 업무를 수행하는 데에 요구되는 세부지식 같은 주제를 다룬다. 이 멘토링에 멘토와 신입사원이 참여하는 것은 모든 계층의 신입사원에 있어 자발적이고 열려 있는 것이다.

본 프로그램은 두 참여자의 결정에 따라 언제든지 시작 / 변경 / 종결될 수 있다. 자신을 컨설턴트로 여기는 CPL(Consumer Producs Lab) 인사담당의 얘기를 듣는 것은, 많은 도서를 참고하는 것과 같고, 모든 사원들에게 제공된다. 덧붙여 AT&T R&D Community Directory of Experts는, 자료실에서 이용 가능하다. 이 리스트에 있는 사람들이 자신의 필요와 부합되지 않으면, 직속상사나 프로그램 조력자가 도와준다.

Program Coordinators(이하 프로그램 조정자)

프로그램 조정자는, 아래의 조건을 갖춘 컨설턴트(자문)의 목록을 Library staff와 함께 발간한다. 그리고 정기적으로 모든 사람에게 이것을 제공한다. 리스트는 멘토들의 이름, 전문분야, 사무실 호수, 전화번호 등을 담고 있다.

프로그램 조정자는, 신입사원이 필요로 하는 컨설턴트와 신입사원을 기꺼이 도울 수 있는 멘토를 배치한다. 적합한 CPL(Consumer Producs Lab) 사원이 대다수의 요구에 부합하도록 업무를 조정한다. 그렇지 않으면, 프로그램 조정자는 다른 적합한 자료를 찾는다.

프로그램 조정자는 프로그램 진행에 대해 정기적인 고찰(Reviewing)과 보고를 할 임무를 가진다.

컨설턴트들(Consultants)

멘토 집단은 컨설턴트로 자원하는 사람들로 구성되어 있다. 이 사람들은 이 목적을 위해 억지로 동원되어선 안 된다.

컨설턴트는:

1. 멘제가 특정 질문("~에 대해 알고 싶다" 등)에 관련된 지식을 향상시킬 자료(다른 사원, 메모, 서적, 교육반 등)를 이용하여 자기 업무를 수행하는 기술적인 능력을 개발하도록 도울 것이다.

2. 멘제가 자기 필요를 과감히 표현할 수 있게("전 그게 이해가 안갑니다." 같은 표현)하는 반향판(Sounding board: 의견을 수렴해서 상부에 전달)이 된다. 그리고 멘제에 대한 가치 판단을 내리는 일없이, 그가 필요로 하는 것을 채우게 돕는다.

3. 업무수행하는 데 더 나은 방법을 터득하는 것을 포함하여, 멘제가 업무를 파악하는 데에 더 익숙해지도록 돕는다.

멘토는 비판하지 않고, 의사결정자가 아닌 조언자로서의 자기 역할을 명심한다. 그런데 각 신입사원은 자신의 결정을 책임질 수 있어야 한다.

멘토는 신뢰할 수 있는 사람으로서, 멘제와 함께 하는 모든 논의시간을 갖는다. 프로그램에 참여하는 레벨을 결정하는 질문이나 피드백과 개선을 요구하는 정기적인 질문 외에 특별한 리포트는 필요 없다.

멘토는 언제든지 그리고 이유가 없이도 멘토와 멘제의 유대관계를 종결한다.

멘제(Menger 약자 Mg)

멘제는 리스트에서 적합한 멘토를 고르는 일에 이니셔티브를 쥐어야 한다. 프로그램 조정자에게 전화하는 것은 도움을 청하는 방법으로서 중요한 것이다.

멘제는 대여섯 명의 가능한 멘토를 고를 수 있어야 되고, 멘제의 직속부서 밖의 한 명의 멘토가 선택된다. 이것은 항상 가능한 것이 아니기 때문에, 우선 목표는 비판적이지 않은 환경에서의 최고의 기술적인 조언을 얻는 것이다.

컨설턴트(자문) 명부에 있는 모두 멘토링 프로그램에 있는 것이 아니기에, 멘제가 원하는 특별한 타입의 지원이 논의되고, 그리고 적합하다면, 선견력이 있는 멘토는 가이드라인에 올려진다. 세 가지 주요 동의사항(Agreement)은 다음과 같다.

1. 멘토는 멘제가 필요한 기술적 조언을 하는 임무를 맡는다.
2. 멘토는 비판적이지 않은 태도를 돕는 임무를 맡는다.
3. 멘토는 모든 결정에서 멘제의 요구를 존중하는 임무를 맡는다.

각 신입사원은 자신의 결정에 대해 설명한다. 또한 각 신입사원은 자기 직속상관의 지도를 받고 그에게 업무보고를 한다. 멘제는 멘토와의 유대관계를 언제든지, 이유가 없이도 종결할 수 있다.

3) 상호관계 멘토링 프로그램

상호관계 멘토링 프로그램의 목표는, 업무문화(Work Culture)와 대인관계 그리고 경력 신장에 대해 논의할, 관리자 그룹의 멘토를 멘제에게 부여하는 것이다. 참여는 멘토와 멘제 모두 자발적으로 하는 것이고 모든 계층의 사원에게 열려져 있다. 프로그램은 언제든지 시작되고 종결될 수 있다. 상호관계 멘토링 프로그램의 멘토로 자원한 사람들의 명단이 제공된다. 이 리스트에 있는 사람이 자기 취향에 맞지 않으면 프로그램 조정자가 도와주려고 관여한다.

프로그램 조정자(Coordinators)

멘토 명단을 작성하여, 정기적으로 모든 사람에게 제공한다. 이 명단은 각 멘토의 성명, 직위, 부서, 연령, 성별, 인종, 사무실, 호수, 전화번호가 기재된다.

프로그램 조력자는 정기적으로 멘토링 프로그램을 고찰하고 보고서를 만든다. 프로그램 조정자는 상호관계 멘토링에 자원한 아래의 조건에 맞는 사람의 명단 프로그램 조력자는 신입사원이 적합한 멘토를 만나 멘토에게 바라는 것을 이루게 도와준다.

상호관계 멘토들(Interpersonal mentors)

멘토 집단은, 물론 멘토링에 봉사하기로 자원한 사람들로 이루어져 있다. 이 사람들은 이 목적을 위해 억지로 동원되어선 안 된다. 멘토는 최소한 관리자 위치(Supervisory Level)에 있어야 하고, 신입사원보다 최소한 한 단계 높아야 한다(같은 부서가 아닌 다른 부서에서).

멘토의 역할은:

1. 사람에 관한 문제에 대해 멘제가 능숙해지게 한다(갑자기 일어나는, 받아들일 수 있거나 받아들일 수 없는 행동을 이해하는 것 등).

2. 멘제가 주위환경과 융화되게 돕는다. 예를 들어:
자기 보스의 심기를 읽는 법
그 일에 대해 공식적인 권한이 없을 때, 그 일을 하는 법
벌어진 상황을 분별하는 법(예; 누가 내게 힘들게 하고 있다.)

3. 프로그램의 말을 잘 경청해 주기. 멘제가 자기 임무를 잘 파악하고 높은 임원의 노련한 통찰을 받는 기회를 얻는 능력을 키우도록 돕는다. 멘토는 멘제의 말을 경청하고, 그를 이끌고 조언하는 역할에 충실한다. 그러나 멘제 대신 의사를 결정하거나 그의 일을

대신 해주어서는 안 된다. 멘토는 멘제가 해야 할 것을 결정해선 안 되나, 멘제 자신이 보다 낫게 결정하는 데에 조언하고 도움을 준다.

멘토는(성희롱 문제같이) 특별한 상황이 아니면, 멘제의 문제를 해결하는 데에 있어 타인을 간섭해선 안 된다. 멘토는 자주 의논의 시간을 마련한다.

멘토는 멘제와 흉금 없는 사이가 되어, 모든 논의를 한다. 프로그램에 참여하는 레벨을 결정하고, 프로그램에 참여하는 레벨을 결정하는 질문이나 피드백과 개선을 요구하는 정기적인 질문 외에 특별한 리포트는 필요 없다. 멘토는 Mt-Mg의 관계를 언제든지, 또 이유 없이 종결해도 된다.

멘제는 주도적으로, 리스트를 보고 멘토를 선택하고 프로그램 조정자에게 멘토의 신상에 대해 알아본다. 멘제는 자기 상관의 지시권 안에는 항상 있다. 멘제도 Mt-Mg 관계를 언제든지, 이유 없이 종결해도 된다.

흔히 제기되는 질문

AT & T의 다른 모습을 보여주는 많은 질문들을 소개한다.

●멘토는 모니터받는가?

우리 스텝의 프로모션은 모니터받기를 원치 않기 때문에(As a promotion of our staff did not want to be monitored), 자원하면 주기적인 설문조사가 이뤄진다(only voluntary, periodic survey are made).

●우리의 프로그램은 어떻게 평가(Evaluate)되는가?

우리의 프로그램을 계측/평가하기 위해 1987년에 프로그램 참여자들을 대상으로 설문이 행해졌고, 결과는 1988년에 발표되었다. 설문은 1989년에 다시 있을 것이다.

●자금 지원을 받는가?

AT & T의 제한된 자금을 지원받는다. 이 자금은 스피커, 컨설턴트, 포스터, 이따금의 점심비용 들을 지불하는 데에 쓰인다.

●우리의 주요 문제들은 무엇인가?

1. 본 프로그램의 가치를 모르는 관리자들의 지원 미비
2. 프로그램에 참여하는 멘제의 이해 부족. 어떤 이는, 멘토를 갖는 것은 성가신 것이라고 생각함. 이것을 해소하기 위해서는 높은 관심을 갖는, 얘기를 주는 프로그램에, 호감을 느낀 멘제를 얻는 것이다(to have highly-regarded protege who favored the program give talks).
3. 소수민족과 여성만을 위한 프로그램이 있다는 데에 인식이 있다. 사실, 주요 그룹은 백인남성들이다. 그러나 우리는, 본 멘토링 프로그램이 모든 종류의 멘제를 위한 것이라는 것을 알리려 미팅과 워크숍과 포스터 등을 제작하고 있다.

참여자들의 의견

잘 알려진 멘토들과 멘제들은 멘토링 프로그램에서, 상대가 그의 경험을 굳이 알려고 하지 않는다. 사람들은 상대를 얻는 데에, 스텝뿐만 아니라 모든 기술 직위에 있는 흑백 남녀가 선택된다. 다음은 10명의 참여자들로부터 얻은 의견이다.

1. "난 2년 동안, 이 프로그램에서 멘토로서도 참여해 봤고, 멘제로서도 참여해 봤습니다. 멘토와 멘제로서 유대관계를 경험한 것은 가치 있는 것이었습니다. 난 멘토를 얻는 것은 한 사람의 성공 가능성을 굉장히 향상시킨다고 확신합니다. 나의 멘토는, 나의 문제들을 풀도록 도왔고, '반향판'(Sounding board: 의견을 수렴해서 상부에 전달)으로서 역할을 하며 아이디어를 많이 주었고, 업무(Job)를 바꾸는 데에 매우 좋은 제안을 하였고, 캐리어 향상에 도움이 되는 좋은 교육을 베푸는 나의 보물창고입니다.

멘토는 MTS로서 또 관리자(Supervisor)로서 내게 큰 영향을 주었습니다. 난 멘토를 얻어서 얻는 이익은 나의 현 위치를 넘어 계속될 거라 확신합니다. 내가 계속 성장하는 만큼 오랫동안, 나는 의문사항을 가지겠죠. 나는 언제나 좋은 충고를 받아들이는 데에 열려 있습니다. 보다 높은 직위에 있는 멘토는 조직의 가치에 대해 공유하는 통찰을 갖고 있습니다. 멘토는 보통 멘제의 직속상관이 아니기에, 공유된 아이템이 멘제의 평가(Rating)에 흘러들어 갈 위험이 없어서, 멘토와 멘제가 서로에게 매우 개방적이 됩니다. 멘토링을 해보니, 멘제가 큰 이익을 봅니다. 나는 나의 성공의 원인을, 내 멘토로부터 받는 큰 지원과 조언에 돌립니다.

한편으로, 멘토링은 또 내가, 남이 자기의 목표를 실현하는 것을 도와주게 만든다는 것을 압니다. 내가 얘기해 본 모든 멘토도 타인의 성공을 위해 자기 시간을 바치는 것에 적극적입니다. 때로 사람들은, 누구에게 자기의 멘토가 되어 주십사 하고 부탁하는 것을 꺼려합니다. 사람들이 자기 시간을 쏟을 것이라 생각지 않기 때문입니다. 그러나 실상 멘토는 그렇지 않습니다. 멘토링은 매우 가치 있는 경험이고, 나는 사람들 대부분이 조언을 가치 있게 여긴다고 생각합니다.

요약하면, 나는 멘토링 프로그램은 필수적인 것이라 생각합니다. 멘토링이 공식적으로 실시되든 비공식적이든, 멘토링은 인간발전에 중요한 부분입니다."

2. "지난 수년 동안, 내가 지원자와 인도자를 얻고, 기술자문 멘토로부터 피드백을 받았다는 것은 정말 운 좋은 경험이었습니다. 공식적 일정이 비록 빈번하지는 않았지만, 나의 멘토는 항상 친근하고 접근하고 싶은 상대였습니다. 아마도 그가 가진 가장 중요한 자산은, 멘토로서 그를 가치 있게 만든 이것입니다 – 남의 말에 잘 귀 기울이는 것과, 통찰력에서 나오는 상황판단력. 이런 능력으로 문제나 상황들을 파악하고, 관련된 사람에게 실제적인 방안을 찾아줍니다.

나는, 그가 나의 캐리어와 교육과정에서의 성과에 관심을 표하는 것을 확실히 느낍니다. 나는, 열정과 지식과 이해력을 지녀서, 내가 AT & T 조직에서 발전하도록 도와준 멘토를 얻어서 매우 행운입니다."

3. "인디아나폴리스에서, 나는 백인여성과 흑인남자 이렇게 두 명의 멘토를 해왔습니다. 멘토링은 멘토인 나에게 매우 가치 있는 것이었고, 나는 멘제에게도 큰 도움이 되었을 거라고 믿습니다."

그들은 둘 다, 각자의 자리에서, 문제를 가지고 있었고 나는 그들이 문제를 해결하도록 도왔습니다. 또한 둘 다 캐리어 향상을 얻었습니다. 그리고 나의 인도와 조언이 그들의 성공에 일조했음을 확신합니다.

멘토링에서 내가 얻은 이익 또한 대단합니다. 나는 멘제들로부터 조직 내 다른 부서(분야)의 문제에 대해 들음으로써, 보다 나은 관리자가 되는 법을 배웠습니다. 그리고 멘토와 멘제 사이를 발전시키는 밀접한 개인적인 유대는, 삶에서 대단히 유익한 것입니다."

4. "지난 1년 반 동안, 나는 상호관계(Interpersonal) 멘토로 참여했습니다. 참여한 멘제와의 미팅은, 비공식적이었고 스케줄은 서로 합의하여 정했습니다(대략 6주 간격으로 만남). 어떤 때는 나의 사무실에서, 어떤 때는 가까운 레스토랑에서 비공식적임을 강조하여, 자유로운 분위기를 만들었습니다. 인터퍼스널 멘토의 역할은, 멘제가 쉽게 목표를 잡을 수 있고, 장애물을 파악하고, 다양한 행동을 취하게 하는 데에 있어 조력자가 되는 것입니다. 멘토링 유대관계가 될 때, 멘제는 결국 스스로, 자기에게 교정이 필요한 상황에서 만족스러운 해결을 찾을 수 있을 것이라고 믿습니다."

어떤 점에선, 상호관계 멘토는 문제를 해결해 주는 사람이라기보다, 다른 사람들이 문제를 극복해 나갈 '장'을 제공하는 사람입니다. 나는 멘토링에서의 나의 역할이 매우 만족스럽고도 반복할 만한 것임을 발견했습니다."

5. "나의 첫 번 멘토는 어떤 부서의 장이었습니다. 나는 적당한 채널을 통해 그에게 여러 가지를 요청했고, 그는 들어주었습니다. 우리는 최소한 한 달에 한 번, 점심시간에 만났습니다. 우리는 쟁점이나 관심이 생길 때는 업무시간 중에도 만났습니다. 약 1년 전에, 그와 함께, 프로젝트를 맡는 기회가 생겼습니다. 나는 매일 반나절을 그 프로젝트에 보냈습니다. 현재는 그이 밑에서 온종일 그 프로젝트를 하고 있습니다.

우리의 멘토링은 학습곡선과 함께 시작되었습니다. 우리는 서로에 대해 알고 이해하고, 업무에 관련된 어느 쟁점에 대해 터놓고 대화할 수 있게 분위기를 만들었습니다. 나는 나 자신에 대해 매우 비판적입니다. 그러나 내 멘토에겐 비판적이지 않습니다. 그는 문제를 통해 나와 이야기하고, 내가 바르게 하거나 색다르게 할 수 있게 나를 돕습니다. 그는 내가 들어보지 못한 정보를 알려주고, 업무에 관해서 '큰 그림'(Big picture)을 이해하도록 돕습니다.

요컨대 나는 통찰하고 아이디어를 공유하는 쌍방 도로로서, 멘토링을 활용했습니다. 나의 멘토는 나를 믿었고(내가 그를 믿는 것보다도 더욱), 나의 잠재력을 펼칠 기회를 열었습니다. 그는 그의 경험 / 지혜를 나누어주었고, 조직이 무엇에 관심 있는지를 들을 기회를 가졌습니다. 내가 경험한 멘토링은 특별한 것이며, 공식적으로는 끝났지만 실제론 결코 끝나지 않을 것입니다."

6. "약 2년 동안 상호관계 멘토로 있으면서, 우리 둘은 정상적인 민감한 주제에 대해 정직하고 개방적으로 대화할 수 있는 능력이 길러져서, 매우 가치 있었습니다. 나는, 멘토링에서 얻어지는 가치 있는 이익 중 하나는, 목표를 명확히 세우는 것과 자기가 선택할 수 있는 사항을 명확히 깨닫는 것과 행동을 명확히 계획하는 것, 이 3가지를 방해하는 '걱정·불안'을 제거하게 해주는 것이란 것을 채득했습니다. 이 멘토링을 통해 더욱 성공을 경험함에 따라, 이 유대관계는 하나의 우정과 동료 간의 상호이익을 성숙시켰습니다. 혼자 할 때보다도, 문제들이 더욱 빨리 제기되고 해결됐으며, 더욱 만족스럽게 되었습니다.

사람들이 자신의 문제를 해결할 수 있어야 하고, 자신의 캐리어 성장에 책임을 져야 함을 깨닫는 것이 중요합니다. 인간이란, 자기경험을 나누어주는 사람으로부터 도움을 받으며, 친밀하고 남에게 지원받는 환경에서 일함에 따른 이익은, 일이 즐거움이 되느냐 짐이 되느냐 하는 차이를 만듭니다. 나는 지금 즐거움 가운데 있다고 말하고 싶습니다."

7. "나는 이곳에서 비공식적 자격으로 대여섯 명을 상대로 비공식 멘토로 봉직했습니다. 멘토를 하면서 나는 보너스처리, 봉급처리, 승급기회, 개인적 문제 등을 의논했습니다. 미팅은 비밀리에 열렸고 사람들과 문제해결에 힘을 쏟았습니다.

멘토링은 개인적으로 가치 있는 경험이었고, 나는 필요한 사람에게 계속 도움을 제공할 것입니다."

8. "나는 약 2년 동안 멘제로서 멘토링에 참여했습니다. 나는 멘토를 갖는 것이, 한 사람의 성공에 크게 기여한다고 믿습니다. 나의 멘토는 내가 캐리어에서 성취할 능력을 키우는 데에 절대적인 도움을 주었습니다. 그의 도움으로 캐리어에서의 장애물을 발견해 낼 수 있었고, 나의 캐리어사의 목표들의 우선순위를, 각 목표가 얻어질 수 있도록 매기고, 나의 강점과 약점을 제대로 파악하여서, 상관들 및 동료들과의 관계를 개선시킬 수 있었습니다.

본질적으로, 나는 멘토링 프로그램이 한 사람의 성공을 크게 향상시킴을 느낍니다."

9. "멘토링 프로그램은 많은 이익이 있습니다. 어려운 문제를 다룰 때, 신참은 다양한 옵션을 교시해 주는 사람을 통해 다양한 도움을 받을 수 있습니다. 취할 수 있는 최선

의 접근방식에 대한 타인의 견해를 얻는 일은 매우 가치 있는 것입니다. 상황과 환경을 아는 노련한 사람은, 앞으로 있을 어려운 문제를 보다 쉽게 다룰 수 있게 함으로써 이런 환경에 익숙지 않은 사람에게 조언을 줄 수 있습니다. 또한 멘토링 프로그램은 기업의 정책적인 부분의 관점을 제공하는 데에 도움을 줍니다. 멘토는, 기업이 '하는 것'과 '하지 않는 것'을 말해 줄 수 있습니다. 멘토는 캐리어 성장과 개발에 있어 멘제에게 안내를 제공합니다."

10. "1년 반을 넘게 나는 거의 10명의 기술인력을 멘토해 왔습니다. 모든 부분에서 매우 긍정적인 경험이었습니다. 나는 멘토링이, 다른 사람이 전문기술과 개인능력이 성장되게 한다는 것을 잘 압니다. 나는 멘토링이 한 사람을 파악하고 그를 돕는 아주 좋은 기회라고 느낍니다. 나는 내가 경험한 멘토링이 M-P 상호이익을 증대시켰음을 압니다.

나는 각기 다른 종류의 사람들과 일하면서 큰 이득을 배웠습니다. 대신에 나는 기술분야, 캐리어 발전, 두 사람 상호간의 문제에 대해 좋은 안내를 제공하였습니다. 어떤 경우는 좋은 명수와 최고의 명수(혹은 실력 없는 자와 실력 좋은 자) 사이의 차이를 만드는 작은 통찰을 제공하기도 했습니다. 멘토링의 가치 중 하나는, 나의 동료로부터 긍정적인 피드백을 얻는 것입니다.

나는 상호간에 이익을 나누는 유대관계를 통해 도움을 제공할 수 있다고 생각하는 사람(멘토나 멘제)에게 멘토링 프로그램을 권합니다. 나는 멘토링이 시간과 노력을 쏟을 만한 것이란 것을 발견하게 되었습니다. 멘토링은 나의 개인적인 그리고 전문기술 분야에서의 성장에 큰 도움을 주었습니다."

■ 필자소개-이본 쇼는 인디아나폴리스 소재의 AT & T에서 Consumer Products 부서에서 일하며 멘토링 프로그램에 참여했다.

-International Journal of Mentoring Vol.3 No.1 winter 1989-

3. 실리콘밸리 벤처 창업자를 위한 멘토

벤처 창업자의 조언자: 멘토(Mentor)

> 일련의 전문적 자문가들이 벤처 창업자를 돕고 있다. 그들은 사원모집에서 초기 사업자금을 끌어오는 것까지 사업 전반에 걸친 모든 것들에 대해 자문을 해주고 있다. 이들을 멘토(Mentor)라고 한다. 그들은 사업의 성공과 실패를 결정짓는 아주 중요한 일을 하고 있다.

1995년, 스코트 로직(Scott Rozic)이 대학을 졸업했을 때 그가 가지고 있었던 것은 경영학 학사학위와 신용카드, 소프트웨어 회사를 위한 아이디어뿐이었다. 그는 이것을 가지고 그를 지도해 줄 사람을 찾아 실리콘밸리로 향했다. 그의 목적은 그에게 사업전략과 재무에 대해 가르쳐줄 능력 있고 인정받는 – 처음부터 사업을 어떻게 해나갈지 실제적으로 이해하고 있고 가능하면 이전에 수억 달러 이상의 사업을 옆에서 도와본 – 사람을 찾아내는 것이었다.

다행히 한 친구의 아버지가 얼마 전까지 실리콘 그래픽사(Silicon Graphics)에서 임원으로 일하던 스탠 멀스먼(Stan Meresman)에게 그를 소개시켜 주었고, 멀스먼은 커피 한잔을 마실 20분 동안만 로직을 만나주겠다고 했다.

멀스먼은 그 당시 대학을 갓 졸업한 인재를 찾고 있었다. 스코트 로직은 경험도 없었고 전문지식과 재무에 관한 시각도 전혀 없었지만 멀스먼은 그에게서 뭔가 특별한 것을 발견했다. 그는 "나는 그 젊은이가 언젠가 거대하고 성공적인 소프트웨어 회사의 최고경영자가 되리란 것을 확신했다."고 회상했다. 그는 로직이 많은 가능성을 가지고 있으며 젊은이가 성공하는 것을 지켜보는 것은 즐거운 일이므로 그를 제자로 받아들였다.

스코트 로직은 성공해서 현재 엑스마크스더스폿(Xmarksthespot)이라는 컴퓨터 기업의 최고경영자이다. 그가 여기까지 오는 데 스탠 멀스먼이 반드시 필요했을까?

어쩌면 돈을 벌기 위해 반드시 필요한 것은 좋은 아이디어와 훌륭한 기술, 차고나 기숙사라는 말이 맞을 수도 있다(주: 초기의 실리콘밸리 기업의 창업자들은 차고나 기숙사에서 사업을 시작하곤 했다). 하지만 몇몇 기업들은 대단한 아이디어나 기술 없이도 높은 가격의 초기 주식 발행금으로 굉장한 돈을 벌었다. 그들이 한 것은 거의 알려지지 않은 최소한 자원에 접근하는 일이었다.

그 자원은 바로 **기업설계인**(Business Architects)이었다. 이들은 사업 모델의 구축과 개선, 최고의 인재발굴, 사업 프로세스의 구축, 실제시장에서의 아이디어 실현 가능성 시험, 자금확보 등을 돕는다. 이들이 바로 실리콘밸리에서 가치를 창출하는 데 있어 핵심인물인 것이다. 후에 사업 초기의 순수한 열정이 식게 되면 수익성이 관심의 대상이 되는데, 이때에 기업설계인은 더 큰 역할을 하게 된다(실리콘밸리의 가치창출 시스템에 대해 더 보려면 '평범한 사람들의 성공' 참조).

경험이 없는 기업가가 어떻게 필요한 전문지식을 얻는지를 이해하기 위해, 우리는 실리콘밸리에서 30명 이상의 벤처자본가나 스탠 멀스먼 같은 멘토들을 인터뷰하는 데 4개월을 보냈다. 우리는 멘토로부터 지도를 받은 몇 십 개의 기업가 팀도 인터뷰했다.

마지막으로 우리는 사업을 시작하는 두 회사의 시작단계를 과정을 따라가며 조사했고 지도자와 팀 간의 공식, 비공식적 회의에 참가했다. 우리가 멘토에 대해 조사한 내용은 실리콘밸리의 기업가뿐 아니라 사업을 시작하려는 모든 사람에게 중요한 교훈이 될 것이다.

현재 시점에서 멘토가 왜 필요한가?

새로운 사업을 시작하려는 많은 사람들이 지난 몇 십 년 동안 실리콘밸리로 몰려들었다. 그들은 경영학 석사학위(MBA)나 컴퓨터공학 박사학위, 웹에 대한 남다른 감각 같은 것들을 가지고 있었지만 시장에서 최고의 수익을 내는 데 필요한 전문지식이나 조직을 디자인하는 기술이 없었고 설득력과 인재를 모아서 고용할 만한 신뢰성이 없었다. 다시 말해 실리콘밸리의 초창기 기업경영자들은 성장에 필요한 기초적인 요소들을 전혀 갖추지 못하고 있었다.

인터넷 시대 이전에 벤처자본가들은 기대되는 인재를 유치하기 위해 집중적이고 개별적인 노력을 해왔다. 최근에 새로운 기업들의 숫자가 급격히 증가함에 따라 이들은 매우 바빠졌다. 이들이 많은 시간이 드는 개인적인 지도를 받는다는 것은 초기의 기업가들이 감당하기에는 너무 많은 비용이 들게 되어버렸다.

많은 자금과 경쟁, 짧은 시간의 유동성 때문에 기업가들 사이의 상호작용은 더욱 중요해졌다고 벤처자본가인 러스 시겔먼(Russ Siegelman)은 지적한다. 3컴의 최고경영자(CEO)였던 빌 크라우스(Bill Clause)는 "20년 전만 해도 벤처자본가는 지식 이전의 촉매자 역할을 했습니다. 그러나 오늘날 그들은 포트폴리오 관리자이고 거래 중재자인데다가 금융공학자이기까지 합니다."라고 말한다.

대규모 벤처자본회사는 여전히 특별히 선전된 유망한 초기 사업체들을 맡아 운영하고 있다. 하지만 그들은 급속히 거대하게 성장할 사업체가 아니면 투자를 하지 않는다.

그리고 작은 업체들이 기업 전문지식을 제공받는 것은 점점 힘들어지고 있다. 소규모 사업체들은 전문지식을 얻기 위해 다양한 방안을 모색해 왔는데 가장 많이 사용되는 방법은 창업 인큐베이터와 같은 방법이다. 다양한 모델의 업체들은 공간, 행정적 지원, 컴퓨터와 같은 요소를 지원하는 가레지닷컴(Garage.com)과 같은 회사로부터 조직된다. 가레지닷컴의 고객회사들은 프레젠테이션, 금융 조직화, 탄탄한 전문가 채용 등의 문제를 해결하는 데 도움을 얻었다. 그 대가로 가레지닷컴은 지분과 수수료를 받았다.

특히 경험 없는 기업가들을 위한 다른 대안으로 멘토들이 있다. 벤처자본가나 인큐베이터와 비교해 멘토들은 기업가들과 더 많은 시간을 보내고 더 열정적으로 미래에 대한 비전을 제시하며 경영일선에 참여하고 초기 회사들이 자금을 조성하도록 자기자신을 투자한다는 점이다.

멘토란 어떤 사람들인가?

인튜이트사의 기업가 스코트 쿡(Scott Cook)의 뒤에는 멘토이자 현재 사장인 빌 캠벨(Bill Cambell)이 있었다. 가레지닷컴의 최고경영자(CEO)인 가이 가와사키(Guy Kawasaki)는 벤처법 위원회의 설립자인 크레이그 존슨(Craig Johnson) 덕분에 사업 개념이 일찍이 급진전할 수 있었다고 말한다.

또한 네트워크 이퀴프먼트 테크놀러지사의 공동 설립자인 오드리 맥린(Audrey Maclean)과 스탠 먼스먼은 애쉬 문쉬(Ash Munshi)의 아이디어를 구체화하여 현재 쳄덱스(Chemdex)의 계열사인 스페셜리티MD(SpecialityMD)를 만드는 데 도움을 주었다. 이런 멘토는 유명 프로선수들과 함께 자신의 회사를 차려 최고경영자(CEO)나 업무 최고책임자(COO)로 역할을 하기도 한 어떤 분야에 있어서 전문코치와 같은 이들이다. 이들의 기업경력에서 적어도 한 번

3장 해외 제도적 멘토링 Case Study 499

쯤 성공하는 것은 보통이지만 반면 실패하기도 한다.

코치로서 그들의 임무는 유망하지만 미숙한 초기 기업들을 도와 생존 가능한 사업원형을 계속 만들고 성장하도록 자원을 제공하는 것이다(뒤에 나올 멘토링 스타일은 멘토가 기업가들을 가르치는 다양한 방식에 대해 설명한다). 이런 지도에는 상당히 많은 시간이 들어간다. 내가 코치가 된다는 것은 많은 노력을 필요로 하는 일입니다. 장난감 회사인 스카이라인의 공동설립자인 펜 멘들벰(Fern Mendelbaum)은 이렇게 말한다. "나는 회사가 성공할 수 있게 하기 위해서라면 모든 일을 할 것입니다. 그렇게 되면 회사는 상당한 심적 부담을 덜게 될 것입니다."

기업가들은 그들의 헌신에 대해 매우 감사하고 있다. 소프트 북 프레스의 최고경영자(CEO) 짐 샤크(Jim Sachs)는 티마커(T/Maker) 소프트 회사의 공동설립자이자 그의 멘토인 에디 로이즌(Heidi Roizen)에 대해 이렇게 말했다. "완전히 일에 매달렸습니다. 그녀는 저와 함께 일하고 한 주 내내 함께 커피를 마시며 일어나는 일에 대해 이야기했습니다. 일어나는 모든 일에 매우 가까이 있었다고 할 수 있습니다." 하지만 왜 중년의 성공적이고 현금창출 능력이 있는 기업가들이 전혀 경력이나 현금이 없는 초보자 집단과 일하고 싶어 할까? 멘토들은 돈을 벌기 위해서 움직이는 것만은 아니다. 대부분의 지도자들은 그전에도 상당한 돈을 벌고 있었다. 그들은 더 이상 그들의 기업을 키우는 데는 관심이 없어졌으며 사업 초기에서만 경험할 수 있는 스릴과 흥분을 즐기고 있는 것이다.

소프트웨어 퍼블리싱의 설립자이자 최고경영자를 역임한 프레드 기븐스(Fred Gibbons)의 경우도 그와 같다. "나는 창조적 과정을 위한 위험한 경험에 참여하는 것을 좋아합니다. 하지만 그냥 평범한 최고경영자(CEO)가 되는 것은 원치 않습니다." 그 스릴과 어려움들은 다른 사람의 경험을 대신하는 듯한 느낌을 주게 된다. 하지만 일단 그런 위험이 제기되면 사업의 과정은 다시 매우 익숙한 것이 되어버린다. 멘토들은 어렵게 얻은 전문지식을 공유하기를 원하고 그들의 제자들이 성공하는 것을 보고 싶어 하며 사업이라는 도박에서 재미를 찾고 싶어한다.(대부분의 멘토들은 지분을 얻게 되고 초기 사업단계에 그들의 자본을 투자한다).

3컴의 빌 크라우스는 멘토가 된 이유를 이렇게 설명했다. "저는 20살에 대학에서 전기공학 전공으로 졸업을 했습니다. 그때 저는 65세까지 일하게 된다면 15년 단위로 경력을

나눠 써야겠다고 생각했습니다. 처음 15년은 다음 단계를 위해 배우는 기간이고 다음 단
계는 돈을 벌고 사업을 세우는 기간으로 잡았습니다. 마지막 단계에서는 사회에 공헌할
수 있는 일을 하고 싶었습니다. 실제로 저는 휼렛패커드에서는 일을 배웠고 3컴에서는 사
업을 설계했고 지금은 봉사하는 단계입니다. 당신이 두 번째 단계를 잘해 낼수록 세 번째
단계에서 더 많은 일을 할 수 있을 것입니다."

그와 유사하게 우리가 얘기하는 대부분의 멘토들은 결코 단기에 수익을 얻을 만한 가치를
얻기 위해 회사를 대충 만들어내는 데에는 관심이 없다. 넷스케이프(Netscape Netcenter)
의 이사를 역임한 마이크 호머(Mike Homer)는 "좋은 벤처기업은 지속적인 가치를 가지
고 무엇인가를 사회에 환원해야 합니다. 우리는 기업가들이 지속적인 기업을 만들도록 돕
고 있습니다."라고 말한다.

멘토는 무엇을 하는가?
우리는 사업을 시작하는 사람들이 멘토로부터 7가지 유형의 전문지식들은 내부적으로는
조직을 형성하고 영업을 수행하는 데 사용되고 외부적으로는 잠재투자자, 고객, 법률가들
과 관계를 유지하는 데 사용된다. 대부분의 회사들이 매우 초기 상태이고 대외적으로 인
식되기 전이기 때문에 내부의 역할이 더 중요한 경향이 있긴 하지만 멘토들은 외부 세계
와의 중재자로서 매우 중요한 역할을 한다.

대부분의 멘토들은 각 역할에 익숙해지기 위한 몇 년간의 기간이 주어진다고 해도 7개
중 최대 3~4개 유형의 전문지식을 얻게 될 뿐이다. 이 점을 생각해서 멘토들은 자신이
맡지 못하는 다른 역할을 위해 동료들을 팀에 끌어들이게 된다.

사업설계자(Sculptor): 모든 새로운 것은 발전하게 마련이고 새로운 기업에도 예외는
없다. 기업가의 원래 사업개념은 종종 시장에서의 최종 가치부문과 매우 다르게 된다. 조
각가가 선으로 뼈대를 세우고 겉에 진흙으로 층을 덮은 다음 마지막 형태를 위해 작업을
해나가듯이 멘토들은 기업가의 기초 아이디어를 가지고 대략적인 방향을 결정한 다음 벤
처자본가에서 보여줄 원형을 만들어나가게 된다.

여기서 조각을 한다는 것은 개발과 여러 대안에 대한 탐색을 반복하는 과정이며 그중
지속적으로 우위를 가질 만한 한두 개에 중점을 두는 것이다. 사업 초기단계에서 멘토들

은 최종 가치부문과 가능성 있는 시장을 선택하기 위해 높은 단계의 전략적인 개념을 고안하는 데 온 힘을 기울인다. 그리고 나서 그들은 실제 상품을 최적화하기 위해 시장으로부터의 반응을 이용한다.

멘토인 프레드 기븐스(Fred Gibbons)이 액티브포토(Active Photo)사와 같이 일할 때 사업팀의 아이디어는 웹상에서 소비자에게 즉각적인 무선 사진 전송을 할 수 있는 하드웨어와 소프트웨어를 개발하는 것이었다. 프레드 기븐스는 그 아이디어를 무조건 반박하지는 않았지만 다른 기업가 잭 멜처(Jack Melchor)와 함께 그 팀의 구성원들이 다른 사업분야로 갈 수 있는 자기 테스트를 하도록 도왔다.

액티브 포토는 하드웨어를 새롭게 개발하는 아이디어를 포기하고 B2B(Business-to-Business) 중심으로 사업을 재설계했다. 최고경영자(CEO)인 세인 데어(Shane Dyer)는 그를 이렇게 평가했다. "프레드는 핵심 이슈를 뽑아내는 데 매우 탁월합니다. 무엇이 가장 중요한지를 이해하려고 노력합니다. 무선을 선택하는 이유는? 소프트웨어를 선택하는 이유는? 이 기업의 방향은? 이런 문제에 대해 말입니다."

처음의 아이디어를 마음에 들어 했던 공동 설립자 밸러리 스미스(Valerie Smith)에게 사업의 중심 이동은 매우 힘든 것이었다. 그녀는 B2C(Business-to-Customer) 모델로 가는 것이 말도 안 된다는 결론에 도달한 것을 안타깝게 생각했다. 거기에다가 프레드와 멜처는 즉시 새로운 사업에 집중하라고 지시했다. 밸러리 스미스는 "저는 그들이 너무 냉정하다고 생각했습니다. 더구나 잭 멜처는 방향을 잡으라고 우리를 꾸짖기도 했습니다. 그는 모든 시장을 동시에 잡을 수는 없다고 말했습니다."라고 그때를 회상했다.

일단 기업가들이 기본 전략을(예를 들면 B2B 또는 B2C) 세우고 잠재적인 고객과 시장을 인식하면 멘토는 그 개념을 더욱 발전시키기 위해 시장에서 그 개념을 테스트해 보라고 요구하게 된다. 프레드 기븐스와 빌 크라우스는 액티브 포토 측에 다양한 고객 그룹의 취향을 알아보고 초기 사업 디자인을 발전시키기 위해 몇 개의 시장에 원형을 제시해 보라고 했다. 팀이 시작품을 대중 시장에 테스트하기 위해 내놓았을 때 카메라의 플래쉬가 부적당하다고 판명되었고 팀원들은 경영자와 투자자들에게 일이 잘못되었다고 보고하는 것에 대해 걱정을 하고 있었다.

세바스찬 튜러롤(Sebastian Turyllols)은 프레드 기븐스에게 테스트 결과에 대해 말하던 때를 기억하고 있다. 그때 프레드 기븐스는 예상하지 못한 반응을 했다. 그런 경험

은 상품을 신속하게 생산되도록 했으며 시장과 시장 반응에 대해 알려주므로 대단한 가치
가 있다는 것이었다.

평범한 사람들의 성공

엑스마크스더스폿의 최고경영자인 스코트 로직같이 되고 싶어 하는 많은 기업가들이 왜
실리콘밸리를 향하고 있을까? 그 이유는 왜 윌리 수튼(Willie Sutton)이 은행을 털었는
가의 이유만큼 확실하다. 거기에는 돈을 벌 수 있는 기회가 있기 때문이다. 하지만 실제
로 문제는 이것보다 복잡하다. 생리학자인 가렛 하딘(Garret Hardin)은 자신의 이성과
흥미에 따라 행동하는 사람들이 그들의 생활을 위해 필요한 자원들을 파괴하는 과정을 일
컫는 평범한 사람의 비극이라는 용어를 만들어냈다. 실리콘밸리의 문화가 이 시스템을 가
져왔다. 전문지식의 집합은 평범한 사람들의 승리를 대변하는 것이다. 자원은 추출되어 자
기 규제적이고 효율적인 방법으로 지속적으로 보충된다. 이러한 승리는 실리콘밸리의 독특
한 지리·역사·문화가 되었다.

승리란? 샌프란시스코 공항의 비행기에서 실리콘밸리를 본다면 그 작의 규모에 놀라게
될 것이다. 벤처 로 그룹(Venture Law Group)의 크레이그 존슨은 이렇게 말했다.
"실리콘밸리는 가스를 압축시켜 놓은 것과 같습니다. 점점 뜨거워지고 있고요." 이곳의 종
족들은 사회적으로나 전문적으로 업무 규율(소프트웨어 엔지니어)과 대기업의 계열사(휼
렛패커드), 배경(스탠퍼드의 MBA나 남아시아 이민자) 등의 공통점을 가지고 있다. 이곳
의 유능한 사람들은 거래를 하기 위해서나 직업을 바꾸고 업무 파트너를 찾기 위해 멀리
갈 필요가 없다. 존 도어(John Doer)는 실리콘밸리가 주차장을 옮길 필요도 없이 직업
을 바꿀 수 있는 곳이라고 말했다. 공유된 가치는 실리콘밸리 사람들을 오랜 시간 동안
결속해 왔다. 여기서 특별하게 성공하는 사람이 된다는 것은 이 공동체 안의 모든 사람들
이 알 수 있는 일이다. 빌 휼렛과 데이빗 팩커드는 전 세대 사람들에게 직접적인 영향을
주었고 다음 세대가 기업가들에게는 성공의 지표를 만들어주었다.

이전 고용인들을 보살피는 것은 전통이며 문화다. 선배 멘토들은 어떻게 빌 휼렛이 그들이
HP를 떠날 때 격려를 해주었으며 어떻게 HP의 엔지니어들이 기업가 정신을 키우는지에 대
해 설명해 준다. 전 인텔리코프(Intellicorp)의 최고경영자, 브랜스컴(K. C Branscomb)
은 그녀를 위해 일했던 사람들을 도우려고 애쓴다. 나는 그들을 위해 벤처자본가를 부릅니다.

아마 제가 자금을 대는 것을 도와준 회사가 대여섯 개 정도 있을 거라고 말했다. 마이크 호머(Mike Homer)도 비슷하게 얘기했다. "나는 나를 위해 일했던 사람들에게 매우 충실합니다. 만약 누군가가 와서 도움을 요청한다면 그것을 다 주지는 못해도 어떻게 하면 그들이 필요한 것을 얻을 수 있는지에 대해 가르쳐줄 것입니다."

평범한 사람들의 일하는 방식 멘토들은 비공식적인 조합에서 활동한다. 현재의 고용인들이 내일의 사장이 될 수도 있고 현재의 경쟁자가 내일의 파트너가 계열사가 될 수도 있다. 만약 당신이 경험 있고 존경받는 멘토 조합원이라면 전문지식을 만들어내야 할 것이다. 가끔 지식의 교환은 일대일 작업으로 이루어진다. 전이된 지식은 후에 다른 사람들로부터 다른 형태로 돌아오게 된다. 존슨이 설명한다. "당신은 전이된 지식이 돌아오는 것을 볼 수 있습니다. 마치 풀뿌리처럼 말입니다. 나는 이런 프로젝트에서 누가 나를 도울까 하고 생각했지만 나는 개인적으로 모르는 바쁘고 성공적인 사람들을 부를 수도 있고 거기에 응하게 할 수도 있습니다. 그게 내 경우에만 해당되는 것은 아닙니다. 그것은 게임의 에티켓입니다."

하지만 신뢰가 없이는 조합에 들어갈 수 없다. 가장 잘 알려진 멘토는 그들 자신이 사업을 시작했거나 네스케이프나 오라클 같은 차고에서 시작해 커서 거대해진 실리콘밸리 기업들의 경영진이다. 사실 그런 상처는 용기의 상징이다. 크레이너 퍼킨스의 중요한 멘토인 비노드 코슬라는 "그 사람들은 기업가들에게 충고할 권한을 얻게 되는 것입니다. 그들은 그런 일을 하도록 자격을 받았고 실제로 그것을 제대로 수행하기도 하고 제대로 수행하지 못하기도 합니다. 하지만 그들은 그 차이를 알고 있습니다." 조합원들은 잠재력 있는 기업가들을 선별하기 위해 서로에게 의존한다. 투자위험을 체크하는 매 시간들이 돈과 같은 것이다. "나는 나에게 오는 모든 기업가들에 대한 기본정보를 얻을 수 있습니다. 우선 스스로 자체심사를 해서 벤처자본가가 될 수 있습니다. 하지만 그건 매우 많은 시간을 요구하는 작업입니다." 존슨은 "우리는 이런 때 서로를 심사자로 이용하고 여기서는 실리콘밸리 사람들의 비공식적인 심사등급이 이용되기도 합니다."라고 말한다. 파운데이션 캐피털사의 마이크 슈허(Mike Schuh)는 멘토의 이런 가치를 뒷받침한다. "제가 매우 보는 수백 가지의 것들 중 만약 내가 아는 멘토의 이름이 있다면 더이상 볼 필요가 없을 것입니다. 나는 그냥 즉시 약속을 잡을 것입니다."

상담심리학자: 회사를 시작한다는 것은 기업가의 가족을 포함해 관련된 모든 사람들에

게 매우 스트레스를 주는 일이다. 많은 멘토들은 정신적 고통의 시간으로 인해 행복과 공
포 사이를 왔다 갔다 하던 시간들을 기억하고 있다. 그런 경험이 있었기에 많은 지도자들
은 인간행동에 대한 깊은 이해를 하고 있고 그가 지도해야 하는 팀에게 거의 치료사가 되
어줄 만한 대화능력을 갖추고 있다. 멘토와 성장의 고통을 겪고 있는 많은 회사들은 이런
사정을 알고 있다. 그들은 기업가에게 위기가 극복될 것이라는 것을 확인시켜 주고 그 후
에 그들이 평범한 기업 이상이 되도록 돕는다. 멀스먼의 제자들 가운데 몇몇은 그 영향력
에 대해 언급하고 있다. 스페셜리티 MD의 창립자인 애쉬 문쉬는 그에 대해 좋은 대화
상대이며 상담자이고 기댈 만한 사람이라고 말했다.

멀스먼은 그에게 회사를 시작한다는 것은 감정의 롤러코스터가 되는 것이라는 얘기를
했다. "그는 저에게 저의 그런 생활이 가족에게 영향을 주지 않도록 해야 한다고 일러주었습
니다. 저는 잘될 수도 있고 안될 수도 있었습니다. 하지만 저는 가족을 위해 일하고 싶었고
그래서 가족에게 걱정을 미치지 않도록 계획하고 있는 일에 신중을 기했습니다." 멘토들은 기
업가들이 시야를 넓히는 것을 도와줄 뿐만 아니라 자신감을 갖도록 도와준다. 열정적이라 해
도 기업가들은 보통 쉽게 좌절하게 마련이다. 잠재적 투자자들은 기업가들이 철저한 분석에
의존해서 결정한다고 현실적으로 그들은 열정 하나에 모든 것을 맡길 때가 많이 있다.

사업 시작팀이 세상에 용감하게 도전하는 것을 보여주는 것은 매우 중요한 일이다. 그
래서 멘토들은 그들의 힘과 낙관성을 넘겨주려 한다. 네파스타일의 최고경영자(CEO)인
마이클 치렐로(Michael Chiarello)는 그의 멘토인 펜 멘들벰에 대해 이렇게 말했다.

제가 벤처자본가를 만나려고 일정을 잡았을 때 그녀가 저에게 전화로 메시지를 남겼습
니다. "당신은 최고입니다. 가서 원하는 것을 얻으세요. 당신의 신념을 잊지 마시구요. 대
답은 15초 정도로 짧게 하시고, 어떻게 일이 되어 가는지 저에게도 말씀해 주십시오." 몬
도미디어의 더글러스 케이(Douglas Kay)는 멘토인 랜디 코미설(Randy Comisar)의
낙관성을 이렇게 평가했다.

"그는 이렇게 말하곤 했습니다. **큰 그림과 비전을 기약하십시오. 성패의 요소는 운과 시
간일 뿐 당신의 능력과는 관계가 없습니다.** 만약 사업이 잘 안되더라도 당신이 노력을 했
다면 또 다른 기회가 있을 것입니다."

Mentor로서 교육스타일

우리가 인터뷰한 멘토들은 기업가들을 위해 결정하지 않는다는 한 가지 공통점을 가지고 있었지만, 그들의 교육방법은 매우 다양했다.

실전 교육(Learning by Doing) 네파스타일(Napastyle)의 창립자이자 최고경영자인 마이클 치렐로는 캘리포니아 네파 벨리의 자유롭지만 정돈된 라이프스카일을 생각하면서 미디어 인터넷 회사의 아이디어를 개발하고 있었다. 그의 Mentor인 펜 맨들벰은 다른 미국인들이 그의 네파 개념에 공감할 수 있을지 질문했다. "저는 '펜, 그것이 뭘 의미하는지 말해드리죠.'라고 생각하고 있는데 그녀가 말했습니다. '저는 마이클 당신을 진심으로 믿지만 모든 미국인이 당신을 믿을지는 모르겠군요. 당신이 취하는 모든 행동이 타당해야 합니다." 그래서 치렐로는 시장조사를 했다. "우리 중의 다섯 명이 친구 10명에게 네파가 그들에게 어떤 의미가 있는지 묻는 질의서를 이메일로 보냈습니다. 우리는 네파의 의미에 대해 그런 식으로 응답을 조사했습니다."

문답 교육(Socratid Learning) 스코트 로직은 실리콘 그래픽스의 최고 재무담당자인 스탠 멀스먼이 그에게 물었던 것을 회상했다. "그래서 '스코트, 회사가 하려는 것을 두 문장 정도로 말하면 무엇입니까?'라고 그가 물어서 대답을 하면 '뭐 특별한 것은 없군요. 경쟁력을 갖춘 무언가가 있어야 합니다.' 하거나 '경쟁력 있는 장점은 뭐죠?'라고 묻습니다. 그리고 나서 그는 괜찮게 들리는 두 개 정도의 회사를 뽑아내고 나서 이렇게 묻습니다. '엑스마크스더스폿사의 특별한 기술은 무엇입니까? 투자를 받기를 원하는 많은 회사들이 있습니다. 당신의 회사에 뭔가 특별한 기술이 있기는 한 것 같은데 그걸 어떻게 발전시킬 거죠?' 이렇게 말입니다."

훈육에 의한 교육(Stories with a Moral) 액티브 포토의 회의에서 공동 설립자 세바스찬 튜토릴(Sebastien Turullols)는 신생기업의 자유로운 유동성을 어떻게 다루어야 할지에 대해 보고하고 있었다. 전 3컴의 사장인 빌 크라우스는 조심스럽게 대답했다. "몇 년 전에 최고 재무결정자가 거기에 높은 고이자율, 고위험 채권으로 투자를 하기를 원했습니다. 고위자 하나가 그에게 말하더군요. 아무도 당신이 만들어내는 1.5%의 이자를 기억하지는 않을 겁니다. 하지만 그들은 당신이 1000만 달러를 잃는 것은 분명히 기억할 겁니다."

경험 법칙(Rules of Thumb) 가상적으로 무리가 인터뷰한 모든 팀은 집중, 집중, 집중이라는 강한 원칙을 가지고 있었다. 그러나 멘토들은 언제 그 법칙을 적용하고 적용하지 않을지를 알고 있다. 프레드 기븐스는 액티브포토팀에게 하나 이상의 시장을 탐색해야 할 필요가 있을 때에는 과감히 그 원칙을 포기하라고 했다. 하지만 그는 두 개 이상의 집중 대상은 갖지 말라고 주의를 주었다.

상술 교육(Specific Directives) 실리콘 그래픽스의 부사장이자 많은 기업인들의 멘토인 켄 콜먼(Ken Coleman)은 그가 판매사원을 해고하고 싶어 하는 관리자들에게 어떻게 대처하는지 보여주었다. 고객은 그 사원을 좋아하지만 그는 내부적으로 그리 큰 실적을 내지 않았다. "여기에 바람직한 결론이 있습니다. 긍정적인 결과로 이 사람을 전근시키는 것입니다. 첫째, 즉각적인 답변을 피하십시오. 주의 깊게 생각하십시오. 충고를 얻으십시오. 당신은 이 사람에 대한 훌륭한 해고전략을 세울 수가 있습니까? 서로에게 승리하는 상황을 만들 수가 있습니까? 아마 고객이 그를 고용하게 될 것입니다."

관찰 교육(Learning by Observing) 미디어 텔(Media Tel)의 최고경영자인 산지브 맬라니(Sanjeev Malaney)는 그의 멘토인 리치 젤리스크(Rich Zalisk)로부터 삼투의 원리를 배웠다고 말했다. 예를 들어 젤리스크는 다음해의 목표를 위한 이틀 간의 계획 회의를 열었다. 멜라니는 젤라스크가 우선순위와 예산을 세우며 팀 구성원을 얻는 것을 보며 배웠다. "나는 어떻게 운영을 하고 분쟁을 조정하는지를 배웠습니다."라고 그녀는 얘기하고 있다.

중재자(Dipromat): 사업 초기에 직면하게 되는 가장 큰 문제 중 하나는 여러 종류의 성격과 전문성을 가진 사람들을 다루는 일이다. 멘토들은 사람들 사이를 오가며 **중재자 역할**을 많이 한다. 사업을 설명하고 전문용어들을 번역해 준다. 한 멘토는 자신이 매우 다른 접근방식을 가진 최고경영자와 업무 최고결정자 사이에서 중재를 하고 있음을 알았다. 양측의 주장을 들은 후에 그녀는 최고경영자가 업무 최고결정자의 머리를 무는 만화를 그려 최고경영자에게 선물했다. 그 최고경영자는 그 그림을 벽에 걸고 충돌이 생길 때마다 그것을 보며 감정을 조절했다.

중재자로서 멘토는 회사 외부의 주요 이해관계자들과 중재와 협상을 하지만 막후에서 직접 협상을 하기도 한다. 한 기업가는 스탠 멀스먼에게 누군가 그의 회사를 사려고 8000만 달러를 제시했다고 얘기했다. 멀스먼은 그 기업가에게 정말 회사를 팔고 싶은지 물었고 그는 만약 1억 달러를 받는다면 팔고 싶다고 대답했다. 하지만 회사를 사고자 하는 사람은 8000만 달러가 최고 상한가라고 말했다. 멀스먼은 그 기업가에게 다시는 그런 기회가 없을 것이라고 얘기했다.

다른 회사들도 그 회사를 사고 싶어 할지 생각해 보니 두 개 정도의 회사가 예상되었다. 나는 그에게 할 일을 일러주었습니다. 두 회사들에게 그가 지금 일을 진행 중이며 제안을 받고 있지만 이 두 회사의 제안도 평가하고 싶다는 것을 알려주라고 했습니다. "결국 그는 어느 한 회사로부터 서면 제안을 받아 일을 끝냈습니다. 결국 그는 처음 제안을 했던 회사로부터 1억 3000만 달러를 받고 회사를 팔았습니다."라고 멀스먼이 말했다.

인재육성자(Kingmaker): 회사는 강한 경영관리팀 없이 생존하기 힘들고 경험 많은 경영자의 수요는 공급을 초과하고 있다. 우리가 인터뷰한 많은 멘토들은 그들이 최고경영자를 만들어내야만 하며 만약 설립자가 최고경영자로 성장하지 못한다 해도 그는 다음 기회를 갖게 될 것이라고 말한다. 일단 교육의 강도와 범위가 결정되어야 한다. 어떤 멘토들은 **경영자들에게 발표하는 기술을 가르치는 표면적인 것에서부터 리더십 문제를 해결하는 문제 전반에 대해 가르친다.**

브랜스컴(K. C Branscomb)의 제자로 현재 멘토이자 인텔리코프(IntelliCorp)사 최고경영자를 역임한 한 경영자는 사업 초기에 투자자들에게 과도한 책임을 지우지 말라고 가르침을 받았다. 훌륭한 코치는 설립자가 초기 팀이나 초기 투자자, 초기 소비자들에게 높은 책임의식을 갖게 함으로써 최고경영자로 변화시킬 수 있어야 한다고 강조한다.

가끔 설립자들은 인재를 망치기도 한다. 많은 설립자들, 특히 젊고 경험이 없는 이들은 회사가 성장할 때까지 도움을 받아야만 한다. 작은 회사를 시작하는 데 필요한 열정과 에너지는 수천 명의 사람을 고용하는 회사에서 요구되는 리더십과는 다르다. 보통 벤처자본가와 멘토들은 초보 기업가들에게 새로운 회사를 만들 자금을 형성하기 전에 이런 능력에 대해 교육시킨다. 브랜스컴뿐만 아니라 다른 사람들도 경영자가 CEO로 남을 수 있는가가 어느 이사회에서든 언제든지 의문시될 수 있는 문제라는 점에 인식하고 있다.

인재 발굴자(Talent Magnet): 인재획득 경쟁이 치열한 세계에서 멘토의 역할은 사업 초기에 매우 중요하다. 숙련된 경영자들이 안전 한계를 넘어 100% 아니면 0%의 인터넷 게임에 뛰어들고 있지만 그럼에도 불구하고 경험이 있는 경영자는 매우 부족한 상태다. 마이크 호머(Mike Homer)는 "인재를 얻는 것이 가장 중요한 일입니다. 초기 사업을 키우는 데 유능한 사람들은 인재채용에 많은 노력을 합니다."라고 말한다. 멘토들은 세 가지 방법으로 인재들을 모으고 있다. 전문적인 헤드헌터들을 설득해서 찾는 방법과 그들의 네트워크 내에서 실제 지원자를 발굴하는 방법, 그리고 마지막으로 지원자를 인터뷰하는 방법이다. 존경받는, 설득력을 갖춘 멘토들은 초기 사업자가 바람직한 직원을 채용할 때 신뢰를 줄 수 있다.

베네피트포인트사의 설립자인 커트 드그로즈(Kurt DeGrosz)는 회사가 강력한 최고경영자를 필요로 하는 것을 느꼈다. 멘토이자 IVP 버산트의 벤처자본가인 샘 코렐라(Sam Colella)는 최고경영자를 구해 주려고 나섰다. 그는 맥케손(McKesson)의 최고경영자였던 마크 풀리도(Mark Pulido)가 적당하지만 그가 100개 이상의 취업 제안을 받고 있다는 사실을 알았다. 코렐라는 풀리도를 만나서 베네피트포인트사의 일이 그의 능력을 더 키워줄 것이라는 것을 확신시켜 주었고 그는 제안을 받아들였다.

프로세스 엔지니어(Process Engineer): 기업가적인 열정은 회사에 대한 애정과는 별개 문제다. 만약 기업가들이 일을 원활하게 수행하고 싶어 한다면 잘 모르는 일에 그냥 착수하지는 않을 것이다. 막 새로운 기업의 일원으로 끌어들여진 대학졸업생에게는 단순히 회의날짜와 안건을 정하는 것조차 신기한 일일 수 있다. 더 경험이 많은 기업가들은 우선순위를 결정하고 계층을 정립하고 역할과 책임을 분류하라고 재촉받기도 한다. 멘토들은 그들의 직접 경험을 성장하기를 원하는 기업의 시스템과 프로세스를 창출하는 데 사용한다. 하지만 그들은 힘든 상부구조하의 작은 기업들을 압박하는 데 있어서 매우 신중하다.

멘토인 리치 젤리스크(Rich Zalisk)는 비생산적인 활동과 혼란, 계속적인 방해물, 쓸모없는 재평가 같은 요소들은 제거되어야 한다고 말한다. 경험이 없는 팀들은 심사숙고해서 현실적인 목표를 잡는 것을 도움받고 있다. 그는 이렇게 말한다. "그런 팀들은 와서 '뭔가가 달라졌습니다.'라고 말합니다. 그러면 나는 '아니, 달라지지 않았습니다.' 하고 말하죠. 두세 번 후에 당신은 다시 반복할 필요가 없는 매우 높은 수준의 무엇인가를 얻게 됩니다. 중요한 것은 팀이 과정이 아니라 결과에 집중하게 만드는 것입니다."

기적을 만드는 사람(Rainmaker): 멘토들은 초기 자본을 구하는 데 그들 자체의 네트워크를 사용한다. 또한 벤처자본가로부터 어떻게 자본을 구하는지 알고 있다. 우리가 지금까지 연구한 대부분의 신생 회사에서 멘토들은 엔젤 자본가들에게 투자를 하게 만들었다. 나중에 기업가들을 벤처자본가와 연결시켜 준다.

ROLM의 공동 창립자인 밥 맥스필드(Bob Maxfield)는 스냅트랙이라는 회사가 처음에 어떻게 자금을 마련했는지에 대해 설명했다. "그들은 대단한 기술을 가지고 있었습니다. 나와 두 명의 다른 사람들이 자본을 투자해서 그 기술이 어떻게 활용되는지를 확인시켜 주고 사업팀이 몇 달에 걸쳐 그걸 증명해 줬습니다. 다른 사람 중 하나가 그 팀을 벤치마크사에 소개시켜 주었습니다. 나는 내 친구들 가운데 유망한 벤처회사를 갖고 있는 사람들을 불렀습니다. 그들은 한 번의 모임을 갖고 나서 매우 흥미 있어 했습니다. 하지만 결정을 내리기 전에 벤처마크사가 와서 우리가 모든 것을 걸겠다고 말했죠, 그리고 거래가 성사되었습니다. 그 회사는 나중에 퀄컴에게 10억 달러에 팔렸습니다."

요약하자면 멘토들은 기업가들에게 성공적인 기업을 만드는 데 대한 실시간적이고 강력한 지도를 하는 것이다. 그들은 오랜 기간에 걸쳐 만들어진 뛰어난 전문지식을 공유하고 적당한 시기에 적당한 만큼 그것을 실제로 수행하는 것이다. 그들은 계속적으로 사업 모형을 바꿔나가고 인재를 끌어오며 자금을 만들고 논리적이고 효율적인 조직을 만드는 데 깊이 관여하고 있다.

성공의 모델

실리콘밸리에서 멘토들은 효험 있는 혁신주기에 전반적이지만 매우 강력한 영향력을 행사하고 있다. 그들은 창업 초기의 기업가들을 교육함으로써 전문가적인 지식을 배양하고 지역 대학으로부터 인재들을 배양하고 지역 대학으로부터 인재들을 뽑아서 키우고 있다(어떤 멘토들은 실제로 대학 교수이자 초빙 강사가 되기도 한다). 이미 비공식적인 조합을 형성해 온 멘토들은 그들 네트워크 안의 사람이나 성공할 가능성이 있는 기업가에게만 충성한다. 그들은 결속해서 그들의 전문지식을 유망한 프로젝트에 집중시킨 다음 문제없이 해체된다.

그들은 영원한 것을 바라는 것이 아니라 기업 생리의 다원적 견해나 성공은 일시적이라는 믿음을 갖고 있다고 할 수 있다. 현재에 훌륭한 것이 미래에는 아닐 수도 있다. 변화하는 환경은 새로운 것을 만들어낼 수 있는 여지를 주기 때문이다. 실리콘밸리의 이런 멘토들은 쉽게 만들어질 수 없다. 이런 특별한 집단은 개발되는 데에 30년쯤을 걸릴 지식들을 만들어내며 집단의 요소는 하루아침에 만들어지는 것이 아니다. 하지만 이미 완벽하게 연계되어 전문지식을 가진 네트워크는 실제로 엄청난 혁신을 만들어낼 수 있다.

예를 들어 실리콘밸리에서 크게 성공한 남아시아 기업가들로 구성된 인듀스 엔타프레뉴어스(Indus Enterpreneurs)라는 조직은 미국의 태평양 연안 지역과 인도로 영향력을 넓혀가고 있다. 멘토 조합들이 경쟁하는 것과는 상관없이 그들의 감각은 사업을 시작하려는 사람들에게 필수적이다. 경험이 없는 기업가는 멘토를 필요로 한다. 여기저기에서 벤처 자본가들은 자신의 역할을 재조정하고 있을 것이다.

그들이 빠져 나간 부분에는 스마트 머니(Smart Money) 엔젤 투자가와 멘토가 들어오게 될 것이다. 멘토들은 서로의 기술을 완성하고 다른 사람들의 실패, 성공, 가르치는 방법으로부터 배워나가기 위해 고도의 네트워크를 형성할 필요가 있다. 그들은 새로운 사업이 만들어지는 과정을 견뎌내고 이끌 수 있는 능력을 갖춰야 한다. 그들은 능력 있는 교사가 되어야 하고 초보자들의 성공에서 느껴지는 스릴에 흥미를 느껴야 한다. 결국 그들은 초기 사업자들의 열정과 영감을 같이 느껴야 하고 기업가와 멘토 모두 서로에게 열정을 가져야만 한다.

우리는 원래 멘토에 대한 연구를 하려던 것이 아니었다. 그보다는 어떻게 재능 있고 창조적인 기업가들이 전문지식을 얻어 사업을 성공시키는가에 대해 연구해 보려고 했다. 하지만 멘토를 우연히 만나게 되면서 이들이 초기 사업자의 성공에 얼마나 중요한지를 알고 놀라게 되었다.

그 곳에도 지식사회의 작은 세계가 있으며 기술적인 요소들을 기업적인 지식과 결합해서 모두에게 멋진 기회를 안겨주는 연금술이 있다. 지식은 이 세계에서 핵심요소이며 이 요소의 희소성은 그 가치를 엄청나게 높여주고 있다.

실리콘밸리가 물론 이런 지식들이 가치를 발휘하는 유일한 곳은 아니다. 미국 각지의 현인들의 젊고 지혜가 없는 이들을 위한 신경제 사회의 마술을 만들어내고 있다. 정확한 의미의 경험은 점점 더 그 의미가 축소되고 있다고 할 수 있다.

이 글은 Havard Business Review(하버드 비즈니스 리뷰지) Nov. -Dec. 2000에 "Gurus in the Garage"란 제목으로 게재된 글이다.

글쓴이 도로시 레너드(Dorothy Leonard)는 매사추세츠 보스턴소재 하버드 경영대학원의 인사조직 담당교수이며, 월터 스왑(Walter Swap)은 매사츠세츠 주 메드포드 소재 터프트(Tuft)대학교 심리학 교수로 재직 중이다.

4. GE 핵심인재개발 멘토링

1) 핵심인재란?

핵심인재란 무엇인가? 한마디로 단정할 수는 없지만 멘토링 활동을 전개하는 측면에서 핵심인재에 대한 정의를 내리지 않을 수 없어 두 가지 측면에서 말하고자 한다.

첫째 핵심인재란 조직의 업무를 다루는 과정에서 직위에 관계없이 핵심기술, 지식, 정보 등의 지적 노하우를 가진 자 즉 핵심업무인재를 말한다.

둘째는 조직구성원을 통솔차원에서 리더십 갖추어야 하는 직위 중에서 상당한 경영권을 위임받고 있는 위치에 있는 간부급 이상자 이를 핵심리더인재라고 말한다.

2) 핵심인재 멘토링이란?

멘토링의 유래를 살펴보면 B.C. 1250년대 호머의 그리스신화에서 이타카 왕국의 왕자인 텔레마코스를 스승인 멘토(Mentor)가 오디세우스 왕이 출정한 20년 동안 멘토링하여 지혜롭고 현명한 왕으로 성장시켰다는 데서 기인한다.

이러한 내용에서 아래와 같은 3가지 인재개발에 관한 의미를 찾을 수 있고 또한 핵심인재와 직결되고 있음을 쉽게 발견할 수 있다. 왕자를 왕으로 성장시켰다는 이야기는

첫째, 핵심인재개발 멘토링을 했다는 것이다. 왜냐하면 한 나라의 왕자는 바로 왕국의 핵심리더인재이기 때문이다.

둘째, 고품질의 인재개발 멘토링을 했다는 것이다. 한 왕국을 통치하는 왕의 리더십은

일반 리더십보다는 고품질을 요구하기 때문이다.

셋째, 인격을 갖춘 차세대 리더개발 멘토링을 했다는 것이다. 한 왕국의 지도자는 인격을 갖추는 것이 필수적이며 다음을 잇는 후계자 왕이기 때문이다.

3) GE의 핵심인재 멘토링은?

GE의 멘토링은 먼저 제도화된 멘토링(Formaled Mentoring)을 도입하여 CEO 잭 웰치로부터 전 사원이 멘토링 문화 속에서 인재개발이 자연스럽게 이루어지고 있다. 특히 정규 인재개발은 크로톤 빌 인재개발 센터를 통하여 양성하고, 멘토링은 특수인재개발로 분명한 목표를 가지고 프로젝트식으로 추진되고 있다.

하나의 사례로 잭 웰치회장이 직접 후계자 이멜트를 1 : 1로 1년간 멘토링한 후에 차기 CEO로 선임했다는 것과 정반대로 자신이 IT분야에서 부족한 지식을 37세 된 부장으로부터 쌍방향 멘토링을 받았다는 것은 얼마나 멘토링 전략을 유효 적절히 활용하고 있는가를 알 수 있다.

4) GE의 핵심인재개발 멘토링 현장

[CEO와 멘토링 리더십 접근]

멘토링 리더십(Mentorship)이란? 현명한 조언자로서 남을 1 : 1로 도와주는 자 즉 멘토(Mentor)의 역할을 의미한다. 여기에서 CEO 멘토십이란? 1 : 1 전담 멘토를 통해 경영진들이 직면하고 있는 여러 고민과 문제를 해결하고 실력을 개발하는 활동이다. 그러므로 CEO는 경영리더인 동시에 한 사람의 멘토가 되는 것이 바람직하다.

일류 기업이 되기 위한 요건으로 많은 사람들이 지목하는 것 중의 하나가 경영자의 탁월한 리더십이다. 의사결정의 최고책임자로서 기업의 나아갈 방향을 설정하고 조직과 사람을 관리, 리드함에 있어서 그 핵심 축이 바로 경영자이기 때문이다. 이처럼, 리더십이 기업 경쟁력을 결정하는 중요한 원천으로 부각되면서, 경영자 및 핵심인재육성 수단으로 선진기업들을 중심으로 활발히 운영되고 있는 제도가 CEO 멘토링 리더십(CEO Mentorship)이다.

CEO 멘토십이란 경영진들이 직면하고 있는 여러 문제들을 해결하기 위해 1 : 1 전담 멘토를 두고 문제를 상담, 조언, 해결하는 제도이다. 사실, 조직에서 경영진만큼 힘들고 외로운 사람도 드물 것이다. 자신의 고민을 누구에게 얘기할 수도 없고, 중요한 의사결정을 할 때 조언을 구할 곳도 마땅치 않기 때문이다. 이러한 경영진에게 심리적 안정감을 제공하고 전문성과 역량을 키울 수 있도록 조언하고 도와주는 것이 경영진 멘토십의 핵심 기능이다. 즉 경영자에게 현명한 조언자를 연결해 주는 제도이다. 경영진 멘토십은 몇 주, 또는 몇 월의 일시적 교육 차원이 아닌, 몇 년 이상에 걸쳐 장기간에 걸쳐 이루어지기 때문에, 경영진들이 바람직한 태도나 행동을 습득하는 데 효과적이다. 특히, 멘토는 일선 업무 현장에서 실시간으로 지도해 주기 때문에, 바쁜 업무 때문에 자리를 비우기 힘든 경영진에게 시간적으로도 많은 이점을 제공해 줄 수 있다.

그러면 회사에서 누가 현명한 멘토를 필요로 하는가? 경영진 멘토십의 일차적 대상은 회사가 요구하는 수준의 성과를 내지 못하는 사람이다. 그러나 이 외에도 멘토가 필요한 경영진이 있다. 바로 회사에서 말하는 핵심인재다.

첫째, 경영진 위치로 막 승진한 사람이다. 경영진 대열에 들어선 사람은 이전에 경험하지 못했던 전략적 사안이나 조직 및 인력 관리 등 많은 복잡한 과제에 직면하게 되면서, 업무적으로나 심적으로 불안감을 느낄 가능성이 높다. 이들 신임 경영진이 새로운 직무에 빨리 적응하고, 성공적으로 업무를 수행할 수 있는 실력을 확보하기 위해서는 멘토가 반드시 필요하다.

둘째, 높은 성과를 내고 있는 소위 스타(Star)급 경영진도 멘토의 대상이 될 수 있다. 현재 조직에서 인정받고 있다고 해서 자기 계발을 소홀히 할 경우, 자신의 강/약점을 제대로 파악하지 못하여 현실에 안주해 버릴 수 있는 가능성이 높기 때문이다. 전문성과 신뢰성을 갖춘 멘토 확보를 위한 경영진 멘토십에 있어서 적절한 멘토의 선발은 특히 중요하다. 일반적으로 멘토는 외부의 전문가(예를 들어, 산업 전문가, 전략 전문가, 심리 전문가 등)나 내부의 성공한 선임경영진 등이 될 수 있다. 이때 멘토는 경영진이 담당하고 있는 사업 및 업무에 대한 전문성을 갖추어 신뢰감을 줄 수 있어야 한다. 그래야, 경영진도 자신의 고민거리를 멘토에게 솔직히 얘기할 수 있으며, 멘토도 문제해결 대안을 구체적으로 제시해 줄 수 있기 때문이다.

파트너로서의 멘토는 먼저 인간적인 배려를 통하여 업무촉진이라는 기본적인 기능을 간과해서는 안 된다. 그러므로 다양한 정보를 제공하고 조언해 주는 파트너로서의 역할을 수행해야 한다. 멘토는 말 그대로 조언하고 도와주는 사람이기 때문에, 경영진에게 일방적으로 문제점을 제시하고 개선하도록 강요해서는 곤란하다. 멘토는 경영진 주변에 있는 다양한 사람(상사, 동료, 부하 등)들로부터 여러 정보를 얻어 경영진이 안고 있는 문제점을 심층 파악하고, 개선 방향에 대해 조언/자문하는 역할을 해야 한다. 이러한 멘토십을 통해, 경영진이 자신의 문제점을 자각(自覺)하고 적극적으로 개선해 가는 자세를 갖도록 유도해야 한다.

또한 경영진 멘토십은 단지 코앞에 놓인 문제에 답답해하는 경영진의 심리적 고통을 덜어주기 위한 것만이 목적은 아니다. 궁극적으로 경영진의 경영 능력과 리더십을 강화하는 것이 진정한 멘토십의 목적이다. 따라서 기업은 경영진 멘토십을 CEO경영자 및 핵심인재육성 차원이라는 큰 맥락에서 바라보고, 제반 인재육성 제도와 전략적으로 연계하여 활용해야 할 것이다. 다음은 선구적인 인재개발기법으로 핵심인재개발 멘토링을 여러 분야에 적용하여 성공한 GE의 사례 중 3가지를 간추려 소개하고자 한다.

5) GE는 어떤 회사인가?

2001년 9월 GE 前 잭 웰치 회장은 천3백억 불의 미국의 최고기업으로 이끌었던 CEO 자리에서 물러났다.

그가 CEO 자리를 맡았던 1981년 시절, GE는 25억 불의 회사였다. 같은 기간 동안 자본시장도 13억 불에서 4천억 불로 성장하였다. 웰치 회장 시절의 GE는 셀 수 없을 정도의 많은 합병과 인수 등 사업을 늘리고 경영리더의 역량을 키워나가는 일에 혼신을 다했다.

어떤 경우에서든, 성공적인 비즈니스는 임직원들에게는 희망이자 꿈을 실어준다. 따라서 조직의 리더들은 매혹의 대상이 되곤 한다. 하지만 잭 웰치처럼 언론의 조명을 받은 리더는 드물다. 물론 잭 웰치의 골프친구들인 빌 게이츠와 워렌 버펫도 많은 언론의 관심 대상이었지만 그들은 잭 웰치처럼 타고난 경영자는 아니다. 빌 게이츠는 기술자이며 사업가이고 워렌 버펫은 주식 등 증권 투자가이다.

하지만 잭 웰치는 미국 경영의 최고의 경쟁력과 결과에 집착을 하며 사업을 번창시키는 것에 피곤을 느끼지 못하는 그렇기 때문에 남들의 두려운 대상이 되기도 하는 세계적으로 유명세를 타고 있는 경영자이다.

현재 전 세계의 서점에는 잭 웰치에 관한 도서들로 북새통을 치루고 있을 정도로 그는 리더십, 경영방식, 6 시그마, 그리고 자서전에 이르기까지 많은 메시지를 남겼다. 미국의 Financial Time이라는 신문사에서는 그를 세계에서 가장 존경받는 인물로 4년 연속 커버스토리로 싣고 있다.

6) GE 멘토링 현장 사례 3가지

① 우수사원 개발 멘토링-우수사원 후보를 멘제로 선발하여 우수사원 멘토와 연결하여 멘토링함으로 진급자의 80%가 멘토링을 받는 자 중에서 나왔다.

② 자신을 멘제로서 IT멘토링 사례-간부사원 600여 명을 멘제로 하고, 젊은 사원을 멘토로 IT분야 기술을 전수받았다. 잭 웰치 자신도 멘제가 되어 37세 플라스틱 부서장한테 멘토링을 통하여 IT기술을 전수받았다.

③ 이멜트와 멘토링-후계자인 멘제 이멜트를 위해 1년여 간 잭 웰치는 멘토로서 자신의 모든 노하우를 전이(轉移)하는 데 최선을 다하는 멘토링 관계를 유지했다.

사례 1-우수인재 양성 멘토링

북미지역에서 멘토링은 20여 년 전부터 체계 있는 프로그램으로 서서히 채택되면서 오늘날은 기업, 학교, 교회, 군대, 공공기관 등 모든 조직에서 일상적인 일로 받아들여지고 있다. 최근에 국내에서 베스트셀러가 되고 있는 GE의 전 CEO 잭 웰치의 자서전에서도 그의 인사관리기법으로 멘토링이 활용되고 있는데 그 내용을 저자가 요약해서 소개하고자 한다.

GE의 CEO였던 잭 웰치(Jack Weltch)는 **"최고의 인재를 뽑을 수 있고, 최고의 인재로 키울 수 있다면 기업은 성공할 것이다."**라고 인재중시의 경영을 외치면서 업무의 70% 이상을 인사관리에 집중해 왔다. 그는 특별한 인사관리기법으로 개발한 활력곡선(Vitality Curve)을 이용하여 A급 사원으로 20%, B급 사원으로 70%, C급 사원으로 10%를 선정하여 A급 사원은 파격적인 대우를, B급사원은 보통으로 대우를, C급 사원은 퇴출대상으로 몰아붙였다.

특히 그는 멘토링(Mentoring) 프로그램을 B급 사원을 A급 사원으로 승급시키는 데 적용하였고 A급이나 B급 사원을 진급시키는 데도 필수적으로 적용시켰다. 아래 글은 그의 자서전에서 일부 발췌한 내용이다.

[잭 웰치의 멘토링 – 자서전에서 발췌]

{지난 몇 년 동안 우리는 같이 점심 식사를 하면서 엄청난 잠재력을 가진 직원들을 많이 만나게 되었다. 그들은 최고경영진으로부터 각자 한 사람씩 멘토(Mentor)를 배정받았다. 나는 이러한 멘토링(Mentoring) 프로그램이 실질적인 혜택과는 전혀 무관한 것임을 강조해 왔다.

인재개발 방법에 관해 논의하던 중에 제품을 개발할 때 사용하는 것과 똑같은 방법을 적용하기로 결론을 내렸다. 이 경우 엄청난 잠재력을 가진 멘제(Mengrer)들은 제품에 해당했다. 그들의 지도자들인 최고경영진의 스태프들은 이러한 제품을 개발하는 책임을 지고 있었다. 그것은 그들의 지도 대상자들을 A등급 수준으로 끌어올리든지 아니면 새로운 멘제(Menger)를 찾아야 한다는 것을 의미했다.

점심을 먹으며 이러한 멘토링(Mentoring) 프로그램의 진행과정에 대해서 자발적인 토의를 했다. 멘토(Mentor)와 멘제(Menger) 모두 엄격한 게임의 법칙을 지켜야 했다. 성과를 최우선으로 하는 GE의 문화에서는 각자가 더 높은 수준의 결과물을 도출해야 하며, 그에 의해 자신의 평가를 받을 것이라는 사실을 멘토(Mentor)와 멘제(Menger)들 양쪽 모두 잘 알고 있었다.

상급자는 그를 통해 자신의 리더십을 평가받았던 것이다. 이 멘토링(Mentoring) 프로그램은 제대로 효과를 나타냈다. 1999년 진급자 중 80% 이상이 멘토의 도움을 받은 것이다.}

[멘토링 기술 5가지]

인재개발의 성공여부는 바로 지도자의 리더십에 달려 있다. 과연 지도자급에 있는 사람들이 현장에서 소속사원을 위하여 얼마나 애정을 가지고 접근하고 있느냐?가 승패를 좌우하는 것이다. 10% 퇴출사원에게는 그렇게 냉혹한 잭 웰치가 20% 우수사원을 위해서는

"가치를 인정해 주어라.

칭찬해 주어라.

포옹해 주어라.

키스해 주어라.

보통사원의 3-5배 더 대우해 주어라. 우수사원이 퇴출한 부서장은 죄인이다."

라고 따뜻한 애정을 갖고 업무의 70%를 사람관리에 매달렸다는 것이다.

사례 2 - 부하들로부터 도움받은 잭 웰치 및 CEO들의 쌍방향 멘토링

1999년 Jack Welch 회장이 최고위간부 600명이 도움받는 멘제(연령: 30-60대)가 되고 젊은 부하직원(연령: 20-30대)이 도움을 주는 멘토가 되어 인터넷, 전자상거래 등에 관하여 멘토링을 실시했다. 64세의 Welch 회장도 37세의 Pam Wickham 부장(G. E.의 플라스틱 사업부서에서 웹사이트 담당)을 멘토로 하여 인터넷에 관하여 배웠다.

사례 3 - 후계자 핵심인재개발 멘토링

GE: 현명한 조언자 멘토 CEO 잭 웰치 - 후계자 CEO 제프리 이멜트

잭 웰치 CEO와 후임자 CEO 제프리 이멜트와의 관계에서 우리는 후계자 멘토링을 주의 깊게 살피지 않으므로 잃는 것이 너무 많다. 위의 전임 CEO(현명한 조언자 멘토 역할)와 후임 CEO 사이에 오래전부터 공식, 비공식적으로 끈끈한 멘토링 관계가 지속되어 왔음을 기록을 통해 알 수 있다. 끈끈한 멘토링 관계란? 단순한 업무(Task)에만 국한한 것이 아니고 인간관계, 리더십, 의사소통, 경험담 등 삶 전체로 두 사람의 관계가 1년 넘게 1:1로 멘토링이 이루어졌다는 것을 알 수 있다. 그러니까 성공확률이 높은 것입니다.

7) GE 멘토링 현장

-이채욱 기자: 서울경제신문 2003-07-06

GE 의료기기 아시아 태평양 사장으로 재직할 때 도쿄에 근무하는 직원의 '멘토'를 맡았었다. 그 일본인 사원은 각종 프레젠테이션 준비는 물론, 경력관리나 자기 상사와 의논할 수 없는 다른 회사의 스카우트 제의와 개인적인 고민까지도 내 의견을 묻곤 했다. 지금은 물류 담당 중견 매니저로 일하고 있는데 장차 훌륭한 간부로 크게 성장할 재목임에 틀림없다.

멘토는 그리스의 선지자 멘토르(오디세우스가 자기 아들이 지혜롭고 현명한 왕자가 되도록 교육을 부탁했던 인물)에서 유래된 것으로 지혜와 신뢰, 존경으로 한 사람의 인생을 이끌어주는 지도자라는 의미를 갖는다.

GE의 멘토링 제도(Mentoring System)도 업무 연관성이 없는 선후배끼리 일대일 관계를 맺고 후배가 차세대 리더가 되도록 선배가 앞장서 도와주는 활동이다. 멘토는 멘제의 성장 발전, 경력개발 계획 등에 대한 지원이나 조언을 해주고, 멘티는 비즈니스에 대한 이해, 문화나 조직의 운용 등에 대해 배울 수 있다.

멘토링 제도는 멘토와 멘제 모두에게 도움이 될 뿐만 아니라 우수인력의 양성·유지 등 회사에도 큰 도움이 될 수 있다. 그러나 이 제도가 성공적으로 정착되려면 몇 가지 요건이 필요하다.

첫째, 멘토와 멘제 모두의 적극적인 태도, 상호간 신뢰와 존경, 서로에 대한 철저한 비밀유지가 이뤄져야 한다. 둘째, 상호간 합의에 의해 기대치와 책임감 등을 잘 관리해야 한다. 셋째, 멘토 멘제 관계가 끝났을 때 서로 어떤 비방도 하지 말아야 한다.

쉬운 일이 아니지만 내 경우 멘토 역할을 장점은 상상 이상이었다. 첫째는 젊은 세대의 진솔한 이야기를 들으면서 생각을 공유할 수 있는 기회가 됐다. 둘째로 질문에 대한 답변을 하는 동안 많은 생각을 할 수 있었다. 업무상 관계에서 벗어나 있는 새 분야에 대한 정신적인 자극을 꾸준히 받을 수 있는 계기가 됐던 것이다. 셋째로 상호 토론하면서 새로운 방법을 발견했을 뿐만 아니라 내가 이해하지 못하던 부분도 알 수 있었다.

GE 코리아에서는 최근 여직원을 위한 멘토링 제도를 도입했다. 멘토링 제도는 상호 솔직한 대화로 건강한 조직을 구성하고 조직 내 젊은 세대와 기성세대와의 간극을 좁혀줄 수 있다. 어디서든 한번쯤 과감하게 도입해 보면 좋을 상 싶다.

4장 비즈니스 멘토링 Case Study

1. 더글라스 항공-조직문화 강화 멘토링

더글라스 항공(Douglas Aircraft)의 멘토링 프로그램은 조직문화를 유지하는 핵심수단으로 자리잡고 있다. 이 회사의 경영진은 장래 사업을 이끌어갈 리더를 육성하고, 구성원들에게 회사의 지식을 학습·이전하기 위해 이러한 프로그램을 활용하고 있다.

이를 위해 이 회사는 우선 멘토와 멘제의 선발기준을 명확히 설정했다. 일단 멘제는 내부 규정에 의하여 성장 가능성이 높은 인재를 중심으로 선정한다. 한편 멘토는 임원급에서 지원을 받고 있는데 멘토 후보자는 멘제로 선정된 사람들을 대상으로 자신이 멘토링을 통해 기여할 수 있는 지식이나 인재육성계획 등을 발표해야 한다.

이를 위해 이 회사는 우선 멘토와 멘제의 선발기준을 명확히 설정했다. 일단 멘제는 내부 규정에 의하여 성장 가능성이 높은 인재를 중심으로 선정한다. 한편, 멘토는 임원급에서 지원을 받고 있는데, 멘토 후보자는 멘제로 선정된 사람들을 대상으로 자신이 멘토링을 통해 기여할 수 있는 지식이나 인재육성계획 등을 발표해야 한다. 각각의 멘제는 이들 중에서 3명의 후보를 지목할 수 있으며 멘토의 상사, 멘토링 프로그램 운영자, 인사부서 사람으로 구성된 위원회에서 최종적으로 1명을 선정하게 된다.

이때 심사기준에는 멘제의 선호도, 스타일, 역량 수준과 멘토의 육성계획 등이 종합적으로 반영된다. 멘토와 멘제는 각각 1:1로 연결되며, 기본적으로 같은 부서의 사람끼리는 연결시키지 않는다.

이러한 과정이 끝나면 위원회에서는 이들을 대상으로 멘토링에 대한 오리엔테이션을 실시하여, 멘토링의 과정과 목적, 각자의 역할 및 기대 사항 등을 소개한다.

멘토링의 기간은 1년이며, 이 기간 동안 멘토는 멘제의 강·약점을 평가·분석하여 이들의 역량을 강화하는 활동을 수행하게 된다.

더글라스 항공에서는 멘토의 역할을 커뮤니케이터, 카운슬러, 코치, 브로커 등 크게 7가지로 규정하고 있다. 한편, 위원회에서는 멘토와 멘제의 직속상사로 하여금 중간과 마무리 시점에 이들의 활동에 대한 평가를 하게 함으로써 멘토링이 제대로 이루어지고 있는지 여부를 분석하고 있다.

참고로 이 회사의 멘토링 프로그램에 참여한 멘토나 멘제는 모두 80% 이상의 만족도를 표시했다고 한다.

2. 몬트리올은행 – 핵심인재육성 멘토링

몬트리올은행(Bank of Montreal)에서는 핵심인재를 육성하기 위해 'Executive Advisor Program'이라는 멘토링 프로그램을 운영하고 있다. 이 프로그램의 기본 목적은 핵심부문을 담당할 차세대 리더를 육성하는 것이다.

1) 도입 배경

이 은행에서는 본격적인 프로그램 운영에 앞서 외부 컨설턴트를 활용한 파일럿 테스트를 실시했다. 우선, '조언자Advisor'라 불리는 10명의 멘토를 선발하여 이들에게 각각 2명의 멘제를 전담하도록 요구했다. 멘토와 멘제는 모두 자발적인 참여자로 구성했으며, 이들은 약 10~12개월간 3~4주에 한 번씩 만나면서 멘토링 활동을 전개했다.

파일럿 테스트가 성공적으로 끝나자 몬트리올은행은 곧 구체적인 멘토링 프로그램 실행에 들어갔다. 이 은행이 멘토링 프로그램을 통해 추구하는 목적은 조직문화의 근본적인 개성과 구성원들의 잠재력 성장을 가로막은 현실적인 장벽을 제거함으로써 경력개발을 촉진하는 데 있었다. 보다 구체적인 목적은 다음과 같다.

- 구성원 간 인적 네트워크 및 커뮤니케이션의 증대
- 구성원과 경영진 간의 접촉 증대를 통한 상호이해의 강화
- 전문가적 능력개발의 기회를 제공
- 관리자들의 리더십(인재육성 능력) 강화
- 구성원 간 지식공유의 활성화

2) 운영방식

① 커뮤니케이션

몬트리올은행에서는 경영자가 직접 모든 임원들에게 자발적으로 멘토링에 참여해 달라는 서신을 발송하고 있다. 특히 임원급으로 승진할 가능성이 높은 핵심인재에게 프로그램 참여를 적극적으로 권고하고 있다.

■ Executive Advisor Program의 개요

프로그램 개념도
변화주제선정 – 프로그램 커뮤니케이션
⇩
행동변화 – 프로그램 평가
⇩
조직문화 변혁 – 성과분석
⇩
인적역량 강화관련 이슈도출 – 프로그램 모델수립

주요 활동 프로세스

멘토링 프로그램 커뮤니케이션

멘토·멘제 지원자 모집

멘토와 멘제 연결

프로그램 참가자에 대한 오리엔테이션

② 매칭 프로세스

멘제와 멘토에 대한 매칭 프로세스는 멘제의 니즈와 멘토의 강점·역할에 기초하여 결정한다. 이때 기본적으로 멘토가 멘제에게 직접적인 명령권을 갖지 않도록 서로 같은 부서 사람끼리는 연결하지 않는 것을 원칙으로 한다. 또한 멘토는 멘제보다 최소한 두 직급 높은 사람으로 선발한다.

③ 멘제의 상사 참여

멘제의 직속상사를 직접 프로그램에 참여시킴으로써, 이들이 소외감을 느끼지 않도록 배려하고 있다. 이들은 멘토에게 멘제의 업무기술이나 방식에 대한 사전정보를 제공하고, 멘제의 주된 관심사나 육성방안에 대해 설명해 주는 역할을 수행한다.

④ 오리엔테이션

본격적으로 프로그램에 들어가기 전에 멘제, 멘토 그리고 멘제의 상사를 대상으로 다음과 같이 각각 별도의 오리엔테이션을 운영하고 있다.

　㉠ 멘제 오리엔테이션(1일)
　　　－프로그램의 목적과 구조 설명
　　　－사전 분석결과의 피드백 및 육성계획의 수립
　　　－멘토와 새로운 관계를 준비
　㉡ 멘토 오리엔테이션(1/2일)
　　　－프로그램의 목적과 구조 설명
　　　－다른 멘토와 경험을 공유
　　　－멘토, 멘제, 상사의 역할에 대해 논의
　　　－멘토링 스킬에 대해 논의

　　ⓒ 상사 오리엔테이션(브리핑 방식)
　　　－프로그램에 대한 전폭적인 지원을 요청
　　　－상사의 역할에 대해 논의

　⑤ 멘토링 프로세스
　외부 컨설턴트가 6~8주 주기로 멘토와 멘제를 각각 만나서 진행상황을 점검하며, 멘토－멘제 그룹들이 서로 만나서 아이디어 및 육성방법 등을 공유한다.

3. 제록스－외부 멘토와 연결 멘토링

　제록스는 '외부 멘토를 활용한 멘토링'을 시행하고 있는 대표적인 회사이다. 제록스는 21세기 새로운 경영전략으로 공격적인 시장개척과 기술적 우위 확보를 내세우면서, 이를 이끌어갈 리더의 발굴·육성의 필요성을 느끼게 되었다.

　이에 제록스는 장래 리더로서 성장잠재력이 높은 핵심인재를 선발하여 이들의 리더십 역량을 강화시키기 위해 멘토링 제도를 도입하게 될 것이다.

　이 회사의 최고경영자인 폴 알레어를 포함한 12명의 경영진은 인재육성에 대한 자신들의 강한 의지를 나타내기 위해 직접 멘토링을 운영하고 있다. 이때 외부 멘토는 경영진이 핵심인재에 대한 멘토링을 제대로 운영하고 있는지를 중점적으로 관찰하고 부족한 부분이 있을 경우 즉시 올바른 방향으로 이끌어주는 역할을 담당하게 된다.

　이처럼 제록스는 핵심인재와 경영진, 외부 코치가 한 쌍이 되어 멘토링 프로그램을 효과적으로 운영하고 있다. 제록스의 멘토링 프로그램을 구체적으로 살펴보면 다음과 같다.

　① 멘제의 선발
　비공식적으로 12명의 경영진에 의해 선발되며 다음과 같은 과정을 통과해야 한다.
　우선, 경영진은 전 계층을 대상으로 약 100여 명의 유능한 경영자 후보를 선발한 후,

각 후보들의 직속상사에게서 이들의 업무성과, 역량, 경험, 자질 등에 대한 정보를 넘겨받아 평가기준으로 활용한다.

　이러한 평가결과를 바탕으로 경영진 1명당 5명의 후보자를 선택하여 투표를 실시하고 최종적으로 가장 많은 득표를 얻은 순서대로 멘제를 확정한다.

　② 경영진과 멘제의 연결
　경영진은 자신이 원하는 멘제 후보자를 1~3순위까지 선택할 수 있으며, 멘제 또한 자신이 원하는 멘토 1명을 경영진 중에서 선택할 수 있다. 만일 경영진과 멘제가 선택한 1순위가 동일할 경우 멘토와 멘제의 연결은 완료된다.

　■ 제록스의 멘제와 멘토의 연결과정

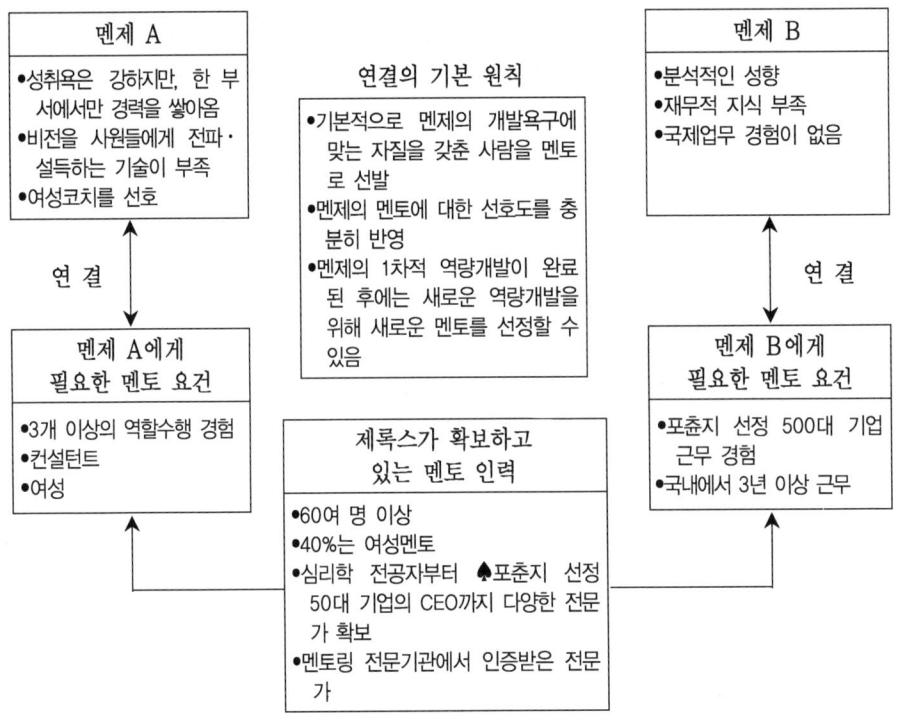

그렇지 않을 경우 멘토와 멘제가 적절히 연결될 때까지 같은 과정을 반복하도록 하고 있다. 이때 멘토링 과정에서 발생할 수 있는 예기치 못한 부작용을 사전에 막기 위해, 기

본적으로 멘토와 멘제는 같은 부서 사람끼리 연결되지 않도록 하고 있다.

③ 외부 멘토와 멘제의 연결

제록스의 멘토링 프로그램에서 외부 멘토의 역할은 매우 중요하다. 바로 이들이 멘제의 부족한 부분과 강화시켜야 할 역량을 정확히 찾아내고 이에 대한 실질적인 대안을 제시하는 역할을 담당하기 때문이다.

따라서 이 회사에서 외부 멘토를 선발할 때에는 멘제의 니즈를 보완·강화시킬 수 있는 능력이 있는지 여부를 중점적으로 평가하고 있다. 제록스는 약 60여 명의 멘토 인력을 확보하고 있으며, 이 중에서 각 멘제에 가장 적합한 사람을 연결시키기 위해 노력하고 있다.

기본적으로 제록스에서 외부 멘토에게 요구하고 있는 요건들은 다음과 같다.

첫째, 경영진과 멘제가 신뢰할 만한 멘토 경험과 자질을 갖추어야 한다.

둘째, 30년 이상의 현장경험이 있어야 한다. 이론적으로 완벽하더라도 실제 현장경험이 부족할 경우 인재육성에 대한 노하우나 실전 감각이 떨어질 수 있기 때문이다.

셋째, 국제업무 경험이나 다양한 부서·업무 경험이 있어야 한다. 특정분야만을 담당했다던가, 국내업무만을 담당했던 사람은 그 관점이나 사고, 가치관에 있어서 다소 편협한 측면이 있기 때문이다.

제록스는 이러한 과정을 통해 장래 핵심사업을 담당할 인재육성은 물론, 경영진의 리더십 역량을 강화시키는 데에도 큰 효과를 거둘 수 있었다.

4. 풀러-팀 멘토링

미국 펜실베니아에 있는 풀러(Fuller Company)는 건설 및 화학 산업에서 이용하는 장비나 기계를 판매하는 엔지니어링 전문회사이다.

1990년 초 이 회사는 중간 관리자와 고급 엔지니어들의 대거 이직으로 인해 최대의 위기에 직면하게 되었다. 회사의 특성상 우수 엔지니어의 확보·유지가 무엇보다 중요했기 때문에 당시 20%에 육박했던 연간 이직률은 매우 심각한 상황임을 의미했다.

결국, 이 회사의 최고경영자인 제이콥슨(Jscobsen)은 1995년 전문컨설팅업계의 도움을 받아 후계자 양성 제도인 'TEDP(Targeted Em0ployee Development Program'을 도입하게 되었다.

이 제도의 목적은 핵심인력을 대상으로 팀 중심의 멘토링 프로그램을 제공하여 리더십 능력과 기술적 전문지식을 배양하는 데 있었다. 프로그램 시행 후 이 회사는 연간 이직률을 2%까지 감소시킬 수 있었다고 한다. 풀러의 멘토링 프로그램에 대해 좀더 자세히 살펴보자.

1) 주요 특징

① 팀 중심의 운영
각 부서장, 인사부서 전문가, 외부 컨설턴트, 경영진으로 구성된 약 30개의 멘토 팀을 중심으로 프로그램을 운영하였다.

② 전 구성원의 참여를 유도
프로그램의 목적 및 운영방식을 공지하여 전 구성원의 참여를 유도하였다.

③ 프로그램의 이원화
멘토링 프로그램을 '리더십'과 '전문기술' 등으로 이원화하여 운영하였다.

④ 경영진의 참여와 지원
매 분기마다 경영진이 프로그램의 진척도를 점검했으며, 도전적 과제 부여나 직무순환 등을 직접 주관함으로써 핵심인재들이 다양한 경험을 쌓을 수 있도록 하였다. 또한 핵심인재들의 인적사항·역량개발 정도나 상사와의 상호작용 정도를 주기적으로 점검하였다.

⑤ 미래 역량개발이 목적
과거 성과평가 방식에서 벗어나 프로그램의 목적을 향후 무엇을 개발할 것인가에 맞추었다.

2) 각 부분의 역할

① 각 부서장
- TEDP 후보자를 추천하고 운영·활동에 대한 점검 및 모니터링을 해야 한다.
- 정기적으로 멘제들의 성과를 평가하고 매일 핵심인재들과 면담을 실시해야 한다.

② 인사부서
- 개별 육성목적과 회사 목적과의 정합성을 평가해야 한다.
- 적절한 육성활동을 제공해야 한다.
- 프로그램을 전반적으로 운영·관리해야 한다.

③ 외부 컨설턴트
- TEDP 후보자에 대한 객관적 평가(강·약점 등)를 시행해야 한다.

3) TEDP의 진행과정

① 각 부서장이 프로그램에 참여할 후보자를 선정한다.
② 외부 컨설턴트를 통해 객관적 평가(1일 테스트, 인터뷰 실시)를 시행하고 평가결과를 각 후보자에게 피드백한다.
③ 외부 컨설턴트가 프로그램 참가자를 만나서 육성할 부문이나 향후 계획을 논의한다.
④ 부서장 입회하에 구체적인 육성계획을 수립한다.
⑤ 인사부서 담당자와 부서장이 정기적으로 만나서 사후평가를 실시하고 평가결과에 대해 논의한다.
⑥ 경영진이 분기별로 멘토링 결과를 점검하고 TEDP의 전체적인 진척도를 평가한다.

5. 세계은행 – 평가를 제대로 하는 멘토링

멘토링 활동이 시작된 이후에도 회사 차원에서의 지속적인 관리가 필요하다. 무작정 모든 책임을 멘토나 멘제에게 일임해서는 곤란하며, 최종적인 멘토링 성과에 대한 평가뿐만 아니라 활동과정 중에 문제가 발생할 경우 회사가 과감히 개입할 필요가 있다.

노포크서던에서는 멘토링 활동이 시작된 지 3개월이 지나면 설문조사를 통해 멘토와 멘제가 제대로 연결되었는지에 대한 중간평가를 시행한다. 또한 이 회사에서는 멘토링 활동이 각각 6개월이 지난 시점과 10~11개월이 지난 시점에 2회에 걸쳐 멘토링 진행상황에 대한 평가와 피드백을 제공한다고 한다. 이러한 중간평가과정을 통해 이 회사는 멘토링의 성공적인 운영을 촉진하고 있다.

또한 세계은행에서는 앞의 도표와 같이 일정 시점을 주기로 멘토와 멘제를 대상으로 각각 4단계에 걸친 설문조사를 실시하고 있다. 이때 주요 평가내용으로는 만나는 횟수, 멘토의 역할수행 정도, 역량개발 정도, 멘토링 제도에 대한 만족도나 향후 개선되어야 할 보완점 등이 있다.

또한 멘토링이 종료되는 시점에는 외부 컨설팅 회사에 의뢰하여 멘토링 효과에 대한 보다 심층적인 평가를 실시하여 향후 멘토링 프로그램의 개선활동에 반영하고 있다고 한다.

■ 세계은행의 멘토링 효과성 평가 프로세스

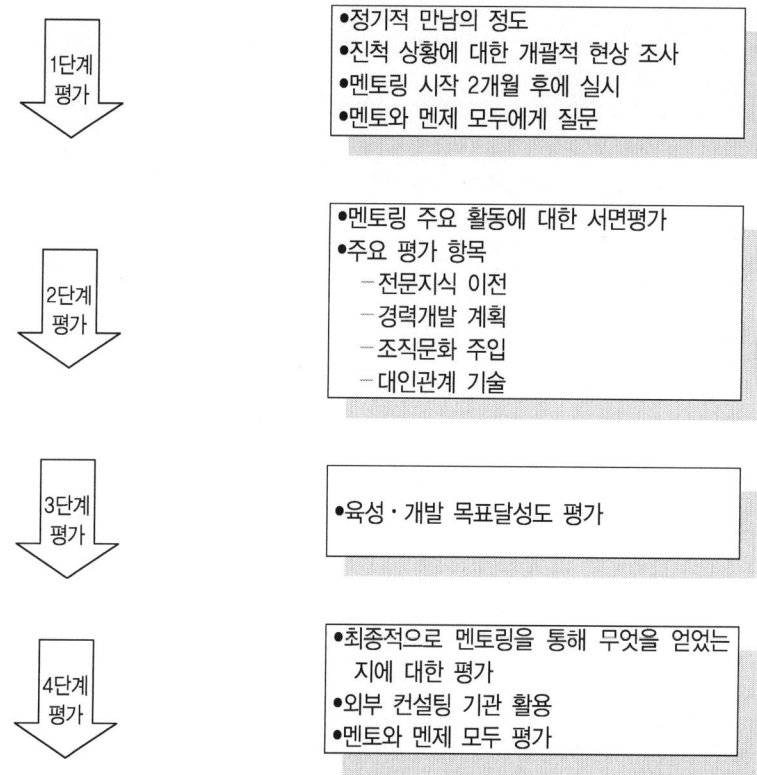

1단계 평가
- 정기적 만남의 정도
- 진척 상황에 대한 개괄적 현상 조사
- 멘토링 시작 2개월 후에 실시
- 멘토와 멘제 모두에게 질문

2단계 평가
- 멘토링 주요 활동에 대한 서면평가
- 주요 평가 항목
  - 전문지식 이전
  - 경력개발 계획
  - 조직문화 주입
  - 대인관계 기술

3단계 평가
- 육성·개발 목표달성도 평가

4단계 평가
- 최종적으로 멘토링을 통해 무엇을 얻었는지에 대한 평가
- 외부 컨설팅 기관 활용
- 멘토와 멘제 모두 평가

6. 벨 캐나다-온라인 멘토링

벨 캐나다(Bell Canada)는 캐나다 몬트리올에 있는 이동통신 회사로, 직원 규모는 약 40,000여 명(2001년 기준) 정도이다.

이 회사의 경영진은 전 구성원들에게 조직문화를 전파하고 실력향상의 기회를 제공하는 차원에서 온라인 멘토링 프로그램을 실시하게 되었다.

■ 벨 캐나다의 온라인 멘토링 프로그램 실시 배경

사업과 조직의 확장	•지리적인 사업영역의 확장 •각기 다른 제품을 중심으로 사업부를 운영
일관된 정책의 필요성	•지역별·부서별로 실시하는 제도로는 전사 차원에서의 일관된 인재육성 활동에 한계가 있음 •사업부·지역·기능에 관계없이, 일관성 있는 조직문화 형성을 위한 새로운 방안 필요
구성원들의 성장욕구 충족	•2001년 자체적으로 실시한 설문조사 결과, 구성원들의 전문가적인 성장욕구 충족이 이슈로 등장 •회사에 대한 주인의식 함양의 필요성 제기
오프라인 멘토링의 한계	•진행 중인 모든 오프라인 멘토링을 인사부서에서 관리하기에는 시간·비용·관리 상 어려움을 느낌

1) 온라인 멘토링 프로그램의 개요

벨 캐나다에서 시행하고 있는 온라인 멘토링 프로그램의 공식 명칭은 '멘토 매치'이다. 이 프로그램의 근본목적은 다음 도표와 같이 구성원들의 지식과 경력개발을 도와주고 조직문화를 전파하는 데 있다. 멘토링 대상을 주로 경영진이나 신입사원으로 한정했던 오프라인 멘토링과는 달리 멘토 매치 프로그램에서는 그 대상을 전 구성원으로 확대할 수 있었다.

이 프로그램에 참여하는 멘제는 온라인상에 등록된 멘토의 정보를 바탕으로 자신에게 가장 적합한 멘토를 선정하게 된다. 또한 본격적인 멘토링 활동에 앞서 참여자들에게 프로그램의 기본 목적과 취지를 명확히 설명해 주었다.

이러한 사전홍보를 통해 멘토링이 승진이나 금전적 보상을 위한 활동이라거나 리더의 역할을 완전히 대체한다는 등, 구성원이 가질 수 있는 멘토링에 대한 오해를 원천적으로 봉쇄한 것이다.

2) 온라인 사이트 구성

멘토 매치 프로그램은 사내 인트라넷을 통해 진행되기 때문에 누구나 멘토 또는 멘제로 등록할 수 있으며 멘토링에 대한 풍부한 정보도 얻을 수 있었다. 인트라넷에 등록되는 주요 정보들은 다음과 같다.

- 프로그램의 개요: 프로그램 내용, 준비사항, 멘토링의 유래, 멘토링 프로세스 소개
- 효과: 프로그램을 통해 회사, 멘토, 멘제가 어떤 이점을 얻을 수 있는지에 대한 정보를 제공
- 역할과 책임: 멘토와 멘제의 역할과 책임, 우수한 멘토·멘제의 요건, 멘토링 방법 등을 설명
- 멘토링 프로세스: 멘토링 시작부터 종료까지의 과정 소개
- Q & A: 자주 하는 질문과 회사·멘토·멘제의 답변 공지
- 관련자료: 멘토링 관련 웹사이트, 비디오, 책 등을 소개

■ 멘토 매치 프로그램의 목적

- **인재육성 수단**
  - 사원들의 지식과 네트워크, 경력개발을 도와주는 수단
  - 경험이 많은 사람들이 직접적인 커뮤니케이션을 통해 지식을 전달
  - 성장 잠재력이 높은 사람, 즉 미래 리더를 발굴하고 개발하는 과정

- **지식공유의 기회**
  - 부서·사업부에 상관없이 전사적으로 지식·정보·아이디어를 공유하는 수단

- **조직문화의 강화**
  - 회사의 경영철학·문화: 운영 전반에 대한 이해와 몰입 강화
  - 신입사원들의 사회화 촉진

■ 인사제도와 연계

조직 차원에서의 활용

① 사원 설문조사: 설문조사에서 낮은 점수를 받은 사람을 리더십 향상 차원에서 멘토와 연결시킴

② 인재관리: 리더십 역량, 평가, 보상 제도와 멘토 매치 프로그램을 연계

③ 승진: 구성원 개개인의 육성계획에 멘토 매치 프로그램을 도입

④ 학습: 각종 학습, 교육과정에 멘토링 과목 개설

인재육성 차원에서 활용

① 사전 오리엔테이션: 입사 후 6개월이 지나면 멘토 매치 프로그램에 등록할 것을 이메일로 독려

② 인정: 회사에서 각종 포상을 받은 사람에게 멘토로 활동해 줄 것을 요청

③ 승진: 승진한 사람을 멘토로 활용

④ 리쿠루팅: 신입사원 교육 시, 멘토 매치 프로그램에 대해 설명

■ 멘토 매치 프로그램의 프로세스

도입과정

자기 평가	온라인 프로필 작성
•1단계(자기평가): 멘토와 멘제의 요건을 확인하는 단계로서 온라인상에서 자신의 행동방식과 관련된 설문에 응답하게 함. •2단계(온라인지도): 자기평가결과, 자질이 부족한 사람에게는 온라인상에서 효과적인 멘토가 되는 방법에 대한 강의를 제공	•3단계(프로필 작성): 멘제와의 연결을 위해 프로필 작성 •4단계(탐색과정): 작성된 프로필을 참고하여, 멘제가 자신에게 적합한 멘토를 찾는 과정

활동과정

파트너십 형성	파트너십 개발
•5단계(이메일 통보): 멘제가 지목한 멘토에게 자동적으로 이메일을 발송하여 멘제의 신상을 확인하게 함 •6단계(일정 수립): 멘토가 멘제의 요청을 허락하게 되면 상호 이메일을 통해 만날 시간, 장소, 대화주제 등을 교환 •7단계(서명·확정): 멘토와 멘제 모두 1년간 멘토링 관계를 유지할 것을 약정	•8단계(활동 개시): 상호 우호적인 파트너십 형성을 위해 다양한 학습을 활용하면서 멘토링 활동을 전개 •9단계(조언·자문): 어려움을 겪고 있는 멘제에게 조언과 지도

<u>**평가과정**</u>

프로그램 평가
•10단계(평가): 멘토링 활동 시작 후 1년이 지나면 온라인으로 서로의 평가에 대해 평가 •11단계(분석·개선): 인사부서에서 평가결과를 분석, 향후 개선활동에 활용

3) 멘토링 프로세스

멘토 매치 프로그램은 앞의 도표와 같이 크게 5단계의 과정으로 진행된다. 이때 중요한 것은 이러한 과정이 제반 인사제도와 유기적으로 연계되어 있다는 점이다. 즉, 멘토링 활동을 신입사원 선발, 육성, 승진, 성과 평가 등에 연계함으로써 인재육성이라는 근본목적의 달성을 가속화하고 있다.

4) 멘토 매치 프로그램의 효과

벨 캐나다는 멘토 매치 프로그램을 통해 다음과 같이 많은 이득을 보고 있다.

첫째, 모든 멘토링 활동이 온라인을 통해 진행되기 때문에 인사부서가 행정적으로 관리해야 할 시간과 비용을 상당히 줄일 수 있었다.

예를 들어 사설기관을 통해 진행하던 멘토링 사전교육을 온라인상에서 진행함으로써 교육비용을 크게 줄일 수 있었다. 또한 진행과정을 일일이 모니터링해야 하는 어려움도 온라인을 통해 일괄적으로 관리할 수 있게 되었다.

둘째, 구성원들의 실력향상 및 멘토와 멘제 간 지식이전 상황 등을 지속적으로 점검할 수 있게 되었다. 보통, 멘토링 활동 개시 후 1년이 되면 효과성에 대한 평가를 시행해야 하는데, 온라인을 이용함으로써 이러한 평가작업이 훨씬 용이해진 것이다.

7. 삼성그룹-핵심인재관리 멘토링

1) S급 인재 등 핵심인재 멘토링

> 윤종용 삼성전자 부회장은 상당수 외국인 핵심인재의 **멘토(Mentor＝경험과 연륜으로 상대방의 잠재력을 파악하고 그가 꿈과 비전을 이뤄 리더로 성장할 수 있도록 도움을 주는 사람)**를 맡고 있다. 멘토의 상대방은 외부에서 영입한 S급 인재. 윤 부회장은 한 달에 한 번씩 이들과 식사를 하거나 면담을 갖는다. 그는 "하늘이 두 쪽 나도 이 약속은 지켜야 한다."고 강조한다. 대화는 복잡한 현안들이 배제되고 가족들 안부를 묻는 데서 시작된다. 일상의 크고 작은 고충과 애로들을 물어보고 업무 흐름에 불편함이 없는지도 세세하게 체크한다. 면담이 끝나고 나면 윤 부회장은 직접 메모를 작성해 관련부서에 업무 지시를 내린다.

* S급(Super) 인재-최고경영자 대우받는 인재
* A급(Ace) 인재-핵심추진인력으로 분류되는 인재
* H급(High Potential)-S급 인력으로 양성 가능한 인재

삼성전자의 최도석 경영지원 총괄사장과 김인수 인사팀장도 이런 식으로 핵심인재들과 매월 다섯 차례 정도 정기면담을 갖는다. 삼성은 핵심인재가 회사에 안착해 오랫동안 다닐 수 있도록 다양한 제도적 장치를 해놓고 있다. 멘토 제도도 그중의 하나다. 사장은 S급 인재. 사업부장은 A급 인재. (수석)부장은 H급 인재에 대해 1대1로 직접 멘토를 맡아야 한다.

매월 면담보고서를 제출해야 할 뿐만 아니라 개선 요청사항을 받아들여 즉시 시행하는 것도 멘토의 의무다. 만약 핵심인재가 석연찮은 이유로 회사를 그만두게 되면 1차적으로 책임을 져야 하는 사람 역시 멘토다.

[퇴직 조기 경보제]

삼성이 이처럼 핵심인재를 1대1 멘토링 기법으로 관리하는 이유는 인재를 영입하는 것 못지않게 이들을 안착시키는 일이 어렵다고 판단하기 때문이다. 삼성 관계자는 "능력이 뛰어날수록 경쟁사의 스카우트 표적이 되기 쉽고 외국인들의 경우 이질적인 한국문화에 적응하기 어렵다는 점을 감안한 제도"라고 설명했다.

특히 조직 운영에 불만을 품고 떠난 외국인이 험담을 하고 다니는 상황은 최악이다. 세

계 IT업계에 평판이 나빠지면 인력 수혈에 큰 차질이 빚어질 수밖에 없기 때문이다.

삼성전자는 이 때문에 핵심인재들을 대상으로 '3색 정보체제'를 은밀하게 가동하고 있다. 인력의 퇴직 가능성을 △녹색(안정적) △황색(약간 불안) △적색(퇴직 가능성 고조) 등으로 분류, 핵심인재의 이탈을 조기에 감지하는 시스템이다. 퇴직 가능성이 있다고 판단하는 사람에 대해선 중점 관리에 들어가 대인관계와 개인 전문성과 업무의 불일치 여부 등을 정밀하게 진단, 즉각 개선책을 마련한다.

현재 2천 명이 넘는 핵심인재 중 S급은 대부분 녹색, A급은 99%가 녹색, H급은 98%가 녹색 등급을 받고 있는 것으로 파악됐다.

[집안일까지 지원]

외국인이 삼성에 입사하게 되면 일단 'Employee Guide Book'이라는 이름의 두꺼운 책자를 제공받는다. 영어판 일어판으로 제작된 이 책에는 인사제도 편의시설 회사소개 정착정보 주거지 금융·의료시설 이용법 등이 자세하게 소개돼 있다.

여기에 각 사업장에는 'Global Help Desk'라는 이름의 지원 조직이 설치돼 총 20여 명의 전문인력이 배정돼 있다. 영어 요원 10명, 일본어 요원 10명 등으로 구성된 이들은 핵심인재의 크고 작은 집안일과 차량관리, 해외 출장 시 입출국 비자업무 처리 등 업무수행에 필요한 제반 지원 활동을 펼치고 있다.

삼성은 또 가족을 고국에 두고 홀로 생활하고 있는 핵심인재들을 위해 해외에 있는 가족들의 대소사도 챙겨준다. 예를 들어 부인이나 다른 가족이 일자리를 원할 경우 글로벌 인사팀을 통해 즉각 직장을 마련해 주기도 한다.

외국인 핵심인재들에겐 다국적 기업 수준의 높은 연봉 외에 MDI(Market Driven Incentive), TDI(Technology Driven Incentive), 등의 명목으로 다양한 인센티브가 제공된다. A, H급 인력의 경우 수백만 원에서 수억 원까지 책정돼 있다.

['흔들기'는 금물]

하지만 우수인재를 붙들어 두기 위한 가장 큰 장치는 회사의 강력한 의지다. 윤종용 부회장은 임직원들에게 틈날 때마다 "외부에서 왔다고 텃세를 부리거나 따돌리는 일이 생기면 결코 좌시하지 않겠다."는 뜻을 밝히고 있다.

최지성 디지털 미디어 총괄 사장 역시 외국인들과 수시로 식사를 하며 "업무에 불편한 일이 있으면 나를 직접 찾아오라."고 주문한다. 삼성은 이를 통해 인재 간 상생풍토를 조성, 조직 전반의 경쟁력을 높인다는 전략이다.

[삼성 핵심인재 확보 육성 전략]

확 보➡	배 치➡	육 성
*변화 주도역량 확인	*적재적소 배치	*성장 비전 제시
*전문역량 포착	*업무 및 일상의 불편해소	*도전기회 제공
*이질적 요인 포용	*멘토제 시행(1 : 1관리)	*인재 간 상생풍토 조성

저자 약력 사항

柳在碩 - 멘토링코리아 대표(설립자) -

주요저서 및 논문

「멘토링프로그램 효과적인 운영방법」
「조직별 멘토링 12개월 프로젝트」
「멘토링 다이아몬드 리더십」
「멘토링 현장관리자 핸드북」
「멘토링 현장 활동 핸드북」
「멘토링 도입 및 성공사례집」

멘토링원리와 현장적용방법
The Mentoring principle & Methodology

- 초판 인쇄 | 2006년 10월 30일
- 초판 발행 | 2006년 10월 30일

- 지 은 이 | 류재석
  (멘토링코리아 대표. www.cmko.com)
- 펴 낸 이 | 채종준
- 펴 낸 곳 | 한국학술정보㈜
  경기도 파주시 교하읍 문발리 526-2
  파주출판문화정보산업단지
  전화 031) 908-3181(대표) · 팩스 031) 908-3189
  홈페이지 http://www.kstudy.com
  e-mail(출판사업팀사업부) publish@kstudy.com
- 등 록 | 제일산-115호(2000. 6. 19)
- 가 격 | 45,000원

ISBN   89-534-5744-0 93320 (Paper Book)
        89-534-5745-9 98320 (e-Book)